山西省明长城资源调查报告

山西省文物局 编著

第四册

文物出版社

第十八章　河曲县长城

河曲县位于山西省西北部，东北与偏关县、东南与五寨县、南与岢岚县及保德县相邻，西隔黄河与陕西省府谷县、北隔黄河与内蒙古自治区准格尔旗交界。山西省明代长城资源调查一队从 2007 年 11 月 1 日~2008 年 5 月 22 日，对该县明代长城资源进行了调查。

一　长城资源调查数据

河曲县共调查长城墙体 25 段，总长 54831.8 米；关堡 17 座，其中关 6 座、堡 11 座；单体建筑有敌台 12 座、马面 19 座、烽火台 55 座（地图一七）。

（一）长城墙体

河曲县明长城墙体沿县境北、西界黄河南、东岸延伸，北从偏关县天峰坪镇寺沟村西南进入本县，经刘家塔镇坪头村、石城村、阳尔塔村、路铺村、董家庄村，楼子营镇梁家碛村、高峁村、马连口村、楼子营村、辛家坪村、赵家口村、娘娘滩村、罗圈堡村、纸房沟村、河湾村、北铺路村，文笔镇焦尾城村、石坡子村、沙口村、北元村、文笔镇、南元村、铁果门村、唐家会村、船湾村，巡镇镇杨家寨村、五花城堡村、五花城村、铺路村、夏营村、河会村、巡镇镇、曲峪村、阳面村、上庄村，至石梯子村东北，山西省境内西界的长城至此结束。表（478）

表 478　河曲县长城墙体一览表（单位：米）

长城墙体段名称	总长	保存较好	保存一般	保存较差	保存差	消失	类型	省/县属
石城长城	3500	3500	0	0	0	0	山险	河曲县
路铺长城	4442.2	4442.2	0	0	0	0	山险	河曲县
梁家碛长城 1 段	2065.6	360	745	177	0	783.6	砖墙	河曲县
梁家碛长城 2 段	1680	0	50	165	0	1465	石墙	河曲县
马连口长城	2535	0	0	30	645	1860	砖墙	河曲县
楼子营长城	1978	0	100	1000	350	528	砖墙	河曲县
罗圈堡长城	1935	0	770	550	290	325	砖墙	河曲县

长城墙体段名称	总长	保存较好	保存一般	保存较差	保存差	消失	类型	省/县属
焦尾城长城1段	2000	130	190	0	350	1330	砖墙	河曲县
焦尾城长城2段	1468	500	770	0	140	58	砖墙	河曲县
北元长城1段	2248	0	8	0	420	1820	砖墙	河曲县
北元长城2段	1098	0	32	415	530	121	砖墙	河曲县
南元长城	1430	0	0	430	0	1000	砖墙	河曲县
南元外长城	1275	0	0	142	0	1133	砖墙	河曲县
铁果门长城	1943	860	50	0	150	883	砖墙	河曲县
唐家会长城	1759	0	560	330	0	869	砖墙	河曲县
唐家会外长城	2230	0	0	250	1220	760	土墙	河曲县
船湾长城1段	2670	0	0	620	0	2050	砖墙	河曲县
船湾长城2段	1400	1400	0	0	0	0	山险	河曲县
五花城堡长城	1976	0	0	530	360	1086	砖墙	河曲县
五花城长城	1619	0	150	510	90	869	砖墙	河曲县
夏营长城	2080	0	0	0	640	1440	砖墙	河曲县
河会长城	1950	0	0	0	880	1070	砖墙	河曲县
曲峪长城	5860	0	0	0	0	5860	消失墙体	河曲县
阳面长城	1770	0	540	0	350	880	砖墙	河曲县
石梯子长城	1920	0	0	0	0	1920	消失墙体	河曲县
合计	54831.8	11192.2	3965	5149	6415	28110.6		
百分比（%）	100	20.41	7.23	9.39	11.7	51.27		

1. 石城长城

起点位于偏关县天峰坪镇寺沟村西南0.33千米处，高程938米；止点位于河曲县刘家塔镇石城村西南1.1千米处，高程1008米。大致呈东北—西南走向。全长3500米，均保存较好。本段长城为山险，位于黄河东岸，北接偏关县寺沟长城，西南连河曲县路铺长城。石城关倚山险而建，位于山险东侧；坪头1、2号烽火台和石城烽火台分别位于山险东0.02、1.5、0.6千米处（图五四五）。

本段墙体共测GPS点2个（G0001、G0006），仅1小段，分述如下。

G0001（起点、断点）—G0006（止点、拐点），长3500米，东北—西南走向，保存较好。

2. 路铺长城

起点位于刘家塔镇石城村西南1.1千米处，高程1008米；止点位于刘家塔镇董家庄村西北1.28千米处，黄河龙口大坝轴线南端，高程926米。大致呈东—西走向。全长4442.2米，均保存较好。本段长城为山险，位于黄河南岸，东北接石城长城，西南连梁家碛长城1段。阳尔塔1、2号烽火台分别位于山险东南0.04、0.33千米处，路铺1~3号烽火台和董家庄1、2号烽火台分别位于山险南0.13、0.08、0.82、0.02、0.08千米处（图五四六）。

本段墙体共测GPS点2个（G0006、G0016），仅1小段，叙述如下。

G0006（起点、拐点）—G0016（止点、材质变化点），长4442.2米，东—西走向，保存较好。山险顶部残存近代晋绥军修筑的石墙，长20余米。整体保存较好。

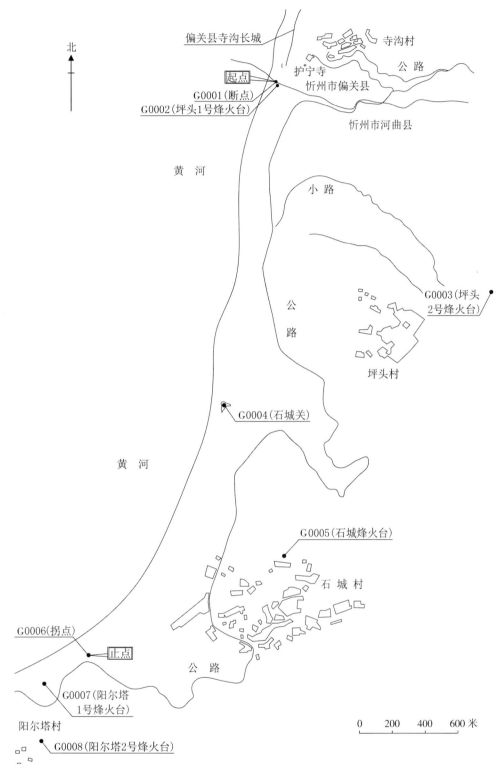

北

偏关县寺沟长城

寺沟村

公路

护宁寺

起点

忻州市偏关县

G0001（断点）

G0002（坪头1号烽火台）

忻州市河曲县

黄　河

小　路

公

路

G0003（坪头
2号烽火台）

坪头村

G0004（石城关）

黄　河

G0005（石城烽火台）

石　城　村

G0006（拐点）

止点

公　路

G0007（阳尔塔
1号烽火台）

阳尔塔村

0　200　400　600 米

G0008（阳尔塔2号烽火台）

图五四五　石城长城走向示意图

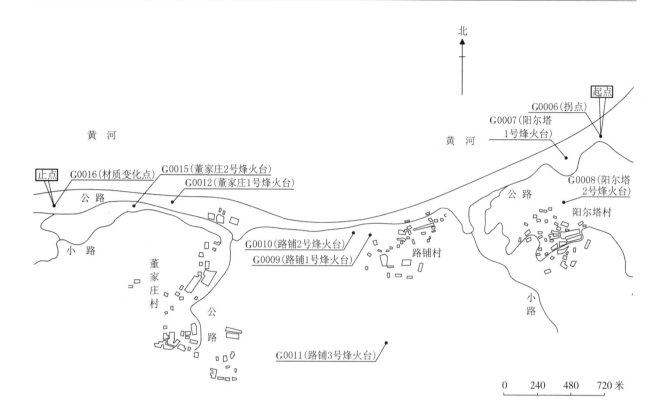

图五四六　路铺长城走向示意图

3. 梁家碛长城 1 段

起点位于刘家塔镇董家庄村西北 0.1 千米处，黄河龙口大坝轴线南端，高程 926 米；止点位于楼子营镇梁家碛村南 0.1 千米处，高程 936 米。大致呈东北—西南走向。全长 2065.6 米，其中保存较好 360、一般 745、较差 177、消失 783.6 米。墙体为砖墙，外部砖石砌筑；内部为夯土墙体，夯层厚 0.04 ~ 0.18 米。外部砖石无存。现存墙体剖面大致呈不规则梯形，底宽 1 ~ 6.5、顶宽 0.4 ~ 4.3、残高 0.5 ~ 8 米。本段长城位于黄河南岸，东北接路铺长城，西南连梁家碛长城 2 段。梁家碛 1 ~ 4 号敌台位于墙体上，梁家碛 4 号敌台系梁家碛长城 1 段止点；梁家碛 1、2 号关倚墙而建，位于墙体南侧（图五四七）。

本段墙体共测 GPS 点 24 个（G0016 ~ G0034、G0036 ~ G0038、G0040、G0041），可分为 23 小段，分述如下。

第 1 小段：G0016（起点、材质变化点）—G0017（断点），长 380 米，东北—西南走向，墙体消失。

第 2 小段：G0017（断点）—G0018（断点），长 300 米，东北—西南走向，墙体消失。

第 3 小段：G0018（断点）—G0019（梁家碛 1 号敌台），长 130 米，东北—西南走向，保存一般。墙体南侧为废弃的县硫磺厂办公生活区，部分墙体被挖去一半建造厂房，墙体上挖掘有 14 孔窑洞，供职工居住，有的窑洞顶部有烟囱。墙体底宽 6、顶宽 2.3 ~ 2.7、残高 1 ~ 3.8 米，夯层厚 0.04 ~ 0.15 米。

第 4 小段：G0019（梁家碛 1 号敌台）—G0020（断点），长 80 米，东北—西南走向，保存一般。

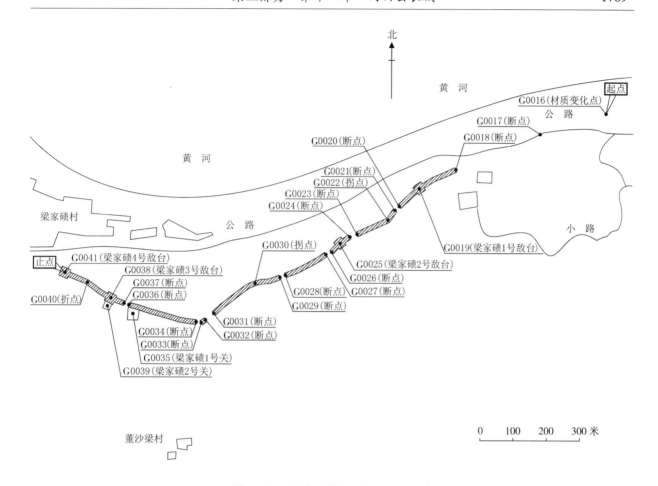

图五四七　梁家碛长城1段走向示意图

墙体底宽3.8~4.4、顶宽1~1.5、南侧残高0.5~1.5、北侧残高1~4.5米，夯层厚0.08~0.14米。

第5小段：G0020（断点）—G0021（断点），长5.5米，东北—西南走向。墙体被洪水冲刷损毁消失。

第6小段：G0021（断点）—G0022（拐点），长15米，东北—西南走向，保存较差。墙体底宽1~4、顶宽0.5~2、南侧残高1~3、北侧残高2.3~4.3米，夯层厚0.08~0.15米。

第7小段：G0022（拐点）—G0023（断点），长90米，东北—西南走向，保存较好。墙体南邻水沟，水沟宽3米。墙体南壁有洞穴。墙体底宽4~5、顶宽1.5~3.1、残高2.7~8米，夯层厚0.07~0.13米。

第8小段：G0023（断点）—G0024（断点），长15米，东北—西南走向。墙体被洪水冲刷损毁消失。

第9小段：G0024（断点）—G0025（梁家碛2号敌台），长40米，东北—西南走向，保存一般。墙体底宽4~6、顶宽1~3.7、残高2~8米，夯层厚0.08~0.18米（彩图九八三）。

第10小段：G0025（梁家碛2号敌台）—G0026（断点），长35米，东北—西南走向，保存一般。墙体底宽2~4、顶宽1~1.3、南侧残高0.8~1.7、北侧残高1.8~2.7米，夯层厚0.1~0.16米。

第11小段：G0026（断点）—G0027（断点），长9米，东北—西南走向。墙体被洪水冲刷损毁消失。

第12小段：G0027（断点）—G0028（断点），长150米，东北—西南走向，保存一般。墙体底宽

4 ~ 5、顶宽 1.2 ~ 1.6、残高 1.3 ~ 1.4 米，夯层厚 0.12 ~ 0.18 米。

第 13 小段：G0028（断点）—G0029（断点），长 2.6 米，东北—西南走向。墙体被洪水冲刷损毁消失。

第 14 小段：G0029（断点）—G0030（拐点），长 70 米，东北—西南走向，保存较好。墙体底宽 4 ~ 5、顶宽 1.2 ~ 2.6、残高 3.3 ~ 5 米，夯层厚 0.04 ~ 0.12 米。

第 15 小段：G0030（拐点）—G0031（断点），长 150 米，东北—西南走向，保存较差。墙体底宽 3.3 ~ 4、顶宽 0.7 ~ 1.3、残高 0.8 ~ 2.3 米，夯层厚 0.04 ~ 0.13 米。

第 16 小段：G0031（拐点）—G0032（断点），长 50 米，东北—西南走向。墙体被洪水冲刷损毁消失。

第 17 小段：G0032（断点）—G0033（断点），长 12 米，东北—西南走向，保存较差。墙体底宽 3 ~ 4、顶宽 0.5 ~ 1、南侧残高 3 ~ 4、北侧残高 0.5 ~ 1.6 米，夯层厚 0.04 ~ 0.16 米。

第 18 小段：G0033（断点）—G0034（断点），长 20 米，东—西走向。墙体被洪水冲刷损毁消失。

第 19 小段：G0034（断点）—G0036（断点），长 220 米，东南—西北走向，保存一般。墙体南邻耕地。墙体底宽 2 ~ 5、顶宽 0.4 ~ 4、南侧残高 0.8 ~ 4.7、北侧残高 1.5 ~ 5 米，夯层厚 0.04 ~ 0.12 米。

第 20 小段：G0036（断点）—G0037（断点），长 1.5 米，东—西走向。墙体被人为破坏损毁消失。

第 21 小段：G0037（断点）—G0038（梁家碛 3 号敌台），长 40 米，东南—西北走向，保存较好。墙体底宽 5 ~ 6、顶宽 3.2、残高 5 ~ 7 米，夯层厚 0.07 ~ 0.15 米。

第 22 小段：G0038（梁家碛 3 号敌台）—G0040（折点），长 160 米，东南—西北走向，保存较好。墙体北邻陡崖。墙体底宽 6 ~ 6.5、顶宽 2 ~ 4.3、南侧残高 5 ~ 7、北侧残高 5.5 米，夯层厚 0.1 ~ 0.17 米。

第 23 小段：G0040（折点）—G0041（止点、梁家碛 4 号敌台），长 90 米，东南—西北走向，保存一般。墙体南为山坡，北邻陡崖。墙体底宽 4 ~ 5、顶宽 1.5 ~ 3、残高 2 ~ 4 米。

墙体整体保存一般。造成损毁的自然因素有洪水冲刷、风雨侵蚀、植物生长等；人为因素有拆毁砖石、利用墙体修建房屋及窑洞、农业生产活动破坏、取土挖损破坏、挖掘洞穴等。

4. 梁家碛长城 2 段

起点位于楼子营镇梁家碛村南 0.1 千米处，高程 936 米；止点位于楼子营镇马连口村内，高程 871 米。大致呈东—西走向。全长 1680 米，其中保存一般 50、较差 165、消失 1465 米。墙体为石墙，有 4 小段毛石干垒；1 小段外部片石砌筑，内部为夯土墙体，夯层厚 0.04 ~ 0.13 米。现存墙体剖面大致呈不规则梯形，底宽 3 ~ 5、顶宽 0.6 ~ 2.3、残高 0.5 ~ 4.5 米。本段长城位于黄河南岸，东接梁家碛长城 1 段，西北连马连口长城。梁家碛 4 号敌台位于墙体上，系梁家碛长城 2 段起点。梁家碛 1、2 号烽火台、高峁烽火台、马连口烽火台位于墙体南侧，梁家碛 1 号烽火台位于墙体南 0.1 千米处（图五四八）。

本段长城共测 GPS 点 10 个（G0041 ~ G0044、G0047 ~ G0050、G0053、G0054），墙体可分为 9 小段，分述如下。

第 1 小段：G0041（起点、梁家碛 4 号敌台）—G0042（断点），长 260 米，东北—西南走向，墙体消失。G0041（止点、梁家碛 4 号敌台）西 0.01 千米处有极乐寺。

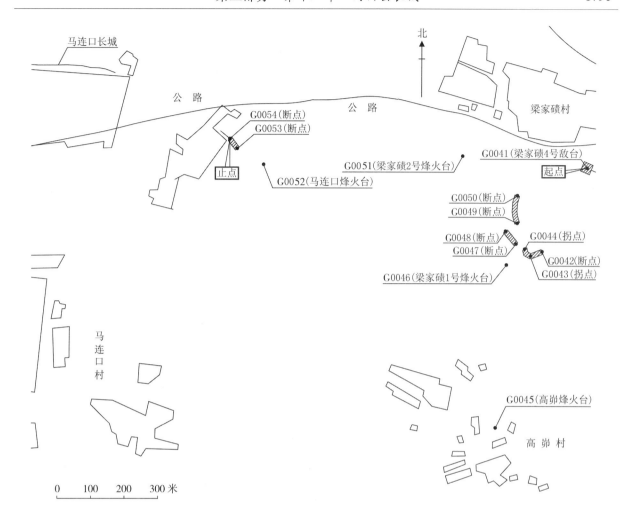

图五四八　梁家碛长城 2 段走向示意图

第 2 小段：G0042（断点）—G0043（拐点），长 40 米，东—西走向，保存较差。墙体底宽 3~4、顶宽 0.8~1.5、残高 0.5~1.3 米（彩图九八四）。

第 3 小段：G0043（拐点）—G0044（拐点），长 25 米，东南—西北走向，保存较差。墙体南侧与地面齐平，北侧残高 3~4.5 米。

第 4 小段：G0044（拐点）—G0047（断点），长 15 米，东南—西北走向。墙体被洪水冲刷损毁消失。

第 5 小段：G0047（断点）—G0048（断点），长 30 米，东南—西北走向，保存较差。墙体东侧残高 0.5~2 米，西侧与地面齐平（彩图九八五）。

第 6 小段：G0048（断点）—G0049（断点），长 40 米，西南—东北走向，墙体消失。

第 7 小段：G0049（断点）—G0050（断点），长 70 米，南—北走向，保存较差。墙体残高 1~3 米。

第 8 小段：G0050（断点）—G0053（断点），长 1150 米，东—西走向，墙体消失。

第 9 小段：G0053（断点）—G0054（止点、断点），长 50 米，东南—西北走向，保存一般。墙体外部包石无存，存内部夯土墙体，夯层厚 0.04~0.13 米。墙体底宽 4~5、顶宽 0.6~2.3、残高 1.5~2.6 米。

墙体整体保存差。造成损毁的自然因素有洪水冲刷、风雨侵蚀、植物生长等；人为因素有拆毁包石、农业生产活动破坏等。

5. 马连口长城

起点位于楼子营镇马连口村内，高程871米；止点位于楼子营镇楼子营村内，高程866米。大致呈东—西走向。全长2535米，其中保存较差30、差645、消失1860米。墙体为砖墙，外部砖石砌筑；内部为夯土墙体，夯层厚0.08~0.24米。外部砖石无存。现存墙体剖面大致呈不规则梯形，底宽3~4、顶宽0.5~2.2、残高1~5米（彩图九八六）。本段长城位于黄河南岸，东南接梁家碛长城2段，西连楼子营长城。楼子营敌台位于墙体上，系马连口长城止点；马连口1~4号马面倚墙而建，位于墙体北侧；楼子营堡位于墙体南侧（图五四九）。

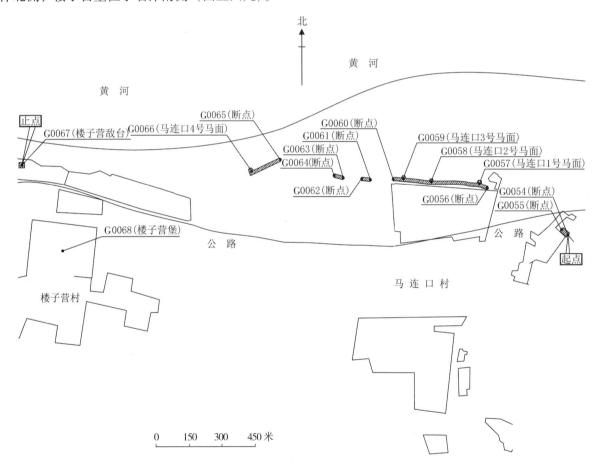

图五四九　马连口长城走向示意图

本段长城共测GPS点14个（G0054~G0067），可分为13小段，分述如下。

第1小段：G0054（起点、断点）—G0055（断点），长30米，东南—西北走向，保存较差。墙体底宽3~4、顶宽0.5~2.2、残高1~1.6米，夯层厚0.2~0.24米。

第2小段：G0055（断点）—G0056（断点），长330米，东南—西北走向。墙体被人为破坏损毁消失。

第3小段：G0056（断点）—G0057（马连口1号马面），长60米，东南—西北走向，保存差。墙体南侧与地面齐平，北侧残高3~5米，夯层厚0.1~0.12米。

第 4 小段：G0057（马连口 1 号马面）—G0058（马连口 2 号马面），长 200 米，东—西走向，保存差。村民利用墙体修建猪圈、厕所。墙体南侧与地面齐平，北侧残高 1 ~ 3 米，夯层厚 0.1 ~ 0.13 米。

第 5 小段：G0058（马连口 2 号马面）—G0059（马连口 3 号马面），长 110 米，东—西走向，保存差。墙体南侧与地面齐平，北侧残高 2 ~ 3 米，夯层厚 0.1 ~ 0.12 米。村民利用墙体修建猪圈、厕所。

第 6 小段：G0059（马连口 3 号马面）—G0060（断点），长 90 米，东—西走向，保存差。墙体南侧与地面齐平，北侧残高 3 ~ 3.5 米，夯层厚 0.08 ~ 0.13 米。

第 7 小段：G0060（断点）—G0061（断点），长 90 米，东—西走向。墙体被人为破坏损毁消失。

第 8 小段：G0061（断点）—G0062（断点），长 30 米，东—西走向，保存差。墙体南侧与地面齐平，北侧残高 3 ~ 4 米。

第 9 小段：G0062（断点）—G0063（断点），长 70 米，东—西走向。墙体被人为破坏损毁消失。

第 10 小段：G0063（断点）—G0064（断点），长 15 米，东—西走向，保存差。北侧残高 1.7 ~ 3.2 米，北侧 0.002 千米处有楼子营二电厂排污管道。

第 11 小段：G0064（断点）—G0065（断点），长 140 米，东—西走向。墙体被人为破坏损毁消失。

第 12 小段：G0065（断点）—G0066（马连口 4 号马面），长 140 米，东北—西南走向，保存差。墙体北侧被挖掘机取土挖损破坏。墙体顶宽 0.7、北侧残高 1 ~ 2.7 米。

第 13 小段：G0066（马连口 4 号马面）—G0067（止点、楼子营敌台），长 1230 米，东—西走向。墙体被人为破坏损毁消失。

墙体整体保存差。造成损毁的自然因素有风雨侵蚀、植物生长等；人为因素有拆毁砖石、利用墙体修建猪圈及厕所、取土挖损破坏等。

6. 楼子营长城

起点位于楼子营镇楼子营村内，高程 866 米；止点位于楼子营镇娘娘滩村西北，高程 864 米。大致呈东—西走向。全长 1978 米，保存一般 100、较差 1000、差 350、消失 528 米。墙体为砖墙，外部砖石砌筑；内部为夯土墙体，夯层厚 0.06 ~ 0.22 米。外部砖石大多无存。现存墙体剖面大致呈不规则梯形，底宽 1 ~ 6、顶宽 0.4 ~ 3.5、残高 0.5 ~ 5.5 米。本段长城位于黄河南岸，东接马连口长城，西南连罗圈堡长城。楼子营敌台位于墙体上，系楼子营长城起点；楼子营 1 ~ 5 号马面倚墙而建，位于墙体北侧；楼子营关倚墙而建，位于墙体北侧（图五五〇）。

本段长城共测 GPS 点 22 个（G0067、G0071 ~ G0091），可分为 18 小段，分述如下。

第 1 小段：G0067（起点、楼子营敌台）—G0071（楼子营 1 号马面），长 120 米，东南—西北走向。墙体被村民修建房屋破坏损毁消失。

第 2 小段：G0071（楼子营 1 号马面）—G0072（断点），长 40 米，东—西走向，保存差。墙体残高 0.5 ~ 3 米。村民利用墙体修建房屋。

第 3 小段：G0072（断点）—G0073（断点），长 150 米，东—西走向。墙体被人为破坏损毁消失。

第 4 小段：G0073（断点）—G0074（楼子营 2 号马面），长 120 米，东—西走向，保存差。墙体底宽 1.2 ~ 5、顶宽 0.4 ~ 2.5、残高 0.6 ~ 4.3 米，夯层厚 0.08 ~ 0.13 米。

第 5 小段：G0074（楼子营 2 号马面）—G0075（楼子营关），长 120 米，东—西走向，保存差。

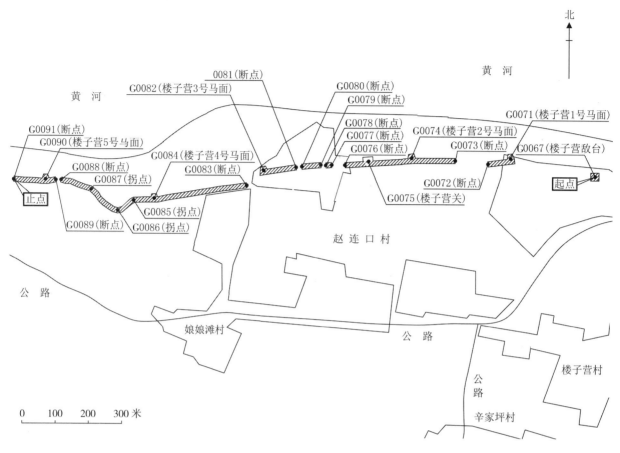

图五五〇　楼子营长城走向示意图

墙体南邻水渠。墙体顶宽 0.6 ~ 2、北侧残高 3 ~ 5.5 米。

　　第 6 小段：G0075（楼子营关）—G0076（断点），长 70 米，东—西走向，保存差。墙体顶部有水渠、杨树。墙体残高 2.6 ~ 4.2 米，夯层厚 0.06 ~ 0.15 米。

　　第 7 小段：G0076（断点）—G0077（断点），长 100 米，东南—西北走向。墙体位于赵家口村内，被人为破坏损毁消失。

　　第 8 小段：G0077（断点）—G0078（断点），长 20 米，东—西走向，保存较差。墙体位于赵家口村内，顶部有杨树。墙体顶宽 2 ~ 3、残高 2 ~ 4.5 米。

　　第 9 小段：G0078（断点）—G0079（断点），长 8 米，东—西走向。墙体位于赵家口村内，被人为破坏损毁消失。

　　第 10 小段：G0079（断点）—G0080（断点），长 60 米，东—西走向，保存较差。墙体位于赵家口村内。墙体底宽 3 ~ 6、残高 1.2 ~ 4 米，夯层厚 0.10 ~ 0.16 米。

　　第 11 小段：G0080（断点）—G0081（断点），长 15 米，东—西走向。墙体位于赵家口村内，被人为破坏损毁消失。

　　第 12 小段：G0081（断点）—G0082（楼子营 3 号马面），长 100 米，东北—西南走向，保存一般。墙体位于赵家口村内，村民利用墙体修建院墙。墙体南侧外部砖石仍存。墙体底宽 1 ~ 5.5、顶宽 0.8 ~ 3.5、残高 2 ~ 6 米，夯层厚 0.08 ~ 0.13 米

　　第 13 小段：G0082（楼子营 3 号马面）—G0083（断点），长 120 米，东北—西南走向。墙体位于

赵家口村内，被人为破坏损毁消失。

第 14 小段：G0083（断点）—G0084（楼子营 4 号马面），长 270 米，东北—西南走向，保存较差。墙体南北侧均为耕地。墙体南侧与地面齐平，北侧残高 2～3.4 米，夯层厚 0.06～0.16 米。

第 15 小段：G0084（楼子营 4 号马面）—G0088（断点），长 420 米，东—西走向，保存较差。墙体南侧与地面齐平，北侧残高 2.4～4 米，夯层厚 0.08～0.22 米。

第 16 小段：G0088（断点）—G0089（断点），长 15 米，东—西走向。墙体被修路挖断损毁消失。

第 17 小段：G0089（断点）—G0090（楼子营 5 号马面），长 130 米，东—西走向，保存较差。墙体南侧与地面齐平，北侧残高 1.2～2.8 米，夯层厚 0.08～0.18 米。

第 18 小段：G0090（楼子营 5 号马面）—G0091（止点、断点），长 100 米，东—西走向，保存较差。墙体南侧与地面齐平，北侧残高 2.6～4 米，夯层厚 0.06～0.18 米。

墙体整体保存较差。造成损毁的自然因素有风雨侵蚀、植物生长等；人为因素有拆毁砖石、利用墙体修建房屋或修建房屋破坏墙体、农业生产活动破坏、居民生活活动破坏、修路及修渠挖损破坏、取土挖损破坏等。

7. 罗圈堡长城

起点位于楼子营镇娘娘滩村西北，高程 864 米；止点位于楼子营镇河湾村内，高程 886 米。大致呈东—西走向。全长 1935 米，其中保存一般 770、较差 550、差 290、消失 325 米。墙体为砖墙，外部砖石砌筑；内部为夯土墙体，夯层厚 0.04～0.18 米。外部砖石无存。现存墙体剖面大致呈不规则梯形，顶宽 0.8～5、残高 0.5～5 米（彩图九八七）。本段长城位于黄河南岸，东接楼子营长城，北连焦尾城长城 1 段。罗圈堡 1、2 号敌台位于墙体上。罗圈堡马面倚墙而建，位于墙体北侧。罗圈堡位于墙体南 0.02～0.05 千米处，罗圈堡 1～3 号烽火台位于墙体南侧，罗圈堡 2 号烽火台位于墙体南 0.08 千米，河湾烽火台位于墙体北侧（图五五一）。

本段长城共测 GPS 点 31 个（G0091～G0109、G0111～G0117、G0119～G0123），墙体可分为 9 小段，分述如下。

第 1 小段：G0091（起点、断点）—G0092（断点），长 250 米，东北—西南走向。墙体被修路挖断损毁消失。

第 2 小段：G0092（断点）—G0097（断点），长 140 米，东南—西北走向，保存较差。墙体南侧与地面齐平，北侧残高 1.5～4.2 米，夯层厚 0.08～0.18 米。

第 3 小段：G0097（断点）—G0098（断点），长 50 米，东南—西北走向。墙体被洪水冲刷损毁消失。

第 4 小段：G0098（断点）—G0103（断点），长 190 米，东北—西南走向，保存差。墙体南侧与地面齐平，北侧残高 1.2～4 米，夯层厚 0.06～0.16 米。

第 5 小段：G0103（断点）—G0104（断点），长 25 米，东—西走向。墙体被洪水冲刷损毁消失。

第 6 小段：G0104（断点）—G0109（罗圈堡 1 号敌台），长 410 米，东—西走向，保存较差。墙体南侧与地面齐平，北侧残高 1.6～4.5 米，夯层厚 0.04～0.18 米。

第 7 小段：G0109（罗圈堡 1 号敌台）—G0113（罗圈堡 2 号敌台），长 120 米，东—西走向，保存一般。墙体顶宽 2.2～5、残高 2.3～5 米，夯层厚 0.1～0.18 米。

第 8 小段：G0113（罗圈堡 2 号敌台）—G0122（罗圈堡马面），长 650 米，东北—西南走向，保存一般。墙体顶宽 0.8～4.5、南侧残高 0.6～3、北侧残高 2～5 米，夯层厚 0.06～0.18 米。

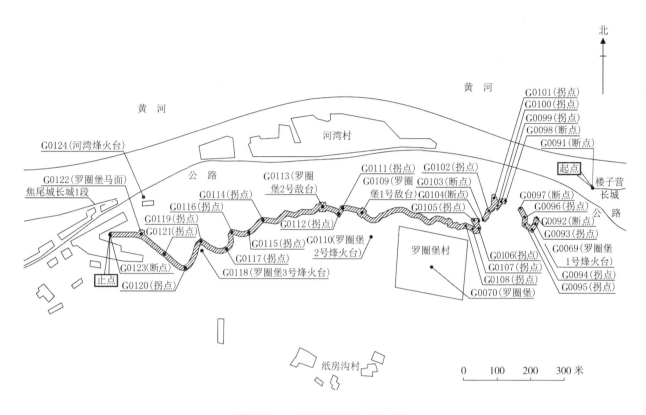

图五五一　罗圈堡长城走向示意图

第9小段：G0122（罗圈堡马面）—G0123（止点、断点），长100米，东—西走向，保存差。墙体残高0.5~1.2米，夯层厚0.08~0.12米。

墙体整体保存较差。造成损毁的自然因素有洪水冲刷、风雨侵蚀、植物生长等；人为因素有拆毁砖石、农业生产活动破坏、居民生活活动破坏、修路挖损破坏、取土挖损破坏等。

8. 焦尾城长城1段

起点位于楼子营镇河湾村内，高程886米；止点位于文笔镇焦尾城村西北0.2千米处，高程876米。大致呈东北—西南走向。全长2000米，其中保存较好130、一般190、差350、消失1330米。墙体为砖墙，外部砖石砌筑；内部为夯土墙体，夯层厚0.07~0.25米。外部砖石大多无存。现存墙体剖面大致呈不规则梯形，底宽4.5~6、顶宽1.2~3.6、残高0.6~4.5米。本段长城位于黄河南岸，东接罗圈堡长城，西南连焦尾城长城2段。焦尾城1、2号敌台位于墙体上；焦尾城1、2号马面倚墙而建，位于墙体西北侧，焦尾城2号马面系焦尾城长城1段止点（图五五二）。

本段长城共测GPS点11个（G0123、G0125~G0134），墙体可分为10小段，分述如下。

第1小段：G0123（起点、断点）—G0125（焦尾城1号敌台），长100米，南—北走向。墙体被人为破坏损毁消失。

第2小段：G0125（焦尾城1号敌台）—G0126（焦尾城2号敌台），长220米，东北—西南走向，保存差。墙体顶部有房屋、耕地。墙体北侧残高0.7~2.8米，夯层厚0.2~0.25米（彩图九八八）。

第3小段：G0126（焦尾城2号敌台）—G0127（断点），长70米，东—西走向，保存差。墙体南侧与地面齐平，北侧残高1~2.8米，夯层厚0.1~0.12米。

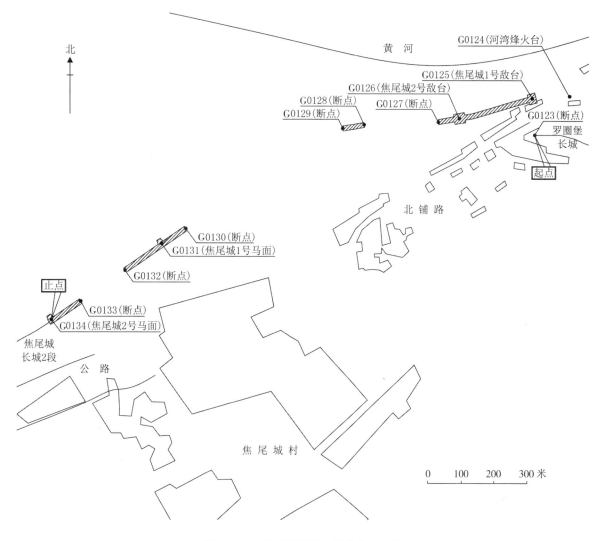

图五五二　焦尾城长城 1 段走向示意图

第 4 小段：G0127（断点）—G0128（断点），长 260 米，东—西走向。墙体被人为破坏损毁消失。

第 5 小段：G0128（断点）—G0129（断点），长 60 米，东—西走向，保存差。墙体南侧与地面齐平，北侧残高 0.8~1 米，夯层厚 0.08~0.12 米。

第 6 小段：G0129（断点）—G0130（断点），长 810 米，东北—西南走向。墙体被人为破坏损毁消失。

第 7 小段：G0130（断点）—G0131（焦尾城 1 号马面），长 80 米，东北—西南走向，保存一般。墙体底宽 4.5~5.5、顶宽 1.2~3、残高 1.5~4.5 米，夯层厚 0.07~0.11 米。

第 8 小段：G0131（焦尾城 1 号马面）—G0132（断点），长 130 米，东北—西南走向，保存较好。墙体底宽 4.8~6、顶宽 2~3.6、东南侧残高 2~2.6、西北侧残高 3.6~4.2 米，夯层厚 0.08~0.12 米。

第 9 小段：G0132（断点）—G0133（断点），长 160 米，东北—西南走向。墙体被人为破坏损毁消失。

第 10 小段：G0133（断点）—G0134（止点、焦尾城 2 号马面），长 110 米，东北—西南走向，保存一般。部分地段残存包砖，包砖厚 1.3 米。墙体西段顶部有一根电线杆。墙体顶宽 1.4~2、东南侧残高 0.6 ~ 1.3、西北侧残高 2.4 ~ 4 米，夯层厚 0.1 ~ 0.13 米。

　　墙体整体保存差。造成损毁的自然因素有风雨侵蚀、植物生长等；人为因素有拆毁砖石、墙体顶部修建房屋及栽立电线杆、农业生产活动破坏、居民生活活动破坏、取土挖损破坏等。

9. 焦尾城长城 2 段

　　起点位于文笔镇焦尾城村西北 0.2 千米处，高程 876 米；止点位于文笔镇石坡子村北 0.05 千米处，高程 862 米。大致呈东北—西南走向。全长 1468 米，其中保存较好 500、一般 770、差 140、消失 58 米。墙体为砖墙，外部砖石砌筑；内部为夯土墙体，夯层厚 0.04 ~ 0.18 米。外部砖石无存。现存墙体剖面大致呈不规则梯形，底宽 5 ~ 6.2、顶宽 1.3 ~ 4.6、残高 0.8 ~ 5.6 米。本段长城位于黄河东南岸，东北接焦尾城长城 1 段，西南连北元长城 1 段。焦尾城 2 ~ 6 号马面倚墙而建，位于墙体西北侧，焦尾城 2 号马面系焦尾城长城 2 段起点。石坡子关骑墙而建，焦尾城烽火台位于墙体东南 0.013 千米处（图五五三）。

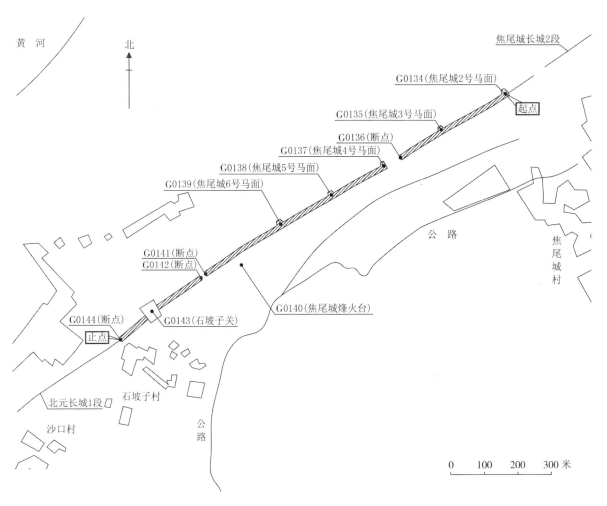

图五五三　焦尾城长城 2 段走向示意图

　　本段段长城共测 GPS 点 10 个（G0134 ~ G0139、G0141 ~ G0144），墙体可分为 9 小段，分述如下。

　　第 1 小段：G0134（起点、焦尾城 2 号马面）—G0135（焦尾城 3 号马面），长 220 米，东北—西南走向，保存一般。墙体顶宽 1.3 ~ 2.5、南侧残高 0.8 ~ 1.6、北侧残高 3 ~ 5.6 米，夯层厚 0.04 ~

0.13 米。

第 2 小段：G0135（焦尾城 3 号马面）—G0136（断点），长 150 米，东北—西南走向，保存一般。村民利用墙体修建大棚。墙体顶宽 1.3 ~ 2.5、南侧残高 1.8 ~ 2.6、北侧残高 4 ~ 4.4 米，夯层厚 0.1 ~ 0.18 米。

第 3 小段：G0136（断点）—G0137（焦尾城 4 号马面），长 50 米，东北—西南走向。墙体被修路挖断损毁消失。

第 4 小段：G0137（焦尾城 4 号马面）—G0138（焦尾城 5 号马面），长 200 米，东北—西南走向，保存一般。墙体顶宽 1.7 ~ 3.1、南侧残高 1.3 ~ 1.8、北侧残高 2 ~ 3.3 米，夯层厚 0.07 ~ 0.13 米。

第 5 小段：G0138（焦尾城 5 号马面）—G0139（焦尾城 6 号马面），长 200 米，东北—西南走向，保存较好。墙体顶部偶见铺砖。墙体底宽 5 ~ 6.2、顶宽 3 ~ 3.8、残高 2.3 ~ 4.4 米，夯层厚 0.1 ~ 0.18 米。

第 6 小段：G0139（焦尾城 6 号马面）—G0141（断点），长 300 米，东北—西南走向，保存较好。墙体底宽 6、顶宽 3.3 ~ 4、残高 4 米，夯层厚 0.08 ~ 0.12 米。

第 7 小段：G0141（断点）—G0142（断点），长 8 米，东北—西南走向。墙体被修渠挖断损毁消失。

第 8 小段：G0142（断点）—G0143（石坡子关），长 200 米，东北—西南走向，保存一般。墙体顶部残存铺砖。墙体西段西北侧有 4 孔窑洞。墙体底宽 6、顶宽 2.2 ~ 4.6、残高 4 米，夯层厚 0.08 ~ 0.12 米。

第 9 小段：G0143（石坡子关）—G0144（止点、断点），长 140 米，东北—西南走向，保存差。墙体北侧残高 3 ~ 4 米，夯层厚 0.08 ~ 0.12 米。

墙体整体保存一般。造成损毁的自然因素有风雨侵蚀、植物生长等；人为因素有拆毁砖石、利用墙体修建大棚及窑洞、农业生产活动破坏、居民生活活动破坏、修路和修渠挖损破坏等。

10. 北元长城 1 段

起点位于文笔镇石坡子村北 0.05 千米处，高程 862 米；止点位于文笔镇北元村西 0.4 千米处，高程 799 米。大致呈东北—西南走向。全长 2248 米，其中保存一般 8、差 420、消失 1820 米。墙体为砖墙，外部砖石砌筑；内部为夯土墙体，夯层厚 0.07 ~ 0.16 米。外部砖石无存。现存墙体剖面大致呈不规则梯形，底宽 5、顶宽 3、残高 0.5 ~ 3.8 米。本段长城位于黄河东南岸，东北接焦尾城长城 2 段，西南连北元长城 2 段。北元关倚墙而建，位于墙体东南侧。北元烽火台位于墙体东南侧（图五五四）。

本段长城共测 GPS 点 6 个（G0144、G0145、G0147 ~ G0150），墙体可分为 5 小段，分述如下。

第 1 小段：G0144（起点、断点）—G0145（断点），长 420 米，东北—西南走向，保存差。墙体残高 0.5 ~ 2 米，夯层厚 0.08 ~ 0.12 米。

第 2 小段：G0145（断点）—G0147（断点），长 1460 米，东北—西南走向。墙体位于沙口村、北元村内，被人为破坏损毁消失。

第 3 小段：G0147（断点）—G0148（断点），长 8 米，东北—西南走向，保存一般。墙体顶部有树木，东南壁有窑洞。墙体底宽 5、顶宽 3、残高 3.8 米，夯层厚 0.07 ~ 0.16 米。

第 4 小段：G0148（断点）—G0149（北元关），长 90 米，东北—西南走向。墙体被人为破坏损毁消失。

第 5 小段：G0149（北元关）—G0150（止点、断点），长 270 米，东北—西南走向。墙体被人为

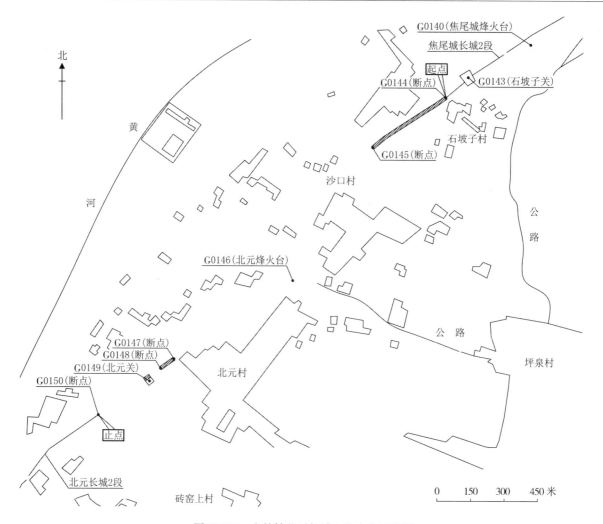

图五五四　文笔镇北元长城 1 段走向示意图

破坏损毁消失。

墙体整体保存差。造成损毁的自然因素有风雨侵蚀、植物生长等；人为因素有拆毁砖石、利用墙体修建窑洞、农业生产活动破坏、居民生活活动破坏、取土挖损破坏等。

11. 北元长城 2 段

起点位于文笔镇北元村西 0.4 千米处，高程 799 米；止点位于河曲县城古渡广场东北 0.1 千米处，高程 854 米。大致呈东北—西南走向。全长 1098 米，其中保存一般 32、较差 415、差 530、消失 121 米。墙体为砖墙，外部砖石砌筑；内部为夯土墙体，夯层厚 0.04～0.22 米。外部砖石无存。现存墙体剖面大致呈不规则梯形，底宽 4.5、顶宽 0.6～3.5、残高 1～5 米。本段长城位于黄河东南岸，东北接北元长城 1 段，西南连南元长城。北元敌台位于墙体上，河保营堡位于墙体东南侧（图五五五）。

本段长城共测 GPS 点 12 个（G0150～G0161），墙体可分为 9 小段，分述如下。

第 1 小段：G0150（起点、断点）—G0151（北元敌台），长 250 米，东北—西南走向，保存较差。墙体东南侧邻水渠，西北侧有利用墙体修建的猪圈。墙体顶宽 0.6～3.5、西北侧残高 1.8～2.3 米，夯层厚 0.04～0.16 米（彩图九八九）。

第 2 小段：G0151（北元敌台）—G0152（断点），长 150 米，东北—西南走向，保存差。墙体东

图五五五　北元长城2段长城走向示意图

南侧邻水渠,西北侧为林地。墙体西北侧残高1~2.3米,夯层厚0.05~0.13米。

第3小段:G0152(断点)—G0153(断点),长7米,东北—西南走向。墙体被修路挖断损毁消失。

第4段:G0153(断点)—G0155(拐点),长380米,东北—西南走向,保存差。墙体东南侧邻水渠。墙体西北侧残高4~5米,夯层厚0.07~0.16米。

第5小段:G0155(拐点)—G0156(断点),长20米,东—西走向,保存一般。墙体南邻房屋。墙体底宽4.5、顶宽2.5、残高3.5米,夯层厚0.05~0.13米。

第6小段:G0156(断点)—G0157(断点),长24米,北—南走向。墙体被村民修建房屋破坏损毁消失。

第7小段:G0157(断点)—G0158(断点),长12米,东—西走向,保存一般。墙体南邻房屋。墙体顶宽3.2、残高4.2米,夯层厚0.05~0.13米。

第8小段:G0158(断点)—G0159(断点),长90米,东—西走向。墙体被村民修建房屋破坏损毁消失。

第9小段:G0159(断点)—G0161(止点、断点),长165米,东北—西南走向,保存较差。墙体东南邻房屋，西北为河曲县古渡广场。墙体顶宽 0.6~2、残高 1~4.5 米，夯层厚 0.08~0.22 米。墙体西北壁有修缮痕迹（彩图九九〇）。

墙体整体保存差。造成损毁的自然因素有风雨侵蚀、植物生长等；人为因素有拆毁砖石、利用墙体修建房屋及猪圈或修建房屋破坏墙体、农业生产活动破坏、居民生活活动破坏、修路及修渠挖损破坏、取土挖损破坏等。

12. 南元长城

起点位于河曲县城古渡广场东北 0.1 千米处，高程 854 米；止点位于河曲县政府大门东南 1 千米处，高程 855 米。大致呈西北—东南走向。全长 1430 米，其中保存较差 430、消失 1000 米。墙体为砖墙，外部砖石砌筑；内部为夯土墙体，夯层厚 0.08~0.18 米。外部砖石无存。现存墙体剖面大致呈不规则梯形，底宽 3.5~4、顶宽 0.6~2、残高 0.5~2.3 米。本段长城位于黄河东岸，东北接北元长城 2 段，东南连铁果门长城。G0163（节点）也是南元外长城 G0001（起点、节点），河保营堡位于墙体东北侧（图五五六）。

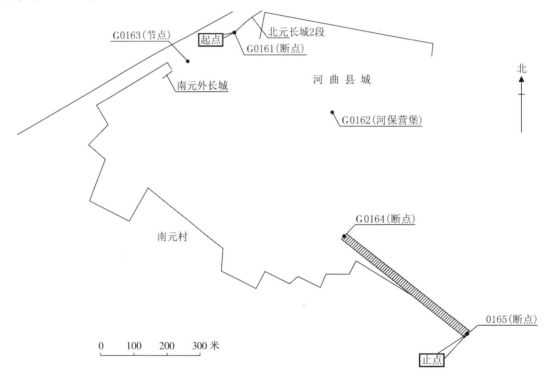

图五五六　南元长城走向示意图

本段长城共测 GPS 点 4 个（G0161、G0163~G0165），墙体可分为 3 小段，分述如下。

第 1 小段：G0161（起点、断点）—G0163（节点），长 90 米，东北—西南走向。墙体被村民修建房屋破坏损毁消失。G0163（节点）也是南元外长城 G0001（起点、节点）。G0163（节点）处墙体长 2、残高 1 米，被利用修建成院墙。

第 2 小段：G0163（节点）—G0164（断点），长 910 米，西北—东南走向。墙体位于县城内，被人为破坏损毁消失。

第 3 小段：G0164（断点）—G0165（止点、断点），长 430 米，西北—东南走向，保存较差。墙体顶部被利用成道路，村民利用墙体修建房屋、猪圈、大棚、水渠。墙体底宽 3.5 ~ 4、顶宽 0.6 ~ 2、残高 0.5 ~ 2.3 米，夯层厚 0.08 ~ 0.18 米。

整体保存差。造成损毁的自然因素有风雨侵蚀、植物生长等；人为因素有拆毁砖石、利用墙体修建房屋、猪圈、大棚、水渠或修建房屋破坏墙体、农业生产活动破坏、居民生活活动破坏、取土挖损破坏、人为踩踏等。

13. 南元外长城

起点位于河曲县古渡广场东北 0.06 千米处，高程 855 米；止点位于文笔镇南元村西 0.6 千米处，高程 856 米。大致呈东北—西南走向。全长 1275 米，其中保存较差 142、消失 1133 米。墙体为砖墙，外部砖石砌筑；内部为夯土墙体，夯层厚 0.04 ~ 0.18 米。外部砖石无存。现存墙体剖面大致呈不规则梯形，底宽 1 ~ 4.5、顶宽 0.4 ~ 2.8、残高 1 ~ 5.5 米。本段长城位于黄河东南岸，G0001（起点、节点）也是南元长城 G0163（节点）（图五五七）。

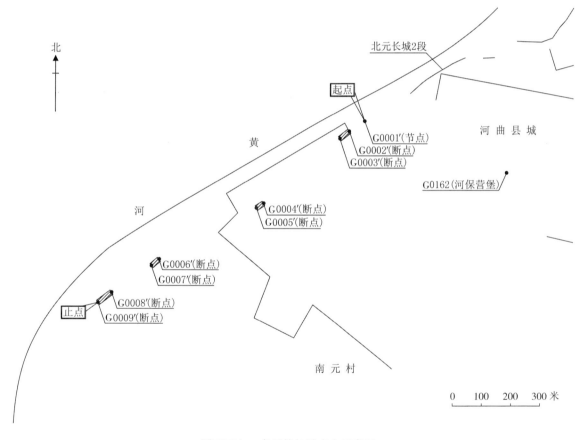

图五五七　南元外长城走向示意图

本段长城共测 GPS 点 9 个（G0001′—G0009′），墙体可分为 8 小段，分述如下。

第 1 小段：G0001′（起点、节点）—G0002′（断点），长 190 米，东北—西南走向。墙体位于县城内，被人为破坏损毁消失。

第 2 小段：G0002′（断点）—G0003′（断点），长 40 米，东北—西南走向，保存较差。墙体两侧邻房屋，被利用修建成院墙。墙体底宽 2 ~ 3、顶宽 0.5 ~ 1.5、残高 2 ~ 5.5 米，夯层厚 0.1 ~ 0.18 米。

第 3 小段：G0003′（断点）—G0004′（断点），长 300 米，东北—西南走向。墙体位于县城内，被人为破坏损毁消失。

第 4 小段：G0004′（断点）—G0005′（断点），长 22 米，东北—西南走向，保存较差。村民利用墙体修建房屋。墙体底宽 1~4、顶宽 0.4~2.8、残高 2~3.5 米，夯层厚 0.04~0.12 米。

第 5 小段：G0005′（断点）—G0006′（断点），长 527 米，东北—西南走向。墙体被农业生产活动破坏损毁消失。

第 6 小段：G0006′（断点）—G0007′（断点），长 30 米，东北—西南走向，保存较差。墙体西北侧有一排杨树。墙体底宽 3~4.5、顶宽 0.8~2、残高 2~4.5 米，夯层厚 0.05~0.13 米。

第 7 小段：G0007′（断点）—G0008′（断点），长 116 米，东北—西南走向。墙体被农业生产活动破坏损毁消失。

第 8 小段：G0008′（断点）—G0009′（止点、断点），长 50 米，东北—西南走向，保存较差。墙体残高 1~4 米，夯层厚 0.05~0.14 米。

墙体整体保存差。造成损毁的自然因素有风雨侵蚀、植物生长等；人为因素有拆毁砖石、利用墙体修建房屋、农业生产活动破坏、居民生活活动破坏、取土挖损破坏等。

14. 铁果门长城

起点位于河曲县政府大门东南 1 千米处，高程 855 米；止点位于文笔镇铁果门村内，高程 936 米。大致呈西北—东南走向。全长 1943 米，其中保存较好 860、一般 50、差 150、消失 883 米。墙体为砖墙，外部砖石砌筑；内部为夯土墙体，夯层厚 0.05~0.17 米。外部砖石无存。现存墙体剖面大致呈不规则梯形，底宽 4~6、顶宽 1~4、残高 0.5~8.8 米。部分段墙体有登墙步道，宽 3 米。本段长城位于黄河东北岸，西北接南元长城，东南连唐家会长城。铁果门敌台位于墙体上，铁果门 1 号烽火台位于墙体北侧，铁果门 2 号烽火台位于墙体西 0.1 千米处（图五五八）。

本段长城共测 GPS 点 12 个（G0165~G0168、G0170、G0171、G0173~G0178），墙体可分为 8 小段，分述如下。

第 1 小段：G0165（起点、断点）—G0166（断点），长 430 米，西北—东南走向。墙体被农业生产活动破坏损毁消失。

第 2 小段：G0166（断点）—G0167（断点），长 150 米，西北—东南走向，保存差。墙体北侧为房屋，地势高于墙体，南侧为菜地，顶部有一排杨树，到处是垃圾。墙体残高 0.5~2.4 米，夯层厚 0.08~0.17 米。

第 3 段：G0167（断点）—G0168（断点），长 410 米，西北—东南走向。墙体被村民修建房屋、道路破坏损毁消失。

第 4 小段：G0168（断点）—G0170（断点），长 180 米，西—东走向，保存较好。墙体西段北侧有登墙步道，长 15、宽 3 米。墙体底宽 5~6、顶宽 3.5~4、残高 5~6.8 米，夯层厚 0.08~0.15 米（彩图九九一）。

第 5 小段：G0170（断点）—G0171（断点），长 35 米，西北—东南走向。墙体被修路挖断损毁消失。

第 6 小段：G0171（断点）—G0175（铁果门敌台），长 680 米，西北—东南走向，保存较好。墙体两侧密布坟墓，东侧 0.5 千米处有电厂，西侧 0.1 千米处有硅铁厂。墙体底部有窑洞，G0174（拐点）—G0175（铁果门敌台）间墙体顶部东侧修建有水渠，墙体顶部残存铺砖。墙体底宽 5~6、顶宽 2~3.8、残高 6~8.8 米，夯层厚 0.05~0.16 米（彩图九九二）。

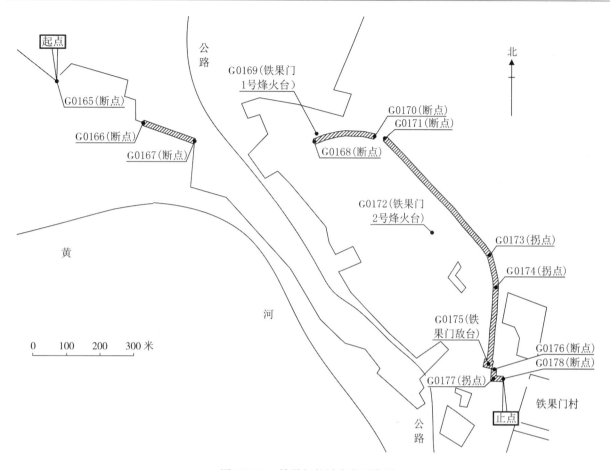

图五五八　铁果门长城走向示意图

第 7 小段：G0175（铁果门敌台）—G0176（断点），长 8 米，西北—东南走向。墙体被修渠挖断损毁消失。

第 8 小段：G0176（断点）—G0178（止点、断点），长 50 米，西北—东南走向，保存一般。墙体东北 0.005 千米处有移动通信塔架，西邻陡崖。墙体底宽 4~6、顶宽 1~2.3、残高 2~7 米，夯层厚 0.05~0.15 米。

墙体整体保存差。造成损毁的自然因素有风雨侵蚀、植物生长等；人为因素有拆毁砖石、利用墙体修建房屋及窑洞或修建房屋破坏墙体、农业生产活动破坏、居民生活活动破坏、修路和修渠挖损破坏、取土挖损破坏等。

15. 唐家会长城

起点位于文笔镇铁果门村内，高程 936 米；止点位于文笔镇唐家会村内，高程 866 米。大致呈西北—东南走向。全长 1759 米，其中保存一般 560、较差 330、消失 869 米。墙体为砖墙，外部砖石砌筑；内部为夯土墙体，夯层厚 0.04~0.13 米。外部砖石无存。现存墙体剖面大致呈不规则梯形，底宽 3.5~6、顶宽 0.6~2.4、残高 0.5~7.5 米（彩图九九三）。本段长城位于黄河东岸，西北接铁果门长城，东南连船湾长城 1 段。G0184（断点）也是唐家会外长城 G0001″（起点、断点）。唐家会敌台位于墙体上；唐家会 1、2 号马面倚墙而建，位于墙体西南侧（图五五九）。

本段长城共测 GPS 点 12 个（G0178—G0189），墙体可分为 11 小段，分述如下。

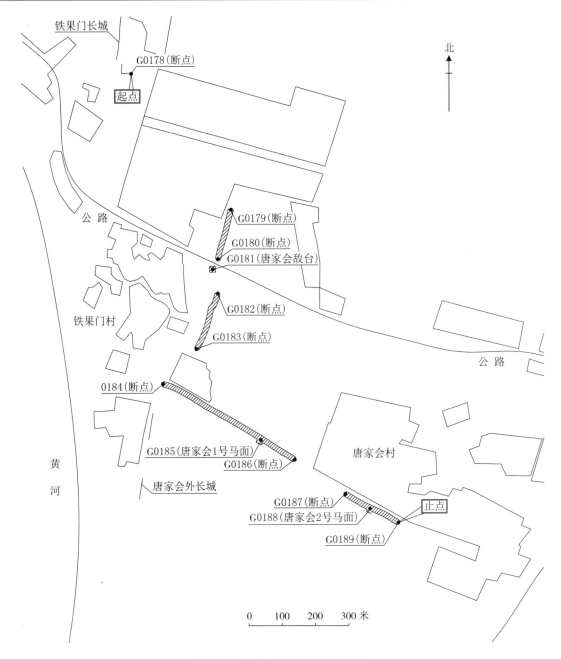

图五五九　唐家会长城走向示意图

　　第1小段：G0178（起点、断点）—G0179（断点），长470米，西北—东南走向。墙体被人为破坏损毁消失。

　　第2小段：G0179（断点）—G0180（断点），长140米，北—南走向，保存一般。墙体上有3处洞穴，墙体西侧部分被修路挖损破坏。墙体底宽3.5～4.8、顶宽0.6～1.5、残高1.8～7.5米，夯层厚0.04～0.13米。

　　第3小段：G0180（断点）—G0181（唐家会敌台），长24米，北—南走向。墙体被修路挖断损毁消失。

　　第4段：G0181（唐家会敌台）—G0182（断点），长65米，北—南走向。墙体被村民修建房屋破坏损毁消失。

第 5 小段：G0182（断点）—G0183（断点），长 160 米，东北—西南走向，保存较差。墙体东邻水渠。墙体残高 0.5~6 米，夯层厚 0.04~0.13 米。

第 6 小段：G0183（断点）—G0184（断点），长 140 米，东北—西南走向。墙体被村民修建房屋破坏损毁消失。

第 7 小段：G0184（断点）—G0185（唐家会 1 号马面），长 310 米，西北—东南走向，保存一般。墙体顶部残存铺砖。墙体底宽 4~6、顶宽 0.6~2.4、南侧残高 4.5~6 米，夯层厚 0.07~0.13 米。

第 8 小段：G0185（唐家会 1 号马面）—G0186（断点），长 110 米，西北—东南走向，保存一般。

第 9 小段：G0186（断点）—G0187（断点），长 170 米，西北—东南走向。墙体被修路挖断损毁消失。

第 10 小段：G0187（断点）—G0188（唐家会 2 号马面），长 90 米，西北—东南走向，保存较差。村民利用墙体修建猪圈。墙体顶宽 0.6~1.5、残高 1~4.5 米。

第 11 小段：G0188（唐家会 2 号马面）—G0189（止点、断点），长 80 米，西北—东南走向，保存较差。墙体南邻水渠，北邻水泥路。墙体底宽 4.4~5.5、顶宽 1.2~2 米。

墙体整体保存较差。造成损毁的自然因素有风雨侵蚀、植物生长等；人为因素有拆毁砖石、利用墙体修建房屋及猪圈或修建房屋破坏墙体、农业生产活动破坏、居民生活活动破坏、修路和修渠挖损破坏、取土挖损破坏、挖掘洞穴等。

16. 唐家会外长城

起点位于文笔镇铁果门村内，高程 875 米；止点位于文笔镇唐家会村西南 2.1 千米处，高程 852 米。大致呈北—南走向。全长 2230 米，其中保存较差 250、差 1220、消失 760 米。墙体为土墙，夯筑而成，夯层厚 0.07~0.22 米。现存墙体剖面大致呈不规则梯形，底宽 1.5~3.2、顶宽 0.25~1.5、残高 0.5~4.5 米（彩图九九四）。本段长城 G0001″（起点、断点）也是唐家会长城 G0184（断点），唐家会 1、2 号烽火台位于墙体东侧（图五六〇）。

本段长城共测 GPS 点 11 个（G0001″~G0008″、G0010″、G0011″、G0013″），可分为 10 小段，分述如下。

第 1 小段：G0001″（起点、断点）—G0002″（断点），长 80 米，东北—西南走向。墙体被村民修建房屋、农业生产活动破坏损毁消失。

第 2 小段：G0002″（断点）—G0003″（断点），长 70 米，北—南走向，保存较差。墙体东侧为耕地，西侧为水泥路。墙体残高 0.7~4 米，夯层厚 0.08~0.15 米。

第 3 小段：G0003″（断点）—G0004″（断点），长 110 米，北—南走向。墙体被农业生产活动破坏损毁消失。

第 4 小段：G0004″（断点）—G0005″（断点），长 50 米，北—南走向，保存较差。墙体残高 1~4.5 米，夯层厚 0.07~0.2 米。

第 5 小段：G0005″（断点）—G0006″（断点），长 190 米，东北—西南走向。墙体被农业生产活动破坏损毁消失。

第 6 小段：G0006″（断点）—G0007″（断点），长 130 米，北—南走向，保存较差。墙体底宽 1.5~3.2、顶宽 0.25~1.5、残高 0.5~4.2 米。

第 7 小段：G0007″（断点）—G0008″（断点），长 360 米，东北—西南走向。墙体被农业生产活动破坏损毁消失。

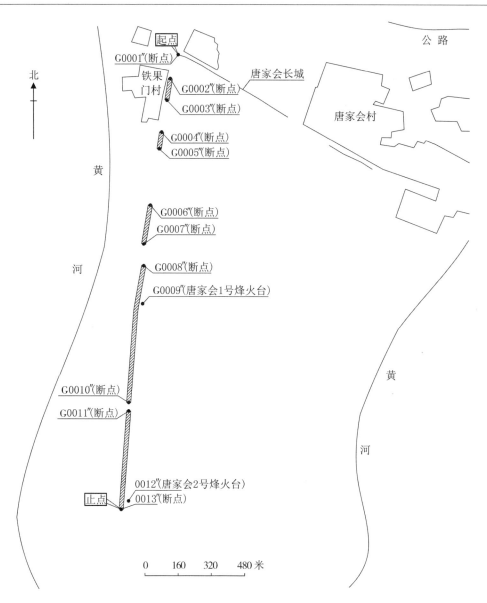

图五六〇　唐家会外长城走向示意图

　　第 8 小段：G0008″（断点）—G0010″（断点），长 890 米，北—南走向，保存差。墙体东邻水渠。墙体残高 0.5 ~ 3.8 米，夯层厚 0.08 ~ 0.22 米。

　　第 9 小段：G0010″（断点）—G0011″（断点），长 20 米，北—南走向。墙体被农业生产活动破坏损毁消失，现有土路。

　　第 10 小段：G0011″（断点）—G0013″（止点、断点），长 330 米，北—南走向，保存差。墙体残高 0.5 ~ 1.6 米。

　　墙体整体保存差。造成损毁的自然因素有风雨侵蚀、植物生长等；人为因素有修建房屋破坏墙体、农业生产活动破坏、居民生活活动破坏、修路及修渠挖损破坏、取土挖损破坏等。

17. 船湾长城 1 段

　　起点位于文笔镇唐家会村内，高程 866 米；止点位于文笔镇船湾村东南 0.65 千米处，高程 876

米。大致呈西北—东南走向。全长 2670 米，其中保存较好 360、一般 745、较差 620、消失 2050 米。墙体为砖墙，外部砖石砌筑；内部为夯土墙体，夯层厚 0.08～0.12 米。外部砖石大多无存。现存墙体剖面大致呈不规则梯形，残高 2.4～5.2 米。本段长城位于黄河北岸，西北接唐家会长城，南连船湾长城 2 段。唐家会堡位于墙体北侧，船湾 1、2 号烽火台位于墙体东北侧（图五六一）。

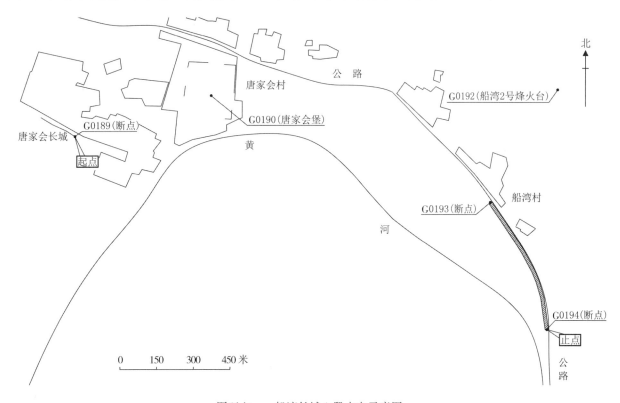

图五六一　船湾长城 1 段走向示意图

本段长城共测 GPS 点 3 个（G0189、G0193、G0194），可分为 2 小段，分述如下。

第 1 小段：G0189（起点、断点）—G0193（断点），长 2050 米，西北—东南走向。墙体被村民修建房屋、农业生产活动、修路挖损破坏损毁消失。

第 2 小段：G0193（断点）—G0194（止点、断点），长 620 米，西北—东南走向，保存较差。墙体残存部分外部砖石。墙体东邻公路，顶部东侧与公路地面齐平。墙体西南侧残高 2.4～5.2 米，夯层厚 0.08～0.12 米（彩图九九五）。

墙体整体保存差。造成损毁的自然因素有风雨侵蚀、植物生长等；人为因素有修建房屋破坏墙体、农业生产活动破坏、居民生活活动破坏、修路挖损破坏、取土挖损破坏等。

18. 船湾长城 2 段

起点位于文笔镇船湾村东南 0.65 千米处，高程 876 米；止点位于巡镇镇杨家寨村西 1.08 千米处，高程 877 米。大致呈东北—西南走向。全长 1400 米，均保存较好。本段长城为山险，位于黄河东岸，北接船湾长城 1 段，西南连五花城堡长城，船湾 3 号烽火台位于墙体东侧（图五六二）。

本段长城共测 GPS 点 2 个（G0194、G0196），仅 1 小段，叙述如下。

G0194（起点、断点）—G0196（止点、拐点），长 1400 米，东北—西南走向，保存较好。

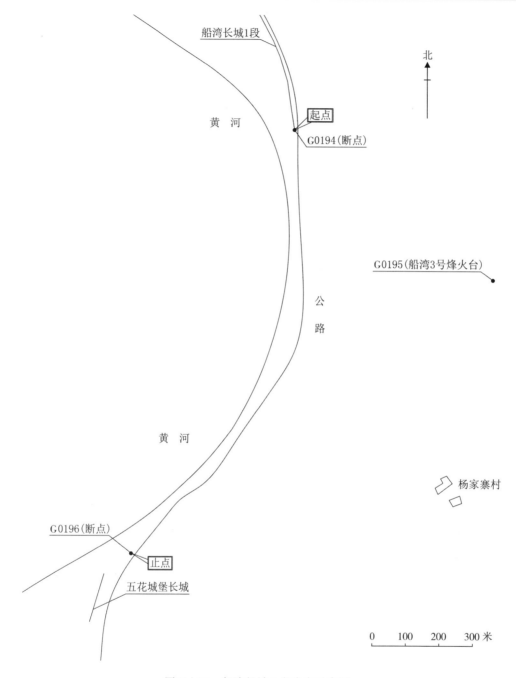

图五六二　船湾长城 2 段走向示意图

19. 五花城堡长城

　　起点位于巡镇镇杨家寨村西 1.08 千米处，高程 877 米；止点位于巡镇镇五花城堡村西 0.36 千米处，高程 854 米。大致呈北—南走向。全长 1976 米，其中保存较差 530、差 360、消失 1086 米。墙体为砖墙，外部砖石砌筑；内部为夯土墙体，夯层厚 0.04 ~ 0.13 米。外部砖石无存。现存墙体剖面大致呈不规则梯形，顶宽 0.3 ~ 2.6、残高 0.2 ~ 6.8 米。本段长城位于黄河东岸，东北接船湾长城 2 段，东南连五花城长城。五花城堡、五花城堡烽火台位于墙体东侧（图五六三）。

　　本段长城共测 GPS 点 10 个（G0196 ~ G0204、G0207），可分为 9 小段，分述如下。

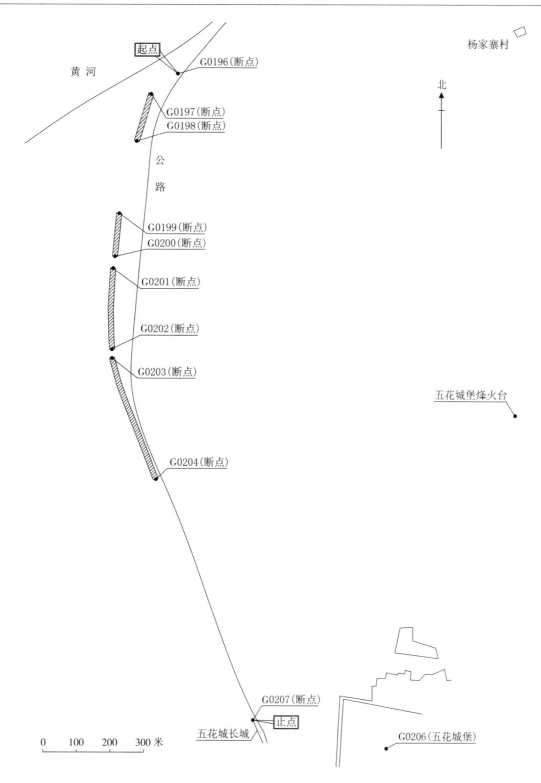

图五六三　五花城堡长城走向示意图

第 1 小段：G0196（起点、拐点）—G0197（断点），长 100 米，东北—西南走向。墙体被洪水冲刷损毁消失。

第 2 小段：G0197（断点）—G0198（断点），长 160 米，东北—西南走向，保存较差。墙体顶宽

0.5~2.6、东侧残高 0.6~1.2、西侧残高 5~6.8 米。

第 3 小段：G0198（断点）—G0199（断点），长 220 米，东北—西南走向。墙体被洪水冲刷损毁消失。

第 4 小段：G0199（断点）—G0200（断点），长 130 米，北—南走向，保存较差。墙体东侧有加油站（彩图九九六）。

第 5 小段：G0200（断点）—G0201（断点），长 30 米，北—南走向。墙体被修路挖断损毁消失。

第 6 小段：G0201（断点）—G0202（断点），长 240 米，北—南走向，保存较差。墙体东侧为耕地，西邻水渠。墙体顶宽 0.3~1.2、东侧残高 0.2~1.6、西侧残高 1~5.2 米。

第 7 小段：G0202（断点）—G0203（断点），长 6 米，北—南走向。墙体被修路挖断损毁消失。

第 8 小段：G0203（断点）—G0204（断点），长 360 米，西北—东南走向，保存差。墙体东侧基本与地面齐平，西侧残高 0.6~3.7 米，夯层厚 0.04~0.13 米。

第 9 小段：G0204（断点）—G0207（止点、断点），长 730 米，西北—东南走向。墙体被修路挖断损毁消失。

墙体整体保存差。造成损毁的自然因素有洪水冲刷、风雨侵蚀、植物生长等；人为因素有拆毁砖石、农业生产活动破坏、修路及修渠挖损破坏等。

20. 五花城长城

起点位于巡镇镇五花城堡村西 0.36 千米处，高程 854 米；止点位于巡镇镇铺路村西北 0.35 千米处，高程 851 米。大致呈西北—东南走向。全长 1619 米，其中保存一般 150、较差 510、差 90、消失 869 米。墙体为砖墙，外部砖石砌筑；内部为夯土墙体，夯层厚 0.07~0.13 米。外部砖石无存。现存墙体剖面大致呈不规则梯形，底宽 4.8、顶宽 0.3~1.3、残高 0.4~7 米。本段长城位于黄河东北岸，西北接五花城堡长城，东南连夏营长城。五花城堡位于墙体东侧（图五六四）。

本段长城共测 GPS 点 9 个（G0207~G0215），可分为 8 小段，分述如下。

第 1 小段：G0207（起点、断点）—G0208（断点），长 160 米，西北—东南走向，保存较差。墙体顶宽 0.3~1、东北侧残高 0.4~4、西南侧残高 3.6~6.5 米，夯层厚 0.07~0.13 米。

第 2 小段：G0208（断点）—G0209（断点），长 6 米，西北—东南走向。墙体被修路挖断损毁消失。

第 3 小段：G0209（断点）—G0210（断点），长 150 米，西北—东南走向，保存一般。墙体底宽 4.8、顶宽 1~1.3、东北侧残高 4~5、西南侧残高 6.2~7 米（彩图九九七）。

第 4 小段：G0210—G0211，长 40 米，西北—东南走向。墙体被农业生产活动破坏损毁消失。

第 5 小段：G0211（断点）—G0212（断点），长 90 米，西北—东南走向，保存差。墙体西南侧残高 2.4~3.2 米。

第 6 小段：G0212（断点）—G0213（断点），长 3 米，西北—东南走向。墙体被修路挖断损毁消失。

第 7 小段：G0213（断点）—G0214（断点），长 350 米，西北—东南走向，保存较差。墙体顶宽 0.3~1 米，东北侧残高 0.4~4、西南侧残高 3.6~6.5 米，夯层厚 0.07~0.13 米。

第 8 小段：G0214（断点）—G0215（止点、断点），长 820 米，西北—东南走向。墙体被农业生产活动破坏损毁消失。

墙体整体保存差。造成损毁的自然因素有风雨侵蚀、植物生长等；人为因素有拆毁砖石、农业生产活动破坏、修路挖损破坏等。

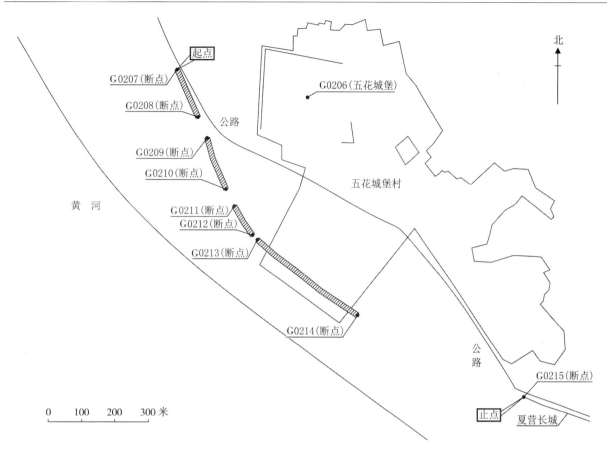

图五六四　五花城长城走向示意图

21. 夏营长城

起点位于巡镇镇铺路村西北 0.35 千米处，高程 851 米；止点位于巡镇镇夏营村南 0.16 千米处，高程 881 米。大致呈西北—东南走向。全长 2080 米，其中保存差 640、消失 1440 米。墙体为砖墙，外部砖石砌筑；内部为夯土墙体，夯层厚 0.04～0.13 米。外部砖石无存。现存墙体剖面大致呈不规则梯形，残高 0.3～2.3 米。本段长城位于黄河北岸，西北接五花城长城，东南连河会长城。夏营堡、夏营烽火台位于墙体北侧（图五六五）。

本段长城共测 GPS 点 7 个（G0215～G0218、G0220、G0221、G0223），可分为 6 小段，分述如下。

第 1 小段：G0215（起点、断点）—G0216（断点），长 340 米，西北—东南走向，保存差。墙体残高 0.4～2.3 米，夯层厚 0.04～0.13 米。

第 2 小段：G0216（断点）—G0217（断点），长 380 米，西北—东南走向。墙体被农业生产活动、修路挖损破坏损毁消失。

第 3 小段：G0217（断点）—G0218（断点），长 70 米，西—东走向，保存差。墙体北邻公路，北侧顶部与公路地面齐平。墙体南侧残高 0.6～1.7 米。

第 4 小段：G0218（断点）—G0220（断点），长 860 米，西—东走向。墙体被农业生产活动破坏损毁消失。

第 5 小段：G0220（断点）—G0221（断点），长 230 米，西北—东南走向，保存差。墙体残高 0.3～1.7 米。

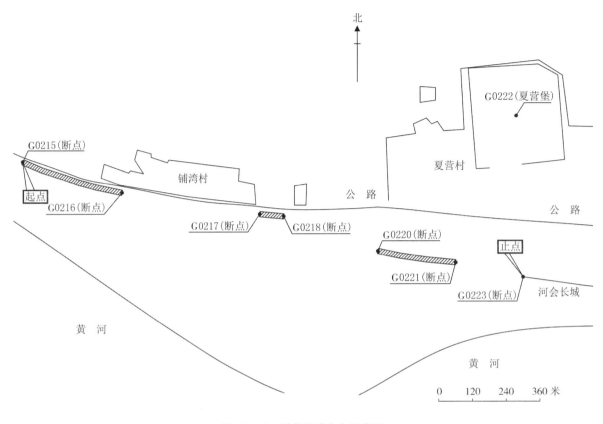

图五六五　夏营长城走向示意图

第6小段：G0221（断点）—G0223（止点、断点），长200米，西北—东南走向。墙体被修路挖断损毁消失。

墙体整体保存差。造成损毁的自然因素有风雨侵蚀、植物生长等；人为因素有拆毁砖石、农业生产活动破坏、修路挖损破坏等。

22. 河会长城

起点位于巡镇镇夏营村南0.16千米处，高程881米；止点位于巡镇镇河会村东南0.3千米处，高程848米。大致呈西北—东南走向。全长1950米，其中保存差880、消失1070米。墙体为砖墙，外部砖石砌筑；内部为夯土墙体，夯层厚0.06~0.15米。外部砖石无存。现存墙体剖面大致呈不规则梯形，残高0.3~2.4米。本段长城位于黄河北岸，西北接夏营长城，南连曲峪长城。夏营堡、河会烽火台位于墙体北侧（图五六六）。

本段长城共测GPS点8个（G0223~G0228、G0230、G0231），可分为7小段，分述如下。

第1小段：G0223（起点、断点）—G0224（断点），长330米，西—东走向，保存差。墙体顶部有水渠和两排杨树。墙体南侧残高1.6~2.4、北侧残高1~1.3米，夯层厚0.06~0.13米。

第2小段：G0224（断点）—G0225（断点），长210米，西—东走向。墙体被农业生产活动破坏损毁消失。

第3小段：G0225（断点）—G0226（断点），长180米，西—东走向，保存差。墙体顶部有水渠和两排杨树。

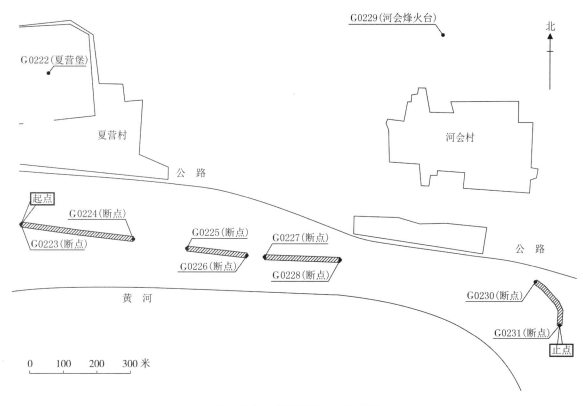

图五六六　河会长城走向示意图

第 4 小段：G0226（断点）—G0227（断点），长 50 米，西—东走向。墙体被洪水冲刷、农业生产活动破坏损毁消失。

第 5 小段：G0227（断点）—G0228（断点），长 220 米，西—东走向，保存差。墙体顶部有水渠和两排杨树。

第 6 小段：G0228（断点）—G0230（断点），长 810 米，西北—东南走向。墙体被农业生产活动、修路破坏损毁消失。

第 7 小段：G0230（断点）—G0231（止点、断点），长 150 米，西北—东南走向，保存差。墙体残高 0.3~1.6 米，夯层厚 0.07~0.15 米。

墙体整体保存差。造成损毁的自然因素有洪水冲刷、风雨侵蚀、植物生长等；人为因素有拆毁砖石、农业生产活动破坏、修路及修渠挖损破坏等。

23. 曲峪长城

起点位于巡镇镇河会村东南 0.3 千米处，高程 848 米；止点位于巡镇镇阳面村西 0.23 千米处，高程 857 米。大致呈东北—西南走向。全长 5860 米，均消失。本段长城位于黄河东岸，北接河会长城，南连阳面长城。狗儿洼烽火台和向阳坡 1、2 号烽火台位于墙体东侧（图五六七）。

本段长城共测 GPS 点 2 个（G0231、G0235），仅 1 小段，叙述如下。

G0231（起点、断点）—G0235（止点、断点），长 5860 米，东北—西南走向，墙体消失。

墙体消失。造成损毁的自然因素有洪水冲刷、风雨侵蚀、植物生长等；人为因素有农业生产活动破坏、修路挖损破坏等。

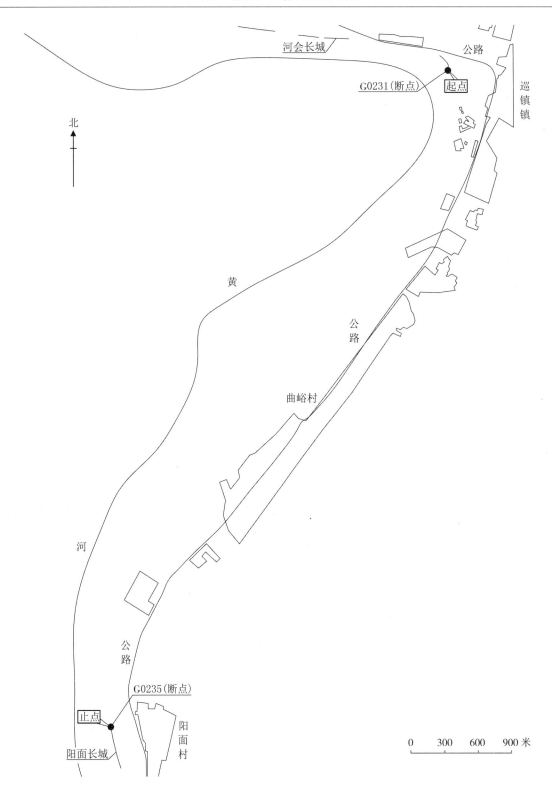

图五六七　曲峪长城走向示意图

24. 阳面长城

起点位于巡镇镇阳面村西 0.23 千米处，高程 857 米；止点位于巡镇镇上庄村北 0.05 千米处，高程 839 米。大致呈北—南走向。全长 1770 米,其中保存一般 540、差 350、消失 880 米。墙体为砖墙,外部砖石砌筑;内部为夯土墙体,夯层厚 0.08~0.2 米。外部砖石无存。现存墙体剖面大致呈不规则梯形,底宽 5~6、顶宽 0.6~2.2、残高 1.2~5.6 米。本段长城位于黄河东岸,东北接曲峪长城,西南连石梯子长城。阳面马面倚墙而建,位于墙体西侧。阳面烽火台位于墙体东侧(图五六八)。

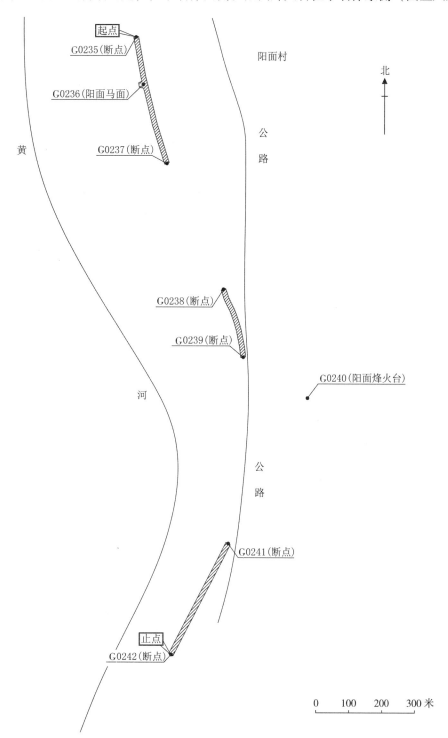

图五六八　阳面长城走向示意图

本段长城共测 GPS 点 7 个（G0235～G0239、G0241、G0242），可分为 6 小段，分述如下。

第 1 小段：G0235（起点、断点）—G0236（阳面马面），长 120 米，西北—东南走向，保存一般。墙体底宽 5～6、顶宽 0.6～2.2、残高 1.6～5.4 米，夯层厚 0.08～0.2 米。

第 2 小段：G0236（阳面马面）—G0237（断点），长 220 米，西北—东南走向，保存一般。墙体西侧有洞穴。

第 3 小段：G0237（断点）—G0238（断点），长 380 米，西北—东南走向。墙体被农业生产活动破坏损毁消失。

第 4 小段：G0238（断点）—G0239（断点），长 200 米，西北—东南走向，保存一般。墙体西侧为大片树林。墙体西侧残高 1.2～5.6 米（彩图九九八）。

第 5 小段：G0239（断点）—G0241（断点），长 500 米，北—南走向。墙体被农业生产活动破坏损毁消失。

第 6 小段：G0241（断点）—G0242（止点、断点），长 350 米，东北—西南走向，保存差。墙体东邻耕地，东侧顶部基本与耕地地面齐平。墙体西侧残高 1.4～2 米，夯层厚 0.08～0.16 米。

墙体整体保存差。造成损毁的自然因素有风雨侵蚀、植物生长等；人为因素有拆毁砖石、农业生产活动破坏、挖掘洞穴等。

25. 石梯子长城

起点位于巡镇镇上庄村北 0.05 千米处，高程 839 米；止点位于巡镇镇石梯子村东北 0.2 千米处，高程 854 米。大致呈东北—西南走向。全长 1920 米，均消失。本段长城位于黄河东岸，东北接阳面长城。石梯子堡和石梯子 1、2 号烽火台、陆家寨烽火台位于墙体东侧，石梯子 3 号烽火台位于墙体东南侧（图五六九）。

本段长城共测 GPS 点 2 个（G0242、G0247），仅 1 小段，分述如下。

G0242（起点、断点）—G0247（止点、断点），长 1920 米，东北—西南走向。

墙体消失。造成损毁的自然因素有洪水冲刷、风雨侵蚀、植物生长等；人为因素有农业生产活动破坏、修路挖损破坏等。

（二）关堡

河曲县调查关堡 17 座，其中关 6 座、堡 11 座（表 479）。

表 479　河曲县关堡一览表

所属乡镇	名称
刘家塔镇	石城关
楼子营镇	梁家碛 1、2 号关、楼子营关、楼子营堡、罗圈堡
文笔镇	石坡子关、北元关、河保营堡、唐家会堡
巡镇镇	五花城堡、夏营堡、石梯子堡
旧县乡	旧县堡
沙泉乡	沙泉堡、新尧堡
土沟乡	土沟堡

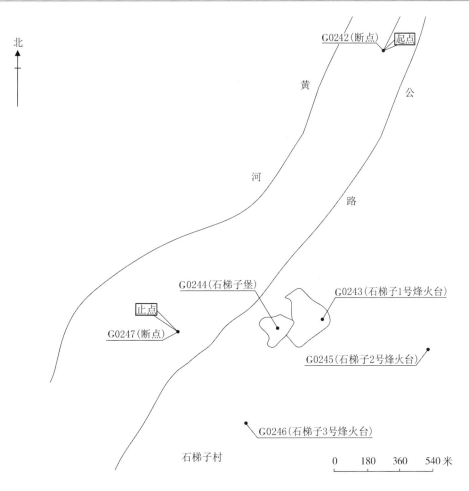

图五六九　石梯子长城走向示意图

1. 石城关

又称石城口，位于刘家塔镇石城村西北 1.15 千米处，石城长城（山险）东侧，倚山险而建，高程 951 米。

关平面呈不规则形，坐南朝北，周长 89.7 米，占地面积 831.54 平方米。现存主要设施、遗迹有关墙、北门等。关墙为石墙，外部条石砌筑，内部为土石混筑墙体（彩图九九九）。墙体底宽 3.6、顶宽 3.2 ~ 3.6、内高 1.9 ~ 3.6、外高 4.1 ~ 5.4 米，顶部残存铺砖。北墙有城门 1 座，石券拱门，宽 3.2、拱高 1.04、北门墙体残高 1.76 米；北门西侧有 1 孔石券窑洞，宽 3.36、进深 3.2、高 3.1 米，应系后代修建。

关整体保存较好。关墙条石大多残存，关内建筑无存。造成损毁的自然因素有风雨侵蚀、植物生长等；人为因素有拆毁关墙条石等。

2. 梁家碛 1 号关

位于楼子营镇梁家碛村南 0.3 千米处，梁家碛长城 1 段南侧，倚墙而建，高程 994 米。西距梁家碛 2 号关 0.06 千米。

关平面呈矩形，坐北朝南，东西 32、南北 46 米，周长 156 米，占地面积 1472 平方米。现存主要设施、遗迹有关墙、南门、北门、关内楼台 1 座等（图五七〇）。关墙为石墙，外部片石砌筑，内部为

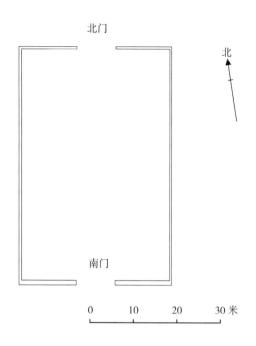

图五七〇　梁家碛 1 号关平面示意图

土石混筑墙体。东墙顶宽3.2、残高2.9米，南墙顶宽1.2~2.5、残高2.9米，西墙顶宽0.9~2.6、残高2.4~3米。北墙为长城墙体，砖墙，外部砖石无存，内部为夯土墙体，顶宽0.4~4、南侧残高3.3~4.7、北侧残高1.5~4.2米。南、北墙各有城门1座，南门宽6、北门宽3.4米。城内中央偏南有楼台1座，外部砖石砌筑，仅存部分包石，内部为夯土台体，夯层厚0.18米，平面呈矩形，边长15、残高4米。

关整体保存一般。墙体坍塌损毁严重。造成损毁的自然因素有风雨侵蚀、植物生长等；人为因素有拆毁关墙、楼台砖石等。

3. 梁家碛 2 号关

位于楼子营镇梁家碛村南0.25千米处，梁家碛长城1段南侧，倚墙而建，高程982米。东距梁家碛1号关0.06千米。

关平面呈矩形，坐北朝南，边长31米，周长124米，占地面积961平方米。现存主要设施、遗迹仅有关墙。关墙为石墙，外部片石砌筑，内部为夯土墙体，夯层厚0.04~0.12米。东墙残存南段，长4、宽1、残高0.3~1米。北墙为长城墙体，砖墙，外部砖石无存，内部为夯土墙体。南墙原有城门1座，现无存。

关整体保存较差。关墙仅存东墙南段和北墙，关墙砖石无存，关内建筑无存。造成损毁的自然因素有风雨侵蚀、植物生长等；人为因素有拆毁关墙砖石等。

4. 楼子营关

又称马圈圐圙，位于楼子营镇楼子营村西0.45千米处，楼子营长城北侧，倚墙而建，高程877米。东南距楼子营堡0.78千米。

关平面呈矩形，坐北朝南，东西 33、南北 18 米，周长 102 米，占地面积 594 平方米。现存主要设施、遗迹仅有关墙（彩图一〇〇〇）。关墙为砖墙，外部砖石无存；内部为夯土墙体，夯层厚 0.07 ~ 0.18 米。墙体底宽 3.5、顶宽 1.2 ~ 2.5、残高 0.7 ~ 2.6 米。

关整体保存一般。墙体坍塌损毁严重，北墙中段有豁口，宽 5 米，关内建筑无存。造成损毁的自然因素有风雨侵蚀、植物生长等；人为因素有拆毁关墙砖石等。

5. 石坡子关

又称六墩楼、营盘，位于文笔镇石坡子村东北 0.12 千米处，焦尾城长城 2 段墙体上，骑墙而建，高程 867 米。

关平面呈矩形，坐北朝南，东西 32、南北 29 米，周长 122 米，占地面积 928 平方米。现存主要设施、遗迹有关墙和敌台 1 座等（彩图一〇〇一）。关墙为砖墙，外部砖石无存，内部为夯土墙体，夯层厚 0.09 ~ 0.2 米。墙体宽 0.8 ~ 1.4、残高 0.5 ~ 3.1 米。北墙中部有敌台 1 座，外部砖石砌筑，内部为夯土台体，夯层厚 0.08 ~ 0.18 米；平面呈矩形，底部边长 15、残高 9 米；东、西、北壁各有箭窗 4 个，南壁塌毁，情况不详；内部为回廊结构。

关整体保存较差，墙体坍塌损毁严重，残存部分东墙和南墙；关内建筑无存，现为耕地，中部有东西向水渠。造成损毁的自然因素有风雨侵蚀、植物生长等；人为因素有拆毁关墙砖石、农业生产活动破坏等。

6. 北元关

又称六墩台，位于文笔镇北元村西 0.8 千米处，北元长城 1 段东南侧，倚墙而建，高程 857 米。西南距河保营堡 1.3 千米。

关平面呈矩形，坐北朝南，东西 30、南北 36.1 米，周长 132.2 米，占地面积 1083 平方米。现存主要设施、遗迹有关墙、南门和敌台 1 座。关墙为砖墙，外部砖石无存，内部为夯土墙体，夯层厚 0.07 ~ 0.16 米。东墙残高 3 米，南墙底宽 1.8 ~ 2.4、顶宽 0.6 ~ 1.1、残高 2.6 米，西墙残高 1.5 ~ 2.5 米，北墙顶宽 3.6 ~ 4、残高 1.8 ~ 3 米。南墙中部有城门 1 座，宽 2 米。北墙中央有敌台 1 座，外部砖石砌筑，平面呈矩形，底部东西 16.1、南北 15.2、残高 10 米；东、西、北壁各有箭窗 4 个，南壁中部有砖券拱门，两侧有券洞，西侧券洞内有登顶阶梯；内部为回廊结构（彩图一〇〇二）。

关整体保存一般。墙体坍塌损毁严重，东墙消失，西墙北段消失 10 米，南墙西段消失 8 米。敌台砖石大多无存，关内建筑无存。造成损毁的自然因素有风雨侵蚀、植物生长等；人为因素有拆毁关墙砖石、利用墙体修建房屋、居民生活活动破坏等。

7. 楼子营堡

又称堡子，位于楼子营镇楼子营村内，马连口长城南侧。高程 870 米。西北距楼子营关 0.78 千米。

堡平面呈矩形，坐北朝南，东西 269、南北 199 米，周长 936 米，占地面积 53531 平方米。现存主要设施、遗迹仅有堡墙。堡墙为砖墙，外部砖石无存，内部为夯土墙体，夯层厚 0.03 ~ 0.18 米。墙体底宽 6 ~ 8、顶宽 1.7 ~ 3.9、残高 2 ~ 7 米。南墙原有城门 1 座，现无存。

堡整体保存较差。墙体坍塌损毁严重，南墙消失 200 米，堡墙外侧有水渠，关内建筑无存。造成损毁的自然因素有风雨侵蚀、植物生长等；人为因素有拆毁堡墙砖石、修建房屋破坏墙体、居民生活活动破坏、修渠挖损破坏等。

8. 罗圈堡

又称堡子，位于楼子营镇罗圈堡村内，罗圈堡长城南 0.02 ~ 0.05 千米处，高程 967 米。

堡平面呈矩形，坐北朝南，东西 196、南北 171 米，周长 734 米，占地面积 33516 平方米。现存主要设施、遗迹有堡墙、角台 4 座、堡内庙宇 1 座等（图五七一；彩图一〇〇三）。堡墙为砖墙，外部砖

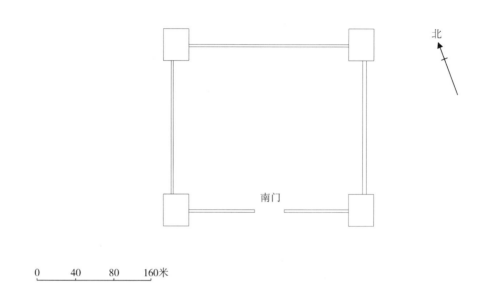

图五七一　罗圈堡平面示意图

石无存，内部为夯土墙体，夯层厚 0.07 ~ 0.22 米。墙体底宽 7.2 ~ 8.9、顶宽 3 ~ 5 米。东墙中段有坡状登墙步道，长 22、宽 4.5 米。南墙原有城门 1 座。南门外原有瓮城，平面呈半圆形，东墙原有瓮城门，现均无存。堡墙四角有角台，损毁严重。南门城楼原有三官庙，东墙登墙步道顶部原有观音庙，现无存。堡内东南部有"真武庙"。

堡整体保存一般。墙体坍塌损毁严重。北墙西段内侧有 10 余孔窑洞，东墙北段和北墙东段内侧有水渠。造成损毁的自然因素有风雨侵蚀、植物生长等；人为因素有拆毁堡墙砖石、利用墙体修建窑洞、居民生活活动破坏、修渠挖损破坏等。

9. 河保营堡

位于河曲县县城西北部，北元长城 2 段东南侧、南元长城东北侧，高程 699 米。隶属于文笔镇，东北距北元关 1.3 千米。

堡平面呈矩形，朝向不详，东西 500、南北 400 米，周长 1800 米，占地面积 2 万平方米。现存主要设施、遗迹有堡墙、西门、角台 2 座、马面 2 座、东西向街道 1 条等。堡墙为砖墙，外部砖石大多无存，内部为夯土墙体，夯层厚 0.04 ~ 0.15 米；东墙残长 85、南墙残长 48、西墙残长 220 米；墙体顶宽 2 ~ 4、残高 4 ~ 11 米。西墙中部有城门 1 座，条石基础的砖券拱门，基础高 1.94 米，三伏三券，门洞宽 4.55、高 6.03、进深 13.4 米（彩图一〇〇四）。堡墙四角原有角台，仅存东北、西北角台，东北角台底宽 9、顶宽 6、凸出墙体 6.5 米；西北角台平面呈五边形，堡墙西北角正对的一边长 10、其余边长 7、残高 11 米。北墙存马面 2 座，东侧马面底宽 16、顶宽 12、凸出墙体 4.5、残高 10.4 米，西侧

马面底宽 12、顶宽 8、凸出墙体 5.4、残高 11 米。

堡整体保存一般。墙体坍塌损毁严重，北墙中部有现代修建的城门，角台、马面有现代补筑的砖石或水泥。造成损毁的自然因素有风雨侵蚀、植物生长等；人为因素有拆毁堡墙、角台、马面砖石及居民生活活动破坏等。

10. 唐家会堡

又称唐家会营，位于文笔镇唐家会村内，船湾长城 1 段北侧，高程 932 米。

堡平面呈矩形，坐北朝南，东西 185、南北 230 米，周长 830 米，占地面积 42550 平方米。现存主要设施、遗迹有堡墙、角台 2 座、马面 1 座、街道 1 条等。堡墙为砖墙，外部砖石大多无存，内部为夯土墙体，夯层厚 0.09 ~ 0.23 米；东墙残长 116、南墙残长 55、西墙残长 23.5、北墙残长 99.1 米；墙体底宽 4.5 ~ 6.5、顶宽 2.5 ~ 3.5、残高 0.5 ~ 10.1 米。堡墙四角有角台，仅存东北、东南角台，东北角台宽 8、凸出墙 6 米，东南角台残宽 5.5、凸出墙体 4 米。东南角台北 12 米处东墙东侧有一段类似马面的墙体，长 6.5、凸出墙体 3、残高 6 米，应系后代补筑墙体。东墙南段存马面 1 座，底宽 7、顶宽 5.5、凸出墙体 7.5 米。堡内中轴线偏东有南北向街道 1 条。

堡整体保存较差，墙体坍塌损毁严重。造成损毁的自然因素有风雨侵蚀、植物生长等；人为因素有拆毁堡墙、角台、马面砖石及修建房屋破坏墙体、居民生活活动破坏等。

11. 五花城堡

又称营堡，位于巡镇镇五花城堡村内，五花城堡长城及五花城长城东侧，高程 850 米。

堡平面呈梯形，坐北朝南，原东墙长 222、南墙长 273、西墙长 207、北墙长 221 米，周长 923 米，占地面积 51129 平方米。现存主要设施、遗迹有堡墙、角台 3 座、马面 3 座、街道 1 条等（图五七二；彩图一〇〇五）。堡墙为砖墙，外部砖石无存，内部为夯土墙体，夯层厚 0.05 ~ 0.11 米；东墙残长 55、南墙残长 43、北墙残长 185.5 米；墙体底宽 4 ~ 10.5、顶宽 1 ~ 7.5、残高 1.8 ~ 10.8 米。堡墙四角有角台，东南角台无存，东北角台边长 10、残高 7.5 米，西南角台边长 10、残高 7.5 米，西北角台长 9、宽 6、残高 8.5 米。东、西、北墙各有马面 1 座，东墙马面边长 12、残高 8.2 米，西墙马面长

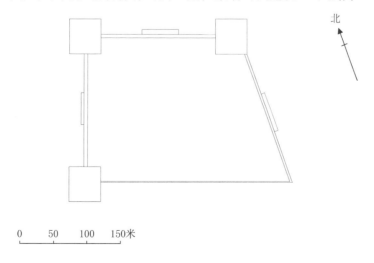

图五七二　五花城堡平面示意图

6.35、宽14.5、残高7.5米，北墙马面长5.6、宽13、残高8.1米。堡内中轴线偏东有南北向街道1条。

堡整体保存较差，墙体坍塌损毁严重。造成损毁的自然因素有风雨侵蚀、植物生长等；人为因素有拆毁堡墙、角台、马面砖石和修建窑洞及房屋破坏墙体、居民生活活动破坏等。

12. 夏营堡

又称营堡，位于巡镇镇夏营村内，夏营长城及河会长城北侧，高程927米。

堡平面呈矩形，东北角呈抹角，坐北朝南，东西274、南北234米，周长1016米，占地面积64116平方米。现存主要设施、遗迹有堡墙、南门1座、瓮城1座、角台3座、马面3座、街道1条等（图五七三）。堡墙为砖墙，现外部砖石无存，内部为夯土墙体，夯层厚0.06~0.15米。墙体底宽7.7、顶宽1~6、残高1~10.8米。南墙中部有城门1座，砖券拱门，三伏三券，门洞宽4.3、高6.4、进深14.3米，底部有现代补筑的砖（彩图一○○六）。南门外有瓮城，东西长度不详，南北58米。瓮城墙体底宽7.5、顶宽2~6、残高4~9.2米，西墙中部有瓮城门，现为豁口。堡墙四角有角台，东北角台无存，东南角台长12、宽13.5、高9.1米，西南角台长13.5、宽10、高9.7米，西北角台长12、宽15、高10.8米。东、西、北墙各有马面1座，东墙马面长17、宽6.5、残高7.6米，西墙马面长17、宽6.5、残高11.5米，北墙马面长14、宽7.5、残高9.1米。堡内中轴线有南北向街道1条。堡外西北0.2千米处有1座类似烽火台的建筑，外部砖石无存，内部为夯土台体，夯层厚0.04~0.11米，平面呈矩形，底部东西5、南北6米，顶部东西3.6、南北4米，残高4.2米。该建筑附近发现汉代的五铢钱和护心镜，应为汉代遗存。

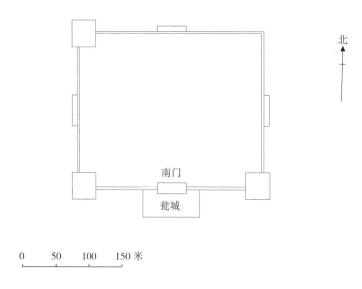

图五七三　夏营堡平面示意图

堡整体保存一般，墙体坍塌损毁严重，部分段消失。造成损毁的自然因素有风雨侵蚀、植物生长等；人为因素有拆毁堡墙、角台、马面砖石和修建窑洞及房屋破坏墙体、居民生活活动破坏等。

13. 石梯子堡

又称营堡，位于巡镇镇石梯子村东北0.64千米处，石梯子长城东侧，高程904米。东侧土堡内东北部有石梯子1号烽火台。

堡由西侧主堡和东侧后期修建的土堡组成。主堡平面呈不规则形，朝向不详，周长360米，占地面积8100平方米。现存主要设施、遗迹仅有堡墙（彩图一○○七）。主堡堡墙为石墙，外部石片砌筑，内部为夯土台体，夯层厚0.06~0.13米；墙体底宽5、顶宽0.4~3.8、内高1~5.4、外高1~3.8米。东墙中部原有城门1座，宽3.5米，现用片石封堵。主堡东侧的土堡平面呈刀把形，墙体底宽2~2.5、顶宽0.3~1.2、残高0.4~5.1米，夯层厚0.07~0.18米（彩图一○○八）。

堡整体保存较差，堡墙坍塌损毁，部分段无存；堡内关内建筑无存。造成损毁的自然因素有风雨侵蚀、植物生长等，人为因素有拆毁堡墙包石、农业生产活动破坏、取土挖损破坏等。

14. 旧县堡

又称河曲营、凤凰城，位于旧县乡旧县村内，高程981米。

堡平面呈不规则形，坐西朝东，周长和占地面积不详。现存主要设施、遗迹有堡墙、城门1座、瓮城2座、角台2座等（彩图一○○九）。堡墙为砖墙，外部砖石砌筑。

堡整体保存一般。墙体坍塌损毁。堡内关内建筑无存，有民居。造成损毁的自然因素有风雨侵蚀、植物生长等，人为因素有拆毁堡墙砖石、利用墙体修建房屋、农业生产活动破坏、居民生活活动破坏、修路挖损破坏、取土挖损破坏等。

15. 沙泉堡

又称寨子，位于沙泉乡沙泉村南0.3千米，高程1321米。

堡平面呈矩形，朝向不详，边长30米，周长120米，占地面积900平方米。现存主要设施、遗迹仅有堡墙（图五七四）。堡墙为土墙，东墙外高0.5米；南墙底宽2.7、顶宽0.5~1.1、内高0.5~5.2、外高7.2米；西墙残长7、宽0.3~0.6、内高0.2~0.5、外高1.8米；北墙残长20、宽0.3~0.9、内高0.3~1.1、外高1.1~1.8米。

堡整体保存差，堡墙坍塌损毁严重，堡内建筑无存。造成损毁的自然因素有风雨侵蚀、植物生长等；人为因素有修路挖损破坏、取土挖损破坏等。

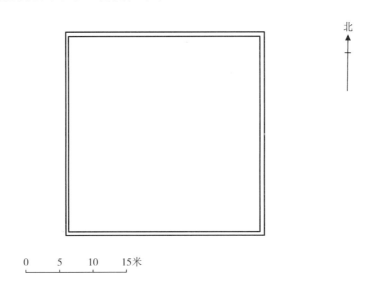

图五七四　沙泉堡平面示意图

16. 新尧堡

又称寨子，位于沙泉乡新尧村西南 0.75 千米处，高程 1288 米。

堡平面呈不规则形，坐南朝北，由东、南、西北墙组成，西北墙呈弧形，东墙长 74、南墙长 33、西北墙长 115 米，周长 222 米，占地面积 2960 平方米。现存主要设施、遗迹有堡墙、西北门等。堡墙为石墙，东墙顶宽 0.5~1.2、内高 0.5~1.2、外高 1~2.1 米；南墙底宽 3.6、顶宽 1.5~2.1、内高 3.5、外高 4.5 米；西北墙内高 1、外高 3~4.5 米。堡墙附近散落有许多砖瓦、石片，砖长 17、厚 6 厘米，瓦外素面，内饰布纹。西北墙中部有城门 1 座，宽 3 米。

堡整体保存较差，堡墙坍塌损毁严重，部分段消失；堡内建筑无存。造成损毁的自然因素有洪水冲刷、风雨侵蚀、植物生长等；人为因素有拆毁堡墙包石等。

17. 土沟堡

又称寨子，位于土沟乡土沟村东南 1 千米处，高程 1210 米。

堡平面呈矩形，坐北朝南，东墙长 190、南墙长 196.7、西墙长 186、北墙长 209 米，周长 781.7 米，占地面积 38100 平方米。现存主要设施、遗迹有堡墙、南北城门 2 座、瓮城 1 座、角台 3 座、南门外点将台 1 座等（图五七五）。堡墙为土墙，东墙底宽 6.5、顶宽 1~4.5、外高 9.4 米；南墙底宽 6.5、顶宽 1~3.8、内高 6.6、外高 10.4~12.8 米；西墙北段消失 35 米，底宽 6.5、顶宽 0.5~4.5、内高 5.3~9.4、外高 11.6 米；北墙底宽 6.5、顶宽 1.5~4.9、内高 8.2~9.4、外高 4.4~7.12 米。南、北墙中部各有城门 1 座，现为豁口，南门宽 18.3、北门宽 18.6 米。北门外有瓮城，平面呈矩形，东西 20.8、南北 23.3 米，瓮城墙底宽 5~6、顶宽 1~1.5、内高 3.5、外高 5.5 米；瓮城门设在西墙，现为豁口。堡墙四角有角台，西北角台无存，东北角台凸出墙体 4.5 米，东南角台宽 5.2、凸出东墙 3.6 米，西南角台残宽 3.5、凸出南墙 5 米。南门外有点将台 1 座，平面呈矩形，残高 2 米。

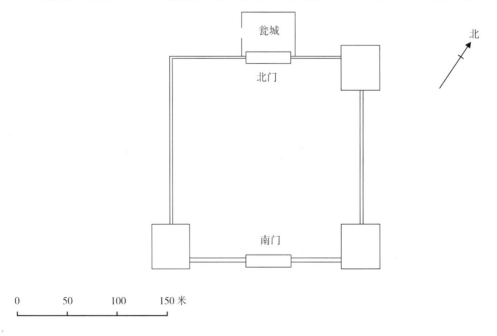

图五七五　土沟堡平面示意图

整体保存较好，堡墙坍塌损毁严重；堡内建筑无存，为耕地。造成损毁的自然因素有风雨侵蚀、植物生长等；人为因素有修路挖损破坏等。

（三）单体建筑

1. 敌台

河曲县共调查敌台12座（表480，见本章末附表）。

2. 马面

河曲县共调查马面19座（表481，见本章末附表）。

3. 烽火台

河曲县共调查烽火台55座，包括长城沿线烽火台38座、腹里烽火台17座（表482、483，见本章末附表）。

二　长城资源调查资料分析

（一）长城墙体

1. 长城墙体的材质类型及建筑方式、形制

河曲县长城墙体类型有砖墙、石墙、土墙和山险四类，另有2段墙体消失，类型不详。砖墙占绝大多数，山险次之，石墙、土墙各仅见1段（表484）。

表484　河曲县长城墙体类型一览表

类型	段数	长度（米）	百分比（%）
砖墙	18	33799.6	61.6
石墙	1	1680	3.1
土墙	1	2230	4.1
山险	3	9342.2	17
消失墙体	2	7780	14.2
合计	25	54831.8	100

（1）砖墙

河曲县砖墙共18段，长33799.6米。墙体外部砖石砌筑；内部为夯土墙体，夯层厚0.04~0.25米。外部砖石大多无存。现存墙体剖面大致呈不规则梯形，底宽1~6.5、顶宽0.3~5、残高0.2~8.8米（表485）。

表485　河曲县砖墙建筑方式及形制一览表（单位：米）

长城墙体段名称	建筑材料及方式	剖面形制	尺寸		
			底宽	顶宽	残高
梁家碛长城1段	外部砖石砌筑；内部为夯土墙体，夯层厚0.04~0.18米。外部砖石无存	不规则梯形	1~6.5	0.4~4.3	0.5~8
马连口长城	外部砖石砌筑；内部为夯土墙体，夯层厚0.08~0.24米。外部砖石无存	不规则梯形	3~4	0.5~2.2	1~5
楼子营长城	外部砖石砌筑；内部为夯土墙体，夯层厚0.06~0.22米。外部砖石大多无存	不规则梯形	1~6	0.4~3.5	0.5~5.
罗圈堡长城	外部砖石砌筑；内部为夯土墙体，夯层厚0.04~0.18米。外部砖石无存	不规则梯形	不详	0.8~5	0.5~5
焦尾城长城1段	外部砖石砌筑；内部为夯土墙体，夯层厚0.07~0.25米。外部砖石大多无存	不规则梯形	4.5~6	1.2~3.6	0.6~4.5
焦尾城长城2段	外部砖石砌筑；内部为夯土墙体，夯层厚0.04~0.18米。外部砖石无存	不规则梯形	5~6.2	1.3~4.6	0.8~5.6
北元长城1段	外部砖石砌筑；内部为夯土墙体，夯层厚0.07~0.16米。外部砖石无存	不规则梯形	5	3	0.5~3.8
北元长城2段	外部砖石砌筑；内部为夯土墙体，夯层厚0.04~0.22米。外部砖石无存	不规则梯形	4.5	0.6~3.5	1~5
南元长城	外部砖石砌筑；内部为夯土墙体，夯层厚0.08~0.18米。外部砖石无存	不规则梯形	3.5~4	0.6~2	0.5~2.3
南元外长城	外部砖石砌筑；内部为夯土墙体，夯层厚0.04~0.18米。外部砖石无存	不规则梯形	1~4.5	0.4~2.8	1~5.5
铁果门长城	外部砖石砌筑；内部为夯土墙体，夯层厚0.05~0.17米。外部砖石无存	不规则梯形	4~6	1~4	0.5~8.8
唐家会长城	外部砖石砌筑；内部为夯土墙体，夯层厚0.04~0.13米。外部砖石无存	不规则梯形	3.5~6	0.6~2.4	0.5~7.5
船湾长城1段	外部砖石砌筑；内部为夯土墙体，夯层厚0.08~0.12米。外部砖石大多无存	不规则梯形	不详	不详	2.4~5.2
五花城堡长城	外部砖石砌筑；内部为夯土墙体，夯层厚0.04~0.13米。外部砖石无存	不规则梯形	不详	0.3~2.6	0.2~6.8
五花城长城	外部砖石砌筑；内部为夯土墙体，夯层厚0.07~0.13米。外部砖石无存	不规则梯形	4.8	0.3~1.3	0.4~7
夏营长城	外部砖石砌筑；内部为夯土墙体，夯层厚0.04~0.13米。外部砖石无存	不规则梯形	不详	不详	0.3~2.3
河会长城	外部砖石砌筑；内部为夯土墙体，夯层厚0.06~0.15米。外部砖石无存	不规则梯形	不详	不详	0.3~2.4
阳面长城	外部砖石砌筑；内部为夯土墙体，夯层厚0.08~0.2米。外部砖石无存	不规则梯形	5~6	0.6~2.2	1.2~5.6

　　砖墙附属设施除关、敌台、马面外，还有登墙步道。铁果门长城部分段有登墙步道，宽3米。

（2）石墙

河曲县有石墙1段，长1680米。

梁家碛长城 2 段,有 4 小段毛石干垒;另有 1 小段外部片石砌筑,内部为夯土墙体,夯层厚0.04~0.13 米。现存墙体剖面大致呈不规则梯形,底宽 3~5、顶宽 0.6~2.3、残高 0.5~4.5 米。

(3)土墙

河曲县有土墙 1 段,长 2230 米。

唐家会外长城,墙体为土墙,夯筑而成,夯层厚 0.07~0.22 米。现存墙体剖面大致呈不规则梯形,底宽 1.5~3.2、顶宽 0.25~1.5、残高 0.5~4.5 米。

(4)山险

河曲县有山险 3 段,即石城长城、路铺长城和船湾长城 2 段,长 9342.2 米。

2. 长城墙体的分布特点

河曲县长城分布于县境北、西界黄河南、东岸,黄河大拐弯的河曲县县城(河保营堡所在)和唐家会村(唐家会堡所在)附近有与主线长城相连的支线长城。与偏关县黄河东岸长城墙体类型以山险为主、石墙其次、砖墙最少的特点相比较,河曲县黄河沿岸长城砖墙最多、山险其次、石墙和土墙最少。

3. 长城墙体的保存状况

(1)砖墙

详见下表(表 486)。

表 486 河曲县砖墙保存状况一览表(单位:米)

长城墙体段名称	总长	保存较好	保存一般	保存较差	保存差	消失	类型	省/县属
梁家碛长城 1 段	2065.6	360	745	177	0	783.6	砖墙	河曲县
马连口长城	2535	0	0	30	645	1860	砖墙	河曲县
楼子营长城	1978	0	100	1000	350	528	砖墙	河曲县
罗圈堡长城	1935	0	770	550	290	325	砖墙	河曲县
焦尾城长城 1 段	2000	130	190	0	350	1330	砖墙	河曲县
焦尾城长城 2 段	1468	500	770	140	58		砖墙	河曲县
北元长城 1 段	2248	0	8	0	420	1820	砖墙	河曲县
北元长城 2 段	1098	0	32	415	530	121	砖墙	河曲县
南元长城	1430	0	0	430	0	1000	砖墙	河曲县
南元外长城	1275	0	0	142	0	1133	砖墙	河曲县
铁果门长城	1943	860	50	0	150	883	砖墙	河曲县
唐家会长城	1759	0	560	330	0	869	砖墙	河曲县
船湾长城 1 段	2670	0	0	620	0	2050	砖墙	河曲县
五花城堡长城	1976	0	0	530	360	1086	砖墙	河曲县
五花城长城	1619	0	150	510	90	869	砖墙	河曲县
夏营长城	2080	0	0	0	640	1440	砖墙	河曲县
河会长城	1950	0	0	0	880	1070	砖墙	河曲县
阳面长城	1770	0	540	0	350	880	砖墙	河曲县
合计	33799.6	1850	3915	4734	5195	18105.6		
百分比(%)	100	5.5	11.6	14	15.4	53.5		

砖墙消失者最多，占53.5%，保存差者和较差者分别占15.4%和14%，保存一般者和较好者分别占11.6%和5.5%。造成损毁的自然因素有洪水冲刷、风雨侵蚀、植物生长等；人为因素有拆毁砖石、利用墙体修建房屋、窑洞、大棚、猪圈、厕所或修建房屋破坏墙体、农业生产活动破坏、居民生活活动破坏、修路及修渠挖损破坏、取土挖损破坏、挖掘洞穴、人为踩踏等。

（2）土墙

土墙有1段，长2230米，保存较差250米、差1220米、消失760米。造成损毁的自然因素有风雨侵蚀、植物生长等；人为因素有修建房屋破坏墙体、农业生产活动破坏、居民生活活动破坏、修路及修渠挖损破坏、取土挖损破坏等。

（3）石墙

石墙有1段，长1680米，保存一般50米、较差165米、消失1465米。造成损毁的自然因素有洪水冲刷、风雨侵蚀、植物生长等；人为因素有拆毁包石、农业生产活动破坏等。

（4）山险

山险有3段，保存较好。

（二）关堡

河曲县共调查关堡17座，其中关6座、堡11座。

1. 关堡的形制、残存设施和遗迹

详见下表（表487）。

表487　河曲县关堡形状、尺寸、残存设施遗迹及保存状况一览表

名称	形状	朝向	周长（米）	面积（平方米）	残存设施遗迹	保存状况
石城关	不规则形	坐南朝北	89.7	831.54	关墙、北门等	较好
梁家碛1号关	矩形	坐北朝南	156	1472	关墙、南门、北门、关内楼台1座等	一般
梁家碛2号关	矩形	坐北朝南	124	961	关墙	较差
楼子营关	矩形	坐北朝南	102	594	关墙	一般
石坡子关	矩形	坐北朝南	122	928	关墙、敌台1座等	较差
北元关	矩形	坐北朝南	132.2	1083	关墙、南门、敌台1座等	一般
楼子营堡	矩形	坐北朝南	936	53531	堡墙	较差
罗圈堡	矩形	坐北朝南	734	33516	堡墙、角台4座、堡内庙宇1座等	一般
河保营堡	矩形	朝向不详	1800	2万	堡墙、西门、角台2座、马面2座、东西向街道1条等	一般
唐家会堡	矩形	坐北朝南	830	42550	堡墙、角台2座、马面1座、街道1条等	较差
五花城堡	梯形	坐北朝南	923	51129	堡墙、角台3座、马面3座、街道1条等	较差
夏营堡	矩形，东北角呈抹角	坐北朝南	1016	64116	堡墙、南门、瓮城1座、角台3座、马面3座、街道1条等	一般
石梯子堡	不规则形（土堡刀把形）	朝向不详	360	8100	堡墙	较差
旧县堡	不规则形	坐西朝东	不详	不详	堡墙、城门1座、瓮城2座、角台2座等	一般

续表 487

名称	形状	朝向	周长（米）	面积（平方米）	残存设施遗迹	保存状况
沙泉堡	矩形	朝向不详	120	900	堡墙	差
新尧堡	不规则形。由东、南、西北墙组成，西北墙呈弧形	坐南朝北	222	2960	堡墙、西北门等	较差
土沟堡	矩形	坐北朝南	781.7	38100	堡墙、南北城门2座、瓮城1座、角台3座、南门外点将台1座等	较好

　　河曲县关堡平面多呈矩形（或梯形），有13座，其余4座为不规则形。除3座朝向不详外，其余14座坐北朝南最多，有11座，其他有坐南朝北2座、坐西朝东1座。石梯子堡由西侧的主堡和东侧后期修建的土堡组成，上表所列石梯子堡形状等数据系主堡数据。对照偏关县关堡大小的分类标准可见，除旧县堡周长、占地面积不详外，河曲县关堡小型居多，有13座，3座为中型堡，未见大型堡，河曲县关堡以小型为主的特点与偏关县一致。河曲县6座关的面积均约1000平方米，有1座堡的面积在1000平方米以下。

　　关堡墙体砖墙者10座、石墙者5座、土墙者2座。砖墙、石墙形制均外部砖石砌筑，内部为土石混筑墙体或夯土墙体，夯层厚0.03～0.23米，夯层厚度的特点与长城墙体的夯层厚度特点相符合。中型的3座堡墙体均为砖墙，而未见石墙或土墙者（表488）。

表488　河曲县关堡墙体建筑方式及尺寸一览表（单位：米）

名称	墙体建筑方式	尺寸		
		底宽	顶宽	残高
石城关	石墙。外部条石砌筑；内部为土石混筑墙体	3.6	3.2～3.6	内高1.9～3.6、外高4.1～5.4
梁家碛1号关	石墙。外部石片砌筑；内部为土石混筑墙体	不详	0.9～3.2	2.4～3
梁家碛2号关	石墙。外部石片砌筑；内部为夯土墙体，夯层厚0.04～0.12	1	不详	0.3～1
楼子营关	砖墙。外部砖石无存；内部为夯土墙体，夯层厚0.07～0.18	3.5	1.2～2.5	0.7～2.6
石坡子关	砖墙。外部砖石无存；内部为夯土墙体，夯层厚0.09～0.2	0.8～1.4	不详	0.5～3.1
北元关	砖墙。外部砖石无存；内部为夯土墙体，夯层厚0.07～0.16	不详	0.6～4	1.5～3
楼子营堡	砖墙。外部砖石无存；内部为夯土墙体，夯层厚0.03～0.18	6～8	1.7～3.9	2～7
罗圈堡	砖墙。外部砖石无存；内部为夯土墙体，夯层厚0.07～0.22	7.2～8.9	3～5	不详
河保营堡	砖墙。外部砖石大多无存；内部为夯土墙体，夯层厚0.04～0.15	不详	2～4	4～11
唐家会堡	砖墙。外部砖石大多无存；内部为夯土墙体，夯层厚0.09～0.23	4.5～6.5	2.5～3.5	0.5～10.1
五花城堡	砖墙。外部砖石无存；内部为夯土墙体，夯层厚0.05～0.11	4～10.5	1～7.5	1.8～10.8
夏营堡	砖墙。外部砖石无存；内部为夯土墙体，夯层厚0.06～0.15	7.7	1～6	1～10.8
石梯子堡	主堡墙体为石墙。外部石片砌筑；内部为夯土墙体，夯层厚0.06～0.13	5	0.4～3.8	内高1～5.4、外高1～3.8
旧县堡	砖墙。外部砖石砌筑	不详	不详	不详
沙泉堡	土墙	0.3～2.7	不详	内高0.2～5.2、外高0.5～7.2

名称	墙体建筑方式	尺寸		
		底宽	顶宽	残高
新尧堡	石墙	3.6	0.5 ~ 2.1	内高 0.5 ~ 3.5、外高 1 ~ 4.5
土沟堡	土墙	6.5	0.5 ~ 4.9	内高 5.3 ~ 9.4、外高 4.4 ~ 12.8

至于除关堡墙体外的设施和遗迹，由于保存原因，现存并不能反映其原始风貌。主要设施遗迹的种类有城门、瓮城、角台、敌台、马面等常见的墙体设施，其他设施遗迹有关堡内的楼台、庙宇、街道和堡外点将台等。

2. 关堡的分布特点

（1）关堡所处地势及与长城的位置关系

河曲县的 6 座关均倚长城墙体而建，除楼子营关位于长城墙体面向黄河一侧外，其余均位于长城墙体面向内地的一侧。

长城沿线的堡有 7 座，即楼子营堡、罗圈堡、河保营堡、唐家会堡、五花城堡、夏营堡和石梯子堡，均位于黄河沿岸、长城墙体面向内地的一侧。

非长城沿线的堡有 4 座，即旧县堡、沙泉堡、新尧堡和土沟堡，分布于县境南部县川河和朱家川河河谷。这些河谷地带也是重要的交通线所在，现有 308 和 306 省道。

（2）关堡与烽火台的位置关系

多数关堡沿长城分布，与长城墙体、敌台、马面和长城沿线烽火台构成完整的防御体系。非长城沿线城堡附近也分布有烽火台（详见烽火台部分）。

3. 关堡的保存状况

关堡保存较好者 2 座、一般者 7 座、较差者 7 座、差者 1 座。关堡墙体坍塌损毁，部分段消失，砖、石墙者砖石大多损毁；城门多为豁口或消失；部分角台、马面消失；关堡内建筑几乎无存。造成损毁的自然因素主要有风雨侵蚀、植物生长等；人为因素主要有拆毁砖石、利用墙体修建房屋及窑洞或修建房屋破坏墙体、农业生产活动破坏、居民生活活动破坏、修路及修渠挖损破坏、取土挖损破坏等。

（三）单体建筑

1. 敌台

河曲县共调查敌台 12 座，均为骑墙而建，材质类型有砖质 5 座、土质 7 座。砖质敌台外部砖石砌筑，内部为夯土台体。土质敌台为夯筑而成。砖质敌台内部的夯土台体和土质敌台的夯层厚 0.05 ~ 0.18 米。

敌台的平面形制有矩形台体 5 座、圆形台体 7 座，剖面形制均呈梯形。矩形台体底部周长 35 ~ 46、顶部周长 14 ~ 36、残高 5 ~ 9 米，圆形台体底部周长 31.4 ~ 62.8、顶部周长 22 ~ 50.2、残高 4 ~ 9 米（表489）。

表489　河曲县敌台材质、形制及保存状况一览表（单位：米）

名称	材质	平面形制	剖面形制	底部周长	顶部周长	残高	保存状况
梁家碛1号敌台	砖	圆形	梯形	56.5	47.1	4~5	一般
梁家碛2号敌台	砖	圆形	梯形	62.8	50.2	5.6	一般
梁家碛3号敌台	砖	矩形	梯形	46	36	6.5~9	一般
梁家碛4号敌台	砖	矩形	梯形	40	26	5~7	一般
楼子营敌台	土	矩形	梯形	35	14	8	一般
罗圈堡1号敌台	土	圆形	梯形	31.4	22	8.2	一般
罗圈堡2号敌台	土	圆形	梯形	47.1	37.7	8.8	一般
焦尾城1号敌台	土	圆形	梯形	50.2	37.7	8	一般
焦尾城2号敌台	土	矩形	梯形	46	不详	5.6	一般
北元敌台	砖	圆形	梯形	51.8	39.3	7.2	一般
铁果门敌台	土	矩形	梯形	不详	不详	5~8	一般
唐家会敌台	土	圆形	梯形	56.5	40.8	9	一般

敌台的附属设施，仅在梁家碛4号敌台南壁中部有登台步道。

河曲县敌台均位于砖质长城墙体上。对照偏关县敌台大小的分类标准，河曲县的7座圆形敌台有5座为大型台体，5座矩形敌台则未见大型台体，以中型台体为主，有3座。

敌台均保存一般。造成损毁的自然因素有风雨侵蚀、植物生长等；人为因素有拆毁砖石、修建窑洞及房屋破坏、挖掘洞穴等。

2. 马面

河曲县调查马面19座，均为倚墙而建，位于长城墙体面向黄河的一侧。材质类型除3座不详外，其余以土质为主，有15座，砖质仅1座。土质马面均为夯筑而成，夯层厚0.04~0.2米。砖质马面外部为砖石砌筑。

马面的平面形制除2座不详外，其余矩形占绝大多数，有16座，圆形马面仅1座。剖面形制均呈梯形。矩形马面底部周长18~54、顶部周长28~46、残高2.2~9.2米，圆形马面底部周长50.2、顶部周长37.7、残高9米（表490）。

表490　河曲县马面材质、形制及保存状况一览表（单位：米）

名称	材质	平面形制	剖面形制	底部周长	顶部周长	残高	保存状况
马连口1号马面	土	矩形	梯形	不详	不详	5	一般
马连口2号马面	土	矩形	梯形	不详	不详	5	一般
马连口3号马面	土	矩形	梯形	不详	30	5.5	一般
马连口4号马面	土	矩形	梯形	38	不详	5~6	一般
楼子营1号马面	不详	不详	不详	不详	不详	不详	不详
楼子营2号马面	土	矩形	梯形	36	28	不详	一般
楼子营3号马面	土	矩形	梯形	48	36	6~7	一般
楼子营4号马面	土	不详	不详	不详	不详	2.4~4	较差
楼子营5号马面	土	矩形	梯形	36	28	4~6.5	一般

名称	材质	平面形制	剖面形制	底部周长	顶部周长	残高	保存状况
罗圈堡马面	土	圆形	梯形	50.2	37.7	9	一般
焦尾城 1 号马面	土	矩形	梯形	36	28	2.8~8.2	一般
焦尾城 2 号马面	不详	矩形	梯形	18	不详	6.2	一般
焦尾城 3 号马面	土	矩形	梯形	46	40	3.2	一般
焦尾城 4 号马面	土	矩形	梯形	36	28	6.6	较差
焦尾城 5 号马面	土	矩形	梯形	54	46	2.2	较差
焦尾城 6 号马面	土	矩形	梯形	40	32	6	一般
唐家会 1 号马面	不详	矩形	梯形	44.4	不详	9.2	一般
唐家会 2 号马面	砖	矩形	梯形	49.2	不详	9	一般
阳面马面	土	矩形	梯形	27.2	不详	5.6	一般

河曲县马面均位于砖质长城墙体上。对照偏关县马面大小的分类标准，河曲县的 1 座圆形马面属大型，16 座矩形马面仅 1 座为大型。与河曲县圆形敌台以大型台体为主、矩形敌台以中小型台体为主的特点相一致。

马面绝大多数保存一般，有 3 座保存较差，1 座保存状况不详。造成损毁的自然因素有风雨侵蚀、植物生长等；人为因素有拆毁砖石、修建房屋及窑洞破坏、农业生产活动破坏、取土挖损、挖掘洞穴等。

3. 烽火台

河曲县共调查烽火台 55 座，划分为长城沿线烽火台和腹里烽火台两部分。其中，长城沿线烽火台 38 座、腹里烽火台 17 座。

（1）烽火台的材质类型与形制

河曲县 55 座烽火台的材质类型绝大多数为土质，有 47 座，有 5 座砖质，3 座石质。

土质烽火台均为夯筑而成，夯层厚 0.03~0.22 米。长城沿线土质烽火台有 31 座，平面形制有矩形和圆形两类，剖面形制均呈梯形。矩形台体 20 座，底部周长 12~72、顶部周长 8~56、残高 2~11 米；圆形台体 11 座，底部周长 18.8~59.7、顶部周长 6.3~47.1、残高 4~10.3 米。腹里土质烽火台 16 座，平面形制以矩形台体占绝大多数，有 12 座，圆形台体 3 座，不规则形 1 座，剖面形制均呈梯形。矩形台体底部周长 11~61.6、顶部周长 9.4~37.2、残高 1.6~12 米；圆形台体底部周长 9.4、残高 3.1 米；不规则形台体残高 7.8 米。

砖质烽火台外部砖石砌筑，内部为夯筑台体，夯层厚 0.03~0.23 米。长城沿线砖质烽火台有 4 座，平面形制呈矩形者 3 座、圆形者 1 座，底部周长 54~68、顶部周长 37.7~42、残高 3.6~9.8 米。腹里砖质烽火台有 1 座，平面呈矩形，剖面呈梯形，底部周长 19.4、顶部周长 12.4、残高 6.5 米。

石质烽火台外部石砌，内部为夯土台体，夯层厚 0.05~0.2 米。长城沿线石质烽火台有 3 座，平面形制呈矩形者 2 座、圆形者 1 座，底部周长 21~40、顶部周长 14~15.7、残高 4.5~6 米（表 491、492）。

表491　河曲县长城沿线烽火台材质、形制及保存状况一览表（单位：米）

名称	材质	平面形制	剖面形制	底部周长	顶部周长	残高	保存状况
坪头1号烽火台	土	矩形	梯形	44	32	7	一般
坪头2号烽火台	土	矩形	梯形	44	28	8	一般
石城烽火台	土	圆形	梯形	40.8	22	8	一般
阳尔塔1号烽火台	土	圆形	梯形	53.4	44.4	6	一般
阳尔塔2号烽火台	土	矩形	梯形	30	8	5	一般
路铺1号烽火台	土	矩形	梯形	12	8	2~4	较差
路铺2号烽火台	土	圆形	梯形	50.2	40.8	7	一般
路铺3号烽火台	土	矩形	梯形	50	30	8	一般
董家庄1号烽火台	石	矩形	梯形	21	14	6	一般
董家庄2号烽火台	土	圆形	梯形	59.7	47.1	8	一般
梁家碛1号烽火台	砖	圆形	梯形	54	不详	3.6	一般
梁家碛2号烽火台	石	矩形	梯形	40	不详	4.5	较差
高峁烽火台	砖	圆形	梯形	56.5	37.7	8	较好
马连口烽火台	土	矩形	梯形	62	40	9	较好
罗圈堡1号烽火台	土	圆形	梯形	53.4	42.4	10.3	较好
罗圈堡2号烽火台	土	矩形	梯形	72	不详	4.5	一般
罗圈堡3号烽火台	土	矩形	梯形	58	32	11	较好
河湾烽火台	土	矩形	梯形	64	40	6	一般
焦尾城烽火台	砖	矩形	梯形	68	42	9	较好
北元烽火台	土	矩形	梯形	58	20	8	一般
铁果门1号烽火台	土	矩形	梯形	68	52	8.6	一般
铁果门2号烽火台	土	矩形	梯形	44	16	8.5	一般
唐家会1号烽火台	土	矩形	梯形	64	24	8	一般
唐家会2号烽火台	土	圆形	梯形	56.5	47.1	9	一般
船湾1号烽火台	土	矩形	梯形	64	48	9.2	一般
船湾2号烽火台	土	圆形	梯形	44	31.4	9.2	一般
船湾3号烽火台	土	圆形	梯形	50.2	40.8	8.4	一般
五花城堡烽火台	土	圆形	梯形	45.5	36.1	8.8	较好
夏营烽火台	土	矩形	梯形	49.6	35.2	11	一般
河会烽火台	砖	矩形	梯形	56	40	9.8	一般
狗儿洼烽火台	土	圆形	梯形	不详	不详	4.5	较差
向阳坡1号烽火台	土	矩形	梯形	28	不详	7.2	一般
向阳坡2号烽火台	土	矩形	梯形	52	44	9.2	一般
阳面烽火台	土	矩形	梯形	64	56	11	较好
石梯子1号烽火台	土	矩形	梯形	56	40	8.6	一般
石梯子2号烽火台	石	圆形	梯形	31.4	15.7	5	一般
石梯子3号烽火台	土	矩形	梯形	64	48	11	一般
陆家寨烽火台	土	圆形	梯形	18.8	6.3	4	较差

表 492　河曲县腹里烽火台材质、形制及保存状况一览表（单位：米）

名称	材质	平面形制	剖面形制	底部周长	顶部周长	残高	保存状况
苗新庄烽火台	土	圆形	梯形	9.4	不详	3.1	较差
小五村烽火台	土	圆形	梯形	9.4	不详	3.1	较差
下炭水烽火台	土	不规则形	不规则形	不详	不详	7.8	较差
窨子烽火台	土	矩形	梯形	46	26	10.5	一般
后川烽火台	土	矩形	梯形	42	20	7~8	一般
黄武梁烽火台	土	圆形	梯形	9.4	不详	3.1	较差
后石板沟烽火台	土	矩形	梯形	61.6	37.2	8	较好
草家坪烽火台	土	矩形	梯形	24	不详	5	较差
东铺路烽火台	土	矩形	梯形	61.6	34.6	12	较好
朱家川烽火台	砖	矩形	梯形	19.4	12.4	6.5	一般
芦子坪烽火台	土	矩形	梯形	38	21.2	6.5	一般
石沟塔烽火台	土	矩形	梯形	24	13.6	7.1	一般
后红崖烽火台	土	矩形	梯形	11	不详	1.6	较差
高家会烽火台	土	矩形	梯形	30.6	11.2	6~6.5	一般
涧沟子烽火台	土	矩形	梯形	14.4	9.4	5~6	一般
新尧烽火台	土	矩形	梯形	34	16	5~6	一般
魏善坡烽火台	土	矩形	梯形	32	12.8	7	一般

长城沿线烽火台附属设施有围墙、台基，少数台体内部有登顶孔洞，或一壁有登顶步道，个别顶部有建筑基址。腹里烽火台附属设施仅个别有台基。

（2）烽火台的分布特点

①长城沿线烽火台的走向大致与长城墙体一致，绝大多数位于长城墙体面向内地一侧，仅河湾烽火台、铁果门2号烽火台位于长城墙体面向黄河一侧。

②腹里烽火台的分布可以分为3组烽火台群，分别是黄河东岸的旧县堡烽火台群（苗新庄烽火台、小五村烽火台、下炭水烽火台、窨子烽火台），县境东部县川河流域的土沟堡烽火台群（后川烽火台、黄武梁烽火台、后石板沟烽火台、草家坪烽火台、东铺路烽火台），县境南部朱家川河流域的沙泉堡—新尧堡烽火台群（朱家川烽火台、芦子坪烽火台、石沟塔烽火台、后红崖烽火台、高家会烽火台涧沟子烽火台、新尧烽火台、魏善坡烽火台）。

3组烽火台群均以1座或2座堡为分布中心，分布于河谷两岸，其中黄河东岸的旧县堡烽火台群诸烽火台应是长城沿线烽火台向南的延伸，土沟堡烽火台群诸烽火台位于县川河及其支流河谷沿线，沙泉堡—新尧堡烽火台群诸烽火台位于朱家川河河谷谷地。

③从材质类型而言，无论是长城沿线烽火台还是腹里烽火台，均以土质占绝大多数，平面形制矩形台体为多。

④尝试对土质烽火台进行大小划分，依据烽火台的底部周长，按≥50、40~50、<40米三个标准进行分类，以残高作为参考（表493~496）。

表 493　河曲县长城沿线土质矩形烽火台分类统计表

	底部周长分类	底部周长（米）	数量（座）	百分比（%）	残高（米）
大型台体	≥50 米	50 ~ 72	13	65	4.5 ~ 11
中型台体	40 ~ 50 米	44 ~ 49.6	4	20	7 ~ 11
小型台体	< 40 米	12 ~ 30	3	15	2 ~ 7.2
合计		12 ~ 72	20	100	2 ~ 11

表 494　河曲县长城沿线土质圆形烽火台分类统计表

	底部周长分类	底部周长（米）	数量（座）	百分比（%）	残高（米）
大型台体	≥50 米	50.2 ~ 59.7	6	54.5	6 ~ 10.3
中型台体	40 ~ 50 米	40.8 ~ 45.5	3	27.3	8 ~ 9.2
小型台体	< 40 米	18.8	1	9.1	4
不详	不详	不详	1	9.1	4.5
合计		18.8 ~ 59.7	11	100	4 ~ 10.3

表 495　河曲县腹里土质矩形烽火台分类统计表

	底部周长分类	底部周长（米）	数量（座）	百分比（%）	残高（米）
大型台体	≥50 米	61.6	2	16.7	8 ~ 12
中型台体	40 ~ 50 米	42 ~ 46	2	16.7	7 ~ 10.5
小型台体	< 40 米	11 ~ 38	8	66.6	1.6 ~ 7.1
合计		11 ~ 61.6	12	100	1.6 ~ 12

表 496　河曲县腹里土质圆形烽火台分类统计表

	底部周长分类	底部周长（米）	数量（座）	百分比（%）	残高（米）
小型台体	< 40 米	9.4	3	100	3.1
合计		9.4	3	100	3.1

　　从上表中可以看出，长城沿线土质烽火台无论是矩形台体，还是圆形台体，均以大型为主，小型数量较少；腹里土质烽火台则以小型台体为主，大型数量很少。长城沿线的砖质烽火台均为大型台体，石质烽火台为中小型台体。唯一一座砖质腹里烽火台为小型台体。总体而言，长城沿线烽火台以大型台体为主，腹里烽火台以小型台体为主。

　　（3）烽火台保存状况

　　长城沿线烽火台保存较好 7 座、一般 27 座、较差 4 座，腹里烽火台保存较好 2 座、一般 9 座、较差 6 座。造成损毁的自然因素有山体滑坡、风雨侵蚀、植物生长等；人为因素有拆毁砖石、利用台体修建房屋及窑洞、农业生产活动破坏、修路及修渠挖损破坏、取土挖损破坏、挖掘洞穴、修建水井破坏台基等。

三　自然与人文环境

（一）自然环境

河曲县位于山西省西北部，西邻黄河，地势东高西低，丘陵起伏，沟壑纵横。西部黄河沿岸谷地分布有小片平川，中部为低山丘陵，东部和南部为山地。黄河流经县境北、西界，县境内有较多的从东向西注入黄河的支流，南部县川河、朱家川河较大。属北温带大陆性气候，年均气温 8.8℃，年均降水量 460 毫米。县境土壤主要是淡栗钙土性灰褐土，植被稀少。长城沿线地区植被主要是灌木、草本植物以及杨树、柳树等。

（二）人文环境

河曲县长城沿黄河东、南岸延伸，黄河沿岸系河曲县人口较密集的区域，长城沿线村庄居民人数一般较多，从数百人到 1 万多人。罗圈堡村居民多外迁，现有居民 30 余人。村庄居民以农业和家畜饲养业为主，农作物主要有谷子、黍、高粱、胡麻等。县境南部有运煤专用铁路神（池）河（曲）铁路，县境黄河东、南岸有 249 省道（308 省道），南部有东西向的 308、306 省道，长城沿线村庄有县乡公路、土路与外界相通。

四　保护与管理状况

河曲县长城资源的保护管理机构是河曲县文化体育发展中心。目前有关长城资源的保护范围、建设控制地带、保护标志、记录档案等工作有待规定或完善。

表 480　河曲县敌台一览表

名称	地点	高程	与其他遗存的位置关系	材质	建筑方式	平面形制	剖面形制	尺寸	附属设施	修缮情况	保存状况	损毁原因及存在病害
梁家碛1号敌台	刘家塔镇梁家碛村东	971米	骑墙而建。位于梁家碛长城1段墙体上	砖	外部砖石砌筑;内部为夯土台体,含料礓石,夯层厚0.07~0.13米	圆形	梯形	底径18,顶径15,残高4~5米	台体顶部残存有铺砖	无	保存一般。外部砖石大多无存,仅存石条基础。两壁有拆毁痕迹,西壁各有两座洞穴	自然因素有风雨侵蚀、植物生长等;人为因素有拆毁砖石、挖掘洞穴等
梁家碛2号敌台	刘家塔镇梁家碛村东	983米	骑墙而建。位于梁家碛长城1段墙体上	砖	外部砖石砌筑;内部为夯土台体,夯层厚0.11~0.18米	圆形	梯形	底径20,顶径16,残高5.6米	无	无	保存一般。外部砖石大多无存,仅存石条基础。台体南壁有窑洞	自然因素有风雨侵蚀、植物生长等;人为因素有拆毁砖石、修建窑洞等
梁家碛3号敌台	刘家塔镇梁家碛村南	995米	骑墙而建。位于梁家碛长城1段墙体上	砖	外部砖石砌筑;内部为夯土台体,夯层厚0.08~0.16米	矩形	梯形	底部长14,宽9米,顶部长11,宽7米,残高6.5~9米	无	无	保存一般。外部砖石大多无存,仅存石条基础	自然因素有风雨侵蚀、植物生长等;人为因素有拆毁砖石等
梁家碛4号敌台	刘家塔镇梁家碛村南0.1千米	936米	骑墙而建。位于梁家碛长城1段墙体上,系梁家碛长城1段止点,梁家碛长城2段起点	砖	外部砖石砌筑;内部为夯土台体,夯层厚0.08~0.14米	矩形	梯形	底部长12,宽8米,顶部长8,宽5米,残高5~7米	台体南壁中部有坡状缺口,宽1.2,高2,距地面2.5米,应为登台步道	无	保存一般。外部砖石大多无存,仅存石条基础	自然因素有风雨侵蚀、植物生长等;人为因素有拆毁砖石等
楼子营敌台	楼子营镇楼子营村内	866米	骑墙而建。位于马连口长城上,系马连口长城止点,楼子营长城起点	土	夯筑而成,含较多砂砾,夯层厚0.05~0.12米	矩形	梯形	底部长12,宽5.5米,顶部长4,宽3米,残高8米	无	无	保存一般。西壁底部有洞穴	自然因素有风雨侵蚀、植物生长等;人为因素有挖掘洞穴等。
罗圈堡1号敌台	楼子营镇罗圈堡村西北	956米	骑墙而建。位于罗圈堡长城墙体上	土	夯筑而成,含较多砂砾,夯层厚0.06~0.18米	圆形	梯形	底径10,顶径7,北侧残高8.2米	无	无	保存一般	自然因素有风雨侵蚀、植物生长等

续表 480

名称	地点	高程	与其他遗存的位置关系	材质	建筑方式	平面形制	剖面形制	尺寸	附属设施	修缮情况	保存状况	损毁原因及存在病害
罗圈堡2号敌台	楼子营镇罗圈堡村西北	951米	骑墙而建。位于罗圈堡长城墙体上	土	夯筑而成，含较多砂砾，夯层厚0.04~0.13米	圆形	梯形	底径15，顶径12，北侧残高8.8米	无	无	保存一般	自然因素有风雨侵蚀，植物生长等
焦尾城1号敌台	楼子营镇河湾村内	864米	骑墙而建。位于焦尾城长城1段墙体上	土	夯筑而成，夯层厚0.04~0.14米	圆形	梯形	底径16，顶径12，北侧残高8米	无	无	保存一般。遭村民修建房屋破坏	自然因素有风雨侵蚀，植物生长等；人为因素有修建房屋等
焦尾城2号敌台	楼子营镇河湾村北	857米	骑墙而建。位于焦尾城长城1段墙体上	土	夯筑而成，夯层厚0.08~0.16米	矩形	梯形	底部长14，宽9，残高5.6米	无	无	保存一般	自然因素有风雨侵蚀，植物生长等
北元敌台	文笔镇北元村西南	851米	骑墙而建。位于北元长城2段墙体上	砖	外部砖石砌筑；内部为夯土台体，夯层厚0.05~0.12米	圆形	梯形	底径16.5，顶径12.5，残高7.2米	无	无	保存一般。外部砖石无存，南壁有窑洞	自然因素有风雨侵蚀，植物生长等；人为因素有拆毁砖石、修建窑洞等。
铁果门敌台	文笔镇铁果门村内	943米	骑墙而建。位于铁果门长城墙体上	土	夯筑而成，夯层厚0.05~0.12米	矩形	梯形	残高5~8米	无	无	保存一般	自然因素有风雨侵蚀，植物生长等
唐家会敌台	文笔镇铁果门村内	902米	骑墙而建。位于唐家会长城墙体上	土	夯筑而成，含较多砂砾，夯层厚0.07~0.13米	圆形	梯形	底径18，顶径13，残高9米	无	无	保存一般	自然因素有风雨侵蚀，植物生长等

表481　河曲县马面一览表

名称	地点	高程	与其他遗存的位置关系	材质	建筑方式	平面形制	剖面形制	尺寸	附属设施	修缮情况	保存状况	损毁原因及存在病害
马连口1号马面	楼子营镇马连口村北	862米	倚墙而建。位于马连口长城墙体北侧	土	夯筑而成，夯层厚0.1~0.12米	矩形	梯形	顶宽6，残高5米	无	无	保存一般	自然因素有风雨侵蚀，植物生长等
马连口2号马面	楼子营镇马连口村北	866米	倚墙而建。位于马连口长城墙体北侧	土	夯筑而成，夯层厚0.1~0.13米	矩形	梯形	顶宽7，残高5米	无	无	保存一般	自然因素有风雨侵蚀，植物生长等
马连口3号马面	楼子营镇马连口村北	868米	倚墙而建。位于马连口长城墙体北侧	土	夯筑而成，夯层厚0.08~0.13米	矩形	梯形	顶宽8，凸出墙体7，残高5.5米	无	无	保存一般	自然因素有风雨侵蚀，植物生长等
马连口4号马面	楼子营镇马连口村西北	861米	倚墙而建。位于马连口长城墙体北侧	土	夯筑而成，夯层厚0.05~0.12米	矩形	梯形	底宽14，顶宽8，凸出墙体4~5，残高5~6米	无	无	保存一般。台体南壁中部遭挖掘机取土挖空	自然因素有风雨侵蚀，植物生长等；人为因素有取土挖损等
楼子营1号马面	楼子营镇楼子营村内	879米	倚墙而建。位于楼子营长城墙体北侧	不详	不详	不详	不详	不详	不详	不详	不详	不详
楼子营2号马面	楼子营镇楼子营村西	880米	倚墙而建。位于楼子营长城墙体北侧	土	夯筑而成，夯层厚0.05~0.22米	矩形	梯形	底部长10，宽8米，顶部长8，宽6米	无	无	保存一般。台体南壁邻房屋	自然因素有风雨侵蚀，植物生长等；人为因素有修建房屋破坏等
楼子营3号马面	楼子营镇赵家口村内	87米	倚墙而建。位于楼子营长城墙体北侧	土	夯筑而成，夯层厚0.08~0.13米	矩形	梯形	底部长16，宽8米，顶部长12，宽6米，残高6~7米	无	无	保存一般。台体东、南、西壁邻房屋，西南角有洞穴	自然因素有风雨侵蚀，植物生长等；人为因素有修建房屋破坏、挖掘洞穴等
楼子营4号马面	楼子营镇娘娘滩村西北	867米	倚墙而建。位于楼子营长城墙体北侧	土	夯筑而成，夯层厚0.08~0.16米	不详	不详	残高2.4~4米	无	无	保存较差。台体周围为耕地	自然因素有风雨侵蚀，植物生长等；人为因素有农业生产活动破坏等
楼子营5号马面	楼子营镇娘娘滩村西北	869米	倚墙而建。位于楼子营长城墙体北侧	土	夯筑而成，夯层厚0.08~0.16米	矩形	梯形	底部长10，宽8米，顶部长8，宽6米，残高4~6.5米	无	无	保存一般	自然因素有风雨侵蚀，植物生长等
罗圈堡马面	楼子营镇罗圈堡村西	916米	倚墙而建。位于罗圈堡长城墙体北侧	土	夯筑而成，夯层厚0.05~0.16米	圆形	梯形	底径16，顶径12，残高9米	无	无	保存一般	自然因素有风雨侵蚀，植物生长等

续表481

名称	地点	高程	与其他遗存的位置关系	材质	建筑方式	平面形制	剖面形制	尺寸	附属设施	修缮情况	保存状况	损毁原因及存在病害
焦尾城1号马面	楼子营镇焦尾城村西北	870米	倚墙而建。位于焦尾城长城1段墙体西北侧	土	夯筑而成,夯层厚0.08~0.12米	矩形	梯形	底部长10、宽8米,顶部长8、宽6米,东南侧高2.8、西北侧残高8.2米	无	无	保存一般。台体东南壁中部有洞穴	自然因素有风雨侵蚀、植物生长等;人为因素有挖掘洞穴等
焦尾城2号马面	文笔镇焦尾城村西北0.2千米	876米	倚墙而建。位于焦尾城长城1段西北侧,系焦尾城长城1段止点,焦尾城长城2段起点	不详	不详	矩形	梯形	底部长7、宽2、西北侧残高6.2米	无	无	保存一般。台体西北部遭取土挖损坏	自然因素有风雨侵蚀、植物生长等;人为因素有取土挖损等
焦尾城3号马面	楼子营镇焦尾城村西	877米	倚墙而建。位于焦尾城长城2段墙体西北侧	土	夯筑而成,夯层厚0.06~0.12米	矩形	梯形	底部长13、宽10米,顶部长11、宽9米,残高3.2米	马面顶部残存铺砖	无	保存一般	自然因素有风雨侵蚀、植物生长等
焦尾城4号马面	楼子营镇焦尾城村西	871米	倚墙而建。位于焦尾城长城2段墙体西北侧	土	夯筑而成,夯层厚0.08~0.12米	矩形	梯形	底部长10、宽8米,顶部长8、宽6米,残高6.6米	无	无	保存较差。台体北壁有洞穴	自然因素有风雨侵蚀、植物生长等;人为因素有挖掘洞穴等
焦尾城5号马面	楼子营镇焦尾城村西	876米	倚墙而建。位于焦尾城长城2段墙体西北侧	土	夯筑而成,夯层厚0.07~0.13米	矩形	梯形	底部长14、宽13米,顶部长12、宽11米,残高2.2米	无	无	保存较差	自然因素有风雨侵蚀、植物生长等
焦尾城6号马面	楼子营镇焦尾城村西	877米	倚墙而建。位于焦尾城长城2段墙体西北侧	土	夯筑而成,夯层厚0.08~0.17米	矩形	梯形	底部边长10、顶部边长8、残高6米	无	无	保存一般	自然因素有风雨侵蚀、植物生长等
唐家会1号马面	文笔镇唐家会村西侧	874米	倚墙而建。位于唐家会长城墙体南侧	不详	不详	矩形	梯形	底宽13.2、顶宽10.2,凸出墙体9、残高9.2米	无	无	保存一般。台体中部有洞穴	自然因素有风雨侵蚀、植物生长等;人为因素有挖掘洞穴等
唐家会2号马面	文笔镇唐家会村内	866米	倚墙而建。位于唐家会长城墙体西南侧	砖	外部砖石砌筑	矩形	梯形	底宽16、顶宽13、凸出墙体8.6、残高9米	无	无	保存一般。外部砖石大多无存,仅存部分条石基础。台体东南壁残高1~2.3米。台体南壁有窑洞	自然因素有风雨侵蚀、植物生长等;人为因素有拆毁砖石、修建窑洞等
阳面马面	巡镇阳面村西	860米	倚墙而建。位于阳面长城墙体西侧	土	夯筑而成,夯层厚0.04~0.2米	矩形	梯形	底宽6.6、顶宽5、凸出墙体7、残高5.6米	无	无	保存一般。台体西壁底部有洞穴	自然因素有风雨侵蚀、植物生长等;人为因素有挖掘洞穴等

表482　河曲县长城沿线烽火台一览表

名称	地点	高程	与其他遗存的位置关系	材质	建筑方式	平面形制	剖面形制	尺寸	附属设施	修缮情况	保存状况	损毁原因及存在病害
坪头1号烽火台（彩图一〇一〇）	刘家塔镇坪头村西北1.4千米	939米	位于石城长城东0.02千米	土	夯筑而成，含砂砾，夯层厚0.07~0.12米	矩形	梯形	底部边长11，顶部边长8，残高7米	台体顶部散落瓦片	无	保存一般	自然因素有风雨侵蚀、植物生长等
坪头2号烽火台	刘家塔镇坪头村东北0.16千米	1112米	位于石城长城东1.5千米	土	夯筑而成，含砂砾，夯层厚0.05~0.1米	矩形	梯形	底部边长11，顶部边长7，残高8米	台体周围有围墙，平面呈矩形。墙体宽1~2.3，内高0.5~2.2，外高4~5.2米。西墙设门，宽0.07~0.14米。台体底部有台基，平面呈矩形，东西23，南北24，残高4米，夯层厚0.06~0.15米	无	保存一般。南壁有窑洞，围墙坍塌损毁严重，台基遭农业生产活动破坏	自然因素有风雨侵蚀，植物生长等；人为因素有修建窑洞、农业生产活动破坏等
石城烽火台	刘家塔镇石城村北0.02千米	1086米	位于石城长城东0.6千米	土	夯筑而成，含砂砾，夯层厚0.06~0.12米	圆形	梯形	底径13，顶径7，残高8米	台体底部有台基，平面呈圆形，直径27，残高4.5~5米，夯层厚0.1~0.12米；顶部有圆形建筑基址，直径3.5，残高0.5~0.8米，周围散落砖瓦、碎石和少量瓷片	无	保存一般	自然因素有风雨侵蚀等；人为因素有农业生产活动破坏等
阳尔塔1号烽火台（彩图一〇一一）	刘家塔镇阳尔塔村北0.56千米	1010米	位于路铺长城东南0.04千米	土	夯筑而成，含砂砾，夯层厚0.07~0.12米	圆形	梯形	底径17，顶径14，残高6米	台体底部有台基，平面呈圆形，直径34，残高1.5~5米，夯层厚0.06~0.16米。顶部散落砖瓦	无	保存一般。南壁有窑洞，宽2.5，深2.5米。台体顶部有凹坑，直径5，深6米，性质不详。台基东南侧有石料厂	自然因素有风雨侵蚀，植物生长等；人为因素有修建窑洞等
阳尔塔2号烽火台	刘家塔镇阳尔塔村北0.26千米	1064米	位于路铺长城东南0.33千米	土	夯筑而成，含砂砾，夯层厚0.1~0.12米	矩形	梯形	底部东西、南北7米，顶部东西、南北2.5米，残高5米	无	无	保存一般	自然因素有风雨侵蚀，植物生长等；人为因素有农业生产活动破坏等
路铺1号烽火台	刘家塔镇路铺村西0.46千米	968米	位于路铺长城南0.13千米	土	夯筑而成，含砂砾，夯层厚0.12~0.16米	矩形	梯形	底部边长3，顶部边长2，残高2~4米	无	无	保存较差	自然因素有风雨侵蚀，植物生长等；人为因素有农业生产活动破坏等

续表 482

名称	地点	高程	与其他遗存的位置关系	材质	建筑方式	平面形制	剖面形制	尺寸	附属设施	修缮情况	保存状况	损毁原因及存在病害
路铺2号烽火台	刘家塔镇路铺村西0.56千米	970米	位于路铺长城南0.08千米	土	夯筑而成,含砂砾,夯层厚0.07~0.12米	圆形	梯形	底径16,顶径13,残高7米	台体周围有围墙,平面呈圆形。残存西南墙,长21,宽0.4~1.1,残高0.2~0.5米。台体底部有台基,平面呈圆形,残高0.08~0.15米。台体顶部散落少量瓦片	无	保存一般。南壁有窑洞。围墙残存西南墙,残存长21米。台基残存南部和西部。台体南侧有石料厂	自然因素有风雨侵蚀,植物生长等;人为因素有修建窑洞等
路铺3号烽火台	刘家塔镇路铺村西南0.7千米	1084米	位于路铺长城南0.82千米	土	夯筑而成,含砂砾,夯层厚0.05~0.1米	矩形	梯形	底部东西14,南北11米,顶部东西9,南北6米,残高8米	台体底部有台基,平面呈圆形,直径24,残高0.3~2.5米	无	保存一般。台基现为耕地	自然因素有风雨侵蚀等;人为因素有农业生产活动破坏等
董家庄1号烽火台(彩图一〇一二)	刘家塔镇董家庄村西北1.28千米	914米	位于路铺长城南0.02千米	石	外部石砌;内部为夯土台体,夯砂砾,夯层厚0.14~0.2米	矩形	梯形	底部东西5,南北5.5米,顶部边长3.5米,残高6米	无	无	保存一般。台体顶部有洞,东壁底部残存洞穴,台基东侧残存建房屋,挖掘洞穴等	自然因素有风雨侵蚀,植物生长等;人为因素有毁包石等
董家庄2号烽火台	刘家塔镇董家庄村西北1.4千米	953米	位于路铺长城南0.08千米	土	夯筑而成,含砂砾,夯层厚0.07~0.13米	圆形	梯形	底径19,顶径15,残高8米	台体底部有台基,平面呈圆形,直径27,残高0.3~2.5米,层厚0.04~0.18米	无	保存一般。台体南部破坏利用修建成房屋,东壁残存洞穴,台基底部残存残余利用部和北部	自然因素有风雨侵蚀,植物生长等;人为因素有修建房屋,挖掘洞穴等
梁家碛1号烽火台	楼子营镇梁家碛村南0.4千米	936米	位于梁家碛长城2段南0.1千米	砖	外部砖石砌筑,内部为夯土台体,夯砂砾,夯层厚0.07~0.17米	圆形	梯形	底部东西14,南北13,残高3.6米	台体底部有台基,平面呈矩形,东西30,南北22,残高2.2~3.5米。台体顶部残存部分铺砖	无	保存一般。台体外部砖石无存	自然因素有风雨侵蚀,植物生长等;人为因素有拆毁砖石等
梁家碛2号烽火台	楼子营镇梁家碛村西南0.46千米	994米	位于梁家碛长城2段南侧	石	外部石砌;内部为夯土台体,夯砂砾,夯层厚0.1~0.15米	矩形	梯形	底部边长10,残高4.5米	台体顶部有石砌基址,平面呈圆形	无	保存较差。台体存部分包石	自然因素有风雨侵蚀,植物生长等;人为因素有毁包石,农业生产活动破坏等

续表 482

名称	地点	高程	与其他遗存的位置关系	材质	建筑方式	平面形制	剖面形制	尺寸	附属设施	修缮情况	保存状况	损毁原因及存在病害
高岇烽火台	楼子营镇高岇村内	1006米	位于梁家碛长城2段南侧	砖	外部砖石砌筑;内部为夯土台体,含砂砾,夯层厚0.07~0.12米	圆形	梯形	底径18,顶径12,残高8米	台体周围有围墙,平面呈圆形,底宽2.7,顶宽1.5~1.9,内高1.5~3.6,外高(包括台基)6米,夯层厚0.09~0.16米。台体底部有台基,平面呈圆形,直径48,残高1~2.1米,夯层厚0.09~0.13米。台体周围散落大量砖瓦,石块和瓷片	无	保存较好。台体外部砖石无存,台基西南部有新建的水井	自然因素有风雨侵蚀,植物生长等;人为因素有拆毁砖石,修建水井破坏台基
马连口烽火台	楼子营镇马连口村东0.3千米	963米	位于梁家碛长城2段南侧	土	夯筑而成,含砂砾,夯层厚0.08~0.12米	矩形	梯形	底部东西15,南北16米,顶部边长10米,残高9米	无	无	保存较好。南壁底部有洞穴	自然因素有风雨侵蚀,植物生长等;人为因素有挖掘洞穴
罗圈堡1号烽火台	楼子营镇罗圈堡村东0.38千米	975米	位于罗圈堡长城南侧	土	夯筑而成,含砂砾,夯层厚0.07~0.1米	圆形	梯形	底径17,顶径13.5,残高10.3米	台体周围有围墙,平面呈圆形,底宽3~4,顶宽0.5~2.6,内高3.1,外高9.5米,夯层厚0.09~0.14米。台体底部有台基,平面呈圆形,直径33,残高5.4米,夯层厚0.15~0.18高。台体内部有登顶孔洞,洞口在东北角墙体底部。台体顶部散落瓦,瓷片	无	保存较好。台体顶部有凹坑,直径4.3米。台基南壁有洞穴	自然因素有风雨侵蚀,植物生长等;人为因素有挖掘洞穴等
罗圈堡2号烽火台	楼子营镇罗圈堡村西0.23千米	953米	位于罗圈堡长城南0.08千米	土	夯筑而成,含砂砾,夯层厚0.1~0.17米	矩形	梯形	底部东西15,南北21,残高4.5米	台体周围散落许多砖瓦。台体南侧有圆形柱础一个,底部刻有水波纹饰	无	保存一般	自然因素有风雨侵蚀,植物生长等
罗圈堡3号烽火台	楼子营镇罗圈堡村西0.72千米	946米	位于罗圈堡长城南侧。烽火墙为台北围墙墙体	土	夯筑而成,含砂砾,夯层厚0.05~0.1米	矩形	梯形	底部东西14,南北15米,顶部边长8米,残高11米	台体周围有围墙,平面呈矩形,底宽2.5~3.2,顶宽1~2.1,内高0.5~2.9,外高(包括台基)7米。台体底部有台基,平面呈矩形,东西14,南北21,残高3.8米,夯层厚0.06~0.12米	无	保存较好。南壁中部有洞穴,宽1.5,进深1.8米。围墙坍塌损毁严重。台基南壁有洞穴	自然因素有风雨侵蚀,植物生长,人为因素有挖掘洞穴等

续表482

名称	地点	高程	与其他遗存的位置关系	材质	建筑方式	平面形制	剖面形制	尺寸	附属设施	修缮情况	保存状况	损毁原因及存在病害
河湾烽火台	楼子营镇河湾村西南 0.6 千米	873 米	位于罗圈堡长城北侧	土	夯筑而成,含砂砾,夯层厚 0.1~0.2 米	矩形	梯形	底部边长 16、顶部边长 10、残高 6 米	台体顶部有土墙基址,宽 0.8、残高 0.5 米	无	保存一般。台体被利用修建成房屋,东、西壁遭修路建房屋破坏	自然因素有风雨侵蚀、植物生长等;人为因素有利用台体修建房屋、修路挖损破坏等
焦尾城烽火台	文笔镇焦尾城村西 1.4 千米	877 米	位于焦尾城长城 2 段东南 0.013 千米	砖	外部砖石砌筑;内部为夯筑台体,含砂砾,夯层厚 0.1~0.23 米	矩形	梯形	底部边长 17 米、顶部边东西 11、南北 10 米,残高 9 米	无	无	保存较好。外部砖石无存	自然因素有风雨侵蚀、植物生长等;人为因素有拆毁砖石等
北元烽火台	文笔镇北元村内	839 米	位于北元长城 1 段东南侧	土	夯筑而成,含砂砾,夯层厚 0.09~0.18 米	矩形	梯形	底部东西 14、南北 15 米,顶部东西、南北 7 米,残高 8 米	台体周围散落许多砖瓦	无	保存一般。台体东南部有窑洞 3 孔	自然因素有风雨侵蚀、植物生长等;人为因素有修建窑洞等
铁果门 1 号烽火台	文笔镇铁果门村北 1.2 千米	932 米	位于铁果门长城北侧,烽火台南为长城墙体	土	夯筑而成,含砂砾,夯层厚 0.07~0.15 米	矩形	梯形	底部边长 17、顶部边长 13、残高 8.6 米	台体周围有围墙,平面呈矩形,边长 43,顶宽 1.2~1.5、残高 2.3~6 米。东北角有豁口,宽 4 米	无	保存一般。围墙坍塌损毁严重,东北角墙有豁口,宽 4 米	自然因素有山体滑坡、风雨侵蚀、植物生长等;人为因素破坏等
铁果门 2 号烽火台	文笔镇铁果门村北 0.83 千米	934 米	位于铁果门村西	土	夯筑而成,含砂砾,夯层厚 0.08~0.15 米	矩形	梯形	底部边长 11、顶部边长 4、残高 8.5 米	无	无	保存一般	自然因素有山体滑坡、风雨侵蚀、植物生长等
唐家会 1 号烽火台(彩图一〇一三)	文笔镇唐家会村西南 1.03 千米	862 米	位于唐家会长城外,烽火台西墙为长城墙体	土	夯筑而成,含砂砾,夯层厚 0.05~0.18 米	矩形	梯形	底部边长 16、顶部边长 6、残高 8 米	台体周围有围墙,平面呈矩形,边长 36,顶宽 0.5~1,内高 1~1.8、外高 1.2~4 米,夯层厚 0.1~0.22 米。东墙中部设门,现为豁口,宽 5 米	无	保存一般。南壁有洞穴。一条南北向水渠穿过南、北围墙,形成的壕沟	自然因素有风雨侵蚀、植物生长等;人为因素有挖掘洞穴、修渠破坏等
唐家会 2 号烽火台	文笔镇唐家会村西南 2.08 千米	852 米	位于唐家会长城外,烽火台西墙为长城墙体	土	夯筑而成,含砂砾,夯层厚 0.04~0.13 米	圆形	梯形	底径 18,顶径 15,残高 9 米	台体周围有围墙,平面呈矩形,残存东墙,长 6,顶宽 0.3~0.5,残高 0.8~4 米。台体内部有登顶孔洞,宽 0.7,高 2 米,顶部洞口呈椭圆形,最长 1.2 米	无	保存一般。南壁底部有窑洞,围墙残存东墙,残长 6 米	自然因素有风雨侵蚀、植物生长等;人为因素有挖掘洞穴等

续表482

名称	地点	高程	与其他遗存的位置关系	材质	建筑方式	平面形制	剖面形制	尺寸	附属设施	修缮情况	保存状况	损毁原因及存在病害
船湾1号烽火台	文笔镇船家会村东北0.55千米	1078米	位于船湾长城1段东北侧	土	夯筑而成,含料礓石,夯层厚0.05~0.12米	矩形	梯形	底部边长16,顶部边长12,残高9.2米	台体周围有围墙,平面呈矩形,东西23,南北25米,顶宽0.2~0.9米,残存南墙,顶宽0.3,残高0.9米。台体南壁底部有登顶孔洞,洞口在有南墙,宽0.9,高0.4米	无	保存一般。东壁底部有洞穴,宽1.6,高1.5米。围墙仅残存南墙	自然因素有风雨侵蚀,植物生长等;人为因素有挖掘洞穴等
船湾2号烽火台(彩图一〇四)	文笔镇船湾村东北0.38千米	948米	位于船湾长城1段东北侧	土	夯筑而成,夯层厚0.06~0.12米	圆形	梯形	底径14,顶径10,残高9.2米	台体周围有围墙,平面呈圆形,直径33.3,底宽0.5~1.3,内高2.3,外高4.5米。台体内有登顶孔洞,洞口在西壁底部,高3.2米;顶部洞口呈椭圆形,最长1.6米	无	保存一般。北壁底部有洞穴,宽2.5,高1.6米。围墙坍塌损毁严重	自然因素有风雨侵蚀,植物生长等;人为因素有挖掘洞穴等
船湾3号烽火台	文笔镇船湾村东南1.2千米	988米	位于船湾长城2段东侧	土	夯筑而成,夯层厚0.08~0.12米	圆形	梯形	底径16,顶径13,残高8.4米	台体周围有围墙,平面呈圆形,直径36,底宽2.8,顶宽0.4~1.5,内高2.8,外高3.8米,夯层厚0.05~0.1米。南墙设门,门口宽1.6,门宽1.6米。西北墙有豁口,宽4.5米。台体东壁有登顶步道	无	保存一般。围墙西侧有豁口,宽4.5米	自然因素有风雨侵蚀,植物生长等;人为因素有挖掘洞穴等
五花城堡烽火台	文笔镇五花城堡村东北	948米	位于五花城堡长城东侧	土	夯筑而成,夯层厚0.08~0.11米	圆形	梯形	底径14.5,顶径11.5,残高8.8米	台体周围有围墙,平面呈圆形,直径29,底宽3,顶宽0.5~1.2,内高1.5~2.6,外高3~5.8米。南墙中部设门,现为豁口,宽3.5米	无	保存较好。南壁底部有洞穴,宽1.6,高1.7,进深9.1米,侧有两个略小浅洞	自然因素有风雨侵蚀,植物生长等;人为因素有挖掘洞穴等
夏营烽火台(彩图一〇五)	巡镇夏营村西0.2千米	846米	位于夏营长城北侧	土	夯筑而成,夯层厚0.07~0.12米	矩形	梯形	底部边长12.4,顶部边长11米	台体周围有围墙,围墙呈矩形,边长29.7,底宽4~5.6,顶宽1.9~3.6,内高1~3.7,外高1.9~5.2米,夯层厚0.07~0.13米。东墙中部设门,门洞宽2.6,高2.3米	无	保存一般。南壁底部有洞穴,宽2.1,高2.3,进深2.6米。西墙南段无存	自然因素有风雨侵蚀,植物生长等;人为因素有挖掘洞穴等

续表 482

名称	地点	高程	与其他遗存的位置关系	材质	建筑方式	平面形制	剖面形制	尺寸	附属设施	修缮情况	保存状况	损毁原因及存在病害
河会烽火台	巡镇河会村北 0.2 千米	889 米	位于河会谷长城北侧	砖	外部砖为砌筑；内部夯筑台体，含砂砾，夯层厚 0.03～0.11 米	矩形	梯形	底部边长 14，顶部边长 10，残高 9.8 米	台体周围有围墙，外部砖为夯存石无，平面呈梯形，东墙长 60，南墙长 45，西墙长 50，北墙长 13 米，底宽 5～6，顶宽 0.5～2，内高 1～3.5，外高 5～8 米。西墙南端设门，门宽 1.3，高 2.1 米。南墙东段消失 15 米	无	保存一般。台体外部砖石无存，东壁底部有洞穴，宽 2.5，高 3，进深 6 米。南壁有两处洞穴，宽 1.4，高 2.3，进深 3.5 米，相距 1.6 米。南墙东段消失 15 米	自然因素有风雨侵蚀，植物生长等；人为因素有拆毁砖石，挖掘洞穴等
狗儿洼烽火台	巡镇镇狗儿洼村内	1052 米	位于曲峪长城东侧	土	夯筑而成，夯层厚 0.04～0.1 米	圆形	梯形	残高 4.5 米	台体周围有围墙，残存东南墙，长 20，底宽 2.1，顶宽 0.5，内高 1.5，外高 4 米。残存墙体中部设门，门宽 1.3，高 1.7 米	无	保存较差。台体和围墙遭土挖损破坏，残存东南墙	自然因素有风雨侵蚀，植物生长等；人为因素取土挖损南墙
向阳坡 1 号烽火台	鹿固乡向阳坡村东 0.1 千米	1114 米	位于曲峪长城东侧	土	夯筑而成，夯层厚 0.09～0.13 米	矩形	梯形	底部边长 7，残高 7.2 米	无	无	保存一般	自然因素有风雨侵蚀，植物生长等
向阳坡 2 号烽火台	鹿固乡向阳坡村东 0.1 千米	1127 米	位于曲峪长城东侧	土	夯筑而成，夯层厚 0.03～0.1 米	矩形	梯形	底部边长 13，顶部边长 11，残高 9.2 米	台体周围有围墙，平面呈矩形，边长 29，顶宽 0.2～0.5，内高 0.5～2.1，外高 3.5～5 米	无	保存一般。围墙拆塌损毁严重	自然因素有风雨侵蚀，植物生长等
阳面烽火台（彩图一〇六）	巡镇镇阳面村南 0.2 千米	899 米	位于阳面长城东侧	土	夯筑而成，夯层厚 0.07～0.11 米	矩形	梯形	底部东西 15.5，南北 16.5 米，顶部东西 13.5，南北 14.5 米，残高 11 米	台体周围有围墙，平面呈矩形，东西 43.1，南北 47.2，底宽 3.6，顶宽 1.1～3.5，内高 4.2～5.6，外高 6.5～11 米。西墙中部设门，门洞宽 1.7，高 2 米	无	保存较好。南壁有窑洞；围墙内东、南部有废弃的房屋；西墙中部门洞有现代补筑的石片、木构件	自然因素有风雨侵蚀，植物生长等；人为因素有修建窑洞等
石梯子 1 号烽火台	巡镇镇石梯子村东北 0.7 千米	919 米	位于石梯子城东侧，石梯子堡土堡内东北部	土	夯筑而成，夯层厚 0.07～0.18 米	矩形	梯形	底部边长 14，顶部边长 10，残高 8.6 米	无	无	保存一般。南壁底部有洞穴，宽 1.1，进深 1.3 米	自然因素有风雨侵蚀，植物生长等；人为因素有挖掘洞穴等

续表 482

名称	地点	高程	与其他遗存的位置关系	材质	建筑方式	平面形制	剖面形制	尺寸	附属设施	修缮情况	保存状况	损毁原因及存在病害
石梯子2号烽火台	巡镇镇石梯子村东北0.88千米	1000米	位于石梯子长城东侧	石	外部石砌；内部为夯土台体，含砂砾，夯层厚0.05~0.12米	圆形	梯形	底径10、顶径5、残高5米	无	无	保存一般。外部包石大多无存	自然因素有风雨侵蚀、植物生长等；人为因素有拆毁包石等
石梯子3号烽火台	巡镇镇石梯子村东北0.4千米	931米	位于石梯子长城南侧	土	夯筑而成，夯层厚0.04~0.12米	矩形	梯形	底部边长16、顶部边长12、残高11米	台体周围有围墙，平面呈矩形，东西40、南北42米；北墙残长43、残宽0.3~1、残高0.6~5米。台体顶宽5。台体在东壁内部有登顶孔洞，洞口在东壁中部，宽1.1、高1.6，距地面3.5米	无	保存一般。南壁底部有洞穴，宽1.1、高1.3、进深4米	自然因素有风雨侵蚀、植物生长等；人为因素有挖掘洞穴等
陆家寨烽火台	沙坪乡陆家寨村北1千米	1091米	位于石梯子长城东侧	土	夯筑而成，含碎石	圆形	梯形	底径6、顶径2、残高4米	无	无	保存较差	自然因素有风雨侵蚀、植物生长等；人为因素有农业生产活动破坏等

表 483　河曲县腹里烽火台一览表

名称	地点	高程	与其他遗存的位置关系	材质	建筑方式	平面形制	剖面形制	尺寸	附属设施	修缮情况	保存状况	损毁原因及存在病害
苗新庄烽火台	旧县乡苗新庄村西南 0.5 千米	1042 米	无	土	夯筑而成,含碎石、瓦片,夯层厚 0.08~0.2 米	圆形	梯形	底径 3,残高 3.1 米	无	无	保存较差	自然因素有风雨侵蚀,植物生长等;人为因素有农业生产破坏等
小五村烽火台	旧县乡小五村西北 1 千米	1052 米	东南距旧县堡 1.5 千米,北距苗新庄烽火台 1 千米	土	夯筑而成,夯层厚 0.08~0.2 米	圆形	梯形	底径 3,残高 3.1 米	无	无	保存较差	自然因素有风雨侵蚀,植物生长等;人为因素有农业生产破坏等
下炭水烽火台	旧县乡下炭水村西北 1.3 千米	1047 米	东北距旧县堡 4.2 千米	土	夯筑而成,含碎石,夯层厚 0.14~0.2 米	不规则形	不规则形	残高 7.8 米	无	无	保存较差	自然因素有风雨侵蚀,植物生长等
管子烽火台	社梁乡管子村北 0.5 千米	944 米	东北距下炭水烽火台 2.9 千米	土	夯筑而成,含砂砾,夯层厚 0.05~0.11 米	矩形	梯形	底部东西 10,南北 13 米,顶部东西 5,南北 8 米,残高 10.5 米	无	无	保存一般。西壁底部遭取土挖损	自然因素有风雨侵蚀,植物生长等;人为因素有农业生产破坏,取土挖损破坏等
后川烽火台	前川乡后川村西南 0.5 千米	1372 米	无	土	夯筑而成,夯层厚 0.07~0.17 米	矩形	梯形	底部东西 10,南北 11 米,顶部边长 5 米,残高 7~8 米	无	无	保存一般。南壁底部有洞穴,宽 0.77,高 1.35,进深 1.7 米	自然因素有风雨侵蚀,植物生长等;人为因素有挖掘洞穴、农业生产活动破坏等
黄武梁烽火台	前川乡七星村东南 1.5 千米	1385 米	东北距后川烽火台 4.3 千米	土	夯筑而成,夯层厚 0.08~0.2 米	圆形	梯形	底径 3,残高 3.1 米	台体底部有台基,残长 11,残高 1.5~1.6 米	无	保存较差。台基东壁有洞穴,外接石券窑洞,窑洞宽 2.3,高 2.5,进深 6 米	自然因素有风雨侵蚀,植物生长等;人为因素有挖掘洞穴、农业生产活动破坏等
后石板沟烽火台	单寨乡后石板沟村东北 1.75 千米	1383 米	西北距黄武梁烽火台 6 千米	土	夯筑而成,夯层厚 0.05~0.1 米	矩形	梯形	底部东西 15.5,南北 15.3 米,顶部边长 9.3 米,残高 8 米	无	无	保存较好	自然因素有风雨侵蚀,植物生长等;人为因素有农业生产破坏等
草家坪烽火台	单寨乡草家坪村东南 1.25 千米	1370 米	东北距土沟堡 10.2 千米	土	夯筑而成,夯层厚 0.1~0.16 米	矩形	梯形	底部东西 5.5,南北 6.5,残高 5 米	无	无	保存较差	自然因素有风雨侵蚀,植物生长等;人为因素有农业生产活动破坏等

续表483

名称	地点	高程	与其他遗存的位置关系	材质	建筑方式	平面形制	剖面形制	尺寸	附属设施	修缮情况	保存状况	损毁原因及存在病害
东铺路烽火台（影图一〇一七）	土沟乡东铺路村西北1.5千米	1350米	东南距土沟堡3.1千米,西北距后石板沟烽火台4.6千米	土	夯筑而成,夯层厚0.05~0.13米	矩形	梯形	底部东西15.5、南北15.3米,顶部东西9、南北8.3米,残高12米	无	无	保存较好。东壁下部有洞穴,进深4米,宽2.1,南壁下部有洞穴2.4,高4,进深1.7米;东侧洞穴2.1,进深3.2,高1.75,进深1.1米。西壁顶部长有称之为"茶树",老百姓常于此讨药,其底部有石券洞穴,其壁下部有回坑,宽1.9,高3.5,进深1.8米	自然因素有风雨侵蚀,植物生长等;人为因素有挖掘洞穴等
朱家川烽火台	沙泉乡朱家川村西北1.3米	1366米	无	砖	外部砖砌筑,内部为夯土台体,含砂砾	矩形	梯形	底部东西5.6、南北4.1米,顶部边长3.1米,残高6.5米	台体底部有台基,石砌而成,平面呈矩形,残高2.5~2.8米	无	保存一般	自然因素有风雨侵蚀,植物生长等;人为因素有拆毁砖石等农业生产活动破坏
芦子坪烽火台	沙泉乡芦子坪村西北0.5米	1335米	东北距沙泉堡3.2千米,西北距朱家川烽火台3.3千米	土	夯筑而成,夯层厚0.04~0.12米	矩形	梯形	底部东西9、南北10米,顶部东西5、南北5米,残高6.5米	无	无	保存一般。南壁底部中央有石券窑洞	自然因素有风雨侵蚀,植物生长等;人为因素有修建窑洞,农业生产活动破坏
石沟塔烽火台	沙泉乡石沟塔村北0.4千米	1276米	西南距沙泉堡2.5千米	土	夯筑而成,夯层厚0.06~0.12米	矩形	梯形	底部东西5.5、南北6.5米,顶部东西3、南北3.8米,残高7.1米	台体底部有台基,平面呈圆形	无	保存一般	自然因素有风雨侵蚀,植物生长等
后红崖烽火台	沙泉乡后红崖村河南0.07千米	1185米	西距石沟塔烽火台1.4千米	土	夯筑而成,夯层厚0.07~0.12米	矩形	梯形	底部东西3、南北2.5、残高1.6米	无	无	保存较差	自然因素有风雨侵蚀,植物生长等;人为因素有农业生产活动破坏等

续表 483

名称	地点	高程	与其他遗存的位置关系	材质	建筑方式	平面形制	剖面形制	尺寸	附属设施	修缮情况	保存状况	损毁原因及存在病害
高家会烽火台	沙泉乡高家会村东南1.5千米	1390米	西南距后红崖烽火台4.8千米	土	夯筑而成,夯层厚0.2~0.22米	矩形	梯形	底部东西7,南北8.3米,顶部东西2,南北3.6米,残高6~6.5米	无	无	保存一般	自然因素有风雨侵蚀,植物生长等;人为因素有农业生产活动破坏等
涧沟子烽火台	沙泉乡涧沟子西南0.35千米	1219米	东南距新尧堡1千米,西南距高家会烽火台1.1千米	土	夯筑而成,夯层厚0.05~0.15米	矩形	梯形	底部东西3.2,南北4米,顶部东西2.2,南北2.5米,残高5~6米	无	无	保存一般	自然因素有风雨侵蚀,植物生长等;人为因素有农业生产活动破坏等
新尧烽火台	沙泉乡新尧村东北1.5千米	1250米	西南距新尧堡1.9千米	土	夯筑而成,夯层厚0.05~0.16米	矩形	梯形	底部东西8,南北9米,顶部东西4.5,南北3.5米,残高5~6米	无	无	保存一般	自然因素有风雨侵蚀,植物生长等;人为因素有农业生产活动破坏等
魏善坡烽火台(彩图一〇一八)	赵家沟乡魏善坡村西0.75千米	1517米	北距沙泉堡5.7千米	土	夯筑而成,夯层厚0.1~0.14米	矩形	梯形	底部边长8,顶部边长3.2,残高7米	无	无	保存一般	自然因素有风雨侵蚀,植物生长等;人为因素有农业生产活动破坏等

第十九章　黎城县长城

黎城县位于山西省东南部，东与河北省涉县交界，南与平顺县及潞城市、西与襄垣县和武乡县、北与左权县相邻。河北省调查队对黎城县与涉县交界处的长城墙体及相关资源进行了调查。山西省明代长城资源调查四队从 2007 年 5 月 24 日~6 月 16 日，对该县东阳关镇杨家地村、皇后岭村和长宁村附近的明代长城资源进行了调查。

一　长城资源调查数据

河北省调查队调查黎城县东部与涉县交界处的长城资源，包括 3 段长城，总长 1862 米，1 座敌台，7 座烽火台等。现将河北省调查的 3 段墙体介绍如下。

1. 响堂铺村长城

起点位于涉县神头乡响堂铺村西北 1.5 千米处，高程 778 米；止点位于响堂铺村西北 1.9 千米处，高程 854 米。大致呈南—北走向。全长 504 米，其中保存较差 403、消失 101 米。墙体为石墙，墙体底宽 1.6~3.2、顶宽 1.2~1.5、东侧残高 0.5~1.4、西侧残高 2~2.5 米。响堂铺村 1 号烽火台（土质、圆形）位于墙体南 1.5 千米处，响堂铺村 2 号烽火台（土质、圆形）位于墙体西北 0.35 千米处。

2. 甘土岭长城 1 段

起点位于涉县辽城乡西辽城村西南 1.9 千米处，高程 773 米；止点位于西辽城村西北 1.5 千米处，高程 867 米。大致呈西南—东北走向。全长 1294 米，其中保存一般 231、较差 1063 米。墙体为石墙，墙体底宽 0.9~3.7、东侧残高 2.2、西侧残高 1.3~4.4 米。甘土岭长城 2 段位于墙体东侧，甘土岭敌台（石质、圆形）倚墙而建位于墙体西侧，甘土岭 1~5 号烽火台（甘土岭 1、5 号烽火台为石质、圆形，其余均为石质、矩形）位于墙体附近。止点附近墙体东侧残存几座房基，可能是居住址。

3. 茅岭底村长城

起点位于涉县辽城乡茅岭底村西南 1 千米处，高程 607 米；止点位于茅岭底村西北 1 千米处，高程 641 米。大致呈南—北走向。全长 64 米，均保存较差。墙体为石墙，底宽 1.5~2.6、顶宽 1.2~1.6、东侧残高 1.8~2、西侧残高 1~1.8 米。墙体南侧有 1 座石砌券门残址。

　　山西省调查队调查黎城县东阳关镇杨家地村、皇后岭村和长宁村附近的明代长城资源，包括 13 段长城墙体，总长 8590.59 米，4 座敌台、2 座关门遗址和 2 座采石场等。黎城县文博馆收藏的 2 块石匾和 2 件铁铳与东阳关镇长城有关。下文所述即为山西省调查队调查的内容。

（一）长城墙体

　　黎城县东阳关镇杨家地村、皇后岭村和长宁村附近的明长城墙体南起于杨家地村南（杨家地村南侧长城），经杨家地村西（杨家地村西侧长城 1、2 段）、皇后岭村东南（皇后岭村南侧长城）、长宁村东南（长宁村南侧长城 1~6 段）延伸至长宁村东北侧（长宁村北侧长城 1~3 段）的山体顶部，大致呈南—北走向分布，保存 8590.59 米。杨家地村西侧长城 1 段与皇后岭村南侧长城之间为山峰、沟谷，未见墙体。皇后岭村南侧长城和长宁村南侧长城 6 段之间为耕地、荒地或林地，未见墙体（表 497）。

表 497　黎城县长城墙体一览表（单位：米）

长城墙体段名称	总长	保存较好	保存一般	保存较差	保存差	消失	类型	县属
杨家地村南侧长城	1126.15	0	0	0	574.7	551.45		
杨家地村西侧长城 2 段	178.8	32.7	0	0	96.8	49.3		
杨家地村西侧长城 1 段	821.92	0	94.1	0	716.05	11.77		
皇后岭村南侧长城	813	0	146	228	439	0		
长宁村南侧长城 6 段	1012.61	0	0	487	513.61	12		
长宁村南侧长城 5 段	601.04	0	0	0	516.04	85	石墙	黎城县
长宁村南侧长城 4 段	331	0	0	0	224	107		
长宁村南侧长城 3 段	769	0	120	402	240	7		
长宁村南侧长城 2 段	495	0	0	0	479	16		
长宁村南侧长城 1 段	859	0	70	10	565	214		
长宁村北侧长城 1 段	1247	0	182	139	926	0		
长宁村北侧长城 2 段	232	0	206	0	26	0		
长宁村北侧长城 3 段	104.07	0	104.07	0	0	0		
合计	8590.59	32.7	922.17	1266	5316.2	1053.52		
百分比（%）	100	0.38	10.73	14.74	61.88	12.27		

　　长城墙体均系土石混筑而成，自然基础，结构为两侧石块垒砌，中间堆以碎石泥土的石墙，两侧石块多为略规整的条石，两侧垒砌的石块缝隙间填以灰泥。由于长期风雨侵蚀，石块缝隙间的灰泥多无存，仅个别段可见。皇后岭村南侧长城靠北部分为两侧土石混筑，中间堆土的结构，推测最外侧原应垒砌有较整齐的石块。

1. 杨家地村南侧长城

　　起点位于东阳关镇杨家地村南 0.2 千米处，高程 846 米；止点位于杨家地村西南 0.3 千米处，高程 909 米。为石墙。大致呈东南—西北走向。全长 1126.15 米，其中保存差 547.7、消失 551.45 米。墙体沿山脊修筑，两侧高度相当。墙体剖面大致呈不规则梯形，底部最宽 3、顶部最宽 1.5、残高 0.5~1.3 米。本段长城东北接杨家地村西侧长城 2 段（图五七六）。

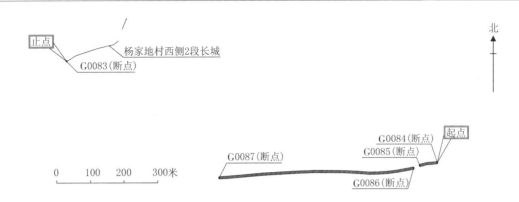

图五七六　杨家地村南侧长城走向示意图

本段长城共测 GPS 点 5 个（G0083 ~ G0087），分为 4 小段，分述如下。

第 1 小段：G0084（起点、断点）—G0085（断点），长 50.7 米，东—西走向，保存差。墙体石块坍塌脱落严重，墙体低矮，呈土垄状，墙体底部最宽 3、顶部最宽 1.5、残高 0.7 ~ 1.3 米（彩图一〇一九）。

第 2 小段：G0085（断点）—G0086（断点），长 35.45 米，东—西走向，墙体消失。G0085（断点）—G0086（断点）间有耕地和土路。

第 3 小段：G0086（断点）—G0087（断点），长 524 米，东—西走向，保存差。墙体石块坍塌脱落严重，墙体低矮，呈土垄状，残高不足 0.5 米。

第 4 小段：G0087（断点）—G0083（止点、断点），长 516 米，东南—西北走向，墙体消失。G0087（断点）—G0083（止点、断点）间密布松林。

墙体整体保存差。墙体石块坍塌脱落严重，墙体低矮，呈土垄状，墙体及附近密布松树、灌木和杂草。G0085（断点）西侧有一条宽 5 米的土路截断长城墙体，土路与 G0086（断点）间未见墙体。G0087（断点）—G0083（止点、断点）间墙体消失。造成损毁的自然因素主要有风雨侵蚀、植物生长和山体滑坡等，是对墙体造成破坏的主要原因。由于植树造林，多数墙体处于松林中，导致墙体损毁，如 G0087（断点）—G0083（止点、断点）间墙体消失。植物生长因素是以后影响长城墙体保存的最主要的自然因素；人为因素主要是农业生产活动，如 G0086（断点）东侧有耕地与土路，G0085（断点）—G0086（断点）间墙体消失的原因是农耕活动及土路。

2. 杨家地村西侧长城 2 段

起点位于东阳关镇杨家地村西南 0.3 千米处，高程 909 米；止点位于杨家地村西 0.2 千米处，高程 852 米。为石墙。大致呈西南—东北走向。全长 178.8 米，其中保存较好 32.7、差 96.8、消失 49.3 米。G0083（起点、断点）—G0082（断点）间墙体沿山脊修筑，两侧高度相当；G0082（断点）—G0080（止点、断点）间墙体建于河谷中。墙体剖面大致呈不规则梯形，G0083（起点、断点）—G0082（断点）间墙体顶宽 0.3 ~ 0.7、最高 0.2 米。本段长城南接杨家地村南侧长城，东北连杨家地村西侧长城 1 段（图五七七）。

本段长城共测 GPS 点 4 个（G0080 ~ G0083），分为 3 小段，分述如下。

第 1 小段：G0083（起点、断点）—G0082（断点），长 96.8 米，西南—东北走向，保存差。墙体石块坍塌脱落严重，墙体低矮仅存地面痕迹，顶宽 0.3 ~ 0.7、最高 0.2 米（彩图一〇二〇）。

第 2 小段：G0082（断点）—G0081（断点），长 49.3 米，西南—东北走向，墙体消失。位于河谷

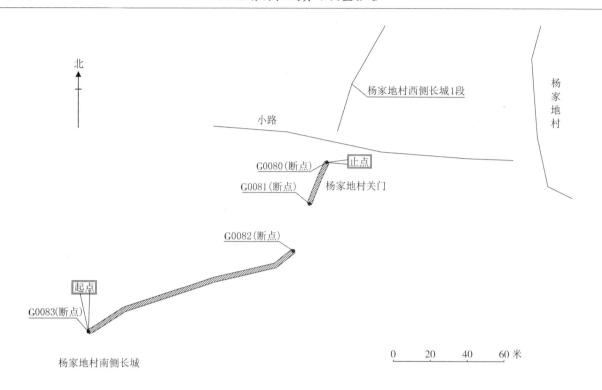

图五七七　杨家地村西侧长城 2 段走向示意图

中，可能被洪水冲毁。

第 3 小段：G0081（断点）—G0080（止点、断点），长 32.7 米，西南—东北走向，保存较好。墙体也是杨家地村关门北侧墙体，位于一条河谷内，河谷内辟为耕地。杨家地村关门仅存一段关门北侧墙体和关门北侧部分。关门东西向。关门墙体残存部分长 32.7、宽 7、高 7 米，土石混筑，两侧石块垒砌，中间填以碎石泥土；墙体两侧较平齐，石块间所填灰泥质地较坚固。关门为石拱券门，仅存一条石拱和石筑门基，门拱残高 2.3、进深 7 米，筑门所用石块大于墙体所用石块。残存石拱长 0.9、宽 0.35 米。基础条石长 70～120、宽 40～60、厚 20～40 厘米。

墙体整体保存差。保存较好的墙体顶部及附近杂草、灌木、树木丛生。保存差的墙体石块坍塌脱落严重，墙体低矮，仅存地面痕迹，墙体及附近密布松树、灌木和杂草。消失的墙体可能被洪水冲毁。造成损毁的自然因素主要有风雨侵蚀、植物生长、山体滑坡和洪灾等，是对墙体造成破坏的主要原因。由于植树造林，墙体处于松林中，植物生长因素是以后影响长城墙体保存的最主要的自然因素。G0082（断点）—G0081（断点）间墙体消失，应是被洪水冲毁；人为因素主要是农业生产活动。

3. 杨家地村西侧长城 1 段

起点位于东阳关镇杨家地村西 0.2 千米处，高程 852 米；止点位于杨家地村西北 0.8 千米处，高程 1097 米。大致呈西南—东北走向。全长 821.92 米，其中保存一般 94.1、差 716.05、消失 11.77 米。墙体沿山脊修筑，两侧高度相当。墙体剖面大致呈不规则梯形，顶宽 1～1.5、残高 0.2～2.8 米（彩图一〇二一）。本段长城西南接杨家地村西侧长城 2 段。G0079（断点）北 60.65 米处倚墙有杨家地村西侧 1 号敌台（G0078），G0072（止点、杨家地村西侧 2 号敌台）处骑墙有杨家地村西侧 2 号敌台，G0072（止点、杨家地村西侧 2 号敌台）西北距皇后岭村南侧长城 G0055（起点、断点）0.566 千米（图五七八）。

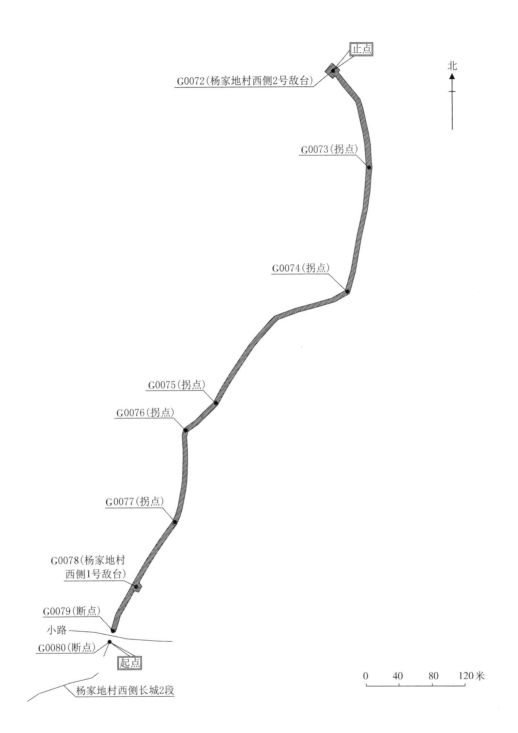

图五七八　杨家地村西侧长城1段走向示意图

本段长城共测GPS点9个（G0072～G0080），分为7小段，分述如下。

第1小段：G0080（起点、断点）—G0079（断点），长11.77米，西南—东北走向，墙体消失。一条土路截断长城墙体。G0080（起点、断点）处墙体低矮，基本与地面持平。

第2小段：G0079（断点）—G0077（拐点），长164.25米，西南—东北走向，保存差。墙体石块坍塌脱落严重，墙体低矮。G0079（断点）北60.65米处墙体东侧倚墙有杨家地村西侧1号敌台

（G0078），敌台附近树木、灌木生长茂盛。

第 3 小段：G0077（拐点）—G0076（拐点），长 94.1 米，南—北走向，保存一般。墙体两侧石块垒砌较整齐，中间填以碎石泥土。墙体顶宽 1 ~ 1.5、最高 2.8 米（彩图一〇二二、一〇二三）。

第 4 小段：G0076（拐点）—G0075（拐点），长 42.8 米，西南—东北走向，保存差。墙体处于松林、灌木丛中，石块坍塌脱落严重，墙体低矮，呈土垄状。墙体顶宽 1 ~ 1.3、最高 0.5 米。

第 5 小段：G0075（拐点）—G0074（拐点），长 224 米，西南—东北走向，保存差。墙体处于松林、灌木丛中，石块坍塌脱落严重，墙体低矮，呈土垄状。墙体顶宽 1 ~ 1.3、最高 0.5 米。

第 6 小段：G0074（拐点）—G0073（拐点），长 146 米，南—北走向，保存差。墙体处于松林、灌木丛中，石块坍塌脱落严重，墙体低矮，顶宽 1 ~ 1.3、残高 0.3 ~ 1.3 米。

第 7 小段：G0073（拐点）—G0072（止点、杨家地村西侧 2 号敌台），长 139 米，东南—西北走向，保存差。墙体处于松林、灌木丛中，石块坍塌脱落严重，墙体低矮仅存地面痕迹。墙体顶宽 1.2 ~ 1.5、残高 0.2 米。G0072（止点、杨家地村西侧 2 号敌台）处骑墙有杨家地村西侧 2 号敌台。

墙体整体保存差。墙体石块坍塌脱落严重，墙体及附近密布松树、灌木和杂草。造成损毁的自然因素主要有风雨侵蚀、植物生长和山体滑坡等，是对墙体造成破坏的主要原因。由于植树造林，多数墙体处于松林中，植物生长因素是以后影响长城墙体保存的最主要的自然因素；人为因素是一条土路截断长城墙体致 G0080（起点、断点）—G0079（断点）间墙体消失，土路上运煤卡车经常往来，交通频繁。

4. 皇后岭村南侧长城

起点位于东阳关镇皇后岭村南 1 千米处，高程 1088 米；止点位于皇后岭村南 0.7 千米处，高程 951 米。大致呈南—北走向。全长 813 米，其中保存一般 146、较差 228、差 439 米。墙体土石混筑。G0055（起点、断点）—G0050（拐点）间墙体为两侧石块垒砌，中间填以碎石泥土；G0050（拐点）—G0049（止点、断点）间墙体，从 G0049（止点、断点）剖面可见为两侧土石混筑，中间堆土的结构，推测最外侧原应垒砌有较整齐的石块；G0054（拐点）—G0052（拐点）间墙体，两侧石块缝隙间填以灰泥。墙体沿山脊修筑，两侧高度相当。墙体剖面大致呈不规则梯形，底部最宽 9.3、顶宽 1.5 ~ 5、残高 1.3 ~ 2.5 米（彩图一〇二四）。本段长城北隔长（治）邯（郸）高速公路和长邯公路（309 国道），与东阳关关门和长宁村南侧长城 6 段相望，间距 0.562 千米。东南与杨家地村西侧长城 1 段相望，间距 0.566 千米（图五七九）。

本段长城共测 GPS 点 7 个（G0049 ~ G0055），分为 6 小段，分述如下。

第 1 小段：G0055（起点、断点）—G0054（拐点），长 277 米，东南—西北走向，保存差。墙体石块坍塌脱落严重，墙体低矮，分布于松林中，杂草、灌木丛生。G0055（起点）处墙体较宽，平面呈矩形，长 5、宽 5、残高 1.3 ~ 1.8 米。

第 2 小段：G0054（拐点）—G0053（拐点），长 52 米，南—北走向，保存一般。墙体两侧石块垒砌，中间填以碎石泥土，两侧石块缝隙间填以灰泥。墙体顶宽 1.5 ~ 2.1、残高 2.4 ~ 2.5 米。

第 3 小段：G0053（拐点）—G0052（拐点），长 94 米，西南—东北走向，保存一般。墙体两侧石块垒砌，中间填以碎石泥土，两侧石块缝隙间填以灰泥。墙体顶宽 1.5 ~ 2.1、残高 2.4 ~ 2.5 米（彩图一〇二五）。

第 4 小段：G0052（拐点）—G0051（拐点），长 96 米，西南—东北走向，保存差。

第 5 小段：G0051（拐点）—G0050（拐点），长 66 米，南—北走向，保存差。

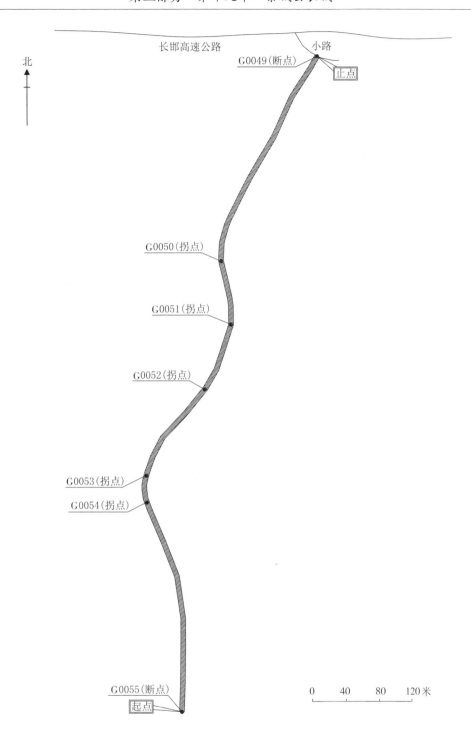

图五七九　皇后岭村南侧长城走向示意图

第6小段：G0050（拐点）—G0049（止点、断点），长228米，西南—东北走向，保存较差。G0049（止点、断点）处墙体被一条土路截断，可以看到较完整的墙体剖面，呈梯形，底宽9.3、顶宽3、残高1.8米；墙体中间为堆土，未见夯筑痕迹，底宽3.7、顶宽3米；两侧为土石混筑，石块坍塌脱落呈斜坡状与地面相连，推测最外侧原应垒砌有较整齐的石块（彩图一○二六）。

墙体整体保存较差。墙体石块坍塌脱落，墙体处于茂密的松林中，顶部及附近杂草、灌木丛生。

造成损毁的自然因素主要有风雨侵蚀、植物生长和山体滑坡等，是对墙体造成破坏的主要原因。由于植树造林，整段墙体处于茂密的松林中，植物生长因素是以后影响长城墙体保存的最主要的自然因素。G0049（止点、断点）处北侧有一条土路从西向东延续，截断长城墙体。墙体北侧至长宁村南侧长城6段之间有长邯高速公路和长（治）邯（郸）公路（309 国道），两条公路是山西省与河北省的交通要道，运输繁忙。长邯高速公路以隧道形式穿过本段墙体所在山体。

5. 长宁村南侧长城 6 段

起点位于东阳关镇长宁村东南 1.3 千米处，高程 922 米；止点位于长宁村东南 1.3 千米处，高程 924 米。大致呈西南—东北走向。全长 1012.61 米，其中保存较差 487、差 513.61、消失 12 米。墙体沿山脊修筑，内侧（面向河北一侧）地势较高、外侧（面向山西一侧）地势较低，墙体内侧较低、外侧较高。墙体剖面大致呈不规则梯形，顶宽 0.8～1.6、外侧残高 2～3.5、内侧残高 0.5～0.9 米。本段长城东接长宁村南侧长城 5 长城，南连东阳关关门，南隔长邯公路（309 国道）、长邯高速公路与皇后岭村南侧长城相望，间距 0.562 千米。G0043 处有长宁村南侧敌台（图五八〇）。

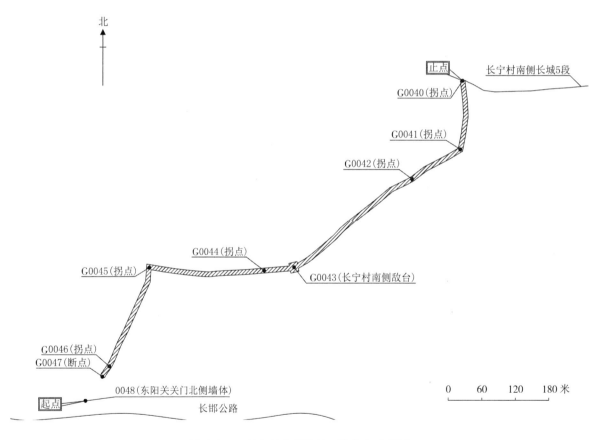

图五八〇　长宁村南侧长城 6 段走向示意图

本段长城共测 GPS 点 9 个（G0040～G0048），分为 8 小段，分述如下。

第 1 小段：G0048（起点、东阳关关门北侧墙体）—G0047（断点），长 12 米，南—北走向，墙体消失。其间有 1 座现代庙宇。

第 2 小段：G0047（断点）—G0046（拐点），长 12.61 米，南—北走向，保存差。墙体低矮仅存地面痕迹，石块脱落严重，树木、灌木、杂草丛生。G0047（断点）处墙体低矮，基本与地面持平。

第 3 小段：G0046（拐点）—G0045（拐点），长 114 米，西南—东北走向，保存差。墙体低矮仅存地面痕迹，石块脱落严重，树木、灌木、杂草丛生。

第 4 小段：G0045（拐点）—G0044（拐点），长 211 米，西—东走向，保存较差。墙体内侧为灌木、杂草，外侧为树林。墙体顶宽 1.25、外侧残高 2.3～2.5、内侧残高 0.9 米。

第 5 小段：G0044（拐点）—G0043（长宁村南侧敌台），长 10 米，西—东走向，保存差。墙体石块坍塌脱落严重（彩图一〇二七）。

第 6 小段：G0043（长宁村南侧敌台）—G0042（拐点），长 377 米，西南—东北走向，保存差。墙体石块坍塌脱落严重。

第 7 小段：G0042（拐点）—G0041（拐点），长 33 米，西南—东北走向，保存较差。墙体石块坍塌脱落严重。墙体顶宽 0.8～1.3、外侧残高 2.2～2.8、最高 3.5、内侧残高 0.5 米。

第 8 小段：G0041（拐点）—G0040（止点、拐点），长 243 米，南—北走向，保存较差。墙体石块坍塌脱落严重。墙体顶宽 1.2～1.6 米、外侧残高 2～2.8 米。

墙体整体保存差。墙体石块坍塌脱落，顶部及附近杂草、灌木、树木丛生。造成损毁的自然因素主要有风雨侵蚀、植物生长和山体滑坡等，是对墙体造成破坏的主要原因。由于植树造林，整段墙体处于茂密的松林中，植物生长因素是以后影响长城墙体保存的最主要的自然因素。由于远离居民聚集区，森林茂密，人迹罕至，仅见砍伐树木痕迹，人为因素对长城墙体的破坏较少。但 G0048（起点、东阳关关门北侧墙体）—G0047（断点）间有一座现代庙宇，经常有祭祀放炮活动。G0048（起点、东阳关关门北侧墙体）南侧有长邯公路（309 国道），其南侧有长邯高速公路，本段长城所在山体有长（治）邯（郸）铁路以隧道形式穿过。两条公路和一条铁路是山西省与河北省的交通要道，运输繁忙，对墙体构成威胁。

6. 长宁村南侧长城 5 段

起点位于东阳关镇长宁村东南 1.3 千米处，高程 924 米；止点位于长宁村东南 1.2 千米处，高程 964 米。大致呈西南—东北走向。全长 601.04 米，其中保存差 516.04、消失 85 米。墙体沿山脊修筑，内侧（面向河北一侧）地势较高、外侧（面向山西一侧）地势较低，墙体内侧较低、外侧较高。墙体剖面大致呈不规则梯形，底部最宽 6、顶宽 0.6～5.66、外侧残高 1.1～3.2 米。本段长城东接长宁村南侧长城 4 段、南连长宁村南侧长城 6 段（图五八一）。

本段长城共测 GPS 点 7 个（G0034～G0040），分为 6 小段，分述如下。

第 1 小段：G0040（起点、拐点）—G0039（拐点），长 230.32 米，西—东走向，保存差。墙体石块坍塌脱落，墙体低矮，两侧是松林。墙体顶宽 0.6～0.8、残高 1.5～3.2 米。G0040（起点、拐点）处墙体较宽，平面呈近正方形，完全塌毁，中心陷落，四周石块散落成堆，残长 7.52、底部最宽 6、顶部最宽 5.66、外侧残高 3.2 米。

第 2 小段：G0039（拐点）—G0038（断点），长 139 米，西南—东北走向，保存差。墙体石块坍塌脱落，墙体低矮，呈土垄状。

第 3 小段：G0038（断点）—G0037（断点），长 85 米，南—北走向，墙体消失。墙体被土路破坏殆尽，附近散落石块。G0038（断点）、G0037（断点）处墙体低矮，基本与路面持平。

第 4 小段：G0037（断点）—G0036（拐点），长 85 米，南—北走向，保存差。墙体石块坍塌散落附近（彩图一〇二八）。

第 5 小段：G0036（拐点）—G0035（拐点），长 26.72 米，南—北走向，保存差。G0035（拐点）

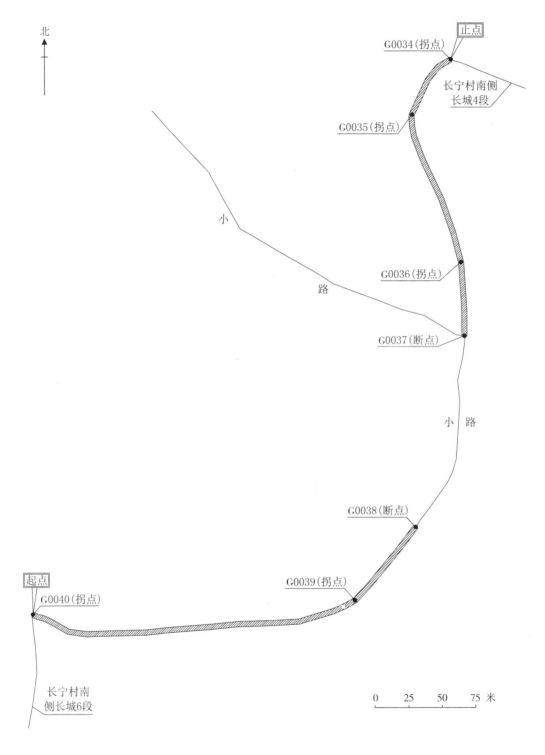

图五八一　长宁村南侧长城 5 段走向示意图

处有 5 米的墙体保存较差，底宽 2.8、顶宽 1.5、外侧高 2.8 米。墙体两壁石块垒砌较整齐，石块形状规则，石块缝隙间填以灰泥。

　　第 6 小段：G0035（拐点）—G0034（止点、拐点），长 35 米，西南—东北走向，保存差。墙体石块坍塌脱落，杂草灌木丛生。墙体外侧残高 1.1~2.5 米（彩图一○二九）。

墙体整体保存差。墙体石块坍塌脱落，顶部及附近杂草、灌木、树木丛生。G0038（断点）—G0037（断点）墙体被一条土路破坏殆尽，土路两侧是耕地。造成损毁的自然因主要有风雨侵蚀、植物生长和山体滑坡等。由于植树造林，G0040（起点、拐点）—G0039（拐点）墙体两侧是松林。

7. 长宁村南侧长城 4 段

起点位于东阳关镇长宁村东南 1.2 千米处，高程 964 米；止点位于长宁村东南 1.2 千米处，高程942 米。大致呈西北—东南走向。全长 331 米，其中保存差 224、消失 107 米。墙体沿山脊修筑，内侧（面向河北一侧）地势较高、外侧（面向山西一侧）地势较低，墙体内侧较低、外侧较高。墙体剖面大致呈不规则梯形，顶宽 0.3 ~ 0.8、外侧最高 4、内侧最高 3 米（彩图一○三○）。本段长城东北接长宁村南侧长城 3 段，西南连长宁村南长城 5 段（图五八二）。

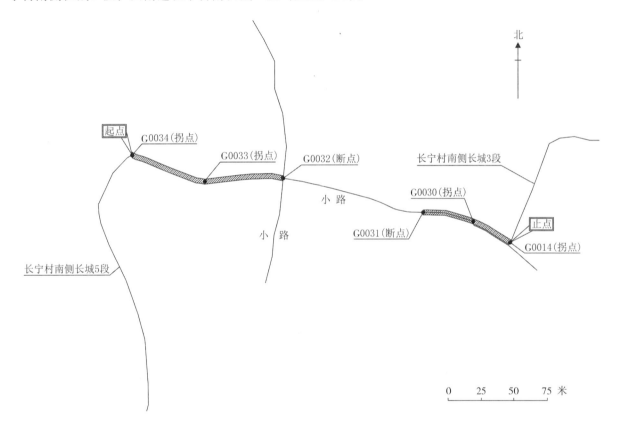

图五八二　长宁村南侧长城 4 段走向示意图

本段长城共测 GPS 点 6 个（G0014、G0030 ~ G0034），分为 5 小段，分述如下。

第 1 小段：G0034（起点、拐点）—G0033（拐点），长 97 米，西北—东南走向，保存差。墙体石块坍塌脱落于附近。墙体顶宽 0.3 ~ 0.8、最高 1.7 米。

第 2 小段：G0033（拐点）—G0032（断点），长 97 米，西—东走向，保存差。墙体石块坍塌脱落于附近。墙体顶宽 0.3 ~ 0.8、最高 1.7 米。G0032（断点）处墙体呈土垄状，北侧可见散落的石块。

第 3 小段：G0032（断点）—G0031（断点），长 107 米，西北—东南走向，墙体消失。现为土路和耕地，未见墙体痕迹。

第 4 小段：G0031（断点）—G0030（拐点），长 20 米，西—东走向，保存差。墙体较窄、低矮，痕迹明显，顶部成为土路。

第5小段：G0030（拐点）—G0014（止点、拐点），长10米，西北—东南走向，保存差。墙体被杂草、灌木覆盖。G0014（止点、拐点）处墙体内侧最高3、外侧最高4米，南侧有一条土路。

墙体整体保存差。墙体石块坍塌脱落，顶部及附近杂草灌木丛生。一条土路从G0014（止点、拐点）南侧沿长城墙体至G0030（拐点）后利用墙体顶部作为路面，至G0031（断点）—G0032（断点）间，土路在G0032（断点）处分叉，分别向西北、西南延伸。造成损毁的自然因素主要有风雨侵蚀、山体滑坡和植物生长等；人为因素主要为居民搬运墙体石块以作他用，部分地方利用墙体作为路面或耕地边坎等。

8. 长宁村南侧长城3段

起点位于东阳关镇长宁村东南1.2千米处，高程942米；止点位于长宁村东南1.15千米处，高程947米。大致呈西南—东北走向。全长769米，其中保存一般120、较差402、差240、消失7米。G0017（拐点）—G0018（拐点）间墙体保存一般，两侧石块缝隙间填以灰泥。墙体沿山脊修筑，内侧（面向河北一侧）地势较高、外侧（面向山西一侧）地势较低，墙体内侧较低、外侧较高。墙体剖面大致呈不规则梯形，底宽1.55～2.5、顶宽0.3～1.6、外侧残高0.8～3.8、内侧残高0.3～0.5米。本段长城北接长宁村南侧长城2段，西连长宁村南侧长城4段（图五八三）。

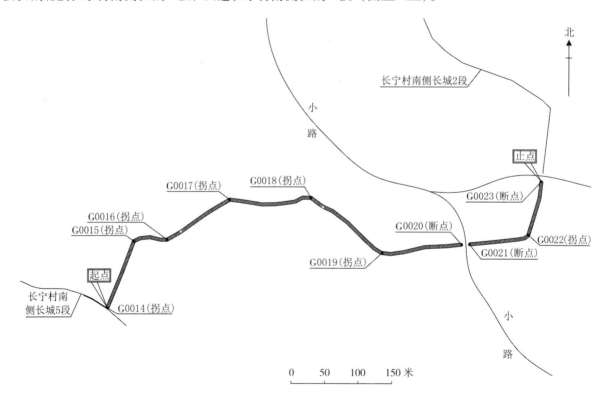

图五八三　长宁村南侧长城3段走向示意图

本段长城共测GPS点10个（G0014～G0023），分为9小段，分述如下。

第1小段：G0014（起点、拐点）—G0015（拐点），长90米，西南—东北走向，保存较差。墙体石块坍塌脱落严重。墙体顶宽0.5～1.5米，内侧与地面持平，个别段残高0.3米，外侧残高1～3米。G0014（起点、拐点）南侧有一条土路，北侧有一条洪水形成的冲沟截断墙体，消失2米，冲沟北侧墙体成土垄；冲沟南侧墙体仅存混合碎石泥土的土堆，底宽 2、顶宽 1.5、残高 3 米。G0015（拐点）处石块坍塌，墙体内侧与地面持平，外侧残高 1.7 米。

第 2 小段：G0015（拐点）—G0016（拐点），长 70 米，西—东走向，保存较差。墙体顶宽 0.8 ~ 1.6 米，内侧与地面持平，外侧残高 2 ~ 3.8 米。

第 3 小段：G0016（拐点）—G0017（拐点），长 75 米，西南—东北走向，保存较差。墙体毁坏严重。墙体内侧最高 0.5、外侧最高 2.5 米。

第 4 小段：G0017（拐点）—G0018（拐点），长 120 米，西—东走向，保存一般。墙体两侧石块垒砌整齐，石块呈长条状，石块缝隙间填以灰泥。墙体残高 1.5 ~ 2.8 米（彩图一〇三一）。

第 5 小段：G0018（拐点）—G0019（拐点），长 87 米，西北—东南走向，保存较差。G0018（拐点）处墙体外侧残高 2 米，G0019（拐点）处墙体外侧残高 1.1 米。

第 6 小段：G0019（拐点）—G0020（断点），长 174 米，西南—东北走向，保存差。墙体外侧残高 1 ~ 1.2 米。

第 7 小段：G0020（断点）—G0021（断点），长 7 米，西—东走向，墙体消失。墙体被一条 7 米宽的土路截断（彩图一〇三二）。

第 8 小段：G0021（断点）—G0022（拐点），长 80 米，西南—东北走向，保存较差。G0022（拐点）处墙体内侧与地面持平，外侧残高 1.3 米，石块坍塌散落于附近。

第 9 小段：G0022（拐点）—G0023（止点、断点），长 66 米，西南—东北走向，保存差。墙体石块坍塌散落于附近。G0023（止点、断点）北侧墙体被一条土路截断，可见墙体结构，两侧垒砌石块坍塌脱落，仅存内部堆填的碎石泥土。墙体底宽 2.5、顶宽 0.3、残高 1.3 米。

墙体整体保存差。墙体石块坍塌脱落，顶部及附近杂草灌木丛生。造成损毁的自然因素主要有风雨侵蚀、山体滑坡和植物生长等；人为因素主要为居民搬运墙体石块以作他用、附近耕地的边坎有的用长城墙体石块垒砌、部分地方利用墙体作为耕地边坎等。

9. 长宁村南侧长城 2 段

起点位于东阳关镇长宁村东南 1.15 千米处，高程 947 米；止点位于长宁村东南 1 千米处，高程 909 米。大致呈东南—西北走向。全长 495 米，其中保存差 479、消失 16 米。墙体沿山脊修筑，内侧（面向河北一侧）地势较高、外侧（面向山西一侧）地势较低，墙体内侧较低、外侧较高。墙体剖面大致呈不规则梯形，底宽 2.5、顶宽 0.3 ~ 0.5、外侧残高 0.6 ~ 2.5 米。本段长城南接长宁村南侧长城 3 段，北连长宁村南侧长城 1 段。墙体附近发现 2 座时代不明的采石场，G0011（止点、断点）西侧 0.034 千米处有长宁村南侧 1 号采石场；G0023（起点、断点）—G0028（拐点）西、南侧，间距 0.02 ~ 0.06 千米有长宁村南侧 2 号采石场（图五八四）。

本段长城共测 GPS 点 8 个（G0011、G0013、G0023 ~ G0025、G0027 ~ G0029），分为 7 小段，分述如下。

第 1 小段：G0023（起点、断点）—G0024（断点），长 6 米，南—北走向，墙体消失。墙体被一条 6 米宽的土路截断，可见土路两侧墙体结构，墙体两侧垒砌石块坍塌脱落，仅存内部堆填的碎石泥土，南侧的 G0023（起点、断点）墙体底宽 2.5、顶宽 0.3、残高 1.3 米，北侧的 G0024（断点）处墙体底宽 2.5、顶宽 0.5、残高 0.8 米。

第 2 小段：G0024（断点）—G0025（拐点），长 89 米，南—北走向，保存差。墙体石块散落于附近。G0025（拐点）处墙体内侧与地面持平，外侧残高 0.6 米。

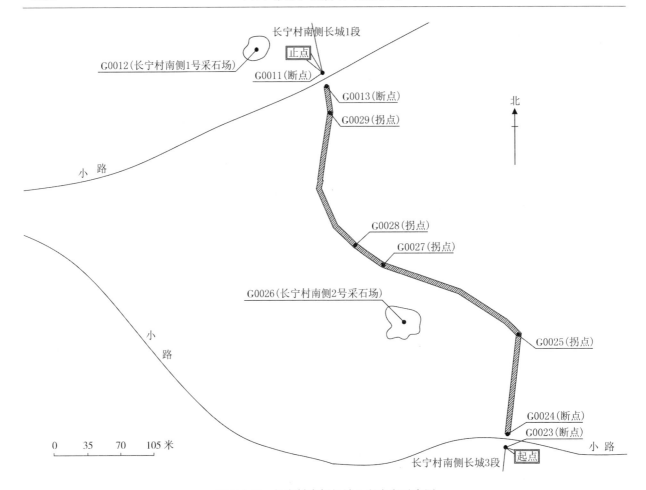

图五八四　长宁村南侧长城 2 段走向示意图

第 3 小段：G0025（拐点）—G0027（拐点），长 162 米，东南—西北走向，保存差。

第 4 小段：G0027（拐点）—G0028（拐点），长 45 米，东南—西北走向，保存差。墙体顶部及内侧被耕地覆盖，墙体外侧最高 2.5 米（彩图一〇三三）。

第 5 小段：G0028（拐点）—G0029（拐点），长 42 米，东南—西北走向，保存差。墙体内侧被辟为耕地。

第 6 小段：G0029（拐点）—G0013（断点），长 141 米，东南—西北走向，保存差。墙体石块脱落严重，墙体东侧有一条土路。

第 7 小段：G0013（断点）—G0011（止点、断点），长 10 米，东南—西北走向，墙体消失。墙体被一条东西向的 10 米宽的土路截断。G0011（止点、断点）处墙体低矮，基本与地面持平。

墙体整体保存差。墙体石块坍塌脱落，顶部及附近杂草灌木丛生。造成损毁的自然因素主要有风雨侵蚀、山体滑坡和植物生长等；人为因素主要表为居民搬运墙体石块以作他用、部分地方利用墙体作为耕地边坎等。

10. 长宁村南侧长城 1 段

起点位于东阳关镇长宁村东南 1 千米处，高程 909 米；止点位于长宁村东 1 千米处，高程 895 米。大致呈西南—东北走向。全长 859 米，其中保存一般 70、较差 10、差 565、消失 214 米。墙体沿山脊修筑，内侧（面向河北一侧）地势较高、外侧（面向山西一侧）地势较低，墙体内侧较低、外侧较高。G0002（拐点）—G0001（断点）间墙体两侧高度相当。墙体剖面大致呈不规则梯形，底宽2.5、顶宽1~2、内侧残高0.15~0.5、外侧残高0.2~2.5米。本段长城南接长宁村南侧长城2段，北连长宁村北侧长城1段。G0011（起点、断点）西侧0.034千米处有时代不明的长宁村南侧1号采石场（图五八五）。

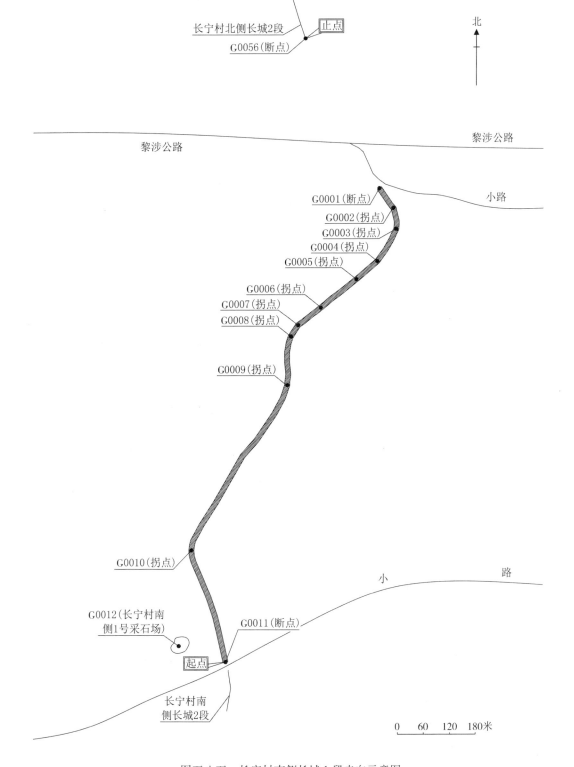

图五八五　长宁村南侧长城1段走向示意图

本段长城共测 GPS 点 12 个（G0001~G0011、G0056），分为 11 小段，分述如下。

第 1 小段：G0011（起点、断点）—G0010（拐点），长 135 米，东南—西北走向，保存差。

第 2 小段：G0010（拐点）—G0009（拐点），长 208 米，西南—东北走向，保存差。墙体毁坏严重，部分段利用墙体作为耕地边坎。G0009（拐点）处墙体内侧与地面持平，外侧石块坍塌成堆，残高 1.3 米。

第 3 小段：G0009（拐点）—G0008（拐点），长 80 米，西南—东北走向，保存差，墙体毁坏严重。墙体内侧最高 0.5、外侧最高 2.5 米。

第 4 小段：G0008（拐点）—G0007（拐点），长 10 米，西南—东北走向，保存较差。G0008（拐点）处墙体顶宽 1.2、残高 0.15、外侧残高 1.5 米。

第 5 小段：G0007（拐点）—G0006（拐点），长 17 米，西南—东北走向，保存差。

第 6 小段：G0006（拐点）—G0005（拐点），长 35 米，西南—东北走向，保存一般。墙体顶宽 1、外侧残高 1.5、内侧残高 0.2 米。

第 7 小段：G0005（拐点）—G0004（拐点），长 15 米，西南—东北走向，保存差。

第 8 小段：G0004（拐点）—G0003（拐点），长 35 米，西南—东北走向，保存一般。墙体两侧石块缝隙间填以灰泥（彩图一〇三四）。G0003（拐点）处墙体顶宽 1、内侧残高 0.3、外侧残高 1.65 米。

第 9 小段：G0003（拐点）—G0002（拐点），长 64 米，东南—西北走向，保存差（彩图一〇三五）。部分段利用墙体作为耕地边坎。

第 10 小段：G0002（拐点）—G0001（断点），长 46 米，东南—西北走向，保存差。G0001（断点）处西北侧有一条土路截断墙体，可见墙体剖面，两侧垒砌石块脱落，仅见内部堆填的碎石泥土，剖面呈梯形，底宽 2.5、顶宽 1.5、残高 1.8 米。

第 11 小段：G0001（断点）—G0056（止点、断点），长 214 米，东南—西北走向，墙体因公路和耕地破坏消失。

墙体整体保存差，墙体石块坍塌脱落，顶部及附近杂草灌木丛生。造成损毁的自然因素主要有风雨侵蚀、山体滑坡和植物生长等，是对墙体造成破坏的主要原因；人为因素主要为居民搬运墙体石块以作他用，部分地方利用墙体作为耕地边坎等。

11. 长宁村北侧长城 1 段

起点位于东阳关镇长宁村东侧 1 千米处，高程 895 米；止点位于长宁村东北侧 1.1 千米处，高程 1052 米。大致呈南—北走向。全长 1247 米，其中保存一般 182、较差 139、差 926 米。墙体沿山脊修筑，内侧（面向河北一侧）地势较高、外侧（面向山西一侧）地势较低，墙体内侧较低、外侧较高。墙体剖面大致呈不规则梯形，底宽 1.6~3.2、顶宽 0.7~1.4、外侧残高 0.6~1.6、内侧残高 0.1~1.05 米。本段长城南接长宁村南侧长城 1 段，西连长宁村北侧长城 2 段（彩图一〇三六）。墙体上有长宁村北侧敌台，骑墙而建（图五八六）。

本段长城共测 GPS 点 10 个（G0056、G0058~G0066），分为 9 小段，分述如下。

第 1 小段：G0056（起点、断点）—G0058（拐点），长 139 米，东南—西北走向，保存较差。墙体石块坍塌脱落，墙体低矮。墙体底宽 3.2、顶宽 0.7、残高 1.3~1.5 米（彩图一〇三七、一〇三八）。

第 2 小段：G0058（拐点）—G0059（拐点），长 182 米，东南—西北走向，保存一般。墙体两侧

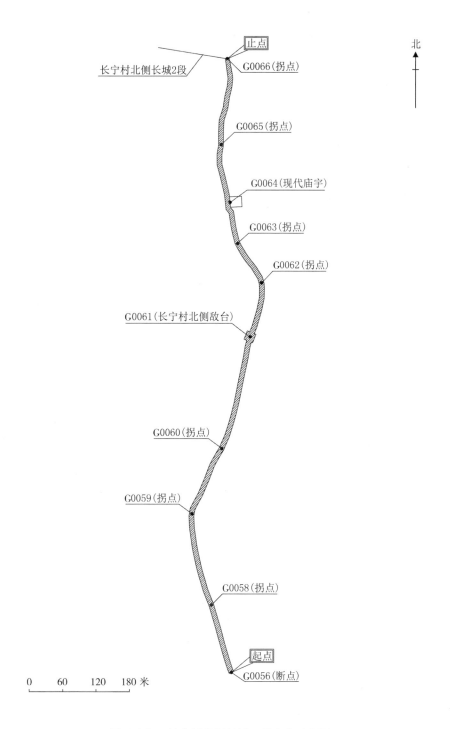

图五八六　长宁村北侧长城1段走向示意图

石块垒砌较整齐，中间填以碎石泥土。墙体底宽1.6、顶宽1.4、外侧残高1.6、内侧残高1.05米。

第3小段：G0059（拐点）—G0060（拐点），长145米，西南—东北走向，保存差。墙体石块坍塌脱落严重，墙体低矮，呈土垄状。

第4小段：G0060（拐点）—G0061（长宁村北侧敌台），长227米，西南—东北走向，保存差。墙体石块坍塌脱落严重，墙体低矮，呈土垄状。G0061处的山顶上有长宁村北侧敌台。

第 5 小段：G0061（长宁村北侧敌台）—G0062（拐点），长 41 米，西南—东北走向，保存差。墙体石块坍塌脱落严重，墙体低矮，呈土垄状。

第 6 小段：G0062（拐点）—G0063（拐点），长 33 米，东南—西北走向，保存差。墙体石块坍塌脱落严重，墙体低矮，呈土垄状。

第 7 小段：G0063（拐点）—G0064（现代庙宇），长 213 米，东南—西北走向，保存差。墙体石块坍塌脱落严重，墙体低矮，呈土垄状。G0064 处有一座现代庙宇，称为"仙姑庵"，庙宇建筑于长城墙体所在山梁上，西壁基础利用长城墙体，庙宇面宽 8、高 4、进深 5.6 米，庙宇前有石碑记录修庙事迹。

第 8 小段：G0064（现代庙宇）—G0065（拐点），长 112 米，南—北走向，保存差。墙体石块坍塌脱落严重，墙体低矮，呈土垄状。

第 9 小段：G0065（拐点）—G0066（止点、拐点），长 155 米，南—北走向，保存差。墙体石块坍塌脱落严重，墙体低矮，呈土垄状，墙体顶宽 0.8、内侧残高 0.1~0.2、外侧残高 0.6 米（彩图一〇三九）。从 G0066（止点、拐点）处墙体起大致呈 90°向西延伸，即长宁村北侧长城 2 段墙体。

墙体整体保存差，石块坍塌脱落，顶部及附近杂草灌木丛生。造成损毁的自然因素主要有风雨侵蚀、山体滑坡和植物生长等，是对墙体造成破坏的主要原因；人为因素主要为部分耕地利用长城墙体作为边坎等。

12. 长宁村北侧长城 2 段

起点位于东阳关镇长宁村东北侧 1.1 千米处，高程 1052 米；止点位于长宁村东北侧 1 千米处，高程 1080 米。大致呈东—西走向。全长 232 米，其中保存一般 206、差 26 米。墙体沿山脊修筑，内侧（面向河北一侧）地势较高、外侧（面向山西一侧）地势较低，墙体内侧较低、外侧较高。墙体剖面大致呈不规则梯形，底部最宽 1.7、顶宽 0.3~1.6、外侧残高 1~1.9、内侧残高 0.3~1.3 米。本段长城南接长宁村北侧长城 1 段，西南连长宁村北侧长城 3 段（图五八七）。

本段长城共测 GPS 点 3 个（G0066~G0068），分为 2 小段，分述如下。

第 1 小段：G0066（起点、拐点）—G0067（拐点），长 26 米，东—西走向，保存差。墙体石块坍塌脱落严重。墙体顶宽 0.3~0.6、外侧最高 1、内侧最高 0.5 米。

第 2 小段：G0067（拐点）—G0068（止点、拐点），长 206 米，东—西走向，保存一般。墙体两侧石块垒砌较齐整，中间填以碎石泥土。墙体顶宽 1.4~1.6、外侧残高 1~1.3、内侧残高 0.3~0.6 米（彩图一〇四〇）。墙体在 G0068（止点、拐点）处转向南延伸，即长宁村北侧长城 3 段，另有向北凸出的一段墙体，即障墙，长 10、底宽 1.7、顶宽 0.8、外侧残高 1.9、内侧残高 1.3 米。障墙分布于茂密的灌木丛中，两侧石块坍塌脱落（彩图一〇四一）。

墙体整体保存一般，石块坍塌脱落，顶部及附近杂草灌木丛生。造成损毁的自然因素主要有风雨侵蚀、山体滑坡和植物生长等。

13. 长宁村北侧长城 3 段

起点位于东阳关镇长宁村东北侧 1 千米处，高程 1080 米；止点位于长宁村东北侧 1 千米处，高程 1096 米。大致呈东北—西南走向。全长 104.07 米，均保存一般。墙体围绕山顶修筑于山坡上，内侧（面向河北一侧）地势较高、外侧（面向山西一侧）地势较低，墙体内侧较低、外侧较高。墙体剖面大致呈不规则梯形，顶宽 1~2.1、内侧残高 0.1~0.6、外侧残高 1.5~2.2 米。本段长城东接长宁村

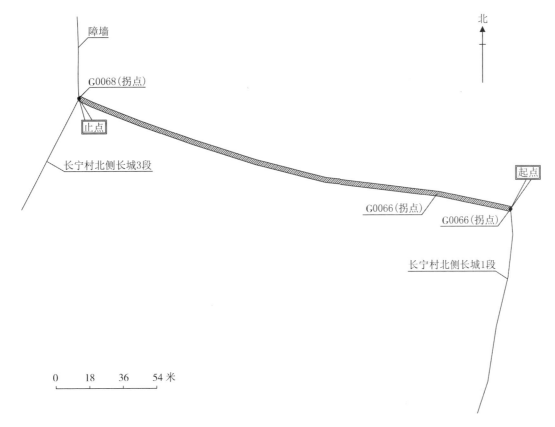

图五八七 长宁村北侧长城2段走向示意图

北侧长城2段（图五八八）。

本段长城共测GPS点4个（G0068～G0071），分为3小段，分述如下。

第1小段：G0068（起点、拐点）—G0069（拐点），长24.6米，东北—西南走向，保存一般。墙体石块有所坍塌脱落。墙体顶宽1.1～1.9、内侧残高0.6、外侧残高1.9米。

第2小段：G0069（拐点）—G0070（拐点），长33米，东—西走向，保存一般。墙体石块有所坍塌脱落。墙体顶宽1.3～2.1、内侧残高0.4、外侧残高1.8～2.2米。

第3小段：G0070（拐点）—G0071（止点、断点），长46.47米，东南—西北走向，保存一般。墙体石块有所坍塌脱落。墙体顶宽1、内侧残高0.1～0.2、外侧残高1.5米（彩图一〇四二）。

墙体整体保存一般，石块坍塌脱落。墙体处于松林中，墙体顶部及附近杂草灌木丛生。造成损毁的自然因素主要有风雨侵蚀、山体滑坡和植物生长等。

（二）单体建筑

黎城县共调查单体建筑6座，包括4座敌台、2座关门，其中杨家地村关门为水关（门），东阳关关门仅存部分墙体。

1. 敌台

杨家地村西1、2号敌台位于杨家地村西长城1段墙体上，长宁村南敌台位于长宁村南长城6段墙

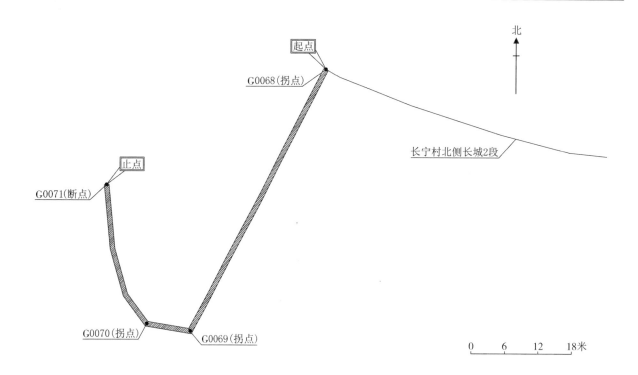

图五八八　长宁村北侧长城 3 段走向示意图

体上，长宁村北侧敌台位于长宁村北侧长城 1 段墙体上。详见下表（表498）。

表 498　黎城县敌台一览表

名称	地点	高程	与其他遗存的位置关系	材质	建筑方式	平面形制	剖面形制	尺寸	附属设施	保存状况
杨家地村西侧 1 号敌台（彩图一〇四三、一〇四四）	位于杨家地村西 0.2 千米处	909 米	倚墙而建。西壁与杨家地村西侧长城 1 段相连	土石混筑	四壁用石块垒砌，中间填以碎石泥土	矩形	梯形	底部东西 10、南北 15 米，顶部东西 8、南北 13 米，残高 4.2～5.8 米	无	保存较差。四壁石块脱落严重；中部有一条东西向的沟槽，宽 7 米，应为雨水冲刷形成
杨家地村西侧 2 号敌台	位于杨家地村西北 0.8 千米，杨家地村西侧长城 1 段 G0072 处	1097 米	骑墙而建。位于杨家地村西侧长城 1 段止点处	土石混筑	四壁用石块垒砌，中间填以碎石泥土	椭圆形	梯形	顶部东西最长 4、南北最长 5、残高 0.3 米	无	保存差。石块坍塌脱落严重，仅存一堆石块。敌台顶部及附近为松树、灌木、杂草等覆盖
长宁村南侧敌台	位于长宁村东南 1.3 千米，长宁村南长城 6 段 G0043 处	954 米	骑墙而建。位于南宁村南侧长城 6 段 G0043 处	土石混筑	四壁用石块垒砌，中间填以碎石泥土	矩形	梯形	台体底宽 8.3、顶宽 6.6、残高 3.6 米	无	保存差。石块坍塌脱落，中心塌落呈圆坑状，顶部及附近为松树、灌木、杂草等覆盖

续表 498

名称	地点	高程	与其他遗存的位置关系	材质	建筑方式	平面形制	剖面形制	尺寸	附属设施	保存状况
长宁村北侧敌台	位于长宁村东侧 1.05 千米，长宁村北侧长城 1 段 G0061 处	1070 米	骑墙而建。位于南宁村北侧长城 1 段 G0061 处	土石混筑	四壁用石块垒砌，中间填以碎石泥土	圆形	梯形	台体底部直径 7、顶部直径 6.4、内侧残高 0.4、外侧残高 3.5 米	无	保存差。石块坍塌脱落，顶部及附近为灌木、杂草等覆盖

2. 水关（门）

杨家地村关门，是一座水关（门），位于杨家地村西 0.2 千米处，高程 864 米。地处河谷中，河谷内辟为耕地，仅存关门北侧部分和一段关门北侧墙体，即杨家地村西长城 2 段 G0081—G0080（彩图一〇四五）。关门呈东—西向，关门其余墙体可能被洪水冲毁，墙体残存部分长 32.7、宽 7、高 7 米（彩图一〇四六、一〇四七）。土石混筑，两侧石块垒砌，中间堆以碎石泥土，墙体两侧较平齐，石块缝隙间所填灰泥质地较坚固。关门为石拱券门，仅存 1 条石拱和石筑门基，门拱残高 2.3、进深 7 米，筑门所用石块大于墙体所用石块（彩图一〇四八）。残存石拱长 0.9、宽 0.35 米。基础条石长 70~120、宽 40~60、厚 20~40 厘米。

关保存较差，除关门北侧部分和一段关门北侧墙体外，其余部分可能被洪水冲毁。墙体顶部及附近杂草、灌木、树木丛生，河谷内被辟为耕地。造成损毁的自然因素主要是洪水和植物生长等；人为因素为关门所在河谷被辟为耕地。

3. 其他

东阳关关门北侧墙体，位于长宁村东南 1.3 千米处，高程 922 米。北侧墙体位于长邯公路（309 国道）北侧山体顶部，与长宁村南侧长城 6 段相连。残存墙体呈东—西走向，长 6、顶宽 1、残高 2 米，墙体顶部距长邯公路（309 国道）地面 10 米。墙体土石混筑，两侧石块垒砌，中间堆以碎石泥土，两侧石块缝隙间所填灰泥质地较坚固。墙体整体保存差，石块脱落，顶部及附近杂草、灌木丛生。

（三）相关遗存

长城墙体附近发现 2 座时代不明的采石场，黎城县文博馆内收藏有 2 块石匾。

1. 长宁村南侧 1 号采石场

位于东阳关镇长宁村东南 1 千米，长宁村南侧长城 1 段 G0011 西侧 0.034 千米处，高程 908 米。采石场因人工采石形成大坑，形状不规则，坑内外乱石堆放。采石场最长 15、最宽 8 米。采石场石质为泥质灰岩，白色，与附近长城墙体石质相同。保存较好。造成损毁的自然因素主要有风雨侵蚀、山体滑坡和植物生长等。

2. 长宁村南侧 2 号采石场

位于东阳关镇长宁村东南 1.1 千米处，长宁村南侧长城 2 段 G0023—G0028 西、南侧，间距 0.02~0.06 千米，高程 943 米。采石场因人工采石形成数个大坑，形状不规则，坑内外乱石堆放。采石场最长 180、最宽 70 米。采石场石质为泥质灰岩，白色，与附近长城墙体石质相同。整体保存较好。造成损毁的自然因素主要有风雨侵蚀、山体滑坡和植物生长。

3. "中州外翰"石匾

2 块。存于黎城县文博馆（黎城城隍庙）内。两块石匾原系东阳关关门匾额，文字内容相同，均为楷书阴刻，中部横刻"中州外翰"四个大字，上款竖刻"大明嘉靖二十二年季春吉旦"，下款竖刻"巡抚河南都御史秦中李宗枢建"。其中一匾"中州外翰"四字字痕浅且宽，呈圆角横长方形，长 193、宽 68、厚 14 厘米，下沿两角残损，左下角"建"字仅存顶端。另一匾"中州外翰"四字字痕较深，呈横长方形，长 188、宽 85、厚 15 厘米，左下角残缺，"建"字缺损偏旁部分。保存较好（彩图一〇四九、一〇五〇）。

（四）采（征）集标本

铁铳 2 件，保存于黎城县文博馆库房内。均为铁质，形状一致，圆筒形，器身有五节圆箍，长 110～115、口部直径 25、炮口直径 10 厘米。铁铳发现于东阳关镇附近，说明东阳关原有城防设施（彩图一〇五一）。

二　长城资源调查资料分析

（一）长城墙体

1. 长城墙体的材质类型及建筑方式、形制

长城墙体均系土石混筑而成，其结构为两侧石块垒砌，中间堆以碎石泥土的石墙，两侧石块多是略为规整的长条状，石块缝隙间填以灰泥。由于长期风雨侵蚀，灰泥多无存，仅个别段可见。皇后岭村南侧长城靠北墙体，为两侧土石混筑、中间堆土的结构，推测最外侧原应垒砌有较整齐的石块。长城墙体多沿山脊靠西（山西省一侧）一侧修筑，导致墙体两侧高度不一，内侧（河北省一侧）地势较高，墙体较低；外侧（山西省一侧）地势较低，墙体较高。现存墙体剖面大致呈不规则梯形。保存一般或较差的段墙体底宽 3 米以上，顶宽 1～2 米，面向山西省一侧残高 1～3 米，面向河北省一侧残高在 1 米内；保存差的段墙体低矮，呈土垄状或仅存地面痕迹，底宽多约 2、顶宽约 0.3～1.5 米，面向山西省一侧残高约 1～2 米，面向河北省一侧残高多不足 0.5 米。

2. 长城墙体的分布特点

黎城县东阳关镇杨家地村、皇后岭村、长宁村附近的明长城，当地俗称"老边"，全部位于重要的峪口两侧，杨家地村关门和东阳关关门正处于峪口处。这些峪口今天仍然是山西通往河北的交通要道所在，邯（郸）长（治）铁路、长（治）邯（郸）高速公路、309 国道、黎（城）涉（县）公路等经过这些峪口。长邯高速公路南侧有皇后岭村南侧长城，309 国道和黎涉公路之间有长宁村南侧长城 1～6 段，黎涉公路北侧山体上有长宁村北侧长城 1～3 段。杨家地村关门旁仅有一条土路，调查时

却有大量的运煤车辆来往穿梭，其交通要道性质一览无遗。东阳关关门所在有长邯铁路和309国道通过，峪口当地俗称"大口"，黎涉公路穿过长城的峪口当地俗称"小口"，黎城县长城所在明代是潞安府黎城县与彰德府涉县交界的吾儿峪口[1]。

长城墙体沿山脊延伸，多在山脊靠西（山西省方向）一侧修筑，导致墙体两侧高度不一，河北省一侧地势较高，墙体较低；山西省一侧地势较低，墙体较高。值得注意的是，长城墙体面向山西省一侧的山坡较陡，河北省一侧的山坡则较缓。从墙体两侧不同的高度及地形来看，这些长城应为河北一侧防御山西一侧的设施。

3. 长城墙体的保存状况

长城墙体大多数保存差或较差，占76.62%，保存较好和一般者很少，占11.11%，消失段占12.27%。墙体石块坍塌脱落，多数段墙体低矮或仅存地面痕迹，墙体及附近密布树木、灌木和杂草。

（二）单体建筑

1. 敌台

黎城县4座敌台有3座是骑墙而建，仅杨家地村西侧1号敌台倚墙而建，位于墙体东侧。材质类型均为土石混筑的石质台体，平面形制有矩形2座、圆形1座、椭圆形1座，剖面形制均为梯形。保存较差的杨家地村西侧1号敌台底部周长50米，保存差的另外3座敌台底部周长18~33.2米（表499）。

表499　黎城县敌台形制及保存状况一览表（单位：米）

名称	平面形制	剖面形制	底部周长	残高	保存状况
杨家地村西侧1号敌台	矩形	梯形	50	4.2	较差
杨家地村西侧2号敌台	椭圆形	梯形	18	0.3	差
长宁村南侧敌台	矩形	梯形	33.2	3.6	差
长宁村北侧敌台	圆形	梯形	22	3.5	差

杨家地村西侧1号敌台南侧0.06千米处即为杨家地村关门，建于山坡上。其余3座敌台位于长城所在山体顶部。这些敌台的瞭望、预警作用非常明显。

4座敌台中保存较差的1座、差的3座。台体石块坍塌脱落严重，台体及附近覆盖树木、灌木、杂草等。敌台遭受损毁的自然因素主要有风雨侵蚀、植物生长等。

2. 水关（门）和其他

杨家地村关门是一座水门，位于河谷内。仅存关门北侧部分和北侧的墙体。关门东西向，石券拱门，墙体土石混筑而成，与长城墙体结构一致。关门墙体与关门南、北侧长城墙体原应相连，由于洪水被破坏。杨家地村关门保存较差，因地处河谷中，洪水将关门大部分墙体冲毁，植物生长也是破坏

---

〔1〕　黎城县志编纂委员会编：《黎城县志》，中华书局，1994年。

因素，墙体顶部及附近杂草、灌木、树木丛生。河谷内被辟为耕地，关门位于耕地之内，对关门的保存形成威胁。

东阳关关门北侧墙体位于长邯公路（309 国道）北侧山体顶部的崖壁上，残存墙体呈东西向，为土石混筑而成的石墙，与长城墙体结构一致。东阳关关门原可能只有一座，与长城墙体相连，未建成关城。东阳关关门北侧墙体保存差，除植物生长、风雨侵蚀等自然因素外，由于紧邻长邯公路（309 国道），公路交通引起的频繁震动是影响墙体保存的重要因素。

（三）相关遗存和采（征）集标本

长宁村南侧 1、2 号采石场与长城墙体间距 0.02 ~ 0.06 千米。由于采石场附近没有发现遗物，其时代难以确定为明代。根据采石场暴露的石质与长城墙体石质相同，很可能是修筑长城时所用的采石场。

黎城县文博馆内保存的两块"中州外翰"石匾，据赵小辉馆长介绍，原系东阳关关门的匾额，20 世纪 90 年代末采集。根据石匾题款，东阳关关门及附近长城应建成于明嘉靖二十二年（1543 年）。该馆保存的两件铁铳也采自东阳关旧址。铁铳具有典型的明代火器特征，是东阳关原设有城防设施的佐证。

三　自然与人文环境

（一）自然环境

黎城县东阳关镇杨家地村、皇后岭村和长宁村附近的明代长城资源所在区域，地形地貌由中低山区、丘陵及山间盆地相间分布组成。年均气温约 10.5℃度。年均降水量 568 毫米。山地丘陵植被以草灌植物群落为主。

（二）人文环境

东阳关镇杨家地村有居民 10 余户，40 余人，皇后岭村有村民近百人，长宁村有村民约 2000 人，居住地较集中。居民以农业为主，农作物主要有玉米、谷子、豆类、小麦等。饲养的家畜有牛、驴、山羊等。

杨家地村有一条土路，运煤卡车经常往来，交通频繁。皇后岭村南侧长城和长宁村南侧长城 6 段之间，有长邯高速公路、长邯公路（309 国道）和邯长铁路通过，是山西省与河北两省的交通要道，运输繁忙。长邯高速公路和邯长铁路以隧道形式分别穿过皇后岭村南侧长城和长宁村南侧长城 6 段所在山体，长宁村南侧长城 1 段有土路和黎（城）涉（县）公路。除以上交通干线外，长城墙体附近还有较多的乡间土路。

四　保护与管理状况

黎城县长城保护机构是黎城县文博馆。2005 年黎城县文博馆曾对皇后岭村南侧长城、长宁村南侧长城 1 ~ 5 段、长宁村北侧长城 1 段进行过调查。

第二十章　左权县长城

左权县位于山西省中东部,东与河北省涉县、武安市和邢台县交界,南与黎城县及武乡县、西与榆社县、北与和顺县相邻。山西省明代长城资源调查四队从 2007 年 5 月 28 日～6 月 29 日,对该县明代长城资源进行了调查。河北省调查队对左权县与涉县、武安市交界处的部分长城资源进行了调查。

一　长城资源调查数据

左权县共调查 5 段长城墙体,总长 903.94 米;堡 1 座;单体建筑有关门遗址 3 座;相关遗存有碑碣 4 块。

(一)长城墙体

详下见表(表 500)。

表 500　左权县长城墙体一览表(单位:米)

长城墙体段名称	总长	保存较好	保存一般	保存较差	保存差	消失	类型	县属
岩上村长城	372	0	0	127	65	180	石墙	左权县/涉县
西岭村长城	324	0	0	314	0	10	石墙	左权县/涉县
白坛岭村长城	33	0	0	0	33	0	石墙	左权县/涉县
盘垴村东南侧长城	33.1	0	18.79	0	14.31	0	石墙	左权县
摩天岭长城	141.84	0	0	0	141.84	0	石墙	左权县/武安市
合计	903.94	0	18.79	441	254.15	190		

1. 岩上村长城

起点位于涉县辽城乡岩上村北 1.1 千米处,高程 1183 米;止点位于岩上村北 1.1 千米处,高程 1231 米。大致呈西—东走向。全长 372 米,其中保存较差 127、差 65、消失 180 米。墙体为石墙。墙体顶宽 0.8～1.3、东侧残高 1～2、西侧残高 0.9～1 米。本段长城位于山西、河北两省交界处,由河北省负责调查。

墙体整体保存差。

2. 西岭村长城

起点位于涉县偏城镇西岭村西北 3.5 千米处，高程 1251 米；止点位于西岭村西北 3.4 千米处，高程 1239 米。大致呈西南—东北走向。全长 324 米，其中保存较差 314、消失 10 米。墙体为石墙，底宽 1.7、顶宽 0.8、东侧残高 1 ~ 1.3、西侧残高 1 米。墙体上有一座现代小庙，庙南侧有一块石碑，系民国 8 年（1919 年）所立山西省黎城县与辽县的原界碑。本段长城位于山西、河北两省交界处，由河北省负责调查。

墙体整体保存较差。

3. 白坛岭村长城

起点位于涉县偏城镇白坛岭村西南 0.4 千米处，高程 1286 米；止点位于白坛岭村西南 0.4 千米处，高程 1288 米。大致呈西南—东北走向。全长 33 米，均保存差。墙体为石墙，底宽 1.5 米。黑虎关关门位于墙体西北 0.3 千米处。本段长城位于山西、河北两省交界处，由河北省负责调查。

墙体整体保存差。

4. 盘垴村东南侧长城

起点位于左权县羊角乡盘垴村东南 0.65 千米处，高程 1177 米；止点位于盘垴村东南 0.7 千米处，高程 1176 米。大致呈西—东走向。全长 33.1 米，其中保存一般 18.79、差 14.31 米。墙体系土石混筑而成，自然基础，石块混合碎石泥土垒砌，石块缝隙间填以碎石泥土。墙体较窄，所用石块大小不等，相差很大，大者边长 2 米多，小者如砖大小。由于风雨侵蚀，石块缝隙间泥土基本无存，仅见于墙体底部。墙体沿山体脊线修筑，两侧高度相当。墙体两侧和 G0007（止点、断点）处东侧为陡峭山谷，地势险峻。墙体剖面大致呈不规则梯形，底宽 1.2 ~ 2.5、顶宽 0.82 ~ 1.6、残高 0.2 ~ 2.28 米（彩图一〇五二）。G0005（起点、断点）西北距黄泽关堡 G0009（南门）0.65 千米，西南距黄泽关关门 G0001（关门东侧门墩西北角）0.055 千米（图五八九）。

本段长城共测 GPS 点 3 个（G0005 ~ G0007），分为 2 小段，分述如下。

第 1 小段：G0005（起点、断点）—G0006（拐点），长 14.31 米，西南—东北走向，保存差。墙体低矮，仅存痕迹，石块散乱，杂草灌木丛生。墙体西侧有修筑公路时倾倒的沥青、石料等残渣。墙体残高不足 0.2 米。

第 2 小段：G0006（拐点）—G0007（止点、断点），长 18.79 米，西—东走向，保存一般。墙体底宽 1.2 ~ 2.5、顶宽 0.82 ~ 1.6、残高 0.9 ~ 2.28 米。G0007（止点、断点）处墙体底宽 2.5、顶宽 1.6、残高 2.28 米（彩图一〇五三），东侧为陡峭山谷，地势险峻。

墙体整体保存差，石块坍塌脱落，尤其是第 1 小段，墙体仅存痕迹，附近杂草灌木丛生。由于长城墙体所处山体由古火山岩堆积而成，山体较松散，易形成山体滑坡，风雨侵蚀、植物生长等自然因素造成墙体损毁；人为因素主要是在墙体上及附近，对墙体造成严重的破坏。

5. 摩天岭长城

起点位于左权县芹泉镇水泉村东 1.5 千米、武安市管陶乡荒庄村北 2 千米处，高程 1565 米；止点

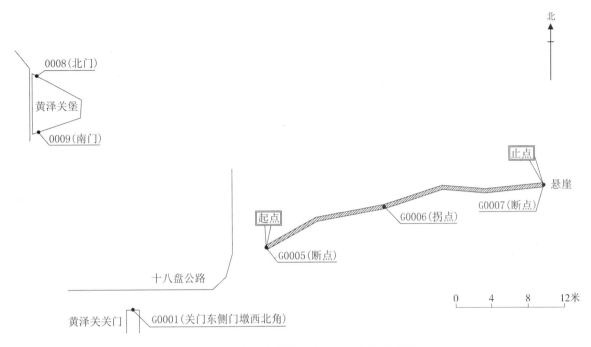

图五八九　盘垴村东南侧长城走向示意图

位于水泉村东 1.5 千米、荒庄村北 2 千米处，高程 1578 米。大致呈西南—东北走向。全长 141.84 米，均保存差。墙体系土石混筑而成，自然基础，两侧石块垒砌，中间堆以碎石泥土。墙体沿山体脊线修筑，两侧高度相当。墙体剖面大致呈不规则梯形，底宽 1.6、顶宽 1.47～1.67、残高 0.14～0.58 米。本段长城位于山西、河北两省交界处，G0002（起点、峻极关关门）是长城墙体与峻极关关门东壁相连处（图五九〇；彩图一〇五四）。

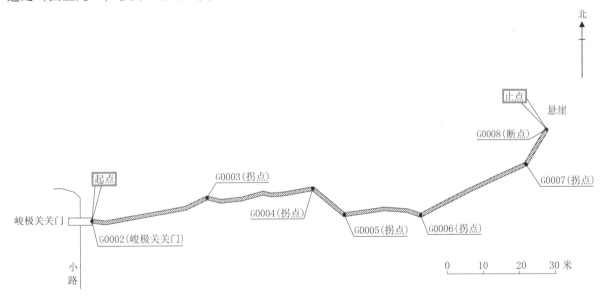

图五九〇　摩天岭长城走向及峻极关关门位置示意图

本段长城共测 GPS 点 7 个（G0002～G0008），分为 6 小段，分述如下。

第 1 小段：G0002（起点、峻极关关门）—G0003（拐点），长 20.31 米，西南—东北走向，保存差。墙体低矮呈土垄状，石块坍塌脱落严重，杂草、灌木丛生。墙体底宽 1.6、顶宽 1.47～1.67、残高 0.14~0.58 米。G0002（起点、峻极关关门）是长城墙体与峻极关关门东壁相连处。

第 2 小段：G0003（拐点）—G0004（拐点），长 17.75 米，西—东走向，保存差。墙体低矮呈土垄状，石块坍塌脱落严重，杂草、灌木丛生。墙体底宽 1.6、顶宽 1.47~1.67、残高 0.14~0.58 米。

第 3 小段：G0004（拐点）—G0005（拐点），长 16.68 米，西北—东南走向，保存差。墙体仅存痕迹，罕见石块，杂草、灌木丛生。

第 4 小段：G0005（拐点）—G0006（拐点），长 8 米，西—东走向，保存差。墙体仅存痕迹，罕见石块，杂草、灌木丛生。

第 5 小段：G0006（拐点）—G0007（拐点），长 68.44 米，西南—东北走向，保存差。墙体仅存痕迹，罕见石块，杂草、灌木丛生。

第 6 小段：G0007（拐点）—G0008（止点、断点），长 10.66 米，西南—东北走向，保存差。墙体仅存痕迹，罕见石块，杂草、灌木丛生。长城墙体止于山崖边。

墙体整体保存差，石块坍塌脱落严重，保存低矮，仅存痕迹，杂草、灌木丛生。自然因素是对墙体造成破坏主要有风雨侵蚀、植物生长和山体滑坡；由于远离居民聚集区，人迹罕至，人为对长城墙体的破坏因素很少。近些年来，因峻极关关门和长城墙体所在的摩天岭开辟为参观游览区，势必会对峻极关关门和长城墙体形成威胁。

（二）关堡

左权县调查关堡 1 座，即黄泽关堡。

黄泽关堡

明代又称"十八盘"或"天井郊"，位于羊角乡盘垴村中，高程 1305 米。南门东南距盘墩村东南侧长城 G0005（起点、断点）0.65 千米，东南距黄泽关关门 0.68 千米。

堡平面呈不规则形，南北方向，周长 560 米，占地面积 15604 平方米。保存主要设施、遗迹有部分堡墙、南北 2 座城门、护城壕街道 1 条、明代石碑 4 块、清代石碑 3 块和时代不明的的石碑 3 块（图五九一）。

堡墙存于南、北堡门两侧及堡西、东北侧和东南侧，有石墙和土墙两类。堡门两侧墙体为石墙，两侧条石砌筑，中间堆以碎石泥土，条石坍塌剥落严重，绝大多数段呈土坡状，残存条石缝隙间填以灰泥。西侧和东北侧墙体为两侧石块垒砌，中间堆以碎石泥土，两侧石块大小不一，石块坍塌脱落严重。东南侧墙体为土墙，堆土而成。堡墙残存 328 米，绝大多数保存较差，仅见很低矮的墙体。墙体底宽 2~10、顶宽 0.2~5、残高 0.3~5.3 米。

北门为条石基础的砖券拱门，基础高 2 米，三伏三券，内侧砖券部分经过现代维修（彩图一〇五五）。条石缝隙间填以灰泥，砖缝间白色灰泥勾缝。门洞外宽 2.17、内宽 2.18、外进深 3.17、内进深 7.02、外高 3.22、内高 3.27 米。门洞内砖有脱落，有树木支架，内外拱间有横木门架，上有柱眼，为门扇所在。北门墙体残高 5.3 米。门拱上方嵌一块石匾，横长方形，长 1.4、宽 0.65、厚 0.15 米，正中阴刻楷书横排"飞磴盘云"四字，上款阴刻楷书竖排"大明嘉靖二十二年季春吉旦立"，下款阴刻楷书竖排"巡抚河南都御史秦中李宗枢建"（彩图一〇五六、一〇五七）。

南门仅存基础，为条石砌成，券顶损毁，门内东侧地面散落有一条石券。门道东侧仍存条石基础，西侧坍塌成土坡状。门道宽 2.6、进深 4.8、残高 3.8 米。南、北门道地面用石块铺成，与堡内街道相

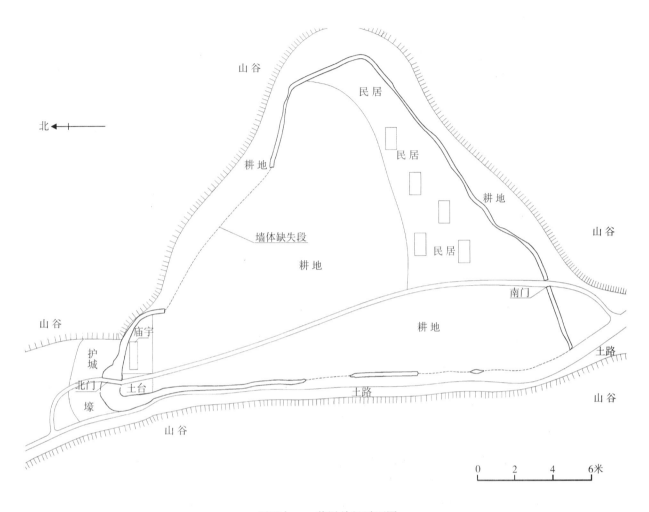

图五九一　黄泽关堡平面图

连。南门向南原应有关道与黄泽关关门相连，现被十八盘公路截断无存。

　　北门外有 1 条护城壕，略呈东西向，东西两侧即为悬崖。壕长 30、宽 16、深 2.5 米。护城壕中间有石块铺成的道路与北门相通，路宽 4 米。

　　堡内有街道 1 条，铺有石块，宽 1.8～2.6 米，与南、北门相连，大致呈南北走向（彩图一〇五八）。

　　堡内西北角（北门内西侧）有土台，呈近矩形，东西 7、南北 10、高于街道地面 0.85～1.5 米，周围用块石围砌，上存两块柱础（彩图一〇五九）。堡内东北角（北门内东侧）有现代庙宇 1 座（彩图一〇六〇），附近有明代石碑 4 块、清代石碑 3 块、时代不明石碑 3 块。土台与庙宇间有街道相隔，两者高于街道地面，土台和庙宇南侧形成一个道口，据庙宇内存放的《新修十八盘并天井郊图》碑可知，此处原有城门。

　　除北门内侧砖券在 20 世纪 60 年代经部分人工修缮外，余皆无人工修缮痕迹。

　　堡整体保存较差。仅存墙体 328 米，南、北城门，护城壕 1 条、街道 1 条、明代石碑 4 块等。堡墙保存差，坍塌脱落严重，保存低矮。堡墙附近及堡内植物生长茂盛，堡内外有耕地、民房，耕地往往利用堡墙为边坎。造成损毁的自然因素主要有植物生长、山体滑坡、风雨侵蚀等；人为因素主要是耕地常以堡墙为边坎对堡墙形成破坏。堡内的庙宇常有人燃香放炮，往往直接在石碑上燃放，对石碑造成严重破坏。

黄泽关堡依地势而建，堡内地势较高，位于一道山梁上，东西两侧为悬崖，地势险峻。堡现为盘垴村所在，有民房、耕地。村民多外迁，村内居民仅有三四户，10余人。堡内街道西侧为耕地，东侧有民房和耕地。盘垴村南侧0.6千米处有十八盘公路，建于1997年，2007年调查时正重修该公路。盘垴村西侧有土路与瓦缸窑行政村相通。西侧隔山谷相对的高地上有一条通往羊角乡的柏油路。

（三）单体建筑

左权县共调查单体建筑3座，均为关门，分别是黑虎关、黄泽关和峻极关三关关门。

1. 黑虎关关门

位于涉县偏城镇白坛峧村西南0.4千米处，高程1312米。东南距白坛峧村长城0.3千米。门洞为石券拱门，宽2.4、残高2.7米。门洞内残存一块门轴石。关门墙体为石墙，残长15米，关门两侧墙体上设望孔。由河北省调查队调查。

关门整体保存较差。

2. 黄泽关关门

位于左权县羊角乡盘垴村东南0.68千米处，东侧门墩西北角，高程1192米。东北距盘垴村东南侧长城G0005（拐点）约0.055千米，西北距黄泽关堡南门0.68千米，黄泽关关门与黄泽关堡南门原应有关道相连，现被十八盘公路截断无存。

黄泽关关门建于山梁上，两侧悬崖对峙，地势险峻（彩图一〇六一、一〇六二）。关门系土石混筑，仅存门墩的部分条石和石块基础，内侧（北侧）门墩为条石砌成的基础，外侧（南侧）门墩为石块混合泥土筑成的基础，门墩内部堆以碎石泥土。内侧（北侧）门墩经现代重修，在残存条石基础上垒砌石块，保存的基础有两层条石，高0.4米；条石为青石质，长80～150、厚20厘米，石块大小不等，均为火山岩石。现代重修后的关门内侧（北侧）高1.99、外侧（南侧）最高0.91、内侧（北侧）宽2.79、外侧（南侧）宽3.7、进深8.68米。关门南侧存关道，于20世纪50年代废弃，路面由石块铺成，从关门南侧沿山势向山下蜿蜒延伸，关道上长满杂草，地势较低处，关道逐渐变窄，大小石块壅塞及植物生长茂盛。关道长789、宽1.5～7米（彩图一〇六三）。

关门整体保存差。仅存门墩的部分条石和石块基础，石块坍塌散落，杂草灌木丛生。造成损毁的自然因素主要有植物生长、风雨侵蚀等；人为因素主要是1997年建成十八盘公路，为纪念公路竣工，在关门东北侧筑方形石质台基，其上立碑，在关门北侧修筑了阶梯，严重影响了关门的原貌。1997年虽对关门进行了部分修缮，仅在残存条石基础上垒砌石块，未复原关门原状。2007年调查时正重修十八盘公路。由于公路紧邻黄泽关关门，势必影响其保存。

3. 峻极关关门

位于左权县芹泉镇水泉村东1.5千米、武安市管陶乡荒庄村北2千米处，关门墙体东壁与摩天岭长城墙体相连处高程1565米，东壁连接有摩天岭长城。关门墙体西侧紧依高崖，地势险峻，峻极关关门原仅存部分障墙，1994年重修门洞及关门墙体、障墙。

门洞为南北方向，关门墙体为东西方向，平面呈矩形，剖面呈梯形。关门为石券拱门，块石基础，上搭石拱。关门墙体为土石混筑的石墙，结构为两侧石块砌筑，中间堆以碎石泥土，石块缝隙间不填泥土类物质。门洞拱宽 2.5、高 3.2、进深 2.96 米，关门墙体顶部长 10.2、宽 2.8 米、高 4.3 米（彩图一〇六四、一〇六五）。关门墙体东南侧有一段西北—东南向的障墙与关门墙体相连，障墙长 7.15、底宽 1.3、顶宽 1、高 4.04 米，石块垒砌而成，原有障墙石块缝隙间填以灰泥，现代重修没有填泥土类物质。门洞南侧从门洞东、西壁到障墙南端、西侧山体，有石块砌筑而成的弧形矮墙相连。关门原仅存部分障墙，1994 年武安市重修了门洞及关门墙体、障墙。关门墙体顶部散落重修时遗留的石块，留有一块 1994 年所刻关门匾额（彩图一〇六六、一〇六七）。

关门整体保存较差，原仅存部分障墙，1994 年武安市重修关门门洞及关门墙体、障墙，未修建关门城楼。关门墙体西侧紧依山崖，山体滑落的石块散落于附近。关门周围杂草灌木生长茂盛。造成损毁的自然因素主要有山体滑坡、植物生长和风雨侵蚀等。由于远离居民聚集区，人迹罕至，人为因素破坏很少。近些年来，因峻极关关门和摩天岭长城墙体所在的摩天岭开辟为参观游览区，势必会对峻极关关门和长城墙体形成威胁。

（四）相关遗存

黄泽关堡内东北角现代庙宇附近有明代石碑 4 块、清代石碑 3 块、时代不明石碑 3 块，重点对明代石碑进行了记录。

1.《新修十八盘并天井郊城堡图》石碑

位于羊角乡盘垴村（黄泽关堡）现代庙宇内，高程 1297 米。

石碑圆首长方形，无碑座，宽 0.7、高 1.4、厚 0.22 米。碑首横排楷书阴刻"新修十八盘并天井郊城堡图"，碑正面刻画了黄泽关堡的建筑布局及黄泽关关门和关道等设施。石碑左侧下方竖刻"王自强刻石"（图五九二；彩图一〇六八）。

石碑保存较好，顶部略残，左、右侧下角缺失。由于放于庙宇东壁屋檐下，长期风吹日晒雨淋对石碑形成威胁。

2.《辽州黄泽关重修义勇武安王庙工峻记》石碑

位于羊角乡盘垴村（黄泽关堡）现代庙宇前，高程 1297 米。

石碑圆首长方形，有底榫，碑身宽 0.7、高 1.55、厚 0.16 米，底榫长 0.27、高 0.12、厚 0.15 米。碑首楷书阴刻"重修碑记"4 字，2 行，行 2 字。碑文楷书阴刻，20 行，行 38 字（图五九三）。

石碑保存较好，左下角残缺。石碑存于庙宇前西侧，平放地面。长期风吹日晒雨淋对石碑形成威胁；庙宇常有人燃香放炮，往往直接在石碑上燃放，对石碑造成严重的破坏。

碑文如下。

> 辽州黄泽关重修义勇武安王庙工峻记
> 按通志，太行中条山之巅，距州百二十里，所载黄泽关即今十八盘也。岗峦千里，西连辽冀之岖；溪谷万重，东接滏洺之浒。耸乔木而际漠，拔崇岩以插天。峰危束马，路绝悬车。缘自我太祖高皇帝藩封恭王入晋，钦命行军大司马高巍，火暖崇岗，林石焚爆，开山凿路，上筑堡寨，内设弓兵巡检司，启建义勇武安王庙，岁远湫漏，圣像将毁。延及圣天子抚运綦隆三十四祀，天曹以东莱掖邑霍公名儒，除授摭职，诣司候缺历任，谒神遘其庙貌

图五九二　《新修十八盘并天井郊城堡图》石碑拓片　　　图五九三　《辽州黄泽关重修义勇武安王庙工峻记》石碑拓片

倾颓，恍尔兴嗟曰：朝廷设官置吏，欲其敬神恤民，矧威震华夏，英灵昭格者。余不敏，忝任兹土，宁无敬畏之心。遂捐俸金，命男应亮督工，仍令住持僧湛梅，募缘修葺殿宇，屏壁黝垩，倍昔金碧。圣像丹腊，维借神功所佑，不日就绪。猗欤广哉！俾公籍斯久任，立墩饰堡，关南汲井，岭北摩天，羊角保障，百草藩篱，奸寇缉捕，商途宁谧。考绩殿最示，次乔擢爱遗。岩岩粉雉，雄关回而西踞；翼翼金鳌，洺滢蹴而东弛者此也。董是役者，无乃撼忠报国，恪恭臣子之职，夫岂媚神徼福，徒要□誉之隆。特纪于石，用垂不朽。是为记。

　　时万历丙午重九之吉，奉慈圣恩诏旌表孝子儒官江右洪漳傅明道撰。

　　奉直大夫知辽州事商山牛。

　　承务郎同知任□达。

　　将仕郎吏目安丘阁。

赐进士出身前文林郎今岳州府推官本州人文玄孙毓英，高材。

本司巡检霍儒。

术士任国寿，书碑范祖元，司吏杨世富。

画匠郝维□，郝维□，赵国贤，霍应亮。

纠首湛梅，张□，杨世全。

石匠杨汝□，杨汝贤。

3.《赠山西辽州贰守王公遗爱碑》石碑

位于羊角乡盘垴村（黄泽关堡）现代庙宇附近，高程1295米。

石碑青石质，圆首长方形，有底榫，碑身宽0.8、高1.55、厚0.2米；底榫残缺，长0.25、残高0.1、厚0.7米。底榫一侧有矩形碑座，中有卯眼，碑座顶部长0.76、厚0.5米，卯眼长0.37、高0.25、厚0.21米。碑座为火山岩质。碑首篆书阴刻"遗爱之碑"4字，2行，行2字。碑文楷书阴刻，25行，行40字（图五九四）。

石碑保存较好，左下角、底榫残缺，碑面有磨损脱落。存于庙宇前西侧，平放地面。长期风吹日晒雨淋对石碑形成威胁；庙宇常有人燃香放炮，往往直接在石碑上燃放，对石碑造成严重破坏。

碑文如下。

　　赠山西辽州贰守王公遗爱碑
　　赐进士出身，北京户部郎中，山西□楼□矩撰。
　　乡贡进士，山西辽州儒学学正周鑑篆。
　　训导高杰书丹。
　　盈尺之璧□□之美者也，不有王人以雕琢之，其何以成其器？盘根之木错节之□者也，不有利器□分析之，其何以成其材？盖盈尺之璧，必赖王人琢，盘根之节必赖利器之析，为治之具，又□不本乎！得人而致然也，苟得其人，何难之有！以辽郡二守王公，心术既正，才力又到，君有为之地，适得为之秋，事业谋谟，如天造神出，判佐九载，德泽之被□民也甚厚。由是辽民□词保留，诏许之。迁今职，如此辈者特千□中之一二耳。子因奉使经过十八盘，□巡宰王琰□前上舍，薛泽等以公重建司公廨并左右厢房，增其旧制轮□精明，仍设法修理道路，遂以行事之状来请，曰：公自下车以来，与太守黄公辈惓惓以兴利革弊，为心切切，以承流宣化为念。夫重建公廨□事之宜为，而桥梁道路尤事之当务，今之所虑者，郡中艰险之路，惟十八盘耳！此地东通河南武安，及北直隶顺德等府，一代之境，西抵太原，榆次，太谷等处。凡遇□□山西人民移其粟于东南，河南之□易其货于西北，其于大小车牛、巨细、商贩懋迁有无，络绎不绝，日之所经，不下万数。第以山崇岭峻，路势巉岩，百步九折，往来艰难，载劳所虑，公于是鼓舞阖境之民，以身先之，缘山□木，竞操□□，竭力鸠工，划却崎岖而为坦途，锄治狭隘而循周道，俾车辙马迹往还于焉，康庄而无所宁碍，此利泽之及于民昭昭然在人耳目，将以著之□□垂示永久。吾虽未与公有一日之雅，途中得闻万□为之称叹。余应之曰：斯人之善，吾所□□□以请为，谨按公姓王氏讳俸字伯□，直隶顺义人，蚤蕴卓□之伟器负纬济之大才，永乐间以明经廪邑庠毓成均寻□褐任判佐，迁今职，吏部以最□□授，千载一遇之盛□，人所欲得而不可得者，而公实□之其□，为何如公，敕命封赠考妣暨其内助，比千之操行，人所不能。公□复为之专以仁心施化，不以鞭捶□□其他立功立事，殆难枚举，以是其民爱之不窗□神明焉。非盈尺之壁不赖王人之琢，盘根之节不□利器之析，为治之具而不本于得人者乎，虽然惟天爱民最厚一物，先所则人气为之颠□错，任□民之□而爱人者必□天报报施之，适于此见矣，故书此以塞请焉。

　　大明景泰三年岁次壬申六月□十九日庚寅立。

　　石工薛得成造碑。

4.《重修徒复天仙圣母碧霞元君祠记》石碑

位于羊角乡盘垴村（黄泽关堡）现代庙宇附近，高程 1295 米。

石碑呈矩形，碑顶、碑底有凸出的榫，碑身宽 0.75、高 1.85、厚 0.16 米，顶榫长 0.16、高 0.1、厚 0.22 米；底榫残损，长 0.25、残高 0.02、厚 0.13 米。碑文楷书阴刻。

石碑保存较好，存于庙宇前东南侧，平放地面；长期风吹日晒雨淋对石碑形成威胁；庙宇常有人燃香放炮，往往直接在石碑上燃放，对石碑造成严重破坏（图五九五）。

图五九四　《赠山西辽州贰守王公遗爱碑》石碑拓片　　　　图五九五　《重修徒复天仙圣母碧霞元君祠记》石碑拓片

碑文如下。

重修徒复天仙圣母碧霞元君祠记

维那郝进才，武尚义，郑豸，张宝，杨景云。

粤稽云盘之巅有圣母祠，谓芇称走集行李□来□芦堂，且飞登万寻□□□霄足徽灵。既奉驻跸焉，嗣而东迁，无论乔各不相及，而以辽祠移之武邑境，恐非创建初□虑，神无不土之者。兹有神诱谋，所以复之者功德主薛宗礼、赵□□、陈□朝、薛□□、□金和，工督道人于真河。万历□□泊戊申告落祠宇圣状，即无恢恢钜万之费，而□然一新，裨古昔先辈□始雅意不泯。数十年来，仙秉玄舆于此□，为射者安知继自，今不忻然一停骖也。谨记。

本州选贡原尔谋撰，黄章里陈廷义书。

奉直大夫知辽州事张。

进士本州人孙毓英，王家实，刘□同。

十八盘巡检高才。

□任杨爱相。

司吏杜复龙。

术士任国寿。

金妆奶奶一尊，十八盘赵国贤，妻郝氏，男赵贵夏，张氏，贵阳市秋，张氏。

木匠郭□，郭□德，□□早那相。

铁匠高□□□□□□。

石匠杨进甫，杨汝经，男杨世□，汝郎，杨世泓，汝明。

村里金□□丘相，丘志□，丘志魁，丘志敖。

瑠□□龙增盛。

以下从略。

万历三十七年三月十五日立。

二 长城资源调查资料分析

（一）长城墙体

1. 长城墙体的材质类型及建筑方式、形制

左权县长城墙体系土石混筑而成，自然基础，具体的建筑方式和结构则有不同。盘垴村东南侧长城，石块混合碎石泥土垒砌，石块缝隙间填以碎石泥土；摩天岭长城，两侧石块垒砌，中间堆以碎石泥土。墙体沿山脊修筑，两侧高度基本相当。现存墙体剖面均大致呈不规则梯形，盘垴村东南侧长城，保存一般者墙体底宽1.2~2.5、顶宽0.82~1.6、残高0.9~2.28米，保存差者残高不足0.2米；摩天岭长城，保存差者墙体底宽1.6、顶宽1.47~1.67、残高0.14~0.58米，可见摩天岭长城与盘垴村东南侧长城相比略宽。

2. 长城墙体的分布特点

左权县明代长城主要分布在形势险要的关隘、峪口两侧，非南北连成一线。白坛峧村长城原应与

黑虎关关门、盘垴村东南侧长城原应与黄泽关关门、摩天岭长城与峻极关关门相连。

3. 长城墙体的保存状况

详下见表（表501）。

表501　左权县石墙保存状况一览表（单位：米）

长城墙体段名称	总长	保存较好	保存一般	保存较差	保存差	消失	类型	县属
岩上村长城	372	0	0	127	65	180	石墙	左权县/涉县
西峧村长城	324	0	0	314	0	10	石墙	左权县/涉县
白坛峧村长城	33	0	0	0	33	0	石墙	左权县/涉县
盘垴村东南侧长城	33.1	0	18.79	0	14.31	0	石墙	左权县
摩天岭长城	141.84	0	0	0	141.84	0	石墙	左权县/武安市
合计	903.94	0	18.79	441	254.15	190		
百分比（%）	100	0	2.1	48.8	28.1	21		

左权县长城墙体大多数保存较差或差，占76.9%，消失占21%，一般占2.1%。墙体石块往往坍塌脱落，多数段墙体低矮或仅存地面痕迹，墙体上及附近杂草灌木丛生。造成墙体损毁消失的自然因素主要有风雨侵蚀、植物生长和山体滑坡等。盘垴村东南侧长城墙体西侧重修十八盘公路时，施工队将沥青、石料等残渣倾倒在墙体及附近，对墙体造成严重破坏。

（二）关堡与关门

黄泽关堡依地势而建，位于一道山梁上，东西两侧为悬崖，堡内地势较高。黄泽关关门建于山梁上，两侧悬崖对峙。峻极关关门墙体西侧紧依高崖，所处地势险峻。

黄泽关堡堡墙有石墙和土墙两类，以石墙为主。石墙为土石混筑而成，两侧条石或石块垒砌，中间堆以碎石泥土，条石缝隙之间填以灰泥。黄泽关关门残存的门墩土石混筑，结构特征与黄泽关堡石墙一致。峻极关关门原障墙为石块垒砌而成，石块缝隙间填以灰泥。综合观察包括盘垴村东南侧长城和摩天岭长城在内的墙体结构特征，可以看出黄泽关堡堡墙、黄泽关关门门墩及摩天岭长城基本一致，盘垴村东南侧长城和峻极关关门原有障墙是另外一种类型。黄泽关堡和黑虎关关门、峻极关关门保存较差，黄泽关关门保存差。

三　自然与人文环境

（一）自然环境

左权县明长城所处区域是古生界的土石山区。盘垴村东南侧长城和黄泽关堡、黄泽关关门位于太行山十字岭山脉的黄泽岭山体上，黄泽岭系由古火山岩堆积而成，山体较松散易形成山体滑坡。摩天岭长城和峻极关关门位于太行山十字岭山脉的摩天岭山体上。长城资源所在区域为温带大陆性气候，年均气温8℃～8.5℃，年降水量约500毫米。植被以草灌植物群落为主，草灌植物有拔尖草、黄芩、知母、狗尾草、白羊草、青蒿等，树木以油松为主。土壤由黄土和砂页岩风化物形成，水土流失严重。左权县羊角乡盘垴村西侧山谷内有松溪，流量很小，是附近村民的主要水源。左权县芹泉镇水泉村附近有条季节性河流下庄沟河，在左权县拐儿镇汇入清漳东源。

（二）人文环境

涉县偏城镇白坛峧村仅有两户居民，5 人，隶属窑门口行政村。左权县羊角乡盘垴村有村民三四户，10 余人，隶属瓦缸窑行政村。瓦缸窑行政村位于盘垴村西北 0.5 千米，有村民 20 余户，50 余人。左权县芹泉镇水泉村有村民 10 户左右，三四十人。

村落居民以农业为主，近年来，峻极关关门和摩天岭长城墙体所在的摩天岭开辟为参观游览区。

岩上村长城南 0.2 千米处有土路。涉县偏城镇白坛峧村有土路与窑门口行政村相通。左权县羊角乡盘垴村南侧 0.6 千米有十八盘公路，该公路建于 1997 年，2007 年调查时正重修该公路。盘垴村东南侧长城西侧和黄泽关关门北侧紧邻该公路。盘垴村西侧有土路与瓦缸窑行政村相通。西侧隔山谷相对的高地上有一条通往羊角乡的柏油路。峻极关关门两侧有土路连通山西、河北两省。

四　保护与管理状况

左权县长城资源的保护机构是左权县文物局。1994 年武安市有关组织曾修复过峻极关关门门洞及关门墙体、障墙，关门墙体顶部散落有重修时遗留的石块，有一块 1994 年所刻的关门匾额。2006 年晋中市文物管理局曾调查盘垴村东南侧长城、摩天岭长城和黄泽关堡、黄泽关关门、峻极关关门等，划定了保护范围。

左权县文物局曾计划将该黄泽关堡内的《新修十八盘并天井郊城堡图》石碑搬运至县文物局保存，由于村民阻扰未能成功。

第二十一章　和顺县长城

和顺县位于山西省中部东侧，太行山西麓，清漳河上游。东与河北省邢台县交界，南与左权县、西与榆社县及榆次区、北与寿阳县和昔阳县相邻。山西省明代长城资源调查四队从 2007 年 6 月 29 日~7 月 12 日，对该县明代长城资源进行了调查。

一　长城资源调查数据

和顺县共调查长城墙体 25 段，总长 8550.28 米；关堡 2 座，其中关、堡各 1 座；单体建筑共 6 座，其中敌台、马面各 3 座，其他 1 座；相关遗存有居住址群 1 处。

（一）长城墙体

和顺县明长城墙体大致沿山西、河北两省交界的太行山山体从西南向东北延伸，多数段地处两省交界处，其中大西庄村西侧长城 1、2 段，王山铺村西侧长城 1~5 段，小南坪村西北侧长城 3、4 段，支锅石关东侧长城 1、2 段，黄榆岭关南侧长城 1 段，黄榆岭关北侧长城 1、2 段，位于和顺县松烟镇、青城镇和邢台县白岸乡、路罗镇、浆水镇、冀家村乡交界处；观上村西侧长城位于和顺县青城镇辖境；小南坪村西北侧长城 1、2 段位于邢台县路罗镇辖境；支锅石关东侧长城 3 段位于邢台县浆水镇辖境；黄榆岭关南侧长城 2 段，南坡村西南侧长城 1~3 段，翠羊山长城，石板房村西北侧长城 1、2 段，位于邢台县冀家村乡辖境，距两省交界比较近，也进行了调查（表 502）。

表 502　和顺县长城墙体一览表（单位：米）

长城墙体段名称	总长	保存较好	保存一般	保存较差	保存差	消失	类型	县属
大西庄村西侧长城 1 段	336.28	0	0	71.5	0	264.78	石墙	和顺县/邢台县
大西庄村西侧长城 2 段	557.64	0	0	331.94	225.7	0	石墙	和顺县/邢台县
王山铺村西侧长城 1 段	446.87	0	0	266.99	179.88	0	石墙	和顺县/邢台县
王山铺村西侧长城 2 段	49.7	0	0	0	48.6	1.1	石墙	和顺县/邢台县
王山铺村西侧长城 3 段	1003.08	0	0	320.94	467.14	215	石墙	和顺县/邢台县
王山铺村西侧长城 4 段	834.67	0	0	256.28	447.6	130.79	石墙	和顺县/邢台县

续表 502

长城墙体段名称	总长	保存较好	保存一般	保存较差	保存差	消失	类型	县属
王山铺村西侧长城 5 段	351.16	351.16	0	0	0	0	山险	和顺县/邢台县
小南坪村西北侧长城 1 段	258.24	258.24	0	0	0	0	山险	邢台县
小南坪村西北侧长城 2 段	65.27	0	0	0	65.27	0	石墙	邢台县
小南坪村西北侧长城 3 段	143.59	0	0	0	143.59	0	石墙	和顺县/邢台县
小南坪村西北侧长城 4 段	658.26	658.26	0	0	0	0	山险	和顺县/邢台县
支锅石关东侧长城 1 段	349.53	0	0	20.6	86.91	242.02	石墙	和顺县/邢台县
支锅石关东侧长城 2 段	258.3	0	0	0	204.28	54.02	石墙	和顺县/邢台县
支锅石关东侧长城 3 段	188.39	0	0	39.2	143.07	6.12	石墙	邢台县
黄榆岭关南侧长城 2 段	14.67	0	0	14.67	0	0	石墙	邢台县
黄榆岭关南侧长城 1 段	863.45	0	0	208.88	654.57	0	石墙	和顺县/邢台县
黄榆岭关北侧长城 1 段	164.27	0	0	84.99	79.28	0	石墙	和顺县/邢台县
黄榆岭关北侧长城 2 段	67.52	67.52	0	0	0	0	山险	和顺县/邢台县
南坡村西南侧长城 1 段	479.32	479.32	0	0	0	0	山险	邢台县
南坡村西南侧长城 2 段	141.61	0	0	0	61.34	80.27	石墙	邢台县
南坡村西南侧长城 3 段	138.74	138.74	0	0	0	0	山险	邢台县
翠羊山长城	912.98	0	117.98	482.33	312.67	0	石墙	邢台县
观上村西侧长城	18.31	0	0	0	18.31	0	石墙	和顺县
石板房村西北侧长城 1 段	238.96	0	0	49.16	0	189.8	石墙	邢台县
石板房村西北侧长城 2 段	9.47	0	0	9.47	0	0	石墙	邢台县
合计	8550.28	1953.24	117.98	2156.95	3138.21	1183.9		
百分比（%）	100	22.8	1.4	25.2	36.8	13.8		

1. 大西庄村西侧长城 1 段

起点位于山西省晋中市和顺县松烟镇夫子岭村东南 0.8 千米、河北省邢台市邢台县白岸乡大西庄村西 2.55 千米处，高程 1258 米；止点位于夫子岭村东 0.9 千米、大西庄村西北 2.7 千米处，高程 1276 米。大致呈东南—西北走向。全长 336.28 米，其中保存较差 71.5、消失 264.78 米。墙体为石墙，土石混筑，两侧石块垒砌，中间填以碎石泥土。现存墙体剖面大致呈不规则梯形，顶宽 0.59～1.56、残高 0.2～2.14 米（彩图一〇六九）。本段长城西北接大西庄村西侧长城 2 段（图五九六）。

本段墙体共测 GPS 点 7 个（G0001～G0007），分为 6 小段，分述如下。

第 1 小段：G0006（起点、断点）—G0005（断点），长 10.25 米，东南—西北走向，保存较差。墙体建于山窝内，顶部散落碎石块，顶部及两侧杂草丛生。墙体东侧较高，较齐整；西侧与地面大致齐平。墙体顶宽 1.24～1.56、残高 0.27～2.14 米。

第 2 小段：G0005（断点）—G0004（断点），长 36.78 米，南—北走向，墙体消失。此处原应为夫子岭关关门所在，现无迹可寻，仅存关道穿过两断点之间。关道大致呈西—东走向，顺山势蜿蜒而下，长 3000、宽 1～2.8 米，已废弃，部分段地面存铺石（彩图一〇七〇）。

第 3 小段：G0004（断点）—G0003（拐点），长 16.66 米，南—北走向，保存较差。垒砌的石块多坍塌脱落，散落于墙体两侧，墙体低矮，被茂密的杂草覆盖。墙体东侧略高于地面，西侧与地面大致齐平。墙体顶宽 0.59～0.95、残高 0.2～0.67 米。

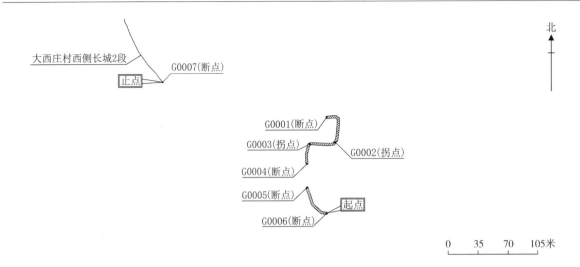

图五九六　大西庄村西侧长城1段走向示意图

第4小段：G0003（拐点）—G0002（拐点），长31.29米，西—东走向，保存较差。垒砌的石块多有坍塌，散落于墙体两侧，墙体低矮，顶部及两侧杂草丛生。墙体北侧与地面基本平齐，堆积有山体滑落的大量石块；南侧略高于地面。墙体顶宽0.59~0.95、残高0.2~0.86米。

第5小段：G0002（拐点）—G0001（断点），长13.3米，南—北走向，保存较差。墙体建于山体南侧，在悬崖边缘延伸。因风雨侵蚀，垒砌的石块多坍塌脱落，较低矮，周围散落碎石块。墙体两侧高度相当，北侧山坡堆积有从山体滑落下来的大量石块。墙体顶宽0.8~1、残高0.2~0.86米。

第6小段：G0001（断点）—G0007（止点、断点），长228米，东南—西北走向，墙体消失。两断点之间为山地，东侧山体顶部有一座现代庙宇；庙宇西侧，北距G0007（止点、断点）0.13千米处的山坡上有一块石碑。碑首呈梯形，碑身呈矩形，朝东一面碑首题"重修碑记"，碑文记录了夫子岭关关道修筑及出资者姓名情况，落款为"大清光绪十八年四月吉旦"；朝西一面碑首题"流芳百世"，碑文记录了出资者姓名。

墙体整体保存较差，石块坍塌脱落严重，多碎裂成小石块，多数段仅存低矮墙体，顶部及两侧杂草丛生，部分段消失。自然因素是墙体造成破坏的主要原因，主要有山体滑坡、风雨侵蚀和植物生长等。近年来河北省将大西庄村西侧长城1、2段附近山地开发成旅游区，随着旅游业的发展，人为因素的影响必须给予充分的重视。

2. 大西庄村西侧长城2段

起点位于山西省和顺县松烟镇夫子岭村东0.9千米、河北省邢台市邢台县白岸乡大西庄村西北2.7千米处，高程1276米；止点位于夫子岭村东0.9千米、大西庄村西北2.7千米处，高程1264米。大致呈南—北走向。全长557.64米，其中保存较差331.94、差225.7米。墙体为石墙，土石混筑，两侧石块垒砌，中间填以碎石泥土。现存墙体剖面大致呈不规则梯形，顶宽0.6~1.57、残高0.07~1.92米。本段长城东南接大西庄村西侧长城1段，大西庄村西侧敌台骑墙而建（图五九七）。

本段墙体共测GPS点12个（G0007~G0018），分为10小段，分述如下。

第1小段：G0007（起点、断点）—G0008（拐点），长40.39米，东南—西北走向，保存差。墙体从山谷处沿山坡向上延伸，多数段两侧垒砌的石块塌落无存，仅存低矮的土垄痕迹，被茂密的杂草

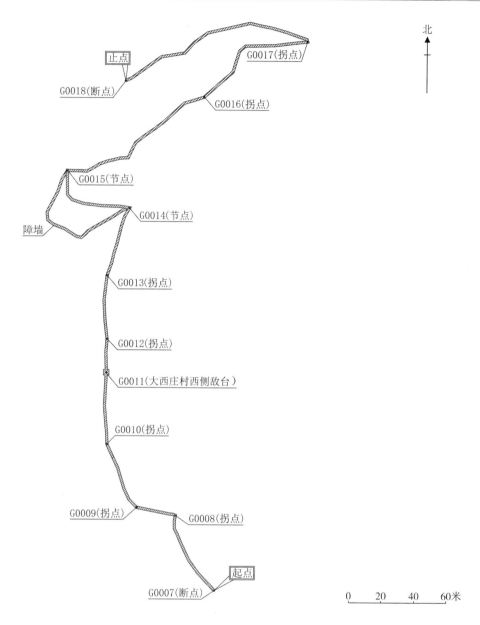

图五九七　大西庄村西侧长城 2 段走向示意图

覆盖。G0008（拐点）处有数块巨石，附近墙体顶宽 0.62～1.18、残高 0.07～0.94 米。

第 2 小段：G0008（拐点）—G0009（拐点），长 17.07 米，东南—西北走向，保存较差。因长期风雨侵蚀，墙体较低矮，两侧垒砌的石块多坍塌脱落，顶部散落碎石块，两侧杂草丛生。墙体顶宽 0.8～1.24、残高 0.34～1.19 米。

第 3 小段：G0009（拐点）—G0010（拐点），长 14.39 米，东南—西北走向，保存较差。因长期风雨侵蚀，墙体较低矮，两侧垒砌的石块多坍塌脱落，顶部散落碎石块，两侧杂草丛生。墙体顶宽 0.8～1.24、残高 0.34～1.19 米。

第 4 小段：G0010（拐点）—G0012（拐点），长 14.39 米，南—北走向，保存较差。墙体较低矮，两侧垒砌的石块多坍塌脱落，顶部散落碎石块，两侧杂草丛生，有山体滑坡痕迹。G0010（拐点）东北 5.8 米处骑墙有大西庄村西侧敌台（G0011）。大西庄村西侧敌台北侧、G0012（拐点）南侧为陡崖。

第 5 小段：G0012（拐点）—G0013（拐点），长 19.33 米，南—北走向，保存差。墙体仅存地面痕迹，所在山体有滑坡痕迹。

第 6 小段：G0013（拐点）—G0014（节点、拐点），长 17.78 米，西南—东北走向，保存差。墙体因山体滑坡和风雨侵蚀，多数段仅存地面痕迹。部分残存墙体顶宽 0.8 ~ 1.4、残高 0.5 ~ 1.1 米。

第 7 小段：G0014（节点、拐点）—G0015（节点、拐点），直线长 12.89 米，周长 94.23 米，东南—西北走向，保存较差。墙体在山体顶部呈椭圆形分布，G0014（节点、拐点）处墙体分为两道，居西一道略呈"r"形，居东一道呈弧形，两道墙体交接于 G0015（节点、拐点）处，形成一个椭圆形，东西最长 15.65、南北最长 14.36 米，周长 94.23 米。居东一道是长城墙体主线，居西一道是障墙。障墙系片石混合泥土筑成的石墙，片石缝隙间填以碎石泥土，顶宽 0.78 ~ 1.57、残高 0.34 ~ 1.87 米（彩图一〇七一）。

第 8 小段：G0015（节点、拐点）—G0016（拐点），长 113.61 米，西南—东北走向，保存较差。墙体在松林中延伸，多数段墙体被茂密的杂草和灌木覆盖。现存墙体两侧垒砌的石块多坍塌脱落，顶宽 0.6 ~ 0.7、东侧残高 1.37 ~ 1.92 米，西侧较低矮。

第 9 小段：G0016（拐点）—G0017（拐点），长 67.66 米，西南—东北走向，保存较差。墙体在松林中延伸，多数段墙体被茂密的杂草和灌木覆盖。现存墙体两侧垒砌的石块多坍塌脱落，顶宽 0.6 ~ 0.7、东侧残高 1.37 ~ 1.92 米，西侧较低矮。

第 10 小段：G0017（拐点）—G0018（止点、断点），长 148.2 米，东—西走向，保存差。墙体在松林中延伸，垒砌石块塌落无存，仅存低矮的土垄痕迹，被茂密的杂草覆盖。

墙体整体保存较差，石块坍塌脱落严重，部分段呈碎石堆状，多数段仅存低矮墙体，顶部及两侧杂草丛生。自然因素是墙体造成破坏的主要原因，主要有山体滑坡、风雨侵蚀和植物生长等。近年来河北省将大西庄村西侧长城 1、2 段附近山地开发成旅游区，随着旅游业的发展，人为因素的影响必须给予充分的重视。

3. 王山铺村西侧长城 1 段

起点位于山西省和顺县松烟镇走马槽村东 0.75 千米、河北省邢台县白岸乡王山铺村西南 1.5 千米处，高程 1486 米；止点位于走马槽村东 0.71 千米、王山铺村西 1.4 千米处，高程 1451 米。大致呈南—北走向。全长 446.87 米，其中保存较差 266.99、差 179.88 米。墙体为石墙，土石混筑，两侧石块垒砌，中间填以碎石泥土。现存墙体剖面大致呈不规则梯形，顶宽 0.5 ~ 1.55、残高 0.4 ~ 0.9 米（彩图一〇七二）。本段长城西北接王山铺村西侧长城 2 段，王山铺村西侧 1 号马面位于 G0019（起点、断点）西北 58.49 米处，王山铺村西侧 2 号马面位于 G0023 处，王山铺村西侧 3 号马面位于 2 号马面北 67.96 米处，3 座马面倚墙建于墙体西侧（图五九八）。

本段墙体共测 GPS 点 8 个（G0019 ~ G0026），可分为 5 小段，分述如下。

第 1 小段：G0019（起点、断点）—G0021（拐点），长 69.49 米，东南—西北走向，保存差。墙体在山体顶部延伸，山体多被杂草或灌木覆盖。因长期风雨侵蚀和放牧者游人踩踏，现存墙体石块碎裂，多仅存地面碎石堆痕迹，顶部被当地居民和游客利用为山间小路，墙体西侧有数块巨石。碎石堆状墙体顶宽 1 ~ 1.55、残高 0.4 ~ 0.8 米。起点处墙体与黄巢寨旅游区新修石墙相连。G0020（王山铺村西侧 1 号马面）在 G0019（起点、断点）西北 58.49 米处，倚墙建于墙体西侧。

第 2 小段：G0021（拐点）—G0022（拐点），长 30.19 米，西南—东北走向，保存差。墙体在山体顶部延伸，山体多被杂草或灌木覆盖。因长期风雨侵蚀和放牧者、游人踩踏，墙体石块碎裂，多仅

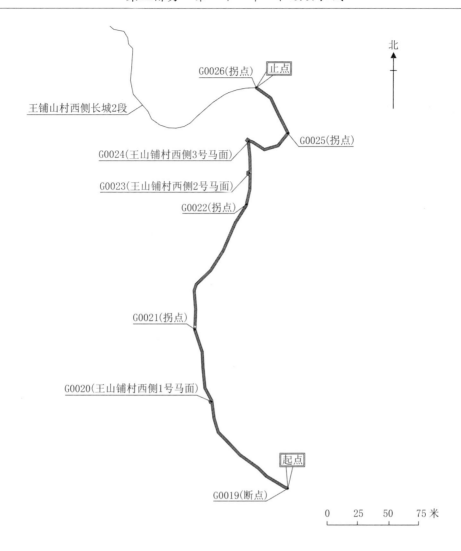

图五九八　王山铺村西侧长城1段走向示意图

存地面碎石堆痕迹，顶部被当地居民和游客利用为山间小路。G0021（拐点）北11米处有块巨石立于墙体线上，巨石高1.3米。碎石堆状墙体顶宽1~1.55、残高0.4~0.8米。

第3小段：G0022（拐点）—G0023（拐点、王山铺村西侧2号马面），长80.2米，西南—东北走向，保存差。墙体从山体顶部沿陡崖边沿向山坡下延伸，仅存地面石堆痕迹，被茂密的杂草和灌木覆盖。王山铺村西侧2号马面倚墙建于墙体西侧。

第4小段：G0023（拐点、王山铺村西侧2号马面）—G0025（拐点），长154.19米，西南—东北走向，保存较差。墙体沿陡崖边沿向山坡下延伸，东侧为陡崖。墙体用大小不等的石块垒砌，西侧地面散落坍塌脱落的石块，顶部及两侧杂草丛生。墙体顶宽0.5~1.1、残高0.4~0.9米。王山铺村西侧3号马面位于王山铺村西侧2号马面东北67.96米处，倚墙建于墙体西侧。

第5小段：G0025（拐点）—G0026（止点、拐点），长112.8米，东南—西北走向，保存较差。墙体在树林中延伸，止于山谷处。墙体用大小不等的石块垒砌，南侧地面散落坍塌脱落的石块，墙体低矮，多数段被杂草和枯叶覆盖。墙体顶宽0.5~1.1、残高0.4~0.9米。

墙体整体保存差，受长期风雨侵蚀，石块多碎裂成小石块，坍塌脱落较严重，多数段地面仅存碎石堆痕迹或低矮墙体，两侧杂草丛生。自然因素是造成墙体破坏的主要原因，主要有风雨侵蚀和植物生长等；人为因素主要有人畜踩踏等。近年来河北省在走马槽村东南开发黄巢寨旅游区，王山铺村西侧长城 1 段起点与旅游区的新修石墙相连，随着旅游业的发展，游客多沿长城顶部的小路行走，对墙体造成破坏。长城所在山体西侧的运煤公路两侧有多个煤场，煤尘污染严重。

4. 王山铺村西侧长城 2 段

起点位于山西省和顺县松烟镇走马槽村东 0.71 千米、河北省邢台县白岸乡王山铺村西 1.4 千米处，高程 1451 米；止点位于走马槽村东 0.71、王山铺村西 1.4 千米处，高程 1438 米。大致呈东南—西北走向。全长 49.7 米，其中保存差 48.6、消失 1.1 米。墙体为石墙，土石混筑，两侧石块垒砌，中间填以碎石泥土。现存墙体剖面大致呈不规则梯形，顶宽 1.2 ~ 1.4、残高 0.15 ~ 0.37 米（彩图一〇七三）。本段长城东南接王山铺村西侧长城 1 段，西北连王山铺村西侧长城 3 段（图五九九）。

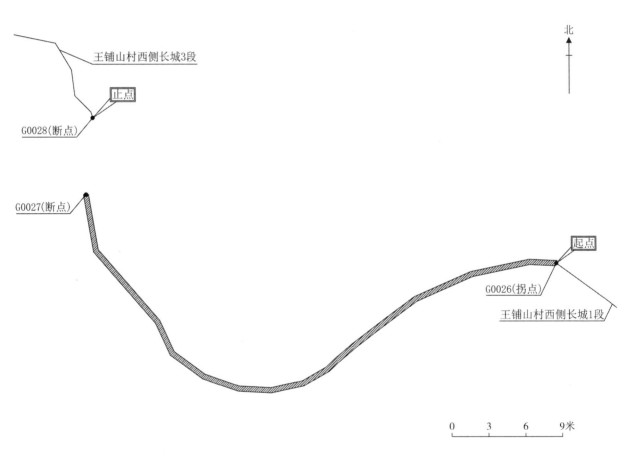

图五九九　王山铺村西侧长城 2 段走向示意图

本段墙体共测 GPS 点 3 个（G0026 ~ G0028），可分为 2 小段，分述如下。

第 1 小段：G0026（起点、拐点）—G0027（断点），长 48.6 米，东—西走向，保存差。墙体位于山谷中，两侧垒砌的石块塌落无存，仅存低矮的土垄痕迹，被茂密的杂草覆盖。墙体宽 1.2 ~ 1.4、残高 0.15 ~ 0.37 米。

第 2 小段：G0027（断点）—G0028（止点、断点），长 1.1 米，墙体消失。有一条宽 1.1 米的现代小路截断土垄状墙体，G0027（断点）和 G0028（止点、断点）处墙体均因当地居民及游人踩踏基本与地面齐平。

墙体整体保存差，仅存地面土垄痕迹，被茂密的杂草覆盖，砌石坍塌无存，部分段消失。自然因素主要有风雨侵蚀和植物生长等；人为因素主要有山路破坏、人为踩踏等；G0028（止点、断点）西侧0.2千米处有一条运煤公路，交通频繁；两侧有多个煤场，煤尘污染严重；近年来河北省在走马槽村东南开发黄巢寨旅游区，随着旅游业的发展，人为因素的影响必须给予充分的重视。

5. 王山铺村西侧长城3段

起点位于山西省和顺县松烟镇走马槽村东0.71千米、河北省邢台县白岸乡王山铺村西1.4千米处，高程1438米；止点位于走马槽村东北0.7千米、王山铺村西北1.6千米处，高程1535米。大致呈东南—西北走向。全长1003.08米，其中保存较差320.94、差467.14、消失215米。墙体为石墙，土石混筑，两侧石块垒砌，中间填以碎石泥土。墙体东侧较高，西侧较低。现存墙体剖面大致呈不规则梯形，顶宽0.4～1.45、残高0.14～2.2米。本段长城东南接王山铺村西侧长城2段，东北连王山铺村西侧长城4段（图六〇〇）。

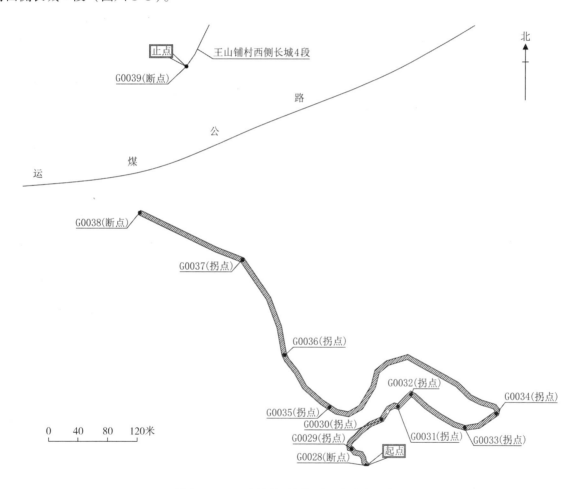

图六〇〇 王山铺村西侧长城3段走向示意图

本段墙体共测GPS点12个（G0028～G0039），可分为11小段，分述如下。

第1小段：G0028（起点、断点）—G0029（拐点），长61.04米，东南—西北走向，保存差。墙体从山谷处沿山坡向上延伸，两侧垒砌的石块塌落无存，仅存低矮的土垄痕迹，被茂密的杂草覆盖。

第2小段：G0029（拐点）—G0030（拐点），长41.96米，西南—东北走向，保存较差。墙体两侧垒砌的石块多为大小厚薄不等的片石，东侧较齐整，西侧略高于地面，两侧杂草丛生，顶部散落碎石块。墙体顶宽 0.9 ~ 1.33、东侧残高 0.89 ~ 1.22、西侧残高 0.31 ~ 0.52 米。

第 3 小段：G0030（拐点）—G0031（拐点），长 55.14 米，西南—东北走向，保存较差。墙体沿悬崖边缘延伸，部分段墙体较高，底部两侧所用石块较大，顶部两侧用片石垒砌，石块间缝隙较大，泥土无存。墙体两侧杂草丛生，顶部散落碎石块。墙体顶宽 0.65 ~ 1.27、东侧残高 0.34 ~ 2.2 米，西侧略高于地面（彩图一〇七四）。

第 4 小段：G0031（拐点）—G0032（拐点），长 51.04 米，西南—东北走向，保存差。墙体因风雨侵蚀严重，石块多碎裂成小石块，地面仅存碎石堆痕迹，泥土无存，两侧杂草丛生。

第 5 小段：G0032（拐点）—G0033（拐点），长 62.19 米，西北—东南走向，保存差。墙体沿山坡向上延伸至山体顶部，两侧垒砌的石块塌落无存，仅存低矮的土垄痕迹，两侧及顶部杂草丛生，碎石块散落其间。G0033（拐点）位于山体顶部。

第 6 小段：G0033（拐点）—G0034（拐点），长 172.8 米，西南—东北走向，保存较差。墙体沿山梁延伸，东侧为陡崖，西侧为松林。墙体用大小不等的片石垒砌，较齐整，西侧地面散落坍塌脱落的石块，墙体低矮，多数段被杂草淹没。墙体顶宽 0.6 ~ 0.8、东侧残高 0.67、西侧残高 0.3 米。G0034（拐点）处墙体与陡崖壁相接，崖壁高 7 米，墙体在崖壁顶部继续延伸。

第 7 小段：G0034（拐点）—G0035（拐点），长 53.2 米，东—西走向，保存差。墙体从崖壁顶部开始在松林中沿山梁延伸，仅存低矮的土垄痕迹，被茂密的杂草覆盖。墙体南侧有排水沟，残长 23、宽 0.83 ~ 1.69、深 0.35 ~ 0.64 米。

第 8 小段：G0035（拐点）—G0036（拐点），长 92.1 米，东南—西北走向，保存差。墙体穿出松林，沿山梁延伸，东侧为陡坡，西侧为松林。墙体因长期的风雨侵蚀，石块多碎裂成小石块，地面仅存碎石堆痕迹，两侧杂草丛生。G0036（拐点）东侧为陡崖。墙体顶宽 0.4 ~ 0.5、残高 0.4 米。

第 9 小段：G0036（拐点）—G0037（拐点），长 127.32 米，东南—西北走向，保存差。墙体多数段在山坡的松林中延伸，地面仅存低矮的土垄痕迹，被茂密的杂草和枯叶覆盖。墙体顶宽 0.68 ~ 1.45、残高 0.14 ~ 0.37 米。

第 10 小段：G0037（拐点）—G0038（断点），长 71.29 米，东南—西北走向，保存差。墙体穿出松林，延伸至山谷旁的缓坡处止，地面仅存极低矮的土垄痕迹，被茂密的杂草覆盖，高不足 0.2 米。

第 11 小段：G0038（断点）—G0039（止点、断点），长 215 米，南—北走向，墙体消失。G0038（断点）—G0039（止点、断点）之间有一条运煤公路，交通频繁，两侧有多个煤场，煤尘污染严重。

墙体整体保存差，因长期风雨侵蚀，石块多碎裂成小石块，坍塌脱落严重，多数段地面仅存碎石堆、土垄痕迹或低矮墙体，顶部及两侧杂草丛生。自然因素是墙体遭到破坏的主要原因，主要有风雨侵蚀和植物生长等。人为因素主要有修路挖断、人为踩踏等；近年来河北省在走马槽村东南开发黄巢寨旅游区，随着旅游业的发展，人为因素的影响必须给予充分的重视。

6. 王山铺村西侧长城 4 段

起点位于山西省和顺县松烟镇走马槽村东北 0.7 千米、河北省邢台县白岸乡王山铺村西北 1.6 千米处，高程 1535 米；止点位于走马槽村东北 0.9 千米、王山铺村西北 2.1 千米处，高程 1535 米。大致呈南—北走向。全长 834.67 米，其中保存较差 256.28、差 447.6、消失 130.79 米。墙体为石墙，土石混筑，两侧石块垒砌，中间填以碎石泥土。墙体东侧较高，西侧较低。现存墙体剖面大致呈不规则梯形，顶宽 0.6 ~ 1.38、残高 0.18 ~ 1.05 米（彩图一〇七五）。本段长城西南接王山铺村西侧长城 3

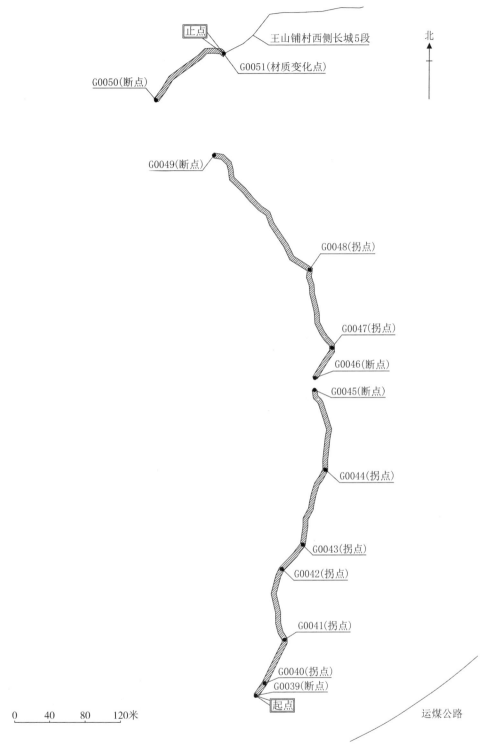

图六〇一　王山铺村西侧长城4段走向示意图

段，东北连王山铺村西侧长城5段（图六〇一）。

本段墙体共测 GPS 点 13 个（G0039～G0051），可分为 12 小段，分述如下。

第 1 小段：G0039（起点、断点）—G0040（拐点），长 12.25 米，西南—东北走向，保存差。墙体起于运煤公路北侧的山坡上，墙体两侧垒砌的石块塌落无存，地面仅存低矮的碎石堆痕迹，杂草丛生。墙体顶宽 0.87~1.38、残高 0.2~0.4 米。

第 2 小段：G0040（拐点）—G0041（拐点），长 57.7 米，西南—东北走向，保存差。墙体被破坏，有现代用石块在原长城墙基上修筑的石墙，石墙顶部为小路，碎石遍布。

第 3 小段：G0041（拐点）—G0042（拐点），长 77.62 米，南—北走向，保存差。墙体被破坏，有现代用石块在原长城墙基上修筑的石墙，石墙顶部为小路，碎石遍布。

第 4 小段：G0042（拐点）—G0043（拐点），长 25.21 米，西南—东北走向，保存差。墙体两侧垒砌的石块塌落无存，仅存低矮的土垄痕迹，被茂密的杂草覆盖，碎石块散落其间（彩图一〇七六）。

第 5 小段：G0043（拐点）—G0044（拐点），长 66.06 米，西南—东北走向，保存较差。墙体较低矮，垒砌的石块多坍塌脱落，不很规整，两侧散落碎石块。墙体顶宽 0.6~0.8、残高 0.19~1.05 米。部分墙体利用天然巨石，巨石高 1.1~1.3 米。

第 6 小段：G0044（拐点）—G0045（断点），长 76.07 米，南—北走向，保存差。地面仅存极低矮的石墙痕迹，墙体顶宽 0.6~0.8、残高多不足 0.2 米。

第 7 小段：G0045（断点）—G0046（断点），长 24.81 米，南—北走向。因修路和山体滑坡，墙体消失无存。

第 8 小段：G0046（断点）—G0047（拐点），长 29.04 米，西南—东北走向，保存差。地面仅存极低矮的石墙痕迹，墙体顶宽 0.6~0.8、残高多不足 0.2 米。墙体西侧有排水沟，长 29、宽 0.3~0.5、深 0.1~0.2 米。

第 9 小段：G0047（拐点）—G0048（拐点），长 112.86 米，东南—西北走向，保存较差。墙体较低矮，垒砌的石块多坍塌脱落，不很规整，两侧散落碎石块。墙体顶宽 0.6~0.8、残高 0.19~1.05 米。部分墙体利用天然巨石。墙体西侧有排水沟，长 32、宽 0.3~0.5、深 0.1~0.2 米。

第 10 小段：G0048（拐点）—G0049（断点），长 169.71 米，东南—西北走向，保存差。地面仅存极低矮的石墙痕迹，墙体顶宽 0.6~0.8、残高多不足 0.2 米。

第 11 小段：G0049（断点）—G0050（断点），长 105.98 米，东南—西北走向。因山体滑坡墙体消失无存。

第 12 小段：G0050（断点）—G0051（止点、材质变化点），长 77.36 米，西南—东北走向，保存较差。墙体较低矮，垒砌的石块坍塌脱落，不很规整，石块间缝隙很大，夹杂有泥土的痕迹，两侧散落塌落的碎石块。G0050（断点）处可见墙体剖面呈梯形，顶宽 0.8~1.21、残高 0.18~0.74 米。G0051（止点）处有多块巨石，东侧是悬崖。

墙体整体保存差。长期风雨侵蚀、山体滑坡使墙体石块坍塌脱落较严重，多数段地面仅存墙基或碎石堆痕迹，部分段存低矮墙体，部分段墙体消失。自然因素是墙体遭到破坏的主要原因，主要有山体滑坡、风雨侵蚀和植物生长等。人为因素主要有修路挖断、人畜踩踏等；墙体西侧的山地草本植物生长茂密，放牧活动较频繁；近年来河北省在走马槽村东南开发黄巢寨旅游区，随着旅游业的发展，人为因素的影响必须给予充分的重视；墙体所在山体东侧的运煤公路交通频繁，两侧有多个煤场，煤尘污染严重。

7. 王山铺村西侧长城 5 段

起点位于山西省和顺县松烟镇走马槽村东北 0.9 千米、河北省邢台县白岸乡王山铺村西北 2.1 千米处，高程 1535 米；止点位于走马槽村东北 1 千米、王山铺村西 2 千米处，高程 1545 米。大致呈西

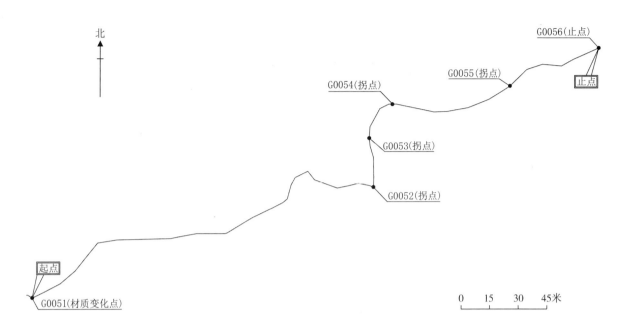

北

G0056(止点)

止点

G0055(拐点)

G0054(拐点)

G0053(拐点)

G0052(拐点)

起点

G0051(材质变化点)

0　15　30　45米

图六○二　王山铺村西侧长城 5 段走向示意图

南—东北走向。全长 351.16 米，均保存较好。本段长城为山险，利用自然山体构成防御。本段长城西南接王山铺村西侧长城 4 段（图六○二；彩图一○七五）。

本段墙体共测 GPS 点 6 个（G0051～G0056），可分为 5 小段，分述如下。

第 1 小段：G0051（起点、材质变化点）—G0052（拐点），长 110.85 米，西南—东北走向，保存较好。

第 2 小段：G0052（拐点）—G0053（拐点），长 27.95 米，南—北走向，保存较好。

第 3 小段：G0053（拐点）—G0054（拐点），长 64.78 米，西南—东北走向，保存较好。

第 4 小段：G0054（拐点）—G0055（拐点），长 112.46 米，西南—东北走向，保存较好。

第 5 小段：G0055（拐点）—G0056（止点），长 35.12 米，西南—东北走向，保存较好。

整体保存较好。悬崖壁立，山体致密，未见滑坡痕迹。人迹罕至，仅见放牧活动，人为破坏因素较少。

8. 小南坪村西北侧长城 1 段

起点位于山西省和顺县松烟镇杏树湾村东 2.5 千米、河北省邢台县路罗镇小南坪村西北 2.2 千米处，高程 1372 米；止点位于杏树湾村东 2.2 千米、小南坪村西北 2 千米处，高程 1412 米。大致呈西南—东北走向。全长 258.24 米，均保存较好。本段长城为山险，利用自然山体构成防御。本段长城东北接小南坪村西北侧长城 2 段，东北距杏树湾关关门 0.09 千米（图六○三）。

本段墙体共测 GPS 点 4 个（G0057～G0060），可分为 3 小段，分述如下。

第 1 小段：G0057（起点）—G0058（拐点），长 55.72 米，西南—东北走向，保存较好。

第 2 小段：G0058（拐点）—G0059（拐点），长 60.75 米，东—西走向，保存较好。

第 3 小段：G0059（拐点）—G0060（止点、材质变化点），长 141.77 米，西南—东北走向，保存较好。

墙体整体保存较好。悬崖壁立，山体致密，部分段见滑坡痕迹。人迹罕至，仅见放牧活动，人为

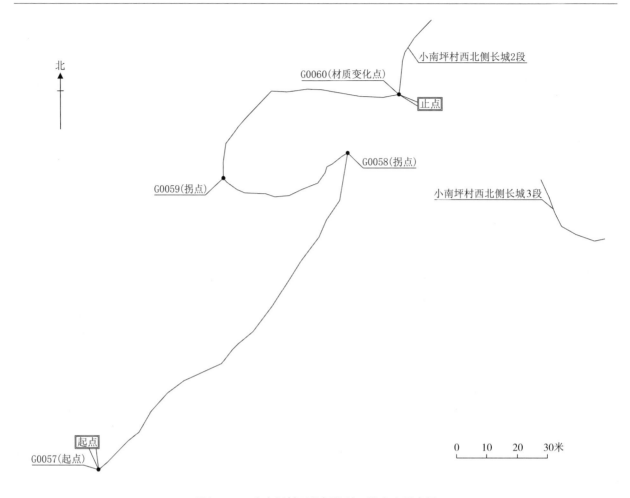

图六〇三　小南坪村西北侧长城1段走向示意图

破坏因素较少。

9. 小南坪村西北侧长城2段

起点位于山西省和顺县松烟镇杏树湾村东2.2千米、河北省邢台县路罗镇小南坪村西北2千米处，高程1412米；止点位于杏树湾村东2.3千米、小南坪村西北1.9千米处，高程1359米。大致呈西南—东北走向。全长65.27米，均保存差。墙体为石墙，土石混筑，两侧石块垒砌，中间填以碎石泥土。现存墙体剖面大致呈不规则梯形，顶宽0.69~1.46、残高0.15~0.7米。本段长城西南接小南坪村西北侧长城1段，东南距小南坪村西北侧长城3段0.047千米，东南距杏树湾关关门0.023千米（图六〇四）。

本段墙体共测GPS点3个（G0060~G0062），可分为2小段，分述如下。

第1小段：G0060（起点、材质变化点）—G0061（拐点），长41.08米，西南—东北走向，保存差。垒砌墙体的石块坍塌脱落严重，碎石散落两侧，多数段仅存地面碎石堆痕迹，仅G0061（拐点）附近可见低矮墙体。墙体顶宽1~1.46、南侧残高0.53米，北侧与地面大致齐平。

第2小段：G0061（拐点）—G0062（止点、断点），长24.19米，西南—东北走向，保存差。垒砌墙体的石块坍塌脱落严重，碎石散落两侧，多数段仅存地面碎石堆痕迹，残存墙体多极低矮。墙体顶宽0.69~1.1、残高0.15~0.7米。小南坪村西北侧长城2段和小南坪村西北侧长城3段隔小路相

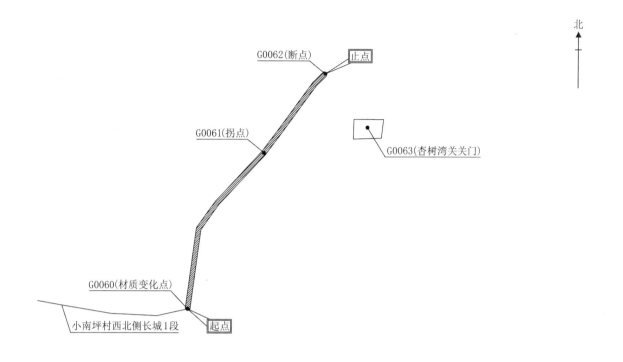

图六〇四 小南坪村西北侧长城2段走向示意图

望，G0062（止点、断点）东南距 G0063（杏树湾关关门）0.023 千米、小南坪村西北侧长城 3 段 G0064（起点、断点）0.047 千米。

墙体整体保存差。垒砌墙体的石块受长期风雨侵蚀，坍塌脱落严重，多仅存墙基，碎裂的石块散落墙体两侧。自然因素是墙体遭到破坏的主要原因，主要有风雨侵蚀和植物生长等，部分段发现滑坡痕迹；人类活动较少，仅见放牧活动，对墙体有一定影响。

10. 小南坪村西北侧长城 3 段

起点位于山西省和顺县松烟镇杏树湾村东 2.1 千米、河北省邢台县路罗镇小南坪村西北 2 千米处，高程 1358 米；止点位于杏树湾村东南 2.2 千米、小南坪村西北 1.8 千米处，高程 1353 米。大致呈西南—东北走向。全长 143.59 米，均保存差。墙体为石墙，土石混筑，两侧石块垒砌，中间填以碎石泥土。现存墙体剖面大致呈不规则梯形，顶宽 0.71 ~ 1.24、残高 0.15 ~ 0.83 米。本段长城西北距小南坪村西北侧长城 2 段 0.047 千米，东北接小南坪村西北侧长城 4 段，西北距杏树湾关关门 0.026 千米（图六〇五）。

本段墙体共测 GPS 点 5 个（G0064、G0065、G0067 ~ G0069），可分为 4 小段，分述如下。

第 1 小段：G0064（起点、断点）—G0065（拐点），长 48.16 米，西—东走向，保存差。垒砌墙体的石块坍塌脱落严重，碎石散落两侧，地面仅存低矮的碎石堆痕迹，两侧杂草丛生。墙体顶宽

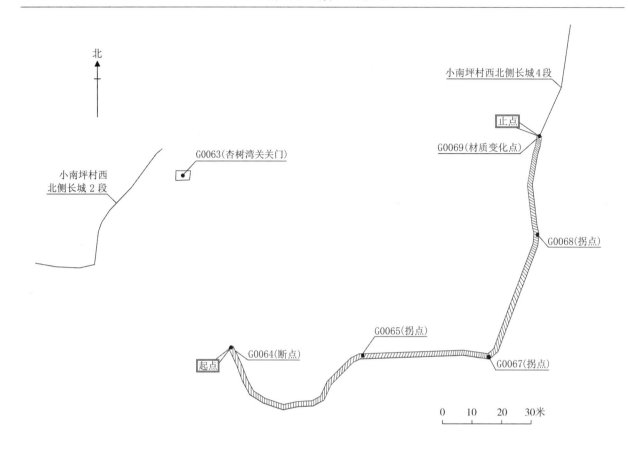

图六○五　小南坪村西北侧长城 3 段走向示意图

0.71～0.93、残高 0.15～0.44 米。G0064（起点、断点）西北距小南坪村西北侧长城 2 段 G0062（止点）0.047 千米、G0063（杏树湾关关门）0.026 千米。

第 2 小段：G0065（拐点）—G0067（拐点），长 15.44 米，西—东走向，保存差。墙体沿悬崖边缘延伸，顶部被利用为放羊小路。垒砌墙体的石块坍塌脱落严重，碎石散落两侧，地面仅存低矮的碎石堆痕迹，两侧杂草丛生。墙体顶宽 1.1～1.24、残高 0.15～0.49 米。

第 3 小段：G0067（拐点）—G0068（拐点），长 22.34 米，西南—东北走向，保存差。垒砌墙体的石块坍塌脱落严重，碎石散落两侧，地面仅存低矮的碎石堆痕迹，两侧杂草丛生。墙体顶宽 0.8～0.94、残高 0.2～0.83 米。

第 4 小段：G0068（拐点）—G0069（止点、材质变化点），长 57.65 米，南—北走向，保存差。墙体仅存极低矮的石墙痕迹，残高不足 0.3 米。

墙体整体保存差。垒砌墙体的石块受长期风雨侵蚀，坍塌脱落严重，多仅存地面碎石堆痕迹。碎裂的石块散落墙体两侧，部分段被利用为小路。自然因素是墙体遭到破坏的主要原因，主要有风雨侵蚀和植物生长等，部分段发现滑坡痕迹；人类活动较少，仅见放牧活动，对墙体有一定影响。

11. 小南坪村西北侧长城 4 段

起点位于山西省和顺县松烟镇杏树湾村东南 2.2 千米、河北省邢台县路罗镇小南坪村西北 1.8 千米处，高程 1353 米；止点位于杏树湾村东南 2.5 千米、小南坪村西北 2.1 千米处，高程 1376 米。大致呈西南—东北走向。全长 658.26 米，均保存较好。本段长城为山险，利用自然山体构成防御。本段

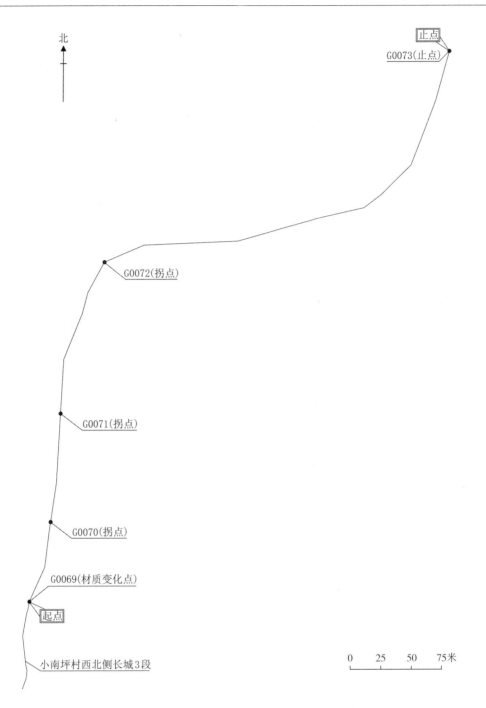

图六〇六　小南坪村西北侧长城4段走向示意图

长城西南接小南坪村西北侧长城3段（图六〇六）。

本段墙体共测GPS点3个（G0069～G0073），可分为3小段，分述如下。

第1小段：G0069（起点、材质变化点）—G0070（拐点），长72.81米，西南—东北走向，保存较好。

第2小段：G0070（拐点）—G0071（拐点），长76.81米，西南—东北走向，保存较好。

第3小段：G0071（拐点）—G0072（拐点），长151.25米，西南—东北走向，保存较好。

第4小段：G0072（拐点）—G0073（止点），长357.39米，西南—东北走向，保存较好。

整体保存较好。悬崖壁立，山体致密，部分段见滑坡痕迹。人迹罕至，仅见放牧活动，人为破坏因素较少。

12. 支锅石关东侧长城 1 段

起点位于山西省和顺县松烟镇小董坪村南 2 千米、河北省邢台县浆水镇西坪村西 3 千米处，高程 1326 米；止点位于小董坪村南 1.4 千米、西坪村西 3 千米处，高程 1282 米。大致呈西南—东北走向。全长 349.53 米，其中保存较差 20.6、差 86.91、消失 242.02 米。墙体为石墙，土石混筑，两侧石块垒砌，中间填以碎石泥土。现存墙体剖面大致呈不规则梯形，顶宽 0.3 ~ 1.03、残高 0.36 ~ 1.3 米。本段长城东接支锅石关东侧长城 2 段，西南距支锅石关堡东门 0.065 千米（图六〇七）。

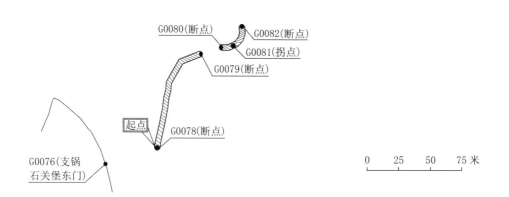

图六〇七　支锅石关东侧长城 1 段走向示意图

本段墙体共测 GPS 点 6 个（G0078 ~ G0082、G0089），可分为 5 小段，分述如下。

第 1 小段：G0078（起点、断点）—G0079（断点），长 46.42 米，西南—东北走向，保存差。墙体多仅存低矮的石墙痕迹，被茂密的杂草覆盖。墙体顶宽 0.3 ~ 0.79、东侧残高 0.36 ~ 0.47 米，西侧大致与地面齐平。G0078 西南距 G0076（支锅石关堡东门）0.065 千米。

第 2 小段：G0079（断点）—G0080（断点），长 36.02 米，西南—东北走向。山体有滑坡痕迹，墙体消失无存。

第 3 小段：G0080（断点）—G0081（拐点），长 20.6 米，西南—东北走向，保存较差。墙体两侧垒砌的石块大小不一，坍塌脱落的石块散落墙体附近，两侧杂草灌木丛生。墙体顶宽 0.8 ~ 1.03、东侧残高 0.8~1.3 米。

第 4 小段：G0081（拐点）—G0082（断点），长 40.49 米，西南—东北走向，保存差。墙体两侧垒砌的石块塌落无存，仅存低矮的土垄痕迹，被茂密的杂草覆盖，碎石块散落其间。

第 5 小段：G0082（断点）—G0089（止点、断点），长 206 米，西南—东北走向，墙体消失。

墙体整体保存差，低矮，石块坍塌脱落严重，部分段消失或地面仅存痕迹。自然因素是墙体遭到破坏的主要原因，主要有山体滑坡、风雨侵蚀和植物生长等。墙体所在山体距村庄较远，仅见放牧活动，较频繁；墙体北侧的榆（次）邢（台）公路旁有九龙沟旅游区，随着旅游业的发展，人为因素的影响必须给予充分的重视。

13. 支锅石关东侧长城 2 段

起点位于山西省和顺县松烟镇小董坪村南 1.4 千米、河北省邢台县浆水镇西坪村西 3 千米处，高程 1282 米；止点位于小董坪村南 1.1 千米、西坪村西 3 千米处，高程 1286 米。大致呈西南—东北走向。全长 258.3 米，其中保存差 204.28、消失 54.02 米。墙体为石墙，土石混筑，两侧石块垒砌，中间填以碎石泥土。现存墙体剖面大致呈不规则梯形，顶宽 1.03、残高 0.2~0.7 米。本段长城南接支锅石关东侧长城 1 段（图六○八）。

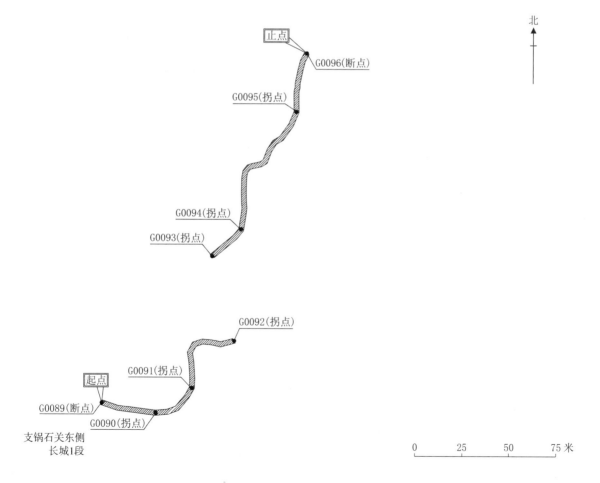

图六○八　支锅石关东侧长城 2 段走向示意图

本段墙体共测 GPS 点 8 个（G0089～G0096），可分为 7 小段，分述如下。

第 1 小段：G0089（起点、断点）—G0090（拐点），长 30.73 米，西—东走向，保存差。墙体多数段仅存低矮的石墙痕迹，被茂密的杂草覆盖，残高不足 0.4 米，仅 G0090（拐点）处墙体保存稍好。墙体顶宽 1.03、残高 0.7 米。G0089（起点、断点）附近墙体有 11 米被利用为现代牛羊圈围墙的墙基。

第 2 小段：G0090（拐点）—G0091（拐点），长 23.62 米，西南—东北走向，保存差。墙体两侧垒砌的石块坍塌无存，仅存低矮的土垄痕迹，被茂密的杂草覆盖。

第 3 小段：G0091（拐点）—G0092（断点），长 40.19 米，西南—东北走向，保存差。墙体仅存地面土垄痕迹，被茂密的杂草覆盖，碎石块散落其间。

第 4 小段：G0092（断点）—G0093（断点），长 54.02 米，南—北走向。墙体所在山坡有滑坡痕迹，墙体消失无存。

第 5 小段：G0093（断点）—G0094（拐点），长 19.94 米，西南—东北走向，保存差。墙体仅存低矮的地面土垄痕迹，被茂密的杂草覆盖，碎石块散落其间，残高多不足 0.3 米。墙体北侧为松林。

第 6 小段：G0094（拐点）—G0095（拐点），长 58.95 米，西南—东北走向，保存差。墙体仅存低矮的地面土垄痕迹，被茂密的杂草覆盖，碎石块散落其间，残高多不足 0.3 米。墙体北侧为松林。

第 7 小段：G0095（拐点）—G0096（止点、断点），长 30.85 米，南—北走向，保存差。墙体仅存低矮的地面土垄痕迹，被茂密的杂草覆盖，碎石块散落其间，残高多不足 0.3 米。墙体北侧为松林。

墙体整体保存差。石块坍塌脱落严重，碎石遍布墙体附近，多数段地面仅存痕迹，部分段消失。自然因素是墙体遭到破坏的主要原因，主要有山体滑坡、风雨侵蚀和植物生长等。人为因素仅见放牧活动，较频繁，G0089（起点、断点）附近墙体被现代牛羊圈破坏；墙体北侧的榆（次）邢（台）公路旁有九龙沟旅游区，随着旅游业的发展，人为因素的影响必须给予充分的重视；墙体附近有无线信号塔、简易民房、库房等建筑。

14. 支锅石关东侧长城 3 段

起点位于山西省和顺县松烟镇小董坪村东南 2.1 千米、河北省邢台县浆水镇西坪村西 2.8 千米处，高程 1290 米；止点位于小董坪村东南 2.1 千米、西坪村西 2.8 千米处，高程 1290 米。大致呈西南—东北走向的椭圆环形。全长 188.39 米，其中保存较差 39.2、差 143.07、消失 6.12 米。墙体为石墙，土石混筑，两侧石块垒砌，中间填以碎石泥土。现存墙体剖面大致呈不规则梯形，顶宽 0.3～0.6、残高 0.2～0.6 米。本段长城西北距支锅石关堡东门 0.467 千米、支锅石关东侧长城 1 段 0.427 千米（图六〇九）。

本段墙体共测 GPS 点 6 个（G0083～G0088），可分为 6 小段，分述如下。

第 1 小段：G0083（起点、拐点）—G0084（断点），长 36.52 米，西南—东北走向，保存差。墙体仅存低矮的碎石堆痕迹，被茂密的杂草、灌木覆盖。墙体顶宽 0.3～0.6、残高不足 0.3 米。G0083（起点、拐点）西北距 G0076（支锅石关堡东门）0.467 千米、距支锅石关东侧长城 1 段 G0078（起点、断点）0.427 千米。

第 2 小段：G0084（断点）—G0085（断点），长 6.12 米，西南—东北走向。墙体被山路破坏消失无存。断点处墙体仅存痕迹，大致与地面齐平。

第 3 小段：G0085（断点）—G0086（拐点），长 39.2 米，西南—东北走向，保存较差。墙体低矮，多用大小不等的片石垒砌，石块多坍塌脱落，碎石散落墙体附近，西侧稍齐整，杂草丛生。墙体顶宽 0.3～0.6、残高 0.4～0.6 米。

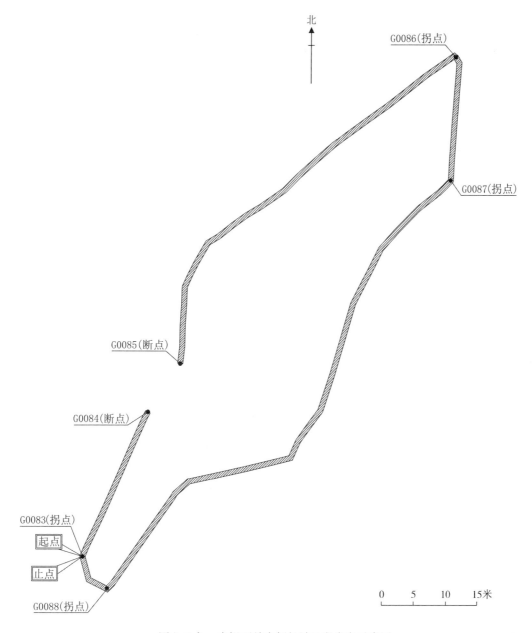

图六〇九　支锅石关东侧长城3段走向示意图

　　第4小段：G0086（拐点）—G0087（拐点），长9.72米，西北—东南走向，保存差。墙体仅存低矮的石墙痕迹，被茂密的杂草覆盖。

　　第5小段：G0087（拐点）—G0088（拐点），长74.55米，东北—西南走向，保存差。墙体仅存低矮的碎石堆痕迹，碎石散落附近，被茂密的杂草、灌木覆盖。墙体残高不足0.3米。

　　第6小段：G0088（拐点）—G0083（止点、拐点），长22.28米，东南—西北走向，保存差。墙体仅存低矮的碎石堆痕迹，碎石散落，附近杂草丛生。

　　墙体整体保存差。石块坍塌脱落严重，碎石遍布墙体附近，多数段地面仅存墙基，部分段消失。自然因素是墙体遭到破坏的主要原因，主要有山体滑坡、风雨侵蚀和植物生长等。人为因素主要有山路破坏、人畜踩踏等。墙体北侧的榆（次）邢（台）公路旁有九龙沟旅游区，随着旅游业的发展，人为因素的影响必须给予充分的重视。

15. 黄榆岭关南侧长城2段

　　起点位于山西省和顺县青城镇大雨门村南1.65千米、河北省邢台县冀家村乡营里村西南2.55千米处，高程1433米；止点位于大雨门村南1.6千米、营里村西南2.6千米处，高程1434米。大致呈西南—东北走向。全长14.67米，均保存较差。墙体为石墙，土石混筑，两侧石块垒砌，中间填以碎石泥土。现存墙体剖面大致呈不规则梯形，顶宽0.9～3.09、残高0.81～1.14米。本段长城东北接黄榆岭关南侧长城1段，东北距黄榆岭关0.75千米（图六一〇）。

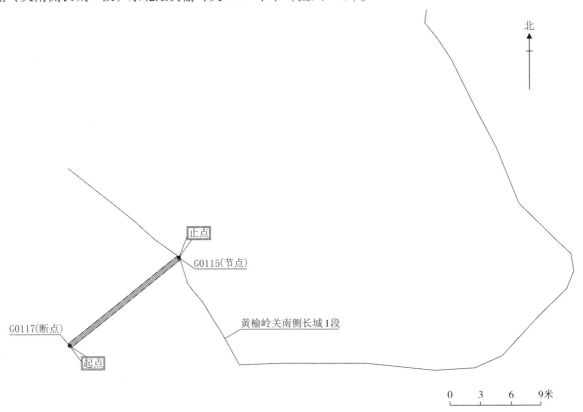

图六一〇　黄榆岭关南侧长城2段走向示意图

　　本段墙体共测GPS点2个（G0117、G0115），仅1小段，叙述如下。

　　G0117（起点、断点）—G0115（止点、节点），长14.67米，西南—东北走向，保存较差。垒砌墙体的石块遭风雨侵蚀较严重，墙体附近散落石块，两侧及顶部杂草丛生。现存墙体顶部较宽，顶宽0.9～3.09、残高0.81～1.14米。G0115是黄榆岭关南侧长城2段止点和黄榆岭关南侧长城1段拐点、节点，东北距G0097（黄榆岭关）0.75千米。

　　墙体整体保存差。石块坍塌脱落严重，碎石散落墙体附近，被茂密的草木覆盖。自然因素是墙体遭到破坏的主要原因，主要有风雨侵蚀和植物生长等。人为因素仅见放牧活动，较频繁，对墙体有一定破坏。

16. 黄榆岭关南侧长城1段

　　起点位于山西省和顺县青城镇大雨门村南1.6千米、河北省邢台县冀家村乡营里村西南2.6千米处，高程1434米；止点位于大雨门村东南1.4千米、营里村西南2.3千米处，高程1346米。大致呈西南—东北走向。全长863.45米，其中保存较差208.88、差654.57米。墙体为石墙，土石混筑，两侧石块垒砌，中间填以碎石泥土。现存墙体剖面大致呈不规则梯形，顶宽 0.57~1.69、残高 0.1~1.25 米。G0115（拐点、节点）处接黄榆岭关南侧长城 2 段，北经黄榆岭关关门与黄榆岭关北侧长城 1 段相接。黄榆岭关南侧敌台骑墙建于墙体上（图六一一）。

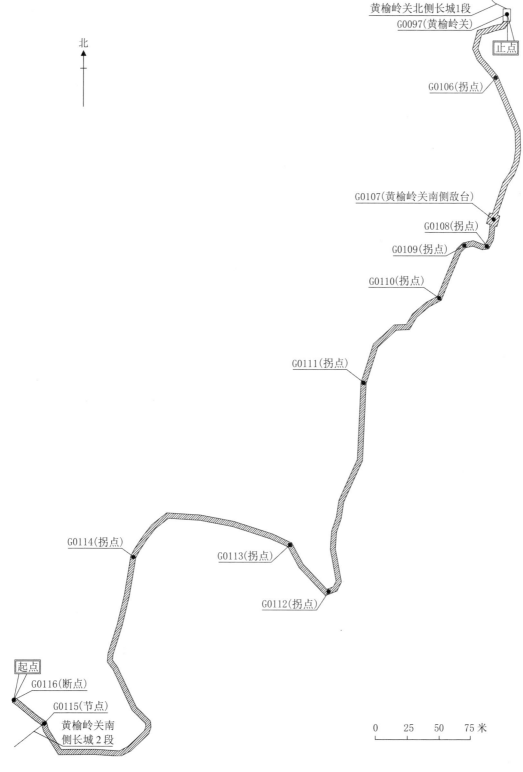

图六一一　黄榆岭关南侧长城 1 段走向示意图

本段墙体共测 GPS 点 12 个（G0097、G0106 ~ G0116），可分为 11 小段，分述如下。

第 1 小段：G0116（起点、断点）—G0115（拐点、节点），长 11.05 米，西北—东南走向，保存差。因羊群踩踏，墙体两侧垒砌的石块坍塌脱落，地面仅存碎石堆痕迹。墙体线上分布有数块巨石，与土石混筑的石墙一起构成防御体系。G0115（拐点、节点）处墙体分为两道，黄榆岭关南侧长城 1 段向东南继续延伸，居南一道为黄榆岭关南侧长城 2 段。

第 2 小段：G0115（拐点、节点）—G0114（拐点），长 66.05 米，西南—东北走向，保存差。墙体沿山坡向下延伸，仅存极低矮的石墙痕迹，被茂密的草木覆盖。墙体残高不足 0.2 米。

第 3 小段：G0114（拐点）—G0113（拐点），长 63.1 米，西—东走向，保存差。墙体仅存极低矮的石墙痕迹，被茂密的草木覆盖。墙体残高不足 0.2 米。

第 4 小段：G0113（拐点）—G0112（拐点），长 234.07 米，西北—东南走向，保存差。墙体两侧垒砌的石块塌落无存，仅存低矮的土垄痕迹，被茂密的杂草覆盖，碎石块散落其间。

第 5 小段：G0112（拐点）—G0111（拐点），长 188.44 米，西南—东北走向，保存差。G0112（拐点）位于山体顶部一山包处。墙体低矮，坍塌严重，垒砌的石块多很不规整，两侧散落碎石块。山包上 G0112（拐点）处墙体利用数块天然巨石，共同构成防御体系。

第 6 小段：G0111（拐点）—G0110（拐点），长 110.66 米，西南—东北走向，保存较差。墙体在松林边缘延伸，多用片石垒砌，较齐整，两侧及顶部杂草丛生。墙体顶宽 0.89、残高 1.11 米。

第 7 小段：G0110（拐点）—G0109（拐点），长 75.04 米，西南—东北走向，保存较差。墙体在松林边缘延伸，多用片石垒砌，较齐整，两侧及顶部杂草丛生。墙体顶宽 0.89、残高 1.11 米。

第 8 小段：G0109（拐点）—G0108（拐点），长 9.75 米，西—东走向，保存较差。墙体在松林边缘延伸，多用片石垒砌，较齐整，两侧及顶部杂草丛生。墙体顶宽 0.57、东侧残高 0.93 米。

第 9 小段：G0108（拐点）—G0107（黄榆岭关南侧敌台），长 13.43 米，西南—东北走向，保存较差。墙体在松林中延伸，被茂密的杂草覆盖，多用片石垒砌，较齐整。墙体顶宽 0.57、东侧残高 0.93 米。墙体西侧有排水沟，长 8、宽 0.83 ~ 2.74、深 0.35 ~ 1.19 米。黄榆岭关南侧敌台骑墙而建。

第 10 小段：G0107（黄榆岭关南侧敌台）—G0106（拐点），长 49.92 米，南—北走向，保存差。墙体低矮，仅存碎石堆痕迹。墙体西侧有排水沟，长 49.92、宽 0.83 ~ 2.74、深 0.35 ~ 1.19 米。

第 11 小段：G0106（拐点）—G0097（止点、黄榆岭关关门），长 41.94 米，南—北走向，保存差。墙体仅存极低矮的石墙，现存墙体系在明长城石墙上于近代重修而成，毛石干垒，与明长城原貌相差甚远。墙体顶宽 1.69、残高 1.25 米。墙体西侧有排水沟，长 29、宽 0.83 ~ 2.74、深 0.35 ~ 1.19 米。

墙体整体保存差，石块因风雨侵蚀严重多坍塌脱落，墙体附近散落碎石块，多数段地面仅存痕迹或低矮墙体，周围植物生长茂盛。自然因素是墙体遭到破坏的主要原因，主要有风雨侵蚀和植物生长等。人为因素仅见放牧活动，较频繁，对墙体有一定破坏。

17. 黄榆岭关北侧长城 1 段

起点位于山西省和顺县青城镇大雨门村东南 1.4 千米、河北省邢台县冀家村乡营里村西南 2.1 千米处，高程 1338 米；止点位于大雨门村东南 1.3 千米、营里村西南 2.2 千米处，高程 1347 米。大致呈南—北走向。全长 164.27 米，其中保存较差 84.99、差 79.28 米。墙体为石墙，土石混筑，两侧石

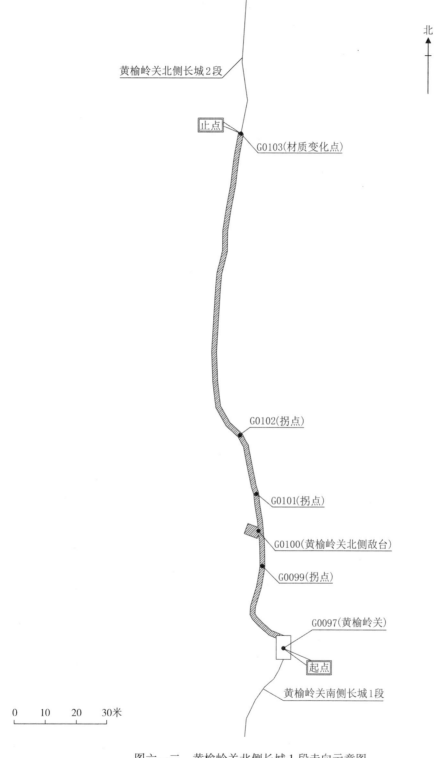

北

黄榆岭关北侧长城2段

止点

G0103(材质变化点)

G0102(拐点)

G0101(拐点)

G0100(黄榆岭关北侧敌台)

G0099(拐点)

G0097(黄榆岭关)

起点

黄榆岭关南侧长城1段

0　10　20　30米

图六一二　黄榆岭关北侧长城1段走向示意图

块垒砌，中间填以碎石泥土。现存墙体剖面大致呈不规则梯形，顶宽0.34~1.7、残高0.27~1.41米。本段长城北接黄榆岭关北侧长城2段，南经黄榆岭关关门与黄榆岭关南侧长城1段相接，黄榆岭关北侧敌台倚墙建于墙体西侧（图六一二）。

本段墙体共测GPS点6个（G0097、G0099~G0103），可分为5小段，分述如下。

第 1 小段：G0097（起点、黄榆岭关关门）—G0099（拐点），长 33.46 米，南—北走向，保存差。明长城仅存低矮的石墙痕迹，现墙体系在明长城石墙上于近代重修而成，毛石干垒，与明长城原貌相差甚远。墙体顶宽 0.34 ~ 0.73、残高 0.27 ~ 1.41 米。黄榆岭关北侧敌台南侧围墙东端与长城墙体相连。

第 2 小段：G0099（拐点）—G0100（黄榆岭关北侧敌台），长 19.73 米，南—北走向，保存差。明长城仅存低矮的石墙痕迹，现墙体系在明长城石墙上于近代重修而成，毛石干垒，与明长城原貌相差甚远。墙体顶宽 0.34 ~ 0.73、残高 0.27 ~ 1.41 米。黄榆岭关北侧敌台倚墙而建，东北角与长城墙体相接。

第 3 小段：G0100（黄榆岭关北侧敌台）—G0101（拐点），长 6.44 米，南—北走向，保存差。

第 4 小段：G0101（拐点）—G0102（拐点），长 19.65 米，东南—西北走向，保存差。因风雨侵蚀和羊群踩踏等，墙体两侧垒砌的石块多坍塌脱落，地面低矮的碎石块痕迹，两侧及顶部杂草丛生，碎石散落其间。

第 5 小段：G0102（拐点）—G0103（止点、材质变化点），长 84.99 米，南—北走向，保存较差。墙体低矮，两侧垒砌的石块多有坍塌，所用石块大小不等，不很规整，周围散落碎石块。墙体顶宽 1.7、残高 0.37 ~ 0.64 米。

墙体整体保存差，石块因风雨侵蚀严重，多坍塌脱落，墙体附近散落碎石块，多数段地面仅存痕迹或低矮墙体，周围植物生长茂盛。自然因素是墙体遭到破坏的主要原因，主要有风雨侵蚀和植物生长等。人为因素仅见放牧活动，较频繁，对墙体有一定破坏。

18. 黄榆岭关北侧长城 2 段

起点位于山西省和顺县青城镇大雨门村东南 1.3 千米、河北省邢台县冀家村乡营里村西南 2.2 千米处，高程 1347 米；止点位于大雨门村东南 1.4 千米、营里村西南 2.1 千米处，高程 1349 米。大致呈南—北走向。全长 67.52 米，均保存较好。本段长城墙体为山险，利用自然山体构成防御。本段长城南接黄榆岭关北侧长城 1 段（图六一三）。

本段墙体共测 GPS 点 2 个（G0103、G0104），仅 1 小段，叙述如下。

G0103（起点、材质变化点）—G0104（止点），长 67.52 米，南—北走向，保存较好。

整体保存较好。山体较致密，植物生长茂盛，基本保持了原貌。黄榆岭关南侧长城 1、2 段建于黄榆岭关南侧山梁上。黄榆岭关北侧长城 1 段从黄榆岭关关门处开始沿黄榆岭关北侧荒地东沿，延伸至山体悬崖脚下与黄榆岭关北侧长城 2 段相接，黄榆岭关北侧长城 2 段为山险。

山西省和顺县青城镇大雨门村有土路与县乡公路相连。

19. 南坡村西南侧长城 1 段

起点位于山西省和顺县青城镇大川口村东 3 千米、河北省邢台县冀家村乡南坡村西南 2.6 千米处，高程 1407 米；止点位于大川口村东 2.9 千米、南坡村西南 2.5 千米处，高程 1354 米。大致呈东—西走向。全长 479.32 米，均保存较好。本段长城墙体为山险，利用自然山体构成防御。本段长城西接南坡村西南侧长城 2 段（图六一四）。

本段墙体共测 GPS 点 5 个（G0120 ~ G0124），可分为 4 小段，分述如下。

第 1 小段：G0120（起点）—G0121（拐点），长 133.21 米，东—西走向，保存较好。

第 2 小段：G0121（拐点）—G0122（拐点），长 72.84 米，东—西走向，保存较好。

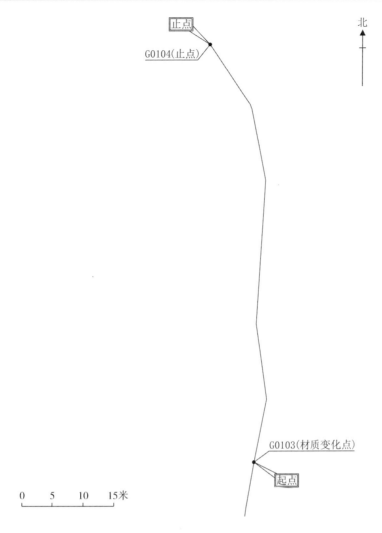

图六一三　黄榆岭关北侧长城 2 段走向示意图

第 3 小段：G0122（拐点）—G0123（拐点），长 67.92 米，东南—西北走向，保存较好。

第 4 小段：G0123（拐点）—G0124（止点、材质变化点），长 205.35 米，东—西走向，保存较好。整体保存较好。山体致密，未见滑坡痕迹。距村庄较远，人类活动稀见，人为破坏因素较少。

20. 南坡村西南侧长城 2 段

起点位于山西省和顺县青城镇大川口村东 2.9 千米、河北省邢台县冀家村乡南坡村西南 2.5 千米处，高程 1354 米；止点位于大川口村东 2.8 千米、南坡村西南 2.4 千米处，高程 1370 米。大致呈南—北走向的半环状。全长 141.61 米，其中保存差 61.34、消失 80.27 米。墙体为石墙，土石混筑，两侧石块垒砌，中间填以碎石泥土。现存墙体剖面大致呈不规则梯形，顶宽 0.64 ~ 0.71、残高 0.2 ~ 0.7 米。本段长城东接南坡村西南侧长城 1 段，东北连南坡村西南侧长城 3 段（图六一五）。

本段墙体共测 GPS 点 8 个（G0124 ~ G0131），可分为 7 小段，分述如下。

第 1 小段：G0124（起点、材质变化点）—G0125（拐点），长 33.69 米，东—西走向，保存差。墙体多用大小不等的片石垒砌，两侧地面散落从墙体上坍塌脱落的石块，墙体较低矮，石块不很规整，两侧杂草丛生。墙体顶宽 0.64 ~ 0.71、残高 0.41 ~ 0.7 米。

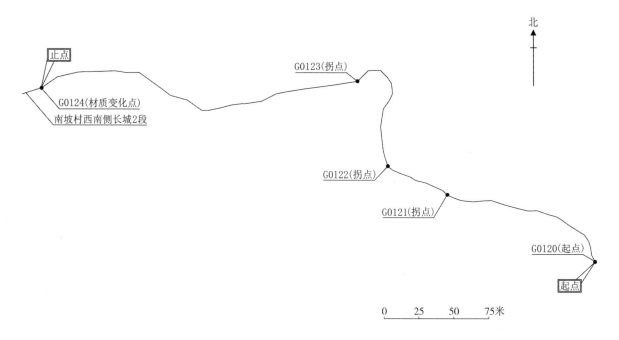

图六一四　南坡村西南侧长城1段走向示意图

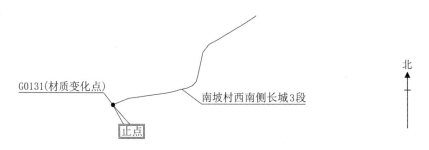

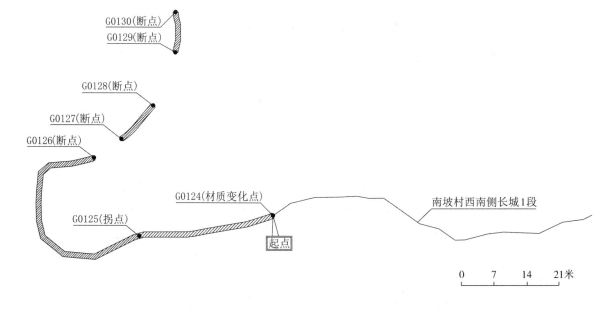

图六一五　南坡村西南侧长城2段走向示意图

第 2 小段：G0125（拐点）—G0126（断点），长 12.39 米，东南—西北走向，保存差。墙体多用大小不等的片石垒砌，两侧地面散落从墙体上坍塌脱落的石块，墙体较低矮，石块不很规整，两侧杂草丛生。墙体顶宽 0.64 ~ 0.71、残高 0.41 ~ 0.7 米。

第 3 小段：G0126（断点）—G0127（断点），长 18.93 米，西南—东北走向。因山体滑坡墙体消失无存。

第 4 小段：G0127（断点）—G0128（断点），长 8.55 米，西南—东北北走向，保存差。墙体仅存碎石堆痕迹，两侧地面散落坍塌脱落的碎石块，杂草丛生。

第 5 小段：G0128（断点）—G0129（断点），长 44.89 米，西南—东北走向。因山体滑坡墙体消失无存。

第 6 小段：G0129（断点）—G0130（断点），长 6.71 米，南—北走向，保存差。墙体仅存碎石堆痕迹，两侧地面散落从墙体上坍塌脱落的碎石块，杂草丛生。墙体西侧有放羊小路。墙体顶宽 0.67、残高 0.2 ~ 0.34 米。

第 7 小段：G0130（断点）—G0131（止点、材质变化点），长 16.45 米，西南—东北走向。因山体滑坡墙体无存。

墙体整体保存差。石块多碎裂成小石块，坍塌脱落严重，多数段地面仅存碎石堆痕迹或低矮墙体，部分段因山体滑坡完全消失。墙体顶部及两侧杂草丛生。自然因素是墙体遭到破坏的主要原因，主要有山体滑坡、风雨侵蚀和植物生长等。距村庄较远，人类活动稀见，仅见放牧活动，人为破坏因素较少。

21. 南坡村西南侧长城 3 段

起点位于山西省和顺县青城镇大川口村东 2.8 千米、河北省邢台县冀家村乡南坡村西南 2.4 千米处，高程 1370 米；止点位于大川口村东 3 千米、南坡村西南 2.2 千米处，高程 1384 米。大致呈西南—东北走向。全长 138.74 米，均保存较好。本段长城为山险，利用自然山体构成防御。本段长城西南接南坡村西南侧长城 2 段（图六一六）。

本段墙体共测 GPS 点 2 个（G0131 ~ G0132），仅为 1 小段，叙述如下。

G0131（起点、材质变化点）—G0132（止点），长 138.74 米，西南—东北走向，保存较好。

山险整体保存较好。山体较致密，部分段有滑坡痕迹。距村庄较远，人类活动稀见，仅见放牧活动，人为破坏因素较少。南坡村西南侧长城 1 ~ 3 段位于大川口村东沟谷悬崖顶部的外沿。南坡村西南侧长城 2 段为石墙，南坡村西侧长城 1、3 段为山险。本区域地貌为太行山山地，山地、丘陵和山间盆地相间分布，中间高周围低。地表以石灰岩质山地褐土为主。长城一线植被以矮生草木灌丛为主，近几十年来的植树造林主要种植松树、柏树。

长城西南有一座庙宇，游人较多。大川口村有县乡公路经过。

22. 翠羊山长城

起点位于山西省和顺县青城镇井洼村东南 2.8 千米、河北省邢台县冀家村乡观上村西 1 千米处，高程 1282 米；止点位于井洼村东南 2.8 千米、观上村西 1 千米处，高程 1282 米。包括大致呈西南—东北走向的三道墙体。全长 912.98 米，其中保存一般 117.98、较差 482.33、差 312.67 米。墙体为石墙，土石混筑，两侧石块垒砌，中间填以碎石泥土。现存墙体剖面大致呈不规则梯形，顶宽 0.52 ~ 0.7、残高 0.3 ~ 1.44 米。本段长城西北距观上村西侧长城 0.347 千米，隔山谷相望。翠羊山长城沿线

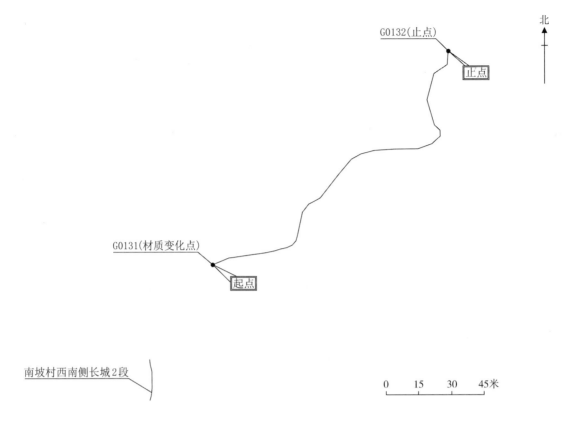

图六—六　南坡村西南侧长城 3 段走向示意图

及附近分布着翠羊山居住址群（图六一七）。

本段墙体共测 GPS 点 15 个（G0134～G0148），可分为 12 小段，分述如下。

第一道墙体长 207.7 米。

第 1 小段：G0134（第一道墙体起点，第三道墙体止点、拐点）—G0135（第一道墙体拐点、翠羊山 2 号居住址），长 25.18 米，南—北走向，保存较差。墙体在翠羊山顶部的台地边沿呈弧状延伸。墙体低矮，多坍塌脱落，因长期的自然风化和雨水侵蚀，多数段两侧垒砌的石块棱角被磨平。墙体两侧散落碎石块，杂草、灌木丛生。墙体顶宽 0.55～0.67、残高 0.3～0.88 米（彩图一〇七七）。翠羊山 2 号居住址东壁利用翠羊山长城墙体。

第 2 小段：G0135（第一道墙体拐点、翠羊山 2 号居住址）—G0136（第一道墙体拐点、翠羊山 3 号居住址），长 23.57 米，南—北走向，保存较差。墙体在翠羊山顶部的台地边沿呈弧状延伸，墙体低矮，多坍塌脱落，因长期的自然风化和雨水侵蚀，多数段两侧垒砌的石块棱角被磨平。墙体两侧散落碎石块，杂草、灌木丛生。墙体顶宽 0.52～0.7、残高 0.42～0.79 米。

第 3 小段：G0136（第一道墙体拐点、翠羊山 3 号居住址）—G0137（第一道墙体止点、断点），长 158.95 米，西南—东北走向，保存差。墙体在翠羊山山腰处的丛林中延伸，极低矮，两侧垒砌的石块坍塌脱落严重，多数段地面仅存碎石堆痕迹，被茂密的杂草和灌木覆盖。

第二道墙体长 143.07 米。

第 4 小段：G0138（第二道墙体起点、断点，翠羊山 4 号居住址）—G0139（第二道墙体止点、断点），长 143.07 米，西南—东北走向，保存差。墙体在翠羊山山腰处的丛林中延伸，极低矮，两侧垒砌的石块坍塌脱落严重，多数段地面仅存碎石堆痕迹，被茂密的杂草和灌木覆盖。G0138（第二道墙

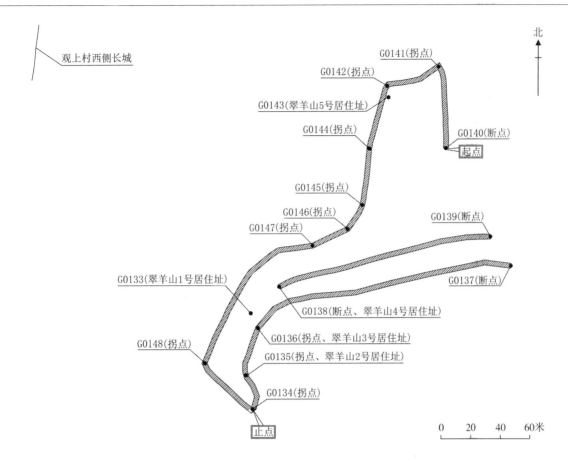

图六一七　翠羊山长城走向示意图

体起点、断点，翠羊山 4 号居住址）在 G0136（第一道墙体拐点、翠羊山 3 号居住址）东北 40.35 米处。

第三道墙体长 562.21 米。

第 5 小段：G0140（第三道墙体起点、断点）—G0141（第三道墙体拐点），长 64.60 米，南—北走向，保存差。G0140（第三道墙体起点、断点）在 G0139（第二道墙体止点、断点）北 81.36 米处。墙体在翠羊山山腰处的丛林中延伸至翠羊山顶部的台地边沿，极低矮，两侧垒砌的石块坍塌脱落严重，多数段地面仅存碎石堆痕迹，被茂密的杂草和灌木覆盖。

第 6 小段：G0141（第三道墙体拐点）—G0142（第三道墙体拐点），长 26.71 米，东—西走向，保存一般。墙体在翠羊山顶部的台地边沿延伸，南侧为陡坡，北侧为台地。墙体保存较完整，两侧的石块大小不一，不很规整，垒砌较齐整，牢固结实，个别段石块有塌落。墙体两侧杂草丛生，墙体顶宽 0.55 ~ 0.67、残高 0.75 ~ 1.44 米。

第 7 小段：G0142（第三道墙体拐点）—G0144（第三道墙体拐点），长 91.27 米，东北—西南走向，保存一般。G0143（翠羊山 5 号居住址）西南距 G0142（第三道墙体拐点）60.39 米，居住址倚墙而建。墙体在翠羊山山腰处延伸，保存较完整，两侧的石块大小不一，不很规整，垒砌较齐整，牢固结实，个别段石块有塌落，墙体两侧杂草丛生。墙体顶宽 0.55 ~ 0.67、残高 0.75 ~ 1.44 米。

第 8 小段：G0144（第三道墙体拐点）—G0145（第三道墙体拐点），长 103.51 米，东北—西南走向，保存较差。墙体在翠羊山山腰处的丛林中延伸，墙体低矮，多坍塌脱落，因长期的自然风化和雨水侵蚀，多数段两侧垒砌的石块棱角被磨平，墙体两侧散落碎石块，杂草、灌木丛生。墙体顶宽 0.53～0.68、残高 0.39～0.72 米。

第 9 小段：G0145（第三道墙体拐点）—G0146（第三道墙体拐点），长 41.68 米，东北—西南走向，保存差。墙体在翠羊山山腰处的丛林中延伸，极低矮，两侧垒砌的石块坍塌脱落严重，多数段地面仅存碎石堆痕迹，被茂密的杂草和灌木覆盖。

第 10 小段：G0146（第三道墙体拐点）—G0147（第三道墙体拐点），长 47.44 米，东北—西南走向，保存差。墙体在翠羊山山腰处的丛林中延伸，极低矮，两侧垒砌的石块坍塌脱落严重，多数段地面仅存碎石堆痕迹，被茂密的杂草和灌木覆盖。

第 11 小段：G0147（第三道墙体拐点）—G0148（第三道墙体拐点），长 121 米，东北—西南走向，保存较差。墙体在翠羊山山腰处的丛林中向西南穿过台地继续延伸，墙体低矮，多坍塌脱落，因长期的自然风化和雨水侵蚀，多数段两侧垒砌的石块棱角被磨平，墙体两侧散落碎石块，杂草、灌木丛生。墙体顶宽 0.55～0.64、残高 0.36～0.8 米。

第 12 小段：G0148（第三道墙体拐点）—G0134（第三道墙体止点，第一道墙体起点、拐点），长 66 米，西北—东南走向，保存较差。墙体在翠羊山山腰处延伸至翠羊山顶部的台地边沿，墙体低矮，多坍塌脱落，两侧散落碎石块，多数段墙体顶部及两侧杂草、灌木丛生。墙体顶宽 0.55～0.64、残高 0.36～0.8 米。

墙体整体保存较差。垒砌的石块形状多不规整，多处坍塌脱落，碎石块散落墙体两侧。墙体石块锈迹斑斑，多数段在茂密的杂草和灌木丛中延伸。自然因素是墙体遭到破坏的主要原因，主要有风雨侵蚀和植物生长等。墙体所在山体距村庄较远，人类活动很少，附近草本植物生长茂密，仅见放牧活动，对墙体有一定影响。

23. 观上村西侧长城

起点位于山西省和顺县青城镇井洼村东南 2.6 千米、河北省邢台县冀家村乡观上村西 1.3 千米处，高程 1295 米；止点位于井洼村东南 2.6 千米、观上村西 1.3 千米处，高程 1297 米。大致呈西南—东北走向。全长 18.31 米，保存差。墙体为石墙，土石混筑，两侧石块垒砌，中间填以碎石泥土。现存墙体剖面大致呈不规则梯形，顶宽 0.64～0.71、残高 0.2～0.7 米。本段长城东南距翠羊山长城 0.347 千米，隔山谷相望（图六一八）。

本段墙体共测 GPS 点 2 个（G0118、G0119），仅 1 小段，叙述如下。

G0118（起点、断点）—G0119（止点、断点），长 18.31 米，西南—东北走向，保存较差。墙体略呈弧形，垒砌所用石块形状很不规整，顶部石块散乱，两侧散布坍落的石块，杂草灌木丛生。G0119（止点、断点）处可见墙体剖面为梯形，顶宽 0.46～0.56、残高 0.36～1.26 米。

墙体整体保存较差，低矮，垒砌墙体的石块坍塌脱落严重，两侧杂草丛生。自然因素是墙体遭到破坏的主要原因，主要有风雨侵蚀和植物生长等。墙体所在山体距村庄较远，人类活动很少，附近草本植物生长茂密，仅见放牧活动，羊群踩踏对墙体有一定影响。

24. 石板房村西北侧长城 1 段

起点位于山西省和顺县青城镇井洼村东北 1.5 千米、河北省邢台县冀家村乡石板房村西北 1.6 千米处，高程 1251 米；止点位于井洼村东北 1.7 千米、石板房村西北 1.8 千米处，高程 1235 米。大致呈东南—西北走向。全长 238.96 米，其中保存较差 49.16、消失 189.8 米。墙体为石墙，土石混筑，

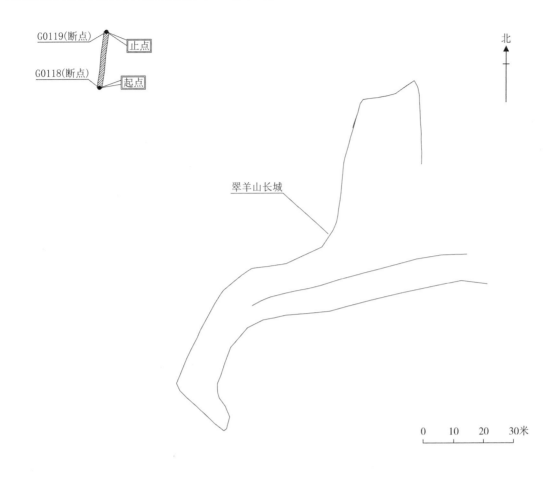

图六一八　观上村西侧长城走向示意图

两侧石块垒砌，中间填以碎石泥土。现存墙体剖面大致呈不规则梯形，底宽 0.59 ~ 0.63、顶宽 0.58 ~
0.62、残高 0.47 ~ 0.98 米。本段长城西距石板房村西北侧长城 2 段 0.1 千米（图六一九）。

本段墙体共测 GPS 点 6 个（G0151 ~ G0156），可分为 5 小段，分述如下。

第 1 小段：G0151（起点、断点）—G0152（断点），长 10.39 米，西南—东北走向，保存较差。
墙体略呈弧形，垒砌墙体所用石块形状很不规整，顶部石块散乱，土石混筑结构清晰可见。墙体两侧
长有稀疏草木，东侧为陡崖，西侧为山地缓坡。墙体顶宽 0.58 ~ 0.62、残高 0.47 ~ 0.98 米（彩图一〇
七八）。G0152（断点）处基础为自然巨石，清晰可见墙体剖面为梯形，底宽 0.62、顶宽 0.59、残高
0.52 米。

第 2 小段：G0152（断点）—G0153（断点），长 93.74 米，东南—西北走向，消失。因山体滑坡
和风雨侵蚀等因素致墙体消失无存。

第 3 小段：G0153（断点）—G0154（断点），长 18.99 米，东南—西北走向，保存较差。墙体略
呈弧形，较低矮，垒砌墙体所用石块形状很不规整，顶部石块散乱，土石混筑结构清晰可见。墙体两
侧长有稀疏的草木，东侧为陡崖，西侧为山间小路。墙体顶宽 0.58 ~ 0.62、残高 0.47 ~ 0.98 米。
G0153（断点）处清晰可见墙体剖面为梯形，底宽 0.59、顶宽 0.58、残高 0.78 米。

第 4 小段：G0154（断点）—G0155（断点），长 96.06 米，东南—西北走向，消失。因山体滑坡
和风雨侵蚀等因素墙体无存。

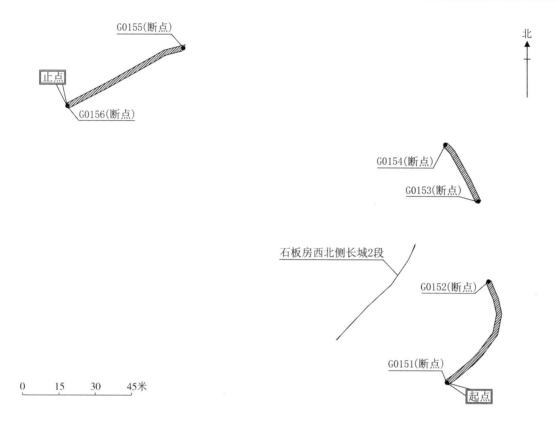

图六一九　石板房村西北侧长城1段走向示意图

第5小段：G0155（断点）—G0156（止点、断点），长19.78米，东北—西南走向，保存较差。墙体略呈弧形，垒砌墙体所用石块形状很不规整，顶部石块散乱，土石混筑结构清晰可见。墙体两侧长有稀疏的草木，东侧为陡崖，西侧为山间小路。墙体顶宽0.58～0.62、残高0.47～0.98米。G0155（断点）处清晰可见墙体剖面为梯形，底宽0.63、顶宽0.6、残高0.66米。

墙体整体保存较差，垒砌的石块坍塌脱落较严重，墙体低矮，多数段被完全破坏无存，墙体两侧杂草丛生。自然因素是墙体遭到破坏的主要原因，主要有山体滑坡、风雨侵蚀和植物生长等。墙体所在山体距村庄较远，人类活动很少，附近草本植物生长茂密，仅见放牧活动，羊群踩踏对墙体有一定影响。

25. 石板房村西北侧长城2段

起点位山西省和顺县青城镇井洼村东北1.5千米、河北省邢台县冀家村乡石板房村西北1.6千米处，高程1278米；止点位于井洼村东北1.5千米、石板房村西北1.6千米处，高程1278米。大致呈南—北走向。全长9.47米，保存较差。墙体为石墙，土石混筑，两侧石块垒砌，中间填以碎石泥土。现存墙体剖面大致呈不规则梯形，底宽0.7、顶宽0.62～0.72、残高0.38～0.97米（彩图一〇七九）。本段长城东距石板房村西北侧长城1段0.1千米（图六二〇）。

本段墙体共测GPS点2个（G0149～G0150），仅1小段，叙述如下。

G0149（起点、断点）—G0150（止点、断点），长9.47米，南—北走向，保存较差。墙体略呈弧形，垒砌墙体所用石块形状很不规整，顶部石块散乱，土石混筑结构清晰可见，两侧杂草丛生。墙体顶宽0.62～0.72、残高0.38～0.97米。G0150（止点、断点）处清晰可见墙体剖面为梯形，底宽0.7、

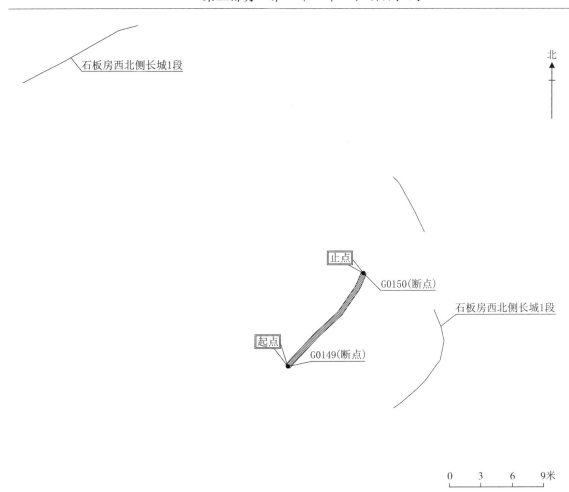

图六二〇　石板房村西北侧长城 2 段走向示意图

顶宽 0.64、残高 0.65 米。

　　墙体整体保存较差，低矮，垒砌墙体的石块坍塌脱落严重，两侧杂草丛生。自然因素是墙体遭到破坏的主要原因，主要有风雨侵蚀和植物生长等。墙体所在山体距村庄较远，人类活动很少，附近草本植物生长茂密，仅见放牧活动，羊群踩踏对墙体有一定影响。

　　石板房村西北侧长城 1、2 段沿山体顶部悬崖外沿修建。本区域地貌为太行山山地，山地、丘陵和山间盆地相间分布，中间高周围低。地表以石灰岩质山地褐土为主。

　　长城所在山体有山路可通往山西省和顺县井洼村，井洼村有乡村公路与县乡公路相连。

（二）关堡

　　和顺县共调查关堡 2 座，其中关 1 座，即黄榆岭关；堡 1 座，即支锅石关堡。均位于山西、河北两省交界处。

1. 支锅石关堡

　　位于山西省和顺县松烟镇小董坪村南 1.4 千米、河北省邢台县浆水镇西坪村西 3 千米，支锅石关东侧长城 1 段西南 0.065 千米，支锅石关东侧长城 3 段西北 0.467 千米处，东门高程 1369 米。

关堡平面呈不规则矩形，门朝东，周长 203 米，占地面积 5283 平方米。现存主要设施、遗迹有城门 1 座、堡墙 3 段、兵营 1 座、关道 1 条等（图六二一）。堡墙所处两侧悬崖间的峡谷中有 2 道大致呈东西向的现代石墙。

东门为块石基础的石券拱门，门洞宽 1.72、拱高 1.72（其中拱券高 0.72、块石基础高 1 米）、进深 1.31 米，内侧无券部分宽 1.28、进深 5.47 米。门洞墙体石砌而成，两侧垒砌石块或片石，中间填以碎石泥土，残高 2.78～3.89、凸出墙体外侧 1.17、凸出墙体内侧 2.19、内侧门墩宽 1.92 米。门体东壁呈梯形，上宽 6.03、下宽 7.08 米。城门正面（东面）拱券上方嵌一石质匾额，宽 1.46、高 0.66 米，阴刻"支锅形胜"四字，上款 3 行，题"总督蓟辽都御史杨，巡抚保定都御史孙，整饬大名兵备副使姜"，无下款。匾额总体保存较好，无修复或更换痕迹（测绘图八四～八七；彩图一〇八〇、一〇八一）。东门匾额上方左侧存排水设施。

堡墙依建筑方法和位置可分为三段，从西向东依次是支锅石关堡东门西侧堡墙 1、2 段和东门东侧堡墙。东门西侧堡墙 1 段，长 72 米，大致呈西南—东北走向，保存较差。墙体建于山崖边，东临陡崖。墙体系土石混筑的石墙，两侧用石块垒砌，中间填以土石，所用石块多为大小不等的片石。多数段墙体低矮，石块碎裂脱落严重，碎石遍布，有山体滑坡痕迹，墙体顶宽 0.82～1.1、残高 0.57～1.28 米。东门西侧有堡墙 2 段，长 74 米，居西部分呈西南—东北走向，居东部分呈西北—东南走向，两部分呈较小角度相交，保存一般（彩图一〇八二、一〇八三）。居西部分墙体建于山体自然巨石上，居东部分墙体外侧为松林。墙体系土石混筑的石墙，两侧用石块垒砌，中间填以碎石泥土，石块间白灰勾缝，所用石块多为大小不等的片石；墙体齐整高大，顶宽 1.54、外侧残高 0.74～5.43、内侧残高 3.8～5.69 米。两部分墙体相交处地势较陡，墙体顶部有数级阶梯（彩图一〇八四）。墙体顶部外侧有垛口墙，内侧未见女墙。垛口墙构筑方式与墙体相同，所用片石与墙体相比普遍较小，外观差别较明显，垛口墙宽 0.5、高出墙体顶部 0.23～1.35 米，存个别垛口和射孔，垛口宽 0.47、高 0.47 米，射孔宽 0.28、高 0.31 米（彩图一〇八五、一〇八六）。东门东侧堡墙长 55 米，大致呈西北—东南走向，保存较差，墙体建于山体顶部陡崖边沿，西临陡崖，建筑方法与东门西侧堡墙 2 段一致。墙体石块坍塌脱落，不见垛口、射孔等墙体设施，有一处豁口，宽 2.3 米，南端附近墙体仅存土石堆痕迹。墙体外侧残高 2.15、内侧残高 0.72 米。

兵营在东门东侧堡墙内侧，北距东门 3.2 米。兵营平面呈矩形，面宽 4.6、进深 3.7 米。墙体用片石砌筑而成，较齐整，东壁利用东门东侧堡墙。墙体宽 0.67、残高 0.4～2.21 米。门窗成缺口。门位于兵营西南角（彩图一〇八七）。

关道通过东门、关堡内第一道墙体东侧与东侧崖壁间的豁口蜿蜒曲折向南侧的峡谷底部延伸，由碎石块铺砌而成。

堡墙所处两侧悬崖间的峡谷中，有两道大致呈东西走向的现代石墙，从南至北为第一、二道墙体。第一道墙体石块混合泥土垒砌而成，石块缝隙间填以碎石泥土，墙体长 62.8、顶宽不足 1、残高 0.45～1.6 米。第一道墙体东侧与东侧崖壁间有豁口，关道从豁口穿过。第二道墙体石块干垒而成，连接东门西侧堡墙 2 段与西侧崖壁，长 48 米。

关堡整体保存一般。位于地势险峻处，堡墙建筑于山体悬崖边，形成一个平面略半椭圆形的城廓，南部无堡墙。东门及东门西侧墙体 1 段和兵营保存一般，余较差。造成损毁的自然因素主要有山体滑坡、风雨侵蚀和植物生长等，人为因素主要有当地居民的放牧等生产生活活动等。堡内无人居住。

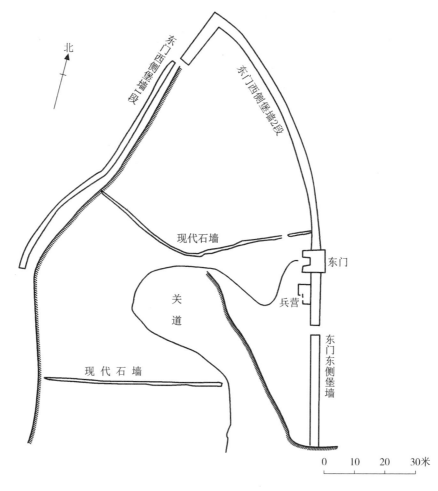

图六二一　支锅石关堡平面图

2. 黄榆岭关

位于山西省和顺县青城镇大雨门村东南 1.4 千米、河北省邢台县冀家村乡营里村西南 2.1 千米处，高程 1338 米。关门南接黄榆岭关南侧长城 1 段，北连黄榆岭关北侧长城 1 段。

关平面呈不规则形，关门朝东。现存主要设施、遗迹有东门 1 座、关墙、关道 1 条等（图六二二；彩图一〇八八）。

东门位于东墙南端。城门为条石或块石基础的石券拱门，门洞宽 2.41、拱高 3.07（块石基础高 1.91、石拱高 1.16 米）、进深 2.51 米，所用拱石宽 35、厚 14 厘米。城门西侧为石券，东侧为现代补筑的砖券（彩图一〇八九、一〇九〇）。门洞内存嵌门板用的孔洞（宽 0.31、高 0.45 米）、门槛、承托门扇的石块（长 33、宽 28 厘米，上有圆窝和长方形槽，圆窝直径 0.08 米，长方形槽长 0.19、宽 0.07 米）等（彩图一〇九一）。门洞墙体土石混筑而成，两侧以条石或块石砌筑，中间填以碎石泥土，底部长 6.12、顶部长 5.48、通高 4.23 米。城门东西侧残存门墩，进深 1.75、高 0.3 ~ 1.65 米。

关墙系土石混筑的石墙。东墙利用黄榆岭关北侧长城 1 段墙体。南墙和西墙仅存地面土垄痕迹，墙体两侧散落石块。北墙保存低矮，垒砌墙体的石块多坍塌脱落，仅存地面痕迹，两侧及顶部杂草丛生，碎石散落其间。

关道铺有碎石块，宽 1 米，穿过城门沿山坡向山下延伸，由山西省通往河北省方向。

　　关整体保存较差。造成损毁的自然因素主要有风雨侵蚀和植物生长等。黄榆岭关距村庄较远，人类活动较少，当地居民的放牧等生产生活活动对黄榆岭关有一定影响，关内无人居住。

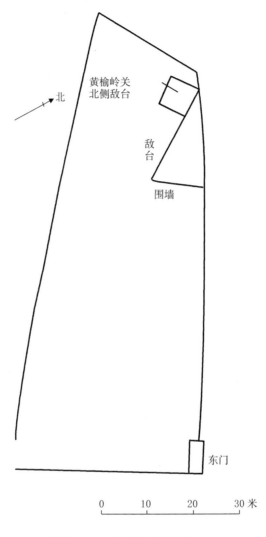

图六二二　黄榆岭关平面图

（三）单体建筑

1. 敌台

长城墙体上共发现敌台 3 座（表 503，见本章末附表）。

2. 马面

长城墙体上共发现马面 3 座（表 504，见本章末附表）。

3. 其他单体建筑

和顺县调查其他单体建筑 1 座，即杏树湾关关门。

杏树湾关关门，位于山西省和顺县松烟镇杏树湾村东 2.2 千米、河北省邢台县路罗镇小南坪村西北 2 千米处，高程 1360 米。关门所在峡谷西侧陡崖顶部有小南坪村西北侧长城 2 段，东侧陡崖顶部有小南坪村西北侧长城 3 段。

关门存 4 道东西向的石墙和关道。石墙系用石块或石片干垒而成，石块或石片大小厚薄相差很大。第一道墙体位于最南端，长 22.1、顶宽 1.07、残高 1.5 ~ 2.8 米。东段垒砌齐整，有块石基础，石块较规整，棱角分明，石块长 30 ~ 45、厚 16 ~ 25 厘米。第一道墙体与东侧陡崖之间有一处豁口，宽 3.3 米，为关门所在。第二道墙体在第一道墙体北 0.035 千米处，顶宽 0.6、残高 1.7 ~ 4.3 米（彩图一〇九五）。第二道墙体与西侧陡崖间有一处豁口。第三道墙体在第二道墙体北 0.025 千米处，残高 1.5 ~ 4 米，西段墙体利用自然巨石。第三道墙体西段巨石与西侧陡崖间有一处豁口，宽 3.58 米。第四道墙体在第三道墙体北 0.007 千米处，顶宽 0.3 ~ 1.0、残高 0.4 ~ 2.26 米。墙体略呈弧形，东端与小南坪村西北侧长城 3 段相连，西段墙体利用自然巨石而成。第四道墙体西段巨石与西侧陡坡之间有一处豁口。关道蜿蜒曲折，略呈"S"形依次穿过杏树湾关关门 4 道墙体的豁口，向南侧峡谷底部延伸，部分段存石板或石块。关道宽 0.8 ~ 1.5、总长约 3000 米（彩图一〇九六）。

关门整体保存差。4 道墙体保存较差，塌毁较多，石块散落周围。关道废弃已久。造成损毁的自然因素主要有山体滑坡、风雨侵蚀和植物生长等；人为因素主要有羊群踩踏等。

（四）相关遗存

和顺县调查的相关遗存有居住址群 1 处，即翠羊山居住址群。

翠羊山居住址群，位于河北省邢台县境内，山西省和顺县青城镇井洼村东南 2.8 千米、河北省邢台县冀家村乡观上村西 1 千米处。共发现 11 座居住址，分布于翠羊山山体顶部、翠羊山长城沿线及附近，或倚墙而建或独立于长城墙体。1 号居住址高程 1287 米。翠羊山居住址墙体均为土石混筑的石墙，石块混合泥土垒砌而成，石块缝隙间填以碎石泥土。居住址平面多呈矩形，还有圆角矩形、圆形、椭圆形、不规则形等，面积 5 ~ 40 平方米。倚墙而建者形状多样，面积较小；独立于长城墙体者多为矩形，面积较大。墙体上均有豁口，为门所在，开口方向不一。1 号居住址独立于长城墙体，平面呈矩形，东西 5.4、南北 7.3 米，墙体顶宽 0.42、残高 1.2 ~ 1.45 米，门位于东墙正中（彩图一〇九七、一〇九八）。

居住址群整体保存较差。墙体低矮，石块坍塌脱落严重，墙体两侧杂草丛生。羊群踩踏对墙体造成破坏。

二　长城资源调查资料分析

（一）长城墙体

1. 长城墙体的材质类型及建筑方式、形制

和顺县长城墙体类型有石墙和山险两类。以石墙为主，有 19 段，长 6597.04 米；山险有 6 段，长

1953.24 米（表 505）。

表 505　和顺县长城墙体类型一览表

类型	段数	长度（米）	百分比（%）
石墙	19	6597.04	77.2
山险	6	1953.24	22.8
合计	25	8550.28	100

（1）石墙

和顺县石墙共 19 段，长 6597.04 米。土石混筑而成，墙体两侧石块垒砌，中间填以碎石泥土。现存墙体剖面均大致呈不规则梯形，绝大多数段墙体两侧高度相当，王山铺村西侧长城 3、4 段墙体紧依山体边沿修建，东侧较高、西侧较低。

墙体设施只发现有障墙、排水沟等。

障墙位于大西庄村西侧长城 2 段 G0014—G0015 间，墙体在山体顶部呈椭圆形分布，G0014 处墙体分为两道，居西一道略呈"r"形，居东一道呈弧形，两道墙体交接于 G0015 处，形成一个椭圆形，东西最长 15.65、南北最长 14.36 米，周长 94.23 米。居东一道是长城墙体主线，居西一道是障墙。障墙系片石混合泥土筑成的石墙，在片石缝隙间填以碎石泥土，顶宽 0.78~1.57、残高 0.34~1.87 米。

排水沟位于王山铺村西侧长城 3 段和黄榆岭关南侧长城 1 段。王山铺村西侧长城 3 段 G0034—G0035 间墙体西侧有排水沟，残长 23、宽 0.83~1.69、深 0.35~0.64 米；G0046—G0048 间墙体西侧有排水沟，长 61、宽 0.3~0.5、深 0.1~0.2 米。黄榆岭关南侧长城 1 段 G0108—G0097 间墙体西侧有排水沟，长 86.92、宽 0.83~2.74、深 0.35~1.19 米。

（2）山险

和顺县山险共 6 段，长 1953.24 米。系利用自然山体、陡峭悬崖等构成防御，均位于地势险要处，一端或两端与石墙相连。

2. 长城墙体的分布特点

和顺县明长城墙体大致沿山西、河北两省交界的太行山山体从西南向东北延伸，多数段地处两省交界处，大西庄村西侧长城 1、2 段、王山铺村西侧长城 1~5 段、小南坪村西北侧长城 3 段和 4 段、支锅石关东侧长城 1 段和 2 段、黄榆岭关南侧长城 1 段、黄榆岭关北侧长城 1 段和 2 段，位于和顺县松烟镇、青城镇和邢台县白岸乡、路罗镇、浆水镇、冀家村乡交界处。另外，小南坪村西北侧长城 1、2 段位于邢台县路罗镇辖境，支锅石关东侧长城 3 段位于邢台县浆水镇辖境，黄榆岭关南侧长城 2 段、南坡村西南侧长城 1~3 段、翠羊山长城、观上村西侧长城和石板房村西北侧长城 1、2 段，位于邢台县冀家村乡辖境，距两省交界处比较近。

石墙均处交通要道，沿山西、河北两省交界的山体脊线修筑，大多数段两侧为陡坡，大西庄村西侧长城 1、2 段位于夫子岭村东南夫子岭。王山铺村西侧长城 1~5 段除第 5 段为山险外，其余均为石墙，位于走马槽村东侧山梁上，墙体沿山脊延伸，随山势起伏；小南坪村西北侧长城 1、2 段位于杏树湾关关门西侧悬崖顶部外沿，小南坪村西侧长城 3、4 段位于关门东侧悬崖顶部外沿，支锅石关东侧长城 1、2 段位于支锅石关堡东北的山坡上，支锅石关东侧长城 3 段位于关堡东侧山梁上，墙体绕山体顶部而建，大致呈椭圆状的环形；黄榆岭关南侧长城1、2段建于黄榆岭关南侧山梁上；黄榆岭关北侧长城1段从黄榆岭关关门处开始，沿黄榆岭关北侧荒地东沿，延伸至山体悬崖脚下与黄榆岭关北侧长城2段相接；南坡村西南侧长城1~3段位于大川口村东沟谷悬崖顶部的外沿；翠羊山长城位于翠羊山山体顶部，在山顶东南一侧顺山势筑有三道墙体；观上村西侧长城建于翠羊山西南山梁上，与翠羊山长城隔山谷相望；石板房村西北侧长城1、2段沿山体顶部悬崖外沿修建。

3. 长城墙体的保存状况

详见下表（表506、507）。

表506　和顺县石墙保存状况一览表（单位：米）

长城墙体段名称	总长	保存较好	保存一般	保存较差	保存差	消失	类型	县属
大西庄村西侧长城1段	336.28	0	0	71.5	0	264.78	石墙	和顺县/邢台县
大西庄村西侧长城2段	557.64	0	0	331.94	225.7	0	石墙	和顺县/邢台县
王山铺村西侧长城1段	446.87	0	0	266.99	179.88	0	石墙	和顺县/邢台县
王山铺村西侧长城2段	49.7	0	0	0	48.6	1.1	石墙	和顺县/邢台县
王山铺村西侧长城3段	1003.08	0	0	320.94	467.14	215	石墙	和顺县/邢台县
王山铺村西侧长城4段	834.67	0	0	256.28	447.6	130.79	石墙	和顺县/邢台县
小南坪村西北侧长城2段	65.27	0	0	0	65.27	0	石墙	邢台县
小南坪村西北侧长城3段	143.59	0	0	0	143.59	0	石墙	和顺县/邢台县
支锅石关东侧长城1段	349.53	0	0	20.6	86.91	242.02	石墙	和顺县/邢台县
支锅石关东侧长城2段	258.3	0	0	0	204.28	54.02	石墙	和顺县/邢台县
支锅石关东侧长城3段	188.39	0	0	39.2	143.07	6.12	石墙	邢台县
黄榆岭关南侧长城2段	14.67	0	0	14.67	0	0	石墙	邢台县
黄榆岭关南侧长城1段	863.45	0	0	208.88	654.57	0	石墙	和顺县/邢台县
黄榆岭关北侧长城1段	164.27	0	0	84.99	79.28	0	石墙	和顺县/邢台县
南坡村西南侧长城2段	141.61	0	0	0	61.34	80.27	石墙	邢台县
翠羊山长城	912.98	0	117.98	482.33	312.67	0	石墙	邢台县
观上村西侧长城	18.31	0	0	0	18.31	0	石墙	和顺县
石板房村西北侧长城1段	238.96	0	0	49.16	0	189.8	石墙	邢台县
石板房村西北侧长城2段	9.47	0	0	9.47	0	0	石墙	邢台县
合计	6597.04	0	117.98	2156.95	3138.21	1183.9		
百分比（%）	100	0	1.8	32.7	47.6	17.9		

表507　和顺县山险保存状况一览表（单位：米）

长城墙体段名称	总长	保存较好	保存一般	保存较差	保存差	消失	类型	县属
王山铺村西侧长城5段	351.16	351.16	0	0	0	0	山险	和顺县/邢台县
小南坪村西北侧长城1段	258.24	258.24	0	0	0	0	山险	邢台县
小南坪村西北侧长城4段	658.26	658.26	0	0	0	0	山险	和顺县/邢台县
黄榆岭关北侧长城2段	67.52	67.52	0	0	0	0	山险	和顺县/邢台县
南坡村西南侧长城1段	479.32	479.32	0	0	0	0	山险	邢台县

长城墙体段名称	总长	保存较好	保存一般	保存较差	保存差	消失	类型	县属
南坡村西南侧长城 3 段	138.74	138.74	0	0	0	0	山险	邢台县
合计	1953.24	1953.24	0	0	0	0		
百分比（%）	100	100	0	0	0	0		

石墙多数保存差或较差，分别占 47.6% 和 32.7%，消失段占 17.9%，保存一般段很少，未见保存较好段。墙体石块坍塌脱落严重，附近杂草、灌木丛生。造成损毁的自然因素主要有山体滑坡、风雨侵蚀和植物生长等；人为因素主要有修路挖断、山路破坏、人畜踩踏等。

山险整体保存较好。面临损毁的自然因素主要有山体滑坡、风雨侵蚀和植物生长等。

（二）关堡

和顺县共调查关堡 2 座，包括关 1 座，即黄榆岭关；堡 1 座，即支锅石关堡。

1. 关堡的形制、残存设施和遗迹

详见下表（表 508）。

表 508　和顺县关堡形状、尺寸、残存设施遗迹及保存状况一览表

名称	形状	朝向	周长（米）	面积（平方米）	残存设施遗迹	保存状况
支锅石关堡	不规则矩形	关门朝东	203	5283	东门 1 座、堡墙 3 段、兵营 1 座、关道 1 条等	一般
黄榆岭关	不规则形	关门朝东	不详	不详	东门 1 座、关墙、关道 1 条等	较差

和顺县关堡墙体均为石墙，两侧石块垒砌，中间填以碎石泥土。除墙体外的设施和遗迹，仅有城门、兵营、关道等。

2. 关堡的分布特点

和顺县的 2 座关堡位于山西、河北两省交界的太行山峪口处，周围地形险要，视野开阔，近代以来均是连接太行山两侧的重要通道所在，若无现代公路建设，要穿越此处的太行山脉，方圆数十里只能走这些狭长的通道。这些关堡的设置，占据了襟喉之地，对于该区域的整个长城系统的防御具有至关重要的作用。

关堡两侧均有墙体与之形成拱卫，加强防御。支锅石关堡东北 0.065 千米处的山坡上修建有支锅石关东侧长城 1、2 段，东南 0.467 千米处山体顶部修建有支锅石关东侧长城 3 段。黄榆岭关南接黄榆岭关南侧长城 1、2 段，北连黄榆岭关北侧长城 1、2 段，将整个峪口严密封锁。

3. 关堡的保存状况

支锅石关堡保存一般，黄榆岭关保存较差。造成损毁的自然因素主要有山体滑、风雨侵蚀和植物生长等；人为因素主要有当地居民的放牧等生产生活活动等。关堡内无人居住。

（三）单体建筑

1. 敌台与马面

和顺县的 3 座敌台分别位于大西庄村西侧长城 2 段、黄榆岭关南侧长城 1 段和黄榆岭关北侧长城 1 段墙体上，3 座马面均位于王山铺村西侧长城 1 段墙体上。

（1）敌台与马面的类型、建筑方式及形制

和顺县的 3 座敌台中大西庄村西侧敌台、黄榆岭关南侧敌台骑墙而建，黄榆岭关北侧敌台倚墙而建。敌台材质类型均为石质，土石混筑，四周石块垒砌，中间堆以碎石泥土。建筑方式与所在长城墙体一致。

3 座石质敌台的平面形制有矩形、椭圆形两类。大西庄村西侧敌台为椭圆形，残高 0.2～0.4 米；黄榆岭关南侧敌台、黄榆岭关北侧敌台为矩形，残高 1.59～3.47 米。台体剖面形制均呈梯形，周长 18.86～27.8 米。

黄榆岭关北侧敌台见有围墙和登顶阶梯等附属设施。

3 座马面倚墙而建，位于王山铺村西侧长城 1 段墙体西侧。马面材质类型为石质，土石混筑，四周石块垒砌，中间堆以碎石泥土。建筑方式与所在长城墙体一致。马面平面呈矩形，剖面呈梯形，周长 8.34～9.58、残高 0.2～1.25 米。马面形制特点与石质敌台大体一致。

（2）敌台与马面的分布特点

①和顺县长城墙体上发现的敌台和马面数量很少，主要位于夫子岭、走马槽村东侧山梁和黄榆岭关附近，王山铺村西侧长城 1 段墙体上的 3 座马面间距 0.06～0.12 千米。

②大西庄村西侧敌台位于夫子岭山峰上，所处地势较高，视野开阔，控扼险要。黄榆岭关附近的 2 座敌台位于黄榆岭关南北两侧，相距 0.15 千米。2 座敌台所处地势比黄榆岭关关门及关道高，视野更广，大大加强了黄榆岭关附近的长城防御功能。

（3）敌台与马面保存状况

和顺县的 3 座敌台和 3 座马面仅黄榆岭关北侧敌台保存一般，其余均保存差。敌台和马面坍塌损毁严重，顶部及附近长满杂草、灌木。造成损毁的自然因素主要有山体滑坡、风雨侵蚀和植物生长等；人为因素主要有人畜踩踏等。

2. 其他单体建筑

杏树湾关关门存 4 道东西向墙体和关道，关门建于杏树湾村附近山西通往河北境内的峡谷半山腰，也是古代的交通要道之一，地理位置十分重要。小南坪村西北侧长城 1、2 段和 3、4 段分别位于峡谷东西两侧的陡崖顶部外沿。整体保存较差。造成损毁的自然因素主要有山体滑坡、风雨侵蚀和植物生长等；人为因素主要有羊群踩踏等。

（四）相关遗存

翠羊山居住址群，共发现 11 座居住址，分布于翠羊山山体顶部、翠羊山长城沿线及附近，或倚墙而建或独立于长城墙体。居住址墙体均为土石混筑的石墙，系石块混合泥土垒砌而成，石块缝隙间填以碎石泥土。居住址平面多呈矩形，还有圆角矩形、圆形、椭圆形、不规则形等，面积 5～40 平方米。倚墙而建者形状多样，面积较小；独立于长城墙体者多为矩形，面积较大。墙体上均有豁口，为门所在，开口方向不一。翠羊山长城有多道墙体，居住址在这一带集中发现，说明其军事位置重要，驻扎士兵较多。遗存整体保存较差。

三　自然与人文环境

（一）自然环境

和顺县位于山西省中部东侧、太行山西麓、清漳河上游，东与河北省以太行山为界。地质构造类型多样，地层为古生界寒武系地层，本系地层中上部为一套海相碳酸盐类沉积物，下部为海陆交互相沉积，组成岩层为白云岩、竹叶状灰岩、鲕状灰岩、紫红色页岩等。和顺县地势高峻，以山地、丘陵居多，地形中间高周围低，为高寒山区。东部山高坡陡，山峰耸立，阳曲山最高，海拔 2058 米，西部山地山势浑圆，水源充足，有郁密的松、柏、桦、杨，林草茂密，宜林宜牧。和顺县属温带大陆性气候，年平均气温 8.5 度，年平均降水量 660 毫米，无霜期 140 天。河流以石猴岭为分水岭，西北部的里思河等流入潇河，东南部的河流均流入清漳河。土壤以石灰岩质山地褐土为主。县境植被为草灌、针叶林、针阔混交林及灌木林。阴坡生长有茂密的森林；阳坡多为矮生草木灌丛。

（二）人文环境

和顺县长城分布地区村庄居民人数从 150 余人到约 500 人，邢台县白岸乡大西庄村、王山铺村人口稍多，约 1000 人。居民以农业为主，主要农作物有谷子、玉米、马铃薯、大豆等，有大麻、油料等经济作物。饲养的家畜有牛、羊、驴等。长城分布地区的煤炭运输业和旅游业有一定的发展。支锅石关堡北侧有榆（次）邢（台）公路，其他长城分布地区有县乡公路，村村通公路或山路等，连通山西、河北省。

四　保护与管理状况

和顺县长城资源的保护管理机构是和顺县文管所。目前大部分长城资源的保护范围、建设控制地带、保护标志、记录档案等工作还有待规定或完善。

表 503　和顺县敌台一览表

名称	地点	高程	与其他遗存的位置关系	材质	建筑方式	平面形制	剖面形制	尺寸	附属设施	修缮情况	保存状况	损毁原因及存在病害
大西庄村西侧敌台（彩图一〇九二）	山西省和顺县松烟镇大西岭村东0.8千米，河北省邢台县白岸乡大西庄村西北1.95千米	1307米	骑墙而建。位于大西庄村西侧长城2段墙体上	石	土石混筑而成，四周石块垒砌，中间堆以土石	椭圆形	梯形	底部东西4.73~7.28，残高0.2~0.4米	无	无	保存差。台体低矮，损毁严重，石块坍塌成碎石堆状，中部塌陷成坑状	自然因素主要有山体滑坡、风雨侵蚀和植物生长等；人为因素有踩踏等
黄榆岭关南侧敌台	山西省和顺县青城县雨门村东南1.4千米，河北省邢台县冀家村乡营里村西南2.1千米	1367米	骑墙而建。位于黄榆岭关南侧长城1段墙体上	石	土石混筑而成，四周石块垒砌，中间堆以土石	矩形	矩形	底部东西5.3~8.6，残高2.8米	无	无	保存差。台碎石堆积严重，呈碎石堆状，四周周低。台体周围散布塌落的碎石块，顶部及四周敌茂密的杂草、灌木覆盖	自然因素主要有风雨侵蚀和植物生长等；人为因素主要有羊群踩踏路等
黄榆岭关北侧敌台（图三二；彩图一〇九三，一〇九四）	山西省和顺县青城镇大雨门村东南1.4千米，河北省邢台县冀家村乡营里村西南2.1千米	1343米	倚墙而建。东北角与黄榆岭关侧长城1段墙体相接	石	土石混筑而成，四周石块垒砌，中间堆以土石	矩形	矩形	底部东西6.34~5.65，顶部东西5.95~4.97，残高1.59~3.47米	台体南侧有围墙，平面呈不规则形，东西最长10.7，南北最长19.73米。东墙利用黄榆岭关北侧长城1段墙体。围墙系石块垒砌混合泥土而成，石块缝隙同填以碎石泥土，顶宽0.66~0.78，残高0.4~0.72米。台体北壁残存16级阶梯，可通台体顶部，级阶梯长0.35~0.5，宽0.25,0.15~0.2米	无	保存一般。台体顶部略有损毁，东北角坍塌较严重，其余风化严重；人为因素主要有羊一般。围墙低矮，石块塌落	自然因素主要有风雨侵蚀和自然风化等；人为因素主要有羊群踩踏路等

表 504　和顺县马面一览表

名称	地点	高程	与其他遗存的位置关系	材质	建筑方式	平面形制	剖面形制	尺寸	附属设施	修缮情况	保存状况	损毁原因及存在病害
王山铺村西侧1号马面	山西省和顺县松烟镇走马槽村东 0.75 千米,河北省邢台县白岸乡王山铺村西 4.8 千米	1489 米	倚墙而建。位于王山铺村西侧长城1段墙体西侧	石	土石混筑而成,四周围石块垒砌,中间堆以土石	矩形	梯形	台体宽 2.8、凸出墙体1.99、残高 0.2～0.95 米	无	无	保存差。垒砌台体的石块坍塌脱落严重,呈低矮的土石堆状,周围碎石块散落,顶部及四周被密茂的杂草和灌木覆盖	自然因素主要有风雨侵蚀和植物生长等;人为因素主要有人为踩踏等
王山铺村西侧2号马面	山西省和顺县松烟镇走马槽村东 0.75 千米,河北省邢台县白岸乡王山铺村西 4.8 千米	1500 米	倚墙而建。位于王山铺村西侧长城1段墙体西侧	石	土石混筑而成,四周围石块垒砌,中间堆以土石	矩形	梯形	台体宽1.78、凸出墙体2.39、残高 0.3～1.25 米	无	无	保存差。垒砌台体的石块坍塌脱落严重,呈低矮的土石堆状,周围碎石块散落,顶部及四周被密茂的杂草和灌木覆盖	自然因素主要有风雨侵蚀和植物生长等;人为因素主要有人为踩踏等
王山铺村西侧3号马面	山西省和顺县松烟镇走马槽村东 0.75 千米,河北省邢台市邢台县白岸乡王山铺村西 4.8 千米	1494 米	倚墙而建。位于王山铺村西侧长城1段墙体西侧	石	土石混筑而成,四周围石块垒砌,中间堆以土石	矩形	梯形	台体宽1.72、凸出墙体2.46、残 0.32～1.18 米	无	无	保存差。垒砌台体的石块坍塌脱落严重,呈低矮的土石堆,周围碎石块散落,顶部及四周被密茂的杂草和灌木覆盖	自然因素主要有风雨侵蚀和植物生长等;人为因素主要有人为踩踏等

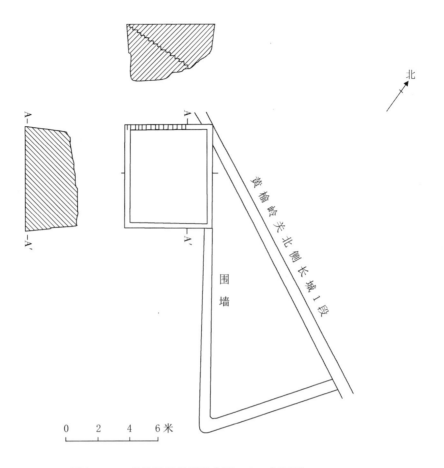

图六二三　黄榆岭关北侧敌台平、立、剖面图

第二十二章　昔阳县长城

昔阳县位于山西省中部东侧，太行山西麓，东北与河北省井陉县，东与河北省赞皇县、内丘县，东南与河北省邢台县交界，南与和顺县、西与寿阳县、北与平定县相邻。山西省明代长城资源调查四队从 2007 年 8 月 15 日~2008 年 6 月 4 日，对该县明代长城资源进行了调查。

一　长城资源调查数据

昔阳县共调查长城墙体 24 段，总长 7441.02 米；堡 1 座；单体建筑共 20 座，其中敌台 8 座、烽火台 9 座、其他 3 座（关门）；相关遗存共 5 处，其中居住址群 1 处、采石场 2 座、碑碣 2 块。

（一）长城墙体

昔阳县明代长城墙体大致沿山西、河北两省交界的太行山山体从西南向东北延伸，多数段地处两省交界处，其中马陵关南侧长城，马陵关北侧长城 1、3、4 段，位于昔阳县皋落镇与邢台县宋家庄乡交界处；里沙瑶村东南侧长城 1~3 段、里沙瑶村东侧长城、刀把口村东侧长城 1~4 段、洪甘村南侧长城 1 段和 2 段、洪甘村北侧长城、黄安村南侧长城、九龙关村东侧长城 1 段和 2 段，位于昔阳县孔氏乡与赞皇县嶂石岩乡交界处；马陵关西侧长城 1~3 段、马陵关北侧长城 2 段，位于昔阳县皋落镇辖境；口上村东侧长城 1、2 段位于昔阳县孔氏乡与冶头镇交界一带（表 509）。

表 509　昔阳县长城墙体一览表（单位：米）

长城墙体段名称	总长	保存较好	保存一般	保存较差	保存差	消失	类型	县属
马陵关西侧长城 1 段	197.85	0	0	0	197.85	0	石墙	昔阳县
马陵关西侧长城 2 段	101.48	0	35.41	0	59.07	7	石墙	昔阳县
马陵关西侧长城 3 段	156.69	0	78	78.69	0	0	石墙	昔阳县
马陵关南侧长城	291.17	0	146.24	0	144.93	0	石墙	昔阳县/邢台县
马陵关北侧长城 1 段	139	0	58	81	0	0	石墙	昔阳县/邢台县
马陵关北侧长城 2 段	28	0	0	0	28	0	石墙	昔阳县
马陵关北侧长城 3 段	147	0	0	24	123	0	石墙	昔阳县/邢台县

续表 509

长城墙体段名称	总长	保存较好	保存一般	保存较差	保存差	消失	类型	县属
马陵关北侧长城 4 段	1331	1331	0	0	0	0	山险	昔阳县/邢台县
里沙瑶村东南侧长城 1 段	204	0	0	0	204	0	石墙	昔阳县/赞皇县
里沙瑶村东南侧长城 2 段	78	0	0	0	78	0	石墙	昔阳县/赞皇县
里沙瑶村东南侧长城 3 段	380	0	0	106	274	0	石墙	昔阳县/赞皇县
里沙瑶村东侧长城	128.8	0	0	0	126.7	2.1	石墙	昔阳县/赞皇县
刀把口村东侧长城 4 段	85	0	0	32	53	0	石墙	昔阳县/赞皇县
刀把口村东侧长城 3 段	13.47	0	0	13.47	0	0	石墙	昔阳县/赞皇县
刀把口村东侧长城 2 段	63.51	0	0	16.4	47.11	0	石墙	昔阳县/赞皇县
刀把口村东侧长城 1 段	356.38	0	47.25	309.13	0	0	石墙	昔阳县/赞皇县
洪甘村南侧长城 2 段	140.89	140.89	0	0	0	0	山险	昔阳县/赞皇县
洪甘村南侧长城 1 段	151.95	0	25.35	73.35	53.25	0	石墙	昔阳县/赞皇县
洪甘村北侧长城	279	239.86	0	39.14	0	0	石墙	昔阳县/赞皇县
黄安村南侧长城	999.72	0	169.35	656.74	142.05	31.58	石墙	昔阳县/赞皇县
九龙关村东侧长城 2 段	841.29	0	0	29.39	752.9	59	石墙	昔阳县/赞皇县
九龙关村东侧长城 1 段	482.64	0	0	160	322.64	0	石墙	昔阳县/赞皇县
口上村东侧长城 2 段	399.35	0	0	297.87	101.48	0	石墙	昔阳县
口上村东侧长城 1 段	444.83	444.83	0	0	0	0	山险	昔阳县
合计	7441.02	2156.58	559.6	1917.18	2707.98	99.68		
百分比	100	29	7.5	25.8	36.4	1.3		

1. 马陵关西侧长城 1 段

起点位于河北省邢台县宋家庄乡明水掌村西 1.7 千米处，高程 1178 米；止点位于明水掌村西北 1.6 千米处，高程 1170 米。大致呈南—北走向。全长 197.85 米，均保存差。墙体为石墙，土石混筑，两侧用形状不一、大小不等的石块垒砌，宽 0.35 米；中间填以碎石泥土，宽 0.75 米，石块间以白灰勾缝。墙体建在山坡上，两侧高度不等，西侧高于东侧。现存墙体剖面大致呈不规则梯形，顶宽 0.82 ~ 1.32、残高 0.08 ~ 1.56 米。本段长城北接马陵关西侧长城 2 段，G0012（起点、断点）东北距马陵关南侧长城 G0010（起点、断点）0.202 千米。马陵关采石场位于墙体东侧，西距 G0016（止点、拐点）0.01 千米（图六二四）。

本段墙体共测 GPS 点 5 个（G0012 ~ G0016），可分为 4 小段，分述如下。

第 1 小段：G0012（起点、断点）—G0013（拐点），长 47.92 米，东南—西北走向，保存差。墙体石块塌落严重，附近杂草、灌木丛生，顶部被利用为山路，墙体低矮仅存地面痕迹。墙体顶宽 0.82 ~ 1.18、东侧残高 0.08 ~ 0.15、西侧残高 0.35 ~ 0.4 米。

第 2 小段：G0013（拐点）—G0014（拐点），长 56.22 米，南—北走向，保存差。墙体石块塌落严重，附近杂草、灌木丛生，顶部被利用为山路，墙体低矮呈土垄状。墙体顶宽 1.04 ~ 1.32、东侧残高 0.22 ~ 0.25、西侧残高 0.33 ~ 1.02 米。

第 3 小段：G0014（拐点）—G0015（拐点），长 43.56 米，西南—东北走向，保存差。墙体石块塌落严重，附近杂草、灌木丛生，顶部被利用为山路，墙体低矮呈土垄状。墙体顶宽 0.94、东侧残高 0.35 ~ 0.56、西侧残高 0.55 ~ 1.56 米。

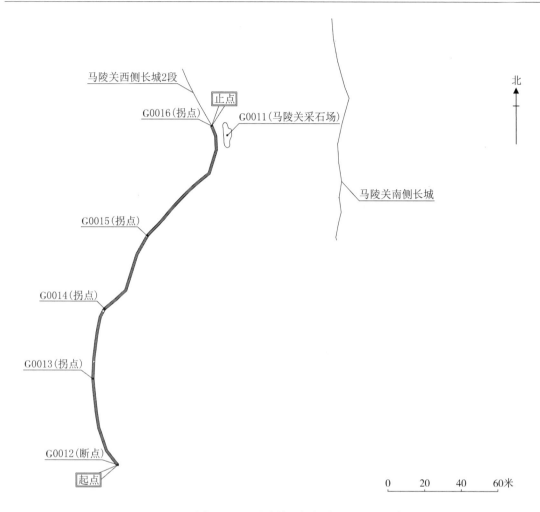

图六二四　马陵关西侧长城 1 段走向示意图

第 4 小段：G0015（拐点）—G0016（止点、拐点），长 50.15 米，西南—东北走向，保存差。墙体石块塌落严重，附近杂草、灌木丛生，顶部被利用为山路，墙体低矮呈土垄状。墙体顶宽 1.07、东侧残高 0.4～0.6、西侧残高 0.6～1.5 米。墙体北接马陵关西侧长城 2 段。

墙体整体保存差。石块塌落严重，低矮呈土垄状，附近杂草、灌木丛生，顶部被利用为山路。自然因素是墙体受到破坏的主要原因，包括风雨侵蚀、山体滑坡和植物生长等。因为墙体在较陡峭的山坡上修建，植物生长等更容易使墙体石块塌落。由于山坡陡峭，附近村民把长城墙体顶部利用为山路，长期行走使墙体石块不断塌落。

2. 马陵关西侧长城 2 段

起点位于河北省邢台县宋家庄乡明水掌村西北 1.6 千米处，高程 1170 米；止点位于明水掌村西北 1.6 千米处，高程 1164 米。大致呈东南—西北走向。全长 101.48 米，其中保存一般 35.41、差 59.07、消失 7 米。墙体为石墙，土石混筑，两侧用形状不一、大小不等的石块垒砌，宽 0.5 米；中间填以碎石泥土，宽 1.2 米，石块间以白灰勾缝。墙体顶部西侧残存垛口墙，垛口墙构筑方式与墙体一致。墙体建在山坡上，两侧高度不等，西侧高于东侧。现存墙体剖面大致呈不规则梯形，底宽多不足 4.32、顶宽 0.86～2.6、残高 0.37～4.2 米。本段长城南接马陵关西侧长城 1 段，北连马陵关西侧长城 3 段

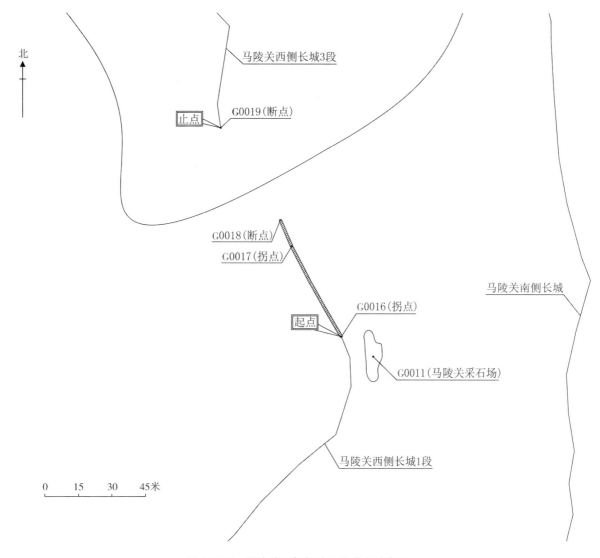

图六二五　马陵关西侧长城 2 段走向示意图

（图六二五；彩图一〇九九、一一〇〇）。

本段墙体共测 GPS 点 4 个（G0016～G0019），可分为 3 小段，分述如下。

第 1 小段：G0016（起点、拐点）—G0017（拐点），长 59.07 米，东南—西北走向。墙体保存差，石块塌落严重，附近杂草、灌木丛生，墙体低矮呈土垄状。墙体顶宽 0.86～1.78、残高 0.37～1.61 米。

第 2 小段：G0017（拐点）—G0018（断点），长 35.41 米，东南—西北走向。墙体保存一般，石块有所塌落，附近杂草、灌木丛生。墙体顶部西侧残存垛口墙。墙体顶宽 0.93～2.6、东侧残高 1.5～2.66、西侧通高 2.16～4.2 米，垛口墙宽 0.4、残高 0.2～1.03 米。墙体在 G0018（断点）处被小路截断，剖面呈梯形，底宽 4.32、顶宽 2.6、残高 2.84 米（图六二六）。墙体顶部西侧内收 0.17 米有垛口墙，宽 0.4、残高 0.73 米（彩图一一〇一）。

第 3 小段：G0018（断点）—G0019（止点、断点），长 7 米，东南—西北走向，墙体被小路截断而消失。

墙体整体保存差。自然因素是墙体受到破坏的主要原因，包括风雨侵蚀、山体滑坡和植物生长等。墙体东侧有农田，人类农业生产活动对墙体构成一定影响。

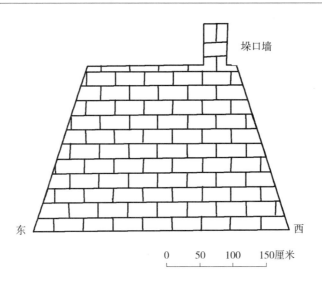

图六二六 马陵关西侧长城 2 段 G0018（断点）处墙体剖面图

3. 马陵关西侧长城 3 段

起点位于河北省邢台县宋家庄乡明水掌村西北 1.6 千米处，高程 1164 米；止点位于明水掌村西北 1.75 千米处，高程 1179 米。大致呈东南—西北走向。全长 156.69 米，其中保存一般 78、较差 78.69 米。墙体为石墙，土石混筑，两侧用形状不一、大小不等的石块垒砌，宽 0.5 米；中间填以碎石泥土，宽 1.2 米，石块间以白灰勾缝。墙体顶部西侧残存垛口墙，垛口墙构筑方式与墙体一致。墙体建在山坡上，两侧高度不等，西侧高于东侧。现存墙体剖面大致呈不规则梯形，顶宽 0.93 ~ 1.74、残高 0.38 ~ 3.68 米。本段长城南接马陵关西侧长城 2 段（图六二七；彩图一〇九九、一一〇〇）。

本段墙体共测 GPS 点 3 个（G0019 ~ G0021），可分为 2 小段，分述如下。

第 1 小段：G0019（起点、断点）—G0020（拐点），长 78 米，南—北走向，保存一般。墙体石块有所塌落，附近杂草、灌木丛生。墙体顶部西侧残存垛口墙。墙体顶宽 1.74、东侧残高 2.37 ~ 2.63、西侧通高 1.62 ~ 3.68 米，垛口墙宽 0.36、残高 0.15 ~ 0.97 米。G0019（起点、断点）墙体被小路截断，可见墙体剖面，呈梯形，底宽 4.3、顶宽 2.5、残高 2.9 米。墙体顶部西侧有垛口墙，宽 0.4、残高 0.2 ~ 0.67 米（彩图一一〇二、一一〇三）。

第 2 小段：G0020（拐点）—G0021（止点、断点），长 78.69 米，东南—西北走向，保存较差。墙体石块塌落严重，附近杂草、灌木丛生。墙体顶宽 0.93 ~ 1.7 米，东侧淤积了大量被雨水从山上冲刷下来的泥土，残高 0.5 ~ 0.15、西侧残高 0.38 ~ 3.03 米。墙体在 G0021（止点、断点）处与悬崖相接。

墙体整体保存较差。自然因素是墙体受到破坏的主要原因，包括风雨侵蚀、山体滑坡和植物生长等。

4. 马陵关南侧长城

起点位于河北省邢台县宋家庄乡明水掌村西 1.4 千米处，高程 1246 米；止点位于明水掌村西北 1.5 千米处，高程 1170 米。大致呈南—北走向。全长 291.17 米，其中保存一般 146.24、差 144.93 米。墙体为石墙，土石混筑，两侧用形状不一、大小不等的石块垒砌，宽 0.4 米；中间填以碎石泥土，宽 0.95 米，石块间以白灰勾缝。墙体顶部东侧残存垛口墙，垛口墙构筑方式与墙体一致。墙体沿山脊修建，两侧高度不等，东侧高于西侧。现存墙体剖面大致呈不规则梯形，顶宽 0.34 ~ 1.45、东侧残高

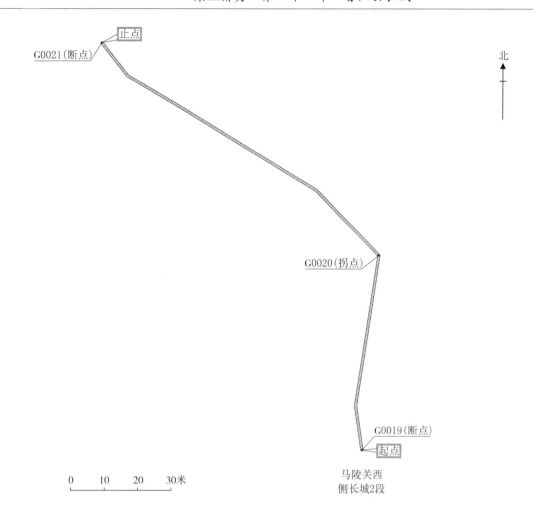

图六二七　马陵关西侧长城 3 段走向示意图

0.15 ~ 1.95、西侧残高 0.09 ~ 1.6 米（彩图一一〇四）。本段长城北经马陵关关门与马陵关北侧长城 1 段相接，G0010（起点、断点）西南距马陵关西侧长城 1 段 G0012（起点、断点）0.202 千米（图六二八）。

　　本段墙体共测 GPS 点 9 个（G0003 ~ G0010、G0023），可分为 8 小段，分述如下。

　　第 1 小段：G0010（起点、断点）—G0009（拐点），长 22.84 米，南—北走向，保存差。墙体石块塌落严重，顶部及两侧杂草丛生。墙体顶宽 0.34 ~ 0.61、残高 0.09 ~ 0.23 米。G0010（起点、断点）处墙体与悬崖相接，西南距马陵关西侧长城 1 段 G0012（起点、断点）0.202 千米。

　　第 2 小段：G0009（拐点）—G0008（拐点），长 39.71 米，南—北走向，保存差。墙体石块塌落严重，顶部及两侧杂草丛生。墙体顶宽 0.45 ~ 0.75、东侧残高 0.15 ~ 0.37、西侧残高 0.17 ~ 0.42 米。

　　第 3 小段：G0008（拐点）—G0007（拐点），长 51.41 米，南—北走向，保存差。墙体石块塌落严重，顶部及两侧杂草丛生。墙体顶宽 0.64 ~ 1.45、东侧残高 0.25 ~ 0.85、西侧残高 0.32 ~ 0.78 米。

　　第 4 小段：G0007（拐点）—G0006（拐点），长 21.9 米，东南—西北走向，保存差。墙体石块塌落严重，顶部及两侧杂草丛生。墙体顶宽 1.05、东侧残高 0.4、西侧残高 0.2 米。

　　第 5 小段：G0006（拐点）—G0005（拐点），长 9.07 米，东南—西北走向，保存差。墙体石块塌落严重，顶部及两侧杂草丛生。墙体顶宽 1.07、东侧残高 0.42、西侧残高 0.23 米。

　　第 6 小段：G0005（拐点）—G0004（拐点），长 14.73 米，东南—西北走向，保存一般。墙体顶

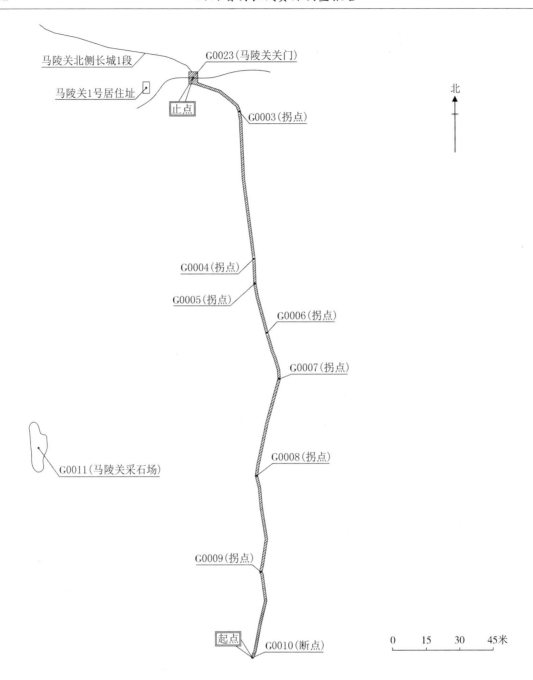

图六二八　马陵关南侧长城走向示意图

部东侧残存垛口墙。墙体顶宽 1.2、东侧通高 0.9、西侧残高 0.55 米，垛口墙宽 0.4、残高 0.58～0.71 米（彩图一一〇五）。

第 7 小段：G0004（拐点）—G0003（拐点），长 111.63 米，东南—西北走向，保存一般。墙体顶部东侧残存垛口墙。墙体顶宽 1.25、东侧通高 1.2～1.95、西侧残高 0.12～1.23 米，垛口墙宽 0.4、残高 0.58～0.71 米（彩图一一〇六）。

第 8 小段：G0003（拐点）—G0023（止点、马陵关关门），长 19.88 米，东南—西北走向，保存一般。墙体石块局部塌落。墙体顶宽 1.2、东侧残高 1.75、西侧残高 1.6 米。马陵关南侧长城与马陵关关门南壁相接，马陵关北侧长城 1 段与马陵关关门北壁相接。

墙体整体保存较差。自然因素是墙体受到破坏的主要原因，包括风雨侵蚀、山体滑坡和植物生长等。因墙体多靠悬崖绝壁修建，植物生长等更容易使墙体石块塌落。第7、8小段西侧有耕地，人类农业生产活动对墙体保存构成一定影响。

5. 马陵关北侧长城1段

起点位于河北省邢台县宋家庄乡明水掌村西北1.5千米处，高程1170米；止点位于明水掌村西北1.6千米处，高程1212米。大致呈东南—西北走向。全长139米，其中保存一般58、较差81米。墙体为石墙，土石混筑，两侧用形状不一、大小不等的石块垒砌，宽0.5米；中间填以碎石泥土，宽1.2米，石块间以白灰勾缝。墙体顶部东侧残存垛口墙，垛口墙构筑方式与墙体一致。墙体沿山脊修建，两侧高度不等，东侧高于西侧。现存墙体剖面大致呈不规则梯形，顶宽0.7~2.05、残高1.2~3.69米。本段长城南经马陵关关门接马陵关南侧长城，西北连马陵关北侧长城2段，北连马陵关北侧长城3段。马陵关北侧1号敌台位于墙体上，系马陵关北侧长城1段止点。马陵关1号居住址位于墙体西侧，东距G0023（起点、马陵关关门）0.01千米。马陵关2号居住址倚墙而建位于墙体西侧（图六二九；彩图一一〇七、一一〇八）。

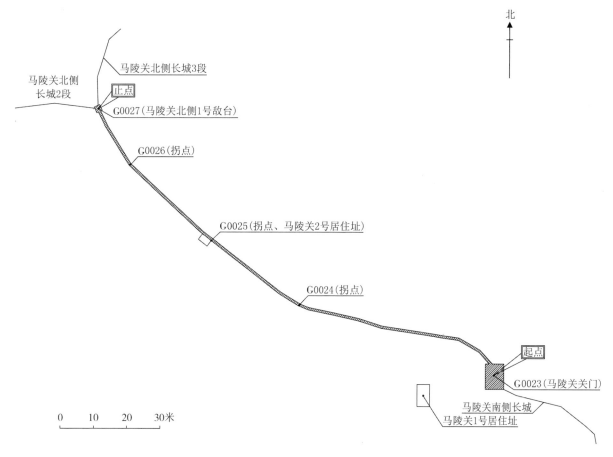

图六二九　马陵关北侧长城1段走向示意图

本段墙体共测GPS点5个（G0023~G0027），可分为4小段，分述如下。

第1小段：G0023（起点、马陵关关门）—G0024（拐点），长58米，东南—西北走向，保存一般。墙体石块有所坍塌脱落，顶部及周围长满杂草灌木。墙体顶部东侧残存垛口墙。墙体顶宽1.5~2.05、东侧通高 1.83 ~ 3.69、西侧残高 1.3 ~ 2.28 米，垛口墙宽 0.4、残高 0.1 ~ 0.84 米（彩图一一○九）。

第 2 小段：G0024（拐点）—G0025（拐点、马陵关 2 号居住址），长 25.4 米，东南—西北走向，保存较差。墙体石块坍塌脱落严重，顶部及周围长满杂草灌木。墙体顶宽 1.45 ~ 2.03、东侧残高 1.87 ~ 3.08、西侧残高 0.97 ~ 2.88 米。

第 3 小段：G0025（拐点、马陵关 2 号居住址）—G0026（拐点），长 17.6 米，东南—西北走向，保存较差。墙体石块坍塌脱落严重，顶部及周围长满杂草灌木。墙体顶宽 1.3 ~ 1.9、东侧残高 1.6 ~ 2.9、西侧残高 0.7 ~ 1.8 米。

第 4 小段：G0026（拐点）—G0027（止点、马陵关北侧 1 号敌台），长 38 米，东南—西北走向，保存较差。墙体石块坍塌脱落严重，顶部及周围长满杂草灌木。墙体顶宽 0.7 ~ 1.3、东侧残高 1.2 ~ 2.6、西侧残高 0.5 ~ 1.2 米。G0027（止点、马陵关北侧 1 号敌台）处马陵关北侧长城 1 段北接马陵关北侧长城 3 段，西北接马陵关北侧长城 2 段。

墙体整体保存较差。自然因素是墙体受到破坏的主要原因，包括风雨侵蚀、山体滑坡和植物生长等。

6. 马陵关北侧长城 2 段

起点位于河北省邢台县宋家庄乡明水掌村西北 1.6 千米处，高程 1212 米；止点位于明水掌村西北 1.63 千米处，高程 1207 米。大致呈东—西走向。全长 28 米，保存差。墙体为石墙，土石混筑，两侧用形状不一、大小不等的石块垒砌，宽 0.3 米；中间填以碎石泥土，宽 0.7 米，石块间以白灰勾缝。现存墙体剖面大致呈不规则梯形，顶宽 0.93 ~ 1.74、残高 0.38 ~ 3.68 米。本段长城起点处东南接马陵关北侧长城 1 段，东北接连马陵关北侧长城 3 段（彩图一一○七）。马陵关北侧 1、2 号敌台位于墙体上，分别系起止点（图六三○）。

本段墙体共测 GPS 点 2 个（G0027 ~ G0030），仅 1 小段，叙述如下。

G0027（起点、马陵关北侧 1 号敌台）—G0030（止点、马陵关北侧 2 号敌台），长 28 米，东—西走向，保存差。墙体石块坍塌脱落严重，顶部及周围长满杂草灌木。墙体低矮仅存痕迹，顶宽 0.9 ~ 1.3、残高 0.1 ~ 0.37 米。

墙体整体保存差。自然因素是墙体受到破坏的主要原因，包括风雨侵蚀、山体滑坡和植物生长等。因为墙体在较陡的山坡修建，风雨侵蚀和山体滑坡对墙体的损毁最大，植物生长对墙体构成一定破坏。

7. 马陵关北侧长城 3 段

起点位于河北省邢台县宋家庄乡明水掌村西北 1.6 千米处，高程 1212 米；止点位于明水掌村西北 1.7 千米处，高程 1294 米。大致呈南—北走向。全长 147 米，其中保存较差 24、差 123 米。墙体为石墙，土石混筑，两侧用形状不一、大小不等的石块垒砌，宽 0.3 米；中间填以碎石泥土，宽 1.8 米，石块间以白灰勾缝。因山势险峻，沿山体悬崖顶部仅建有低矮的石墙或利用自然山石形成墙体，山石形状较大且不规整。现存墙体剖面大致呈不规则梯形，顶宽 1.42、残高 0.2 ~ 2.94 米。本段长城起点处南接马陵关北侧长城 1 段、西南接连马陵关北侧长城 2 段，止点处北连马陵关北侧长城 4 段（参见彩图一一○七）。马陵关北侧 1、3、4 号敌台位于墙体上，马陵关北侧 1 号敌台系起点，马陵关北侧 4 号敌台系止点（图六三一）。

本段墙体共测 GPS 点 5 个（G0027、G0031 ~ G0034），可分为 4 小段，分述如下。

第 1 小段：G0027（起点、马陵关北侧 1 号敌台）—G0031（拐点），长 48 米，西南—东北走向，保存差。

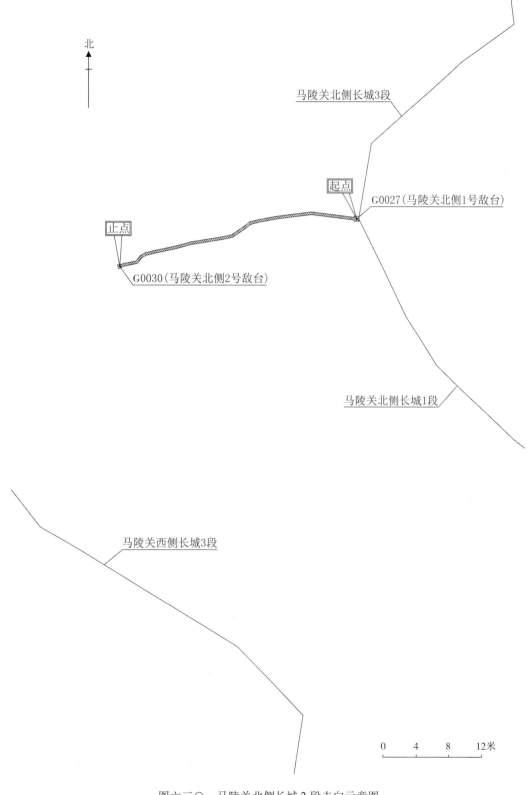

图六三〇　马陵关北侧长城 2 段走向示意图

第 2 小段：G0031（拐点）—G0032（拐点），长 37 米，南—北走向，保存差。

第 3 小段：G0032（拐点）—G0033（马陵关北侧 3 号敌台），长 38 米，东南—西北走向，保存差。

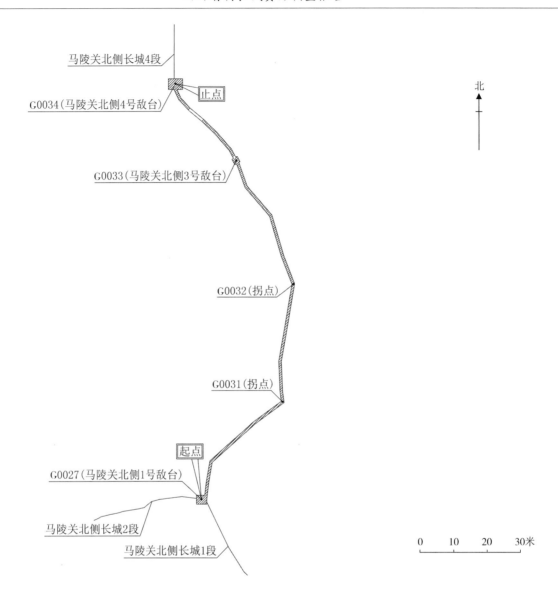

图六三一　马陵关北侧长城3段走向示意图

　　第4小段：G0033（拐点）—G0034（止点、马陵关北侧4号敌台），长24米，东南—西北走向，保存较差。墙体沿山脊修筑，土石混筑，石块坍塌脱落。墙体顶宽1.42、多数段残高0.2～0.4、靠近马陵关北侧4号敌台的墙体段残高2.94米。墙体及附近杂草、灌木丛生（彩图一一○）。

　　墙体整体保存差。自然因素是墙体受到破坏的主要原因，包括风雨侵蚀、山体滑坡和植物生长等。

8. 马陵关北侧长城4段

　　起点位于河北省邢台县宋家庄乡明水掌村西北1.7千米处，高程1294米；止点位于明水掌村北2.8千米处，高程1513米。大致呈西南—东北走向。全长1331米，保存较好。本段长城为山险，利用自然山体构成防御体系。本段长城南接马陵关北侧长城3段（图六三二；彩图一一○七）。

　　本段墙体共测GPS点7个（G0034、G0036～G0038、G0039～G0041），可分为6小段，分述如下。

　　第1小段：G0034（起点、马陵关北侧4号敌台）—G0036（拐点），长366米，西南—东北走向，保存较好。山体杂草灌木丛生。山体悬崖顶部有近代军阀混战时期修筑的封锁墙，土石混筑而成，顶

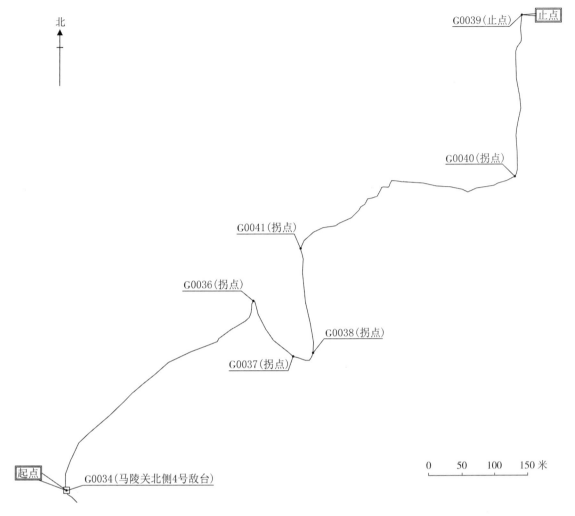

图六三二　马陵关北侧长城4段走向示意图

宽 0.87~1.12、残高 0.2~0.35 米。G0036（拐点）附近有一座石砌建筑，平面呈半圆形，系近代军阀混战时期修筑。

第2小段：G0036（拐点）—G0037（拐点），长99米，西北—东南走向，保存较好。

第3小段：G0037（拐点）—G0038（拐点），长35米，西—东走向，保存较好。

第4小段：G0038（拐点）—G0041（拐点），长154米，南—北走向，保存较好。

第5小段：G0041（拐点）—G0040（拐点），长468米，西南—东北走向，保存较好。山体杂草、灌木丛生。山体悬崖顶部有近代军阀混战时期修筑的封锁墙，为土石混筑而成，顶宽 0.76~1.27、残高 0.12~0.48 米。G0040（拐点）附近有一座石砌建筑，平面呈矩形，系近代军阀混战时期修筑。

第6小段：G0040（拐点）—G0039（止点），长209米，南—北走向，保存较好。山体杂草、灌木丛生。山体悬崖顶部有近代军阀混战时期修筑的封锁墙，土石混筑而成，顶宽 0.67~1.69、残高 0.17~0.65 米。

墙体整体保存较好。马陵关建于白羊山余脉的一处峪口，地势险要。马陵关南侧长城和马陵关北侧长城1、3、4段，沿马陵关南北两侧的山西、河北省交界的山脊分布；马陵关北侧长城2段东与马陵关北侧长城1、3段相接，马陵关西侧长城1~3段位于马陵关西侧山西省一侧的山坡上。长城墙体所在区域地形为中低山区、丘陵及山间盆地相间分布，山地丘陵地貌，地表主要为黄土。长城一线植被以草本植物和灌木植物群落为主。

马陵关无人居住。近年来，曾有商人尝试开发马陵关的长城资源，建有石阶梯等，现废弃，对马陵关的整体风貌有一定影响。从圪塔店村经马陵关至明水掌村有一条山路，是近代前沟通山西和河北两省的重要通道，现荒废。圪塔店村附近有昔阳县 342 县道，明水掌村附近有河北省 333 省道。

9. 里沙瑶村东南侧长城 1 段

起点位于孔氏乡里沙瑶村东南 4 千米处，高程 1388 米；止点位于里沙瑶村东南 3.8 千米处，高程 1299 米。大致呈西南—东北走向。全长 204 米，保存差。墙体为石墙，土石混筑，两侧用形状不一、大小不等的石块垒砌，宽 0.25 米；中间填以碎石泥土，宽 0.5 米。现存墙体剖面大致呈不规则梯形，顶宽 0.65 ~ 1.1、残高 0.1 ~ 0.4 米。本段长城东北接里沙瑶村东南侧长城 2 段（图六三三）。

本段墙体共测 GPS 点 3 个（G0053 ~ G0055），可分为 2 小段，分述如下。

第 1 小段：G0053（起点、断点）—G0054（拐点），长 202 米，西南—东北走向，保存差。墙体石块坍塌脱落严重，多数段仅存地面痕迹，顶部及两侧杂草灌木丛生。墙体顶宽 0.75 ~ 1、残高 0.1 ~ 0.3 米。

第 2 小段：G0054（拐点）—G0055（止点、拐点），长 2 米，西南—东北走向，保存差。墙体石块坍塌脱落严重，多数段仅存地面痕迹，顶部及两侧杂草灌木丛生。墙体顶宽 0.65 ~ 1.1、残高 0.15 ~ 0.4 米。

墙体整体保存差。自然因素是墙体受到破坏的主要原因，包括风雨侵蚀、山体滑坡和植物生长等。墙体西侧有一条现代山路，西侧山岭上有一处现代采石场，对长城保护影响不利。

10. 里沙瑶村东南侧长城 2 段

起点位于孔氏乡里沙瑶村东南 3.8 千米处，高程 1299 米；止点位于里沙瑶村东南 3.7 千米处，高程 1273 米。大致呈西南—东北走向。全长 78 米，保存差。墙体为石墙，土石混筑，两侧用形状不一、大小不等的石块垒砌，中间填以碎石泥土，填土几乎无存。墙体沿山脊修建，两侧高度不等，东侧高于西侧。现存墙体剖面大致呈不规则梯形，顶宽 0.52 ~ 1.4、残高 0.15 ~ 0.9 米。本段长城西南接里沙瑶村东南侧长城 1 段，东北连里沙瑶村东南侧长城 3 段（图六三四）。

本段墙体共测 GPS 点 3 个（G0055 ~ G0057），可分为 2 小段，分述如下。

第 1 小段：G0055（起点、拐点）—G0056（拐点），长 48 米，西南—东北走向，保存差。墙体石块坍塌脱落严重，散落两侧，墙体低矮，填土几乎无存。墙体两侧杂草丛生。墙体顶宽 0.52 ~ 1.2、东侧残高 0.23 ~ 0.85、西侧残高 0.15 ~ 0.4 米。G0056（拐点）东南 2.6 米处有一座石砌建筑遗迹，平面呈矩形，边长 1.2、残高 0.6 米，性质不详。

第 2 小段：G0056（拐点）—G0057（止点、断点），长 30 米，西南—东北走向，保存差。墙体石块坍塌脱落严重，散落两侧，墙体低矮，填土几乎无存。墙体两侧杂草丛生。墙体顶宽 0.65 ~ 1.4、东侧残高 0.3 ~ 0.9、西侧残高 0.2 ~ 0.4 米。G0057（止点、断点）南侧墙体被小路截断，形成宽 9 米的豁口。

墙体整体保存差。自然因素是墙体受到破坏的主要原因，包括风雨侵蚀、山体滑坡和植物生长等；人为因素主要是墙体被小路截断。

11. 里沙瑶村东南侧长城 3 段

起点位于孔氏乡里沙瑶村东南 3.7 千米处，高程 1273 米；止点位于里沙瑶村东南 3.4 千米处，高

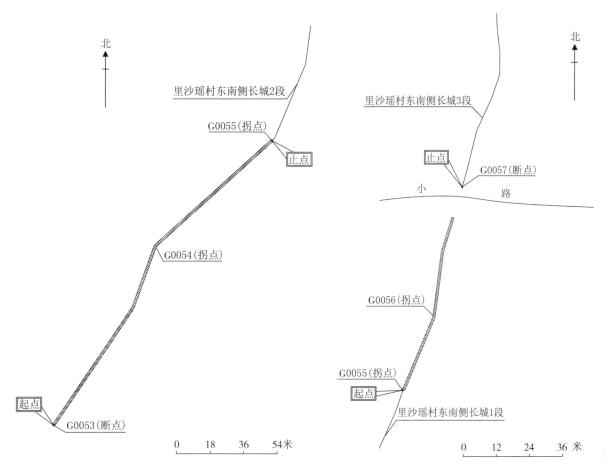

图六三三　里沙瑶村东南侧长城 1 段走向示意图　　　　图六三四　里沙瑶村东南侧长城 2 段走向示意图

程 1313 米。大致呈南—北走向。全长 380 米，其中保存较差 106、差 274 米。墙体为石墙，土石混筑，两侧用形状不一、大小不等的石块垒砌，中间填以碎石泥土。墙体沿山脊修建，两侧高度不等，东侧高于西侧。现存墙体剖面大致呈不规则梯形，顶宽 0.6～1.35、残高 0.2～1.25 米。本段长城西南接里沙瑶东南侧长城 2 段（图六三五）。

本段墙体共测 GPS 点 5 个（G0057、G0059～G0062），可分为 4 小段，分述如下。

第 1 小段：G0057（起点、断点）—G0059（拐点），长 93 米，西南—东北走向，保存较差。墙体石块坍塌脱落严重，顶部及两侧长有茂密的草木。墙体顶宽 0.87～1.35、东侧残高 0.35～1.25、西侧残高 0.3～0.98 米。墙体上残存一个射孔，呈矩形，边长 0.15、距地面 0.35 米（彩图一一一、一一一二）。

第 2 小段：G0059（拐点）—G0060（拐点），长 13 米，南—北走向，保存较差。墙体石块坍塌脱落严重，顶部及两侧长有茂密的草木。墙体顶宽 0.8～1.25、东侧残高 0.3～1.2、西侧残高 0.3～0.8 米。G0060（拐点）处有一座现代山神庙，倚墙而建位于墙体西侧，庙内供奉一尊石制山神像。

第 3 小段：G0060（拐点）—G0062（拐点），长 123 米，东南—西北走向，保存差。墙体位于茂密的树林中，墙体石块受草木生长等自然因素的影响坍塌脱落严重。墙体顶宽 0.62～0.96、东侧残高 0.35～0.8、西侧残高 0.3～0.75 米。

第 4 小段：G0062（拐点）—G0061（止点、断点），长 151 米，西南—东北走向，保存差。墙体位于茂密的树林中，墙体石块受草木生长等自然因素的影响坍塌脱落严重。墙体顶宽 0.6～0.9、东侧

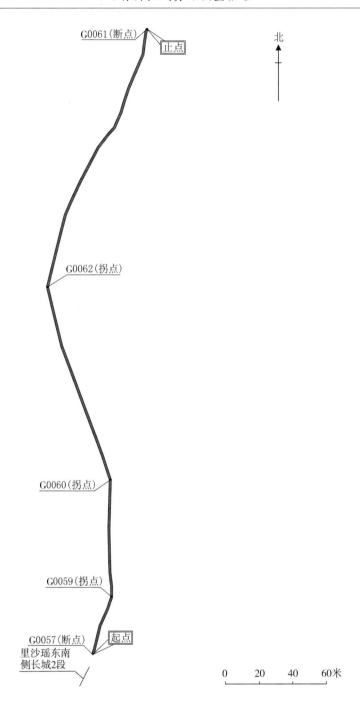

图六三五　里沙瑶村东南侧长城 3 段走向示意图

残高 0.3 ~ 0.7、西侧残高 0.2 ~ 0.5 米。G0061（止点、断点）处墙体与狼尾巴垴的悬崖绝壁相接。

墙体整体保存差。自然因素是墙体受到破坏的主要原因，包括风雨侵蚀、山体滑坡和植物生长等；人为因素主要是利用墙体修建山神庙。

12. 里沙瑶村东侧长城

起点位于孔氏乡里沙瑶村东 1.25 千米处，高程 1184 米；止点位于里沙瑶村东 1.26 千米处，高程 1185 米。大致呈南—北走向。全长 128.8 米，其中保存差 126.7、消失 2.1 米。墙体为石墙，土石混

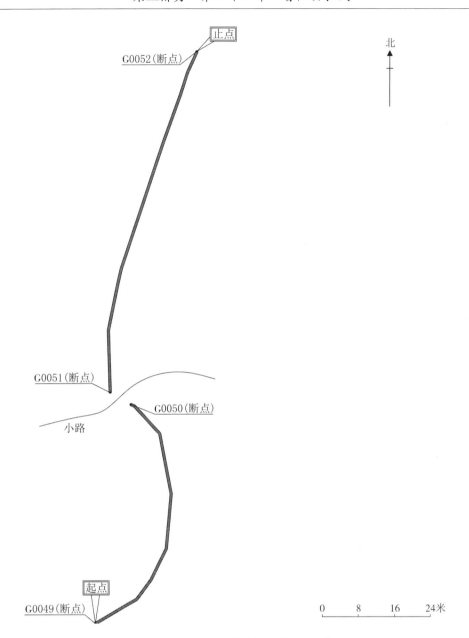

图六三六　里沙瑶村东侧长城走向示意图

筑，两侧用形状不一、大小不等的石块垒砌，中间填以碎石泥土，填土几乎无存。墙体两侧高度不等，西侧高于东侧。现存墙体剖面大致呈不规则梯形，顶宽 0.9～1.18、残高 0.1～0.7 米。本段长城 G0049（起点、断点）西南距里沙瑶村东南侧长城 3 段 G0061（止点、断点）1.6 千米（图六三六）。

　　本段墙体共测 GPS 点 4 个（G0049～G0052），可分为 3 小段，分述如下。

　　第 1 小段：G0049（起点、断点）—G0050（断点），长 83.7 米，东南—西北走向，保存差。墙体石块坍塌脱落严重，顶部及两侧长有茂密的草木。墙体顶宽 0.95～1.18、东侧残高 0.1～0.23、西侧残高 0.32～0.7 米。

　　第 2 小段：G0050（断点）—G0051（断点），长 2.1 米，南—北走向，墙体被小路截断而消失。

　　第 3 小段：G0051（断点）—G0052（止点、断点），长 43 米，西南—东北走向，保存差。墙体石块坍塌脱落严重，顶部及两侧长有茂密的草木。墙体顶宽 0.9～1.05、东侧残高 0.1～0.2、西侧残高

0.3～0.6 米。G0052（止点、断点）处墙体与里沙瑶村庙沿岭的悬崖绝壁相接。

墙体整体保存差。自然因素是墙体受到破坏的主要原因，包括风雨侵蚀、山体滑坡和植物生长等；人为因素主要是墙体被小路截断。

里沙瑶村东南侧长城 1～3 段位于里沙瑶村东南川北垴与狼尾巴垴之间的山梁上，里沙瑶村东侧长城位于里沙瑶村东庙沿岭的山梁上，两段长城之间为群山密林。

里沙瑶村正在开发"北方九寨沟"旅游项目，在《里沙瑶景区示意图》中已将附近长城资源规划为"长城岭"景点，目前游人稀少。长城附近有山路连接山西与河北两省的村庄，里沙瑶村有县乡公路与外界相通。

13. 刀把口村东侧长城 4 段

起点位于孔氏乡刀把口村东 2.75 千米处，高程 1069 米；止点位于刀把口村东 2.8 千米处，高程 1065 米。大致呈西南—东北走向。全长 85 米，其中保存较差 32、差 53 米。墙体为石墙，土石混筑，两侧用石块垒砌，中间填以碎石泥土。墙体顺山脊修建，两侧高度不等，西侧高于东侧。现存墙体剖面大致呈不规则梯形，顶宽 0.5～2.3、残高 0.2～1.65 米。本段长城 G0075（止点、断点）东北距刀把口村东侧长城 3 段 G0072（起点、断点）0.297 千米。刀把口村东侧烽火台位于墙体西北侧，东南距 G0075（止点、断点）0.19 千米（图六三七）。

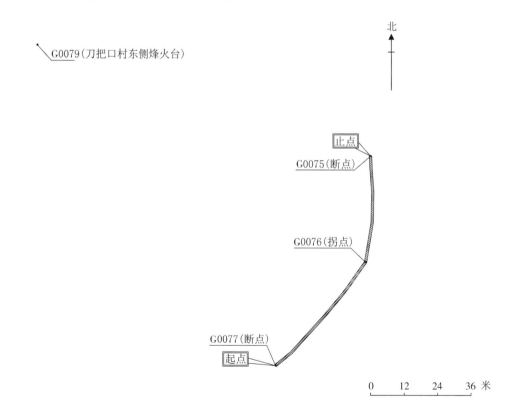

图六三七　刀把口村东侧长城 4 段走向示意图

本段墙体共测 GPS 点 3 个（G0075～G0077），可分为 2 小段，分述如下。

第 1 小段：G0077（起点、断点）—G0076（拐点），长 53 米，西南—东北走向，保存差。墙体石块坍塌脱落严重，多数段仅留地面痕迹，顶部和两侧杂草丛生。墙体顶宽 0.5、东侧残高多不足 0.3、西侧残高 0.67~1.68 米。G0077（起点、断点）处有凸出悬崖的天然石台，视野开阔。

第 2 小段：G0076（拐点）—G0075（止点、断点），长 32 米，南—北走向，保存较差。墙体石块坍塌脱落严重，顶部和两侧杂草丛生。墙体顶宽 1.7~2.3、东侧残高 1.1~1.55 米、西侧残高 0.8~1.65 米。墙体西侧山坡上有一座石砌建筑遗迹，平面呈矩形，东西 1.85、南北 2.8、围墙残高 0.6~1.7 米，性质不详。

墙体整体保存差。自然因素是墙体受到破坏的主要原因，包括风雨侵蚀、山体滑坡和植物生长等。

14. 刀把口村东侧长城 3 段

起点位于孔氏乡刀把口村东 3.26 千米处，高程 1035 米；止点位于刀把口村东 3.25 千米处，高程 1035 米。大致呈东—西走向。全长 13.47 米，保存较差。墙体为石墙，土石混筑，两侧用石块垒砌，宽 0.4~1.15 米；中间填以碎石泥土，宽 0.15~4 米。G0072（起点、断点）处墙体底部南侧利用自然巨石作为基础。墙体底部有排水孔道。现存墙体剖面大致呈不规则梯形，G0072（起点、拐点）处墙体底宽 6.3、顶宽 3.9、残高 8.6 米（彩图一一一三）。本段长城西接刀把口村东侧长城 2 段，G0072（起点、断点）西南距刀把口村东侧长城 4 段 G0075（止点、断点）0.297 千米（图六三八）。

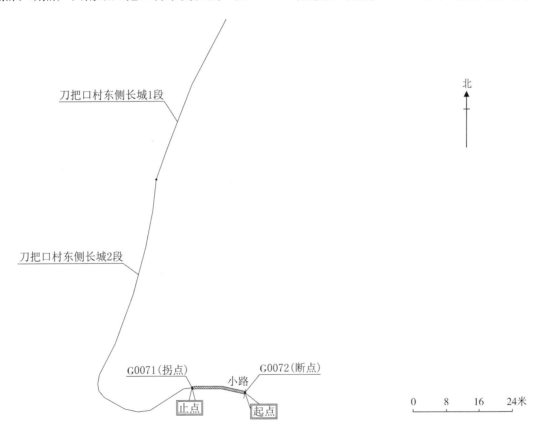

图六三八　刀把口村东侧长城 3 段走向示意图

本段墙体共测 GPS 点 2 个（G0071、G0072），仅 1 小段，叙述如下。

G0072（起点、断点）—G0071（止点、拐点），长 13.47 米，东—西走向，保存较差。墙体遭洪水冲毁，仅起止点处存较高大宽阔的墙体，中间部分仅存地面痕迹，乱石遍布。墙体底部有排水孔道痕迹，东距起点 7.6 米，长 6.3、宽 0.95、高 1.05 米。排水孔道底部为基岩，两侧用条石垒砌，顶部覆盖大石板，最大一块长 123、宽 102、厚 25 厘米。排水孔道被碎石、淤泥封堵。G0072（起点、断点）东侧与墙体顶部齐平有一条小路，宽 3 米；墙体隔小路与水洼梁（又名虎寨岭）相接（彩图一一一四）。

　　墙体整体保存较差，遭洪水冲毁，仅起止点处存较高大宽阔的墙体，中间部分仅存地面痕迹，乱石遍布。村民养殖鱼虾将排水孔道封堵。墙体东侧有一条小路，对长城保护有不利影响。

15. 刀把口村东侧长城 2 段

　　起点位于孔氏乡刀把口村东 3.25 千米处，高程 1035 米；止点位于刀把口村东 3.3 千米处，高程 1064 米。大致呈东南—西北走向。全长 63.51 米，其中保存较差 16.4、差 47.11 米。墙体为石墙，土石混筑，两侧用石块垒砌，宽 0.3~0.5 米；中间填以碎石泥土，宽 1.2~2 米。墙体顶部覆盖形状大小不一的石板。墙体顺山坡修建，两侧高度不等，南、西侧高于北侧、东侧。墙体剖面大致呈不规则梯形，顶宽 1.2~3.2、残高 0.12~2.2 米。本段长城东接刀把口村东侧长城 3 段，东北连刀把口村东侧长城 1 段。刀把口村东侧敌台位于墙体上，系刀把口村东侧长城 2 段止点、刀把口村东侧长城 1 段起点（图六三九）。

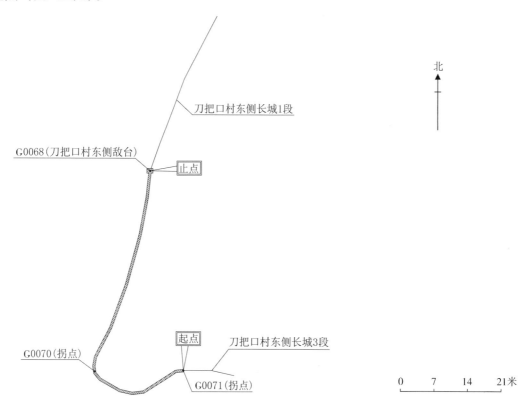

图六三九　刀把口村东侧长城 2 段走向示意图

　　本段墙体共测 GPS 点 3 个（G0068、G0070、G0071），可分为 2 小段，分述如下。

　　第 1 小段：G0071（起点、拐点）—G0070（拐点），长 47.11 米，东—西走向，保存差。墙体顶宽 1.2~1.6、南侧残高 0.27~0.85、北侧残高 0.17~0.67 米。

　　第 2 小段：G0070（拐点）—G0068（止点、刀把口村东侧敌台），长 16.4 米，南—北走向，保存较差。墙体顶宽 2.5~3.2、东侧残高 1.2~1.5、西侧残高 1.4~2.2 米。

　　墙体整体保存差，石块坍塌脱落严重，石块散落两侧山坡，墙体较低矮。自然因素是墙体受到破坏的主要原因，包括风雨侵蚀、山体滑坡和植物生长等。

16. 刀把口村东侧长城 1 段

起点位于孔氏乡刀把口村东 3.3 千米处，高程 1064 米；止点位于刀把口村东 3.5 千米处，高程 1122 米。大致呈西南—东北走向。全长 356.38 米，其中保存一般 47.25、较差 309.13 米。墙体为石墙，土石混筑，两侧用形状不一、大小不等的石块垒砌，宽 0.4 米；中间填以碎石泥土，宽 0.75 米。墙体顶部覆盖形状大小不一的石板，顶部西侧残存垛口墙。墙体顺山坡修建，两侧高度不等，西侧高于东侧。墙体剖面大致呈不规则梯形，顶宽 1.15 ~ 1.95、残高 0.27 ~ 2.2 米。本段长城西南接刀把口村东侧长城 2 段。刀把口村东侧敌台位于墙体上，系起点（图六四〇）。

本段墙体共测 GPS 点 6 个（G0063 ~ G0068），可分为 5 小段，分述如下。

第 1 小段：G0068（起点、刀把口村东侧敌台）—G0067（拐点），长 14.53 米，西南—东北走向，保存一般。墙体顶部西侧残存垛口墙。墙体顶宽 1.25、东侧残高 1.3、西侧残高 2.15 米，垛口墙顶宽 0.6、残高 0.6 米，垛口长 0.55、残高 0.35 米。

第 2 小段：G0067（拐点）—G0066（拐点），长 32.72 米，西南—东北走向，保存一般。墙体顶部西侧残存垛口墙。墙体顶宽 1.25、东侧残高 1.35、西侧残高 2.2 米，垛口墙宽 0.6、残高 0.7 米，垛口长 0.55、残高 0.4 米（彩图———五）。G0067（拐点）处有现代石砌羊圈，倚墙而建，位于墙体西侧。

第 3 小段：G0066（拐点）—G0065（拐点），长 232.42 米，西南—东北走向，保存较差。墙体顶宽 1.3 ~ 1.4、东侧残高 0.65 ~ 1.45、西侧残高 0.76 ~ 1.68 米。墙体石块坍塌脱落严重，两侧草木茂密。

第 4 小段：G0065（拐点）—G0064（拐点），长 9.52 米，西南—东北走向，保存较差。墙体顶宽 1.47 ~ 1.78、东侧残高 0.51 ~ 1.16、西侧残高 0.45 ~ 1.27 米。墙体建在坡度较大的山坡上，墙体石块坍塌脱落严重，两侧草木茂密。

第 5 小段：G0064（拐点）—G0063（止点、断点），长 67.19 米，南—北走向，保存较差。墙体顶宽 1.15 ~ 1.95、东侧残高 0.27 ~ 0.93、西侧残高 0.32 ~ 1.17 米。G0063（止点、断点）处墙体与草帽山的悬崖峭壁相接。墙体建在坡度较大的山坡上，墙体石块坍塌脱落严重，两侧草木茂密。

墙体整体保存较差。自然因素是墙体受到破坏的主要原因，包括风雨侵蚀、山体滑坡和植物生长等；人为因素主要是利用墙体修建羊圈。

刀把口村东侧长城 4 段位于刀把口村东小坟垴（又名小狼窝顶）山脊上；刀把口村东侧长城 1 ~ 3 段位于刀把口村东水洼梁（又名虎寨岭）与草帽山之间的山坡上，两端与山体悬崖相接。长城墙体所在区域地貌为山地丘陵，地表主要为黄土。长城一线植被以草本植物和灌木植物群落为主。长城附近有小路连接山西与河北两省村庄，刀把口村有县乡公路与外界相通。

17. 洪甘村南侧长城 2 段

起点位于孔氏乡洪甘村南 1.7 千米处，高程 1079 米；止点位于洪甘村南 1.67 千米处，高程 1078 米。大致呈西—东走向。全长 140.89 米，保存较好。本段长城为山险，利用自然山体构成防御体系。本段长城东北接洪甘村南侧长城 1 段（图六四一）。

本段墙体共测 GPS 点 4 个（G0139、G0142 ~ G0144），可分为 3 小段，分述如下。

第 1 小段：G0144（起点）—G0143（拐点），长 53.63 米，西北—东南走向，保存较好。

第 2 小段：G0143（拐点）—G0142（拐点），长 51.54 米，西北—东南走向，保存较好。

第 3 小段：G0142（拐点）—G0139（止点、材质变化点），长 35.72 米，西南—东北走向，保存较好。

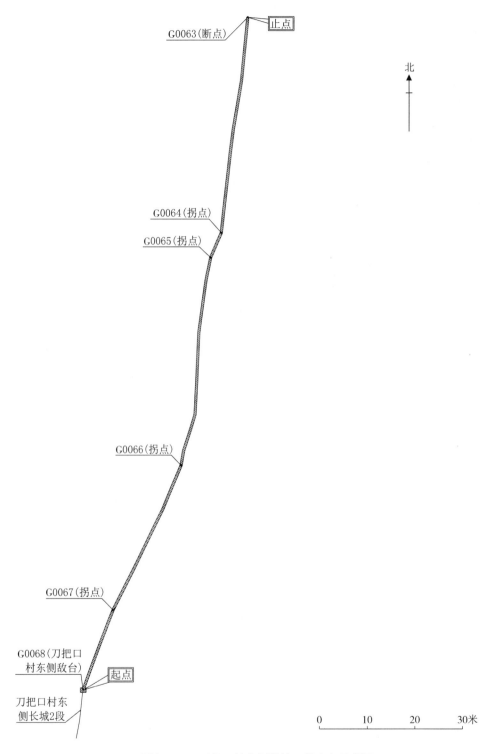

图六四〇　刀把口村东侧长城 1 段走向示意图

18. 洪甘村南侧长城 1 段

起点位于孔氏乡洪甘村南 1.67 千米处，高程 1078 米；止点位于洪甘村南 1.6 千米处，高程 1057 米。大致呈西南—东北走向。全长 151.95 米，其中保存一般 25.35、较差 73.35、差 53.25 米。墙体为

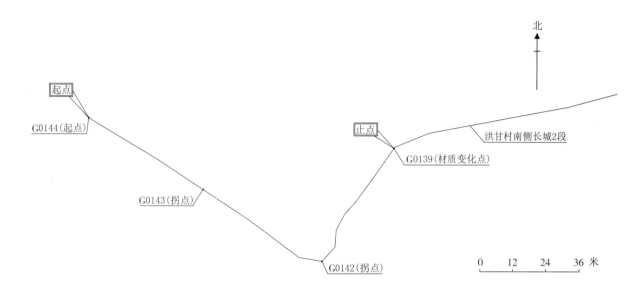

图六四一　洪甘村南侧长城2段走向示意图

石墙，土石混筑，多数段墙体两侧用形状不一、大小不等的石块垒砌，宽 0.15~0.6 米；中间填以碎石泥土，宽 0.3~1.2 米，石块间以白灰勾缝。第 4 小段墙体用石块混合泥土垒砌而成，石块缝隙间填以碎石泥土。第 7 小段墙体两侧用大型规整的条石垒砌，中间填以碎石泥土，条石长 225、宽 70、高 50 厘米，条石间以白灰勾缝，墙体顶部覆盖石板。墙体剖面大致呈不规则梯形，顶宽 0.4~7.15、残高 0.4~5.38 米。本段长城西南接洪甘村南侧长城2段（图六四二）。

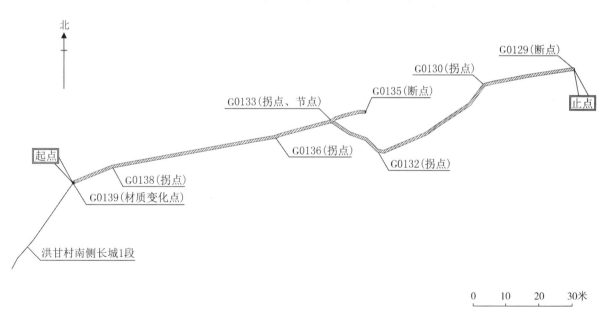

图六四二　洪甘村南侧长城1段走向示意图

本段墙体共测 GPS 点 8 个（G0129、G0130、G0132、G0133、G0135、G0136、G0138、G0139），可分为 7 小段，分述如下。

第 1 小段：G0139（起点、材质变化点）—G0138（拐点），长 17.29 米，西南—东北走向，保存较差。墙体石块坍塌脱落严重，顶部及两侧杂草丛生。墙体顶宽1.62、东侧残高1.58~1.82、西侧残高1.3~1.6米。墙体东南侧紧倚墙体修筑有石墙，石块干垒，顶宽1~2米，修筑时间不详。墙体西北侧有排水沟，距墙体3.5~5米，全长38、宽3.6~4.7、深0.5米。

第2小段：G0138（拐点）—G0136（拐点），长32.51米，西南—东北走向，保存较差。墙体石块坍塌脱落严重，顶部及两侧杂草丛生。G0138（拐点）处墙体顶宽3.22米，多数段墙体顶宽1.4~2.2、残高0.47~0.92米。G0136（拐点）西17米处有现代石砌羊圈。

第3小段：G0136（拐点）—G0133（拐点、节点），长23.55米，西南—东北走向，保存较差。墙体石块坍塌脱落严重，顶部及两侧杂草丛生。墙体顶宽1.87~2.22、残高0.47~0.92米。G0133（拐点、节点）西北15米处有现代石砌羊圈。

第4小段：G0133（拐点、节点）—G0135（断点），长11.01米，西南—东北走向，保存差。墙体石块坍塌脱落严重，顶部及两侧杂草丛生。墙体顶宽0.4、残高0.4~1.6米。墙体在G0133（拐点、节点）处分别向东北和东南方向延伸，东北方向的一支延伸至G0135（断点），东南方向的一支经G0132（拐点）继续向东北延伸。

第5小段：G0133（拐点、节点）—G0132（拐点），长14.64米，西北—东南走向，保存差。墙体石块坍塌脱落严重，顶部及两侧杂草丛生。墙体顶宽0.47~0.76、残高0.4~0.72米。

第6小段：G0132（拐点）—G0130（拐点），长27.6米，西南—东北走向，保存差。墙体仅存地面痕迹，濒临消失，墙体顶部及两侧杂草丛生。

第7小段：G0130（拐点）—G0129（止点、断点），长25.35米，西南—东北走向，保存一般。墙体顶部及两侧杂草灌木丛生。墙体顶宽7.15、南侧残高4、北侧残高1.2~5.38米（彩图一一一六）。G0130（拐点）处墙体南侧顺山势修砌有石质阶梯，残长6.15、宽1.35米。G0129（止点、断点）处墙体有南北向矩形的房屋式建筑，面阔1.35、进深7.15、高1.2米，性质不详（图六四三；彩图一一一七、一一一八）。G0130（拐点）北侧有现代石砌的羊圈。

图六四三　洪甘村南侧长城1段G0130—G0129间墙体南壁立面图

墙体整体保存较差。自然因素是墙体受到破坏的主要原因，包括风雨侵蚀和植物生长等；人为因素主要是拆毁墙体石块修建羊圈。

19. 洪甘村北侧长城

起点位于孔氏乡洪甘村北2.2千米处，高程1101米；止点位于洪甘村北2.4千米处，高程1093米。大致呈西南—东北走向。全长279米，其中保存较好239.86、较差39.14米。墙体为石墙，土石混筑，两侧用形状不一、大小不等的石块垒砌，宽0.31~0.36米；中间填以碎石泥土，宽0.9米。第2、3段系现代新修石墙，用较规整的条石垒砌，条石间以水泥勾缝；墙体顶部覆盖石板，用水泥涂抹

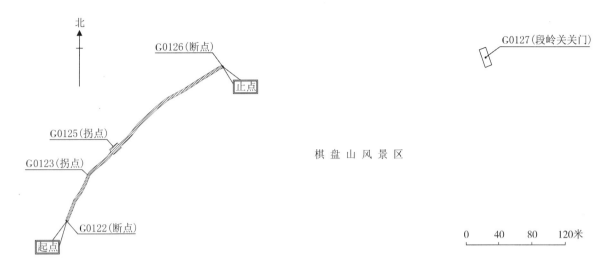

图六四四　洪甘村北侧长城走向示意图

加固。现存墙体剖面大致呈不规则梯形，顶宽 1.5、残高 0.4~0.6 米。段岭关关门位于墙体东侧，西距 G0126（止点、断点）0.45 千米（图六四四）。

本段墙体共测 GPS 点 4 个（G0122、G0123、G0125、G0126），可分为 3 小段，分述如下。

第 1 小段：G0122（起点、断点）—G0123（拐点），长 39.14 米，西南—东北走向，保存较差。墙体石块坍塌脱落严重，顶部及两侧杂草丛生。墙体顶宽 1.5、残高 0.4~0.6 米。G0122（起点、断点）处墙体与棋盘峰绝壁相接。G0123（拐点）处有一座新修敌台。

第 2 小段：G0123（拐点）—G0125（拐点），长 64.05 米，西南—东北走向，保存较好。系现代新修石墙。G0125（拐点）处有新修的关门，关门北侧匾额题 "冀晋锁钥"，南侧匾额题 "太行佛国"（彩图一一九、一一二〇）。

第 3 小段：G0125（拐点）—G0126（止点、断点），长 175.81 米，西南—东北走向，保存较好。系现代新修石墙。G0125（拐点）东北 89 米处有一座新修敌台。G0126（止点、断点）处墙体与佛祖峰绝壁相接（彩图一一九）。

墙体整体保存较好。造成损毁的自然因素主要有风雨侵蚀和植物生长等；人为因素主要是不合理利用与修缮。

洪甘村南侧长城 1、2 段位于洪甘村南掉马洼山梁顶部。洪甘村北侧长城位于洪甘村北棋盘山景区内棋盘峰和佛祖峰之间的峪口，地势险要。长城墙体所在区域为山地丘陵，地表主要为黄土。长城一线植被茂密，覆盖良好，以小型树木，草本植物和灌木植物群落为主。山西省昔阳县孔氏乡洪甘村有简易公路与外界相通，洪甘村北侧长城所在的棋盘山景区与河北省之间有旅游公路。

20. 黄安村南侧长城

起点位于孔氏乡黄安村南 1.9 千米处，高程 1111 米；止点位于黄安村东南 1.85 千米处，高程 1121 米。大致呈西南—东北走向。全长 999.72 米，其中保存一般 169.35、较差 656.74、差 142.05，消失 31.58 米。墙体为石墙，土石混筑，两侧用形状不一、大小不等的石块垒砌，宽 0.3~0.6 米；中间填以碎石泥土，宽 0.5~1.6 米。墙体剖面大致呈不规则梯形，底宽约 2.26、顶宽 0.5~3、残高 0.42~2.98 米。黄安村南侧敌台位于墙体上（图六四五）。

本段墙体共测 GPS 点 30 个（G0180~G0181、G0183~G0189、G0191~G0198、G0200~G0212），

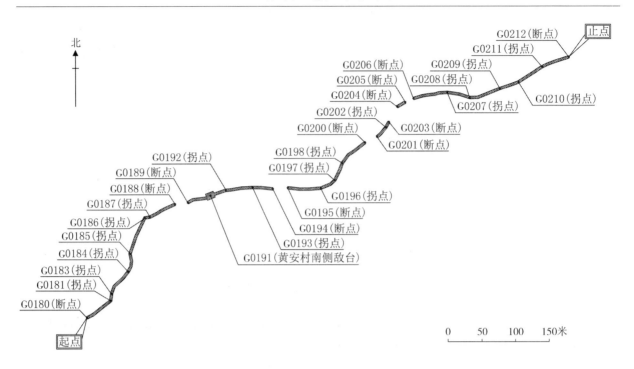

图六四五　黄安村南侧长城走向示意图

可分为 29 小段，分述如下。

第 1 小段：G0180（起点、断点）—G0181（拐点），长 142.05 米，西南—东北走向，保存差。部分段利用自然山石构成防御体系。墙体坍塌脱落严重，仅存地面痕迹。G0180（起点、断点）处墙体与黄安村南侧九女峰悬崖相接。

第 2 小段：G0181（拐点）—G0183（拐点），长 44.57 米，南—北走向，保存一般。墙体顶宽 1.5~2.6、残高 0.42~2.98 米。G183（拐点）北 30 米处有现代石砌羊圈。

第 3 小段：G0183（拐点）—G0184（拐点），长 124.78 米，西南—东北走向，保存一般。墙体顶宽 2.1~3、残高 1~1.7 米

第 4 小段：G0184（拐点）—G0185（拐点），长 38.72 米，西南—东北走向，保存较差。墙体顶宽 0.7~2.1、残高 0.8~1.13 米。

第 5 小段：G0185（拐点）—G0186（拐点），长 50.61 米，西南—东北走向，保存较差。墙体顶宽 0.72~0.92、残高 0.33~0.8 米。

第 6 小段：G0186（拐点）—G0187（拐点），长 3.85 米，西—东走向，保存较差。墙体顶宽 0.7~0.9、残高 0.3~0.8 米。

第 7 小段：G0187（拐点）—G0188（断点），长 22.19 米，西南—东北走向，保存较差。墙体顶宽 0.7~0.9、残高 0.32~0.77 米。

第 8 小段：G0188（断点）—G0189（断点），长 6.63 米，西—东走向。墙体被小路截断而消失。

第 9 小段：G0189（断点）—G0191（黄安村南侧敌台），长 12.3 米，西南—东北走向，保存较差。G189（断点）东北 8 米处有现代石砌羊圈。

第 10 小段：G0191（黄安村南侧敌台）—G0192（拐点），长 29.5 米，西—东走向，保存较差。墙体顶宽 0.6~0.7、残高 0.76~1.61 米。

第 11 小段：G0192（拐点）—G0193（拐点），长 61.34 米，西—东走向，保存较差。墙体顶宽

0.5~0.7、残高 0.5~1.1 米。

第 12 小段：G0193（拐点）—G0194（断点），长 31.35 米，西—东走向，保存较差。墙体顶宽 0.67~0.74、残高 0.5~1.78 米。

第 13 小段：G0194（断点）—G0195（断点），长 5.07 米，西—东走向。墙体被小路截断而消失。

第 14 小段：G0195（断点）—G0196（拐点），长 35.13 米，西—东走向，保存较差。墙体顶宽 0.7~1.2、残高 1.1~1.45 米。

第 15 小段：G0196（拐点）—G0197（拐点），长 13.46 米，西南—东北走向，保存较差。墙体顶宽 1.2~1.45、残高 0.76~1.34 米。

第 16 小段：G0197（拐点）—G0198（拐点），长 30.22 米，西南—东北走向，保存较差。墙体顶宽 1.4~1.9、残高 0.9~2.3 米。

第 17 小段：G0198（拐点）—G0200（断点），长 34.24 米，西南—东北走向，保存较差。墙体顶宽 0.85~1.1、残高 1~1.42 米。G0198（拐点）东北 21 米处有现代石砌羊圈。

第 18 小段：G0200（断点）—G0201（断点），长 9.37 米，西南—东北走向。墙体被小路截断而消失。

第 19 小段：G0201（断点）—G0202（拐点），长 35.61 米，西南—东北走向，保存较差。墙体顶宽 1.1~1.7、残高 0.7~1.1 米。

第 20 小段：G0202（拐点）—G0203（断点），长 23.39 米，西南—东北走向，保存较差。墙体顶宽 0.8~1.2、残高 0.8~1.5 米。

第 21 小段：G0203（断点）—G0204（断点），长 6.3 米，西南—东北走向。墙体被小路截断而消失。

第 22 小段：G0204（断点）—G0205（断点），长 44.18 米，西南—东北走向，保存较差。墙体顶宽 1.2~1.45、残高 0.76~1.34 米。

第 23 小段：G0205（断点）—G0206（断点），长 4.21 米，西南—东北走向。墙体被小路截断而消失。

第 24 小段：G0206（断点）—G0207（拐点），长 28.57 米，西—东走向，保存较差。墙体顶宽 0.8~1.2、残高 0.76~1.4 米。

第 25 小段：G0207（拐点）—G0208（拐点），长 25.91 米，西—东走向，保存较差。墙体顶宽 1.1~1.45、残高 0.6~1.34 米。

第 26 小段：G0208（拐点）—G0209（拐点），长 28.82 米，西南—东北走向，保存较差。墙体顶宽 1.1~1.4、残高 0.6~1.3 米。

第 27 小段：G0209（拐点）—G0210（拐点），长 45.37 米，西南—东北走向，保存较差。墙体顶宽 0.9~1.3、残高 0.5~1.15 米。

第 28 小段：G0210（拐点）—G0211（拐点），长 45.5 米，西南—东北走向，保存较差。墙体顶宽 0.75~1.3、残高 0.5~0.9 米。

第 29 小段：G0211（拐点）—G0212（止点、断点），长 26.48 米，西南—东北走向，保存较差。墙体顶宽 0.6~1.1、残高 0.4~0.7 米。G0212（止点、断点）附近墙体利用自然山石构成防御体系，并在此处与麻地顷山悬崖相接。

墙体整体保存较差，石块坍塌脱落严重。墙体位于密林中，顶部及两侧杂草灌木丛生。造成损毁的自然因素主要有风雨侵蚀和植物生长等；人为因素主要是墙体被小路截断、拆毁墙体石块修建羊圈等。

黄安村南侧长城位于黄安村南九女峰与麻地顷山两山峰之间的山脊上，两端与悬崖相接，对峪口形成防御，位置十分重要。长城墙体所在区域为山地丘陵，地表主要为黄土。长城一线植被茂密，以小型树木，草本植物和灌木植物群落为主。黄安村有村村通公路与317省道（榆赞公路）相通。

21. 九龙关村东侧长城 2 段

起点位于孔氏乡九龙关村东 1.1 千米，高程 1009 米；止点位于九龙关村东 0.9 千米，高程 801 米。大致呈东南—西北走向。全长 841.29 米，其中保存较差 29.39、差 752.9、消失 59 米。墙体为石墙，土石混筑，两侧用形状不一、大小不等的石块垒砌，宽 0.3 米；中间填以碎石泥土，宽 0.5 ~ 1.3 米。墙体剖面大致呈不规则梯形，底宽约 2.82、顶宽 0.5 ~ 1.92、残高 0.12 ~ 2.88 米。本段长城西北接九龙关村东侧长城 1 段（图六四六）。

本段墙体共测 GPS 点 17 个（G0153、G0158 ~ G0163、G0165 ~ G0174），可分为 16 小段，分述如下。

第 1 小段：G0174（起点、断点）—G0173（拐点），长 61.98 米，南—北走向，保存差。部分段利用自然山石构成防御体系。墙体坍塌脱落严重，仅存地面痕迹。G0174（起点、断点）处墙体与南校场峰悬崖绝壁相接。

第 2 小段：G0173（拐点）—G0172（拐点），长 72.05 米，南—北走向，保存差。部分段利用自然山石构成防御体系。墙体坍塌脱落严重，仅存地面痕迹。

第 3 小段：G0172（拐点）—G0171（拐点），长 47.5 米，南—北走向，保存差。墙体顶宽 0.5 ~ 0.8、残高 0.15 ~ 0.4 米。

第 4 小段：G0171（拐点）—G0170（拐点），长 113.37 米，东南—西北走向，保存差。墙体顶宽 0.5 ~ 0.8、残高 0.15 ~ 0.5 米。

第 5 小段：G0170（拐点）—G0169（拐点），长 82.1 米，南—北走向，保存差。墙体顶宽 0.5 ~ 0.8、残高 0.15 ~ 0.5 米。

第 6 小段：G0169（拐点）—G0168（拐点），长 59.88 米，东南—西北走向，保存差。墙体顶宽 0.5 ~ 0.8、残高 0.2 ~ 0.5 米。

第 7 小段：G0168（拐点）—G0167（拐点），长 27.8 米，东南—西北走向，保存差。墙体顶宽 0.5 ~ 0.8、残高 0.2 ~ 0.5 米。

第 8 小段：G0167（拐点）—G0166（拐点），长 24.11 米，东南—西北走向，保存差。墙体顶宽 0.5 ~ 0.9、残高 0.2 ~ 0.5 米。

第 9 小段：G0166（拐点）—G0165（拐点），长 46.27 米，东南—西北走向，保存差。墙体顶宽 0.5 ~ 0.9、残高 0.2 ~ 0.5 米。

第 10 段：G0165（拐点）—G0163（拐点），长 47.12 米，东—西走向，保存差。墙体顶宽 0.5 ~ 0.9、残高 0.2 ~ 0.5 米。

第 11 小段：G0163（拐点）—G0162（拐点），长 82.9 米，东—西走向，保存差。墙体顶宽 0.9、残高 0.12 ~ 1.12 米。

第 12 小段：G0162（拐点）—G0161（拐点），长 41.22 米，东—西走向，保存差。部分段利用自然山石构成防御体系。墙体坍塌脱落严重，仅存地面痕迹。

第 13 小段：G0161（拐点）—G0160（拐点），长 25.46 米，东—西走向，保存差。墙体顶宽 1.4 ~ 1.92、残高 0.3 ~ 1 米。

第 14 小段：G0160（拐点）—G0159（拐点），长 21.14 米，东南—西北走向，保存差。墙体顶宽 1.4 ~ 1.92、残高 0.3 ~ 1.01 米

第 15 小段：G0159（拐点）—G0158（断点），长 29.39 米，东—西走向，保存较差。墙体顶宽

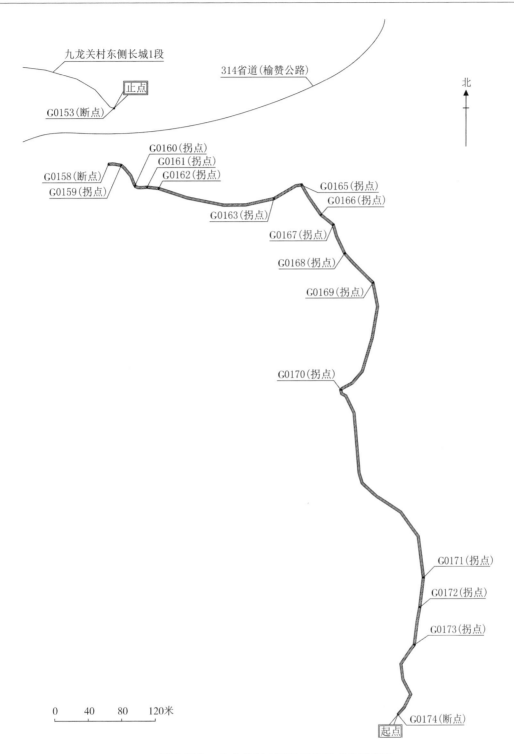

图六四六　九龙关村东侧长城 2 段走向示意图

1. 42～1. 9、残高 0. 37～2. 88 米。

第 16 小段：G0158（断点）—G0153（止点、断点），长 59 米，南—北走向。墙体被 317 省道（榆赞公路）截断而消失，公路上有新修的门楼。另据九龙关村村民介绍，九龙关村东侧长城 2 段 G0158（断点）—G0153（止点、断点）间原有九龙关关门，1973 年被洪水冲毁。

墙体整体保存差，石块坍塌脱落严重，顶部及两侧杂草灌木丛生。造成损毁的自然因素主要有风雨侵蚀、植物生长和洪水冲刷等；人为因素主要是墙体被公路截断。317 省道（榆赞公路）附近有多个煤场，污染较严重。

22. 九龙关村东侧长城 1 段

起点位于孔氏乡九龙关村东 0.9 千米处，高程 801 米；止点位于九龙关村东 1 千米处，高程 986 米。大致呈东南—西北走向。全长 482.64 米，其中保存较差 160、差 322.64 米。墙体为石墙，土石混筑，两侧用形状不一、大小不等的石块垒砌，宽 0.3 米；中间填以碎石泥土，宽 0.5～1.3 米。墙体剖面大致呈不规则梯形，顶宽约 0.9、残高 0.5～1.1 米。本段长城东南接九龙关村东侧长城 2 段，九龙关村东侧敌台位于墙体上，九龙关村东侧烽火台位于墙体东北 1.2 千米处（图六四七）。

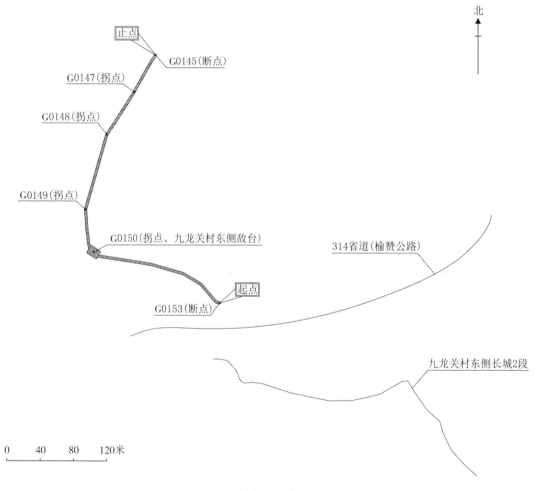

图六四七　九龙关村东侧长城 1 段走向示意图

本段墙体共测 GPS 点 6 个（G0145、G0147～G0150、G0153），可分为 5 小段，分述如下。

第 1 小段：G0153（起点、断点）—G0150（拐点、九龙关村东侧敌台），长 160 米，东南—西北走向，保存较差。墙体顶宽 0.9、残高 0.5～1.1 米。

第 2 小段：G0150（拐点、九龙关村东侧敌台）—G0149（拐点），长 76.29 米，东南—西北走向，保存差。部分段利用自然山石构成防御体系。墙体坍塌脱落严重，仅存地面痕迹。

第 3 小段：G0149（拐点）—G0148（拐点），长 137.55 米，西南—东北走向，保存差。部分段利用自然山石构成防御体系。墙体坍塌脱落严重，仅存地面痕迹。

第 4 小段：G0148（拐点）—G0147（拐点），长 48.23 米，西南—东北走向，保存差。部分段利用自然山石构成防御体系。墙体坍塌脱落严重，仅存地面痕迹。

第 5 小段：G0147（拐点）—G0145（止点、断点），长 64.57 米，西南—东北走向，保存差。部分段利用自然山石构成防御体系。墙体坍塌脱落严重，仅存地面痕迹。G0145（止点、断点）处墙体与桃红垴悬崖峭壁相接。

墙体整体保存较差，石块坍塌脱落严重，顶部及两侧杂草灌木丛生。造成损毁的自然因素主要有风雨侵蚀和植物生长等。长城南侧的 317 省道（榆赞公路）附近有多个煤场，污染较严重。

九龙关村东侧长城 1、2 段位于南校场峰与桃红垴之间。长城墙体所在区域为山地丘陵，地表主要为黄土。长城一线植被茂密，以小型树木，草本植物和灌木植物群落为主。九龙关村东侧长城 2 段 G0158（断点）—G0153（止点、断点）间被 317 省道（榆赞公路）通过。

23. 口上村东侧长城 2 段

起点位于冶头镇口上村东 0.01 千米处，高程 670 米；止点位于口上村北 0.25 千米处，高程 792 米。大致呈西南—东北走向。全长 399.35 米，其中保存较差 297.87、差 101.48 米。墙体为石墙，土石混筑，两侧用形状不一、大小不等的石块垒砌，中间填以碎石泥土。墙体剖面大致呈不规则梯形，底宽 0.9~1.8、顶宽 0.4~1.5、残高 0.22~1.3 米。本段长城北接口上村东侧长城 1 段，白皮关关门、口上村东侧敌台位于墙体上，口上村东侧烽火台位于墙体东 0.9 千米处，口上村南侧 1、2 号烽火台分别位于墙体南 0.158、0.385 千米处，口上村北侧烽火台位于墙体西 0.067 千米处，口上村北侧采石场位于墙体西 0.16 千米处（图六四八）。

本段墙体共测 GPS 点 7 个（G0098、G0100~G0103、G0105、G0106），可分为 6 小段，分述如下。

第 1 小段：G0106（起点、白皮关关门）—G0105（拐点），长 53.67 米，西南—东北走向，保存差。墙体底宽 0.9、顶宽 0.4~0.5、残高多不足 0.4 米。

第 2 小段：G0105（拐点）—G0103（拐点），长 133.75 米，西南—东北走向，保存较差。墙体底宽 1.3~1.8、顶宽 0.74~1.5、残高 0.42~1.3 米。

第 3 小段：G0103（拐点）—G0102（拐点），长 120.16 米，东南—西北走向，保存较差。墙体底宽 1.1~1.5、顶宽 0.74~0.95、残高 0.22~0.62 米。

第 4 小段：G0102（拐点）—G0101（拐点），长 25.07 米，西南—东北走向，保存较差。墙体底宽 1.2~1.7、顶宽 0.85~1.01、残高 0.17~0.37 米。

第 5 小段：G0101（拐点）—G0100（拐点），长 18.89 米，东南—西北走向，保存较差。墙体底宽 1.2~1.7、顶宽 0.86~1.05、残高 0.19~0.42 米。

第 6 小段：G0100（拐点）—G0098（止点、口上村东侧敌台），长 47.81 米，东南—西北走向，保存差。部分段利用自然山石构成防御体系，残高多不足 0.2 米（彩图一一二一）。

墙体整体保存差，石块坍塌脱落严重，顶部及两侧杂草灌木丛生。造成损毁的自然因素主要有风雨侵蚀和植物生长等。

24. 口上村东侧长城 1 段

起点位于冶头镇口上村北 0.25 千米处，高程 792 米；止点位于口上村北 0.6 千米处，高程 838 米。大致呈南—北走向。全长 444.83 米，保存较好。本段长城为山险，南接口上村东侧长城 2 段（图六四九）。

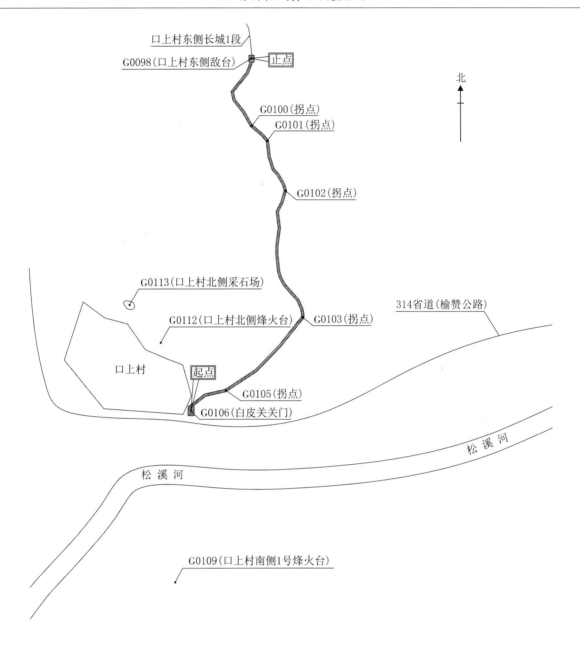

图六四八　口上村东侧长城 2 段走向示意图

本段墙体共测 GPS 点 6 个（G0092～G0098），可分为 5 小段，分述如下。

第 1 小段：G0098（起点、口上村东侧敌台）—G0097（拐点），长 53.21 米，南—北走向，保存较好。

第 2 小段：G0097（拐点）—G0096（拐点），长 64.28 米，南—北走向，保存较好。

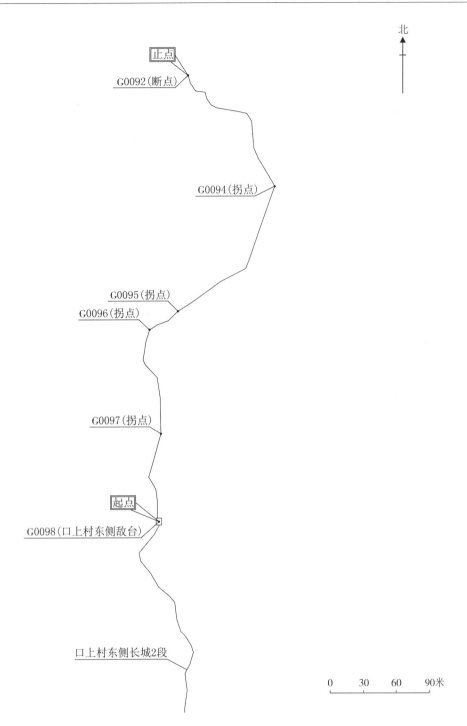

图六四九　口上村东侧长城 1 段走向示意图

第 3 小段：G0096（拐点）—G0095（拐点），长 27.01 米，西南—东北走向，保存较好。

第 4 小段：G0095（拐点）—G0094（拐点），长 149.17 米，西南—东北走向，保存较好（彩图一一二二）。

第 5 小段：G0094（拐点）—G0092（止点），长 151.16 米，东南—西北走向，保存较好。

整体保存较好。口上村东侧长城 1、2 段位于松溪河河谷北岸山梁。长城墙体所在区域地形由中低山区、丘陵及山间盆地相间分布组成，地貌为山地丘陵，地表主要为黄土。长城一线植被稀疏，以草本植物和灌木植物群落为主。口上村南邻 317 省道（榆赞公路）。

（二）关堡

昔阳县共调查堡 1 座，即鹤度岭关堡。

鹤度岭关堡

位于皋落镇长沟村东南 15 千米处，堡门高程 1347 米。

堡平面呈不规则矩形，坐东朝西，周长 201 米，占地面积 2158 平方米。现存主要设施、遗迹有堡墙、城门 1 座、关道 1 条、摩崖题刻 2 处等（图六五○；彩图一一二三）。堡墙为石墙，土石混筑，两侧用形状不一、大小不等的石块垒砌，宽 0.47～0.55 米，中间填以碎石泥土，石块间以白灰勾缝。残存南、西、北墙，南墙东段长 28、顶宽 0.3～1.08、残高 0.83～1.15 米，西段长 52、顶宽 3.92、残高 0.45～5.12 米，东、西段之间有宽 5 米的豁口。西墙长 71、顶宽 2.85、残高 4.3～6.63 米（彩图一一二四～一一二六）。北墙西段内侧有天然石台，高大平整，北墙多建于石台上。北墙长 28 米，东北角底宽 5.89、顶宽 4.03、残高 5.83 米（彩图一一二七、一一二八）。堡墙西北角有石阶，可登顶。东墙无存，可能利用悬崖构成防御体系，长 22 米。西墙正中设城门 1 座，石券拱门，外宽 1.74 米，被封堵。堡东侧存关道。堡内北部石台上有 2 处摩崖题刻，内容分别是"鹤度仙踪""万年天险"（彩图一一二九～一一三一）。堡内曾有一块"重修蒿都城记碑"，碑文落款为"大明嘉靖二十一年（1542 年）五月"，现不存。

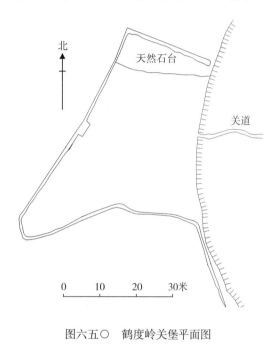

图六五○　鹤度岭关堡平面图

堡整体保存一般。堡内西北角有牧人垒砌的石屋，堡东侧悬崖上有现代垒砌的石墙，使堡整体形成牛圈，堡内地面满布牛粪。造成损毁的自然因素主要有风雨侵蚀和植物生长等；人为因素主要是放牧活动破坏等。

（三）单体建筑

1. 敌台

昔阳县长城墙体上共发现敌台 8 座（表 510，见本章末附表）。

2. 烽火台

昔阳县共调查烽火台 9 座（表 511，见本章末附表）。其中九龙关村东侧烽火台位于河北省赞皇县境内。

3. 其他单体建筑

昔阳县共调查其他单体建筑 3 座，即马陵关关门、段岭关关门和白皮关关门。

（1）马陵关关门

位于河北省邢台县宋家庄乡明水掌村西北 1.5 千米处，高程 1170 米。关门墙体南壁接马陵关南侧长城，北壁接马陵关北侧长城 1 段，马陵关 1 号居住址东距关门 0.01 千米。

关门为条石基础的石券拱门，基础有 5 层条石，高 1.25 米，条石长 80～150、厚 28～35 厘米。关门墙体为石墙，土石混筑，条石基础，两侧用石块垒砌，中间填以碎石泥土；门洞为西南—东北向，宽 2.35、高 2.16、进深 3.22 米，关门墙体东西 3.25、南北 5.85、通高 3.35 米。门洞内北壁有门栓洞，圆形，直径 0.11、深 0.1 米，门洞地面铺有石块。关门东西两侧有关道穿过，关道地面铺砌石块，沿山体延伸，长约 1500 米。关门内侧（西侧）石券上刻有"一九八四年□月立"，说明关门在 1984 年重修。关门整体保存较好，墙体西南角略有坍塌。造成损毁的自然因素主要有风雨侵蚀和植物生长等。

（2）段岭关关门

在河北省赞皇县境内，位于山西省昔阳县孔氏乡洪甘村北 2 千米处，高程 897 米。关门位于洪甘村北侧长城东 0.45 千米。

关门为条石基础的石券拱门，条石长 40～120、厚 18～28 厘米。关门墙体为石墙，土石混筑，条石基础，两侧用石块垒砌，中间填以碎石泥土。关门门洞西侧宽 1.42、拱高 1.85、进深 10.35 米（彩图一一四五）。关门墙体南北 24.1、通高 7.7 米；墙体顶部新修垛口墙，高 1.18 米，垛口宽 0.42、高 0.4 米。关门墙体北壁与悬崖之间残存一段石墙，土石混筑，两侧用石块垒砌，中间填以碎石泥土，长 5.8、顶宽 1.81、残高 0.2～2.2 米，保存较差。关门在 2004 年遭山洪冲刷损毁，后由棋盘山景区重修。现存关门门洞西侧部分为明代建筑，东侧部分及关门墙体为现代重修（彩图一一四六）。关门整体保存较好。造成损毁的自然因素主要有风雨侵蚀和植物生长等。

（3）白皮关关门

位于冶头镇口上村东 0.01 千米处，高程 670 米。关门位于口上村东侧长城 2 段墙体上，系口上村东侧长城 2 段起点。

关门为条石基础的石券拱门，条石基础有 5 层，高 1.25 米。关门墙体为石墙，土石混筑，两侧用石块垒砌，中间填以碎石泥土，石块长 40～120、厚 18～28 厘米。关门门洞为东西向，内宽 2、外宽 1.6、内高 2.5、外高 2.2、内进深 5.6、外进深 1.5 米（图六五一；彩图一一四七、一一四八）。关门墙体底部东西 7.1、南北 11.35 米，顶部东西 6.8、南北 3.8 米，残高 2.5～4.6 米，门洞内有门枢石、门栓洞、石质阶梯等（彩图一一四九）。关门墙体西壁嵌有石匾，长 1、宽 0.65 米，字迹漫漶不清（彩图一一五〇）。关门东西两侧有关道穿过，关道地面铺砌石块，沿山体延伸，长约 200 米。关门墙体南壁有南北向石墙相连，残长 38.72、残高 0.2～6.2 米。关门东 0.02 千米处有一座关帝庙，庙宇四

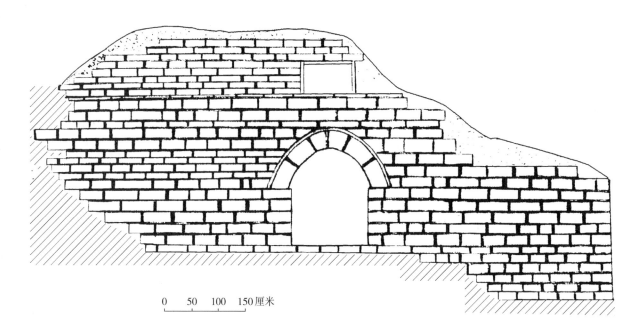

图六五一　白皮关关门西立面图

壁和顶部经近年重修，地面残存两块有孔石板。

关门整体保存一般，墙体南壁相连的南北向石墙遭 317 省道（榆赞公路）截断。造成损毁的自然因素主要有风雨侵蚀和植物生长等；人为因素主要是修路截断关门墙体南壁相连的南北向石墙。

（四）相关遗存

昔阳县共调查相关遗存 5 处，有居住址群 1 处、采石场 2 座、碑碣 2 块。

1. 马陵关居住址群

有 2 座居住址。位于河北省邢台县宋家庄乡明水掌村西北 1.5 千米处。

马陵关 1 号居住址位于马陵关北侧长城 1 段西侧，高程 1180 米。东距马陵关关门 0.01 千米。居住址平面呈矩形，东西 8.05、南北 6.2 米。墙体为石墙，土石混筑，石块间以白灰勾缝。东墙残高 2.45、南墙残高 3.4、北墙残高 1.4 米，西墙塌落严重。居住址系窑洞式建筑，面阔 2 间，均为东西 2.8、南北 4.9、高 2.77 米。居东一间南墙上设 1 门 1 窗，均坍塌，门宽 0.87 米，窗宽 0.65、残高 0.8 米；东墙上有窗，宽 0.44、高 0.44 米，被石块封堵。居西一间南墙上有窗，窗宽 0.65、残高 0.5 米，已坍塌。两间房中间的隔墙上有门，宽 0.9、高 2.05 米。居住址北墙顶部有石质排水沟槽，凸出墙体 0.38、宽 0.33 米。居东一间房内发现碑碣 2 块。

马陵关 2 号居住址倚墙而建，位于马陵关北侧长城 1 段西侧，平面呈矩形，边长 3.2 米。东墙为长城墙体，其余墙壁用石块垒砌，墙体顶宽 0.66、残高 0.3～1.87 米。居住址南墙东端与长城墙体之间有豁口，应为门，宽 0.87 米。

马陵关 1 号居住址保存一般，东、南、北墙均有所坍塌脱落，西墙坍塌脱落严重。马陵关 2 号居住址保存较差，墙体坍塌脱落严重。居住址内及周围杂草灌木丛生。自然因素是居住址受到破坏的主要原因，包括风雨侵蚀、山体滑坡和植物生长等；人为因素主要是现代居民的不合理利用等。

2. 马陵关碑碣

有 2 块。

碑碣发现于马陵关 1 号居住址居东一间房内。一块仅存左下角，残宽 0.37、残高 0.54 米；一块仅存右下角，残宽 0.5、残高 0.57 米。碑文内容与马陵关肇建有关。左下角石碑，碑文楷书阴刻，存 5 行："……是故简骁捷时练……克济昔者越图吴令于国……和与勖之以不负……费之□无逾马岭因勒石于斯使续官者有……簿王朝宗管工官典史徐翰□□官□□□"（图六五二）。右下角石碑，碑文楷书阴刻，存 12 行："……州王朝贤撰并篆额书丹……燕云南达关陕违沙漠之窟千里强半……也无何房还虽边关险塞兵帅忠勇可……近当无弗备维时……开皆纳夷之间道也乃锐意建修协诸……谓同知曰汝专厥务谓通判推官曰汝谐……亲□险阻得属吏辨慎者若千人分统九邑……制崇毕疎密之宜悉郭君图授指示戾后者罚……□瞭望缭垣墉以仿越度为关通行者六为垣……□连云曰黄背苍岩曰神开地险圣作风清事……维城人和地利实难偏废……忠勇之……"（图六五三）。两块石碑均保存差。村民将石碑作为坐具。

图六五二　马岭关碑碣（残存左下角）拓片　　　　　　图六五三　马岭关碑碣（残存右下角）拓片

3. 马陵关采石场

位于河北省邢台县宋家庄乡明水掌村西北 1.6 千米，马陵关西侧长城 1 段东 0.01 千米处，高程 1174 米。采石场因人工采石形成大坑，形状不规则，坑内外乱石堆放。采石场最长 15.7、最宽 11.16

米。石质与附近墙体所用石质相同，说明修建长城时是就地取材。采石场整体保存较差。自然因素是采石场受到破坏的主要原因，包括风雨侵蚀、山体滑坡和植物生长等（表514）。

4. 口上村北侧采石场

位于山西省昔阳县冶头镇口上村北0.1千米，口上村东侧长城2段西0.16千米处，高程677米。采石场因人工采石形成椭圆形坑，长轴呈东西向，东西19.7、南北7.16米。坑内残存部分未加工的石料。采石场整体保存较差。自然因素是采石场受到破坏的主要原因，包括风雨侵蚀、山体滑坡和植物生长等。

二　长城资源调查资料分析

（一）长城墙体

1. 长城墙体的材质类型及建筑方式、形制

昔阳县长城墙体类型有石墙和山险两类。以石墙为主，有21段，长5524.3米；山险有3段，长1916.72米（表512）。

表512　昔阳县长城墙体类型一览表

类型	段数	长度（米）	百分比（%）
石墙	21	5524.3	74.2
山险	3	1916.72	25.8
合计	24	7441.02	100

（1）石墙

昔阳县石墙共21段，长5524.3米。墙体土石混筑而成，两侧用石块垒砌，中间填以碎石泥土，部分段两侧石块间以白灰勾缝。墙体剖面均大致呈不规则梯形，多数段墙体两侧高度相当。另外马陵关西侧长城1~3段，西侧高于东侧；马陵关南侧长城、马陵关北侧长城1段，东侧高于西侧；里沙瑶村东南侧长城2、3段，东侧高于西侧；里沙瑶村东侧长城西侧高于东侧，刀把口村东侧长城1、2、4段西侧高于东侧。

墙体设施有垛口墙、排水孔道及排水沟之类的排水设施及石质阶梯、射孔等。

垛口墙见于马陵关西侧长城2、3段，马陵关南侧长城，马陵关北侧长城1段，刀把口村东侧长城1段等。马陵关西侧长城2段G0017—G0018间墙体顶部西侧残存垛口墙，垛口墙宽0.4、残高0.2~1.03米。马陵关西侧长城3段G0019—G0020间墙体顶部西侧残存垛口墙，垛口墙宽0.36~0.4、残高0.15~0.97米。马陵关南侧长城G0005—G0003间墙体顶部东侧残存垛口墙，垛口墙宽0.4、残高0.58~0.71米。马陵关北侧长城1段G0023—G0024间墙体顶部东侧残存垛口墙，垛口墙宽0.4、残高0.1~0.84米。刀把口村东侧长城1段G0068—G0066间墙体顶部西侧残存垛口墙，垛口墙宽0.6、残

高 0.6~0.7 米，垛口长 0.55、残高 0.35~0.4 米。

排水孔道见于刀把口村东侧长城 3 段。墙体底部排水孔道痕迹东距 G0072（起点、断点）7.6 米，长 6.3、宽 0.95、高 1.05 米。排水孔道底部为基岩，两侧用条石垒砌，顶部覆盖大石板，最大的一块长 123、宽 1102、厚 25 厘米。排水孔道被碎石、淤泥封堵。

排水沟见于洪甘村南侧长城 1 段。洪甘村南侧长城 1 段 G0139—G0138 间墙体西北侧排水沟距离墙体 3.5~5 米，全长 38、宽 3.6~4.7、深 0.5 米。

石质阶梯见于洪甘村南侧长城 1 段。G0130（拐点）处墙体南侧顺山势修砌有石质阶梯，残长 6.15、宽 1.35 米。

射孔见于里沙瑶村东南侧长城 3 段。G0057—G0059 间墙体上残存一个射孔，矩形，边长 0.15、距地面 0.35 米。

洪甘村南侧长城 1 段 G0129（止点、断点）处墙体为南北向矩形房屋式建筑，宽 1.35、进深 7.15、高 1.2 米，性质不详。

（2）山险

昔阳县山险共 3 段，长 1916.72 米。山险系利用自然山体、陡峭悬崖等构成防御体系，均位于形势险要处，一端与石墙相连。

2. 长城墙体的分布特点

昔阳县明代长城墙体大致沿山西、河北两省交界的太行山山体从西南向东北延伸，多数段地处两省交界处，其中马陵关南侧长城和马陵关北侧长城 1、3、4 段，位于昔阳县皋段镇与邢台县宋家庄乡交界处；里沙瑶村东南侧长城 1~3 段，里沙瑶村东侧长城，刀把口村东侧长城 1~4 段，洪甘村南侧长城 1、2 段，洪甘村北侧长城，黄安村南侧长城和九龙关村东侧长城 1、2 段，位于昔阳县孔氏乡与赞皇县嶂石岩乡交界处；马陵关西侧长城 1~3 段、马陵关北侧长城 2 段，位于昔阳县皋段镇辖境；口上村东侧长城 1、2 段位于昔阳县孔氏乡与冶头镇交界处。

石墙均处于交通要道，沿山西、河北两省交界的山脊修筑，多数段两侧为坡陡。

马陵关建于白羊山余脉的一处峪口，地势险要。马陵关南侧长城和马陵关北侧长城 1、3、4 段沿马陵关南北两侧的山西、河北两省交界的山脊分布，马陵关北侧长城 2 段东与马陵关北侧长城 1、3 段相接，马陵关西侧长城 1~3 段位于马陵关西侧山西省一侧的山坡上。里沙瑶村东南侧长城 1~3 段位于里沙瑶村东南川北垴与狼尾巴垴之间的山梁上，里沙瑶村东侧长城位于里沙瑶村东庙沿岭的山梁上，两段长城之间为群山密林。刀把口村东侧长城 4 段位于刀把口村东小坟垴（又名小狼窝顶）山脊上，刀把口村东侧长城 1、2、3 段位于刀把口村东水洼梁（又名虎寨岭）与草帽山之间的山坡上，两端与山体悬崖相接。洪甘村南侧长城 1、2 段位于洪甘村南掉马洼山梁顶部，洪甘村北侧长城位于洪甘村北棋盘山景区内棋盘峰和佛祖峰之间的峪口，地势险要。黄安村南侧长城位于黄安村南九女峰与麻地顶山两山峰之间的山脊上，两端与悬崖相接，对峪口形成防御位置十分重要，九龙关村东侧长城 1、2 段位于南校场峰与桃红垴之间，口上村东侧长城 1、2 段位于松溪河河谷北岸山梁。

3. 长城墙体的保存状况

详见下表（表 513）。

表 513　昔阳县石墙保存状况一览表（单位：米）

长城墙体段名称	总长	保存较好	保存一般	保存较差	保存差	消失	类型	县属
马陵关西侧长城 1 段	197.85	0	0	0	197.85	0	石墙	昔阳县
马陵关西侧长城 2 段	101.48	0	35.41	0	59.07	7	石墙	昔阳县
马陵关西侧长城 3 段	156.69	0	78	78.69	0	0	石墙	昔阳县
马陵关南侧长城	291.17	0	146.24	0	144.93	0	石墙	昔阳县/邢台县
马陵关北侧长城 1 段	139	0	58	81	0	0	石墙	昔阳县/邢台县
马陵关北侧长城 2 段	28	0	0	0	28	0	石墙	昔阳县
马陵关北侧长城 3 段	147	0	0	24	123	0	石墙	昔阳县/邢台县
里沙瑶村东南侧长城 1 段	204	0	0	0	204	0	石墙	昔阳县/赞皇县
里沙瑶村东南侧长城 2 段	78	0	0	0	78	0	石墙	昔阳县/赞皇县
里沙瑶村东南侧长城 3 段	380	0	0	106	274	0	石墙	昔阳县/赞皇县
里沙瑶村东侧长城	128.8	0	0	0	126.7	2.1	石墙	昔阳县/赞皇县
刀把口村东侧长城 4 段	85	0	0	32	53	0	石墙	昔阳县/赞皇县
刀把口村东侧长城 3 段	13.47	0	0	13.47	0	0	石墙	昔阳县/赞皇县
刀把口村东侧长城 2 段	63.51	0	0	16.4	47.11	0	石墙	昔阳县/赞皇县
刀把口村东侧长城 1 段	356.38	0	47.25	309.13	0	0	石墙	昔阳县/赞皇县
洪甘村南侧长城 1 段	151.95	0	25.35	73.35	53.25	0	石墙	昔阳县/赞皇县
洪甘村北侧长城	279	239.86	0	39.14	0	0	石墙	昔阳县/赞皇县
黄安村南侧长城	999.72	0	169.35	656.74	142.05	31.58	石墙	昔阳县/赞皇县
九龙关村东侧长城 2 段	841.29	0	0	29.39	752.9	59	石墙	昔阳县/赞皇县
九龙关村东侧长城 1 段	482.64	0	0	160	322.64	0	石墙	昔阳县/赞皇县
口上村东侧长城 2 段	399.35	0	0	297.87	101.48	0	石墙	昔阳县
合计	5524.3	239.86	559.6	1917.18	2707.98	99.68		
百分比（%）	100	4.3	10.1	34.7	49	1.9		

表 514　昔阳县山险保存状况一览表（单位：米）

长城墙体段名称	总长	保存较好	保存一般	保存较差	保存差	消失	类型	县属
马陵关北侧长城 4 段	1331	1331	0	0	0	0	山险	昔阳县/邢台县
洪甘村南侧长城 2 段	140.89	140.89	0	0	0	0	山险	昔阳县/赞皇县
口上村东侧长城 1 段	444.83	444.83	0	0	0	0	山险	昔阳县
合计	1916.72	1916.72	0	0	0	0		
百分比（%）	100	100	0	0	0	0		

　　长城墙体石墙多数保存差或较差，分别占 49% 和 34.7%，保存一般的占 10.1%，保存较好的系现代新修的洪甘村北侧长城，消失段占 1.9%。墙体石块坍塌脱段严重，附近杂草、灌木丛生。造成损毁的自然因素主要有风雨侵蚀、山体滑坡、植物生长和洪水冲刷等；人为因素主要有修路挖断、山路破坏、农业生产活动破坏、利用墙体修建山神庙和羊圈、拆毁墙体石块、不合理的利用与修缮、人畜踩踏等。

　　山险整体保存较好。面临损毁的自然因素主要有风雨侵蚀、山体滑坡和植物生长等（表 514）。

（二）关堡

昔阳县调查堡 1 座，即鹤度岭关堡。平面呈不规则矩形，坐东朝西，周长 201 米，占地面积 2158 平方米。现存主要设施、遗迹有堡墙、城门 1 座、关道 1 条、摩崖题刻 2 处等。堡墙为石墙，土石混筑，两侧用形状不一、大小不等的石块垒砌，宽 0.47 ~ 0.55 米，中间填以碎石泥土，石块间以白灰勾缝。

鹤度岭关堡位于山西、河北两省交界的山体悬崖顶部位置重要，地势险要。关堡整体保存一般。堡内西北角有放牧人垒砌的石屋，堡东侧悬崖上有现代垒砌的石墙，将堡整体形成牛圈，堡内地面满布牛粪。造成损毁的自然因素主要有风雨侵蚀和植物生长等，人为因素主要是放牧活动破坏等。

（三）单体建筑

1. 敌台

昔阳县共调查敌台 8 座，均骑墙而建。材质类型均为石质敌台，土石混筑，四壁用大小不一的石块垒砌，中间填以碎石泥土，部分敌台四壁石块间以白灰勾缝。敌台平面形制均呈矩形，剖面形制均呈梯形。敌台底部周长 16.84 ~ 30.52、顶部周长 12.4 ~ 28.1、残高 0.5 ~ 5.85 米（表515）。敌台的附属设施仅口上村西侧敌台西壁残存登顶的脚窝和台阶。

表515　昔阳县敌台类型、形制及保存状况一览表（单位：米）

名称	材质类型	平面形制	剖面形制	底部周长	顶部周长	残高	保存状况
马陵关北侧 1 号敌台	石质	矩形	梯形	30.52	28.1	0.5 ~ 2.18	较差
马陵关北侧 2 号敌台	石质	矩形	梯形	19.78	18.7	2.51	较差
马陵关北侧 3 号敌台	石质	矩形	梯形	不详	16.96	0.79 ~ 0.83	较差
马陵关北侧 4 号敌台	石质	矩形	梯形	19.84	不详	5.85	较好
刀把口村东侧敌台	石质	矩形	梯形	18.4	16.3	2.8 ~ 3.65	一般
黄安村南侧敌台	石质	矩形	梯形	不详	12.4	1.7 ~ 3.1	较差
九龙关村东侧敌台	石质	矩形	梯形	不详	14.4	1.25 ~ 1.53	较差
口上村东侧敌台	石质	矩形	梯形	16.48	15.42	3.8	一般

昔阳县敌台以保存较差者为主，有 5 座，保存较好 1 座，一般 2 座。造成损毁的自然因素主要有风雨侵蚀和植物生长等；人为因素主要有人畜踩踏等。

2. 烽火台

昔阳县共调查烽火台 9 座。依据烽火台与长城的位置关系，可以将昔阳县的 9 座烽火台区分为长城沿线烽火台和腹里烽火台两大类。

（1）烽火台的类型、建筑方式及形制

长城沿线烽火台有 6 座，即刀把口村烽火台、九龙关村东侧烽火台、口上村东侧烽火台、口上村南侧1号和2号烽火台、口上村北侧烽火台。口上村东侧烽火台台体无存，其余5座材质类型绝大多数为石质，有4座，土质仅1座。石质烽火台土石混筑，四壁用大小不一的石块垒砌，中间填以碎石泥土。土质烽火台黄土夯筑而成，夯层厚0.15米。

腹里烽火台有3座，即中渡海村烽火台、王家庄村烽火台、杜庄村烽火台。材质类型均土质，台体用黄土夯筑而成，部分含碎石，夯层厚0.12~0.19米之间。

烽火台的平面形制除杜庄村烽火台为圆形外，其余均为矩形，剖面形制均呈梯形。石质烽火台底部周长13.8~30.8、顶部周长10.7~28.6、残高1.8~7.6米，土质烽火台底部周长19.15~37.6、顶部周长6.85~12.4、残高5.6~8.8米（表516）。

表516　昔阳县烽火台类型、形制及保存状况一览表（单位：米）

名称	材质类型	平面形制	剖面形制	底部周长	顶部周长	残高	保存状况
刀把口村烽火台	石质	矩形	梯形	18.14	不详	1.8	较差
九龙关村东侧烽火台	石质	矩形	梯形	15	10.7	2.3~2.95	一般
口上村东侧烽火台	石质	矩形	梯形	不详	不详	不详	差
口上村南侧1号烽火台	石质	矩形	矩形	13.8	不详	2.3~2.9	较差
口上村南侧2号烽火台	土质	矩形	梯形	26.6	不详	6.77	一般
口上村北侧烽火台	石质	矩形	梯形	30.8	28.6	2.3~7.6	一般
中渡海村烽火台	土质	矩形	梯形	24.8	12.2	5.6	一般
王家庄村烽火台	土质	矩形	梯形	37.6	12.4	8.3~8.8	一般
杜庄村烽火台	土质	圆形	梯形	19.15	6.85	6.8~7	一般

石质烽火台的附属设施有围墙、台基、垛口墙、射孔、排水设施等，围墙见于口上村东侧烽火台，台基见于九龙关村东侧烽火台，垛口墙、射孔、排水设施见于口上村北侧烽火台，土质烽火台的附属设施仅杜庄村烽火台北壁有登顶坡道。

（2）烽火台的分布特点

① 昔阳县9座烽火台如前所述，分为长城沿线烽火台和腹里烽火台两大类。长城沿线烽火台6座多为石质，仅1座土质；腹里烽火台3座为土质。长城沿线烽火台的平面形制均呈矩形，唯一的一座圆形台体见于腹里烽火台。

3座腹里烽火台从北向南大致沿207国道分布，北与平定县腹里烽火台相联系。

② 烽火台均位于地势较高的山顶、山梁上，视野开阔，预警、信息传递作用非常明显。

（3）烽火台保存状况

昔阳县烽火台以保存一般者为主，有6座，保存较差2座，保存差1座。造成损毁的自然因素主要有风雨侵蚀和植物生长等；人为因素主要是农业生产活动破坏、拆毁台体石块等。

3. 其他单体建筑

其他单体建筑有3座，即马陵关关门、段岭关关门和白皮关关门。关门均修建在地势险要处，控扼咽喉，附近依山为险或有长城墙体相连接。

关门均为条石基础的石券拱门。关门墙体为石墙，土石混筑，两侧用石块垒砌，中间填以碎石泥土，关道穿过关门。关门保存较好或一般。马陵关关门和段岭关关门经现代重修。

三　自然与人文环境

（一）自然环境

昔阳县位于山西省中部东侧、太行山西麓，东与河北省以太行山为界。地质构造类型多样，地层为奥陶系地层，系含燧石白云岩、泥灰岩、灰岩、泥质灰层组成的浅海相碳酸盐沉积地层。长城分布区域地形由中低山区、丘陵及山间盆地相间分布组成，地貌为山地丘陵，地表主要为黄土。河流主要有松溪河及其支流。属温带、暖温带半干旱大陆性季风气候，四季分明，年均气温 9.3℃，年降水量571.9毫米。长城一线植被以草本植物和灌木植物群落为主。

（二）人文环境

昔阳县长城和堡、腹里烽火台分布地区的村庄居民人数从 100 余人到 1000 人。马陵关、里沙瑶村、洪甘村的长城资源进行了旅游开发。昔阳县交通便利，207 国道纵贯县境，317 省道横穿县境，长城分布地区有县乡公路或山路与外界相通。

四　保护与管理状况

昔阳县长城资源的保护管理机构是昔阳县文物管理所。目前有关长城资源的保护范围、建设控制地带、保护标志、记录档案等工作还有待规定或完善。

晋中市文物管理局、晋中市建设局曾在 2006 年 1 月对白皮关及其附近长城资源、鹤度岭关堡、九龙关附近长城资源等进行过调查，划定了保护范围及建设控制地带。

白皮关关门、口上村东侧长城 1 段和口上村东侧敌台（当时定为烽火台，并将这些遗存统称为白皮关长城）的保护范围为城门以南至榆赞公路边，北侧山坡的墙体北端向山顶到烽火台之西北 100 米，墙体（包括城门及向北端延伸至山顶烽火台）东西两侧各向外垂直延伸 20 米。

鹤度岭关堡（当时称为鹤度岭城堡）保护范围为南：城堡南墙外侧向南 20 米，北：城堡北墙外侧向北 20 米，西：城堡西墙外侧向西 80 米，东：以城堡西墙内侧为基点，向东至 60 米处。

九龙关东侧长城 2 段和九龙关东侧长城 1 段（当时称为九龙关长城）保护范围为，公路东南侧墙体：沟底北端至榆赞公路边，坡上东南端向东南山梁延伸 100 米；墙体两侧以墙体中线为其基点，向两侧垂直延伸 20 米。公路西北侧墙体：东南端至榆赞公路边，西北端向坡上延伸 100 米；墙体两侧以墙体中线为基点，向两侧垂直延伸 20 米。以上资料详见《晋中市长城遗存情况及划定保护范围的图纸文字说明》。

表510　昔阳县敌台一览表

名称	地点	高程	与其他遗存的位置关系	材质	建筑方式	平面形制	剖面形制	尺寸	附属设施	修缮情况	保存状况	损毁原因及存在病害
马陵关北侧1号敌台	河北省邢台县宋家庄乡明水掌村西北1.6千米	1212米	骑墙而建。位于马陵关长城1段墙体上，系马陵关北侧长城1段止点，马陵关北侧长城2、3段起点	石	土石混筑。四壁用大小不一的石块垒砌，石壁厚0.57米，中间填以碎石泥土，石块间以白灰勾缝	矩形	梯形	底部东西7.96、南北7.3，顶部东西7.25、南北6.8米，残高0.5~2.18米	无	无	保存较差。台体石块坍塌脱落严重，西壁尤甚，略高于地面，顶部和周围杂草丛生	自然因素主要有风雨侵蚀和植物生长等；人为因素主要是人畜践踏等
马陵关北侧2号敌台（彩图一一三二）	河北省邢台县宋家庄乡明水掌村西北1.63千米	1207米	骑墙而建。位于马陵关长城2段墙体上，系马陵关北侧长城2段止点	石	土石混筑。四壁用大小不一的石块垒砌，中间填以碎石泥土，石块间以白灰勾缝	矩形	梯形	底部东西4.3、南北5.59米，顶部东西3.94、南北5.41米，残高2.51米	无	无	保存较差。台体石块坍塌脱落严重，西壁和南壁向悬崖一侧坍塌，顶部和周围杂草丛生	自然因素主要有风雨侵蚀和植物生长等；人为因素主要是人畜践踏等
马陵关北侧3号敌台（彩图一一三三）	河北省邢台县宋家庄乡明水掌村西北1.6千米	1276米	骑墙而建。位于马陵关长城3段墙体上	石	土石混筑。四壁用大小不一的石块垒砌，中间填以碎石泥土，石块间以白灰勾缝	矩形	梯形	东壁顶部残长3.91、残高0.83米，南壁顶部残长4.5、残高0.8米，西壁顶部残长4.05、残高0.79米	无	无	保存较差。台体石块坍塌脱落严重，西壁尤甚，略高于地面，顶部和周围杂草丛生	自然因素主要有风雨侵蚀和植物生长等；人为因素主要是人畜践踏等
马陵关北侧4号敌台（彩图一一三四、一一三五）	河北省邢台县宋家庄乡明水掌村西北1.7千米	1294米	骑墙而建。位于马陵关长城3段墙体上，系马陵关北侧长城3段止点，马陵关北侧长城4段起点	石	土石混筑。四壁用大小不一的石块垒砌，石壁厚0.5~0.6米，中间填以碎石泥土，石块间以白灰勾缝	矩形	梯形	底部东西5.18、南北4.74米，残高5.85米	无	无	保存较好。台体顶部坍塌，四壁有裂缝，顶部和周围杂草丛生	自然因素主要有风雨侵蚀和植物生长等；人为因素主要是人畜践踏等
刀把口村东侧敌台	孔氏乡刀把口村东3.3千米	1064米	骑墙而建。位于刀把口村长城1段墙体上，系刀把口村东侧长城2段止点，刀把口村东侧长城1段起点	石	土石混筑。四壁用大小不一的石块垒砌，石壁厚0.5米，中间填以碎石泥土	矩形	梯形	底部东西4.5、南北4.7米，顶部东西4.05、南北2.8米，西南角残0.5米，东南角残高3.65米	无	无	保存一般。台体北壁为坡状，石块遍布	自然因素主要有风雨侵蚀和植物生长等
黄安村南侧敌台	孔氏乡黄安村南1.9千米	1011米	骑墙而建。位于黄安村长城南侧墙体上	石	土石混筑。四壁用大小不一的石块垒砌，中间填以碎石泥土	矩形	梯形	顶部东西2.6、南北1.7、3.6、东壁残高3.1、西壁残高3.1米	无	无	保存较差。台体东北角和西北角坍塌严重，顶部和周围杂草灌木丛生	自然因素主要有风雨侵蚀和植物生长等

续表 510

名称	地点	高程	与其他遗存的位置关系	材质	建筑方式	平面形制	剖面形制	尺寸	附属设施	修缮情况	保存状况	损毁原因及存在病害
九龙关东村东侧敌台	孔氏乡九龙关村东1千米	890米	骑墙而建。位于九龙关村东侧长城2段墙体上	石	土石混筑。四壁用大小不一的石块垒砌，中间填以碎石泥土	矩形	梯形	顶部东西4.2，南北3，东壁残高1.53，南壁残高1.4，北壁残高1.25米	无	无	保存较差。台体西壁坍塌严重，周围杂草灌木丛生	自然因素主要有风雨侵蚀和植物生长等
口上村东侧敌台（彩图一三六）	冶头镇口上村北0.25千米	792米	骑墙而建。位于口上村东侧长城2段墙体上，系口上村东侧长城2段止点，口上村东侧长城1段起点	石	土石混筑。四壁用大小不一的石块垒砌，石壁厚0.55～0.6米，中间填以碎石泥土。石块长15～47，厚5～18厘米	矩形	梯形	底部东西4.07，南北4.17米，顶部东西3.76，南北3.95米，残高3.8米	台体西壁残存胸墙，和台阶，可登顶	无	保存一般。台体顶部，西壁有所坍塌	自然因素主要有风雨侵蚀和植物生长等

表511　昔阳县烽火台一览表

名称	地点	高程	与其他遗存的位置关系	材质	建筑方式	平面形制	剖面形制	尺寸	附属设施	修缮情况	保存状况	损毁原因及存在病害
刀把口村烽火台	孔氏乡刀把口村东1.5千米	1061米	东南距刀把口村东侧长城4段0.19千米	石	土石混筑。四壁用大小不一的石块垒砌，石壁厚0.5~0.6米，中间填以碎石泥土	矩形	梯形	东壁残长4.68、北壁残长4.39、东北角残高1.8米	无	无	保存较差。台体南、西壁坍塌呈坡状	自然因素主要有风雨侵蚀和植物生长等
九龙关村东侧烽火台	孔氏乡九龙关村东2.3千米	1047米	西南距九龙关长城1段1.2千米	石	土石混筑。四壁用大小不一的石块垒砌，石壁厚0.5~0.6米，中间填以碎石泥土	矩形	梯形	底部东西3.85、南北3.65米，顶部东西2.7、南北2.65米，东北角残高2.6、东南角残高2.3、西南角残高2.85、西北角残高2.95米	台体底部有台基，石砌而成，边长5.6、残高0.3米	无	保存一般	自然因素主要有风雨侵蚀和植物生长等
口上村东侧烽火台	冶头镇口上村东0.85千米	793米	西距口上村东侧长城2段0.9千米	石	台体无存	矩形	梯形	台体无存	有围墙保存。围墙土石混筑而成，周长70、外高3.5~6.3、内高0.2~0.7米。围墙东南角有利用天然石缝开凿的脚窝，形成宽0.9米的通道	无	保存差。台体无存，围墙保存	自然因素主要有风雨侵蚀和植物生长等
口上村南侧1号烽火台（附图三七、三八）	冶头镇口上村南0.16千米	657米	北距口上村长城2段0.158千米	石	土石混筑。四壁用大小不一的石块垒砌，中间为夯土台体，夯层厚0.1米	矩形	梯形	底部东西3.5、南北3.4，残高2.3~2.9米	无	无	保存较差	自然因素主要有风雨侵蚀和植物生长等
口上村南侧2号烽火台	冶头镇口上村南0.2千米	721米	北距口上村长城2段0.385千米，口上村南侧1号烽火台0.23千米	土	黄土夯筑，夯层厚0.15米	矩形	梯形	底部东西6.9、南北6.4，残高6.77米	无	无	保存一般。台体坍塌损毁严重，顶部和周围围杂草灌木丛生	自然因素主要有风雨侵蚀和植物生长等

续表 511

名称	地点	高程	与其他遗存的位置关系	材质	建筑方式	平面形制	剖面形制	尺寸	附属设施	修缮情况	保存状况	损毁原因及存在病害
口上村北侧烽火台（彩图一一三九、一一四〇）	冶头镇口上村北 0.02 千米	673 米	东距口上村东侧长城 2 段 0.067 千米	石	土石混筑。四壁用大小不一的石块垒砌，中间填以碎石泥土	矩形	梯形	底部东西 7.6、南北 7.8，南部东西 7.1，南北 7.2 米，残高 2.3～7.6 米	台体东壁顶部残存垛口墙，残长 1.45 米，顶宽 0.5、高 1.2 米。东壁有射孔，长 0.2、宽 0.15 米。东壁顶部正中有排水设施，凸出墙体 0.32 米，宽 0.3、高 0.2 米	无	保存一般。台体南、西壁附塌严重，周围杂草灌木丛生	自然因素主要有风雨侵蚀和植物生长等；人为因素是拆毁台体石块等
中渡海村烽火台（彩图一一四一、一一四二）	李家庄乡中渡海村东北 0.02 千米	930 米	无	土	黄土夯筑，含碎石，夯层厚 0.12 米	矩形	梯形	底部东西 7.4、南北 5、南部东西 3.8，南北 2.3 米，残高 5.6 米	无	无	保存一般。台体周围杂草灌木丛生。台体顶部长有一棵大树，西北侧有数棵大树环绕	自然因素主要有风雨侵蚀和植物生长等；人为因素主要是农业生产活动破坏等
王家庄村烽火台	李家庄乡王家庄村西南 0.03 千米	925 米	无	土	黄土夯筑，夯层厚 0.19 米。距台体顶部 0.2 米处有一层碎石，厚 0.25 米	矩形	梯形	底部东西 10.3、南北 8.5，南部东西 3.3，南北 2.9 米，残高 8.3～8.8 米	无	无	保存一般。台体顶部及周围杂草灌木丛生	自然因素主要有风雨侵蚀和植物生长等；人为因素主要是农业生产活动破坏等
杜庄村烽火台（彩图一一四三、一一四四）	大寨镇杜庄村北 0.05 千米	1001 米	无	土	黄土夯筑，夯层厚 0.13～0.18 米	圆形	梯形	底径 6.1，顶径 2.18，残高 6.8～7 米	台体北壁有登顶坡道	无	保存一般。台体周围杂草灌木丛生，附近有农田	自然因素主要有风雨侵蚀和植物生长等；人为因素主要是农业生产活动破坏等

第二十三章 平定县长城

平定县位于山西省中部东，太行山西麓。东与河北省井陉县交界，南与昔阳县、西南与寿阳县、西与阳泉市郊区、北与盂县相邻。山西省明代长城资源调查四队从2007年9月12日~2008年5月24日，对该县明代长城资源进行了调查。河北省长城资源调查队对平定县与井陉县交界区域的部分长城资源进行了调查。

一 长城资源调查数据

平定县明代长城资源包括长城墙体24段，总长14315.45米；关堡2座，其中关、堡各1座，单体建筑共45座，其中敌台19座、马面1座、烽火台23座、其他2座（关门），相关遗存共5座（处），其中居住址或居住址群4座（处）、采石场1处。采（征）集文物标本2组5件（地图一八）。

（一）长城墙体

平定县明长城墙体大致沿山西、河北两省交界的太行山山体从南向北延伸。平定县东南部东回镇七亘村有2段山险墙。平定县东部固关附近墙体从柏井镇庙庄村起，北经将军峪村，抵娘子关镇新关村固关，向西延伸至岭后底村东北部的山巅上，有13段石墙、土墙或山险。旧关村西侧山梁上有一段墙体。娘子关镇娘子关村东和河北省井陉县南峪镇地都村之间的两省交界处也有一段墙体，东北部岔口乡白石头村、杨树庄村和井陉县辛庄乡小寺村附近有7段石墙或山险。绝大多数段墙体地处山西省境内，地都村长城位于平定县娘子关镇与井陉县南峪镇交界处，白石头村东南侧长城1、2段，白石头村东侧长城1、3段，杨树庄村东侧长城，小寺村长城，位于平定县岔口乡与井陉县辛庄乡交界处（表517）。

表517 平定县长城墙体一览表（单位：米）

长城墙体段落名称	总长	保存较好	保存一般	保存较差	保存差	消失	类型	县属
七亘村东侧长城1段	654.05	648.05	0	0	0	6	山险墙	平定县
七亘村东侧长城2段	654.06	654.06	0	0	0	0	山险墙	平定县
庙庄村北侧长城	702.36	0	0	0	556.36	146	石墙	平定县
将军峪村南侧长城1段	228.31	0	0	151.31	0	77	石墙	平定县

长城墙体段落名称	总长	保存较好	保存一般	保存较差	保存差	消失	类型	县属
将军峪村南侧长城 2 段	385.15	385.15	0	0	0	0	山险	平定县
将军峪村南侧长城 3 段	483.5	483.5	0	0	0	0	山险	平定县
将军峪村南侧长城 4 段	249.13	0	0	115.54	133.59	0	石墙	平定县
将军峪村西南侧长城	884.86	0	126.88	224.13	484.59	49.26	土墙	平定县
将军峪村西侧长城	329.68	0	24.89	202.74	42.96	59.09	土墙	平定县
将军峪村北侧长城 1 段	836.58	0	62.04	387.56	303.92	83.06	土墙	平定县
将军峪村北侧长城 2 段	225.22	0	181.68	35.54	0	8	石墙	平定县
将军峪村北侧长城 3 段	1428.93	0	1260.44	0	0	168.49	石墙	平定县
新关村南侧长城	621.47	621.47	0	0	0	0	新建石墙	平定县
新关村西侧长城 1 段	537.8	537.8	0	0	0	0	新建石墙	平定县
新关村西侧长城 2 段	1735.98	0	430.57	1145.85	145.93	13.63	石墙	平定县
旧关村西侧长城	1244.83	0	0	206.2	1038.63	0	石墙	平定县
地都村长城	500	0	0	0	500	0	石墙	平定县/井陉县
白石头村东南侧长城 2 段	473.46	473.46	0	0	0	0	山险	平定县/井陉县
白石头村东南侧长城 1 段	798.62	0	0	420	343.62	35	石墙	平定县/井陉县
白石头村东侧长城 1 段	418.89	0	0	285.62	133.27	0	石墙	平定县/井陉县
白石头村东侧长城 2 段	304.6	0	0	0	304.6	0	石墙	平定县
白石头村东侧长城 3 段	186.45	0	0	186.45	0	0	石墙	平定县/井陉县
杨树庄村东侧长城	325.52	0	325.52	0	0	0	石墙	平定县/井陉县
小寺村长城	106	0	0	0	106	0	石墙	平定县/井陉县
合计	14315.45	3803.49	2412.02	3360.94	4093.47	645.53		
百分比（％）	100	26.6	16.8	23.5	28.6	4.5		

1. 七亘村东侧长城 1 段

起点位于东回镇七亘村东南 0.25 千米处，高程 652 米；止点位于七亘村东 0.2 千米处，高程 656 米。大致呈西南—东北走向。全长 654.05 米，其中保存较好 648.05、消失 6 米。墙体为山险墙，利用自然石壁经人工修凿形成，基础为自然山石。本段长城西北接七亘村东侧长城 2 段（彩图——一五一），石门关关门位于墙体东 1.2 千米处，七亘村西侧烽火台位于墙体西 0.67 千米处，七亘村东侧居住址位于墙体东南 2 千米处（图六五四）。

本段墙体共测 GPS 点 5 个（G0001～G0005），可分为 4 小段，分述如下。

第 1 小段：G0001（起点）—G0002（拐点），长 361.82 米，西南—东北走向，保存较好。

第 2 小段：G0002（拐点）—G0003（拐点），长 141.64 米，西南—东北走向，保存较好。

第 3 小段：G0003（拐点）—G0004（断点），长 144.59 米，东南—西北走向，保存较好。

第 4 小段：G0004（断点）—G0005（止点、断点），长 6 米，东南—西北走向。山险墙被小路截断而消失。G0004（断点）—G0005（止点、断点）间原有关门，称"古东口"，现建为"七亘大捷纪念地"（彩图——一五二、——一五三）。有一条关道连接"古东口"和村西的"古西口"，关道宽 2.9～4 米。G0004（断点）南 0.01 千米处有"白家窑"坑洞遗址，全长 40、洞高 1.6～2.67 米，是抗日战争时期为抵御日寇修建。

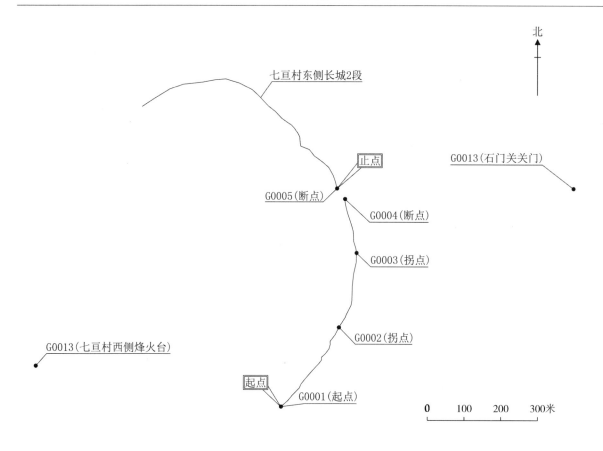

图六五四　七亘村东侧长城 1 段走向示意图

墙体整体保存较好。

2. 七亘村东侧长城 2 段

起点位于东回镇七亘村东 0.2 千米处，高程 656 米；止点位于七亘村北 0.2 千米处，高程 652 米。大致呈东南—西北走向。全长 654.06 米，保存较好。墙体为山险墙，利用自然石壁经人工修凿形成，基础为自然山石。本段长城东南接七亘村东侧长城 1 段（图六五五；参见彩图一一五一）。

本段墙体共测 GPS 点 3 个（G0005、G0008、G0009），可分为 2 小段，分述如下。

第 1 小段：G0005（起点、断点）—G0008（拐点），长 185.12 米，东南—西北走向，保存较好。G0005（起点、断点）北 0.016 千米处有北宋元祐二年（1087 年）的摩崖造像，窟高 1.1、宽 0.8、进深 0.5 米，有一佛二侍，"文革"时期被毁坏，后经重修，并在石窟前修建"诸佛殿"寺庙。

第 2 小段：G0008（拐点）—G0009（止点），长 468.94 米，东—西走向，保存较好。

3. 庙庄村北侧长城

起点位于柏井镇庙庄村西北 0.3 千米处，高程 822 米；止点位于庙庄村西北 0.8 千米处，高程 910 米。大致呈东南—西北走向。全长 702.36 米，其中保存差 556.36、消失 146 米。墙体为石墙，土石混筑，两侧用大小不一的石块垒砌，中间填以碎石泥土。现存墙体多呈碎石堆状，剖面大致呈不规则梯形，顶宽 1.1、残高 0.25～0.47 米。本段长城西北接将军峪村南侧长城 3 段。庙庄村北侧敌台位于墙体上。白灰村东南侧烽火台、白灰村西侧烽火台分别位于墙体东南 3.4、1.1 千米处（图六五六）。

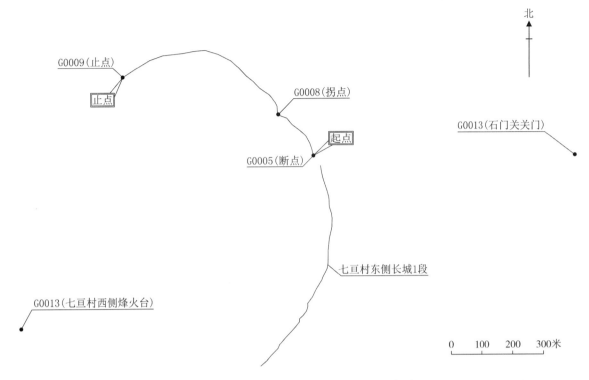

图六五五　七亘村东侧长城 2 段走向示意图

本段墙体共测 GPS 点 8 个（G0033～G0040），可分为 7 小段，分述如下。

第 1 小段：G0033（起点、断点）—G0034（拐点），长 32.24 米，南—北走向，保存差。墙体顶宽 1.1、残高 0.25～0.47 米。G0033（起点、断点）西南 0.17 千米处有白灰口关故址，现无存。G0033（起点、断点）西南 0.16 千米处有 1 座老爷庙，庙南侧土崖上有 4 孔窑洞遗址。G0033（起点、断点）南侧山下有槐北公路。

第 2 小段：G0034（拐点）—G0035（拐点），长 50.21 米，东南—西北走向，保存差。墙体残高不足 0.4 米。

第 3 小段：G0035（拐点）—G0036（庙庄村北侧敌台），长 93.51 米，东南—西北走向，保存差。墙体残高不足 0.3 米。

第 4 小段：G0036（庙庄村北侧敌台）—G0037（拐点），长 240.33 米，东南—西北走向，保存差。墙体残高不足 0.3 米。

第 5 小段：G0037（拐点）—G0038（拐点），长 62.67 米，东南—西北走向，保存差。墙体残高不足 0.3 米。

第 6 小段：G0038（拐点）—G0039（断点），长 77.40 米，东南—西北走向，保存差。墙体残高不足 0.3 米。

第 7 小段：G0039（断点）—G0040（止点、断点），长 146 米，东南—西北走向，墙体消失。G0039（断点）西北 0.15 千米处有岩棚，岩棚下有石墙，可能曾作为居住址使用。墙体东侧山坡上有一座龙王庙，庙内残存元明清时期的碑刻。

墙体整体保存差。造成损毁的自然因素主要有风雨侵蚀和植物生长等；人为因素主要是农业生产活动破坏、拆毁墙体石块、人畜踩踏等。

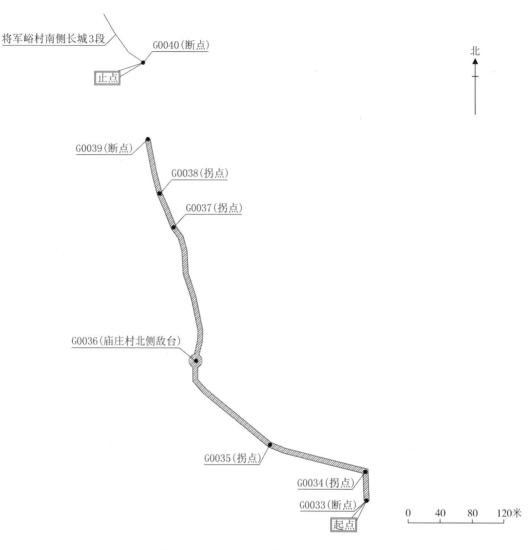

图六五六　庙庄村北侧长城走向示意图

4. 将军峪村南侧长城 1 段

起点位于柏井镇将军峪村东南 1.5 千米处，高程 808 米；止点位于将军峪村东南 1.45 千米处，高程 817 米。大致呈东北—西南走向。全长 228.31 米，其中保存较差 151.31、消失 77 米。墙体为石墙，土石混筑，石块混合泥土垒砌而成，石块缝隙间填以碎石泥土。现存石墙垒砌较齐整，部分段墙体顶部残存垛口墙。墙体剖面大致呈不规则梯形，顶宽 0.67 ~ 1.38、残高 0.25 ~ 1.7 米（彩图一一五四）。本段长城西南接将军峪村南侧长城 2 段（图六五七）。

本段墙体共测 GPS 点 4 个（G0048 ~ G0051），可分为 3 小段，分述如下。

第 1 小段：G0048（起点、断点）—G0049（拐点），长 4.22 米，东北—西南走向，保存较差。墙体顶宽 0.67 ~ 0.71、残高 0.25 ~ 0.84 米。G0048（起点、断点）处墙体与悬崖相接。

第 2 小段：G0049（拐点）—G0050（断点），长 147.09 米，东北—西南走向，保存较差。墙体顶宽 0.47 ~ 1.38、残高 0.81 ~ 1.7 米（彩图一一五五）。部分段落墙体顶部残存垛口墙，垛口宽 0.7、残高 0.6 ~ 0.9、垛口间距 1.7 ~ 1.8 米。

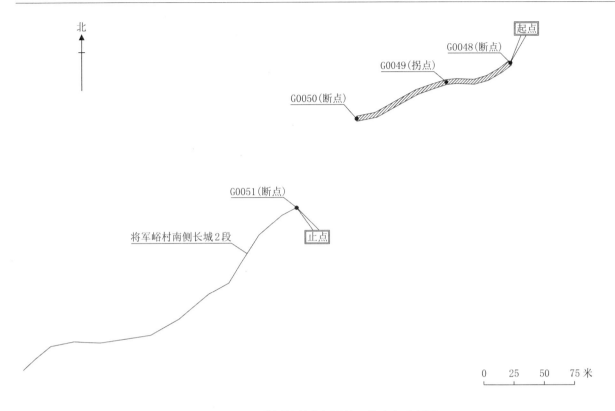

图六五七 将军峪村南侧长城1段走向示意图

第3小段：G0050（断点）—G0051（止点、断点），长77米，东北—西南走向，消失。墙体位于车王沟之中，遭洪水冲毁无存。G0051（止点、断点）位于车王沟西侧悬崖顶部。

墙体整体保存较差。造成损毁的自然因素主要有洪水冲刷、风雨侵蚀和植物生长等；人为因素主要是农业生产活动破坏、拆毁墙体石块等。

5. 将军峪村南侧长城2段

起点位于柏井镇将军峪村东南1.45千米处，高程817米；止点位于将军峪村南1.4千米处，高程910米。大致呈东北—西南走向。全长385.15米，全部保存较好。本段长城为山险，东北接将军峪村南侧长城1段，西南连将军峪村南侧长城3段（图六五八）。

本段墙体共测GPS点5个（G0041、G0051～G0054），可分为4小段，分述如下。

第1小段：G0051（起点、断点）—G0052（拐点），长87.67米，东北—西南走向，保存较好。

第2小段：G0052（拐点）—G0053（拐点），长85.89米，东北—西南走向，保存较好。

第3小段：G0053（拐点）—G0054（拐点），长66.59米，东—西走向，保存较好。

第4小段：G0054（拐点）—G0041（节点、止点），长145米，东北—西南走向，保存较好。

6. 将军峪村南侧长城3段

起点位于柏井镇将军峪村南1.6千米处，高程910米；止点位于将军峪村南0.9千米处，高程948米。大致呈东南—西北走向。全长483.5米，全部保存较好。本段长城为山险，东南接庙庄村北侧长城，G0041（节点）处东北接将军峪村南侧长城2段，G0068（止点、将军峪村南侧2号敌台）处东北接将军峪村南侧长城4段，西北连将军峪村西南侧长城（图六五九）。

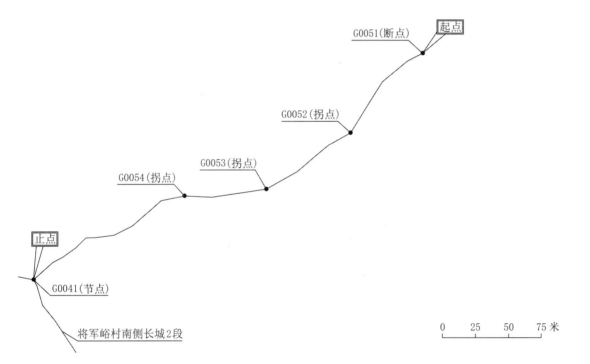

图六五八　将军峪村南侧长城 2 段走向示意图

本段墙体共测 GPS 点 10 个（G0040～G0046、G0068、G0069、G0070），可分为 9 小段，分述如下。

第 1 小段：G0040（起点、断点）—G0041（节点），长 120 米，东南—西北走向，保存较好。

第 2 小段：G0041（节点）—G0042（拐点），长 33.64 米，东南—西北走向，保存较好。

第 3 小段：G0042（拐点）—G0043（拐点），长 53.01 米，东南—西北走向，保存较好。

第 4 小段：G0043（拐点）—G0044（拐点），长 39.44 米，东南—西北走向，保存较好。G0044（拐点）处是山体的最高峰，山峰顶部有山神庙，坐东朝西。

第 5 小段：G0044（拐点）—G0045（拐点），长 22.67 米，东南—西北走向，保存较好。

第 6 小段：G0045（拐点）—G0046（拐点），长 77.64 米，南—北走向，保存较好。

第 7 小段：G0046（拐点）—G0069（拐点），长 43 米，东南—西北走向，保存较好。

第 8 小段：G0069（拐点）—G0070（拐点），长 26.1 米，西南—东北走向，保存较好。

第 9 小段：G0070（拐点）—G0068（止点、将军峪村南侧 2 号敌台），西南—东北走向，保存较好。

图六五九　将军峪村南侧长城 3 段走向示意图

7. 将军峪村南侧长城 4 段

起点位于柏井镇将军峪村南 1 千米处，高程 914 米；止点位于将军峪村南 0.9 千米处，高程 948 米。大致呈东—西走向。全长 249.13 米，其中保存较差 115.54、差 133.59 米。墙体为石墙，土石混筑，石块混合泥土垒砌而成，石块缝隙间填以碎石泥土。现存墙体多呈碎石堆状，剖面大致呈不规则梯形，顶宽 0.48 ~ 0.9、残高 0.15 ~ 1.01 米。本段长城 G0068（止点、将军峪村南侧 2 号敌台）处西南接将军峪村南侧长城 3 段、西北连将军峪村西南侧长城。将军峪村南侧 1、2 号敌台位于墙体上，分别系将军峪村南侧长城 4 段起止点（图六六〇）。

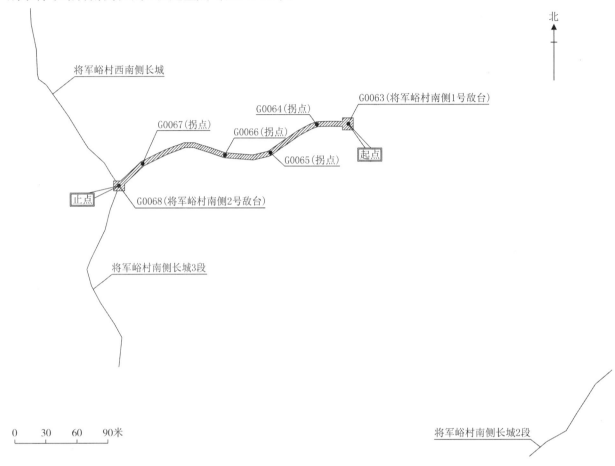

图六六〇　将军峪村南侧长城 4 段走向示意图

　　本段墙体共测 GPS 点 6 个（G0063 ~ G0068），可分为 5 小段，分述如下。

　　第 1 小段：G0063（起点、将军峪村南侧 1 号敌台）—G0064（拐点），长 34.8 米，东—西走向，保存较差。墙体顶宽 0.8 ~ 0.9、残高 0.52 ~ 1.01 米（彩图一一五六）。

　　第 2 小段：G0064（拐点）—G0065（拐点），长 80.74 米，东北—西南走向，保存较差。墙体顶宽 0.8 ~ 0.9、残高 0.52 ~ 1.01 米。

　　第 3 小段：G0065（拐点）—G0066（拐点），长 66.87 米，东—西走向，保存差。墙体顶宽 0.48 ~ 0.76、残高 0.15 ~ 0.87 米。G0066（拐点）处墙体北侧有一座石砌建筑遗迹，平面呈矩形，东壁残长 2.8、南壁长 2.8、西壁残长 3.2 米，北壁无存，石墙顶宽 0.37—0.8、残高 0.2 ~ 0.8 米，性质不详。

　　第 4 小段：G0066（拐点）—G0067（拐点），长 49.57 米，东—西走向，保存差。墙体顶宽 0.48 ~ 0.76、残高 0.15 ~ 0.87 米。

　　第 5 小段：G0067（拐点）—G0068（止点、将军峪村南侧 2 号敌台），长 17.15 米，东北—西南走向，保存差。墙体北侧为耕地，南侧为陡坡。墙体被利用为地坎，坍塌损毁严重。

　　墙体整体保存差。造成损毁的自然因素主要有风雨侵蚀和植物生长等；人为因素主要是农业生产活动破坏、拆毁墙体石块等。

8. 将军峪村西南侧长城

起点位于柏井镇将军峪村南 0.9 千米处，高程 948 米；止点位于将军峪村西南 0.1 千米处，高程 913 米。大致呈东南—西北走向。全长 884.86 米，其中保存一般 126.88、较差 224.13、差 484.59、消失 49.26 米。墙体为土墙，黄土夯筑而成，含大量碎石、砂砾，夯层厚 0.18~0.3 米。现存墙体剖面大致呈不规则梯形，底宽 0.4~4.8、顶宽 0.2~1.96、残高 0.4~6 米。本段长城 G0068（起点、将军峪村南侧 2 号敌台）处南接将军峪村南侧长城 3 段、东连将军峪村南侧长城 4 段，G0085（止点、断点）处西北接将军峪村西侧长城。将军峪村南侧 2 号敌台、将军峪村西南侧敌台位于墙体上，将军峪村南侧 2 号敌台系起点（图六六一）。

本段墙体共测 GPS 点 16 个（G0068、G0071—G0085），可分为 15 小段，分述如下。

第 1 小段：G0068（起点、将军峪村南侧 2 号敌台）—G0071（拐点），长 8.18 米，东南—西北走向，保存较差。墙体东北侧为耕地，西南侧为荒地。墙体被利用为地坎，两侧呈缓坡状，坡底散落有石块。墙体底宽 2.1、顶宽 0.85~1.96 米。

第 2 小段：G0071（拐点）—G0072（拐点），长 21.20 米，东南—西北走向，保存较差。

第 3 小段：G0072（拐点）—G0073（拐点），长 86.88 米，东南—西北走向，保存较差。墙体两侧为耕地。墙体被利用为地坎，坍塌损毁严重，两侧呈缓坡状。墙体残高 1.75~2.03 米。

第 4 小段：G0073（拐点）—G0074（拐点），长 136.72 米，东南—西北走向，保存差。墙体两侧为耕地，坍塌损毁严重。墙体底宽 0.4、顶宽 0.2、残高 0.4~0.6 米。

第 5 小段：G0074（拐点）—G0075（拐点），长 107.87 米，东南—西北走向，保存较差。墙体两侧为耕地，坍塌损毁严重。墙体底宽 1.5、顶宽 0.4~0.8、残高 1.4~1.67 米。

第 6 小段：G0075（拐点）—G0076（断点），长 60.07 米，东南—西北走向，保存差。墙体东北侧为草地，西南侧耕地，坍塌损毁严重，仅存地面痕迹。

第 7 小段：G0076（断点）—G0077（断点），长 15.42 米，南—北走向，墙体消失。现为耕地。

第 8 小段：G0077（断点）—G0078（将军峪村西南侧敌台），长 83.28 米，东南—西北走向，保存差。墙体仅存地面痕迹。

第 9 小段：G0078（将军峪村西南侧敌台）—G0079（断点），长 80.48 米，东南—西北走向，保存一般。墙体两侧为耕地。墙体底宽 2~4.8、顶宽 0.7~1.2、残高 5~6 米。墙体西 0.07 千米山坡下有乡白公路。

第 10 小段：G0079（断点）—G0080（断点），长 11.95 米，南—北走向。墙体被小路截断而消失，小路宽 2.35 米。

第 11 小段：G0080（断点）—G0081（断点），长 46.40 米，南—北走向，保存一般。墙体底宽 0.4~0.6、顶宽 0.2~0.4、残高 1.8~2.1 米（彩图一一五七）。

第 12 小段：G0081（断点）—G0082（断点），长 8.89 米，东南—西北走向。墙体被小路截断而消失。

第 13 小段：G0082（断点）—G0083（拐点），长 75.04 米，东南—西北走向，保存差。墙体仅存地面痕迹。

第 14 小段：G0083（拐点）—G0084（断点），长 129.48 米，东南—西北走向，保存差。墙体仅存地面痕迹。

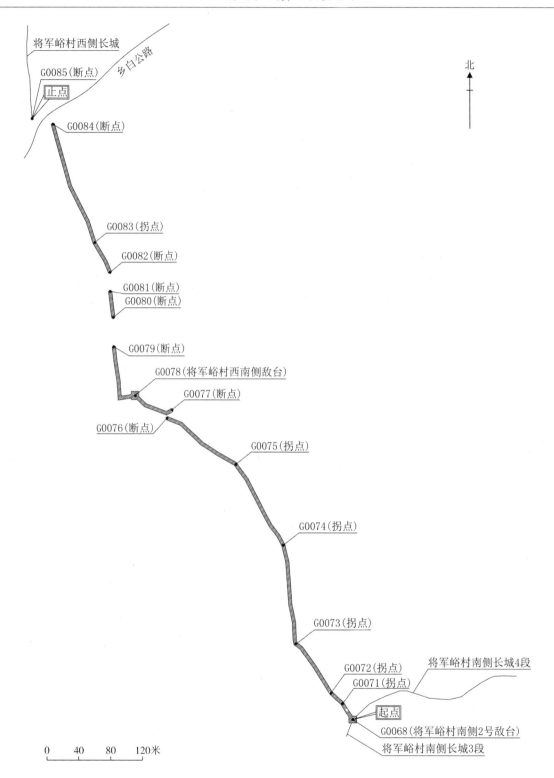

图六六一　将军峪村西南侧长城走向示意图

第 15 小段：G0084（断点）—G0085（止点、断点），长 13 米，东—西走向。墙体被乡白公路截断而消失。

墙体整体保存差。造成损毁的自然因素主要有风雨侵蚀和植物生长等；人为因素主要是农业生产活动破坏、墙体被公路及小路截断等。

9. 将军峪村西侧长城

起点位于柏井镇将军峪村西南 0.1 千米处，高程 913 米；止点位于将军峪村西 0.1 千米处，高程 971 米。大致呈东南—西北走向。全长 329.68 米，其中保存一般 24.89、较差 202.74、差 42.96、消失 59.09 米。墙体为土墙，黄土夯筑而成，含砂砾，夯层厚 0.2~0.4 米。现存墙体剖面大致呈不规则梯形，底宽 1.2~4.86、顶宽 0.3~2.1、残高 1.1~7.5 米（彩图一一五八）。本段长城东南接将军峪村西南侧长城，东北连将军峪村北侧长城 1 段。将军峪村西侧敌台位于墙体上，系将军峪村西侧长城止点。将军峪村西侧采石场位于墙体西侧（图六六二）。

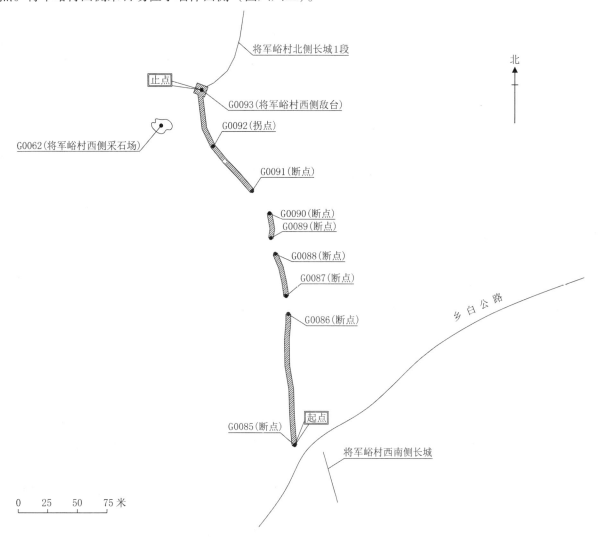

图六六二　将军峪村西侧长城走向示意图

本段墙体共测 GPS 点 9 个（G0085~G0093），可分为 8 小段，分述如下。

第 1 小段：G0085（起点、断点）—G0086（断点），长 126.92 米，南—北走向，保存较差。墙体西侧为耕地，部分墙体上有取土痕迹。墙体底宽 1.2~4.3、顶宽 0.3~1.47、东侧残高 1.7~3.8、西侧残高 2.7~5.3 米。

第 2 小段：G0086（断点）—G0087（断点），长 10.69 米，南—北走向。墙体被将军峪村小学建筑截断而消失。

第3小段：G0087（断点）—G0088（断点），长24.89米，东南—西北走向，保存一般。墙体西侧为耕地。墙体底宽约2.9、顶宽1.9~2.1、残高5.8~7.5米。墙体东壁底部残存包石，长5、残高1.4米（彩图一一五九）。

第4小段：G0088（断点）—G0089（断点），长3米，南—北走向。墙体被东西向小路截断而消失。

第5小段：G0089（断点）—G0090（断点），长42.96米，南—北走向，保存差。墙体东侧或为小路或为房屋，西侧为耕地。

第6小段：G0090（断点）—G0091（断点），长45.4米，东南—西北走向。墙体被小路截断而消失。

第7小段：G0091（断点）—G0092（拐点），长42.32米，东南—西北走向，保存较差。墙体底宽3.8~4.86、顶宽多1.2~1.4、残高1.89~2.42米，G0091（断点）处墙体剖面底宽4.86、顶宽3.7、残高2.16米。

第8小段：G0092（拐点）—G0093（止点、将军峪村西侧敌台），长33.5米，东南—西北走向，保存较差。墙体底宽3.6、顶宽1.1、东侧残高1.1、西侧残高2.48米。

墙体整体保存较差。造成损毁的自然因素主要有风雨侵蚀和植物生长等；人为因素主要是农业生产活动破坏、墙体被小路及房屋截断、取土挖损破坏等。

10. 将军峪村北侧长城1段

起点位于柏井镇将军峪村西0.1千米处，高程971米；止点位于将军峪村西北0.6千米处，高程920米。大致呈东南—西北走向。全长836.58米，其中保存一般62.04、较差387.56、差303.92、消失83.06米。墙体为土墙，黄土夯筑而成，部分段落含碎石，夯层厚0.15~0.29米。现存墙体剖面大致呈不规则梯形，底宽1.4~3.8、顶宽0.2~1.7、残高0.2~3.7米。本段长城南接将军峪村西侧长城，北连将军峪村北侧长城2段。将军峪村西侧敌台、将军峪村北侧敌台位于墙体上，分别系1段起止点。将军峪村北侧1号烽火台位于墙体东北0.023千米处，将军峪村北侧2号烽火台位于墙体西南0.14千米处（图六六三）。

本段墙体共测GPS点13个（G0093~G0105），可分为12小段，分述如下。

第1小段：G0093（起点、将军峪村西侧敌台）—G0094（拐点），长23.86米，西南—东北走向，保存差。墙体东侧为平坦的杂草地，西侧为耕地。墙体被利用为地坎，坍塌损毁严重。墙体底宽1.4、顶宽0.2~0.5、东侧残高0.3~0.6、西侧残高0.9~1.36米。

第2小段：G0094（拐点）—G0095（拐点），长125.49米，西南—东北走向，保存差。墙体底宽1.7、顶宽0.2~0.5、东侧残高0.3~1、西侧残高0.67~1.42米。

第3小段：G0095（拐点）—G0096（拐点），长38.22米，南—北走向，保存较差。G0095（拐点）处墙体被将军峪村通往新关村的山路截断，路宽1米。墙体底宽3.8、顶宽0.82、东侧残高0.2~0.9、西侧残高1.5~2.7米。将军峪村北侧1号烽火台位于墙体东北0.023千米处。

第4小段：G0096（拐点）—G0097（拐点），长126.42米，东南—西北走向，保存较差。墙体底宽3.5、顶宽1、东北侧残高0.7~3.7、西南侧残高0.7~0.9米。

第5小段：G0097（拐点）—G0098（断点），长50.31米，南—北走向，保存差。墙体残高不足0.4米。

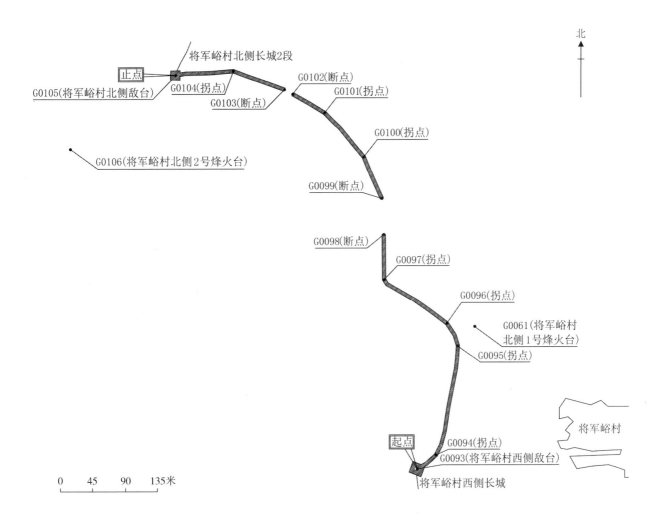

图六六三　将军峪村北侧长城 1 段走向示意图

第 6 小段：G0098（断点）—G0099（断点），长 72.2 米，南—北走向，墙体消失。现为耕地。

第 7 小段：G0099（断点）—G0100（拐点），长 104.26 米，东南—西北走向，保存差。墙体两侧为耕地，墙体被利用为地坎。墙体顶宽 0.9~1.3、东侧残高不足 0.8、西侧残高 1.7~2.2 米。

第 8 小段：G0100（拐点）—G0101（拐点），长 89.93 米，东南—西北走向，保存较差。G0100（拐点）北 30 米处墙体被将军峪村通往新关村的山路截断，路宽 0.5 米。墙体东北侧残高 0.7~1.36、西南侧残高 1.1~3 米。

第 9 小段：G0101（拐点）—G0102（断点），长 57.10 米，东南—西北走向，保存较差。墙体南侧为山坡，北侧为耕地，墙体被利用为地坎。墙体底宽 2.5、顶宽 0.3~0.7、南侧残高 1.92~2.96、北侧残高 1.1~1.3 米。

第 10 小段：G0102（断点）—G0103（断点），长 10.86 米。东南—西北走向。墙体被山路截断而消失。

第 11 小段：G0103（断点）—G0104（拐点），长 62.04 米，东南—西北走向，保存一般。墙体南侧为山坡，北侧为耕地。墙体底宽 2.8~3.2、顶宽 0.7~1.7、南侧残高 3.2~3.7、北侧残高 2.8~3.3 米（彩图一一六〇）。

第 12 小段：G0104（拐点）—G0105（止点、将军峪村北侧敌台），长 75.89 米，东—西走向，保存较差。墙体底宽 3.2 ~ 3.8、顶宽 0.9 ~ 1.5、残高 1.27 ~ 3.38 米。墙体南壁残存包石。

墙体整体保存差。造成损毁的自然因素主要有风雨侵蚀和植物生长等；人为因素主要是农业生产活动破坏、墙体被小路截断等。

11. 将军峪村北侧长城 2 段

起点位于柏井镇将军峪村西北 0.6 千米处，高程 920 米；止点位于将军峪村西北 0.75 千米处，高程 881 米。大致呈西南—东北走向。全长 225.22 米，其中保存一般 181.68、较差 35.54、消失 8 米。墙体为石墙，土石混筑，东侧紧靠山梁，西侧用石块垒砌，宽 0.3 ~ 0.38 米，石块间白灰勾缝，中间填以碎石泥土。墙体顶部西侧残存垛口墙，个别段墙体顶部残存石梯。现存墙体剖面大致呈不规则梯形，顶宽 0.95 ~ 1.5、东侧残高 1.02 ~ 3.4 米。本段长城东接将军峪村北侧长城 1 段，北连将军峪村北侧长城 3 段。将军峪村北侧敌台位于墙体上，系将军峪村北侧长城 2 段起点（彩图——六一）。将军峪村北侧 1 号居住址倚墙而建，位于墙体东侧（图六六四）。

图六六四　将军峪村北侧长城 2 段走向示意图

本段墙体共测 GPS 点 6 个（G0105、G0107 ~ G0109、G0111、G0112），可分为 5 小段，分述如下。

第1小段：G0105（起点、将军峪村北侧敌台）—G0107（拐点），长55.82米，西南—东北走向，保存一般。墙体顶宽0.95~1.5、东侧残高0.15~1、西侧残高3~3.4米。墙体顶部西侧残存垛口墙，宽0.6、残高0.13~0.35米。

第2小段：G0107（拐点）—G0108（拐点），长81.28米，西南—东北走向，保存一般。墙体顶宽1~1.1、东侧残高0.3~0.86、西侧残高2.1~2.8米（彩图一一六二）。墙体顶部残存石梯，长30、宽1.56~2、阶高0.25米（彩图一一六三）。

第3小段：G0108（拐点）—G0109（拐点），长35.54米，东南—西北走向，保存较差。墙体东侧残高0.35~0.6、西侧残高1.02~1.8米（彩图一一六四）。

第4小段：G0109（拐点）—G0111（断点），长44.58米，南—北走向，保存一般。墙体顶宽1~1.1、东侧残高0.3~0.86、西侧残高2.1~2.8米。墙体顶部西侧残存垛口墙，宽0.6、残高0.13~0.35米。将军峪村北侧1号居住址倚墙而建，位于墙体东侧。

第5小段：G0111（断点）—G0112（止点、断点），长8米，南—北走向，墙体消失。

墙体整体保存较差。自然因素破坏主要有风雨侵蚀和植物生长等；人为因素主要是拆毁墙体石块、人畜踩踏等。

12. 将军峪村北侧长城3段

起点位于柏井镇将军峪村西北0.75千米处，高程881米；止点位于将军峪村西北1.8千米处，高程768米。大致呈东南—西北走向。全长1428.93米，其中保存一般1260.44、消失168.49米。墙体为石墙，土石混筑，两侧石块垒砌，宽0.17~0.4米；中间填以碎石泥土，宽0.4~1.1米，石块间白灰勾缝。墙体顶部南、西侧残存垛口墙。现存墙体剖面大致呈不规则梯形，顶宽0.87~3.1、东侧残高0.1~1.3、西侧残高1.7~3.7米（彩图一一六五）。本段长城南接将军峪村北侧长城2段，北连新关村南侧长城。新关村南侧1号敌台位于墙体上，系将军峪村北侧长城3段止点。将军峪村北侧2~4号居住址倚墙而建，位于墙体东侧，将军峪村北侧3、4号居住址相距5米（图六六五）。

本段墙体共测GPS点24个（G0112、G0113、G0115~G0133、G0136~G0138），可分为24小段，分述如下。

第1小段：G0112（起点、断点）—G0113（拐点），长54.04米，南—北走向，保存一般。墙体东侧残高0.3~1.1、西侧残高2.1~3.4米，顶部西侧残存垛口墙。将军峪村北侧2号居住址倚墙而建，位于墙体东侧。

第2小段：G0113（拐点）—G0115（拐点），长51.87米，西南—东北走向，保存一般。G0113（拐点）东北18米处墙体被小路截断，路宽0.8米。墙体顶宽1.3~2.85、东侧残高0.1~0.85、西侧残高2.3~3.3米。

第3小段：G0115（拐点）—G0116（拐点），长116.59米，西南—东北走向，保存一般。G0115（拐点）处墙体顶宽1.3、西侧残高2.5米。墙体顶部西侧残存垛口墙，残高0.1~0.35米。G0116（拐点）位于山峰顶部，东侧有一根木质电线杆。

第4小段：G0116（拐点）—G0117（拐点），长34.44米，西南—东北走向，保存一般。墙体顶宽1.1~1.4、西侧残高1.85~2.65米。墙体顶部西侧残存垛口墙，残高0.1~0.35米。

第5小段：G0117（拐点）—G0118（断点），长6.95米，南—北走向，保存一般。

第6小段：G0118（断点）—G0119（断点），长60.85米，南—北走向，墙体消失。

第7小段：G0119（断点）—G0120（拐点），长11.65米，东南—西北走向，保存一般。墙体顶

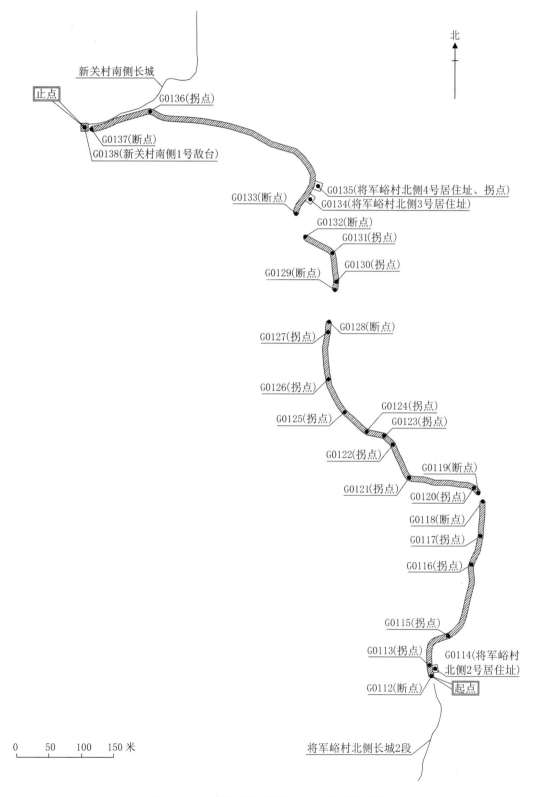

图六六五　将军峪村北侧长城 3 段走向示意图

宽 1.31、西南侧残高 2.65 米。G0120（拐点）附近有一根木质电线杆。

第 8 小段：G0120（拐点）—G0121（拐点），长 120.78 米，东—西走向，保存一般。G120（拐

点）西 20 米处墙体被小路截断。墙体顶宽 1.25、南侧残高 2.2 ~ 2.8 米。墙体顶部南侧残存垛口墙，最宽 0.95、残高 0.1 ~ 0.3 米。

第 9 小段：G0121（拐点）—G0122（拐点），长 83.28 米，东南—西北走向，保存一般。墙体顶宽 1.2、东北侧残高 0.2 ~ 0.3、西南侧残高 2.76 ~ 3.57 米。墙体顶部西南侧残存垛口墙，宽 0.8 米。

第 10 小段：G0122（拐点）—G0123（拐点），长 18.1 米，东南—西北走向，保存一般。墙体顶宽 3.3、东北侧残高 0.5 ~ 1.3 米。

第 11 小段：G0123（拐点）—G0124（拐点），长 26.32 米，东南—西北走向，保存一般。墙体顶部东北侧被利用为山间小路，路宽 1.32 米。墙体顶宽 3.3、西南侧残高 0.5 ~ 1.3 米（彩图一一六六）。墙体顶部西南侧残存垛口墙，宽 0.8、残高 0.25 ~ 0.47 米。

第 12 小段：G0124（拐点）—G0125（拐点），长 47.54 米，东南—西北走向，保存一般。墙体顶部中间被利用为山间小路。墙体西南侧残高 2.1 ~ 2.36 米。墙体顶部西南侧残存垛口墙，宽 0.7 米。

第 13 小段：G0125（拐点）—G0126（拐点），长 38.15 米，东南—西北走向，保存一般。墙体东侧有石砌房屋状建筑，仅存一道石墙，高不足 0.3 米。

第 14 小段：G0126（拐点）—G0127（拐点），长 127.41 米，南—北走向，保存一般。墙体顶宽 1.2 ~ 1.5、东侧残高 1.3、西侧残高 1.94 ~ 3.7 米。墙体顶部西侧残存垛口墙，残高 0.2 ~ 0.3 米。

第 15 小段：G0127（拐点）—G0128（断点），长 35.79 米，南—北走向，保存一般。墙体顶宽 3.1、西侧残高 2.9 ~ 3.3 米。墙体顶部西侧残存垛口墙，宽 0.8 米。

第 16 小段：G0128（断点）—G0129（断点），长 35.4 米，南—北走向，墙体消失。

第 17 小段：G0129（断点）—G0130（拐点），长 6.43 米，南—北走向，保存一般。墙体顶宽 1.6 ~ 1.9、东侧残高不足 0.7、西侧残高 2.34 ~ 2.78 米。

第 18 小段：G0130（拐点）—G0131（拐点），长 52.16 米，南—北走向，保存一般。墙体顶宽 0.87、西侧残高 1.7 ~ 2.17 米。

第 19 小段：G0131（拐点）—G0132（断点），长 41.81 米，东南—西北走向，保存一般。

第 20 小段：G0132（断点）—G0133（断点），长 64.24 米，东南—西北走向，墙体消失。

第 21 小段：G0133（断点）—G0135（将军峪村北侧 4 号居住址、拐点），长 57.57 米，东南—西北走向，保存一般。G0133（断点）附近墙体上立有几根木质电线杆。将军峪村北侧 3、4 号居住址倚墙而建，位于墙体东侧，相距 5 米。

第 22 小段：G0135（将军峪村北侧 4 号居住址、拐点）—G0136（拐点），长 232.72 米，东南—西北走向，保存一般。墙体顶宽 2.5、东北侧残高 0.6 ~ 1.1、西南侧残高 2.25 ~ 2.98 米。墙体顶部西南侧残存垛口墙，宽 0.65 ~ 0.8、东北侧残高 0.1 ~ 1.35、西南侧残高 0.1 ~ 1.45 米。垛口墙上存部分垛口，垛口宽 0.55 ~ 0.8、残高 0.2 ~ 0.3、垛口间距 2.6 米（彩图一一六七）。

第 23 小段：G0136（拐点）—G0137（断点），长 96.44 米，东—西走向，保存一般。墙体南侧残高 2.3 ~ 2.92 米。墙体顶部南侧残存垛口墙。

第 24 小段：G0137（断点）—G0138（止点、新关村南侧 1 号敌台），长 8 米，东—西走向，墙体消失。

墙体整体保存较差。造成损毁的自然因素主要有风雨侵蚀和植物生长等；人为因素主要是农业生产活动破坏、拆毁墙体石块、墙体被小路截断、墙体上立电线杆、不合理修缮、人畜踩踏等。

13. 新关村南侧长城

起点位于娘子关镇新关村南 0.3 千米处，高程 768 米；止点位于娘子关镇新关村中，307 国道旁，高程 677 米。大致呈南—北走向。全长 621.47 米，全部保存较好。墙体为新建石墙，土石混筑，两侧石块垒砌，并用水泥加固，中间填以碎石泥土。墙体顶部西侧有垛口墙，东侧有女墙。墙体剖面呈梯形，顶宽 0.87～3.1 米，东侧高 0.1～1.3、西侧高 1.7～3.7 米。本段长城南接将军峪村北侧长城 3 段，西隔新关村与新关村西侧长城 1 段相望（彩图一一六八）。固关位于墙体西侧。新关村南侧 1 号敌台位于墙体上，系新关村南侧长城起点；新关村南侧 2 号敌台倚墙而建，位于墙体东侧。新关村东侧烽火台位于墙体东北 0.15 千米处（图六六六）。

图六六六　新关村南侧长城走向示意图

本段墙体共测 GPS 点 4 个（G0138～G0141），可分为 3 小段，分述如下。

第 1 小段：G0138（起点、新关村南侧 1 号敌台）—G0139（拐点），长 182.33 米，西南—东北走向，保存较好。墙体顶宽 3.1、西北侧高 2.3 米。墙体顶部西北侧有垛口墙，东南侧有女墙。垛口墙宽 0.55、高 1.15 米，垛口宽 0.7、间距 2.4 米，女墙宽 0.45、高 0.55 米。

第 2 小段：G0139（拐点）—G0140（新关村南侧 2 号敌台），长 141.73 米，南—北走向，保存较好。

第 3 小段：G0140（新关村南侧 2 号敌台）—G0141（止点、断点），长 297.41 米，东南—西北走向，保存较好（彩图一一六九）。G0141（止点、断点）处有一座新建的敌台，与固关水西门东侧新建石墙相连。

墙体整体保存较好。造成损毁的自然因素主要有风雨侵蚀和植物生长等；人为因素主要是不合理修缮等。

14. 新关村西侧长城 1 段

起点位于娘子关镇新关村西 0.05 千米处，高程 690 米；止点位于新关村西 0.5 千米处，高程 785 米。大致呈东—西走向。全长 537.8 米，全部保存较好。墙体为新建石墙，土石混筑，两侧石块垒砌，并用水泥加固，中间填以碎石泥土。墙体顶部南、西侧有垛口墙，东、北侧有女墙。墙体剖面呈梯形，顶宽 2.8 米，东侧高 0.3~1.55、西侧高 4.8~4.9 米。本段长城东隔新关村与新关村南侧长城相望，西北接新关村西侧长城 2 段。固关位于墙体东侧。新关村西侧 1 号敌台位于墙体北侧，西南角距墙体 3 米。新关村西侧烽火台位于墙体北 0.33 千米处（图六六七）。

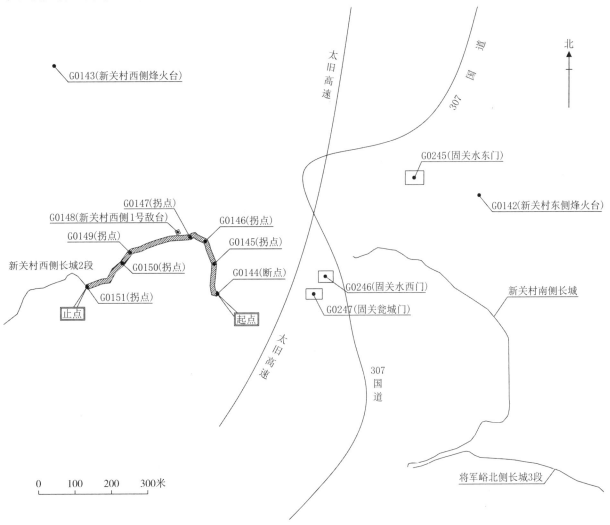

图六六七　新关村西侧长城 1 段走向示意图

本段墙体共测 GPS 点 7 个（G0144—G0151），可分为 6 小段，分述如下。

第 1 小段：G0144（起点、断点）—G0145（拐点），长 48.69 米，南—北走向，保存较好。墙体顶宽2.8米，东侧高0.3、西侧高4.8米。墙体顶部西侧有垛口墙，东侧有女墙。垛口墙宽0.6、高1.55～1.7米，垛口宽0.55米，女墙宽0.35、高0.5米。墙体顶部中间有石梯，阶高0.25米。G0144（起点、断点）处东侧紧邻新建的西峰寺。

第2小段：G0145（拐点）—G0146（拐点），长43.95米，东南—西北走向，保存较好。墙体东侧高1.55、西侧高4.9米。墙体顶部西侧有垛口墙，东侧有女墙。垛口墙高1.85米，女墙高0.4米。

第3小段：G0146（拐点）—G0147（拐点），长176.35米，东—西走向，保存较好。墙体顶部中间有石梯。

第4小段：G0147（拐点）—G0149（拐点），长167.74米，东—西走向，保存较好。新关村西侧1号敌台位于墙体北侧，西南角距墙体3米（彩图一一七〇）。

第5小段：G0149（拐点）—G0150（拐点），长62.44米，东北—西南走向，保存较好。

第6小段：G0150（拐点）—G0151（止点、拐点），长38.63米，东北—西南走向，保存较好。G0151（止点、拐点）南0.02千米处有1座新建烽火台，石砌，平面呈矩形，内部为回廊结构。

墙体整体保存较好。造成损毁的自然因素主要有风雨侵蚀和植物生长等；人为因素主要是不合理修缮等。

15. 新关村西侧长城2段

起点位于娘子关镇新关村西0.5千米处，高程785米；止点位于新关村西2千米处，高程932米。大致呈东—西走向。全长1735.98米，其中保存一般430.57、较差1145.85、差145.93、消失13.63米。墙体为石墙，土石混筑，两侧石块垒砌，中间填以碎石泥土，石块间白灰勾缝。墙体顶部南侧残存垛口墙。现存墙体剖面大致呈不规则梯形，底宽2.2～5.5、顶宽0.75～4.79、南侧残高0.3～7、北侧残高0.3～5米。本段长城东接新关村西侧长城1段。新关村西侧2～5号敌台位于墙体上，新关村西侧5号敌台系新关村西侧长城2段止点。新关村西侧居住址倚墙而建，位于墙体北侧（图六六八）。

本段墙体共测GPS点31个（G0151～G0170、G0172～G0182），可分为29小段，分述如下。

第1小段：G0151（起点、拐点）—G0152（拐点），长30.14米，东南—西北走向，保存差。墙体顶宽1.6、西南侧残高0.3～1.1、东北侧残高0.3～0.7米。

第2小段：G0152（拐点）—G0153（拐点），长19.89米，东—西走向，保存较差。墙体顶宽1.67、南侧残高0.7～1.4、北侧残高0.66～1.62米。G0152（拐点）处墙体顶部南侧残存垛口墙。

第3小段：G0153（拐点）—G0154（拐点），长38.12米，东北—西南走向，保存差。G0153（拐点）西南25米处墙体被小路截断。墙体顶宽0.75～1.4、残高0.3～1.08米。

第4小段：G0154（拐点）—G0155（拐点），长24.2米，东—西走向，保存差。墙体顶宽1.4、南侧残高1.08、北侧残高不足0.8米。

第5小段：G0155（拐点）—G0156（拐点），长67.81米，东北—西南走向，保存较差。墙体顶宽1.7～2.1、东南侧残高0.5～2、西北侧残高0.7～1.8米。墙体顶部东南侧残存垛口墙，残高不足0.15米。

第6小段：G0156（拐点）—G0157（新关村西侧2号敌台），长39.30米，东北—西南走向，保存较差。墙体顶宽1.7～2.4、东南侧残高0.5～2.01、西北侧残高0.7～1.8米。墙体顶部东南侧残存垛口墙，宽0.4、残高不足0.15米。

第7小段：G0157（新关村西侧2号敌台）—G0158（拐点），长52.76米，东南—西北走向，保存较差。墙体顶宽1.9～2.4、西南侧残高1.1～1.6、东北侧残高0.9～1.6米。

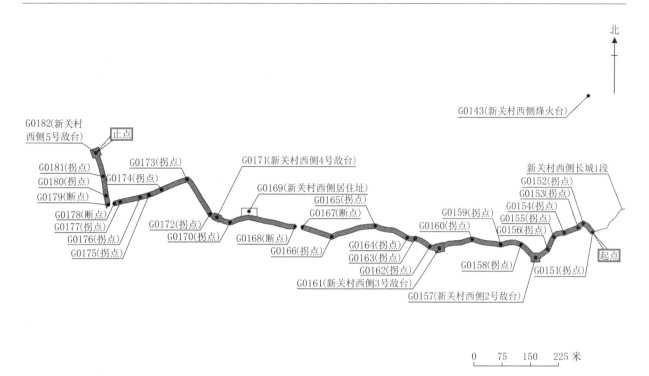

图六六八　新关村西侧长城2段走向示意图

第8小段：G0158（拐点）—G0159（拐点），长52.80米，东—西走向，保存较差。墙体顶宽2.2、南侧残高0.7~1.3、北侧残高0.8~0.94米。

第9小段：G0159（拐点）—G0160（拐点），长77.35米，东—西走向，保存较差。墙体顶宽1.5~1.8、南侧残高1.5~1.78、北侧残高0.9~1.24米。

第10小段：G0160（拐点）—G0162（拐点），长117.89米，东北—西南走向，保存较差。墙体顶宽1.7~2.1、南侧残高0.5~1.3、北侧残高0.7~1.09米。新关村西侧3号敌台位于墙体上。

第11小段：G0162（拐点）—G0163（拐点），长45.06米，东南—西北走向，保存差。墙体顶宽0.76~1.75、南侧残高0.2~1.18、北侧残高0.1~0.6米。

第12小段：G0163（拐点）—G0164（拐点），长8.41米，东—西走向，保存差。墙体顶宽1.5~2.2、南侧残高0.4~0.6、北侧残高0.1~0.3米。

第13小段：G0164（拐点）—G0165（拐点），长104.03米，东南—西北走向，保存较差。墙体顶宽1.16~1.46、南侧残高0.2~1.1、北侧残高0.3~0.9米。

第14小段：G0165（拐点）—G0166（拐点），长111.96米，东北—西南走向，保存较差。墙体顶宽1.16~1.46、南侧残高1~2.13、北侧残高0.15~0.8米。

第15小段：G0166（拐点）—G0167（断点），长92.66米，东南—西北走向，保存较差。墙体顶宽0.85~1.75、南侧残高1.30~2.9、北侧残高不足1米。墙体顶部南侧残存垛口墙，宽0.45~0.55、残高不足0.35米。

第16小段：G0167（断点）—G0168（断点），长9.63米，东—西走向。墙体因修建电力设施被破坏无存，北侧山梁上有两座电线塔架。

第17小段：G0168（断点）—G0169（新关村西侧居住址），长141.87米，东南—西北走向，保存较差。G0168（断点）西北52米处有一处豁口，存石墙底部，系修建电力设施破坏。墙体顶宽

0.85～2.86、南侧残高1.3～2.9、北侧最高0.98米。墙体顶部南侧残存垛口墙，宽0.45～0.55、残高不足0.35米。新关村西侧居住址倚墙而建，位于墙体北侧。

第18小段：G0169（新关村西侧居住址）—G0170（拐点），长141.28米，东北—西南走向，保存一般。墙体顶宽2～2.3、南侧残高0.67～1.27、北侧残高0.5～0.98米。

第19小段：G0170（拐点）—G0172（拐点），长48.7米，东南—西北走向，保存一般。墙体顶宽2～2.3、南侧残高0.67～1.27、北侧残高0.5～0.98米。新关村西侧4号敌台位于墙体上。

第20小段：G0172（拐点）—G0173（拐点），长135.83米，东南—西北走向，保存较差。墙体底宽2.2～3.98、顶宽1.5～2.8、残高0.48～2.08米。

第21小段：G0173（拐点）—G0174（拐点），长81.36米，东北—西南走向，保存较差。G0173（拐点）西南40米处墙体被小路截断，存石墙底部。墙体底宽2.2～3.98、顶宽1.5～2.8、残高0.48～2.08米。

第22小段：G0174（拐点）—G0175（拐点），长47.05米，东北—西南走向，保存一般。墙体顶宽4.25、南侧残高6.8、北侧残高3.5～5米。

第23小段：G0175（拐点）—G0176（拐点），长40.74米，东北—西南走向，保存一般。墙体顶宽3.3～3.8、南侧残高4.5～5.46米。墙体顶部南侧残存垛口墙。

第24小段：G0176（拐点）—G0177（拐点），长50.34米，东北—西南走向，保存较差。墙体顶宽1.1～1.6、残高1.4～2米。

第25小段：G0177（拐点）—G0178（断点），长16.22米，东—西走向，保存一般。墙体顶宽4～4.79、南侧残高4、北侧残高2.16～2.68米。

第26小段：G0178（断点）—G0179（断点），长4米，东—西走向。墙体被小路截断而消失。

第27小段：G0179（断点）—G0180（拐点），长71.74米，南—北走向，保存一般。墙体顶宽4.3、东侧残高1.3～2.8、西侧残高4.8～6.3米。

第28小段：G0180（拐点）—G0181（拐点），长24.32米，南—北走向，保存一般。墙体顶宽1.8、东侧残高1.5～2.3、西侧残高2.8～3.6米。

第29小段：G0181（拐点）—G0182（止点、新关村西侧5号敌台），长40.52米，东南—西北走向，保存一般。墙体顶宽4.3、东侧残高3～4.8、西侧残高5～7米（彩图一一七一）。

墙体整体保存较差。造成损毁的自然因素主要有风雨侵蚀和植物生长等；人为因素主要是拆毁墙体石块、墙体被小路截断、修建电力设施破坏墙体等。

16. 旧关村西侧长城

起点位于娘子关镇旧关村西1.5千米处，高程821米；止点位于旧关村西0.8千米处，高程926米。大致呈西南—东北走向。全长1244.83米，其中保存较差206.2、差1038.63米。墙体为石墙，土石混筑，两侧石块垒砌，中间填以碎石泥土。现存墙体剖面大致呈不规则梯形，顶宽0.5～3.2、残高0.1～1.5米。旧关村西侧敌台位于墙体上，旧关村西侧居住址位于墙体西2米，旧关村西侧烽火台位于G0194（止点、断点）东北0.72千米处（图六六九）。

本段墙体共测GPS点9个（G0185～G0188、G0190～G0194），可分为7小段，分述如下。

第1小段：G0185（起点、断点）—G0186（拐点），长236.39米，西南—东北走向，保存差。墙体顶部最宽3.2、东南侧残高0.4～0.7、西北侧残高0.4～1.1米。

第2小段：G0186（拐点）—G0187（拐点），长167.69米，北—南走向，保存较差。墙体顶宽

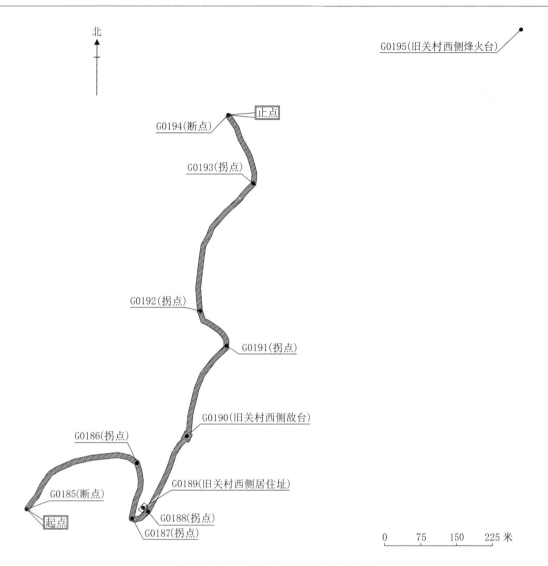

图六六九　旧关村西侧长城走向示意图

1.7~2.1、残高0.1~1.5米。

第3小段：G0187（拐点）—G0188（拐点），长38.51米，西南—东北走向，保存较差。墙体顶宽1.7~2.1、残高0.1~1.5米。

第4小段：G0188（拐点）—G0191（拐点），长227.81米，西南—东北走向，保存差。墙体顶宽0.85~1.6、东侧残高0.4~1.3、西侧残高不足0.3米。旧关村西侧敌台位于墙体上，旧关村西侧居住址倚墙而建，位于墙体西2米。

第5小段：G0191（拐点）—G0192（拐点），长104.83米，东南—西北走向，保存差。墙体顶宽0.5~1.3、东北侧残高不足0.4、西南侧残高不足0.3米。

第6小段：G0192（拐点）—G0193（拐点），长313.91米，西南—东北走向，保存差。墙体顶宽0.5~1.3、东侧残高不足0.4、西侧残高不足0.3米。

第7小段：G0193（拐点）—G0194（止点、断点），长155.69米，南—北走向，保存差。墙体顶宽0.5~1.3、东侧残高不足0.4、西侧残高不足0.3米。

墙体整体保存差。造成损毁的自然因素主要有风雨侵蚀和植物生长等。

17. 地都村长城

起点位于河北省井陉县南峪镇地都村西南 0.92 千米处，高程 482 米；止点位于地都村西南 0.922 千米处，高程 483 米。大致呈东南—西北走向。全长 500 米，保存差。墙体为石墙。现存墙体顶宽 1.2 ~ 1.6、东侧残高 0.3 ~ 1.6、西侧残高 1.1 ~ 1.95 米。本段长城由河北省调查队调查。

18. 白石头村东南侧长城 2 段

起点位于岔口乡白石头村东南 1.8 千米处，高程 1054 米；止点位于白石头村东南 1.5 千米处，高程 1042 米。大致呈西南—东北走向。全长 473.46 米，保存较好。本段长城墙体为山险，东北接白石头村东南侧长城 1 段（图六七〇）。

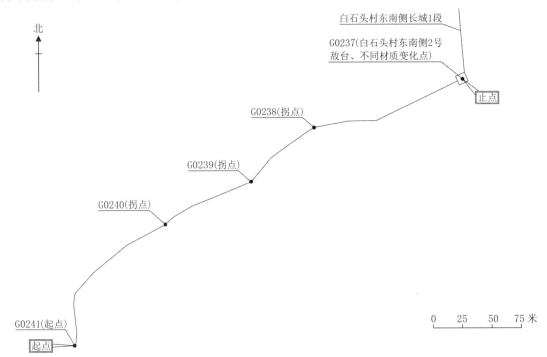

图六七〇　白石头村东南侧长城 2 段走向示意图

本段墙体共测 GPS 点 5 个（G0237 ~ G0241），可分为 4 小段，分述如下。

第 1 小段：G0241（起点）—G0240（拐点），长 175.75 米，西南—东北走向，保存较好。G0240（拐点）处有一座现代石砌羊圈。

第 2 小段：G0240（拐点）—G0239（拐点），长 157.27 米，西南—东北走向，保存较好。

第 3 小段：G0239（拐点）—G0238（拐点），长 58.53 米，西南—东北走向，保存较好。

第 4 小段：G0238（拐点）—G0237（止点、不同材质变化点、白石头村东南侧 2 号敌台），长 81.91 米，西南—东北走向，保存较好。

19. 白石头村东南侧长城 1 段

起点位于岔口乡白石头村东南 1.5 千米处，高程 1042 米；止点位于白石头村东 1 千米处，高程 883 米。大致呈东南—西北走向。全长 798.62 米，其中保存较差 420、差 343.62、消失 35 米。墙体为石墙，土石混筑，两侧用较厚的片石垒砌，中间填以碎石泥土。现存墙体剖面大致呈不规则梯形，顶宽 0.5～1.5、残高 0.3～1.25 米。本段长城西南接白石头村东南侧长城 2 段，东北连白石头村东侧长城 1 段（彩图一一七二）。白石头村东南侧 1、2 号敌台位于墙体上，白石头村东南侧 2 号敌台系白石头村东南侧长城 1 段起点（图六七一）。

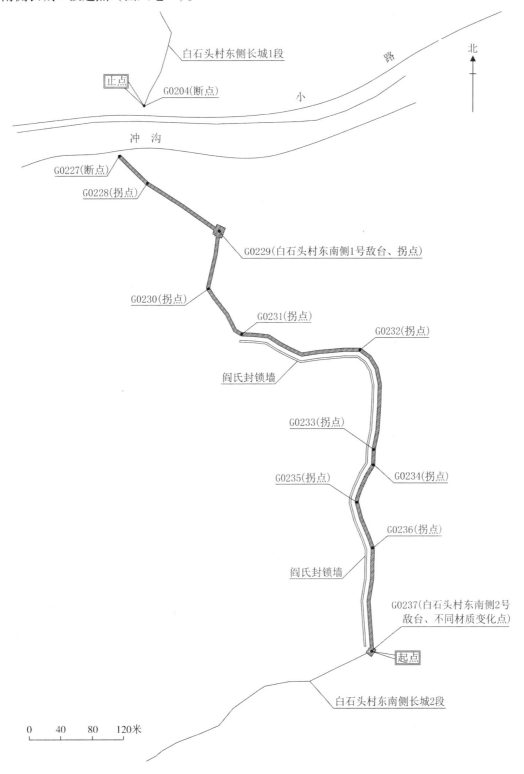

图六七一　白石头村东南侧长城 1 段走向示意图

本段墙体共测 GPS 点 12 个（G0204、G0227～G0237），可分为 11 小段，分述如下。

第 1 小段：G0237（起点、不同材质变化点、白石头村东南侧 2 号敌台）—G0236（拐点），长 71.3 米，南—北走向，保存差。G0237（起点、不同材质变化点、白石头村东南侧 2 号敌台）—G0231（拐点）间墙体西、南侧有一道阎锡山时期修筑的封锁墙，与长城相距 1.2～8 米，封锁墙墙体所用石块多采自长城墙体，顶部最宽 0.67、残存最高 1.24 米。墙体顶宽 0.5～0.95、残高不足 0.5 米（彩图一一七三）。

第 2 小段：G0236（拐点）—G0235（拐点），长 94.71 米，东南—西北走向，保存差。墙体顶部最宽 1.1、残高不足 0.5 米。

第 3 小段：G0235（拐点）—G0234（拐点），长 43.74 米，西南—东北走向，保存较差。墙体顶宽 1.15、残存最高 1.25 米。

第 4 小段：G0234（拐点）—G0233（拐点），长 22.17 米，南—北走向，保存较差。墙体顶宽 1.15、残存最高 1.25 米。

第 5 小段：G0233（拐点）—G0232（拐点），长 120.89 米，南—北走向，保存差。

第 6 小段：G0232（拐点）—G0231（拐点），长 141.82 米，东—西走向，保存较差。墙体顶宽 1.1、残高 0.5～0.7 米。

第 7 小段：G0231（拐点）—G0230（拐点），长 47.63 米，东南—西北走向，保存较差。G0231（拐点）西北 5 米处有一座骑墙而建的现代圆形石砌羊圈，羊圈所用石块多采自长城墙体。墙体顶宽 0.9～1.1、残高 0.4～0.5 米。

第 8 小段：G0230（拐点）—G0229（拐点、白石头村东南侧 1 号敌台），长 64.67 米，南—北走向，保存较差。墙体顶宽 0.5～1.11、残存最高 1.43 米。

第 9 小段：G0229（拐点、白石头村东南侧 1 号敌台）—G0228（拐点），长 99.97 米，东南—西北走向，保存较差。墙体底部最宽 1.8、顶宽 0.9～1.03、残高 0.6～0.87 米。

第 10 小段：G0228（拐点）—G0227（断点），长 56.72 米，东南—西北走向，保存差。墙体顶宽 0.95～1.5、残高不足 0.4 米。

第 11 小段：G0227（断点）—G0204（止点、断点），长 35 米，西南—东北走向。墙体被一条冲沟和一条土路截断而消失。

墙体整体保存差。造成损毁的自然因素主要有洪水冲刷、风雨侵蚀和植物生长等；人为因素主要是拆毁墙体石块、墙体被小路截断、利用墙体修建羊圈、人畜踩踏等。

20. 白石头村东侧长城 1 段

起点位于岔口乡白石头村东 1 千米处，高程 883 米；止点位于白石头村东北 1.1 千米处，高程 1002 米。大致呈南—北走向。全长 418.89 米，其中保存较差 285.62、差 133.27 米。墙体为石墙，土石混筑，两侧用较厚的片石垒砌，中间填以碎石泥土。现存墙体剖面大致呈不规则梯形，顶宽 0.5～2.05、残高 0.36～1.51 米。本段长城西南接白石头村东南侧长城 1 段，G0208（止点、拐点）处西北接白石头村东侧长城 2 段、东北连白石头村东侧长城 3 段（参见图六七二；彩图一一七二）。

本段墙体共测 GPS 点 5 个（G0204～G0208），可分为 4 小段，分述如下。

第 1 小段：G0204（起点、断点）—G0205（拐点），长 53.73 米，西南—东北走向，保存差（彩图一一七四）。G0205（拐点）东侧有一座倚墙而建的现代半椭圆形石砌羊圈，位于墙体东侧，羊圈所用石块多采自长城墙体。墙体顶宽 0.5～1.12、残高 0.36～0.78 米。

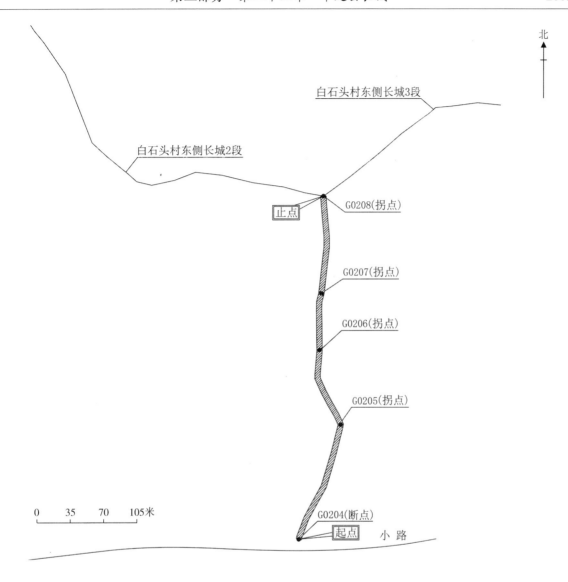

图六七二　白石头村东侧长城1段走向示意图

第 2 小段：G0205（拐点）—G0206（拐点），长 179.87 米，东南—西北走向，保存较差。G0206（拐点）东侧有一座倚墙而建的现代半椭圆形石砌羊圈，位于墙体东侧，羊圈所用石块多采自长城墙体。墙体顶宽 1.02 ~ 1.23、残高 0.52 ~ 1.51 米。

第 3 小段：G0206（拐点）—G0207（拐点），长 105.75 米，南—北走向，保存较差。G0207（拐点）东侧有一座倚墙而建的现代矩形石砌羊圈，位于墙体东侧，羊圈所用石块多采自长城墙体。墙体顶宽 0.95 ~ 1.19、残高 1.36 米。

第 4 小段：G0207（拐点）—G0208（止点、拐点），长 79.54 米，南—北走向，保存差。墙体顶宽 1.53 ~ 2.05、残高不足 0.5 米。

墙体整体保存较差。造成损毁的自然因素主要有风雨侵蚀和植物生长等；人为因素主要是拆毁墙体石块、利用墙体修建羊圈、人畜踩踏等。

21. 白石头村东侧长城 2 段

起点位于岔口乡白石头村东北 1.1 千米处，高程 1002 米；止点位于白石头村东北 0.9 千米处，高程 991 米。大致呈东南—西北走向。全长 304.6 米，保存差。墙体为石墙，土石混筑，两侧石块垒砌，中间填以碎石泥土。现存墙体剖面大致呈不规则梯形，顶宽 0.5 ~ 2.2、残高 0.2 ~ 1.3 米。本段长城 G0208（起点、拐点）处南接白石头村东侧长城 1 段，东北连白石头村东侧长城 3 段（图六七三；参见彩图一一七二）。

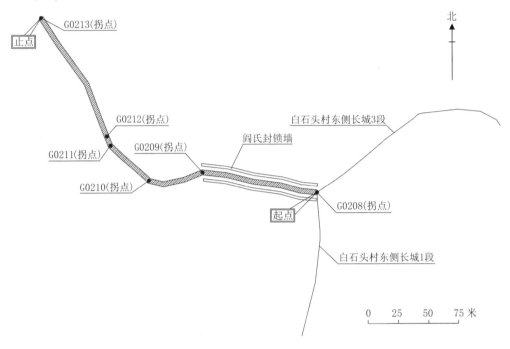

图六七三　白石头村东侧长城 2 段走向示意图

本段墙体共测 GPS 点 6 个（G0208 ~ G0213），可分为 5 小段，分述如下。

第 1 小段：G0208（起点、拐点）—G0209（拐点），长 102.23 米，东—西走向，保存差。G0208（起点）西侧有一处碎石堆。G0208（起点、拐点）—G0209（拐点）间墙体南北两侧有阎锡山时期修筑的封锁墙，北侧封锁墙墙体顶宽 0.8、北侧残高 0.78、南侧残高 0.48 米；南侧封锁墙坍塌成石堆，石堆宽 1.54、南侧残高 0.55、北侧残高 0.3 米。

第 2 小段：G0209（拐点）—G0210（拐点），长 39.82 米，东—西走向，保存差。

第 3 小段：G0210（拐点）—G0211（拐点），长 47.71 米，走向东南—西北，保存差。墙体顶宽 0.5 ~ 2.2、残高 0.2 ~ 1.3 米。

第 4 小段：G0211（拐点）—G0212（拐点），长 21.74 米，东南—西北走向，保存差。墙体顶宽 0.5 ~ 2.2、残高 0.2 ~ 1.3 米。

第 5 小段：G0212（拐点）—G0213（止点、拐点），长 93.1 米，东南—西北走向，保存差。

墙体整体保存差。造成损毁的自然因素主要有风雨侵蚀和植物生长等；人为因素主要是拆毁墙体石块等。

22. 白石头村东侧长城 3 段

起点位于岔口乡白石头村东北 1.1 千米处，高程 1002 米；止点位于白石头村东北 1.2 千米处，高程 1031 米。大致呈西南—东北走向。全长 186.45 米，保存较差。墙体为石墙，土石混筑，两侧用较厚的片石垒砌，中间填以碎石泥土。现存墙体剖面大致呈不规则梯形，顶宽 0.68 ~ 1.2、残高 0.3 ~

1.7米。本段长城G0208（起点、拐点）处南接白石头村东侧长城1段、西北连白石头村东侧长城2段（参见彩图一一七二）。白石头村东侧1号敌台倚墙而建，位于墙体北侧。白石头村东侧2号敌台位于墙体上，系白石头村东侧长城3段止点（图六七四）。

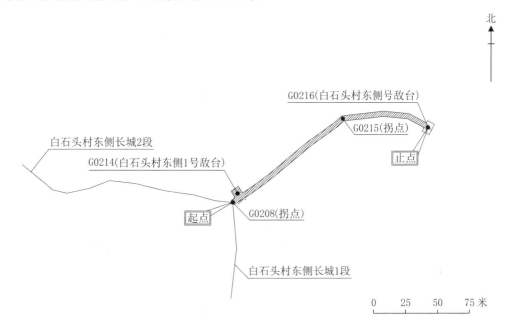

图六七四　白石头村东侧长城3段走向示意图

本段墙体共测GPS点3个（G0208、G0215、G0216），可分为2小段，分述如下。

第1小段：G0208（起点、拐点）—G0215（拐点），长135.71米，西南—东北走向，保存较差。墙体顶宽1.2、残存最高1.7米（彩图一一七五）。白石头村东侧1号敌台倚墙而建，位于墙体北侧。

第2小段：G0215（拐点）—G0216（止点、白石头村东侧2号敌台），长50.74米，西—东走向，保存较差。墙体南侧有现代修筑的环形石塄，石塄所用石块多采自长城墙体，顶宽1.15、南侧残高0.9、北侧残高0.1米。墙体顶宽0.68、残高0.3~1.4米。

墙体整体保存差。造成损毁的自然因素主要有风雨侵蚀和植物生长等；人为因素主要是拆毁墙体石块等。

23. 杨树庄村东侧长城

起点位于岔口乡杨树庄村东南0.7千米处，高程812米；止点位于杨树庄村东0.3千米处，高程749米。大致呈东南—西北走向。全长325.52米，保存一般。墙体为石墙，土石混筑，两侧用较厚的片石垒砌，中间填以碎石泥土，石块间白灰勾缝。墙体顶部残存垛口墙遗迹。现存墙体剖面大致呈不规则梯形，底宽1.3~2.9、顶宽0.9~2.5、残高0.4~2.7米（彩图一一七六）。杨树庄村东侧马面倚墙而建，位于墙体西侧。杨树庄村东侧敌台位于墙体上，系杨树庄村东侧长城止点。凉沟桥村北侧1、2号烽火台分别位于墙体北0.55、0.52千米处（图六七五）。

本段墙体共测GPS点8个（G0217~G0224），可分为7小段，分述如下。

第1小段：G0224（起点、断点）—G0223（断点），长71.25米，南—北走向，保存一般。墙体东侧有1处坍塌，宽5米，石块散落呈坡状；西侧坍塌严重，石块散落于西侧山坡上。G0224（起点、

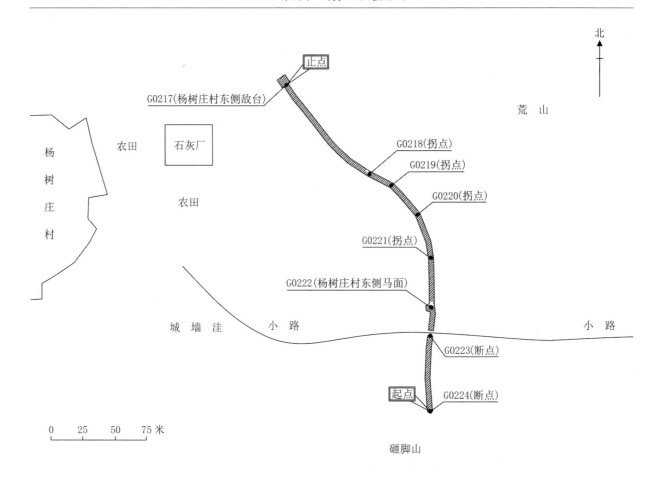

北

止点

G0217（杨树庄村东侧敌台）

荒　山

G0218（拐点）

G0219（拐点）

石灰厂

农田

G0220（拐点）

杨
树
庄
村

农田

G0221（拐点）

G0222（杨树庄村东侧马面）

城　墙　洼　　小　路

小　路

G0223（断点）

起点

G0224（断点）

0　25　50　75 米

砸脚山

图六七五　杨树庄村东侧长城走向示意图

断点）位于杨树庄村东南砸脚山北侧悬崖下，西0.03千米处山坡上有采石形成的石堆。G0224（起点、断点）附近墙体修筑简单，利用自然山脊，堆积碎石泥土而成，坍塌散落。G0223（断点）北侧墙体被土路截断，路宽3米，存石墙底部，墙体有坍塌，保存较高，从剖面清楚可辨墙体构造，两侧石块垒砌，中间填以碎石泥土，底宽2.9、顶宽2.5、残高2.7米。墙体底宽1.3~2.9、顶宽0.9~2.5、残高0.6~2.7米。

第2小段：G0223（断点）—G0222（杨树庄村东侧马面），长32.72米，南—北走向，保存一般。杨树庄村东侧马面倚墙而建，位于墙体西侧。马面所倚墙体东侧的石块坍塌严重，石块散落呈坡状，墙体顶部存不足一半。墙体底宽2.2~2.9、顶宽1.8~2.5、土路北侧墙体残高0.4~2.7米。

第3小段：G0222（杨树庄村东侧马面）—G0221（拐点），长39.33米，南—北走向，保存一般。G0222（杨树庄村东侧马面）—G0217（止点、杨树庄村东侧敌台）间墙体顶部西、南侧原有垛口墙，垛口墙石块近年被破坏，仅存垛口墙内侧自然形成的堆土。G0222（杨树庄村东侧马面）北侧墙体西侧有一处坍塌，石块散落呈坡状。墙体底宽2.2~2.9、顶宽1.8~2.5、残高0.4~2.3米。

第4小段：G0221（拐点）—G0220（拐点），长32.77米，东南—西北走向，保存一般。墙体底部最宽2.2、顶部最宽1.8、残高1.5~1.7米。

第5小段：G0220（拐点）—G0219（拐点），长35.95米，东南—西北走向，保存一般。墙体底部最宽2.2、顶部最宽1.8、残高1.5～1.7米。

第6小段：G0219（拐点）—G0218（拐点），长31.05米，东南—西北走向，保存一般。墙体底宽2.1～2.2、顶宽1.75～1.82、残高1.3～2.05米（彩图一一七七）。

第7小段：G0218（拐点）—G0217（止点、杨树庄村东侧敌台），长82.45米，东南—西北走向，保存一般。G0218（拐点）北侧墙体两侧有一处坍塌，石块散落呈坡状。G0217（止点、杨树庄村东侧敌台）西0.05～0.1千米处的山坡上有现代石灰厂。墙体底部最宽2.2、顶部最宽1.8、残高1.5～1.92米。

墙体整体保存一般。造成损毁的自然因素主要有风雨侵蚀和植物生长等；人为因素主要是农业生产活动破坏、拆毁墙体石块、墙体被小路截断等。

24. 小寺村长城

起点位于河北省井陉县辛庄乡小寺村西南2.3千米处，高程1187米；止点位于小寺村西南2.4千米处，高程1198米。大致呈东南—西北走向。全长106米，保存差。墙体为石墙，残宽0.6、残高0.35米。本段长城由河北省调查队调查。

墙体整体保存差。

（二）关堡

平定县共调查关堡2座，关、堡各1座，即固关和娘子关堡。

1. 固关

在今娘子关镇新关村中，瓮城门顶部高程665米。据光绪《山西通志》载："固关，在州东北八十五里。明嘉靖年间（1522～1566年）建，设守御千户所。"固关水西门东侧有新建的拱桥形石墙，307国道以涵洞形式南北向穿过石墙底部，这段石墙再向东有一座新建的敌台，敌台东壁与新关村南侧长城相连。新建瓮城北侧敌台北侧也有新建拱桥形石墙，石（家庄）太（原）高速公路以涵洞形式东西向穿过石墙底部，石墙再向北有一座新建的敌台，敌台西侧紧邻现代修建的西峰寺，西峰寺西与新关村西侧长城1段相连。新关村东侧烽火台位于固关水东门东南0.056千米处，新关村西侧烽火台位于固关瓮城门西北0.61千米处（彩图一一七八）。

关城平面呈不规则矩形，瓮城门朝向西。现存主要设施、遗迹有水东门、水西门、瓮城门3座城门以及瓮城内的古驿道等。

水东门为条石基础的石券双拱门，石券为单伏单券，拱门南、北并列，相距2.36米。南侧门洞宽5.24、两侧拱高3.8、中间拱高4.3、进深8.53米；北侧门洞宽5.49、两侧拱高3.93、中间拱高4.52、进深8.53米。南、北门洞内两侧门拱与中间门拱相接处的两壁有门栓装置。南、北门拱西侧的券顶石表面有浮雕的兽头。水东门墙体下部为条石垒砌，上部为青砖垒砌，条石和青砖间白灰勾缝，条石长23～208、厚6～46厘米。墙体西侧的南、北门拱之间有凸出墙体的石砌三角形台体，凸出墙体1.84、高1.28米；墙体东侧的南、北门拱之间也有凸出墙体的石砌三角形台体，凸出墙体1.23、高1.22米。水东门墙体西侧顶部有新建的青砖垒砌的垛口墙，与墙体之间以一层凸出墙体的平砖相隔；平砖层下、北门拱左上方有1个凸出墙体的石质排水槽。水东门墙体顶部东西7.73、南北20.21、通高10.73米。水东门墙体顶部有新建的城楼，重檐歇山顶，面阔3间，进深1间。水东门墙体南侧有新建登城步道（测绘图八八、八九；彩图一一七九～一二八一）。

水西门为石券拱门，石券为单伏单券。门洞南侧宽4.69、北侧宽5.22米，南侧高3.62、北侧高5.59米，南侧进深2.54、北侧进深6.67米。门洞内南侧门拱与北侧门拱相接处的北侧门拱一侧两壁有门拴装置，东壁顶部的铁箍有铭文"大明嘉靖二十一年（1542年）四月吉日造"，铭文为阳文楷书。门拱北侧的券顶石表面有浮雕的兽头。水西门墙体为条石垒砌而成，条石间白灰勾缝，下部为明代遗存，上部为现代新建，明代墙体所用条石29～182、厚30～65厘米，明代墙体残高6.5米。水西门门洞外东、西侧有凸出门洞的石砌护墙。水西门西侧有新建的旱西门，旱西门顶部有新建的城楼。水西门与旱西门有新建的石墙相连。水西门东侧有新建的拱桥形石墙，307国道以涵洞形式南北向穿过石墙底部，石墙再向东有新建的1座敌台，敌台东壁与新关村南侧长城相连（彩图一一八二）。

瓮城门为石券拱门，石券为单券。门洞西侧宽2.35、东侧宽2.75、西侧高2.75～2.97、东侧高3.86～4.21、西侧进深1.87、东侧进深5.01米。门洞内西侧门拱与东侧门拱相接处的东侧门拱一侧两壁有门栓装置，装有2扇木门。瓮城门墙体为条石垒砌而成，条石间白灰勾缝，条石长12～143、厚23～44厘米。瓮城门墙体顶部西、南、东侧有新建的青砖垒砌的垛口墙，西侧垛口墙下有2个新装的凸出墙体的石质排水槽。瓮城门墙体顶部东西5.56、南北18.07米，明代石墙残高8.09米。瓮城门西侧门拱上方嵌1块石匾，呈横长方形，四周有条石边框，石匾阴刻楷书横排"固关"二字，石匾表面风雨剥蚀严重，字迹漫漶不清。瓮城门西侧门拱北侧有保护标志。瓮城门墙体顶部有新建的城楼，2层，单檐歇山顶，面阔3间，进深2间。瓮城门墙体西壁残存部分白色墙皮，表面有红、黑色彩绘[1]（测绘图九〇、九一；彩图一一八三～一一八五）。

瓮城内古驿道由石块铺成，宽4.6米，车辙痕迹明显，车辙宽0.16～0.2、深0.03～0.17、间距1～1.04米。

固关存有较多的新建设施，包括水东门墙体顶部的垛口墙、城楼，南侧的登城步道等；水西门墙体上部，水西门门洞外东、西侧的石砌护墙，旱西门及旱西门城楼、水西门与旱西门相连的石墙、水西门东侧的石墙、敌台。瓮城石墙，瓮城门墙体顶部的垛口墙、石质排水槽、城楼，瓮城北侧敌台及北侧的石墙、敌台，均是现代新建。现代新建的石墙顶部的垛口墙为砖砌，敌台为石基砖砌。瓮城门外西侧有售票口及新建龙王庙，东侧有新建的"百碑园"石碑园林。

关整体保存较差。仅存水东门、水西门、瓮城门3座城门以及瓮城内的古驿道。固关辟为旅游区，于近年新建了石墙，将固关水西门、瓮城门与固关附近长城相连。水东门墙体表面砖块有所剥落。水东门位于新关河河道内，南侧门洞地面为石块与泥沙，北侧门洞地面为泥沙，河道内、水东门西侧5米处有现代修砌的涵洞，河道内长满杂草，有居民倾倒的大量垃圾。水东门北侧有民房，西侧有石（家庄）太（原）高速公路的高架桥，南侧紧临307国道，水东门附近有饭店。水西门、瓮城门东侧有307国道，北侧有石太高速公路。造成损毁的自然因素主要有洪水冲刷、风雨侵蚀和植物生长等；人为因素主要是不合理修缮等。

2. 娘子关堡

位于今娘子关镇娘子关村中，南门底部高程396米。据《宣大山西三镇图说》载，"娘子关口，

---

〔1〕《山西省明长城重点段测绘工程》（山西省基础地理信息院，2009年9月）中固关水东门、瓮城门数据与本报告数据略有出入，为保证田野调查资料的原始性，本报告仍采用原初调查数据。

堡城一座……景泰二年（1451 年）建"。娘子关村北侧 2 号烽火台位于娘子关堡南门西北 0.18 千米处。

堡平面呈不规则形，大致呈南北方向。现存主要设施、遗迹有堡墙、南门、东门、街道 2 条、明代石碑 1 块及清代以后石碑 10 块（彩图一一八六）。

堡墙仅存东墙南段部分和东墙北段、北墙及西墙小段，残存 169.1 米。南门墙体顶部东侧有新建砖墙。东墙南段残长 46.6 米，南端与南门东侧新建砖墙相连，北端西北距东门墙体 72 米（彩图一一八七）。东墙南段系条石基础的砖墙，条石和青砖间白灰勾缝，条石长 48～170、高 33～35 厘米，条石表面有竖向凿痕，青砖长 36.5、宽 185、厚 10.5 厘米；墙体随地势起伏，地势较低处有 1～3 层条石；墙体顶部有垛口墙，垛口墙与墙体之间以石板相隔，石板凸出墙体；垛口墙通高 1.7 米，仅存 3 个垛口，间距 9 米，垛口上有 1 层石板，垛口长 0.48、宽 0.43、高 0.8 米；垛口墙下方石板上、垛口下方正中有射孔，射孔呈火焰形，长 0.58、高 0.33 米。东墙南段墙体底宽 0.64 米，顶部垛口墙宽 0.43、通高 4.5 米。东墙北段长 84.66 米，南接东门墙体，北与北墙相接。东墙北段所在地势平坦，北段系条石基础的砖墙，条石和青砖间白灰勾缝，条石与青砖的形制和尺寸与东墙南段相同；条石基础仅 1 层；墙体顶部有垛口墙，垛口墙与墙体之间以石板相隔，石板凸出墙体；垛口墙残长 20.91 米，仅存 1 垛 1 口，垛口上有 1 层石板，垛下方有射孔，垛口墙、射孔的形制、尺寸与东墙南段相同。东墙北段墙体顶部垛口墙宽 0.43、通高 4.5 米。北墙长 35.84 米，东接东墙北段，西与西墙相接。北墙仅存墙体内部堆填的碎石泥土，堆土内夹杂有砖块、陶瓷碎片（彩图一一八八）。北墙残存最高 3.55 米。西墙仅存与北墙相接的一小段，残长 2、残存最高 3 米，墙体形制与北墙相同。南门墙体顶部东侧紧接近年新建的砖墙，新建砖墙向东延伸至山顶后向南侧延伸，总长 500 米，南端尽头新建有 1 座砖砌敌台。

南门于 1986 年重修，为条石基础的石券拱门，南侧基础有 5 层条石，北侧基础有 4 层条石；石券为单券，共用 7 块券石，券石外侧长 70、内侧长 47 米，宽 51、厚 23 厘米，券石表面有斜线构成的正倒三角形的凿痕。门洞外宽 2.01、内宽 2.27 米，外高 3、内高 2.85 米，外深 1.59、内深 9.72 米，外拱与内拱相接处高 3.84 米。门洞内外拱与内拱相接处的内拱一侧两壁有门拴装置，门洞内外拱地面铺有水泥，内拱地面铺有石块。南门墙体倚山而建，东侧紧临山体岩石，西侧墙体底部有山体岩石。南门墙体为条石砌筑而成，条石长 44～76、高 40 厘米，条石表面有竖向凿痕。南门墙体底部有 1 层条石基础，凸出墙体 0.07～0.08、高 0.21 米。南门墙体顶部南侧和西侧有垛口墙，垛口墙为砖墙，垛长 1.125、宽 0.735、高 0.52 米，垛口长 0.6、宽 0.735、高 0.41 米，垛口墙通高 0.93 米。南门墙体顶面铺有方砖，方砖边长 43 厘米。南门墙体顶部有新建城楼，称"宿将楼"，重檐歇山顶，面阔 3 间，进深 2 间，南面居中有门，两侧为圆窗；东、西面每间各有 1 扇方窗；北面每间各有 4 扇木门，有廊，檐下有 4 根方形水泥柱，从西向东依次镌刻有"雄关万二谁为最""要路三千此并名""楼头古戍楼边寨""城外青山城下河"。南侧重檐间有横长方形木匾，阴刻楷书横排"天下第九关"，左侧竖刻"丁丑年仲夏立"，丁丑年即 1997 年，木匾表面为白色，字迹为金黄色。宿将楼内供奉 3 尊女性塑像。南门墙体顶部东侧紧接有近年新建的砖墙。南门墙体底部南北 11.35 米，顶部东西 16.07、南北 10.39 米。南门门拱上方嵌 1 块石匾，石匾呈横长方形，上、左、右侧有条石边框，石匾正中阴刻楷书横排"京畿藩屏"4 字，石匾表面涂成黑色，字迹为石块本色，条石边框表面涂成黄色。门拱左侧（西侧）嵌 1 块石碑，即保护标志，石碑呈横长方形，四周有条石边框，碑身横排楷书阴刻 5 行，从上至下依次是"省级重点文物保护单位/娘子关/山西省人民政府/一九八六年八月十八日公布/平定县人民政府立"，石碑表面涂成黑色，字迹为石块本色，下侧 2 行字迹模糊不清。门拱右侧（东侧）嵌 1 块石碑，系维修标志，石碑呈横长方形，四周有条石边框，碑身横排楷书阴刻 3 行，从上至下依次是"娘子关镇/西武庄村建筑队/公元一九八六年三月复修"，石碑表面涂成黑色，黑色绝大部分脱落，字迹为石块本色，模糊不清，石碑表面有游人的乱涂乱刻（测绘图九二、九三；彩图一一八九、一一九〇）。

东门为条石基础的砖石券拱门，东侧基础有 5 层条石，西侧基础有 7 层条石；石券为单券，东侧用 5 块券石，西侧用 7 块券石，券石尺寸与南门相同，表面有斜线构成的正倒三角形的凿痕；石券上有砖券，砖券为四伏三券；砖券上有 1~2 层平砖，平砖上有 2 层顶框，下层是凸出的平砖，上层是凸出的砖角形成的锯齿形顶框。门洞外宽 2.34、内宽 2.95、外高 2.85、内高 3.89~4.95、外深 2.03、内深 10.1 米（测绘图九四、九五）。门洞内外拱与内拱相接处的内拱一侧两壁有门栓装置。门洞地面铺有石块及白灰。东门墙体为条石基础的砖墙，条石和青砖间白灰勾缝，条石长 21~53、高 27~35 厘米，条石表面有竖向凿痕，青砖长 37、宽 18、厚 95 厘米。东门墙体顶部东、南、北侧有垛口墙，垛口墙与墙体之间用两层平砖及其间的锯齿形砖角相隔。垛口墙为砖墙，东侧有 4 个垛口，间距 2.59 米，南、北侧各有 2 个垛口，间距 3.03 米，垛口上有 1 层石板，垛口长 0.57、宽 0.37、高 0.63 米，垛口墙通高 1.51 米。垛口下有射孔，射孔呈火焰形，长 0.35、高 0.38 米。东侧垛口墙最外侧 2 垛口下的墙体顶部有凸出墙体的石质排水槽。东门墙体顶部西侧有女墙，女墙为砖墙，宽 0.37、高 0.98 米。东门墙体底部东西 12.13、南北 14.02 米，顶部东西 10.3、南北 12.47 米，东侧通高 10.78 米。东门墙体北侧有登城步道，步道阶梯共有 33 级，下部 17 级为石砌或砖石混砌，上部 16 级为砖砌，阶梯两侧挡墙为砖砌，阶梯长 1.26、进深 0.23~0.3、高 0.3 米。登城步道底部有水泥质门框，有 2 扇铁门。东门墙体顶面铺有方砖，方砖边长 43 厘米。东门墙体顶部有新建的城楼，城楼为单层歇山顶，面开 3 间，进深 1 间，南、北面各有 1 扇方窗；东面有 3 扇方窗；西面居中有 4 扇门，两侧有方窗，有廊，檐下有 4 根圆柱。东门门拱上方嵌 1 块石匾，石匾呈横长方形，四周有条石边框，石匾中部阴刻楷书横排 2 行，上方为"直隶"2 个小字，居中为"娘子关"3 个大字，上款阴刻楷书竖排"钦依固关等处地方都指司署指挥□□何启龙立"，下款阴刻楷书竖排"娘子关守□官加衔守备傅左书"，石匾表面涂成黑色，字迹为石块本色。门拱右侧（北侧）地面上倚墙放置有 1 块石碑，即保护标志，形状、内容与南门保护标志石碑相同[1]（彩图一一九一、一一九二）。

街道 2 条，为石块铺成，连接南、东门，向南门南侧和东门东北侧延伸。

南门内侧东部有关帝庙。关帝庙内所有建筑经现代重修，由正殿、两侧的配殿、钟楼、戏台、山门等组成。正、配殿和戏台为面阔 3 间，单层歇山顶，戏台与正殿相对。钟楼在东侧配殿南侧，钟楼内悬挂 1 口铁钟，铁钟上铸有铭文，铭文为阳文楷书，内容多为人名，款识为"大明嘉靖四十三年（1564 年）二月吉日造"。钟楼东南侧山体崖壁上建有 1 座小型关帝庙。关帝庙内存有石碑 10 块，其中正殿前廊下有石碑 4 块，立碑时间从右至左依次为"道光甲辰"（1844 年）、"康熙辛亥"（1671 年）、"雍正三年"（1725 年），最左侧石碑南面为"乾隆五十五年"（1790 年）、北面为"嘉庆二十一年"（1816 年）；东侧配殿前廊有石碑 2 块，右侧一块南面为"民国三十二年"（1943 年）、北面为"同治二年"（1863 年），左侧一块为"咸丰三年"（1853 年）；西侧配殿南墙外壁嵌石碑 2 块，右侧一块为"光绪十二年"（1886 年），左侧一块为"嘉庆五年"（1800 年）；戏台北侧的 1 块石碑为 1992 年重建宿将楼的碑记；山门内北侧墙壁上嵌 1 块石碑，立碑时间为明崇祯七年（1634 年），碑文为竖排

---

[1]《山西省明长城重点段测绘工程》（山西省基础地理信息院，2009 年 9 月）中娘子关堡南门、东门数据与本报告数据略有出入，为保证田野调查资料的原始性，本报告仍采用原初调查数据。

楷书阴刻，8 行，行 9 字，内容为："崇祯七年分奉文□□，定州营中军千总官二员统领军匠五百名修筑娘子关二等砖城二十八丈七尺，除正工之外，又捐修工二十一丈三尺，于本年五月二十五日修完讫。"左侧竖刻 3 行，为维修娘子关堡的负责人的职务与姓名，"钦差定州游击将军都指挥李□，钦依守备管定州营中军事署指挥佥事刘嘉俟，□授守备管定州营后部千总事张尚敬"，左下角竖刻 2 行小字，"管工百总三，泥水匠头陈"。

另外，在南门东南侧残存 2 段夯土墙体，位于地势较高处，东侧一段呈"r"形，西墙残长 7.8、北墙残长 45.3 米；西侧一段与东侧一段相距 17.5 米，残长 17.94 米。墙体黄土夯筑而成，顶宽 4.2、残高 1.5~6.8 米，建筑时代不详。

堡内部分设施经后代修缮。南门 1986 年重修，南、东城门顶部有新建城楼，南门内侧东部有重修的关帝庙，南门东南侧有新建的砖墙，东墙北段墙体有 8 米坍塌部分被今人以石块垒砌填补。

堡整体保存较差。堡墙仅存东墙南段部分和东墙北、北墙及西墙小段，残存 169.1 米，城门及街道保存较为完整。长期的风雨侵蚀使得墙体风化严重。由于堡内为村庄所在，且辟为旅游区，东门东北 0.05 千米处有娘子关中学，行人众多，居民利用堡墙为房屋墙壁，游人有乱涂乱刻的行为。堡外东、北侧有农田，不断蚕食堡墙墙体。堡外东、南侧有很多水泥电线杆和铁质电线塔架，影响了关堡的整体风貌。堡西侧紧临绵河和 315 省道，石（家庄）太（原）铁路以隧道形式穿过堡东侧的山体，运输繁忙，山体震动等对墙体保护不利。现代战争对堡内设施造成不同程度的损毁，使墙体上布满孔洞，结构松散，这些人为因素对娘子关堡造成了很大的破坏，构成了主要威胁。造成损毁的自然因素主要有风雨侵蚀和植物生长等；人为因素主要是农业生产活动破坏、利用墙体修建房屋、不合理修缮等。

（三）单体建筑

1. 敌台与马面

平定县共调查敌台 19 座、马面 1 座（表 518，见本章末附表）。

2. 烽火台

平定县共调查烽火台 21 座，河北省井陉县辛庄乡凉沟桥村北发现 2 座烽火台，距杨树庄村东侧长城 0.52~0.55 千米（表 519、520，见本章末附表）。

3. 其他单体建筑

平定县共调查其他单体建筑 2 座，即石门关关门和家峪沟关关门。

石门关关门

位于东回镇七亘村东 2 千米处，高程 531 米。西距七亘村东侧长城 1 段 1.2 千米。关门坐东北朝西南，两侧为悬崖。关门为石券拱门，关门墙体土石混筑而成（彩图一二二六）。关门门洞遭洪水冲刷，残宽 2.7、残高 3.05 米（彩图一二二七）。关门墙体长 21、底宽 4.2、顶宽 3.17、残高 5.64~6.71 米。关门墙体顶部残存一个石质排水槽，凸出墙体 0.32、宽 0.4、厚 0.23 米（彩图一二二八）。

关道用青石块铺砌，宽 2.5 ~ 3 米。关门整体保存较差。造成损毁的自然因素主要有洪水冲刷、风雨侵蚀和植物生长等；人为因素主要是人畜踩踏等。

家峪沟关关门

位于娘子关镇城西村西南 3 千米处，高程 485 米。关门坐东北朝西南，两侧为悬崖。关门仅存地面痕迹，墙体仅存东西侧与悬崖相接部分，系土石混筑而成，外侧石块垒砌，内部填以碎石泥土。关门整体保存差。造成损毁的自然因素主要有洪水冲刷、风雨侵蚀和植物生长等。

（四）相关遗存

平定县共调查相关遗存 5 处，包括居住址或居住址群 4 座（处）、采石场 1 座。

1. 七亘村东侧居住址

位于东回镇七亘村东南 1.5 千米，七亘村东侧长城 1 段东南 2 千米处，西南角高程 836 米。地处青垴后山北坡，东邻狗螂沟。居住址平面呈圆形，东西 5、南北 5.2 米。墙壁为石墙，顶宽 0.47 ~ 0.53、残高 0.37 ~ 1.28 米。西墙设门，宽 0.8 米。墙壁上存射孔 3 个，宽 0.15 ~ 0.3、高 0.15 ~ 0.2 米。居住址整体保存较差。造成损毁的自然因素主要有风雨侵蚀和植物生长等。

2. 将军峪村西侧采石场

位于柏井镇将军峪村西 0.12 千米处，将军峪村西侧长城西侧山坡上，坡上农田遍布，高程 946 米。采石场大致呈圆形坑状，东西 11、南北 12 米（彩图一二二九）。坑内碎石遍布。采石场整体保存较差。造成损毁的自然因素主要有风雨侵蚀和植物生长等。

3. 将军峪村北侧居住址群

有 4 座居住址，位于将军峪村北侧长城 2、3 段墙体东侧。

1 号居住址倚墙而建，位于将军峪村北侧长城 2 段 G0109（拐点）—G0111（断点）间墙体东侧，东北角高程 875 米。居住址平面呈圆角矩形，西墙为长城墙体，其余墙壁用石块垒砌，东墙长 28、南墙长 4.6、北墙长 5.6 米，墙体宽 0.4 ~ 0.6、残高 0.9 ~ 1.5 米。北墙中部设门，宽 0.8 米。

2 号居住址倚墙而建，位于将军峪村北侧长城 3 段 G0112（起点、断点）—G0113（拐点）间墙体东侧，东北角高程 876 米。居住址平面呈矩形，西墙为长城墙体，其余墙壁用石块垒砌，东墙长 3.4 米，南、北墙长 5.8 米，墙体宽 0.8、残高 0.1 ~ 0.65 米。北墙东侧紧靠东墙处设门，宽 1.07 米（彩图一二三〇）。

3 号居住址倚墙而建，位于将军峪村北侧长城 3 段 G0133（断点）—G0135（将军峪村北侧 4 号居住址、拐点）间墙体东侧，东南角高程 800 米。居住址平面呈矩形，边长 3.3 米，西墙为长城墙体，其余墙壁用石块垒砌，墙体宽 0.5 米。南墙东侧紧靠东墙处设门，宽 0.7 米。

4 号居住址倚墙而建，位于将军峪村北侧长城 3 段 G0133（断点）—G0135（将军峪村北侧 4 号居住址、拐点）间墙体东侧，南距 3 号居住址 5 米，东北角高程 797 米。居住址平面呈矩形，西墙为长城墙体，其余三面墙壁用石块垒砌，东墙长 3.6 米，南、北墙长 3.3 米，墙体宽 0.5、残高 0.9 ~ 1.3

米。南墙东侧紧靠东墙处设门，宽 0.8 米。

居住址群整体保存较差。造成损毁的自然因素主要有风雨侵蚀和植物生长等。

4. 新关村西侧居住址

位于娘子关镇新关村西 1.2 千米，新关村西侧长城 2 段 G0168（断点）—G0169（新关村西侧居住址）间墙体北侧，倚墙而建，西南角高程 915 米。居住址平面呈矩形，南墙为长城墙体，其余墙壁用石块垒砌，墙体顶宽 0.6、残高 0.5~0.9 米。居住址内部有南北向隔墙，将居住址分为东、西 2 间，东间东西 2.4、南北 1.8 米，西间东西 1.7、南北 2.7 米。西墙南侧紧靠南墙处设门，宽 0.6 米。内部隔墙中部设门，宽 0.5 米。居住址整体保存较差。造成损毁的自然因素主要有风雨侵蚀和植物生长等。

5. 旧关村西侧居住址

位于娘子关镇旧关村西 1.1 千米，旧关村西侧长城 G0188（拐点）—G0191（拐点）间墙体西 2 米，东南角高程 892 米。居住址平面呈矩形，东西 3.43、南北 3.98 米，东墙为长城墙体，其余墙壁用石块垒砌，墙体顶宽 0.85、残高 0.15~0.45 米。北墙设门，宽 0.6 米。居住址整体保存差。造成损毁的自然因素主要有风雨侵蚀和植物生长等。

（五）采（征）集标本

平定县共采集文物标本 2 组 5 件。

在娘子关堡北墙墙脚下采集瓷片 1 组 4 件、琉璃瓦片 1 件，瓷片包括青瓷器底 3 件、黑瓷口沿 1 件（表 521）。

表 521　平定县采（征）集标本一览表

名称	时代	类别	质地	数量（件）	采（征）集地点	备注
瓷片	明代	生活用具	瓷	4	娘子关堡北墙墙脚	青瓷器底 3 件、黑瓷口沿 1 件
琉璃瓦片	明代	建筑构件	琉璃	1	娘子关堡北墙墙脚	

二　长城资源调查资料分析

（一）长城墙体

1. 长城墙体的材质类型及建筑方式、形制

平定县长城墙体类型有石墙、土墙、山险墙和山险四类。以石墙为主，另仅见 3 段土墙、2 段山险墙和 3 段山险（表 522）。

表 522　平定县长城墙体类型一览表

类型	段数	长度（米）	百分比（%）
石墙	16	9614.11	67.2
土墙	3	2051.12	14.3
山险墙	2	1308.11	9.1
山险	3	1342.11	9.4
合计	24	14315.45	100

（1）石墙

平定县石墙共16段，长9614.11米，其中新关村南侧长城、新关村西侧长城1段为新建的石墙。石墙系土石混筑而成，依具体建筑方式和结构的不同，石墙可分为两种类型：①两侧石块垒砌，中间填以碎石泥土，部分段石块间白灰勾缝；②石块混合碎石泥土垒砌而成，石块缝隙间填以碎石泥土。大多数石墙是第一种类型，将军峪村南侧长城1、4段是第二种类型；新关村南侧长城、新关村西侧长城1段为新建石墙，土石混筑，两侧石块垒砌，用水泥加固，中间填以碎石泥土。调查的墙体剖面均大致呈不规则梯形，多数段墙体两侧高度相当。将军峪村北侧长城2、3段，新关村南侧长城，新关村西侧长城1、2段，旧关村西侧长城和地都村长城墙体面向山西省一侧高于面向河北省一侧。

墙体设施发现有垛口墙、石梯等。垛口墙见于将军峪村南侧长城1段，将军峪村北侧长城2、3段，新关村西侧长城2段和杨树庄村东侧长城。将军峪村南侧长城1段G0049（拐点）—G0050（断点）间部分段墙体顶部残存垛口墙，垛口宽0.7、残高0.6~0.9、垛口间距1.7~1.8米。将军峪村北侧长城2段G0105（起点、将军峪村北侧敌台）—G0107（拐点）、G0109（拐点）—G0111（断点）间墙体顶部西侧残存垛口墙，宽0.6、残高0.13~0.35米。将军峪村北侧长城3段G112（起点、断点）—G113（拐点）、G115（拐点）—G117（拐点）、G120（拐点）—G122（拐点）、G123（拐点）—G125（拐点）、G126（拐点）—G128（断点）、G135（拐点）—G137（断点）间墙体顶部南侧和西侧残存垛口墙，宽0.65~0.95、残高0.1~1.45米，垛口墙上存部分垛口，垛口宽0.55~0.8、残高0.2~0.3、间距2.6米。新关村西侧长城2段G0152（拐点）、G0155（拐点）—G0157（新关村西侧2号敌台）、G0166（拐点）—G0167（断点）、G0168（断点）—G0169（新关村西侧居住址）、G0175（拐点）—G0176（拐点）间墙体顶部南侧残存垛口墙，宽0.4~0.55、残高不足0.35米。杨树庄村东侧长城G0222（杨树庄村东侧马面）—G0217（止点、杨树庄村东侧敌台）间墙体顶部西、南侧原有垛口墙，垛口墙石块近年被破坏，仅存有垛口墙内侧自然形成的堆土。

石梯见于将军峪村北侧长城2段。将军峪村北侧长城2段G0107（拐点）—G0108（拐点）间墙体顶部残存的石梯长30、宽1.56~2、阶高0.25米。

新建的新关村南侧长城、新关村西侧长城1段墙体顶部南、西侧有垛口墙，东、北侧有女墙，垛口墙宽0.55~0.6、高1.15~1.85米，垛口宽0.55~0.7、间距2.4米，女墙宽0.35~0.45、高0.4~0.55米。新关村西侧长城1段G0144（起点、断点）—G0145（拐点）、G0146（拐点）—G0147（拐点）间墙体顶部中间有石梯，阶高0.25米。

（2）土墙

平定县土墙共3段，长2051.12米。详见下表（表523）。

表 523　平定县土墙建筑方式及形制一览表（单位：米）

长城墙体段落名称	建筑材料	夯层厚度	剖面形制	尺寸		
				底宽	顶宽	残高
将军峪村西南侧长城	黄土夯筑而成，含大量碎石、砂砾	0.18 ~ 0.3	不规则梯形	0.4 ~ 4.8	0.2 ~ 1.96	0.4 ~ 6
将军峪村西侧长城	黄土夯筑而成，含砂砾	0.2 ~ 0.4	不规则梯形	1.2 ~ 4.86	0.3 ~ 2.1	1.1 ~ 7.5
将军峪村北侧长城 1 段	黄土夯筑而成，部分落含碎石	0.15 ~ 0.29	不规则梯形	1.4 ~ 3.8	0.2 ~ 1.7	0.2 ~ 3.7

　　土墙均为黄土夯筑而成，含碎石或砂砾，夯层厚 0.15 ~ 0.4 米。墙体剖面均大致呈不规则梯形，底宽 0.4 ~ 4.86、顶宽 0.2 ~ 2.1、残高 0.2 ~ 7.5 米。

　　个别段落墙体面向山西省一侧残存包石。将军峪村西侧长城 G0087（断点）—G0088（断点）间墙体西侧底部残存包石，长 5、残高 1.4 米。将军峪村北侧长城 1 段 G0104（拐点）—G0105（止点、将军峪村北侧敌台）间墙体南侧残存包石。

　　现存土墙极为高大，墙体内侧底部有包石痕迹，包石段存 5 米，砌石残高 1.4、顶宽 0.4 米，内为夯筑土墙。这种现象说明该段墙体有可能原为外侧包石、内部土筑的石墙。

　　（3）山险墙

　　平定县山险墙共 2 段，长 1308.11 米。利用自然石壁经人工修凿形成，基础为自然山石。

　　（4）山险

　　平定县山险共 3 段，长 1342.11 米。利用自然山体、陡峭悬崖等构成防御，位于形势险要之处，一端或两端与石墙相连。

2. 长城墙体的分布特点

　　平定县明代长城墙体，大致沿山西、河北两省交界的太行山山体从南向北延伸。平定县东南部，东回镇七亘村有 2 段山险墙。东部固关附近墙体，从柏井镇庙庄村起，北经将军峪村抵娘子关镇新关村固关，向西延伸至岭后底村东北山巅，有 13 段石墙、土墙或山险。旧关村西侧山梁上有一段墙体，娘子关镇娘子关村东和河北省井陉县南峪镇地都村之间的两省交界处也有一段墙体，东北部岔口乡白石头村、杨树庄村和井陉县辛庄乡小寺村附近有 7 段石墙或山险。绝大多数段墙体地处山西省境内，仅地都村长城位于平定县娘子关镇与井陉县南峪镇交界处，白石头村东南侧长城 1、2 段，白石头村东侧长城 1、3 段，杨树庄村东侧长城，小寺村长城，位于平定县岔口乡与井陉县辛庄乡交界处。

　　长城墙体无一例外地处交通要道，沿山西、河北两省交界附近的山脊上修筑，多数段两侧为坡陡，七亘村东侧长城 1、2 段位于七亘村东、北侧山梁上，墙体利用自然山体顶部石壁经人工修凿而成，构成七亘村东、北侧的屏障。庙庄村北侧长城位于庙庄村与将军峪村之间的山梁上。将军峪村南侧长城 3 段、西南侧长城、西侧长城、北侧长城 1 ~ 3 段，起于庙庄山，沿车王沟西侧山梁顶部向北延伸，从将军峪村西南边缘的山梁爬向村北山顶后，转向将军峪村与新关村之间的山梁上，延伸至新关村南山顶处止。长城位于山梁顶部，地势起伏较大，坡度较缓，地理位置重要。将军峪村南侧长城 1、2 段位于车王沟山谷两侧山坡。将军峪村南侧长城 4 段位于车王沟西侧山梁上，南北两侧为陡坡。新关村南侧长城位于固关东侧山梁上，墙体沿山梁呈弧状蜿蜒延伸。新关村西侧长城 1、2 段位于固关西侧山梁上，墙体沿山脊修筑，随山势起伏蜿蜒延伸。旧关村西侧长城位于旧关村西侧山梁上，墙体沿山梁延伸。白石头村东南侧长城 1、2 段和白石头村东侧长城 1 段位于白石头村所在沟谷南北两侧山梁上，墙体沿南侧山梁陡坡向谷底延伸，越过沟谷后再向北侧山坡爬升，至山顶后分为两支，即白石头村东侧长城 2、3 段。杨树庄村东侧长城位于杨树庄村东山梁上，墙体起于山顶悬崖脚下，止于村东山梁陡坡处。

3. 长城墙体的保存状况

详见下表（表524～527）。

表524　平定县石墙保存状况一览表（单位：米）

长城墙体段落名称	总长	保存较好	保存一般	保存较差	保存差	消失	类型	县属
庙庄村北侧长城	702.36	0	0	0	556.36	146	石墙	平定县
将军峪村南侧长城1段	228.31	0	0	151.31	0	77	石墙	平定县
将军峪村南侧长城4段	249.13	0	0	115.54	133.59	0	石墙	平定县
将军峪村北侧长城2段	225.22	0	181.68	35.54	0	8	石墙	平定县
将军峪村北侧长城3段	1428.93	0	1260.44	0	0	168.49	石墙	平定县
新关村南侧长城	621.47	621.47	0	0	0	0	新建石墙	平定县
新关村西侧长城1段	537.8	537.8	0	0	0	0	新建石墙	平定县
新关村西侧长城2段	1735.98	0	430.57	1145.85	145.93	13.63	石墙	平定县
旧关村西侧长城	1244.83	0	206.2	1038.63	0	0	石墙	平定县
地都村长城	500	0	0	0	500	0	石墙	平定县/井陉县
白石头村东南侧长城1段	798.62	0	0	420	343.62	35	石墙	平定县/井陉县
白石头村东侧长城1段	418.89	0	0	285.62	133.27	0	石墙	平定县/井陉县
白石头村东侧长城2段	304.6	0	0	0	304.6	0	石墙	平定县
白石头村东侧长城3段	186.45	0	0	186.45	0	0	石墙	平定县/井陉县
杨树庄村东侧长城	325.52	0	325.52	0	0	0	石墙	平定县/井陉县
小寺长城	106	0	0	0	106	0	石墙	平定县/井陉县
合计	9614.11	1159.27	2198.21	2546.51	3262	448.12		
百分比（%）	100	12.1	22.9	26.5	33.9	4.6		

表525　平定县土墙保存状况一览表（单位：米）

长城墙体段落名称	总长	保存较好	保存一般	保存较差	保存差	消失	类型	县属
将军峪村西南侧长城	884.86	0	126.88	224.13	484.59	49.26	土墙	平定县
将军峪村西侧长城	329.68	0	24.89	202.74	42.96	59.09	土墙	平定县
将军峪村北侧长城1段	836.58	0	62.04	387.56	303.92	83.06	土墙	平定县
合计	2051.12	0	213.81	814.43	831.47	191.41		
百分比（%）	100	0	10.4	39.7	40.5	9.4		

表526　平定县山险墙保存状况一览表（单位：米）

长城墙体段落名称	总长	保存较好	保存一般	保存较差	保存差	消失	类型	县属
七亘村东侧长城1段	654.05	648.05	0	0	0	6	山险墙	平定县
七亘村东侧长城2段	654.06	654.06	0	0	0	0	山险墙	平定县
合计	1308.11	1302.11	0	0	0	6		
百分比（%）	100	99.5	0	0	0	0.5		

表 527　平定县山险保存状况一览表（单位：米）

长城墙体段落名称	总长	保存较好	保存一般	保存较差	保存差	消失	类型	县属
将军峪村南侧长城 2 段	385.15	385.15	0	0	0	0	山险	平定县
将军峪村南侧长城 3 段	483.5	483.5	0	0	0	0	山险	平定县
白石头村东南侧长城 2 段	473.46	473.46	0	0	0	0	山险	平定县/井陉县
合计	1342.11	1342.11	0	0	0	0		
百分比（%）	100	100	0	0	0	0		

长城墙体保存较好的 2 段石墙为现代新建，保存一般的占 22.9%、较差的占 26.5%、差的占 33.9%、消失段落占 4.6%。墙体石块坍塌脱落严重，附近杂草、灌木丛生。造成损毁的自然因素主要有洪水冲刷、风雨侵蚀和植物生长等；人为因素主要是农业生产活动破坏、拆毁墙体石块、墙体被小路打断、修建电力设施破坏墙体、墙体上立电线杆、不合理修缮、利用墙体修建羊圈、人畜踩踏等。

土墙多数保存差或较差，分别占 40.5% 和 39.7%，保存一般占 10.4%、消失占 9.4%，未见保存较好段。土墙遭受损毁的自然因素主要有风雨侵蚀和植物生长等；人为因素主要是农业生产活动破坏，墙体被公路、小路、房屋打断，取土挖损破坏等。

山险墙与山险整体保存较好。

（二）关堡

固关关城平面呈不规则矩形，瓮城门朝向西。现存主要设施、遗迹有水东门、水西门、瓮城门 3 座及瓮城内的古驿道等。娘子关堡平面呈不规则形，大致呈南北向。现存主要设施、遗迹有堡墙、南门、东城门、街道 2 条、明代石碑 1 块及清代以后石碑 10 块。

固关、娘子关堡地处交通要道，石太高速公路和 307 国道通过固关，石太铁路和 315 省道通过娘子关堡。固关位于新关村南侧长城和新关村西侧长城 1 段之间，附近有 2 座烽火台（新关村东侧烽火台、新关村西侧烽火台）。娘子关堡附近有 3 座烽火台（娘子关村南侧烽火台，娘子关村北侧 1、2 号烽火台）。

固关、娘子关堡现为村庄所在，整体保存均较差。现辟为旅游区，关、堡内有现代修缮或新建的设施。造成损毁的自然因素主要有洪水冲刷、风雨侵蚀和植物生长等；人为因素主要是农业生产活动破坏、利用墙体修建房屋、不合理修缮等。

（三）单体建筑

1. 敌台与马面

（1）敌台

平定县 19 座敌台绝大多数为骑墙而建，有 16 座，2 座倚墙而建，新关村南侧 2 号敌台位于新关村南侧长城墙体东侧，白石头村东侧 1 号敌台位于白石头村东侧长城 3 段墙体北侧。新关村西侧 1 号敌台位于新关村西侧长城 1 段墙体北侧，西南角距墙体 3 米。绝大多数为石质敌台，有 18 座，将军峪村西南侧敌台为土质敌台。

18 座石质敌台中,新关村南侧 1、2 号敌台、新关村西侧 1 号敌台经现代修缮,为条石或石块垒砌而成。庙庄村北侧敌台、将军峪村南侧 1 号敌台利用山体顶部天然巨石,边缘修筑石墙围绕而成,石墙系土石混筑而成;其余石质敌台均为土石混筑而成,外侧石块垒砌,内部填以碎石泥土或为黄土夯筑而成。石质敌台的平面形制有矩形、圆形两类,其中 15 座为矩形,3 座为圆形。圆形的庙庄村北侧敌台和将军峪村南侧 1 号敌台利用山体顶部天然巨石,边缘修筑石墙围绕而成。台体剖面形制均呈梯形。石质敌台底部周长 14~46.48、顶部周长 3.8~30.6、残高或通高 0.2~10.3 米。经现代修缮的新关村南侧 1、2 号敌台和新关村西侧 1 号敌台的附属设施有围墙、台体四壁的门窗、顶部的铺舍、垛口墙和射孔等。其余有 3 座敌台发现有台基。

1 座土质敌台,即将军峪村西南侧敌台,位于将军峪村西南侧长城上,长城系土墙。敌台黄土夯筑而成,夯层厚 0.25~0.3 米。台体平面形制呈矩形,剖面呈梯形。底部周长 29、顶部周长 24.6、残高 3.4 米。

（2）马面

马面仅发现 1 座,即杨树庄村东侧马面,倚墙而建,位于杨树庄村东侧长城西侧。材质类型为石质,土石混筑而成,外侧石块垒砌,内部填以碎石泥土。台体平面形制呈矩形,剖面呈梯形。台体顶部周长 9.14、残高 1.45~1.8 米。

（3）敌台与马面的保存状况

经现代修缮的新关村南侧 1、2 号敌台和新关村西侧 1 号敌台保存较好,其余大多数保存较差,有 2 座保存一般。1 座马面保存一般。造成损毁的自然因素主要有风雨侵蚀和植物生长等;人为因素主要是拆毁台体石块、取土挖损、不合理修缮等。

2. 烽火台

依据烽火台与长城的位置关系,将调查的 23 座烽火台区分为长城沿线烽火台和腹里烽火台两大类。

（1）烽火台的类型及建筑方式

长城沿线烽火台 10 座,即七亘村西侧烽火台、白灰村东南侧烽火台、白灰村西侧烽火台、将军峪村北侧 1 号和 2 号烽火台、新关村东侧烽火台、新关村西侧烽火台、旧关村西侧烽火台、凉沟桥村北侧 1 号和 2 号烽火台。材质类型均为石质,土石混筑而成,外侧石块垒砌,内部填以碎石泥土或为黄土夯筑而成。

腹里烽火台 13 座,即娘子关村南侧烽火台、娘子关村北侧 1 号和 2 号烽火台、高家掌村西北侧烽火台、柏井五村西侧烽火台、风堰岭村东南侧烽火台、风堰岭村南侧烽火台、小桥铺村北侧烽火台、小桥铺村南侧烽火台、石门口村南侧烽火台、新村北侧烽火台、狐窝村北侧烽火台、鹊山村西北侧烽火台。娘子关堡附近 3 座烽火台的材质类型为石质,土石混筑而成,外侧石块垒砌,内部填以碎石泥土。其余 10 座烽火台均为土质。土质烽火台的建筑方式有黄土夯筑和黄土堆筑两种。黄土夯筑而成者有 6 座,夯层厚 0.1~0.18 米,黄土堆筑者 4 座。

（2）烽火台形制及附属设施

石质烽火台的平面形制有矩形和圆形两种,以矩形为主,另有 3 座为圆形。土质烽火台的平面形制有矩形、圆形和不规则形三种,以矩形为主,另有 3 座为圆形,1 座为不规则形（表 528）。石质、土质烽火台的剖面形制均呈梯形。若以长城沿线烽火台和腹里烽火台来区分,都以矩形烽火台为主。

表528　烽火台平面形制一览表

烽火台材质类型	石质（座）	百分比（%）	土质（座）	百分比（%）
矩形	10	76.9	6	60
圆形	3	23.1	3	30
不规则形	0	0	1	10
合计	13	100	10	100

石质烽火台底部周长11.6~30.72、顶部周长9.89~22.4、残高0.2~5.23米。土质烽火台底部周长15.8~53.6、顶部周长6.2~33.8、残高3.6~7.5米。底部周长大于40米者有3座，均为腹里的土质烽火台，矩形、圆形、不规则形各1座（表529）。

表529　烽火台类型、形制及保存状况一览表（单位：米）

名称	材质类型	平面形制	剖面形制	底部周长	顶部周长	残高	保存状况
七亘村西侧烽火台	石质	矩形	梯形	24.92	11.36	2.13	较差
白灰村东南侧烽火台	石质	圆形	梯形	16.8	14.29	1.5~1.8	较差
白灰村西侧烽火台	石质	圆形	梯形	19.92	17.93	1.5米2.9	较差
将军峪村北侧1号烽火台	石质	矩形	梯形	24.2	17.4	2.2~2.5	较差
将军峪村北侧2号烽火台	石质	矩形	矩形	15.2	不详	0.65~2	较差
新关村东侧烽火台	石质	矩形	梯形	20.86	18.6	0.2~4.01	较差
新关村西侧烽火台	石质	矩形	梯形	22.3	19.4	3.65~4.25	一般
旧关村西侧烽火台	石质	圆形	梯形	27.88	9.89	2.9	较差
凉沟桥村北侧1号烽火台	石质	矩形	梯形	15.8	13.96	3.9	较好
凉沟桥村北侧2号烽火台	石质	矩形	梯形	11.6	10.4	2.3	较差
娘子关村南侧烽火台	石质	矩形	梯形	20.36	不详	3.3~5.23	较差
娘子关村北侧2号烽火台	石质	矩形	梯形	30.72	22.4	2.7~5	一般
娘子关村北侧1号烽火台	石质	矩形	梯形	20.2	16.44	3.6~3.7	较差
高家掌村西北侧烽火台	土质	圆形	梯形	41.13	不详	5.8	一般
柏井五村西侧烽火台	土质	不规则形	梯形	50.5	不详	7	一般
风堰岭村东南侧烽火台	土质	矩形	梯形	15.8	不详	3.6	较差
风堰岭村南侧烽火台	土质	圆形	梯形	35.8	不详	5.1	一般
小桥铺村北侧烽火台	土质	圆形	梯形	35.8	不详	6.4	一般
小桥铺村南侧烽火台	土质	矩形	梯形	17.2	9.4	4.1	较差
石门口村南侧烽火台	土质	矩形	梯形	25.8	10.8	6.6	一般
新村北侧烽火台	土质	矩形	梯形	26.8	不详	3.9	较差
狐窝村北侧烽火台	土质	矩形	梯形	53.6	33.8	7.5	一般
鹊山村西北侧烽火台	土质	矩形	梯形	16.8	6.2	5.6	较差

长城沿线石质矩形、圆形烽火台的附属设施有围墙、台基、垛口墙、排水设施及围墙内的石砌窑洞等，腹里石质矩形烽火台的附属设施见有石券拱门和阶梯，腹里土质矩形烽火台的附属设施见有台基和登顶坡道，腹里圆形、不规则形烽火台未见附属设施。

（3）烽火台的分布特点

①平定县调查的 23 座烽火台，长城沿线烽火台 10 座距长城多在 0.023 千～1.1 千米，白灰村东南侧烽火台距长城较远，为 3.4 千米。

②结合烽火台的材质类型，可见长城沿线 10 座烽火台为石质。腹里 13 座烽火台，除娘子关堡附近 3 座烽火台为石质外，其余 10 座均为土质。

③平面形制无论以石质、土质区分，还是以长城沿线和腹里烽火台来区分，都以矩形为主。为数不多的底部周长大于 40 米的烽火台有 3 座，均为腹里的土质烽火台，其中矩形、圆形、不规则形烽火台各 1 座。

④有附属设施的烽火台多见于长城沿线烽火台，腹里烽火台仅 2 座土质矩形烽火台有附属设施，其余未发现附属设施。

⑤烽火台均位于地势较高的山顶、山梁上，视野开阔，预警、信息传递作用非常明显。

⑥腹里烽火台在娘子关堡附近分布有 3 座，其余均沿石太高速公路或 307、207 国道线状分布。如沿石太高速公路或 307 国道，从东向西分布有高家掌村西北侧烽火台、柏井五村西侧烽火台、风堰岭村东南侧烽火台、风堰岭村南侧烽火台、小桥铺村北侧烽火台、小桥铺村南侧烽火台和石门口村南侧烽火台。307 国道和 207 国道交汇处传烽线路分为南北两线，南线沿 207 国道经新村北侧烽火台南与昔阳县腹里烽火台相联系，北线沿 207 国道经狐窝村北侧烽火台、鹊山村西北侧烽火台与阳泉市郊区烽火台相联系。

（4）烽火台保存状况

23 座烽火台大多数保存较差，有 14 座，保存较好者 1 座，其余保存一般。造成损毁的自然因素主要有风雨侵蚀和植物生长等；人为因素主要是农业生产活动破坏、拆毁台体石块、利用台体修建羊圈、挖掘洞穴、取土挖损等。

（四）相关遗存

平定县将军峪村北侧居住址群有 4 座居住址，加上单独的七亘村东侧居住址、新关村西侧居住址和旧关村西侧居住址，共有 7 座。

将军峪村北侧居住址群的 4 座居住址和新关村西侧居住址均倚墙而建，位于长城东侧或北侧。七亘村东侧居住址位于长城东南 2 千米处，旧关村西侧居住址位于长城西 2 米处。除旧关村西侧居住址，均位于长城墙体面向河北省一侧。除将军峪村北侧 1 号居住址较大外，其余居住址周长均在 20 米以内（表 530）。

表 530　平定县居住址一览表

名称		结构	平面形状	周长（米）	门道位置	保存状况
七亘村东侧居住址		单室	圆形	16.01	西门	较差
将军峪村北侧居住址群	1 号居住址	单室	圆角矩形	66.2	北门	较差
	2 号居住址	单室	矩形	18.4	北门	较差
	3 号居住址	单室	矩形	13.2	南门	较差
	4 号居住址	单室	矩形	13.8	南门	较差

续表 517

名称	结构	平面形状	周长（米）	门道位置	保存状况
新关村西侧居住址	双室	矩形	东房 8.4	西门	较差
			西房 8.8		
旧关村西侧居住址	单室	矩形	14.82	北门	差

整体保存较差或差。造成损毁的自然因素主要有风雨侵蚀和植物生长等。

（五）采（征）集标本

平定县采集的文物标本均发现于娘子关堡北墙墙脚下，主要有生活用具和建筑构件两类，均为残片，未发现完整器物。

三　自然与人文环境

（一）自然环境

长城所处区域为山地，主要为石质山区，沟壑纵横。属暖温带大陆性季风气候，四季分明，年均气温 10.5℃，年均降水量约 500 毫米。野生植物属太行山植物区系，树木有松、柏、杨等，灌木有黄刺梅、酸枣等，草本植物有蒿类、黄芩等。土壤以山地褐土为主。平定县娘子关镇新关村内有新关河，固关水东门位于新关河河道内，河道干涸。滹沱河支流绵河流经平定县娘子关镇娘子关村。平定县岔口乡白石头村附近有一条冲沟，无流水。井陉县辛庄乡凉沟桥村和平定县岔口乡杨树庄村有一条河沟，称凉沟，已干涸，凉沟桥村北 0.1 千米有一座小型水库，凉沟与水库相通。

（二）人文环境

长城分布地区的七亘村约 1100 人、庙庄村约 40 人、将军峪村约 200 人、新关村约 400 人、旧关村约 200 人、娘子关村约 500 人、白石头村约 150、杨树庄村约 200 人。烽火台分布地区的高家掌村约 20 人、柏井五村约 200 人、风堰岭村约 10 人、小桥铺村约 500 人、石门口村为石门口乡所在约 1000 人、狐窝村居民约 100 人、新村约 3800 人、鹊山村约 500 人、井陉县辛庄乡凉沟桥村约 400 人。村落居民以农业生产为主。新关村内的固关和附近长城、娘子关村附近的娘子关堡被开发为旅游区，杨树庄村东侧的山坡上有现代石灰厂。七亘村中有公路与外界相连，东侧附近的山体上开凿一条公路隧道，连通山西与河北两省，是附近的交通要道。槐北公路通过庙庄村。乡白公路与槐北公路相通，可达将军峪村。将军峪村与新关村之间山体上有一条山路可通行。新关村和旧关村是石太高速公路和 307 国道交汇之处，运输非常繁忙。娘子关村紧临 315 省道，石太铁路以隧道形式穿过村东侧的山体，运输繁忙。白石头村东有一条土路，连通平定县岔口乡白石头村和井陉县辛庄乡松树岭村。杨树庄村和井陉县辛庄乡凉沟桥村有 1 条公路相连，高家掌村、柏井五村、风堰岭村、小桥铺村、石门口村、狐窝村附近石太高速公路和 307 国道，新村有土路通过。鹊山村西侧有公路穿行。

四　保护与管理状况

　　平定县长城资源的保护管理机构是平定县文物管理所。目前有关长城资源的保护范围、建设控制地带、保护标志、记录档案等工作有待规定或完善。目前仅在固关和娘子关堡立有保护标志。固关瓮城门西侧门拱北侧有保护标志。保护标志为石碑，下有石质须弥座。石碑呈横长方形，碑身横排楷书阴刻 5 行，从上至下依次是"省级重点文物保护单位/固关长城/山西省人民政府/一九八六年八月十八日公布/平定县人民政府立"，字迹涂成红色。娘子关堡在南门门拱左侧（西侧）嵌 1 块石碑，即保护标志，石碑呈横长方形，四周有条石边框，碑身横排楷书阴刻 5 行，从上至下依次是"省级重点文物保护单位/娘子关/山西省人民政府/一九八六年八月十八日公布/平定县人民政府立"，石碑表面涂成黑色，字迹为石块本色，下侧 2 行字迹模糊不清。东门门拱右侧（北侧）地面上倚墙放置有 1 块石碑，即保护标志，形状、内容与南门保护标志石碑相同。

　　河北省在小寺村长城附近立有保护标志，保护标志为石碑，正面依次刻有"河北省重点文物保护单位/井陉长城/（小寺段）/河北省人民政府/一九八二年七月二十三日公布/井陉县人民政府立"。井陉县辛庄乡凉沟桥村北、凉沟桥村北侧 1 号烽火台东 0.05 千米处立有保护标志，保护标志为石碑，正面依次刻有"河北省重点文物保护单位/井陉长城/（凉沟桥）/河北省人民政府/一九八二年七月二十三日公布"/井陉县人民政府立"，背面刻有"年代：明/保护范围：城墙，均以城墙基外缘为基线，向两侧各外扩 50 米。/独体设施（如烽燧、敌楼、战台、关隘等）均以其基础外缘为基线，四周各外扩 50 米。/建设控制地带：城墙均以保护范围边城为基线，向西侧各外扩 100 米。/独体设施（如烽燧、敌楼、战台、关隘等）均以保护范围边线为基线，四周各外扩 100 米"。

表518　平定县敌台、马面一览表

名称	地点	高程	与其他遗存的位置关系	材质	建筑方式	平面形制	剖面形制	尺寸	附属设施	修缮情况	保存状况	损毁原因及存在病害
庙庄村北侧敌台	柏井镇庙庄村西北0.5千米	898米	骑墙而建。位于庙庄村北侧长城上	石	利用山体顶部天然巨石，边缘修筑石墙围绕而成。石墙系土石混筑而成，宽0.9～1.05米	圆形	梯形	底部东西10.9，南北8.5，残高0.2～0.4米	无	无	保存较差。台体坍塌损毁严重，台体上及周围杂草、灌木丛生	自然因素主要有风雨侵蚀和植物生长等
将军峪村南侧1号敌台（彩图一一九三）	柏井镇将军峪村南1千米	914米	骑墙而建。位于将军峪村南侧长城4段上，系将军峪村南侧长城4段起点	石	利用山体顶部天然石台，边缘修筑石墙围绕而成。石墙系土石混筑而成，宽0.4米	圆形	梯形	底部东西1.5～5.6，南北10，残高0.45～1.3米	无	无	保存较差。台体坍塌损毁严重，台体上及周围杂草、灌木丛生	自然因素主要有风雨侵蚀和植物生长等
将军峪村南侧2号敌台（彩图一一九四、一一九五）	柏井镇将军峪村南0.9千米	948米	骑墙而建。位于将军峪村南侧长城4段上，系将军峪村南侧长城4段止点，将军峪村西南侧长城起点	石	土石混筑而成。外侧石块垒砌，宽0.37～0.4米，内部填以碎石混土	矩形	梯形	底部东西6.3，南北4.7，残高0.23～0.67米	台体南侧山坡上有石槽，性质不详	无	保存较差。台体坍塌损毁严重，台体上及周围杂草、灌木丛生。台体南壁遭取土挖损，形成深0.4米的盗穴	自然因素主要有风雨侵蚀和植物生长等；人为因素主要是取土挖损等
将军峪村西南侧敌台	柏井镇将军峪村南0.6千米	951米	骑墙而建。位于将军峪村西侧长城上	土	黄土夯筑而成，夯层厚0.25～0.3米	矩形	梯形	底部东西9.5，南北8，顶部东西4.3，南北2～3.4米	无	无	保存较差。台体上及周围杂草、灌木丛生	自然因素主要有风雨侵蚀和植物生长等
将军峪村西侧敌台	柏井镇将军峪村西0.1千米	971米	骑墙而建。位于将军峪村西侧长城上，系将军峪村北侧长城止点，将军峪村北侧长城1段起点	石	下部土石混筑，上部黄土夯筑而成，夯层厚0.25～0.3米	矩形	梯形	底部东西4.3，南北3.2米，顶部东西3.4，南北2.4米，残高2.8米	台体底部有台基，黄土夯筑而成，东西6.3，南北5.2，残高0.7米	无	保存较差。台体坍塌损毁严重，台体上及周围杂草、灌木丛生	自然因素主要有风雨侵蚀和植物生长等

名称	地点	高程	与其他遗存的位置关系	材质	建筑方式	平面形制	剖面形制	尺寸	附属设施	修缮情况	保存状况	损毁原因及存在病害
将军岭村北侧敌台（彩图一一六）	柏井镇将军岭村西北0.6千米	920米	骑墙而建。位于将军岭村北侧长城1段墙体上，系将军岭村北侧长城1段止点、将军岭村北侧长城2段起点	石	土石混筑而成。外侧石块垒砌，宽0.8米；内部黄土夯筑而成，夯层厚0.15~0.18米	矩形	矩形	底部东西4.2，南北2.8米，顶部东西1.5，南北0.4米，南侧残高4.1,北侧残高2米	无	无	保存较差。台体坍塌损毁严重，台体上及周围杂草、灌木丛生	自然因素主要有风雨侵蚀和植物生长等
新关村南侧1号敌台（彩图一一七、一一八）	娘子关镇新关村南0.3千米	768米	骑墙而建。位于将军岭村北侧长城3段上，系将军岭村北侧长城3段止点、新关村南侧长城起点	石	石块垒砌而成	圆形	梯形	底径7.2，顶径5.6,通高6米	台体周围有围墙，石块垒砌而成，平面呈圆形，直径8.3米。顶部有垛口墙，宽0.2,高1.5米	20世纪末修缮	保存较好。台体经现代修缮	自然因素侵蚀有风雨植物生长等；人为因素主要是不合理修缮等
新关村南侧2号敌台（测绘图九六~九八；彩图九九~一〇一）	娘子关镇新关村南0.1千米	780米	骑墙而建。位于新关村南侧长城东侧	石	条石垒砌而成	矩形	梯形	底部边长11.6，通高10.3米	台体北壁有石券拱门，拱门北侧有石梯与地面相连。拱门宽1.2，外宽1.9，内高0.9，内宽2.8，石梯长5.05，高2.8米。东、南、西壁各有石券拱窗3个，距地面1.35米，外宽0.65，内宽0.95，外高1.1，内高1.5米。台体内部为回廊结构，砖砌而成。台体顶部残存有铺舍，砖砌而成，长4.7，宽2.6米。顶部四周有垛口墙，砖砌而成，每面垛口墙有4个垛口，5个射孔，垛口墙宽0.36，通高2米，垛口宽0.6，高0.8，间距1.7米，射孔边长0.3米。台体内部呈中空，可登顶	20世纪末修缮	保存较好。台体经现代修缮	自然因素侵蚀有风雨植物生长等；人为因素主要是不合理修缮等

续表 518

名称	地点	高程	与其他遗存的位置关系	材质	建筑方式	平面形制	剖面形制	尺寸	附属设施	修缮情况	保存状况	损毁原因及存在病害
新关村西侧1号敌台	娘子关镇新关村西0.2千米	768米	位于新关村西侧长城1段北侧，西南角距墙体3米	石	条石垒砌而成	矩形	梯形	底部东西11.64，南北11.6，通高9.15米	台体西壁有石券拱门，拱门北侧有石梯与地面相连。拱门外宽0.9，内宽1.35，外高1.87，内高2.6，外拱进深0.6，内拱进深0.72米，石梯长6.05，高2.5米。台体东、南壁各有石券拱窗3个，距地面1.1，外宽0.6，内宽1，外高1，内高1.5米。台体内部为回廊结构，砖砌而成。台体顶部有铺舍，长4.6，宽3.35米。台体顶部四周有垛口墙，砖砌而成，每面垛口墙有4个垛口，5个射孔。垛口墙宽0.36，通高2米，垛口宽0.6，高0.8，间距1.5米，射孔宽0.26，高0.34米。台体内部有木梯，可登顶	20世纪末修缮	保存较好。台体经现代修缮	自然因素主要有风雨侵蚀和植物生长等；人为因素主要是不合理修缮等
新关村西侧2号敌台	娘子关镇新关村西1千米	793米	骑墙而建。位于新关村西侧长城2段上	石	土石混筑而成，外侧石块垒砌，内部填以碎石泥土	矩形	矩形	底部东西2.3~3.7，残高2.5~3米	无	无	保存较差。台体坍塌损毁严重，台体上及周围杂草、灌木丛生	自然因素主要有风雨侵蚀和植物生长等
新关村西侧3号敌台	娘子关镇新关村西1.2千米	842米	骑墙而建。位于新关村西侧长城2段上	石	土石混筑而成，外侧石块垒砌，宽0.28~0.3米，内部填以碎石泥土	矩形	矩形	底部边长4.5米，顶部东西3.78，南北4米，残高2.05米	台体底部有台基，东西7.1，南北7.3，残高0.4~1.8米	无	保存较差。台体坍塌损毁严重，台体上及周围杂草、灌木丛生	自然因素主要有风雨侵蚀和植物生长等

续表518

名称	地点	高程	与其他遗存的位置关系	材质	建筑方式	平面形制	剖面形制	尺寸	附属设施	修缮情况	保存状况	损毁原因及存在病害
新关村西侧4号敌台	娘子关镇新关村西1.5千米	947米	骑墙而建。位于新关村西侧长城2段上	石	土石混筑而成，外侧石块垒砌，内部填以碎石泥土	矩形	矩形	底部东西2.3~3.7，残高不足0.5米	台体底部有台基，东西4.3，南北4.2，残高0.5~0.8米	无	保存较差。台体坍塌损毁严重，台体上及周围杂草、灌木丛生	自然因素主要有风雨侵蚀和植物生长等
新关村西侧5号敌台（彩图一二〇二）	娘子关镇新关村西2千米	932米	骑墙而建。位于新关村西侧长城2段上，系新关2段村西侧长城止点	石	土石混筑而成，外侧石块垒砌，宽0.7米，内部填以碎石泥土	矩形	梯形	底部边长6.5米，顶部东西6.3，南北6.2米，残高5~5.8米	无	无	保存一般。台体坍塌损毁严重，台体上及周围杂草、灌木丛生	自然因素主要有风雨侵蚀和植物生长等
旧关村西侧敌台	娘子关镇旧关村西1.2千米	914米	骑墙而建。位于旧关村西侧长城上	石	土石混筑而成，外侧石块垒砌，宽0.5米，内部填以碎石泥土	矩形	梯形	底部东西7.21，南北7.17米，顶部东西4.01，南北4.37米，残高0.95~1.35米	无	无	保存较差。台体坍塌损毁严重，台体上及周围杂草、灌木丛生	自然因素主要有风雨侵蚀和植物生长等
白石头村东南侧2号敌台	岔口乡白石头村东南1.5千米	1042米	骑墙而建。位于白石头村1段上，系白石头村东侧长城1段起点	石	土石混筑而成，外侧石块垒砌，内部填以碎石泥土	矩形	梯形	顶部东西5.8，南北8.4，残高0.7~2.6米	无	无	保存较差。台体坍塌损毁严重，台体上及周围杂草、灌木丛生	自然因素主要有风雨侵蚀和植物生长等
白石头村东南侧1号敌台	岔口乡白石头村东南1.05千米	961米	骑墙而建。位于白石头村东南侧长城1段上	石	土石混筑而成，外侧石块垒砌，内部填以碎石泥土	矩形	梯形	顶部东西7.9，南北7.4，残高0.4~2.1米	无	无	保存较差。台体坍塌损毁严重，台体上及周围杂草、灌木丛生。台体顶部有今人垒砌的石柱，所用石块采自长城及敌台石块	自然因素主要有风雨侵蚀和植物生长等；人为因素主要是拆毁石块等
白石头村东侧1号敌台	岔口乡白石头村东北1.1千米	1003米	倚墙而建。位于白石头村东侧长城3段北侧	石	土石混筑而成，外侧石块垒砌，内部填以碎石泥土	矩形	梯形	顶部东西3.6，南北3.48，残高2.2米	无	无	保存较差。台体坍塌损毁严重，台体上及周围杂草、灌木丛生	自然因素主要有风雨侵蚀和植物生长等

续表 518

名称	地点	高程	与其他遗存的位置关系	材质	建筑方式	平面形制	剖面形制	尺寸	附属设施	修缮情况	保存状况	损毁原因及存在病害
白石头村东侧2号敌台（图六二七；彩图一二〇三（四）	岔口乡白石头村东北1.2千米	1031米	骑墙而建。位于白石头村东侧长城3段上，系白石头村东侧长城3段止点	石	土石混筑而成。外侧石块垒砌，内部填以碎石泥土	矩形	梯形	顶部东西7.8、南北5.96、残高0.74米	无	无	保存较差。台体坍塌损毁严重，台体上及周围杂草、灌木丛生	自然因素主要有风雨侵蚀和植物生长等
杨树庄村东侧敌台（图六二七；彩图一二〇三（四）	岔口乡杨树庄村东0.3千米	749米	骑墙而建。位于杨树庄村东侧长城上，系杨树庄村东侧长城止点	石	土石混筑而成。外侧石块垒砌，内部填以碎石泥土	矩形	梯形	底部边长5.3、顶部边长5.1、残高1.5~3.4米	无	无	保存一般。台体坍塌南角损毁严重，其余台体部分较完整，台体上及周围杂草、灌木丛生	自然因素主要有风雨侵蚀和植物生长等
杨树庄村东侧马面（图六二七；彩图一二〇（五）	岔口乡杨树庄村东南0.6千米	770米	倚墙而建。位于杨树庄村东侧长城西侧	石	土石混筑而成。外侧石块垒砌，内部填以碎石泥土	矩形	梯形	顶部东西1.47、南北3.1、残高1.45~1.8米	无	无	保存一般。马面坍塌损毁严重，北壁中部有一道纵向裂缝，宽0.1米，马面及周围杂草、灌木丛生	自然因素主要有风雨侵蚀和植物生长等

表519　平定县长城沿线烽火台一览表

名称	地点	高程	与其他遗存的位置关系	材质	建筑方式	平面形制	剖面形制	尺寸	附属设施	修缮情况	保存状况	损毁原因及存在病害
七亘村西侧烽火台	东回镇七亘村西0.7千米	741米	位于七亘村东侧长城1段西0.67千米	石	土石混筑而成。外侧石块垒砌，内部填以碎石泥土	矩形	梯形	底部东西6.34，南北6.12米，顶部东西3.1，南北2.58米，残高2.13米	无	无	保存较差。台体坍塌损毁严重，台体上及周围杂草、灌木丛生	自然因素主要有风雨侵蚀和植物生长等
白灰村东南侧烽火台	柏井镇白灰村南1.5千米	914米	位于庙庄村东南3.4千米	石	土石混筑而成。外侧石块垒砌，宽0.42米，内部填以碎石泥土	圆形	梯形	底部东西4.9，南北5.8米，顶部东西4.4，南北4.7米，残高1.5~1.8米	无	无	保存较差。台体坍塌损毁严重，台体上及周围杂草、灌木丛生	自然因素主要有风雨侵蚀和植物生长等
白灰村西侧烽火台（彩图一二六、一二七）	柏井镇白灰村西0.3千米	830米	位于庙庄村东1.1千米，东南距白灰村南侧烽火台2.2千米	石	土石混筑而成。外侧石块垒砌，宽0.55~0.71米，内部填以碎石泥土	圆形	梯形	底部东西6.26，南北5.82，顶部东西5.6米，残高1.5~2.9米	台体周围有围墙，石块垒砌而成，平面呈圆形，周长103米，宽1.45，外侧最高1.57~2.61，内侧最高1.46米。北墙偏东设门，现为豁口，宽1.1，残高1.3，进深2.15米。围墙内北让门西侧有石砌窖洞，倚墙而建，窖洞东西1.4，南北2.5，拱部有瞭望孔，宽0.42，残高1.2米。窖洞北壁顶部有瞭望孔，宽0.42，残高0.37米	无	保存较差。台体坍塌损毁严重，台体上及周围杂草、灌木丛生	自然因素主要有风雨侵蚀和植物生长等
将军峪村北侧1号烽火台	柏井镇将军峪村西北0.1千米	971米	位于将军峪村北侧长城1段东北0.023千米	石	土石混筑而成。外侧石块垒砌，宽0.4米，内部夯筑黄土而成	矩形	梯形	底部东西5.9，南北6.2米，顶部东西4.2，南北4.5米，残高2.2~2.5米	台体周围有围墙，石块垒砌而成，平面呈圆形，直径15.5~18.2，周长84.2米，顶宽0.36~0.82，残高0.32~0.77米。西墙中央设门，现为豁口，宽2.4米。台体底部有台基，黄土夯筑而成，平面呈圆形，直径9.5~10.2，残高1.3米	无	保存较差。台体坍塌损毁严重，台体上及周围杂草、灌木丛生	自然因素主要有风雨侵蚀和植物生长等，人为因素主要是农业生产活动破坏等
将军峪村北侧2号烽火台（彩图一二九~一三一）	柏井镇将军峪村西北0.5千米	929米	位于将军峪村北侧长城1段西南0.14千米	石	土石混筑而成。外侧石块垒砌，宽0.8米，内部填以碎石泥土	矩形	矩形	底部边长3.8，残高0.65~2米	台体底部有台基，平面呈矩形，边长4.02，残高0.3米	无	保存较差。台体坍塌损毁严重，台体上及周围杂草、灌木丛生	自然因素主要有风雨侵蚀和植物生长等

续表 519

名称	地点	高程	与其他遗存的位置关系	材质	建筑方式	平面形制	剖面形制	尺寸	附属设施	修缮情况	保存状况	损毁原因及存在病害
新关村东侧烽火台	娘子关镇新关村东 0.1 千米	678 米	位于新关村南侧长城东北 0.15 千米,西北距固关水东门 0.056 千米	石	土石混筑而成。外侧石块垒砌,宽 0.35 米,内部填以碎石泥土	矩形	梯形	底部东西 5.53 米,南北 4.9 米,顶部东西 5.2,南北 4.1 米,南壁残高 0.2,北壁残高 4.01 米	无	无	保存较差。台体坍塌损毁严重。台体东北及周围固关水草、灌木丛生	自然因素主要有风雨侵蚀和植物生长等
新关村西侧烽火台(彩图二二一;彩图二二二二三)	娘子关镇新关村西 1 千米	780 米	位于新关村西侧长城 1 段东北 0.33 千米,东南距固关城门 0.61 千米	石	土石混筑而成。外侧石块垒砌,宽 0.65 米,内部填以碎石泥土	矩形	梯形	底部东西 5.53 米,南北 5.62 米,顶部东西 4.8,南北 4.9 米,东壁残高 4.25,南壁残高 3.65,西壁残高 3.7 米	台体底部有台基,凸出台体 1.5 米,高 0.1~1.01 米。台体南壁顶部有一道墙体,宽 0.5,残高 0.2 米,性质不详。台体西壁存滴水 2 个,不完整,残长 0.37,宽 0.35,高 0.18 米	无	保存一般。北壁坍塌损毁严重。台体东北及周围固关杂草、灌木丛生。台体北壁有现代建有现代羊圈	自然因素主要有风雨侵蚀和植物生长等;人为因素主要是利用台体圈养羊圈等
旧关村西侧烽火台	娘子关镇旧关村西 1 千米	876 米	位于旧关村西侧长城东北 0.72 千米	石	土石混筑而成。外侧石块垒砌,宽 0.7 米,内部填以碎石泥土	圆形	梯形	底部东西 7.7,南北 10.06 米,顶部东西 3.1,南北 3.2 米,残高 2.9 米	无	无	保存较差。台体坍塌损毁严重。台体东北及周围固关杂草、灌木丛生	自然因素主要有风雨侵蚀和植物生长等
凉沟桥村北侧 1 号烽火台(图六七;彩图一二二四,一二二五)	河北省井陉县辛庄乡凉沟桥村北 0.02 千米	642 米	位于凉沟桥村东侧长城北 0.55 千米	石	土石混筑而成。外侧石块垒砌,宽 0.7 米,内部填以碎石泥土,石块长 20~1,厚 5~40 厘米	矩形	梯形	底部边长 3.95 米,顶部东西 3.64,南北 3.34 米,残高 3.9 米	台体顶部有垛口墙,宽 0.38,残高 1.05 米。垛口下方有排水孔,高 0.2,宽 0.1 米。排水孔外有排水槽,除西壁北侧排水孔由于墙体损坏无存,其余排水孔均存;排水槽存于墙体南侧和南壁西侧的排水孔外,排水槽凸出墙体 0.15,宽 0.2 米。台体四壁各有 4 个方形孔,孔宽 0.2,高 0.2 米	无	保存较好。台体西壁坍塌损毁,东、西、北壁顶损毁;西壁墙体损毁;底部有现代洞穴,距地面 0.2 米,宽 0.6,高 0.4,进深 0.6,宽 0.2 米;台体 1.1 米	自然因素主要有风雨侵蚀和植物生长等;人为因素主要是挖掘洞穴等
凉沟桥村北侧 2 号烽火台	河北省井陉县辛庄乡凉沟桥村北 0.05 千米	634 米	位于凉沟桥村东侧长城北 0.52 千米,东北距凉沟桥村北侧 1 号烽火台 0.13 千米	石	土石混筑而成。外侧石块垒砌,宽 0.7 米,内部填以碎石泥土	矩形	梯形	底部东西 3.1,南北 2.7 米,顶部东西 2.8,南北 2.4 米,残高 2.3 米	无	无	保存较差。台体坍塌损毁严重。台体东北及周围固关杂草、灌木丛生	自然因素主要有风雨侵蚀和植物生长等

表 520　平定县腹里烽火台一览表

名称	地点	高程	与其他遗存的位置关系	材质	建筑方式	平面形制	剖面形制	尺寸	附属设施	修缮情况	保存状况	损毁原因及存在病害
娘子关村南侧烽火台一二（彩图一二一七）	娘子关镇娘子关村南0.6千米	637米	北距娘子关堡南门0.8千米	石	土石混筑而成，外侧石块垒砌，宽1.41米，内部填以碎石泥土。	矩形	梯形	底部东西4.46、南北5.72米，东北角残高4.92、东南角残高5.23、北壁残高3.3米	台体南壁有石券拱门，拱门外宽0.85、内宽1.29、进深1.41米。拱门两侧有窗。台体内部为回廊结构，砖砌而成	无	保存较差。台体坍塌损毁严重，周围杂草、灌木丛生	自然因素主要有风雨侵蚀和植物生长等
娘子关村北侧2号烽火台（彩图一二一八）	娘子关镇娘子关村西北0.5千米	399米	东南距娘子关堡南门0.18千米，南距娘子关村南侧烽火台0.8千米	石	土石混筑而成，外侧石块垒砌，宽0.75米，内部填以碎石泥土	矩形	梯形	底部东西7.66、南北7.7米，顶部东西5.4、南北5.8米，西残高2.7~5米	无	无	保存一般。台体坍塌损毁严重，西壁底部有现代洞穴，宽1.58、高1.8米。台体周围杂草、灌木丛生	自然因素主要有风雨侵蚀和植物生长等，人为因素主要是挖掘洞穴等
娘子关村北侧1号烽火台2（彩图一二一九）	娘子关镇娘子关村北2千米	740米	西南距娘子关堡东门2.4千米，娘子关村北侧烽火台2号2.5千米	石	土石混筑而成，外侧石块垒砌，宽0.35~0.7米，内部填以碎石泥土	矩形	梯形	底部东西5、南北5.1米，顶部东西4.18、南北4.04米，残高3.6~3.7米	台体南壁存阶梯，凸出壁面0.15、宽0.15米，分为4层，每层距2个，一层距地面0.33、二层距一层0.75、三层距二层0.58、四层距三层0.49米	无	保存较差。台体坍塌损毁严重，周围杂草、灌木丛生	自然因素主要有风雨侵蚀和植物生长等
高家掌村西北侧烽火台	柏井镇高家掌村西北0.5千米	1065米	东北距新关村西侧5号敌台9.2千米	土	黄土堆筑而成	圆形	梯形	底径13.1、残高5.8米	无	无	保存一般。台体坍塌损毁严重，及周围杂草、灌木丛生	自然因素主要有风雨侵蚀和植物生长等
柏井五村西侧烽火台	柏井镇柏井五村西北0.6千米	1026米	东北距高家掌村西北侧烽火台3.6千米	土	黄土堆筑而成，含较多料礓石块	不规则形	梯形	底部东壁长12、南壁长12、西南壁长4.5、西壁长10、北壁长12米，残高7米	无	无	保存一般。台体坍塌损毁严重，及周围杂草、灌木丛生	自然因素主要有风雨侵蚀和植物生长等

续表520

名称	地点	高程	与其他遗存的位置关系	材质	建筑方式	平面形制	剖面形制	尺寸	附属设施	修缮情况	保存状况	损毁原因及存在病害
风堰岭村东南侧烽火台	巨城镇风堰岭村东南1.2千米	980米	东北距柏井五村西侧烽火台1.04千米	土	黄土夯筑而成，含碎石，夯层厚0.1~0.15米	矩形	梯形	底部东西4.7，南北3.2米，残高3.6米	无	无	保存较差。台体坍塌损毁严重，及周围杂草、灌木丛生。台体西南处有一组3根电线杆	自然因素主要有风雨侵蚀和植物生长等
风堰岭村南侧烽火台	巨城镇风堰岭村南0.7千米	1024米	东南距风堰岭村东南侧烽火台0.64千米	土	黄土堆筑而成，含石块	圆形	梯形	底径11.4，残高5.1米	无	无	保存一般。台体坍塌损毁严重，及周围杂草、灌木丛生。东、西壁现有现代洞穴	自然因素主要有风雨侵蚀等，人为因素主要是挖掘洞穴等
小桥铺村北侧烽火台（彩图一二〇）	石门口乡小桥铺村北0.1千米	805米	北距风堰岭村南侧烽火台3.09千米	土	黄土夯筑而成，夯层厚0.13~0.15米。	圆形	梯形	台体底径11.4，残高6.4米	无	无	保存一般。台体坍塌损毁严重，及周围杂草、灌木丛生。西壁紧邻一组2根电线杆	自然因素主要有风雨侵蚀等，人为因素主要是农业生产活动破坏、取土挖损等
小桥铺村南侧烽火台（彩图一二一）	石门口乡小桥铺村东南0.4千米	795米	北距小桥铺村北侧烽火台0.925千米	土	黄土堆筑而成，含石块	矩形	梯形	台体底部东西3.8，南北4.8米，顶部南北2，东西2.7米，残高4.1米	台体底部有台基，黄土堆筑而成，含石块，平面呈圆形，直径1.1米	无	保存较差。台体坍塌损毁严重，及周围杂草、灌木丛生	自然因素主要有风雨侵蚀和植物生长等
石门口村南侧烽火台（彩图一二三）	石门口乡石门口村南0.08千米	778米	东北距小桥铺村南侧烽火台1.92千米	土	黄土夹筑而成，夯层厚0.12~0.18米。东南壁中部夯层同有一堆石块，性质不详	矩形	梯形	底部东西6.1，南北6.8米，顶部东西2.4，南北3米，残高6.6米	无	无	保存一般。台体坍塌损毁严重，及周围杂草、灌木丛生	自然因素主要有风雨侵蚀等，人为因素主要是农业生产活动破坏等

续表520

名称	地点	高程	与其他遗存的位置关系	材质	建筑方式	平面形制	剖面形制	尺寸	附属设施	修缮情况	保存状况	损毁原因及存在病害
新村北侧烽火台（彩图一二四）	张庄镇新村北0.2千米	899米	东北距石门口村南侧烽火台10.7千米	土	黄土夯筑而成，含碎石，夯层厚0.16米。台体上部为土石混筑，宽1.1米	矩形	梯形	底部东西8，南北5.4，残高3.9米	台体北壁东侧有登顶坡道	无	保存较差。台体坍塌损毁严重，顶部埋有水泥质测绘标志。紧邻东壁有一处土堆，土堆顶部低于台体顶部1.7米；紧邻西壁有在地面上掏挖的长方形竖穴。台体及四周围杂草、灌木丛生，东侧有圆形水池，南、北侧为荒地，西侧为耕地，南0.01千米处有2组4根电线杆	自然因素主要有风雨侵蚀等，人为因素主要是农业生产生长活动破坏、挖掘洞穴等
孤窝村北侧烽火台	冠山镇孤窝村西北0.8千米	798米	东南距石门口村南侧烽火台7.7千米	土	黄土夯筑而成，夯层厚0.13～0.15米	矩形	梯形	底部东西12.7，南北14.1米，顶部东西8.1，南北8.8米，残高7.5米	无	无	保存一般。台体坍塌损毁严重，顶部埋有水泥质测绘标志。台体及四周围杂草、灌木丛生，西、北侧为耕地	自然因素主要有风雨侵蚀等，人为因素主要是农业生产生长活动破坏等
鹊山村西北侧烽火台（彩图一二五）	冠山镇鹊山村西北0.4千米	818米	东距孤窝村北侧烽火台6.7千米	土	黄土夯筑而成，夯层厚0.15～0.18米	矩形	梯形	底部东西4.6，南北3.8米，顶部东西1.5，南北1.6米，残高5.6米	无	无	保存较差。台体坍塌损毁严重，台体上及四周围杂草、灌木丛生，为耕地。东、南侧有铁质的电线塔架或泥质的电线杆	自然因素主要有风雨侵蚀等，人为因素主要是农业生产生长活动破坏等

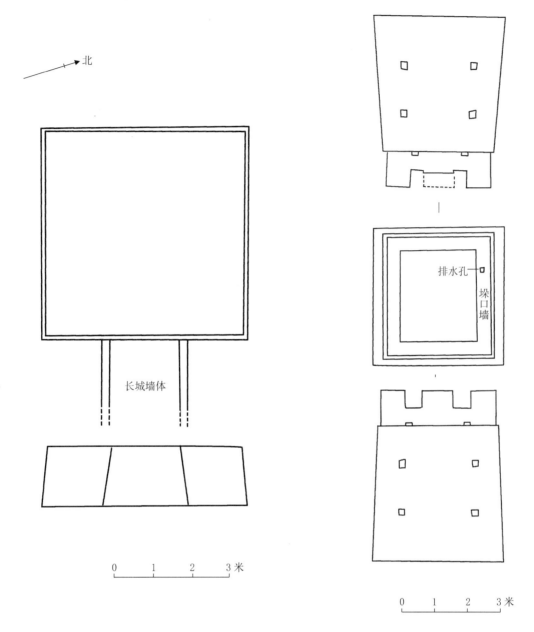

图六七六　杨树庄村东侧敌台平、立面图　　　　图六七七　凉沟桥村北侧1号烽火台
　　　　　　　　　　　　　　　　　　　　　　　　　　　　　平、立面图

第二十四章　盂县长城

盂县位于山西省中东部，东与河北省平山县、井陉县交界，南与平定县、阳泉市郊区，西与阳曲县，北与定襄县、五台县相邻。山西省明代长城资源调查四队从 2007 年 11 月 11 日～2008 年 5 月 26 日，对该县明代长城资源进行了调查。河北省调查队对盂县与阜平县交界区域的部分长城资源也进行了调查。

一　长城资源调查数据

盂县明长城，包括长城墙体 26 段，总长 8763.68 米；单体建筑共 12 座，包括 4 座敌台、1 座马面、7 座烽火台，相关遗存有 1 处居住址群。

（一）长城墙体

盂县明长城墙体大致沿山西、河北两省交界的太行山山体从东南向西北延伸，绝大多数段地处两省交界处，其中炮台梁长城 1～4 段位于盂县仙人乡和井陉县辛庄乡交界处；双山村北侧长城、恶石长城、盘里村南侧长城、孤山西南侧长城、六岭关东侧长城 1 段和 2 段、六岭关西侧长城 1～4 段、上瓦岔村西侧长城 1～8 段位于盂县仙人乡、北下庄乡、上社镇和平山县北治乡、下口镇交界处；孤山西侧长城位于盂县上社镇境内，距两省交界非常近；马圈村东侧长城 1～3 段位于平山县下口镇境内，距两省交界非常近，也进行了调查，将其写入盂县调查报告中（表531）。

表 531　盂县长城墙体一览表（单位：米）

长城墙体段落名称	总长	保存较好	保存一般	保存较差	保存差	消失	类型	县属
炮台梁长城 1 段	37.9	37.9	0	0	0	0	山险	盂县/井陉县
炮台梁长城 2 段	133.26	0	0	133.26	0	0	石墙	盂县/井陉县
炮台梁长城 3 段	259.58	0	164.22	77.14	0	18.22	石墙	盂县/井陉县
炮台梁长城 4 段	869.41	869.41	0	0	0	0	山险	盂县/井陉县
双山村北侧长城	87.83	0	84.75	0	3.08	0	石墙	盂县/平山县
恶石村长城	22	0	0	0	22	0	石墙	盂县/平山县

续表531

长城墙体段落名称	总长	保存较好	保存一般	保存较差	保存差	消失	类型	县属
盘里村南侧长城	14.87	0	0	14.87	0	0	石墙	盂县/平山县
孤山西侧长城	136.52	0	0	136.52	0	0	石墙	盂县
孤山西南侧长城	79.34	0	0	67.49	0	11.85	石墙	盂县/平山县
六岭关东侧长城2段	627.58	627.58	0	0	0	0	山险	盂县/平山县
六岭关东侧长城1段	198.11	0	0	0	182.11	16	石墙	盂县/平山县
六岭关西侧长城1段	115.7	0	0	0	115.7	0	石墙	盂县/平山县
六岭关西侧长城2段	360.16	0	0	267.84	92.32	0	石墙	盂县/平山县
六岭关西侧长城3段	69.34	0	0	0	60.46	8.88	石墙	盂县/平山县
六岭关西侧长城4段	2666.6	2648.23	0	0	0	18.37	山险	盂县/平山县
上瓦岔村西侧长城1段	130.03	0	128.73	0	0	1.3	石墙	盂县/平山县
上瓦岔村西侧长城2段	23.23	23.23	0	0	0	0	山险	盂县/平山县
上瓦岔村西侧长城3段	217.35	0	107.01	110.34	0	0	石墙	盂县/平山县
上瓦岔村西侧长城4段	335.9	0	335.9	0	0	0	石墙	盂县/平山县
上瓦岔村西侧长城5段	44.93	44.93	0	0	0	0	山险	盂县/平山县
上瓦岔村西侧长城6段	595.99	0	595.99	0	0	0	石墙	盂县/平山县
上瓦岔村西侧长城7段	358.73	0	141.39	217.34	0	0	石墙	盂县/平山县
上瓦岔村西侧长城8段	214.71	214.71	0	0	0	0	山险	盂县/平山县
马圈村东侧长城1段	511.21	511.21	0	0	0	0	山险	平山县
马圈村东侧长城2段	83.4	0	31.84	32.17	19.39	0	石墙	平山县
马圈村东侧长城3段	570	570	0	0	0	0	山险	平山县
合计	8763.68	5547.2	1589.83	1056.97	495.06	74.62		

1. 炮台梁长城1段

起点位于仙人乡烧瓷窑村东3.1千米处，高程1024米；止点位于烧瓷窑村东3.1千米处，高程986米。大致呈东南—西北走向。长37.9米，保存较好。本段长城系山险，位于山西、河北省两交界处，西接炮台梁长城2段。G0002（起点）是炮台梁长城1段与炮台梁烽火台西壁相接处（图六七八；彩图一二三一）。

本段墙体共测GPS点2个（G0002、G0003），仅1小段，叙述如下。

G0002（起点）—G0003（止点、拐点、不同材质变化点），长37.9米，东南—西北走向，保存较好。山体杂草、灌木丛生。

墙体整体保存较好。面临损毁的自然因素主要有风雨侵蚀、山体滑坡和植物生长等。

2. 炮台梁长城2段

起点位于仙人乡烧瓷窑村东3.1千米处，高程986米；止点位于烧瓷窑村东3千米处，高程950米。大致呈东南—西北走向。全长133.26米，全部保存较差。因山势险峻，仅建有低矮的石墙或利用自然山石形成墙体。石墙系土石混筑，为自然基础，石块混合碎石泥土垒砌而成，泥土呈黄色；利用自然山石处，山石形状较大，往往将山石一侧进行修凿。墙体沿山体脊线修筑。现存墙体剖面大致呈不规则梯形，顶宽0.75~1.39、残高0.1~0.35米。本段长城位于山西、河北两省交界处，东接炮台

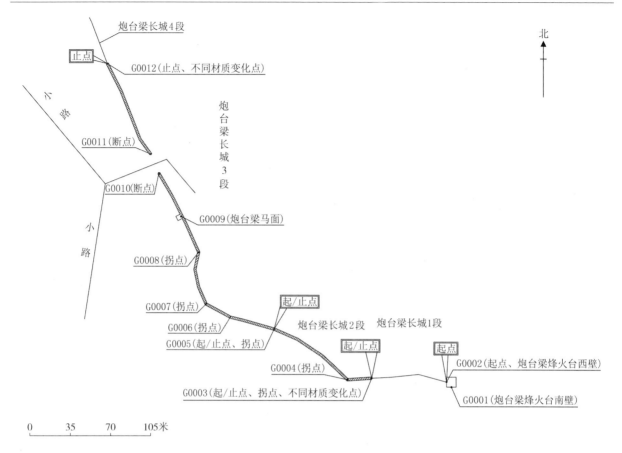

图六七八　炮台梁长城 1~3 段走向示意图

梁长城 1 段、西北连炮台梁长城 3 段（参见图六七八）。

本段墙体共测 GPS 点 3 个（G0003～G0005），可分为 2 小段，分述如下。

第 1 小段：G0003（起点、拐点、不同材质变化点）—G0004（拐点），长 42.56 米，东—西走向，保存较差。墙体沿山脊修筑，低矮呈土垄状，土石混筑而成，系石块混合碎石泥土垒砌一二层，泥土呈黄色。墙体石块有脱落，墙体上及附近杂草、灌木丛生。墙体顶宽 0.75～1.39、残高 0.1～0.35 米。

第 2 小段：G0004（拐点）—G0005（止点、拐点），长 90.7 米，东南—西北走向，保存较差。墙体沿山脊修筑，低矮呈土垄状，混筑形成石墙或利用自然山石而成墙体，石墙系石块混合碎石泥土垒砌一二层，泥土呈黄色；利用自然山石处，山石较大，往往将一侧进行修凿。墙体石块有脱落，墙体上及附近杂草、灌木丛生。在 G0005（止点、拐点）处有一块不规则的大石块，最长 216、最宽 150 厘米，表面人工修凿痕迹明显，呈连续凹凸的半圆形凹槽，凹槽最长 2.16、宽 0.03～0.06、深 0.015～0.02 米（彩图一二三二）。

墙体整体保存较差。墙体石块有所坍塌脱落，顶部及附近杂草、灌木丛生。造成损毁的自然因素主要有风雨侵蚀、山体滑坡和植物生长等。

3. 炮台梁长城 3 段

起点位于仙人乡烧瓷窑村东 3 千米处，高程 950 米；止点位于烧瓷窑村东 2.75 千米处，高程 942 米。大致呈东南—西北走向。长 259.58 米，其中保存一般 164.22、较差 77.14、消失 18.22 米。墙体系石墙，土石混筑而成，自然基础，两侧石块垒砌、中间堆以碎石泥土。墙体两壁较齐平，所用石块多为方形的厚重石块，石块缝隙间填以泥土，两侧石块缝隙间泥土和中间所堆泥土呈黄色。墙体沿山体脊线修筑，两侧高度相当。现存墙体剖面大致呈不规则梯形，底宽 3.6、顶宽 0.98 ~ 3.6、残高 0.15 ~ 2.52 米。本段长城位于山西、河北两省交界处，东南接炮台梁长城 2 段，北连炮台梁长城 4 段（彩图一二三三）。G0008（拐点）西北 26.42 米处有炮台梁马面（G0009），马面倚墙而建，位于长城墙体西侧（参见图六七八）。

本段墙体共测 GPS 点 8 个（G0005 ~ G0012），可分为 6 小段，分述如下。

第 1 小段：G0005（起点、拐点）—G0006（拐点），长 25.48 米，东南—西北走向，保存较差。墙体石块坍塌脱落，散落于附近，两侧杂草、灌木丛生。墙体顶宽 1.2、残高 0.15 ~ 0.3 米。

第 2 小段：G0006（拐点）—G0007（拐点），长 27.92 米，为东南—西北走向，保存较差。墙体石块坍塌脱落，散落于附近，两侧杂草、灌木丛生。墙体顶宽 1.15 ~ 1.5、残高 0.2 ~ 1 米。G0007（拐点）西北 3 米处有一座输电塔架，东距墙体 2 米（彩图一二三四）。

第 3 小段：G0007（拐点）—G0008（拐点），长 23.74 米，南—北走向，保存较差。墙体石块坍塌脱落，散落于附近，两侧杂草、灌木丛生。墙体顶宽 1.15 ~ 1.5、残高 0.2 ~ 1 米。

第 4 小段：G0008（拐点）—G0010（断点），长 70.54 米，东南—西北走向，保存一般。墙体两侧杂草、灌木丛生。从 G0008（拐点）向西北地势逐渐变缓，沿山坡向下，墙体随之逐渐高大宽阔。墙体顶宽 0.98 ~ 3.3、残高 0.9 ~ 2.52 米（彩图一二三五、一二三六）。G0008（拐点）西北 26.42 米处有炮台梁马面，马面倚墙而建，位于长城墙体西侧。

第 5 小段：G0010（断点）—G0011（断点），长 18.22 米，东南—西北走向。墙体被一条东西向土路截断而消失，土路顶部建有一座石拱桥，连接两侧长城墙体。G0010（断点）处墙体底宽 3.6、顶宽 0.98、残高 2.52 米。

第 6 小段：G0011（断点）—G0012（止点、不同材质变化点），长 93.68 米，东南—西北走向，保存一般。墙体东侧多处坍塌，西侧较连续，近 G0012（止点、不同材质变化点）处墙体坍塌脱落严重，墙体低矮，墙体两侧杂草、灌木丛生。墙体顶宽 1 ~ 3.6、残高 0.48 ~ 2.34 米（彩图一二三七 ~ 一二三九）。G0011（断点）西北 10 米处墙体西壁有一处凸出长城墙体的三角形状设施，土石混筑，性质不明，紧贴长城的一壁长 3.65、东壁长 3.6、西壁长 1.9 米。

墙体整体保存较差。墙体石块有所坍塌脱落，顶部及附近杂草、灌木丛生。造成损毁的自然因素主要有风雨侵蚀、山体滑坡和植物生长等；人为因素是筑路挖断墙体致墙体消失。

4. 炮台梁长城 4 段

起点位于仙人乡烧瓷窑村东 2.75 千米处，高程 942 米；止点位于仙人乡北岭沟村西南 0.3 千米处，高程 876 米。大致呈东南—西北走向。全长 869.41 米，保存较好。本段长城系山险，位于山西、河北两省交界处，东南接炮台梁长城 3 段（图六七九）。

本段墙体共测 GPS 点 2 个（G0012、G0013），仅 1 小段，叙述如下。

G0012（起点、不同材质变化点）—G0013（止点），长 869.41 米，东南—西北走向，保存较好。山体上杂草、灌木丛生。

山险整体保存较好。面临损毁的自然因素主要有风雨侵蚀、山体滑坡和植物生长等。

5. 双山村北侧长城

起点位于仙人乡双山村北 0.7 千米处，高程 610 米；止点位于双山村北 0.76 千米处，高程 562 米。

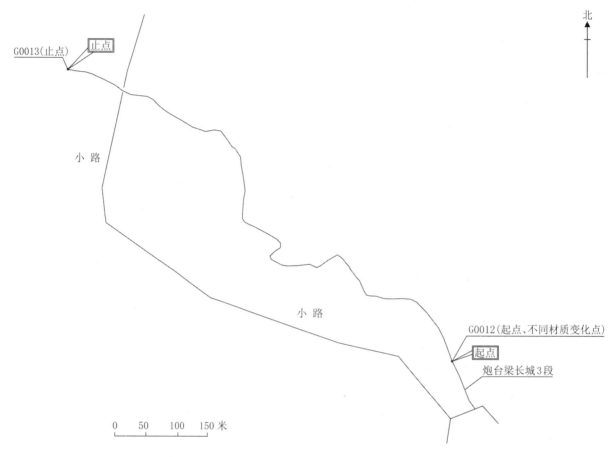

图六七九　炮台梁长城4段走向示意图

大致呈东南—西北走向。全长87.83米，其中保存一般84.75、差3.08米。墙体系石墙，土石混筑而成，自然基础，两侧石块垒砌、中间堆以碎石泥土。墙体两壁齐整，石块缝隙间填以白色灰泥，中间所堆石块大小不一，形状不规整，中间所堆泥土呈黄色。墙体沿山体脊线修筑，两侧高度相当。现存墙体剖面大致呈不规则梯形，顶宽0.45~3.1、残高0.5~3米（图六八〇；彩图一二四〇、一二四一）。

本段墙体共测GPS点4个（G0014~G0017），可分为3小段，分述如下。

第1小段：G0014（起点）—G0015（断点），长55.27米，东南—西北走向，保存一般。G0014（起点）位于悬崖底部，墙体沿山体脊线向低处延伸。G0014（起点）处墙体坍塌损毁严重，呈地垄状，其余保存一般。墙体建筑于山体的自然面上，部分建于凸出的自然山石上，其中一块自然山石上存有一段阶梯形墙体，阶梯形墙体顶部靠南侧有堆土，堆土南侧立面齐整，可能是倚垛口内侧（北侧）形成的堆土，垛口无存。墙体顶宽0.45~2、南侧（面向山西省一侧）残高0.5~3、北侧（面向河北省一侧）残高0.5~2.6米，阶梯形墙体的阶梯宽1.55~2、进深0.18~0.23、高0.35~0.5米。依据墙体顶部残存的堆土测量，垛口宽0.35~0.5米（彩图一二四二、一二四三）。

第2小段：G0015（断点）—G0016（断点），长3.08米，东南—西北走向。墙体被一条山路截断而消失。

第3小段：G0016（断点）—G0017（止点），长29.48米，东南—西北走向，保存一般。墙体顶宽1.78~3.1、残高0.5~2.7米。

墙体整体保存一般。墙体石块坍塌脱落较严重，附近散落有石块，墙体上及附近杂草、灌木丛生。

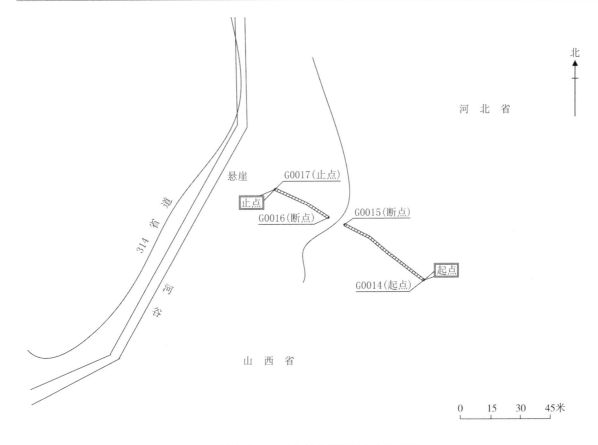

图六八〇　双山村北侧长城走向示意图

G0017（止点）处墙体顶部立有1根木质电线杆。造成损毁的自然因素主要有风雨侵蚀、山体滑坡和植物生长等；人为因素有挖断墙体形成山路致墙体消失、墙体上架设电线杆等。

6. 恶石村长城

起点位于河北省平山县北冶乡恶石村东南0.936千米处，高程645米；止点位于恶石村东南0.917千米处，高程650米。大致呈东南—西北走向。全长22米，保存差。墙体系石墙，土石混筑而成，自然基础，两侧石块垒砌、中间堆以碎石泥土。本段长城位于山西、河北两省交界处，由河北省调查队调查。

墙体整体保存差。墙体石块坍塌脱落较严重，附近散落有石块，墙体及附近杂草、灌木丛生。有1条山路截断墙体，宽2米。造成损毁的自然因素主要有风雨侵蚀、山体滑坡和植物生长等；人为因素有挖断墙体形成山路致墙体消失。

7. 盘里村南侧长城

起点位于河北省平山县下口镇盘里村南0.8千米处，高程787米；止点位于盘里村南0.8千米处，高程782米。大致呈东南—西北走向。全长14.87米，保存较差。墙体系石墙，土石混筑而成，自然基础，两侧石块垒砌、中间堆以碎石泥土。墙体两侧石块脱落殆尽，石块形状不规整，依悬崖建于山脊上，西临陡崖，壁立万仞，东侧为河谷，河谷东侧有207国道，再东侧又是悬崖，形势险峻。墙体两侧高度相当，现存墙体剖面大致呈不规则梯形，底宽3～3.5、顶宽0.8～2.16、残高1.3～2.4米（彩图一二四四）。本段长城位于山西、河北两省交界处，G0019（止点）处西侧悬崖上方山体顶部有盘里村南侧烽火台（图六八一）。

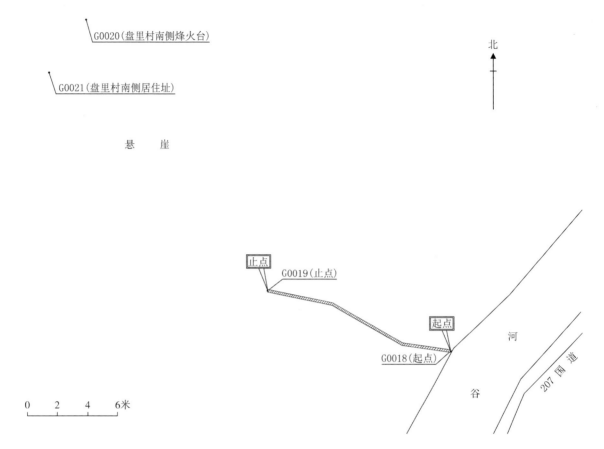

图六八一　盘里村南侧长城走向示意图

本段墙体共测 GPS 点 2 个（G0018、G0019），仅 1 小段，叙述如下。

G0018（起点）—G0019（止点），长 14.87 米，东南—西北走向，保存较差。墙体石块坍塌脱落严重，散落于附近地面，墙体顶部及两侧杂草、灌木丛生。墙体底宽 3 ~ 3.5、顶宽 0.8 ~ 2.16、残高1.3 ~ 2.4 米，G0018（起点）处墙体顶宽 1.55、残高 1.5 米，墙体中段顶宽 2.16、残高 2.4 米，G0019（止点）处墙体顶宽 0.8、残高 1.3 米。

墙体整体保存较差。G0018（起点）东侧有一条河谷，已干涸，洪水曾多次冲毁部分长城墙体。风雨侵蚀、山体滑坡和植物生长是破坏墙体的重要自然因素；人为因素有在墙体上架设电线杆等。

8. 孤山西侧长城

当地俗称"二道门"。起点位于上社镇枣沟村东 0.8 千米处，高程 866 米；止点位于枣沟村东 0.8千米处，高程 823 米。大致呈西南—东北走向。全长 136.52 米，全部保存较差。墙体系石墙，土石混筑而成，自然基础，两侧石块垒砌、中间堆以碎石泥土，两侧石块较规整，多为片石，石块缝隙间填以灰泥。墙体依悬崖建于山脊上，西南临陡崖，壁立万仞，东、北侧为河谷，形势险峻。墙体两侧高度相当，现存墙体剖面大致呈不规则梯形，底宽 5、顶宽 1.5 ~ 3.98、残高 0.4 ~ 0.7 米，西北侧最高4.1、东南侧最高 3.2 米。墙体顶部居中垒砌有矮墙，系石块混合碎石泥土垒砌而成，石块缝隙间填以碎石泥土（彩图一二四五）。本段长城位于山西省盂县境内，G0027（起点）东南距孤山西南侧长城G0022（起点、类别变化点）0.229 千米（图六八二）。

本段墙体共测 GPS 点 2 个（G0026、G0027），仅 1 小段，叙述如下。

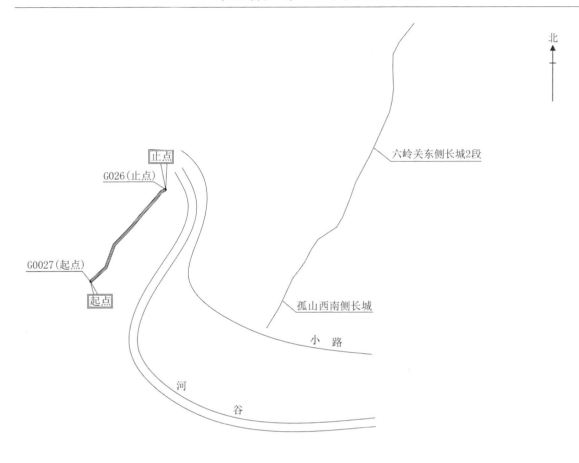

图六八二　孤山西侧长城走向示意图

　　G0027（起点）—G0026（止点），长 136.52、西南—东北走向，保存一般。G0027（起点）与悬崖相连；G0026（止点）处墙体延伸至河谷，墙体坍塌严重，仅存内部堆填的碎石泥土。墙体底宽 5、顶宽 1.5～3.98、残高 0.4～0.7 米，面向河北省一侧（西北侧）最高 4.1 米，面向山西省一侧（东南侧）最高 3.2 米，顶部矮墙顶宽 0.81～0.92、残高 0.35～1.1 米。

　　墙体整体保存较差。墙体坍塌脱落严重。墙体顶部及附近杂草、灌木丛生。G0026（止点）处墙体延伸至河谷，墙体坍塌严重，仅存内部堆填的碎石泥土。自然因素是对墙体造成破坏的主要原因。G0026（止点）处东、北侧是 1 条河谷，仍有流水，解放后多次洪水冲毁了部分长城墙体。风雨侵蚀、山体滑坡和植物生长也是破坏墙体的重要自然因素。

9. 孤山西南侧长城

　　当地俗称"一道门"。起点位于上社镇枣沟村东 1 千米处，高程 851 米；止点位于枣沟村东 1.1 千米处，高程 819 米。大致呈东北—西南走向。全长 79.34 米，其中保存较差 67.49、消失 11.85 米。墙体系石墙，土石混筑而成，自然基础，石块混合碎石泥土垒砌，石块缝隙间填以碎石泥土。墙体依悬崖建于山脊上，东北临陡崖，壁立万仞，西南侧为河谷，形势险峻。墙体两侧高度相当，现存墙体剖面大致呈不规则梯形，顶宽 0.7~1.1、残高 0.3~1.3 米。本段长城位于山西、河北两省交界处，G0022（起点、不同材质变化点）西北距孤山西侧长城 G0027（起点）0.229 千米，也是六岭关东侧长城 2 段起点（图六八三）。

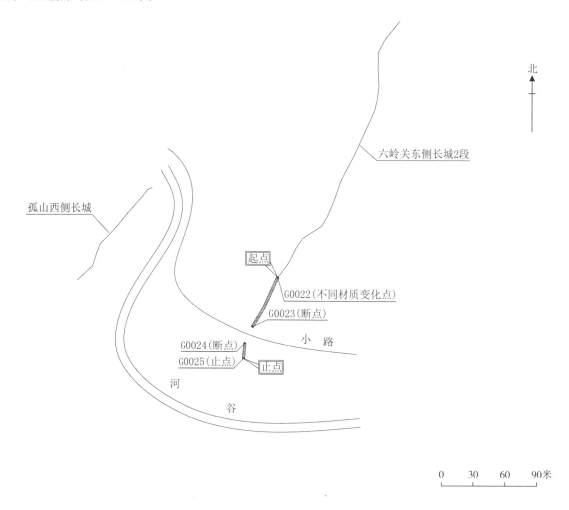

图六八三　孤山西南侧长城走向示意图

本段墙体共测 GPS 点 4 个（G0022~G0025），可分为 3 小段，分述如下。

第 1 小段：G0022（起点、不同材质变化点）—G0023（断点），长 37.15 米，东北—西南走向，保存较差。G0022（起点、不同材质变化点）、G0023（断点）处墙体坍塌脱落严重，石块散落于两侧。墙体顶宽 0.7~1.1、残高 0.3~1.2 米（彩图一二四六）。

第 2 小段：G0023（断点）—G0024（断点），长 11.85 米，东北—西南走向，墙体消失。一条东西向的土路截断长城墙体。G0023（断点）、G0024（断点）处，由于修筑土路，墙体仅存痕迹。

第 3 小段：G0024（断点）—G0025（止点），长 30.34 米，东北—西南走向，保存较差。墙体砌石以河卵石为主，石块坍塌脱落严重。G0025（止点）南侧墙体延伸至河谷，墙体坍塌，基本与地面齐平。墙体顶宽 0.7、最高 1.3 米。

墙体整体保存较差。墙体坍塌脱落严重。墙体顶部及附近杂草、灌木丛生。G0023（断点）—G0024（断点）间，墙体被 1 条土路截断。G0025（止点）南侧墙体延伸至河谷，墙体坍塌，基本与地面齐平。自然因素是对墙体造成破坏的主要原因，G0025（止点）处南侧是 1 条河谷，仍有流水，解放后多次洪水冲毁了部分长城墙体。风雨侵蚀、山体滑坡和植物生长是破坏墙体的重要自然因素；人为因素有挖断墙体形成土路致墙体消失等。

10. 六岭关东侧长城 2 段

起点位于盂县上社镇枣沟村东 1 千米处，高程 851 米；止点位于平山县下口镇六岭关村西南 0.5 千米处，高程 939 米。大致呈南—北走向。全长 627.58 米，保存较好。本段长城系山险，位于山西、河北两省交界处，北接六岭关东侧长城 1 段，南连孤山西南侧长城（图六八四）。

图六八四　六岭关东侧长城 2 段走向示意图

本段墙体共测 GPS 点 3 个（G0022、G0048、G0049），可分为 2 小段，分述如下。

第 1 小段：G0022（起点、不同材质变化点）—G0049（拐点），长 461、西南—东北走向，保存较好。山体上杂草、灌木丛生。G0022 也是孤山西南侧长城起点。

第 2 小段：G0049（拐点）—G0048（止点、拐点、不同材质变化点），长 166.58 米，南—北走向，保存较好。山体上杂草、灌木丛生。G0048（止点、拐点、不同材质变化点）西南侧有一个深坑。

山险整体保存较好。面临损毁的自然因素主要有风雨侵蚀、山体滑坡和植物生长等。

11. 六岭关东侧长城 1 段

起点位于平山县下口镇六岭关村西南 0.5 千米处，高程 939 米；止点位于六岭关村西南 0.4 千米处，高程 891 米。大致呈南—北走向。全长 198.11 米，其中保存差 182.11、消失 16 米。墙体系石墙，土石混筑而成，自然基础，两侧石块垒砌、中间堆以碎石泥土。现仅存中间堆填的碎石泥土，所用石块大小不一、形状不规则，顶部有很多碎石子，应是长期风雨侵蚀所致，也与所用石块酥软有关，泥土呈黄色。墙体沿山脊修筑，两侧坡陡，面向山西省一侧（西、南侧）较陡，面向河北省一侧（东、北侧）略缓。墙体两侧高度相当，现存墙体剖面大致呈不规则梯形，顶宽 0.81 ~ 1.25、残高 0.55 ~ 1.6 米。本段长城位于山西、河北两省交界处，南接六岭关东侧长城 2 段，北连六岭关西侧长城 1 段。六岭关东侧敌台倚墙而建，位于墙体北侧（图六八五）。

本段墙体共测 GPS 点 7 个（G0028 ~ G0031、G0046 ~ G0048），可分为 6 小段，分述如下。

第 1 小段：G0048（起点、不同材质变化点）—G0047（拐点），长 32.1 米，南—北走向，保存差。墙体石块坍塌脱落严重，两侧垒砌石块无存，低矮呈土垄状，顶部及附近杂草、灌木丛生。G0048（起点、不同材质变化点）处墙体仅存痕迹，西南侧有一个取土及雨水冲刷形成的深坑，宽 2、深 3 米。墙体顶宽 1.25、残高 0.55 ~ 1.15 米。

第 2 小段：G0047（拐点）—G0046（拐点），长 32.8、西南—东北走向，保存差。墙体西侧紧临邻一条土路，土路与墙体平行。墙体顶宽 1.25、最高 1.6 米。

第 3 小段：G0046（拐点）—G0030（拐点、六岭关东侧敌台），长 51.38 米，东南—西北走向，保存差。墙体石块坍塌脱落严重，两侧垒砌石块无存。墙体低矮呈土垄状，顶部及附近杂草、灌木丛生，东北侧有农田墙体顶宽 0.81、最高 0.55 米。

第 4 小段：G0030（拐点、六岭关东侧敌台）—G0029（拐点），长 32.46 米，东南—西北走向，保存差。墙体石块坍塌脱落严重，两侧垒砌石块无存。墙体低矮呈土垄状，顶部及附近杂草、灌木丛生。墙体北侧有一条冲沟，宽 2、深 1.3 米。六岭关东侧敌台倚墙而建，位于墙体北侧，与墙体之间有冲沟相隔，原应相连（彩图一二四七）。

第 5 小段：G0029（拐点）—G0028（断点），长 33.37 米，南—北走向，保存差。G0028（断点）北侧有一条公路截断墙体及墙体所在山梁。墙体顶宽 1.08、最高 1.28 米。

第 6 小段：G0028（断点）—G0031（止点、断点），长 16 米，南—北走向，墙体消失。一条公路截断墙体及墙体所在山梁（彩图一二四八），G0031（止点、断点）也是六岭关西侧长城 1 段起点。

墙体整体保存差，石块坍塌脱落严重，两侧垒砌石块无存，仅存中间堆填的碎石泥土。自然因素是对墙体造成破坏的主要原因，主要有风雨侵蚀、植物生长和山体滑坡等，人为因素有筑路挖断墙体等。

北

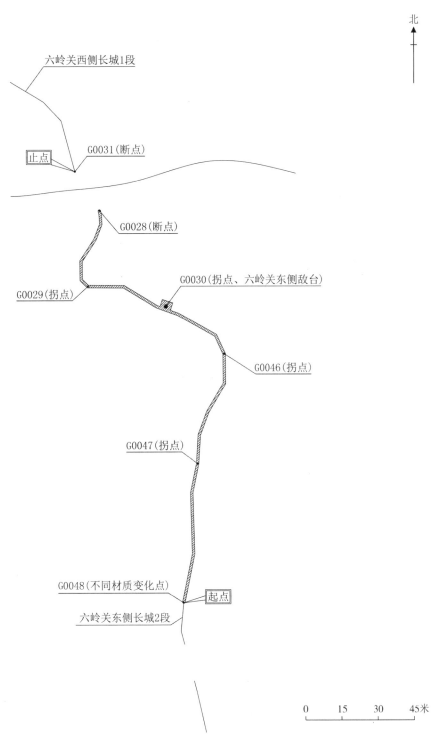

六岭关西侧长城1段

止点　G0031(断点)

G0028(断点)

G0030(拐点、六岭关东侧敌台)

G0029(拐点)

G0046(拐点)

G0047(拐点)

G0048(不同材质变化点)　起点

六岭关东侧长城2段

0　　15　　30　　45米

图六八五　六岭关东侧长城1段走向示意图

12. 六岭关西侧长城1段

起点位于河北省平山县下口镇六岭关村西南0.4千米处，高程891米；止点位于六岭关村西0.25千米处，高程930米。大致呈南—北走向。全长115.7米，保存差。墙体系石墙，土石混筑而成，自然基础，两侧石块垒砌、中间堆以碎石泥土。墙体仅存中间堆填的碎石泥土，所用石块大小不一、形状不规则，顶部有很多碎石子，应是长期风雨侵蚀所致，也与所用石块酥软有关，泥土呈黄色。墙体沿山脊修筑，两侧坡陡，面向山西省一侧（西、南侧）较陡，面向河北省一侧（东、北侧）略缓。墙体两侧高度相当。现存墙体剖面大致呈不规则梯形，顶宽 0.5~1.95、残高 0.5~1.8 米。本段长城位于山西、河北两省交界处，北接六岭关西侧长城 2 段、南连六岭关东侧长城 1 段，六岭关西侧 1 号敌台骑墙而建（图六八六）。

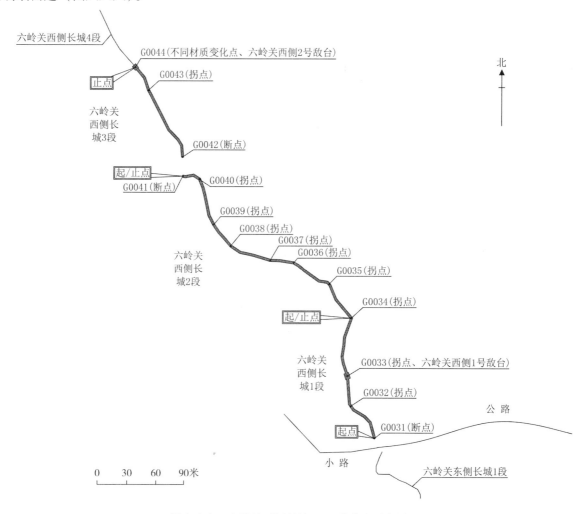

图六八六　六岭关西侧长城 1~3 段走向示意图

本段墙体共测 GPS 点 4 个（G0031~G0034），可分为 3 小段，分述如下。

第 1 小段：G0031（起点、断点）—G0032（拐点），长 22.29 米，东南—西北走向，保存差。墙体石块坍塌脱落严重，两侧垒砌石块无存。墙体低矮呈土垄状，顶部及附近杂草、灌木丛生。G0031（起点、断点）南侧有一条公路截断墙体及墙体所在山梁，墙体顶宽 0.5~1.95、残高 0.6~1.8 米。

第 2 小段：G0032（拐点）—G0033（拐点、六岭关西侧 1 号敌台），长 28.7 米，南—北走向，保存差。墙体顶宽 1.9、残高 0.5 米。六岭关西侧 1 号敌台骑墙而建，南、北壁中部与墙体相连。

第 3 小段：G0033（拐点、六岭关西侧 1 号敌台）—G0034（止点、拐点），长 64.71 米，西南—东北走向，保存差。墙体顶宽 0.5~1、残高 0.6~0.9 米（彩图一二四九）。

墙体整体保存差。墙体石块坍塌脱落严重，两侧垒砌石块无存。仅存中间堆填的碎石泥土，所用石块大小不一、厚薄不匀、形状不规则。顶部有很多碎石子，应是长期风雨侵蚀所致，也与所用石块酥软有关。墙体低矮呈土垄状，顶部及附近杂草、灌木丛生。自然因素是对墙体造成破坏的主要原因，主要有风雨侵蚀、植物生长和山体滑坡等。

13. 六岭关西侧长城 2 段

起点位于河北省平山县下口镇六岭关村西 0.25 千米处，高程 930 米；止点位于六岭关村西 0.5 千米处，高程 953 米。大致呈东南—西北走向。全长 360.16 米，其中保存较差 267.84、差 92.32 米。墙体系石墙，土石混筑而成，自然基础，两侧石块垒砌、中间堆以碎石泥土，两侧所用石块较厚，以灰泥填缝。墙体中间所堆石块大小不一、形状不规则，有很多碎石子，应是长期风雨侵蚀所致，也与所用石块酥软有关；中间所堆泥土呈黄色。墙体沿山脊修筑，两侧坡陡，面向山西省一侧（西、南侧）较陡，面向河北省一侧（东、北侧）略缓。墙体两侧高度相当，G0034—G0035 间墙体东侧较低，西侧较高。现存墙体剖面大致呈不规则梯形，底宽 1.3、顶宽 0.5～1.2、残高 0.4～1.7 米。本段长城位于山西、河北两省交界处，南接六岭关西侧长城 1 段，北连六岭关西侧长城 3 段（参见图六八六）。

本段墙体共测 GPS 点 8 个（G0034～G0041），可分为 7 小段，分述如下。

第 1 小段：G0034（起点、拐点）—G0035（拐点），长 46.62 米，东南—西北走向，保存较差。墙体石块坍塌脱落严重。墙体低矮，顶部及附近杂草、灌木丛生。墙体顶宽 0.7～1.1、残高 0.6～1.35 米。

第 2 小段：G0035（拐点）—G0036（拐点），长 64.25 米，东南—西北走向，保存较差。墙体石块坍塌脱落严重。墙体低矮，顶部及附近杂草、灌木丛生。墙体底宽 1.3、顶宽 1.2、残高 0.7～1.3 米（彩图一二五〇）。

第 3 小段：G0036（拐点）—G0037（拐点），长 53.8 米，东南—西北走向，保存较差。墙体石块坍塌脱落严重。墙体低矮，顶部及附近杂草、灌木丛生。墙体底宽 1.3、顶宽 1.2、残高 0.7～1.3 米（彩图一二五一）。

第 4 小段：G0037（拐点）—G0038（拐点），长 51.27 米，东南—西北走向，保存较差。墙体石块坍塌脱落严重。墙体低矮，顶部及附近杂草、灌木丛生。墙体底宽 1.3、顶宽 1.2、残高 0.7～1.7 米。

第 5 小段：G0038（拐点）—G0039（拐点），长 51.9 米，东南—西北走向，保存较差。墙体石块坍塌脱落严重。墙体低矮，顶部及附近杂草、灌木丛生，墙体底宽 1.3、顶宽 1.2、残高 0.7～1.7 米。

第 6 小段：G0039（拐点）—G0040（拐点），长 69.43 米，东南—西北走向，保存差。墙体位于山凹处，两个拐点分位于山凹两侧。墙体石块坍塌脱落严重。墙体低矮仅存地面痕迹，顶部及附近杂草、灌木丛生。墙体顶宽 0.5～1.1、残高 0.4 米。

第 7 小段：G0040（拐点）—G0041（止点、断点），长 22.89 米，东南—西北走向，保存差。墙体石块坍塌脱落严重。墙体低矮仅存地面痕迹，顶部及附近杂草、灌木丛生。G0041（止点、断点）北侧有一处现代的开采矾土形成的大坑，截断墙体。

墙体整体保存较差。墙体石块坍塌脱落。中间所堆石块大小不一、厚薄不匀、形状不规则，有很多碎石子，应是长期风雨侵蚀所致，也与所用石块酥软有关。墙体低矮，顶部及附近杂草丛生。自然因素是对墙体造成破坏的主要原因，主要有风雨侵蚀、植物生长和山体滑坡等。

14. 六岭关西侧长城 3 段

起点位于河北省平山县下口镇六岭关村西 0.5 千米处，高程 953 米；止点位于六岭关村西 0.5 千米处，高程 953 米。大致呈东南—西北走向。全长 69.34 米，其中保存差 60.46、消失 8.88 米。墙体系石墙，土石混筑而成，自然基础，两侧石块垒砌、中间堆以碎石泥土。两侧所用石块较厚，以灰泥填缝；中间所堆石块大小不一、形状不规则，有很多碎石子，应是长期风雨侵蚀所致，也与所用石块酥软有关，中间所堆泥土呈黄色，两侧砌石最长 110、最宽 70、厚 30～40 厘米。墙体沿山脊修筑，两侧坡陡，面向山西省一侧（西、南侧）较陡，面向河北省一侧（东、北侧）略缓。墙体两侧高度相当。现存墙体剖面大致呈不规则梯形，顶宽 0.7～1.1、残高 0.35～1.05 米。本段长城位于山西、河北两省交界处，南接六岭关西侧长城 2 段，西北连接六岭关西侧长城 4 段（彩图一二五二）。六岭关西侧 2 号敌台骑墙而建，南壁与六岭关西侧长城 3 段相连，北壁与六岭关西侧长城 4 段相连（参见图六八六）。

本段墙体共测 GPS 点 4 个（G0041～G0044），可分为 3 小段，分述如下。

第 1 小段：G0041（起点、断点）—G0042（断点），长 8.88 米，南—北走向，墙体消失。其间有一处现代开采矾土形成的大坑，截断墙体。

第 2 小段：G0042（断点）—G0043（拐点），长 30.41 米，东南—西北走向，保存差。墙体石块坍塌脱落严重，两侧垒砌石块无存。墙体低矮仅存地面痕迹，顶部及附近杂草、灌木丛生，东侧有一处现代开采矾土形成的大坑向东侧山坡下延伸。

第 3 小段：G0043（拐点）—G0044（止点、不同材质变化点、六岭关西侧 2 号敌台），长 30.05 米，东南—西北走向，保存差。墙体两侧石块坍塌脱落严重，两侧垒砌石块多无存，墙体低矮，顶部及附近杂草丛生。墙体顶宽 0.7～1.1、残高 0.35～1.05 米。六岭关西侧 2 号敌台骑墙而建，南壁与六岭关西侧长城 3 段相连，北壁与六岭关西侧长城 4 段相连。

墙体整体保存差，石块坍塌脱落严重，两侧垒砌石块多无存。墙体低矮，体顶部及附近杂草丛生。自然因素是对墙体造成破坏的主要原因，主要有风雨侵蚀、植物生长和山体滑坡等；人为因素主要有采矿活动破坏墙体致墙体消失。

15. 六岭关西侧长城 4 段

起点位于河北省平山县下口镇六岭关村西 0.5 千米处，高程 953 米；止点位于六岭关村西北 3 千米、上瓦岔村西南 1.4 千米处，高程 1492 米。大致呈东南—西北走向。全长 2666.6 米，其中保存较好 2648.23、消失 18.37 米。本段长城系山险，位于山西、河北两省交界处，南接六岭关西侧长城 3 段，西连上瓦岔村西侧长城 1 段（图六八七）。

本段墙体共测 GPS 点 7 个（G0044、G0045、G0050～G0054），可分为 6 小段，分述如下。

第 1 小段：G0044（起点、不同材质变化点、六岭关西侧 2 号敌台）—G0045（拐点），长 43.38 米，东南—西北走向，保存较好。山体上杂草、灌木丛生，山脊处植被较稀少。G0044 是六岭关西侧 2 号敌台的中心点。

第 2 小段：G0045（拐点）—G0050（断点），长 465.59 米，东南—西北走向，保存较好。

第 3 小段：G0050（断点）—G0051（断点），长 8.96 米，南—北走向，山险消失。一条公路截断山体。

第 4 小段：G0051（断点）—G0052（断点），长 419.26 米，东南—西北走向，保存较好。

第 5 小段：G0052（断点）—G0053（断点），长 9.41 米，东南—西北走向，山险消失。一条公路

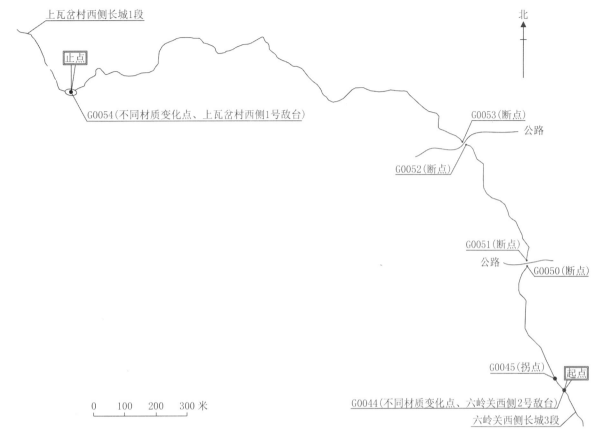

图六八七　六岭关西侧长城 4 段走向示意图

截断山体。

第 6 小段：G0053（断点）—G0054（止点、不同材质变化点、上瓦岔村西侧敌台），长 1720 米，东南—西北走向，保存较好。

山险整体保存较好。G0050—G0051、G0052—G0053 间，连接六岭关村和上瓦岔村的公路截断山体。面临损毁的自然因素主要有风雨侵蚀、山体滑坡和植物生长等；造成损毁的人为因素主要是筑路挖断山体。

16. 上瓦岔村西侧长城 1 段

起点位于河北省平山县下口镇上瓦岔村西南 1.4 千米处，高程 1492 米；止点位于上瓦岔村西南 1.4 千米处，高程 1463 米。大致呈东南—西北走向。全长 130.03 米，其中保存一般 128.73、消失 1.3 米。墙体系石墙，土石混筑而成，自然基础，两侧石块垒砌、中间堆以碎石泥土，两壁比较规整，石块缝隙间填以灰泥。墙体沿山脊修筑，两侧坡陡。墙体两侧高度相当。现存墙体剖面大致呈不规则梯形，顶宽 1~2.4、残高 0.25~2.04 米。G0058（上瓦岔村西侧 3 号居住址）—G0061（上瓦岔村西侧 4 号居住址）间墙体顶部东侧有女墙，女墙构筑方式与墙体一致，宽 1.1~1.35、残高 0.62~1.35 米。本段长城位于山西、河北两省交界处，东接六岭关西侧长城 4 段，北连上瓦岔村西侧长城 2 段（彩图一二五三）。上瓦岔村西侧敌台骑墙而建，西壁与长城墙体相连。G0055（拐点）—G0063 间墙体西侧或西南侧有 5 座居住址，为上瓦岔村西侧 1~5 号居住址。G0063 是上瓦岔村西侧 6 号居住址的中心点（图六八八）。

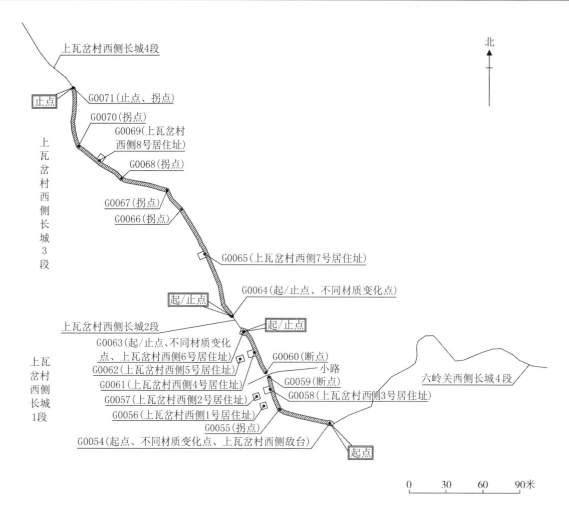

图六八八　上瓦岔村西侧长城1~3段走向置示意图

本段墙体共测GPS点10个（G0054、G0059、G0060、G0063、G0064、G0066~G0068、G0070、G0071），可分为4小段，分述如下。

第1小段：G0054（起点、不同材质变化点、上瓦岔村西侧敌台）—G0055（拐点），长44.11米，东南—西北走向，保存一般。墙体顶宽1~1.82、残高0.5~1.1米。上瓦岔村西侧敌台骑墙而建，西壁与长城墙体相连。

第2小段：G0055（拐点）—G0059（断点），长35.54米，东南—西北走向，保存一般。G0058（上瓦岔村西侧3号居住址）—G0059（断点）间墙体顶部东侧有女墙，G0059（断点）处墙体顶宽2.3、女墙宽1.35、东侧（面向河北省一侧）残高2.04、西侧（面向山西省一侧）残高1.25、女墙残高0.62米（图六八九）。G0055（拐点）—G0059（断点）间墙体西侧有3座居住址，为上瓦岔村西侧1~3号居住址（G0056—G0058）。

第3小段：G0059（断点）—G0060（断点），长1.3米，东南—西北走向，墙体消失。一条土路截断长城墙体。

第4小段：G0060（断点）—G0063（止点、不同材质变化点、上瓦岔村西侧6号居住址），长49.08米，东南—西北走向，保存一般。G0060（断点）—G0061（上瓦岔村西侧4号居住址）间墙体顶部东侧有女墙，墙体顶宽2~2.4、女墙宽1.1~1.2米、东侧（面向河北省一侧）残高1.4、西侧

（面向山西省一侧）残高 0.25、女墙残高 0.7 ~
1.35 米（彩图一二五四）。G0060—G0063 间墙
体西南侧有 2 座居住址，为上瓦岔村西侧 4、5
号居住址（G0061、G0062）。

　　墙体整体保存一般，石块坍塌脱落严重。墙体
低矮，附近杂草、灌木丛生。G0054（起点、不同
材质变化点、上瓦岔村西侧敌台）处，即上瓦岔村
西侧敌台所在有 1 座利用敌台和长城墙体而建的羊
圈，羊圈所用石块系利用敌台和长城墙体石块。自
然因素是对墙体造成破坏的主要原因，主要有风雨
侵蚀、植物生长和山体滑坡等，人为因素有挖断墙
体形成土路致墙体消失、利用墙体修建羊圈等。

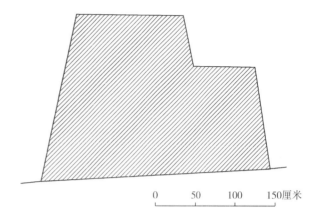

0　　50　　100　　150厘米

图六八九　上瓦岔村西侧长城 1 段 G0059（断点）
处墙体剖面图

17. 上瓦岔村西侧长城 2 段

　　起点位于河北省平山县下口镇上瓦岔村西南 1.4 千米处，高程 1463 米；止点位于上瓦岔村西南 1.4
千米处，高程 1451 米。大致呈南—北走向。全长 23.23 米，保存较好。本段长城系山险，位于山西、河
北两省交界处，南接上瓦岔村西侧长城 1 段，北连上瓦岔村西侧长城 3 段（彩图一二五三）。G0063 是上
瓦岔村西侧 6 号居住址的中心点（参见图六八八）。

　　本段墙体共测 GPS 点 2 个（G0063、G0064），仅 1 小段，叙述如下。

　　G0063（起点、不同材质变化点、上瓦岔村西侧 6 号居住址）—G0064（止点、不同材质变化点），
长 23.23 米，东南—西北走向，保存较好。山体杂草、灌木丛生。

　　山险整体保存较好。面临损毁的自然因素主要有风雨侵蚀、山体滑坡和植物生长等。

18. 上瓦岔村西侧长城 3 段

　　起点位于河北省平山县下口镇上瓦岔村西南 1.4 千米处，高程 1451 米；止点位于上瓦岔村西南 1.45
千米处，高程 1457 米。大致呈东南—西北走向。全长 217.35 米，其中保存一般 107.01、较差 110.34 米。
墙体系石墙，土石混筑而成，自然基础，两侧石块垒砌、中间堆以碎石泥土，两壁比较规整，石块缝隙
间填以灰泥。墙体沿山脊修筑，两侧为坡陡。墙体两侧高度相当。现存墙体剖面大致呈不规则梯形，底
宽 3.3、顶宽 0.5 ~ 3、残高 0.4 ~ 2.34 米。G0064—G0066、G0070—G0071 间墙体顶部东侧有女墙，女墙
构筑方式与墙体一致，宽 0.6 ~ 0.8、残高 0.3 ~ 1 米。本段长城位于山西、河北两省交界处，东南接上瓦
岔村西侧长城 2 段，西北连接上瓦岔村西侧长城 4 段（彩图一二五三）。G0064—G0066 间墙体西南侧、
G0068—G0070 间墙体东北侧各有一座居住址，为上瓦岔村西侧 7、8 号居住址（参见图六八八）。

　　本段墙体共测 GPS 点 8 个（G0064—G0071），可分为 5 小段，分述如下。

　　第 1 小段：G0064（起点、不同材质变化点）—G0066（拐点），长 72.37 米，东南—西北走向，保
存一般。墙体石块坍塌脱落，附近杂草、灌木丛生，顶部东侧有女墙。墙体顶宽 0.5 ~ 3、女墙宽 0.6 ~
0.8、东侧（面向河北省一侧）残高 0.4 ~ 2.34、西侧（面向山西省一侧）残高 0.4 ~ 1.45、女墙残高
0.65 ~ 0.8 米（彩图一二五五）。G0064—G0066 间墙体西南侧有一座居住址，即上瓦岔村西侧 7 号居住址
（G0065），其西北侧有一条宽 1 米的土路截断长城墙体，土路北侧墙体剖面底宽 3.3、顶宽 2.8、东侧
（面向河北省一侧）残高 2.2、西侧（面向山西省一侧）残高 1.4 米，女墙宽 0.6、残高 0.8 米。

第 2 小段：G0066（拐点）—G0067（拐点），长 13.87 米，东南—西北走向，保存较差。墙体石块坍塌脱落，附近杂草、灌木丛生。女墙缺失，墙体顶宽 0.7、残高 0.5 ~ 1.2 米（彩图一二五六）。G0067（拐点）处有 1 块自然巨石，有人工修凿痕迹。

第 3 小段：G0067（拐点）—G0068（拐点），长 85.78 米，东南—西北走向，保存较差。墙体石块坍塌脱落，附近杂草、灌木丛生。女墙缺失，墙体顶宽 0.6 ~ 1.2、东侧（面向河北省一侧）残高 0.6、西侧（面向山西省一侧）残高 0.4 米。多处将自然巨石进行修凿或在自然巨石上垒砌矮墙（彩图一二五七）。

第 4 小段：G0068（拐点）—G0070（拐点），长 10.69 米，东南—西北走向，保存较差。墙体石块坍塌脱落，附近杂草、灌木丛生。女墙缺失，墙体顶宽 1、东侧（面向河北省一侧）残高 0.7、西侧（面向山西省一侧）残高 0.9 米。在 G0068—G0070 间墙体东北侧有一座居住址，即上瓦岔村西侧 8 号居住址（G0069）。

第 5 小段：G0070（拐点）—G0071（止点、拐点），长 34.64 米，东南—西北走向，保存一般。墙体石块坍塌脱落，附近杂草、灌木丛生。墙体顶宽 1.3、东侧（面向河北省一侧）残高 0.7 ~ 1.9、西侧（面向山西省一侧）残高 0.4 ~ 0.6 米。墙体顶部东侧有女墙，宽 0.65、残高 0.3 ~ 1 米。G0071（止点、拐点）处有数块自然巨石。

墙体整体保存一般，石块坍塌脱落严重，附近杂草、灌木丛生。自然因素是对墙体造成破坏的主要原因，主要有风雨侵蚀、植物生长和山体滑坡等；人为因素有挖断墙体形成土路致墙体消失。

19. 上瓦岔村西侧长城 4 段

起点位于河北省平山县下口镇上瓦岔村西南 1.45 千米处，高程 1457 米；止点位于上瓦岔村西南 1.55 千米处，高程 1510 米。大致呈东南—西北走向，全长 335.9 米，全部保存一般。墙体系石墙，土石混筑而成，自然基础，两侧石块垒砌、中间堆以碎石泥土，两壁比较规整，石块缝隙间填以灰泥。墙体沿山脊修筑，两侧为坡陡。墙体两侧高度相当。现存墙体剖面大致呈不规则梯形，底宽 1、顶宽 0.5 ~ 1.2、残高 0.1 ~ 2.2 米。G0071（起点、拐点）—G0072（拐点）间墙体有射孔，射孔距地面 0.7 ~ 0.8、间距 0.3 ~ 0.65、宽 0.17 ~ 0.27、高 0.17 ~ 0.2 米。G0072（拐点）—G0075（拐点）间墙体有古代修缮痕迹，G0072（拐点）—G0073（拐点）间墙体修缮时砌石多用方形或不规则形石块，G0073（拐点）—G0075（拐点）间墙体修缮时多垒砌较厚的片石，片石长 90 ~ 100、宽 30 ~ 0.5、厚 15 ~ 30 厘米。本段长城位于山西、河北两省交界处，东南接上瓦岔村西侧长城 3 段，北连上瓦岔村西侧长城 5 段（图六九〇；彩图一二五三、一二五八、一二五九）。

本段墙体共测 GPS 点 7 个（G0071 ~ G0077），可分为 6 小段，分述如下。

第 1 小段：G0071（起点、拐点）—G0072（拐点），长 44.73 米，东南—西北走向，保存一般。墙体石块坍塌脱落，附近杂草、灌木丛生。墙体两侧较齐整，墙壁上有射孔。墙体顶宽 0.85 ~ 0.9、东侧（面向河北省一侧）残高 0.5 ~ 1.7、西侧（面向山西省一侧）残高 0.3 ~ 2 米。射孔距地面 0.7 ~ 0.8、间距 0.3 ~ 0.65、0.17 ~ 0.27、高 0.17 ~ 0.2 米（彩图一二六〇、一二六一）。G0071（起点、拐点）处有数块自然巨石。

第 2 小段：G0072（拐点）—G0073（拐点），长 70.25 米，东南—西北走向，保存一般。墙体石块坍塌脱落，附近杂草、灌木丛生。墙体顶宽 1.2、残高 1.7 米。墙体有修缮痕迹，修缮时多垒砌方形或不规则形石块。

第 3 小段：G0073（拐点）—G0074（拐点），长 39.94 米，东南—西北走向，保存一般。墙体石块坍塌脱落，附近杂草、灌木丛生。墙体顶宽 0.5 ~ 0.7、东侧（面向河北省一侧）残高 0.5 ~ 1.6、西

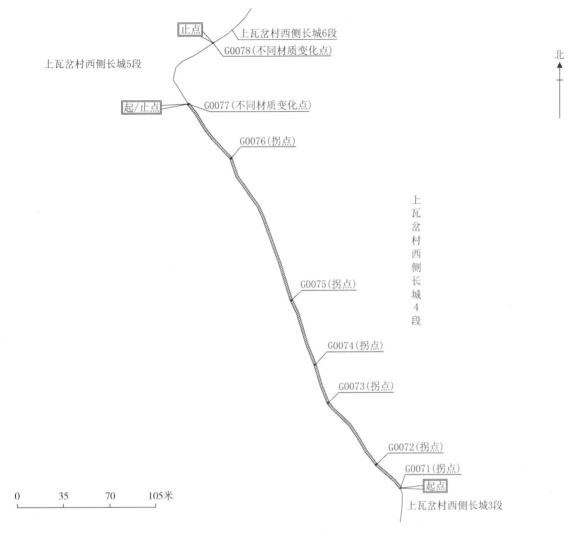

图六九〇　上瓦岔村西侧长城4、5段走向示意图

侧（面向山西省一侧）残高0.5～1.7米。G0074（拐点）东侧山坡上有一段近代军阀混战时期修筑的防御墙体。

第4小段：G0074（拐点）—G0075（拐点），长28.18米，东南—西北走向，保存一般。墙体石块坍塌脱落，附近杂草、灌木丛生。墙体顶宽1、东侧（面向河北省一侧）残高1.1、西侧（面向山西省一侧）残高1米。有一条宽2米的土路截断长城墙体，仅存痕迹，残高0.1米，G0073（拐点）—G0075（拐点）间墙体有古代修缮痕迹，修缮时多垒砌较厚的片石，片石长90～100、宽30～50、厚15～30厘米。

第5小段：G0075（拐点）—G0076（拐点），长96.87米，东南—西北走向，保存一般。墙体石块坍塌脱落，附近杂草、灌木丛生。墙体顶宽0.5、东侧（面向河北省一侧）残高1.4～1.7、西侧（面向山西省一侧）残高1.5～2米。

第6小段：G0076（拐点）—G0077（止点、不同材质变化点），长55.93米，东南—西北走向，保存一般。墙体石块坍塌脱落，附近杂草、灌木丛生。墙体底宽1、顶宽0.5、东侧（面向河北省一侧）残高1.5～1.9、西侧（面向山西省一侧）残高1.6～2.2米。G0077（止点、不同材质变化点）处有数块自然巨石。

墙体整体保存一般，石块坍塌脱落严重，附近杂草、灌木丛生。自然因素是对墙体造成破坏的主要原因，主要有风雨侵蚀、植物生长和山体滑坡等；人为因素有挖低墙体形成土路。

20. 上瓦岔村西侧长城 5 段

起点位于河北省平山县下口镇上瓦岔村西南 1.55 千米处，高程 1510 米；止点位于上瓦岔村西南 1.55 千米处，高程 1500 米。大致呈南—北走向。全长 44.93 米，保存较好。本段长城系山险，位于山西、河北两省交界处，南接上瓦岔村西侧长城 4 段，东北连上瓦岔村西侧长城 6 段（参见图六九○；彩图一二五三、一二五八）。

本段墙体共测 GPS 点 2 个（G0077、G0078），仅 1 小段，分述如下。

G0077（起点、不同材质变化点）—G0078（止点、不同材质变化点），长 44.93 米，南—北走向，保存较好。山体杂草、灌木丛生。

山险整体保存较好。面临损毁的自然因素主要有风雨侵蚀、山体滑坡和植物生长等。

21. 上瓦岔村西侧长城 6 段

起点位于河北省平山县下口镇上瓦岔村西南 1.55 千米处，高程 1500 米；止点位于上瓦岔村西北 1.4 千米处，高程 1554 米。大致呈西南—东北走向。全长 595.99 米，保存一般。墙体系石墙，土石混筑而成，自然基础，两侧石块垒砌、中间堆以碎石泥土，两壁比较规整，石块缝隙间填以灰泥。墙体沿山脊修筑，两侧坡陡。墙体两侧高度相当。现存墙体剖面大致呈不规则梯形，底宽 1.3 ~ 1.45、顶宽 0.5 ~ 1.25、残高 0.4 ~ 2.1 米。G0080（拐点）—G0081（拐点）间墙体有古代修缮痕迹，系将坍塌部分用石块混合泥土垒砌。本段长城位于山西、河北两省交界处，南接上瓦岔村西侧长城 5 段，北连上瓦岔村西侧长城 7 段（图六九一；彩图一二五三、一二五八、一二六二）。

本段墙体共测 GPS 点 9 个（G0078—G0086），可分为 8 小段，分述如下。

第 1 小段：G0078（起点、不同材质变化点）—G0079（拐点），长 74.94、西南—东北走向，保存一般。墙体石块坍塌脱落，附近杂草、灌木丛生。墙体顶宽 1.25、东侧（面向河北省一侧）残高 0.7 ~ 1、西侧（面向山西省一侧）残高 0.4 ~ 0.8 米。G0079（拐点）处墙体东侧（河北省一侧）紧挨长城墙体有一段现代垒砌的三角形石墙。

第 2 小段：G0079（拐点）—G0080（拐点），长 63.24、西—东走向，保存一般。墙体石块坍塌脱落，附近杂草、灌木丛生。墙体底宽 1.3 ~ 1.45、顶宽 0.5 ~ 0.55、南侧（河北省一侧）残高 1.2 ~ 1.4、北侧（面向山西省一侧）残高 1.2 ~ 1.4 米。G0079（拐点）东 5 米处墙体被一条南北向的山路截断，形成宽 2 米的豁口；东 20 米处墙体南侧（河北省一侧）紧挨长城墙体有一座现代垒砌的矩形石墙（彩图一二六三）。

第 3 小段：G0080（拐点）—G0081（拐点），长 63.08、西南—东北走向，保存一般。墙体石块坍塌脱落，附近杂草、灌木丛生。墙体有古代修缮痕迹，系将坍塌部分用石块混合泥土垒砌。墙体顶宽 0.6、东侧（面向河北省一侧）残高 1.3、西侧（面向山西省一侧）残高 1.3 米。G0080（拐点）处墙体东侧（面向河北省一侧）紧挨长城有一座现代垒砌的的圆形石墙；北 0.02 千米处墙体东侧（面向河北省一侧）紧挨长城有一座现代垒砌的的矩形石墙；北 0.03 千米处墙体被 1 条山路截断，形成宽 2 米的豁口。

第 4 小段．G0081（拐点）—G0082（拐点），长 68.7 米，南—北走向，保存一般。墙体石块坍塌脱落，附近杂草、灌木丛生。墙体顶宽 1.1、东侧（面向河北省一侧）残高 0.9、西侧（面向山西省一侧）残高 1.8 米。

第 5 小段：G0082（拐点）—G0083（拐点），长 46.77 米，东南—西北走向，保存一般。墙体石

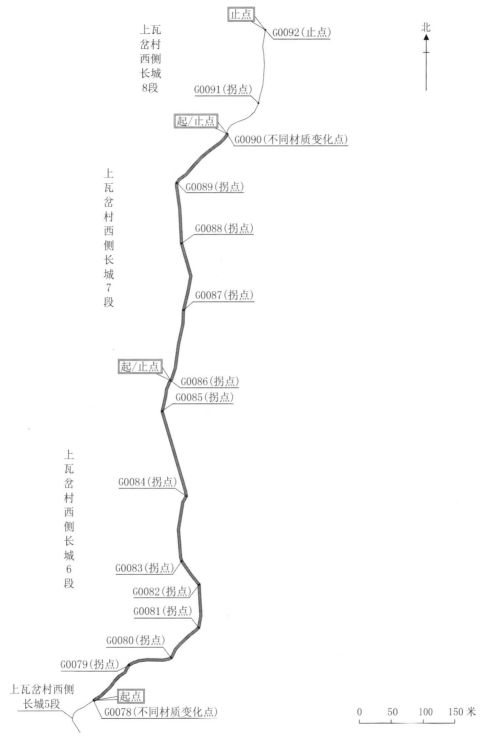

图六九一　上瓦岔村西侧长城 6～8 段走向示意图

块坍塌脱落，附近杂草、灌木丛生。墙体顶宽 0.7～1、残高 1.7 米。G0082（拐点）以北墙体东侧（面向河北省一侧）紧挨长城墙体有一座现代垒砌的的矩形石墙。

　　第 6 小段：G0083（拐点）—G0084（拐点），长 93.37 米，南—北走向，保存一般。墙体石块坍塌脱落，附近杂草、灌木丛生。墙体顶宽 0.55、东侧（面向河北省一侧）残高 0.6～2、西侧（面向山西省一侧）残高 2.1 米（彩图一二六四）。

第 7 小段：G0084（拐点）—G0085（拐点），长 142.76 米，东南—西北走向，保存一般。墙体石块坍塌脱落，附近杂草、灌木丛生。墙体顶宽 0.8、东侧（面向河北省一侧）残高 1.8、西侧（面向山西省一侧）残高 2 米。墙体西侧（面向山西省一侧）紧挨长城墙体有一座现代垒砌的的矩形石墙。

第 8 小段：G0085（拐点）—G0086（止点、拐点），长 43.13 米，西南—东北走向，保存一般。墙体石块坍塌脱落，附近杂草、灌木丛生。墙体顶宽 0.5 ~ 0.8、东侧（面向河北省一侧）残高 0.2 ~ 1.6、西侧（面向山西省一侧）残高 0.5 ~ 1.7 米。G0086（止点）位于该区域最高峰松借子站（海拔 1554 米）处有数块巨石，墙体与巨石相连。

墙体整体保存一般，石块坍塌脱落，墙体附近杂草、灌木丛生。造成损毁的自然因素主要有风雨侵蚀、植物生长和山体滑坡等；人为因素有挖低墙体形成土路、在长城两侧利用墙体修建围墙等。

22. 上瓦岔村西侧长城 7 段

起点位于河北省平山县下口镇上瓦岔村西北 1.4 千米处，高程 1554 米；止点位于上瓦岔村西北 1.45 千米处，高程 1547 米。大致呈西南—东北走向。全长 358.73 米，其中保存一般 141.39、较差 217.34 米。墙体系石墙，土石混筑而成，自然基础，两侧石块垒砌、中间堆以碎石泥土。墙体两壁比较规整，石块缝隙间填以灰泥。墙体沿山体脊线修筑，两侧坡陡。墙体两侧高度相当。现存墙体剖面大致呈不规则梯形，顶宽 0.5 ~ 1.2、残高 0.2 ~ 2.7 米。本段长城位于山西、河北两省交界处，南接上瓦岔村西侧长城 6 段，北连上瓦岔村西侧长城 8 段（参见图六九一；彩图一二六五）。

本段墙体共测 GPS 点 5 个（G0086 ~ G0090），可分为 4 小段，分述如下。

第 1 小段：G0086（起点、拐点）—G0087（拐点），长 87.38 米，西南—东北走向，保存较差。墙体石块坍塌脱落严重，顶部及附近树木、杂草、灌木丛生。墙体顶宽 0.65 ~ 1.1、东侧（面向河北省一侧）残高 0.55 ~ 2.7、西侧（面向山西省一侧）残高 0.8 ~ 2.5 米。G0086（起点、拐点）位于该区域海拔最高峰松借子站（海拔 1554 米），有数块巨石；G0087（拐点）处是座山顶，有数块巨石（彩图一二六六）。

第 2 小段：G0087（拐点）—G0088（拐点），长 129.96 米，南—北走向，保存较差。墙体石块坍塌脱落严重，顶部及附近树木、杂草、灌木丛生。墙体顶宽 0.75、残高 0.5 ~ 0.8 米。

第 3 小段：G0088（拐点）—G0089（拐点），长 80.39 米，南—北走向，保存一般。墙体石块坍塌脱落，附近杂草、灌木丛生。墙体顶宽 0.5 ~ 1.2、东侧（面向河北省一侧）残高 0.9 ~ 2.3、西侧（面向山西省一侧）残高 1 ~ 2 米。G0089（拐点）处有数块巨石。

第 4 小段．G0089（拐点）—G0090（止点、不同材质变化点），长 61 米，西南—东北走向，保存一般。墙体石块坍塌脱落，附近杂草、灌木丛生。墙体顶宽 0.55 ~ 1、东侧（面向河北省一侧）残高 0.2 ~ 1.9、西侧（面向山西省一侧）残高 0.2 ~ 2 米（彩图一二六七）。

墙体整体保存较差，石块坍塌脱落。墙体附近杂草、灌木丛生。G0086（起点、拐点）—G0088（拐点）间墙体被树林覆盖。造成损毁的自然因素主要有风雨侵蚀、植物生长和山体滑坡等。

23. 上瓦岔村西侧长城 8 段

起点位于平山县下口镇上瓦岔村西北 1.45 千米处，高程 1547 米；止点位于平山县下口镇上瓦岔村西北 1.5 千米处，高程 1549 米。大致呈西南—东北走向。全长 214.71 米，保存较好。本段长城系山险，位于山西、河北两省交界处，南接上瓦岔村西侧长城 7 段（参见图六九一）。

本段墙体共测 GPS 点 3 个（G0090～G0092），可分为 2 小段，分述如下。

第 1 小段：G0090（起点、不同材质变化点）—G0091（拐点），长 93.02 米，西南—东北走向，保存较好。

第 2 小段：G0091（拐点）—G0092（止点），长 121.69 米，南—北走向，保存较好。

山险整体保存较好。面临损毁的自然因素主要有风雨侵蚀、山体滑坡和植物生长等。

24. 马圈村东侧长城 1 段

起点位于上社镇马圈村东南 0.8 千米处，高程 609 米；止点位于马圈村东 1 千米处，高程 681 米。大致呈西南—东北走向。全长 511.21 米，保存较好。本段长城系山险，位于河北省平山县境内，北接马圈村东侧长城 2 段（图六九二）。

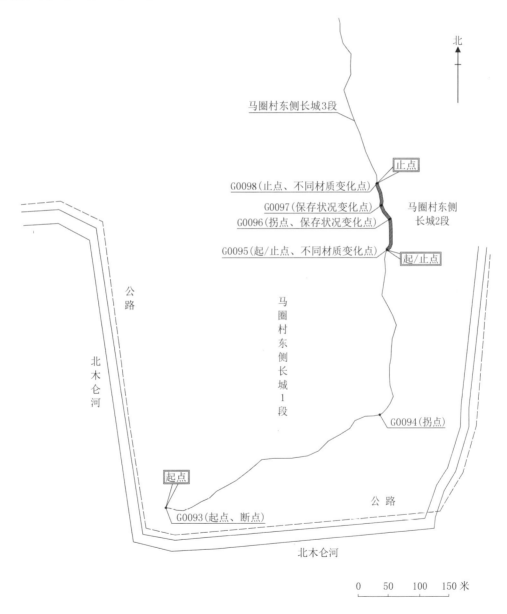

图六九二　马圈村东侧长城 1、2 段走向示意图

本段墙体共测 GPS 点 3 个（G0093~G0095），可分为 2 小段，分述如下。

第 1 小段：G0093（起点、断点）—G0094（拐点），长 383.76 米，西南—东北走向，保存较好。G0093（起点、断点）处紧邻 1 条公路，由于修筑公路，曾进行过爆破。

第 2 小段：G0094（拐点）—G0095（止点、不同材质变化点），长 127.45 米，南—北走向，保存较好。G0095（止点、不同材质变化点）处有数块巨石。

山险整体保存较好。面临损毁的自然因素主要有风雨侵蚀、山体滑坡和植物生长等。

25. 马圈村东侧长城 2 段

起点位于上社镇马圈村东 1 千米处，高程 681 米；止点位于马圈村东 1 千米处，高程 682 米。大致呈南—北走向。全长 83.4 米，其中保存一般 31.84、较差 32.17、差 19.39 米。墙体系石墙，土石混筑而成，自然基础，两侧石块垒砌、中间堆以碎石泥土。G0096（拐点、保存状况变化点）—G0097（保存状况变化点）间墙体两侧所用石块厚大，石块缝隙间填以灰泥。墙体中间所堆泥土呈黄色。墙体建于两段山险之间的低凹的山脊上，两侧为坡陡，墙体两侧高度相当。现存墙体剖面大致呈不规则梯形，顶宽 1.2~4.2、残高 0.2~3.1 米（彩图一二六八）。本段长城位于河北省平山县境内，南接马圈村东侧长城 1 段，北连马圈村东侧长城 3 段（参见图六九二）。

本段墙体共测 GPS 点 4 个（G0095~G0098），可分为 3 小段，分述如下。

第 1 小段：G0095（起点、不同材质变化点）—G0096（拐点、保存状况变化点），长 32.17 米，东南—西北走向，保存较差。墙体顶宽 1.5、东侧（面向河北省一侧）残高 0.2~1.15、西侧（面向山西省一侧）残高 0.5~1.35 米。G0095（起点、不同材质变化点）处有数块巨石。

第 2 小段：G0096（拐点、保存状况变化点）—G0097（保存状况变化点），长 31.84 米，南—北走向，保存一般。G0096（拐点、保存状况变化点）向北 6.05 米间墙体顶宽 1.62、东侧（面向河北省一侧）残高 0.66、西侧（面向山西省一侧）残高 1.62 米。G0096（拐点、保存状况变化点）北 6.05 米处墙体变宽，墙体顶宽 4.2、东侧（面向河北省一侧）残高 0.4~2.6、西侧（面向山西省一侧）残高 1.2~3.1 米。宽、窄墙体相交处东侧有台阶，共 4 级，阶长 0.56、宽 0.3、高 0.15 米。墙体中部有一条山路穿墙而过，形成一处豁口，墙体仅存基础（图六九三；彩图一二六九~一二七一）。

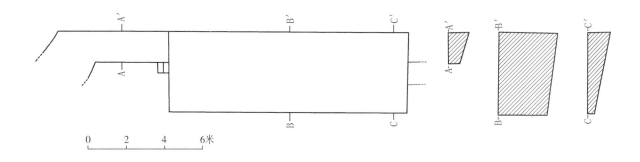

图六九三　马圈村东侧长城 G0096—G0097 间墙体平、剖面图

第 3 小段：G0097（保存状况变化点）—G0098（止点、不同材质变化点），长 19.39 米，南—北走向，保存差。墙体顶宽 1.2、东侧（面向河北省一侧）残高 0.45、西侧（面向山西省一侧）残高 0.2 米。G0098（止点、不同材质变化点）处有数块巨石。

墙体整体保存较差，石块坍塌脱落，顶部有很多碎石子，应是长期风雨侵蚀所致，也与所用石块酥软有关，墙体顶部及附近杂草、灌木丛生。G0096（拐点、保存状况变化点）—G0097（保存状况变化点）间有 1 条山路穿墙而过，形成 1 处豁口，造成损毁的自然因素主要有风雨侵蚀、植物生长和山体滑坡等；人为因素有挖低墙体形成山路。

26. 马圈村东侧长城 3 段

起点位于上社镇马圈村东 1 千米处，高程 682 米；止点位于马圈村东北 1.3 千米处，高程 760 米。大致呈南—北走向。全长 570 米，保存较好。本段长城系山险，位于河北省平山县境内，南接马圈村东侧长城 2 段（图六九四）。

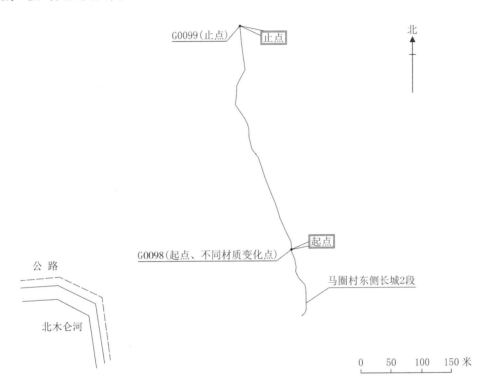

图六九四　马圈村东侧长城 3 段走向示意图

本段墙体共测 GPS 点 2 个（G0098、G0099），仅 1 小段，叙述如下。

第 1 小段：G0098（起点、不同材质变化点）—G0099（止点），长 570 米，南—北走向，保存较好。山体杂草、灌木丛生。G0098（起点、不同材质变化点）处有数块巨石。

山险整体保存较好。面临损毁的自然因素主要有风雨侵蚀、山体滑坡和植物生长等。

（二）单体建筑

盂县共调查单体建筑共 12 座，包括 4 座敌台、1 座马面、7 座烽火台（表 532，见本章末附表）。

（三）相关遗存

孟县共调查相关遗存 1 处，即上瓦岔村西侧居住址群。

上瓦岔村西侧居住址群

包括上瓦岔村西侧长城 1、3 段墙体两侧分布的 8 座居住址，即上瓦岔村西侧 1～8 号居住址。上瓦岔村西侧 1～7 号居住址位于河北省平山县下口镇上瓦岔村西南 1.4 千米处，上瓦岔村西侧 8 号居住址位于上瓦岔村西南 1.45 千米处。上瓦岔村西侧长城 1 段 G0055（拐点）—G0059（断点）间墙体西侧有 3 座居住址，为上瓦岔村西侧 1～3 号居住址；G0060（断点）—G0063（止点、不同材质变化点、上瓦岔村西侧 6 号居住址）间墙体西南侧有 2 座居住址，为上瓦岔村西侧 4、5 号居住址，G0063 是上瓦岔村西侧 6 号居住址所在。上瓦岔村西侧长城 3 段 G0064（起点、不同材质变化点）—G0066（拐点）间墙体西南侧、G0068（拐点）—G0070（拐点）间墙体东北侧各有 1 座居住址，为上瓦岔村西侧 7、8 号居住址。

上瓦岔村西侧 1 号居住址（G0056），在上瓦岔村西侧长城 1 段 G0055（拐点）西北 11.65 米处，平面呈矩形，东西 2.18、南北 3.6 米；围墙顶宽 0.56、外侧残高 0.3～0.7、内侧残高 0.1～1.3 米。门道在南壁西侧，紧挨西壁，宽 0.7、东侧墙体残高 0.6、西侧墙体残高 0.1 米。围墙坍塌损毁严重。

上瓦岔村西侧 2 号居住址（G0057），在上瓦岔村西侧 1 号居住址西北 3.01 米处，平面呈矩形，东西 3.4、南北 3.2 米。围墙顶宽 0.3～0.6、外侧残高 0.2～1.1、内侧残高 0.1～1.1 米。门道在南壁，距西壁内侧 0.5、宽 0.88、东侧墙体残高 0.4、西侧墙体残高 0.1 米。围墙坍塌损毁严重（彩图一二七九）。

上瓦岔村西侧 3 号居住址（G0058），在上瓦岔村西侧 2 号居住址东北 12.3 米处，倚长城墙体而建，位于长城墙体西侧，东壁即为长城墙体。居住址平面呈矩形，东西 2.8、南北 2.8 米；围墙顶宽 0.55、残高 0.2～0.6 米。门道在南壁东侧，紧挨长城墙体，宽 0.77 米、东侧墙体残高 1.4、西侧墙体残高 0.35 米。围墙坍塌损毁严重。

上瓦岔村西侧 4 号居住址（G0061），在上瓦岔村西侧长城 1 段 G0060（断点）西北 48.78 米处，倚长城而建，位于长城墙体南侧，北壁即为长城墙体。居住址平面呈矩形，东西 3.56、南北 2 米。围墙顶宽 0.4、残高 0～0.4 米。门道在南壁西侧，紧挨西壁，宽 0.7、两侧墙体残高 0.1 米。围墙坍塌损毁严重。

上瓦岔村西侧 5 号居住址（G0062），在上瓦岔村西侧长城 1 段 G0060（断点）西北 48.75 米，上瓦岔村西侧 4 号居住址西南 3 米处。居住址平面呈矩形，由南北 2 间房屋组成，南侧房屋北壁和北侧房屋南壁相互利用，平面均呈矩形。北侧房屋东西 6、南北 3.5 米，围墙顶宽 0.62、残高 0.45～0.53 米，门道在东壁，距南壁内侧 0.4 米，宽 0.67 米，两侧残高 0.53 米。南侧房屋东西 6、南北 2.2 米，围墙顶宽 0.62、残高 0.1～1.3 米，门道在东壁，距南壁内侧 0.7、宽 0.4、两侧残高 0.1 米。围墙坍塌损毁严重（图六九五；彩图一二八〇）。

上瓦岔村西侧 6 号居住址（G0063），在上瓦岔村西侧长城 1 段 G0063（止点、不同材质变化点）处。居住址建于山体顶部自然山石上，自然山石平面较平整。山顶南侧为上瓦岔村西侧长城 1 段，北侧为上瓦岔村西侧长城 2 段。居住址平面呈椭圆形，东西 5.5、南北 5.16 米，围墙宽 0.35～0.4、残高 0.2～0.5 米。围墙坍塌损毁严重。

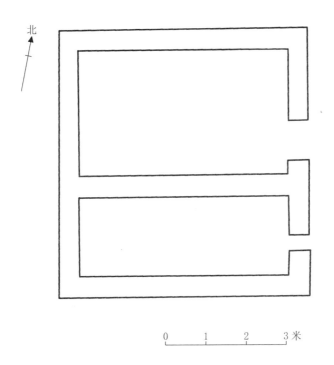

图六九五　上瓦岔村西侧居住址群 5 号居住址平面图

上瓦岔村西侧 7 号居住址（G0065），在上瓦岔村西侧长城 3 段 G0064（起点、不同材质变化点）西北 47.52 米处，倚长城而建，位于长城墙体南侧，北壁即为长城墙体。居住址平面呈矩形，东西 4.1、南北 3.6 米。围墙顶宽 0.9、残高 0 ~ 0.4 米。围墙坍塌损毁严重。

上瓦岔村西侧 8 号居住址（G0069）在上瓦岔村西侧长城 3 段 G0068（拐点）西北 7.39 米处，倚长城而建，位于长城墙体东北侧，南壁（西南壁）即为长城墙体。居住址平面呈矩形，东西 4.5、南北 4 米；围墙顶宽 0.6、外侧残高 0.1 ~ 0.7、内侧残高 0.8 ~ 1.1 米。围墙坍塌损毁严重。

居住址群整体保存较差，各居住址围墙坍塌损毁严重，造成损毁的自然因素主要有风雨侵蚀、山体滑坡和植物生长等。

二　长城资源调查资料分析

（一）长城墙体

1. 长城墙体的材质类型及建筑方式、形制

盂县明代长城墙体类型有石墙和山险两类（表 533）。

表 533　盂县长城墙体类型一览表

类型	段数	长度（米）	百分比（%）
石墙	17	3198.11	36.5
山险	9	5565.57	63.5
合计	26	8763.68	100

（1）石墙

盂县石墙共 17 段，总长 3198.11 米。石墙均系土石混筑而成，基础均为自然基础。依具体建筑方式和结构的不同，可分为两种类型：

①墙体两侧石块垒砌、中间堆以碎石泥土的石墙，两侧石块缝隙间填以灰泥或泥土；

②石块混合碎石泥土垒砌而成，石块缝隙间填以碎石泥土。大多数石墙是第一种类型，仅炮台梁长城 2 段和孤山西南侧长城是第二种类型。现存墙体剖面均大致呈不规则梯形，墙体两侧高度相当。第一种类型石墙，保存一般者墙体底宽 1~5、顶宽 0.45~4.2、残高 0.2~4.1 米，保存较差者墙体底宽 1.3~3.5、顶宽 0.6~2.16、残高 0.15~2.7 米，保存差者墙体顶宽 0.5~1.95、残高 0.2~1.6 米。第二种类型石墙，保存较差者墙体顶宽 0.7~1.39、残高 0.1~1.3 米。可见第一种类型与第二种类型相比较而言，要略宽、略高。

需要指出的是，炮台梁长城 2 段和上瓦岔村西侧长城 3 段的局部利用自然山石形成墙体，山石形状较大，往往将山石一侧进行修凿。如炮台梁长城 2 段 G0005（止点、拐点）处有一块不规则的大石块，大石块最长 216、最宽 150 厘米，石块表面人工修凿痕迹明显，呈连续凹凸的半圆形凹槽，凹槽最长 2.16、宽 0.03~0.06、深 0.015~0.02 米。

墙体设施有垛口、女墙、射孔、阶梯等。

垛口墙见于双山村北侧长城。G0014（起点）—G0015（断点）间有一段阶梯形墙体，墙体顶部靠南侧有堆土，堆土南侧立面齐整，应是倚垛口内侧（北侧）形成的堆土，垛口无存。阶梯长 1.55~2、宽 0.18~0.23、高 0.35~0.5 米。依据墙体顶部残存堆土测量，垛口宽 0.35~0.5 米。

女墙见于上瓦岔村西侧长城 1、3 段。上瓦岔村西侧长城 1 段 G0058（上瓦岔村西侧 3 号居住址）—G0061（上瓦岔村西侧 4 号居住址）间，上瓦岔村西侧长城 3 段 G0064（起点、不同材质变化点）—G0066（拐点）、G0070（拐点）—G0071（止点、拐点）间墙体顶部东侧有女墙，女墙构筑方式与墙体一致，宽 0.6~1.35、残高 0.3~1.35 米。

射孔见于上瓦岔村西侧长城 4 段。G0071（起点、拐点）—G0072（拐点）间墙体有射孔，射孔距地面 0.7~0.8、间距 0.3~0.65、宽 0.17~0.27、高 0.17~0.2 米。

阶梯见于马圈村东侧长城 2 段。G0096（拐点、保存状况变化点）—G0097（保存状况变化点）间墙体东侧（面向河北省一侧）有台阶，共 4 级，阶长 0.56、宽 0.3、高 0.15 米。

另外在孤山西侧长城墙体顶部居中有垒砌的矮墙，矮墙系石块混合碎石泥土垒砌而成，石块缝隙间填以碎石泥土。矮墙顶宽 0.81~0.92、残高 0.35~1.1 米。

部分墙体有修缮痕迹。上瓦岔村西侧长城 4 段 G0072（拐点）—G0073（拐点）间墙体修缮时多垒砌方形或不规则形石块；G0073（拐点）—G0075（拐点）间墙体修缮时多垒砌较厚的片石，长 90~100、宽 30~50、厚 15~30 厘米；上瓦岔村西侧长城 6 段 G0080（拐点）—G0081（拐点）间将墙体坍塌部分用石块混合泥土垒砌修补。

（2）山险

盂县山险共9段，长5565.57米，均位于形势险要处，一端或两端与石墙相连。

2. 长城墙体的分布特点

盂县明长城墙体，大致沿山西、河北两省交界的太行山山体从东南向西北延伸，绝大多数段地处两省交界处，其中炮台梁长城1~4段位于盂县仙人乡和河北省井陉县辛庄乡交界处，双山村北侧长城、恶石村长城、盘里村南侧长城、孤山西南侧长城、六岭关东侧长城1段和2段、六岭关西侧长城1~4段、上瓦岔村西侧长城1~8段位于盂县仙人乡、北下庄乡、上社镇和平山县北治乡、下口镇交界处，孤山西侧长城位于盂县上社镇境内，马圈村东侧长城1~3段位于平山县下口镇境内，距两省交界非常近。

石墙均沿山西、河北两省交界的山脊上修筑，大多数段两侧为坡陡，其中六岭关东侧长城1段、六岭关西侧长城1~3段面向山西省一侧（西、南侧）较陡，面向河北省一侧（东、北侧）略缓。盘里村南侧长城、孤山西南侧长城和孤山西侧长城两侧坡度较缓，墙体依悬崖建于山坡脊梁上，一端临陡崖，壁立万仞，一端临河谷，形势险峻。

石墙所处均为交通要道。盘里村南侧长城所处俗称十八盘口，有207国道通过，六岭关（或称六岭口）、瓦岔沟口、马圈口等关隘今天仍有连通山西、河北两省的公路或土路通过，关隘两侧分布有孤山西侧长城、孤山西南侧长城、六岭关东侧长城1段和2段、六岭关西侧长城1~4段、上瓦岔村西侧长城1~8段和马圈村东侧长城1~3段。双山村北侧长城西侧悬崖下有314省道，炮台梁长城3段被1条东西向的土路截断，土路连通山西、河北两省。

3. 长城墙体的保存状况

详见下表（表534、535）。

表534　盂县石墙保存状况一览表（单位：米）

长城墙体段名称	总长	保存较好	保存一般	保存较差	保存差	消失	类型	县属
炮台梁长城2段	133.26	0	0	133.26	0	0	石墙	盂县/井陉县
炮台梁长城3段	259.58	0	164.22	77.14	0	18.22	石墙	盂县/井陉县
双山村北侧长城	87.83	0	84.75	0	3.08	0	石墙	盂县/平山县
恶石村长城	22	0	0	0	22	0	石墙	盂县/平山县
盘里村南侧长城	14.87	0	0	14.87	0	0	石墙	盂县/平山县
孤山西侧长城	136.52	0	0	136.52	0	0	石墙	盂县
孤山西南侧长城	79.34	0	0	67.49	0	11.85	石墙	盂县/平山县
六岭关东侧长城1段	198.11	0	0	0	182.11	16	石墙	盂县/平山县
六岭关西侧长城1段	115.7	0	0	0	115.7	0	石墙	盂县/平山县
六岭关西侧长城2段	360.16	0	0	267.84	92.32	0	石墙	盂县/平山县
六岭关西侧长城3段	69.34	0	0	0	60.46	8.88	石墙	盂县/平山县
上瓦岔村西侧长城1段	130.03	0	128.73	0	0	1.3	石墙	盂县/平山县
上瓦岔村西侧长城3段	217.35	0	107.01	110.34	0	0	石墙	盂县/平山县
上瓦岔村西侧长城4段	335.9	0	335.9	0	0	0	石墙	盂县/平山县
上瓦岔村西侧长城6段	595.99	0	595.99	0	0	0	石墙	盂县/平山县

长城墙体段名称	总长	保存较好	保存一般	保存较差	保存差	消失	类型	县属
上瓦岔村西侧长城 7 段	358.73	0	141.39	217.34	0	0	石墙	盂县/平山县
马圈村东侧长城 2 段	83.4	0	31.84	32.17	19.39	0	石墙	平山县
合计	3198.11	0	1589.83	1056.97	495.06	56.25		
百分比（%）	100	0	49.7	33	15.5	1.8		

表 535　盂县山险保存状况一览表（单位：米）

长城墙体段名称	总长	保存较好	保存一般	保存较差	保存差	消失	类型	县属
炮台梁长城 1 段	37.9	37.9	0	0	0	0	山险	盂县/井陉县
炮台梁长城 4 段	869.41	869.41	0	0	0	0	山险	盂县/井陉县
六岭关东侧长城 2 段	627.58	627.58	0	0	0	0	山险	盂县/平山县
六岭关西侧长城 4 段	2666.6	2648.23	0	0	0	18.37	山险	盂县/平山县
上瓦岔村西侧长城 2 段	23.23	23.23	0	0	0	0	山险	盂县/平山县
上瓦岔村西侧长城 5 段	44.93	44.93	0	0	0	0	山险	盂县/平山县
上瓦岔村西侧长城 8 段	214.71	214.71	0	0	0	0	山险	盂县/平山县
马圈村东侧长城 1 段	511.21	511.21	0	0	0	0	山险	平山县
马圈村东侧长城 3 段	570	570	0	0	0	0	山险	平山县
合计	5565.57	5547.2	0	0	0	18.37		
百分比（%）	100	99.7	0	0	0	0.3		

长城墙体中石墙半数保存一般，占 49.7%，保存较差段占 33%，保存差和消失的段较少，未见保存较好的段落。石墙附近杂草、灌木丛生，石块坍塌脱落。遭受损毁的自然因素主要有洪水冲刷、风雨侵蚀、植物生长、山体滑坡等；人为损毁除筑路挖断墙体、采矿活动破坏致墙体消失外，墙体上架设电线杆、挖低墙体形成土路、长城两侧利用墙体修建围墙等也是墙体遭受损毁的重要因素。

山险整体保存较好。面临损毁的自然因素主要有风雨侵蚀、山体滑坡和植物生长等；六岭关西侧长城 4 段个别段被公路截断。

（二）单体建筑

1. 敌台与马面

盂县调查的 4 座敌台分别位于六岭关东侧长城 1 段、六岭关西侧长城 1 段和上瓦岔村西侧长城 1 段的墙体上，1 座马面位于炮台梁长城 3 段墙体上。

（1）敌台与马面的类型、建筑方式及形制

盂县的 4 座敌台有 3 座骑墙而建。六岭关东侧敌台倚墙而建，位于墙体北侧。材质类型均为石质。台体土石混筑而成，四壁石块垒砌，石块缝隙间填以灰泥，中部堆以碎石泥土。建筑方式与所在长城墙体一致。

4 座石质敌台的平面形制有矩形、椭圆形两类，上瓦岔村西侧敌台为椭圆形，其余 3 座均为矩形，剖面形制均呈梯形。敌台顶部周长 15~20.7、残高 0.41~2.4 米。

一座马面即炮台梁马面，倚墙而建，位于墙体西侧。材质类型亦为石质。马面土石混筑而成，北、西、南壁石块垒砌，中部堆以碎石泥土，建筑方式与所在长城墙体一致。马面平面呈矩形，剖面呈梯形，顶部周长16.6、残高0.5~1米。形制特点与石质敌台大体一致。

（2）敌台与马面的分布特点

①盂县长城墙体上发现的敌台数量很少，主要集中在六岭关附近。石墙分布地区敌台数量少，可能是此类墙体的一个特点，天镇县石墙分布地区也存在有这个特点。

②六岭关附近的3座敌台位于六岭关两侧，所处地势较高，控扼险要。六岭关东侧敌台、六岭关西侧1号和2号敌台之间的间距分别是0.13、0.39千米。上瓦岔村西侧敌台是海拔最高的一座，东南与六岭关附近的敌台遥相呼应，距六岭关西侧2号敌台2.4千米。

③马面仅发现1座，位于连通山西、河北两省土路南侧0.04千米，东南与炮台梁烽火台相望，相距0.27千米。

④敌台和马面数量虽然发现很少，但六岭关附近的3座敌台和上瓦岔村西侧敌台相互联系，炮台梁马面和炮台梁烽火台相互联系，与长城墙体共同构成防御体系。

（3）敌台与马面保存状况

盂县的4座敌台和1座马面均保存较差。敌台台体和马面顶部及附近长满杂草、灌木。敌台和马面由于风雨侵蚀、植物生长、山体滑坡等原因坍塌损毁严重。六岭关附近的3座敌台仅存中部堆填的碎石泥土，上瓦岔村西侧敌台中部坍塌成坑状。炮台梁马面北、南壁坍塌呈坡状，西壁仅存底部。人为损毁因素有放牧活动破坏等。上瓦岔村西侧敌台的西南部分被羊圈破坏，羊圈南壁被垒成与长城墙体平行，羊圈所用石块系利用敌台及长城墙体石块。

2. 烽火台

盂县调查的7座烽火台中，炮台梁烽火台西壁与炮台梁长城1段相连，盘里村南侧烽火台所在山体的东侧悬崖下有盘里村南侧长城，烽火台距盘里村南侧长城G0019（起点）0.11千米。其余5座烽火台均距长城很远，教场村南侧烽火台距最近的孤山西南侧长城和孤山西侧长城16.6千米。将这7座烽火台区分为长城沿线烽火台和腹里烽火台两大类。

（1）烽火台的类型及建筑方式

长城沿线烽火台有2座，即炮台梁烽火台和盘里村南侧烽火台，材质类型为石质。台体土石混筑，四壁石块垒砌，石块缝隙间填以灰泥，中部堆以碎石泥土。建筑方式与附近的长城墙体一致。

腹里烽火台有5座。材质类型为土质，建筑材料主要是黄土，部分含有碎石或料礓石，夯筑而成。夯层厚0.14~0.2米。绝大多数为0.15~0.2米（A类），占全部土质烽火台的80%；其次是夯层最薄小于0.15米者（B类），夯层厚0.14~0.17米；未发现夯层最厚大于0.25米和最薄小于0.1米者（D类和C类）（表536~539）。

表536　烽火台材质类型统计表

烽火台材质类型	数量（座）	百分比（%）
土质烽火台	5	71.4
石质烽火台	2	28.6
合计	7	100

表 537　土质烽火台建筑材料及夯层厚度一览表

名称	建筑材料	夯层厚度（米）
教场村南侧烽火台	黄土夯筑而成	0.15 ~ 0.18
漆树村北侧烽火台	黄土夹杂少量的料礓石块夯筑而成。南壁距地表 1.7 米处有一层石块，厚 0.15 ~ 0.27 米	0.17 ~ 0.2
刘家沟村东南侧烽火台	黄土夯筑而成	0.15 ~ 0.2
路家峪口村西侧烽火台	黄土夹杂碎石子夯筑而成	0.14 ~ 0.17
河底村东侧烽火台	黄土夯筑而成。台体顶部以下 2 米为黄土夹杂石块筑成，未见夯筑痕迹	0.15 ~ 0.18

表 538　土质烽火台建筑材料统计表

建筑材料	数量（座）	百分比（%）	备注
纯黄土夯筑而成	2	40	
黄土夯筑而成，含碎石或料礓石	2	40	1 座烽火台下部有一层石块，厚 0.15 ~ 0.27 米
黄土夯筑而成，台体上部 2 米为黄土夹杂石块筑成	1	20	
合计	5	100	

表 539　土质烽火台夯层厚度统计表

	夯层厚度分类	夯层厚度（米）	数量（座）	百分比（%）
A 类	0.15 ~ 0.25 米	0.15 ~ 0.2	4	80
B 类	最薄 < 0.15、≥ 0.1 米	0.14 ~ 0.17	1	20
C 类	最薄 < 0.1 米	无	0	0
D 类	最厚 > 0.25 米	无	0	0
合计		0.14 ~ 0.2	5	100

（2）烽火台形制

石质烽火台的平面形制有矩形和圆形，炮台梁烽火台为矩形，盘里村南侧烽火台为圆形，剖面形制均呈梯形。土质烽火台的平面形制均呈矩形，剖面形制均呈梯形（表 540）。

表 540　烽火台平面形制一览表

烽火台材质类型	土质（座）	百分比（%）	石质（座）	百分比（%）
矩形	5	100	1	50
圆形	0	0	1	50
合计	5	100	2	100

盂县烽火台的底部、顶部周长及残高详见下表（表 541）。

表 541　烽火台形制及保存状况一览表（单位：米）

名称	材质类型	平面形制	剖面形制	底部周长	顶部周长	残高	保存状况
炮台梁烽火台	石质	矩形	梯形	30.8	29.6	1.9 ~ 3.4	较好
盘里村南侧烽火台	石质	圆形	梯形	不详	12.6	1 ~ 1.6	较差

名称	材质类型	平面形制	剖面形制	底部周长	顶部周长	残高	保存状况
教场村南侧烽火台	土质	矩形	梯形	不详	26.4	6.5	一般
漆树村北侧烽火台	土质	矩形	梯形	22.4	10.2	4.4	一般
刘家沟村东南侧烽火台	土质	矩形	梯形	11.4	6.2	4.9	一般
路家峪口村西侧烽火台	土质	矩形	梯形	24.6	10.4	6.3	一般
河底村东侧烽火台	土质	矩形	梯形	29.2	不详	6.3	一般

烽火台的附属设施仅盘里村南侧烽火台发现有居住址及不明用途的石砌设施。

（3）烽火台的分布特点

①盂县 7 座烽火台如前所述，可分为长城沿线烽火台和腹里烽火台两大类，长城沿线烽火台包括炮台梁烽火台和盘里村南侧烽火台，炮台梁烽火台西壁与炮台梁长城 1 段相连，盘里村南侧烽火台东距盘里村南侧长城 0.11 千米。腹里烽火台有 5 座，距长城较远，教场村南侧烽火台距最近的孤山西南侧长城和孤山西侧长城 16.6 千米。

5 座腹里烽火台以盂县县城为中心，分布于县城的东、南、西侧，均位于省道两侧。教场村南侧烽火台、路家峪口村西侧烽火台、河底村东侧烽火台从东向西分布于 314 省道两侧，漆树村北侧烽火台、刘家沟村东南侧烽火台从北向南分布于 216 省道两侧。这种情况说明，今天的省道也是当时的重要交通线，烽火台的信息传递功能非常明显。

教场村南侧烽火台和炮台梁烽火台、盘里村南侧烽火台之间有省道或国道相通，因此原亦应有烽火台分布，只是消失。

教场村南侧烽火台南距阳泉市郊区下千亩坪村南侧烽火台 18.3 千米，之间原亦应有烽火台分布，从而将盂县腹里烽火台与阳泉市郊区烽火台联系起来。

②烽火台均位于地势较高的山顶上，其瞭望、预警、信息传递作用非常明显。

③结合烽火台的材质类型可以看出，长城沿线 2 座石质烽火台与附近长城墙体的材质和建筑方式一致，5 座腹里烽火台为土质。

④依据台体的底部周长，按≥50、40~50、＜40 米三个标准对土质矩形烽火台进行大小划分，以残高作为参考，可以看出有底部周长测量数据的土质矩形烽火台均为小型台体；无底部周长测量数据的教场村南侧烽火台，顶部周长为 26.4 米，推测其底部周长约 30 米，属于小型台体。按照土质矩形烽火台的大小分类，2 座石质烽火台属于小型台体。详见烽火台形制及保存状况一览表。

（4）烽火台保存状况

盂县 7 座烽火台中长城沿线的 2 座石质烽火台保存较好和较差者各 1 座，5 座腹里土质烽火台保存一般。台体及周围长满杂草、灌木。由于植物生长、风雨侵蚀、山体滑坡等原因，台体坍塌脱落严重，教场村南侧烽火台台体上有动物洞穴。人为损毁因素有踩踏和挖毁等。路家峪口村西侧烽火台台体东南角有数个可登顶的脚窝，可能是现代人攀爬所致。漆树村北侧烽火台台体东半部分及西北角被现代人挖毁。紧邻路家峪口村西侧烽火台、河底村东侧烽火台和漆树村北侧烽火台有电线杆及变电站、移动信号塔架及机房等。

（三）相关遗存

上瓦岔村西侧居住址群包括上瓦岔村西侧长城1、3段墙体两侧分布的8座居住址，即上瓦岔村西侧1~8号居住址，位于平山县下口镇上瓦岔村西南1.4~1.45千米。居住址平面形状除上瓦岔村西侧6号居住址为椭圆形外，余呈矩形。除上瓦岔村西侧5号居住址为南北双室外，余为单室。单室的居住址面积在7.1~22.3平方米，椭圆形的上瓦岔村西侧6号居住址面积最大。双室的上瓦岔村西侧5号居住址的总面积为34.2平方米，是8座居住址中最大的。仍存门道的居住址门道多设置在南壁，上瓦岔村西侧5号居住址的南、北室门道设在东壁，与上瓦岔村西侧4号居住址门道相对。除上瓦岔村西侧6号居住址位于墙体上、上瓦岔村西侧8号居住址位于长城墙体面向河北省一侧外，余位于长城墙体面向山西省一侧。上瓦岔村西侧6号居住址为骑墙而建，上瓦岔村西侧3、4、7、8号居住址为倚墙而建（表542）。

表542　上瓦岔村西侧居住址群形制及与长城墙体关系一览表

名称	结构	平面形状	面积（平方米）	门道位置	与长城墙体关系
上瓦岔村西侧1号居住址	单室	矩形	7.8	南门	位于长城墙体面向山西省一侧
上瓦岔村西侧2号居住址	单室	矩形	10.9	南门	位于长城墙体面向山西省一侧
上瓦岔村西侧3号居住址	单室	矩形	7.8	南门	倚墙而建，位于长城墙体面向山西省一侧
上瓦岔村西侧4号居住址	单室	矩形	7.1	南门	倚墙而建，位于长城墙体面向山西省一侧
上瓦岔村西侧5号居住址	双室	矩形	南室13.2	东门	位于长城墙体面向山西省一侧
			北室21	东门	位于长城墙体面向山西省一侧
上瓦岔村西侧6号居住址	单室	椭圆形	22.3	不详	骑墙而建，位于长城墙体上
上瓦岔村西侧7号居住址	单室	矩形	14.8	不详	倚墙而建，位于长城墙体面向山西省一侧
上瓦岔村西侧8号居住址	单室	矩形	18	不详	倚墙而建，位于长城墙体面向河北省一侧

上瓦岔村西侧1~8号居住址大致成组分布，可分5组，上瓦岔村西侧1~3号居住址为一组、上瓦岔村西侧4、5号居住址为一组、上瓦岔村西侧6~8号居住址单成一组。各组间距约0.03~0.1千米，各组内居住址间距10余米。

上瓦岔村西侧居住址群整体保存较差，居住址围墙坍塌损毁严重。造成损毁的自然因素主要有风雨侵蚀、山体滑坡和植物生长等。

三　自然与人文环境

（一）自然环境

盂县位于山西省中东部，东与河北省以太行山山脊为界。盂县地处太行山和系舟山之间，境内山峦重叠，地形复杂，以山地为主，丘陵、盆地主要分布于县境北部的滹沱河及其支流流域和盂县县城周围。河流主要有滹沱河、温河及其支流。盂县属暖温带季风型大陆性气候，年均气温7℃，年均降水量560毫米。县境土壤主要有山地褐土、褐土性土、淡褐土等类型。县境树木有松、柏、杨、榆等，灌木有山毛柳、六道条、马蚕梢、醋柳等，草本植物有蒿类、无芒雀斑、披碱草、驴干杭、二色故枝子等。

（二）人文环境

盂县长城和烽火台分布地区的村庄居民人数从10余人到约300人，漆树村北侧烽火台所在南娄镇漆树村居民较多，1000余人。村落居民以农业生产为主，工业主要有采矿业等。六岭关西侧长城3段附近原有矾土矿开采业，平山县下口镇上瓦岔村西南、南侧山体蕴藏有铁矿，有铁矿开采与运输业，盂县上社镇马圈村东南山体有数个铁矿，教场村南侧烽火台东南0.15千米有废弃的现代矿址，盘里村南侧长城东侧河谷的东侧、207国道有许多选煤场，煤尘污染严重，六岭关西侧长城1段附近有木材收购站，南娄镇漆树村东侧有大寨核桃露厂。盂县长城和烽火台分布地区的公路有207国道、314省道、216省道，以及村村通公路或土路等，连通山西、河北省，2009年石（家庄）太（原）铁路客运专线在炮台梁长城北侧通过。

四　保护与管理状况

盂县长城资源的保护管理机构是盂县文物管理所。目前有关长城资源的保护范围、建设控制地带、保护标志、记录档案等工作有待规定或完善。

表 532　盂县敌台、马面、烽火台一览表

名称	地点	高程	与其他遗存的位置关系	材质	建筑方式	平面形制	剖面形制	尺寸	附属设施	修缮情况	保存状况	损毁原因及存在病害
六岭关东侧敌台	河北省平山县下口镇六岭关村西南0.4千米	900米	倚墙而建。位于六岭关西侧长城1段墙体北侧	石	土石混筑。台体四壁以石块垒砌，中部堆砌的碎石泥土。仅存中部堆填的碎石子，所用石块大小不一，形状不规则，顶部及附近有很多碎石子，应是长期风雨侵蚀所致，也与所用石块酥软有关，泥土呈黄色	矩形	梯形	顶部东西3.6，南北4.5，残高0.8~2.4米	无	无	保存较差。台体顶部及附近长满杂草、灌木。台体由于风雨侵蚀，植物生长，坍塌等原因，毁严重，仅存中部堆填的碎石泥土。顶部及附近是长期风雨侵蚀所致，也与所用石块软有关。敌台和墙体之间有雨水冲刷形成的冲沟	自然因素主要有风雨侵蚀，山体滑坡和植物生长等
六岭关西侧1号敌台(彩图一二七二)	河北省平山县下口镇六岭关村西0.3千米	911米	骑墙而建。位于六岭关西侧长城1段墙体正上。南，北壁墙正中与墙体相连	石	土石混筑。台体四壁以石块垒砌，中部堆砌的碎石泥土。仅存中部堆填的碎石子，所用石块大小不一，形状不规则，顶部及附近有很多碎石子，应是长期风雨侵蚀所致，也与所用石块酥软有关，泥土呈黄色	矩形	梯形	顶部东西4.52，南北2.97，残高1.8米	无	无	保存较差。台体顶部及附近长满杂草、灌木。台体由于风雨侵蚀，植物生长，坍塌等原因，毁严重，仅存中部堆填的碎石泥土。顶部及附近是长期风雨侵蚀所致，也与所用石块软有关。敌台北壁和墙体之间有雨水冲刷形成的冲沟	自然因素主要有风雨侵蚀，山体滑坡和植物生长等
六岭关西侧2号敌台(彩图一二七三)	河北省平山县下口镇六岭关村西0.5千米	963米	骑墙而建。南壁与六岭关西侧长城3段、北壁与六岭关西侧长城4段相连	石	土石混筑。台体四壁以石块垒砌，中部堆砌的碎石泥土。仅存中部堆填的碎石子，所用石块大小不一，形状不规则，顶部及附近有很多碎石子，应是长期风雨侵蚀所致，也与所用石块酥软有关，泥土呈黄色	矩形	梯形	顶部东西3.65，南北6.7，残高0.95~2.35米	无	无	保存较差。台体顶部及附近长满杂草、灌木。台体由于风雨侵蚀，植物生长，坍塌等原因，毁严重，仅存中部堆填的碎石泥土。顶部及附近是长期风雨侵蚀所致，也与所用石块软有关	自然因素主要有风雨侵蚀，山体滑坡和植物生长等

续表 532

名称	地点	高程	与其他遗存的位置关系	材质	建筑方式	平面形制	剖面形制	尺寸	附属设施	修缮情况	保存状况	损毁原因及存在病害
上瓦岔村西侧敌台	河北省平山县下口镇上瓦岔村西南1.4千米	1492米	骑墙而建。西壁正中与上瓦岔村西侧长城1段墙体相连	石	土石混筑。台体四壁石块垒砌,石块缝隙间填以灰泥;中部堆以碎石泥土	椭圆形	梯形	顶部东西5.1,南北4.5,残高0.41~1.08米	无	无	保存较差。台体及附近长满杂草、灌木,植物生长风雨侵蚀,放牧活动等原因,拐塌坍毁严重,中部坍塌成坑状,西南壁被全圈破坏,南壁被垒成羊圈所用石块系利用敌台及长城墙体石块	自然因素主要有风雨侵蚀、山体滑坡和植物生长等;人为因素有放牧活动破坏等
炮台梁马面	仙人乡烧瓷窑村东2.85千米	921米	倚墙而建。位于炮台梁长城3段墙体西侧	石	土石混筑。马面北、西、南壁石块垒砌,所用石块较厚,石块最厚0.35米;台体中部堆以碎石泥土	矩形	梯形	顶部东西4,南北4.3,残高0.5~1米	无	无	保存较差。马面顶部及附近生杂草、灌木,山体滑坡由于风雨侵蚀,植物生长等原因,坍塌脱落严重,北、南壁坍塌呈坡状,西壁仅存底部,石块散落于附近	自然因素主要有风雨侵蚀、山体滑坡和植物生长等
炮台梁烽火台(彩图一二七四、一二七五)	仙人乡烧瓷窑村东3.1千米	1023米	台体西壁与炮台梁长城1段(山险)相连	石	土石混筑。基础为自然岩石,凸出台体0.5米,台体四壁石块垒砌,石块缝隙填以灰泥;中部堆以碎石泥土,泥土呈黄色	矩形	梯形	底部东西7.7,南北7.7米。顶部东西7.4米,西壁南北7.4米,南壁残高3.4,南壁残高1.9米	无	无	保存较好。台体形状仍较规整。台体顶部及附近由于风雨侵蚀,灌木丛生,山体滑坡和植物生长等原因台体顶部石块有所脱落,西北壁坍塌,石块散落于附近	自然因素主要有风雨侵蚀、山体滑坡和植物生长等

续表 532

名称	地点	高程	与其他遗存的位置关系	材质	建筑方式	平面形制	剖面形制	尺寸	附属设施	修缮情况	保存状况	损毁原因及存在病害
盘里村南侧烽火台（彩图一二七六）	河北省平山县下口镇盘里村南0.8千米	857米	所在山体东侧悬崖下有盘里村南侧长城，烽火台东距盘里村南侧长城C0019（止点）0.11千米	石	土石混筑。台体四壁所用石块垒砌，石块较扁平；中部堆平以碎石泥土	圆形	梯形	顶部直径4，残高1～1.6米	烽火台西0.01千米处有一座用于居住的生活设施，命名为盘里村南侧居住址。居住址东北角（C0021）高程858米。居住址平面矩形，东西4.4，南北3.6米。东墙体为土石混合筑的石墙，系石块混合碎石泥土垒砌而成，石块缝隙间填以碎石泥土。东、西壁宽0.45米，南、北壁宽0.75米，最高东壁宽0.93米，南壁仅存三壁。东壁南侧有门道，宽0.7米。居住址内距西壁1.7米以内的地面铺有石板，厚0.25米。在居住址西南有3米处有一座石砌设施，平面呈半圆形，直边长1.6米，方向为东北—西南。石砌设施底部低于地面0.1～0.3米。有石砌墙体，系石块混合碎石泥土垒砌而成，石块缝隙间填以碎石泥土，最高1.3米。在居住址东北1米处有一段石墙，系石块混合碎石泥土砌而成，石块缝隙间填以碎石泥土，残高1米	无	保存较差。台体形状仍较规整。台体上及附近长满杂草、灌木。台体由于风雨侵蚀、山体滑坡和植物生长等原因，石块坍塌脱落严重	自然因素主要有风雨侵蚀、山体滑坡和植物生长等

续表532

名称	地点	高程	与其他遗存的位置关系	材质	建筑方式	平面形制	剖面形制	尺寸	附属设施	修缮情况	保存状况	损毁原因及存在病害
教场村西侧烽火台	牛村镇教场村南侧0.5千米	1031米	东北距炮台梁烽火台27.5千米、盘里村南侧烽火台17.5千米，东南距阳泉市郊区下千亩呼村南侧烽火台18.3千米	土	黄土夯筑，夯层厚0.15~0.18米	矩形	梯形	底部东西4.9、南北8.3、残高6.5米	无	无	保存一般。台体形状不规整。台体及周围长满杂草、灌木，附近有松树。台体上有动物洞穴。由于植物生长、风雨侵蚀、动物破坏等原因，台体坍塌脱落严重，顶部坍塌损毁。台体所在山顶台地上有很多现代掘挖的用于植树的竖坑	自然因素主要有植物生长、风雨侵蚀、动物破坏等
路家峪口村西侧烽火台（彩图二三七）	南娄镇路家峪口村西侧0.4千米	1179米	东距教场村南侧烽火台19千米	土	黄土夹杂碎石子夯筑而成，夯层厚0.14~0.17米	矩形	梯形	底部东西5.5、南北6.8米，顶部东西2.5、南北2.7米，残高6.3米	无	无	保存一般。台体形状甚规整。台体及附近长有杂草、灌木，北侧有松树林。由于植物生长、风雨侵蚀等原因，台体顶部及四壁坍塌脱落严重，东南角有数个可登顶的脚窝，有可能是现代人为攀爬所致。台体南侧0.1千米处有电线杆及变电站	自然因素主要有植物生长、风雨侵蚀等，人为因素有人为踩踏等
河底村东侧烽火台	东梁乡河底村东侧1.5千米	1348米	东距路家峪口村西侧烽火台15.4千米	土	黄土夯筑，夯层厚0.15~0.18米。台体顶部以下2米为黄土夹杂石块筑成，未见夯筑痕迹	矩形	梯形	底部东西6.5、南北8.1、残高6.3米	无	无	保存一般。台体形状不规整。台体及周围长满杂草、灌木。由于植物生长、风雨侵蚀及壁坍塌脱落严重，顶部及台体呈锥体状。台体四周有散落石块与泥土坡上形成的有农田；南壁附近山坡上2米有农田。台体东侧3米处有移动信号塔架及控制室。台体东南侧4米处有一根电线杆	自然因素主要有植物生长、风雨侵蚀等

续表532

名称	地点	高程	与其他遗存的位置关系	材质	建筑方式	平面形制	剖面形制	尺寸	附属设施	修缮情况	保存状况	损毁原因及存在病害
漆树村北侧烽火台	南娄镇漆树村北侧0.3千米	1048米	西北距路家峪口村西侧烽火台8.6千米	土	黄土夹杂少量的料礓石块夯筑而成，夯层厚0.17~0.2米。南壁距地表1.7米处有一层石块，厚0.15~0.27米	矩形	梯形	底部东西5.1，南北6.1米，顶部东西2，南北3.1米，残高4.4米	无	无	保存一般。台体形状不规整，顶部及底部四周长满杂草、灌木，台体西北角被现代人挖毁。由于植物生长、人为挖毁等原因，台体坍塌脱落严重。台体北壁紧邻中国联通通信号塔及机房，西侧5米处有一座大水池，东壁紧邻有水泥电线杆	自然因素主要有植物生长、风雨侵蚀等，人为因素主要是人为挖毁等
刘家沟村东南侧烽火台（彩图二七八）	南娄镇刘家沟村东南侧0.4千米	1140米	北距漆树村北侧烽火台4.7千米	土	黄土夯筑，夯层厚0.15~0.2米	矩形	梯形	底部东西3.4米，南北2.3，顶部东西1.3，南北1.8米，残高4.9米	无	无	保存一般。台体形状较不规整，顶部长满杂草、灌木。台体附近长满杂草、灌木，由于植物生长、风雨侵蚀严重，台体坍塌脱落严重，四壁坍塌，底部堆积有坍塌脱落的泥土	自然因素主要有植物生长、风雨侵蚀等

第二十五章　大同市城区、南郊区长城

大同市城区、南郊区位于山西省北部，东与大同县、南与怀仁县、西与左云县、北与新荣区相邻。山西省明代长城资源调查三队从 2008 年 7 月 13 日 ~ 8 月 2 日，对两区的明代长城资源进行了调查。

一　长城资源调查数据

大同市城区调查堡 1 座，即大同镇城；南郊区调查堡 3 座，即旧云冈堡、云冈堡、高山城，烽火台 34 座（地图一九）。

（一）城堡

1. 大同镇城

该城位于大同市城区中心。城由主城和南北两小城组成（图六九六）。主城平面呈矩形，坐北朝南，东西 1740、南北 1830 米，周长 7140 米，占地面积 3184200 平方米。现存主要设施、遗迹有城墙（彩图一二八一~一二八四）、角台 4 座、马面 21 座，城内建筑存九龙壁 1 座（彩图一二八五）、砖雕五龙壁 1 座（彩图一二八六）、鼓楼 1 座、上下华严寺（彩图一二八七、一二八八）、善化寺（彩图一二八九）、代王府（彩图一二九〇）、总镇署、县衙故址及主城南墙上小雁塔 1 座。南小城位于主城南 0.07 千米处，平面呈不规则形，坐北朝南，现存主要设施、遗迹有城墙、角台 1 座、马面 3 座等。北小城（在北魏平城县城基础上补筑而成）位于主城北 0.18 千米处，平面呈矩形，坐北朝南，现存主要设施、遗迹有城墙、角台 4 座等。城墙为砖墙，外部砖石无存，内部为夯土墙体。主城东墙残长 1500、南墙残长 1200、西墙残长 1000、北墙残长 1270 米，墙体底宽 14、顶宽 2 ~ 10、残高 5 ~ 12 米。城墙四角设角台，角台宽 24、凸出墙体 20 米，夯层厚 0.18 米。马面存 21 座，其中东墙 9 座、南墙 4 座、西墙 2 座、北墙 6 座，马面宽 18、凸出墙体 15 米。南小城东墙残长 650、南墙残长 66、西墙残长 960、北墙残长 23 米，墙体底宽 5 ~ 8、顶宽 1 ~ 4、残高 3 ~ 8 米。存东北角台 1 座、东墙马面 3 座。北小城东西 980、南北 830 米，东墙残长 740、南墙残长 400、西墙残长 800、北墙残长 450 米，墙体底宽 5 ~ 10、顶宽 1.5 ~ 6、残高 6 ~ 8 米，夯层厚 0.16 ~ 0.18 米；存角台 4 座。

镇城整体保存一般。主城墙砖石无存，部分段消失，城门、城楼、瓮城及部分角台和多数马面无

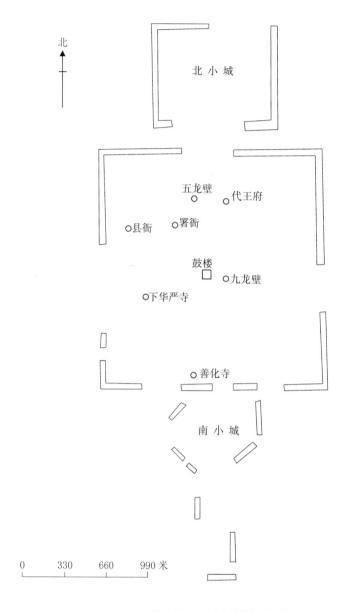

图六九六　大同镇城平面图

存。城内建筑损毁严重。大同城今为大同市城区所在，人口密集，建筑林立，城墙多被现代建筑包围，或被利用为房屋墙体，或遭修建房屋、修路挖损破坏。清顺治六年（1649 年）大同城遭"屠城"之灾，城墙被铲低五尺。顺治九年（1652 年）对大同城进行了修复。2008 年至今，对城墙及城内建筑进行了修复或重建，并设有保护标志（彩图一二九一）。造成损毁的自然因素有风雨侵蚀、植物生长等，人为因素有城市建设破坏、居民生活活动破坏、战争破坏等。

2. 旧云冈堡

又名云冈堡，位于今南郊区云冈镇云冈村北云冈石窟景区内，石窟南侧。堡平面呈矩形，坐西朝东。现存主要设施、遗迹有堡墙、马面 1 座等。堡墙为土墙，夯筑而成，西墙残长 50、北墙残长 54 米，墙体底宽 6~8、顶宽 1~3、残高 3~6 米。北墙东端有马面 1 座，平面呈矩形，宽 10、凸出墙体 4 米，经现代修缮。堡整体保存差。堡墙大多消失，东、西城门无存，堡内建筑无存。造成损毁的自然因素有风雨侵蚀、植物生长等；人为因素有居民生活活动破坏等。

3. 云冈堡

又名新云冈堡，位于今南郊区云冈镇云冈村北云冈石窟窟顶，旧云冈堡北侧。

堡平面呈矩形，坐北朝南，东西 180、南北 140 米，周长 640 米，占地面积 25200 平方米。现存主要设施、遗迹有堡墙、城门 1 座、瓮城 1 座、角台 3 座、马面 3 座及联墙 2 段、联墙敌台 2 座等（图六九七）。堡墙为土墙，南墙西段消失 26 米，西墙南段消失 10 米，墙体底宽 10、顶宽 3.7 ~ 6、残高 6

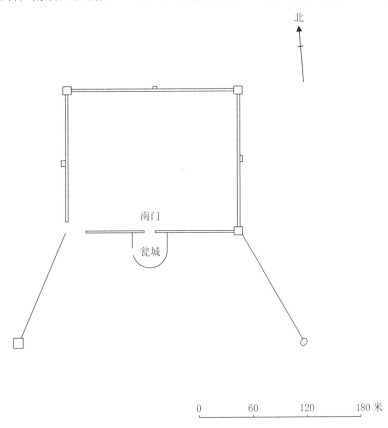

图六九七　云冈堡平面示意图

~7.5 米。南墙中部设城门 1 座，原为条石基础的砖券拱门，门洞无存，仅存条石基础和少量砌砖，内侧两侧门墩顶部堆砌有碎砖，南门北侧内宽 4.5、南侧内宽 3.3、外宽 6、进深 14.5 米（测绘图九九、一〇〇；彩图一二九二）。南门外有瓮城，南墙呈圆弧形，瓮城西墙设门，原为条石基础的砖券拱门，仅南壁残存很少的条石基础，宽 6.3 米（彩图一二九三）。堡墙四角设角台，西南角台无存，角台宽 16、凸出墙体 13 米。东、西、北墙中部各设马面 1 座，马面宽 10、凸出墙体 7 米。瓮城南侧有"八"字形联墙 2 段，一段由堡东南角台向东南直线延伸，一段由堡西南角台向西南直线延伸，均延伸至云冈石窟窟顶断崖处。东联墙长 96、底宽 6、顶宽 2、残高 7 ~ 8 米（彩图一二九四）；西联墙长 110、底宽 6、顶宽 2 ~ 3、残高 7 ~ 8 米。东、西联墙止点处各设敌台 1 座，东联墙敌台平面呈圆形，西联墙敌台平面呈矩形。

整体保存较好。堡墙基本完整，南门和瓮城门砖石大多无存，西南角台无存，堡内建筑无存，堡内现为荒地，中心有现代修建的祭天坛一座。造成损毁的自然因素有风雨侵蚀、植物生长等；人为因

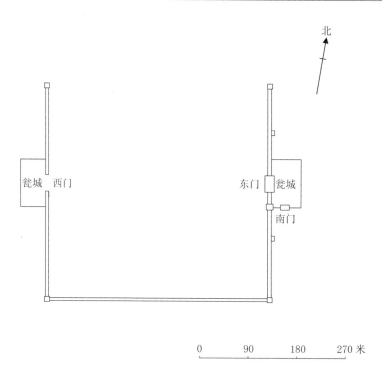

图六九八　高山城平面示意图

素有农业生产活动破坏、居民生活活动破坏等。

4. 高山城

该城位于南郊区高山镇高山村中。

城平面呈不规则形，坐西朝东，周长 2150 米。现存主要设施、遗迹有城墙、城门 2 座、瓮城 2 座、角台 5 座、马面 2 座等（图六九八）。城墙为砖墙，外部砖石砌筑，内部为夯土墙体，墙体底宽 10、顶宽 2～3、残高 8～10 米。东、西墙各设城门 1 座，东门砖券拱门，三伏三券，门洞内宽 4、外宽 3.59、内高 6.93、外高 3.44、内进深 10.45、外进深 4.75 米（测绘图一〇一、一〇二；彩图一二九五）。西门现为豁口，宽 6 米。东、西门外分别有瓮城，东门外瓮城墙体为砖墙，东墙残存部分包砖，东墙残长 23、北墙残长 38 米，南墙基本完整；瓮城南墙设瓮城门，砖券拱门，门洞内宽 4.26、外宽 3、内高 5.325、外高 4、内进深 9.465、外进深 3.985 米；瓮城门外侧有砖雕垂花门罩（测绘图一〇三、一〇四；彩图一二九六）。西门外瓮城平面呈矩形，边长 16 米，墙体基本完整，底宽 5、顶宽 1～2、残高 7～8 米。城墙四角设角台，东门外瓮城设西南角台。存东墙马面 2 座，宽 10、凸出墙体 5、残高 9 米。

古城整体保存一般。城墙砖石大多无存，北墙消失，西门和西瓮城门为豁口。城内建筑无存，城内南部及城南侧现为洗煤厂，南墙及东墙和西墙南段遭生产活动破坏或修建专用铁路挖损破坏（彩图一二九七、一二九八），城内北部为民居。造成损毁的自然因素有风雨侵蚀、植物生长等；人为因素有工农业生产活动破坏、居民生活活动破坏等。

（二）单体建筑

大同市南郊区共调查烽火台 34 座（表 543，见本章末附表）。

二　长城资源调查资料分析

（一）城堡

大同市城区共调查堡 1 座，即大同镇城；南郊区调查堡 3 座，即旧云冈堡、云冈堡、高山城。

大同市城区、南郊区城堡平面多呈矩形，有 3 座，1 座为不规则形。大同镇城由主城和南北小城组成，南北小城平面呈矩形。大同镇城和云冈堡坐北朝南，旧云冈堡和高山城坐西朝东（表544）。

表544　大同市城区、南郊区城堡形状、尺寸、残存设施遗迹及保存现状一览表

名称	形状	周长（米）	面积（平方米）	残存设施遗迹	保存状况
大同镇城	城由主城和南小城、北小城组成。主城平面呈矩形，坐北朝南。南小城平面呈不规则形，坐北朝南。北小城平面呈矩形，坐北朝南	主城7140	主城3184200	主城有城墙、角台 4 座、马面 21 座，城内建筑存九龙壁 1 座、砖雕五龙壁 1 座、鼓楼 1 座、上、下华严寺、善化寺、代王府北院墙残段、总镇署、县衙故址等；主城南墙上有小雁塔 1 座。南小城有城墙、角台 1 座、马面 3 座等。北小城有城墙、角台 4 座等	一般
旧云冈堡	矩形，坐西朝东	不详	不详	堡墙、马面 1 座等	差
云冈堡	矩形，坐北朝南	640	25200	堡墙、城门 1 座、瓮城 1 座、角台 3 座、马面 3 座及联墙 2 段、联墙敌台 2 座等	较好
高山城	不规则形，坐西朝东	2150	不详	堡墙、城门 2 座、瓮城 2 座、角台 5 座、马面 2 座等	一般

大同镇城和高山城为砖墙，外部砖石砌筑，内部为夯土墙体。旧云冈堡和云冈堡为土墙（表545）。

表545　大同市城区、南郊区城堡墙体建筑方式及尺寸一览表（单位：米）

名称	墙体建筑方式	尺寸		
		底宽	顶宽	残高
大同镇城	砖墙。外部砖石无存，内部为夯土墙体	14	2～10	5～12
旧云冈堡	土墙。夯筑而成	6～8	1～3	3～6
云冈堡	土墙	10	3.7～6	6～7.5
高山城	砖墙。外部砖石砌筑，内部为夯土墙体	10	2～3	8～10

至于除城堡墙体外的设施和遗迹，由于保存原因，现存并不能反映其原始风貌。主要设施遗迹的种类有城门、瓮城、角台、马面等常见的墙体设施，云冈堡南门外瓮城南侧有"八"字形联墙 2 段及联墙敌台 2 座，大同镇城内存九龙壁 1 座、砖雕五龙壁 1 座、鼓楼 1 座、上下华严寺、善化寺、代王府北院墙残段、总镇署、县衙故址等，主城南墙上有小雁塔 1 座。

云冈堡保存较好，大同镇城和高山城保存一般，旧云冈堡保存差。

（二）烽火台

大同市南郊区共调查烽火台 34 座。

（1）烽火台的类型与形制

南郊区 34 座烽火台材质类型，除 2 座不详外，其余 32 座均为土质。台体为夯筑而成，含砂砾、料礓石、碎石等，夯层厚 0.1~0.26 米。台体平面形制有矩形和圆形两类，以矩形台体为主，有 28 座，圆形台体仅 4 座，剖面形制均呈梯形。矩形台体底部周长 16.6~50.1、残高 1.8~9.3 米，圆形台底部周长 16.6~30、残高 2.7~8.2 米（表 546）。

表 546　大同市南郊区烽火台材质、形制及保存状况一览表（单位：米）

名称	材质	平面形制	剖面形制	底部周长	残高	保存状况
窖子沟烽火台	土	圆形	梯形	16.6	2.7	较差
台墩梁烽火台	土	矩形	梯形	16.6	1.8	较差
南梁顶烽火台	土	矩形	梯形	36.8	6.5	一般
孤山烽火台	土	矩形	梯形	30.5	6.3	一般
岩岗山烽火台	土	矩形	梯形	25.5	4.5	一般
山底烽火台	土	矩形	梯形	33.5	8.5	一般
北羊坊烽火台	土	矩形	梯形	32.8	9.3	一般
北宋庄烽火台	土	矩形	梯形	35.7	7.5	一般
东坟烽火台	土	矩形	梯形	32.3	6.8	一般
古城烽火台	土	矩形	梯形	21.9	7.6	一般
艾庄烽火台	土	矩形	梯形	25.4	7.6	一般
山腰圪墩烽火台	土	矩形	梯形	36.8	7.8	一般
小站烽火台	不详	不详	不详	不详	不详	不详
玄天庙烽火台	不详	不详	不详	不详	不详	不详
西坡烽火台	土	矩形	梯形	30.8	7.8	一般
张寺窑烽火台	土	矩形	梯形	35.8	8.1	一般
云冈烽火台	土	矩形	梯形	49.1	8.9	较好
晋华宫烽火台	土	矩形	梯形	27.7	8.8	一般
吴官屯东烽火台	土	矩形	梯形	36.5	8.6	一般
吴官屯西烽火台	土	矩形	梯形	50.1	8.2	较好
姜家湾烽火台	土	矩形	梯形	31.1	4.5	一般
白庙烽火台	土	圆形	梯形	25.1	6.8	一般
高墩烽火台	土	圆形	梯形	30	4.5	一般
五墩烽火台	土	圆形	梯形	29.2	8.2	一般
高山烽火台	土	矩形	梯形	38.3	8.6	一般
北坡烽火台	土	矩形	梯形	37.6	8.4	一般
东店湾烽火台	土	矩形	梯形	41.5	7.5	一般
辛庄烽火台	土	矩形	梯形	22.5	7	一般

续表 546

名称	材质	平面形制	剖面形制	底部周长	残高	保存状况
煤峪口烽火台	土	矩形	梯形	35	6.8	一般
七峰山烽火台	土	矩形	梯形	38.5	6.5	一般
西万庄烽火台	土	矩形	梯形	43	8.3	一般
张留庄烽火台	土	矩形	梯形	23.5	6.5	一般
常流水烽火台	土	矩形	梯形	31	4.8	一般
高屯烽火台	土	矩形	梯形	28.2	6.2	一般

　　烽火台附属设施有围墙、围墙内墩院院基、台基等，孤山烽火台墩院内存圆形水井 1 口，张寺窑烽火台东壁有"〈"形登顶坡道或脚窝，煤峪口烽火台南壁有登顶坡道。

　　（2）烽火台的分布特点

　　①南郊区烽火台以大同镇城为中心，沿南北向的御河和东西向的十里河分布，有御河沿线烽火台群和十里河沿线烽火台群，御河沿线烽火台群诸烽火台分布于大同镇城北、东、南侧，十里河沿线烽火台群分布于大同镇城西侧。南郊区西南山地及东侧平川盆地分布有数座烽火台，位于大同镇城西南侧，称为大同镇城西南烽火台群。该峰火台群与十里河烽火台群遥相呼应（表 547）。

表 547　大同市南郊区烽火台分布

烽火台群	数量（座）	烽火台名称
御河沿线烽火台群	12	窨子沟烽火台、台墩梁烽火台、南梁顶烽火台、孤山烽火台、岩岗山烽火台、山底烽火台、北羊坊烽火台、北宋庄烽火台、山腰圪墩烽火台、东坟烽火台、古城烽火台、艾庄烽火台
十里河沿线烽火台群	15	小站烽火台、玄天庙烽火台、西坡烽火台、张寺窑烽火台、云冈烽火台、晋华宫烽火台、吴官屯东烽火台、吴官屯西烽火台、姜家湾烽火台、白庙烽火台、高墩烽火台、五墩烽火台、高山烽火台、北坡烽火台、东店湾烽火台
大同镇城西南烽火台群	7	煤峪口烽火台、七峰山烽火台、西万庄烽火台、张留庄烽火台、辛庄烽火台、常流水烽火台、高屯烽火台

　　②尝试对土质矩形烽火台进行大小划分，依据烽火台的底部周长，按 ≥50、40 ~ 50、< 40 米三个标准进行分类，以残高作为参考（表 548）。

表 548　大同市南郊区土质矩形烽火台的分类

	底部周长分类	底部周长（米）	数量（座）	百分比（%）	残高（米）
大型台体	≥50 米	50.1	1	3.6	8.2
中型台体	40 ~ 50 米	41.5 ~ 49.1	3	10.7	7.5 ~ 8.9
小型台体	< 40 米	16.6 ~ 38.5	24	85.7	1.8 ~ 9.3
合计		16.6 ~ 50.1	28	100	1.8 ~ 9.3

　　从上表中可以看出，土质矩形烽火台以小型台体占绝大多数，大、中型台体很少。与此相吻合，少量圆形烽火台为小型台体。

（3）烽火台保存状况

烽火台保存状况除2座不详外，保存一般者最多，有28座，保存较好和较差者各2座。造成损毁的自然因素有风雨侵蚀、植物生长等；人为因素有农业生产破坏、挖掘洞穴、取土挖损、人为踩踏、台基上挖掘沟槽、紧邻台基植树种草、台体顶部架设防雷设施等。

三　自然与人文环境

（一）自然环境

大同市城区、南郊区位于山西省北部，主要是第四纪地层分布区域。第四纪地层由细砂、泥灰岩、红色土、黄土及近代冲积层组成。南郊区地势西高东低，西部为洪涛山山地，中东部为御河及其支流形成的平川盆地。东部有南北向的御河纵贯区境，北部有东西向的十里河流经区境。城区地处御河和十里流相交汇的三角地区，地形为平川盆地。城区、南郊区属温带大陆性半干旱季风气候，年均气温6.4℃，年均降水量395毫米。区境土壤主要有淡栗钙土、淡栗钙土性土。植被属于暖温带落阔叶林带向温带草原的过渡区域类型。

（二）人文环境

大同市城区、南郊区工商业发达，人口密集，交通便利。（大）同蒲（州）铁路、（北）京包（头）铁路、大（同）秦（皇岛）铁路在此交汇，高速公路有大（同）运（城）高速、宣（化）大（同）高速、得（胜口）大（同）高速、大（同）呼（和浩特）高速、大同环城高速公路等，国道有南北向的208国道、东西向的109国道，省道有203、204、205、206、301、302、339等。

四　保护与管理状况

大同市城区、南郊区长城资源的保护管理机构是大同市文物局和南郊区文物管理所。目前有关长城资源的保护范围、建设控制地带、保护标志、记录档案等工作有待规定或完善。

大同镇城城墙于1981年被公布为市级文物保护单位，立有保护标志。

表 543　大同市南郊区烽火台一览表

名称	地点	高程	与其他遗存的位置关系	材质	建筑方式	平面形制	剖面形制	尺寸	附属设施	修缮情况	保存状况	损毁原因及存在病害
管子沟烽火台（彩图一二九、一三〇〇）	古店镇管子沟村东南 1.6 千米	1221 米	无	土	夯筑而成，含少量砂砾、礓石，夯层厚 0.18～0.23 米	圆形	梯形	底径 5.3，残高 2.7 米	台基平面呈圆形，直径 15，残高 2.5 米	无	保存较差	自然因素有风雨侵蚀，植物生长等
台墩梁烽火台	古店镇北榆涧村西北 1.6 千米	1504 米	东北距管子沟烽火台 0.97 千米	土	夯筑而成，含少量砂砾，夯层厚 0.2～0.26 米	矩形	梯形	底部东、南、西、北长 3.3、5.2、3、5.1 米，顶部东、南、西、北长 3、4.5、2.1、4.5 米，残高 1.8 米	台基平面呈矩形，东西 25，南北 24，残高 0.7～1.8 米	无	保存较差	自然因素有风雨侵蚀等
南梁顶烽火台（彩图一三一、一三二）	古店镇北榆涧村南 1.4 千米	1554 米	西北距台墩梁烽火台 2.7 千米	土	夯筑而成，含少量砂砾，夯层厚 0.2～0.24 米	矩形	梯形	底部东、南、西、北长 9.2、9.4、9.3、8.9 米，顶部东、南、西、北长 5.6、5.4、5.2、5.3 米，残高 6.5 米	台基平面呈矩形，东西 24，南北 21，残高 0.4～1.2 米	无	保存一般。台体底部有洞穴数孔。东壁底部南侧洞穴宽 0.9，进深 5.5 米，南壁东侧洞穴宽 1.2，高 0.9，进深 3.3 米，西侧洞穴宽 1.1，进深 3 米。洞穴宽 2，高 0.9，进深与东壁东侧洞穴相通。北壁东侧挖掘洞穴宽 2.6 米，西侧洞穴宽 0.9，高 1.1，进深 3 米。台体四周台基开挖掘的沟槽，上宽 1.8，下宽 0.5，深 0.6 米	自然因素有风雨侵蚀，植物生长等；人为因素有，在台基上挖掘沟槽等
孤山烽火台	古店镇孤山村东北 1 千米	1700 米	西北距南梁顶烽火台 1.8 千米	土	夯筑而成，含少量砂砾、碎石，夯层厚 0.18～0.24 米	矩形	梯形	底部东、南、西、北长 7.7、7.5、7.3、8 米，顶部东、南、西、北长 6、6.1、6、6.5 米，残高 6.3 米	台体西南侧有围墙，台体位于围墙东北角，残存东墙长 2，宽 1.7，残高 2 米，夯厚 0.27 米。围墙内残存墩院呈矩形，东西 30，南北 27，残高 0.7 米。墩院内存圆形水井一口，直径 2.5，深 3.7 米	无	保存一般。东壁底部有洞穴，宽 0.7，进深 0.4 米	自然因素有风雨侵蚀，植物生长等；人为挖掘洞穴等

续表543

名称	地点	高程	与其他遗存的位置关系	材质	建筑方式	平面形制	剖面形制	尺寸	附属设施	修缮情况	保存状况	损毁原因及存在病害
岩岗山烽火台	古店镇山底村北0.78千米	1727米	北距南梁顶烽火台1.7千米	土	夯筑而成，含少量砂砾，夯层厚0.18~0.23米	矩形	梯形	底部东、南、西、北长5.2、8.3、6.6米，顶部东、南、西、北长3、6.3、4、4.3米，残高4.5米	台体周围原有围墙，无存。围墙内残存墩院院墙基，平面呈矩形，边长24，残高0.8~2米	无	保存一般。东壁底部有洞穴，宽3.4、高1.8，进深2.2米	自然因素有风雨侵蚀、植物生长等；人为挖掘洞穴等
山底烽火台	古店镇山底村东	1675米	北距岩岗山烽火台0.8千米	土	夯筑而成，含少量砂砾，夯层厚0.18~0.24米	矩形	梯形	底部东、南、西、北长8.3、8.3、8.4、8.5米，顶部东、南、西、北长3.4、3.4、3.3米，残高8.5米	无	无	保存一般。东壁和南壁有洞穴，东壁底部北侧洞穴宽2.3、进深4米，南侧洞穴宽1.4、高2.2、进深4米；东壁中部洞穴宽0.7、高1.4、进深1.6米；南壁底部洞穴宽1.6、高1.7、进深4米	自然因素有风雨侵蚀、植物生长等；人为挖掘洞穴等
北羊坊烽火台	古店镇北羊坊村西北2.3千米	1628米	东南距岩岗山烽火台2.6千米	土	夯筑而成，含少量砂砾，夯层厚0.18~0.24米	矩形	梯形	底部东、南、西、北长9.5、7、9.3、7，残高9.3米	台体周围原有围墙，现无存。围墙内残存墩院院墙基，平面呈矩形，东西26、南北32，残高0.8米	无	保存一般。南壁底部有一椭圆形洞穴	自然因素有风雨侵蚀、植物生长等；人为挖掘洞穴等
北禾庄烽火台	古店镇北禾庄村西2.9千米	1720米	东北距北羊坊烽火台4.1千米	土	夯筑而成，含少量砂砾，夯层厚0.2~0.23米	矩形	梯形	底部东、南、西、北长8.5、9.4、8.7、9.1，残高7.5米	无	无	保存一般	自然因素有风雨侵蚀、植物生长等
东坟烽火台	水泊寺乡东坟村南0.52千米	1078米	无	土	夯筑而成，含少量砂砾，夯层厚0.18~0.23米	矩形	梯形	底部东、南、西、北长8、8.1、8.2米，顶部东、南、西、北长3.8、3.7、3.8、3.6米，残高6.8米	无	无	保存一般。台体有东西向贯通的洞穴，宽1.8米。台基西南部遭遇取土挖掘形成沟槽	自然因素有风雨侵蚀、植物生长等；人为挖掘洞穴、取土挖损等
古城烽火台	水泊寺乡古坡村西北0.6千米	1076米	东北距东坟烽火台2.5千米	土	夯筑而成，含少量砂砾，夯层厚0.1~0.16米	矩形	梯形	底部东、南、西、北长5.4、3.5、7.5、5.5，残高7.6米	无	无	保存一般	自然因素有风雨侵蚀、植物生长等

续表 543

名称	地点	高程	与其他遗存的位置关系	材质	建筑方式	平面形制	剖面形制	尺寸	附属设施	修缮情况	保存状况	损毁原因及存在病害
艾庄烽火台	水泊寺乡艾庄村东南1.1千米	1043米	无	土	夯筑而成，含少量砂砾，夯层厚0.18~0.24米	矩形	梯形	底部东、南、西、北长5、7.4、5.5、7，残高7.6米	无	无	保存一般。西壁底部有洞穴，埋放有棺材	自然因素有风雨侵蚀、植物生长等；人为因素有挖掘洞穴等
山腰圪墩烽火台	马军营乡小石子村西0.6千米	1238米	北距北未庄烽火台3.8千米	土	夯筑而成，含少量砂砾、碎石，夯层厚0.16~0.22米	矩形	梯形	底部东、南、西、北长11、7.4、10.5、7.9米，顶部东、南、西、北长为6.5、4.2、6.2、4.4米，残高7.8米	台基平面呈矩形，东西18，南北26，残高0.4~1.3米	无	保存一般	自然因素有风雨侵蚀、植物生长等
小站烽火台	马军营乡小站村附近	不详	无	不详	不详	不详	不详	不详	不详	不详	不详	不详
玄天庙烽火台	马军营乡小站村附近	不详	无	不详	不详	不详	不详	不详	不详	不详	不详	不详
西坡烽火台	马军营乡小站村西北1.5千米	1107米	东北距小站烽火台2.2千米，东南距玄天庙烽火台2.1千米	土	夯筑而成，含少量砂砾，夯层厚0.18~0.22米	矩形	梯形	底部东、南、西、北长8.4、5.8、8.3、8.3米，顶部东、南、西、北长4.2、4.1、2.4米，残高7.8米	无	无	保存一般。西壁底部南侧有洞穴，高0.6米	自然因素有风雨侵蚀、植物生长等；人为因素有挖掘洞穴等
张寺窑烽火台	云冈镇张寺窑西0.71千米	1197米	东南距西坡烽火台4.5千米	土	夯筑而成，含少量砂砾，夯层厚0.14~0.18米	矩形	梯形	底部东、南、西、北长8.8、8.9、2.8、9米，顶部东、南、西、北长4、4.3、4.4、4.3米，残高8.1米	台体周围有围墙，残存南墙，底宽1.5米，顶宽0.5，残高2.1米，宽0.2~0.25米，夯层厚0.2~0.25米。南墙中部有豁口，宽5米。围墙内残存墩台基，平面呈矩形，东西26，南北18，残高0.4~1米。台体东壁有"〈〉"形登顶坡道或蹬脚窝	无	保存一般	自然因素有风雨侵蚀、植物生长等
云冈烽火台	云冈镇云冈村东北0.6千米	1186米	东北距张寺窑烽火台1.8千米	土	夯筑而成，含少量砂砾、料疆石，夯层厚0.18~0.24米	矩形	梯形	底部东、南、西、北长12、12.5、12、12.6米，顶部东、南、西、北长7.8、8、7.5、8.1米，残高8.9米	台基平面呈矩形，东西30，南北28，残高1.5米	无	保存较好	自然因素有风雨侵蚀、植物生长等；人为因素有基邻种植树种草等

续表 543

名称	地点	高程	与其他遗存的位置关系	材质	建筑方式	平面形制	剖面形制	尺寸	附属设施	修缮情况	保存状况	损毁原因及存在病害
晋华宫烽火台一三〇（彩图三三、三四）	云冈镇晋华宫生活区西0.2千米	1165米	西北距云冈烽火台1.1千米	土	夯筑而成,含少量砂砾,夯层厚0.12~0.17米。顶部有砌石,残高0.5米	矩形	梯形	底部东、南、西、北长6.8、6.9、6.8、7.2米,顶部东、南、西、北长2.4、2.5、3.3、3.3米,残高8.8米	台基仅存痕迹	顶部砌石,应为后期修缮痕迹	保存一般。南壁底部中央有洞穴1.1,进深0.25米	自然因素有风雨侵蚀、植物生长等;人为因素有人挖掘洞穴等
吴官屯东烽火台	云冈镇吴官屯村北0.95千米	1240米	东南距云冈烽火台2.1千米	土	夯筑而成,含少量砂砾、料礓石,夯层厚0.15~0.2米	矩形	梯形	底部东、南、西、北长8.5、8.5、9.6、9.9米,顶部东、南、西、北长4.4、4.5、5.3、5.6米,残高8.6米	台体周围原有围墙,仅残存南墙,底宽1.3~2.5,顶宽0.5,残高0.2~1米。台基平面呈矩形,东西38,南北40,残高1.2米	无	保存一般。东壁底部南侧有洞穴,宽2.3,高1.2,进深2米	自然因素有风雨侵蚀;人为因素有人挖掘洞穴,紧邻台基植树种草等
吴官屯西烽火台	云冈镇吴官屯村西北3.1千米	1247米	东南距云冈烽火台2.5千米	土	夯筑而成,含少量砂砾,夯层厚0.14~0.18米	矩形	梯形	底部东、南、西、北长12、12.5、12.6、13米,顶部东、南、西、北长7.4、8、8.3、8.5米,残高8.2米	台体周围原有围墙,仅残存南墙,底宽1.2~2,顶宽0.5,残高0.2~0.4米。台基平面呈矩形,边长35,残高1.3米	无	保存较好。南壁底部中央有洞穴1.1,高1.2米。东壁有人为踩踏形成的登顶坡道	自然因素有风雨侵蚀;人为因素有人挖掘洞穴、人为踩踏等
姜家湾烽火台	云冈镇姜家湾村北0.78千米	1281米	东北距吴官屯西烽火台2.4千米	土	夯筑而成,含砾石,夯层厚0.14~0.18米	矩形	梯形	底部东、南、西、北长7.5、8、7.4、8.2米,顶部边长4米,残高4.5米	台基平面呈矩形,东西23,南北26,残高0.7米	无	保存一般	自然因素有风雨侵蚀、植物生长等
白庙烽火台	云冈镇白庙村西南1.1千米	1202米	东北距姜家湾烽火台2.6千米	土	夯筑而成,含少量砂砾,夯层厚0.17~0.22米	圆形	梯形	底径8,顶径6.4,残高6.8米	无	无	保存一般。西南壁底部有洞穴,宽0.4,高0.4、0.5米	自然因素有风雨侵蚀、植物生长等
高墩烽火台一三〇（彩图三五、三六）	云冈镇白庙村南1.7千米	1267米	东北距白庙烽火台0.6千米	土	夯筑而成,含砂砾、料礓石,夯层厚0.12~0.15米	圆形	梯形	底部周长30,残高4.5米	无	无	保存一般	自然因素有风雨侵蚀、植物生长等

续表543

名称	地点	高程	与其他遗存的位置关系	材质	建筑方式	平面形制	剖面形制	尺寸	附属设施	修缮情况	保存状况	损毁原因及存在病害
五墩烽火台	云冈镇张家湾村东1.9千米	1202米	东南距高墩烽火台0.57千米	土	夯筑而成,含少量砂砾,夯层厚0.12~0.15米	圆形	梯形	底径9.3,顶径7.4,残高8.2米	台体周围有围墙,底宽1.2~1.8,顶宽0.1~0.4,残高0.1~0.6米。围墙内残存墩烽院基,平面呈圆形,直径18米	无	保存一般	自然因素有风雨侵蚀,植物生长等
高山烽火台	高山镇高山村西南2.2千米	1332米	东距五墩烽火台5.6千米	土	夯筑而成,含少量砂砾,礓石,夯层厚0.13~0.17米	矩形	梯形	底部东、南、西、北长9.4、9.6、9.5、9.8米,顶部东、南、西、北长4.4.4.3、5.4、3.8米,残高8.6米	台基平面呈矩形,东西28,南北30,残高1.3米	无	保存一般	自然因素有风雨侵蚀,植物生长等
北坡烽火台	高山镇东店湾村东北0.95千米	1229米	北距高山烽火台2.4千米	土	夯筑而成,含少量砂砾,礓石,夯层厚0.18~0.23米	矩形	梯形	底部东、南、西、北长9.6、9.4、9.3、9.3米,顶部东、南、西、北长4.3、4.5、4.4、4.5,残高8.4米	无	无	保存一般	自然因素有风雨侵蚀,植物生长等
东店湾烽火台	高山镇东店湾村西北0.297千米	1222米	东距北坡烽火台0.97千米	土	夯筑而成,含少量砂砾,夯层厚0.2~0.24米	矩形	梯形	底部东、南、西、北长11,10.5,10,10米,顶部东、南、西、北长为9.6,6.5,7.8米,残高7.5米	无	无	保存一般	自然因素有风雨侵蚀,植物生长等
辛庄烽火台	高山镇辛庄村东0.229千米	1423米	无	土	夯筑而成,含少量砂砾,夯层厚0.17~0.22米	矩形	梯形	底部东、南、西、北长为5,6,6.5,5,残高7米	无	无	保存一般	自然因素有风雨侵蚀,植物生长等
煤峪口烽火台	平旺乡煤峪口村西北0.937千米	1256米	无	土	夯筑而成,含少量砂砾,碎石,夯层厚0.12~0.17米	矩形	梯形	底部东、南、西、北长9,7.5,9,8.5米,顶部东、南、西、北长6,5,6.5,6.8米,残高6.8米	台体周围有围墙,底宽1.1~1.7,顶宽0.5~1.5,残高0.5~1.2米,东墙设门,现为豁口。围墙内残存墩院,平面呈矩形,东西28,南北27,残高1.3米。台体南壁有登顶坡道,土石混筑而成	无	保存一般	自然因素有风雨侵蚀,植物生长等

续表543

名称	地点	高程	与其他遗存的位置关系	材质	建筑方式	平面形制	剖面形制	尺寸	附属设施	修缮情况	保存状况	损毁原因及存在病害
七峰山烽火台	口泉乡窑子坡村北2.4千米	1244米	东北距煤峪口烽火台4.6千米	土	夯筑而成，含砂砾、碎石，夯层厚0.21~0.23米	矩形	梯形	底部东、南、西、北长9、9.5、10、10米，顶部东、南、西、北长6、5.5、3.5、2.5米，残高6.5米	无	无	保存一般。南、北壁底部有贯通南北的洞穴1，高1.5米	自然因素有风雨侵蚀、植物生长等；人为因素有挖掘掏洞穴等
西万庄烽火台（彩图一三〇七）	口泉乡西万庄村西北0.875千米	1069米	西北距七峰山烽火台4.3千米	土	夯筑而成，含砂砾、碎石，夯层厚0.18~0.22米	矩形	梯形	底部东、南、西、北长11.5、10、11、10.5米，顶部东、南、西、北长8.5、7.5、8、7.5米，残高8.3米	台体周围原有围墙，现无存。围墙内残存墩院院基，平面呈矩形，东西26、南北28，残高1.3米	无	保存一般。南、北壁大洞穴1，高1.2、进深2.5米，小洞宽1，进深1米；北壁洞穴宽1，高1.2，进深2.5米。院基遭取土挖损。台体顶部架设有防雷设施	自然因素有风雨侵蚀、植物生长等；人为因素有农业生产破坏、挖掘掏洞穴、取土挖损，台体顶部架设防雷设施等
张留庄烽火台	口泉乡张留庄村西北1.6千米	1025米	北距万庄堡烽火台3.9千米	土	夯筑而成，含砂砾，夯层厚0.16~0.21米	矩形	梯形	底部东、南、西、北长6、6.5、5、6米，残高6.5米	无	无	保存一般	自然因素有风雨侵蚀、植物生长等；人为因素有农业生产等
常流水烽火台	鸦儿崖乡常流水村南2.4千米	1587米	无	土	夯筑而成，含砂砾，夯层厚0.13~0.17米	矩形	梯形	底部东、南、西、北长7、8、7.5、8.5米，顶部东、南、西、北长5、4.5、5、5.5米，残高4.8米	台体周围原有围墙，现无存。围墙内残存墩院院基，平面呈矩形，东西21、南北23，残高1.8米	无	保存一般。西壁底部中央有洞穴，宽1.2、高1，进深1.5米	自然因素有风雨侵蚀、植物生长等；人为因素有挖掘掏洞穴等
高屯烽火台	雅儿崖乡高屯村	1615米	东北距常流水烽火台5千米	土	夯筑而成，夯层厚0.17~0.21米	矩形	梯形	底部东、南、西、北长7、7.2、7、7，残高6.2米	台体周围原有围墙，现无存。围墙内残存墩院院基，平面呈矩形，东西20、南北21，残高1.5米	无	保存一般。南壁底部中央有洞穴，宽1、高1.2、进深1米	自然因素有风雨侵蚀、植物生长等；人为因素有挖掘掏洞穴等

第二十六章　大同县长城

大同县位于山西省北部，东、北与阳高县、南与浑源县、西与新荣区及南郊区和怀仁县相邻。山西省明代长城资源调查五队从 2008 年 6 月 9～19 日，对该县的明代长城资源进行了调查。

一　长城资源调查数据

大同县共调查堡 15 座、烽火台 27 座（地图二〇）。

（一）堡

详见下表（表 549）。

表 549　大同县堡一览表

所属乡镇	名称
巨乐乡	聚乐堡
周士庄镇	西散岔堡、三十里铺堡、周士庄堡
许堡乡	上庄堡、许家庄堡
峰峪乡	徐疃堡
西坪镇	高家庄堡、大坊城堡
党留庄乡	罗庄堡、邢庄堡
杜庄乡	长安堡
吉家庄乡	旧桥堡、固定桥堡、佛堂寺堡

1. 聚乐堡

位于巨乐乡聚乐堡村中，高程 1270 米。

堡平面呈矩形，坐西朝东，南墙长 488、西墙长 309、北墙长 490 米，周长 1600 米，占地面积

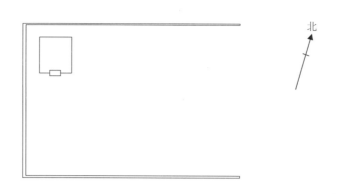

图六九九　聚乐堡平面示意图

150792 平方米。现存主要设施、遗迹有堡墙、堡内粮仓等（图六九九）。堡墙为土墙，夯筑而成，夯层厚 0.13 ~ 0.2 米，墙体底宽 7.95、顶宽 3.1、残高 4 ~ 11.2 米。东、西墙原设城门，城门外有瓮城，瓮城南墙设门，现东、西门及瓮城均无存。堡内西北角有粮仓，粮仓墙体顶宽 3.1、内高 7.4、外高 10.5 米；南墙中部设仓门，砖券拱门，三伏三券，内宽 3.4、外宽 3、内高 5.6、外高 3.8、内进深 2.4、外进深 2.1 米（彩图一三〇八）。

堡整体保存一般。东墙无存，西墙两侧、粮仓南墙南侧有利用墙体修建的房屋和城隍庙，堡内有民居。造成损毁的自然因素有风雨侵蚀，植物生长等；人为因素有居民生活活动破坏、利用墙体修建房屋、取土挖损等。

2. 西散岔堡

位于周士庄镇西散岔村东南 1 千米处，高程 1320 米。

堡平面呈矩形，朝向不详，东墙长 49、南墙长 42、西墙长 48、北墙长 41 米，周长 180 米，占地面积 1979 平方米。现存主要设施、遗迹有堡墙、角台 4 座、马面 4 座等（图七〇〇；彩图一三〇九）。堡墙为土墙，夯筑而成，夯层厚 0.16 ~ 0.2 米，墙体底宽 2.5、顶宽 0.5、残高 1.1 ~ 3.64 米。堡墙四角设角台，西南角台底部凸出墙体 4.65、顶部凸出墙体 2.1、残高 4.11 米，西北角台残高 2.69 米。四堡墙中部各设马面 1 座，南墙马面残高 1.58 米，西墙马面底部宽 2.3、凸出墙体 2.94、残高 3.97 米，北墙马面顶宽 1.1、凸出墙体 1.5、残高 1.6 米。

堡整体保存较差。墙体坍塌损毁严重，堡内建筑无存，内外为耕地。造成损毁的自然因素有风雨侵蚀、植物生长等；人为因素有农业生产活动破坏等。

3. 三十里铺堡

位于周士庄镇三十里铺村西北部，高程 1165 米。

堡平面呈矩形，坐西朝东，周长 212 米，占地面积 2766 平方米。现存主要设施、遗迹有堡墙、城门 1 座、角台 4 座等（图七〇一；彩图一三一〇）。堡墙为土墙，夯筑而成，夯层厚 0.14 ~ 0.19 米，墙体底宽 11.2、顶宽 0.8 ~ 4.5、残高 5.66 ~ 15.13 米。东墙设城门，宽 2.1、高 2.67、进深 11.2 米。堡墙四角设角台，东南角台底部东西 13.45、凸出墙体 6 米，西北角台顶部中央有矩形土

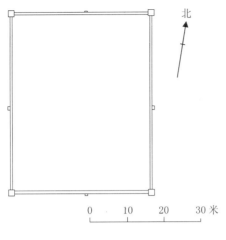

图七〇〇　西散岔堡平面示意图

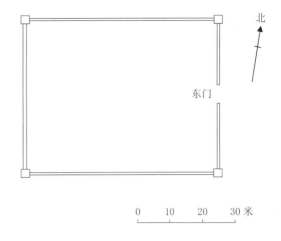

图七〇一　三十里铺堡平面示意图

台，长2.8、宽2.4米。

　　堡整体保存较好。东南角台顶部中央有测绘桩，西南、西北角台顶部有掩体。堡内建筑无存，现为荒地，有废弃的窑洞。造成损毁的自然因素有风雨侵蚀、植物生长等；人为因素有居民生活活动破坏、利用墙体修建窑洞、取土挖损等。

4. 周士庄堡

　　位于周士庄镇周士庄村东北部，高程1121米。

　　堡平面呈矩形，坐北朝南，东墙长148、南墙长72、西墙长140、北墙长75米，周长435米，占地面积10516平方米。现存主要设施、遗迹有堡墙、角台4座等（图七〇二）。堡墙为土墙，夯筑而成，夯层厚0.14～0.21米，墙体底宽4.88～8.33、顶宽0.5、残高8.8～12.1米。南墙设城门1座，现为豁口，宽5.06米。堡墙四角设角台，东北角台残高13.1米；东南角台残高16.7米；西北角台底部西边长11、北边长9.7、凸出墙体4.31、西壁残高13.2米，夯层厚0.2～0.21米。

　　堡整体保存较好。东墙上有利用墙体修建的窑洞，东南角台南壁有利用台体修建的房屋，南墙外壁有利用墙体修建的庙宇"三关寺"；北墙中部有出入堡内外的豁口，宽4.25米，豁口东侧墙壁用红砖加固。堡内建筑无存，有民居。造成损毁的自然因素有风雨侵蚀、植物生长等；人为因素有居民生活活动破坏、利用墙体及角台修建房屋和窑洞、挖断墙体形成通道等。

5. 上庄堡

　　位于许堡乡上庄村北0.15千米处，高程1093米。

　　堡平面呈矩形，坐北朝南，周长256米，占地面积4003平方米。现存主要设施、遗迹有堡墙、城门1座、马面1座和堡内土台等（图七〇三；彩图一三一一）。堡墙为土墙，夯筑而成，夯层厚0.13～0.2米，墙体底宽7.35、顶宽2.4、残存最高12.1米。南门东侧堡墙内壁有登顶坡道，宽1.6米。南墙设城门，高6.5、进深4.37米。马面存南墙上1座，底部长7.4、宽6.34米，顶部长3.95、宽2.17米。堡内东北部有1处土台，平面呈矩形，底部东西11.19、南北12.99米，顶部东西7.4、南北8.47米，残高8.2米，夯层厚0.15～0.18米。土台南壁中部有小洞，内有斜坡通往顶部；顶部中央有圆形坑穴，直径3.5米，与南壁洞穴相通（彩图一三一二）。

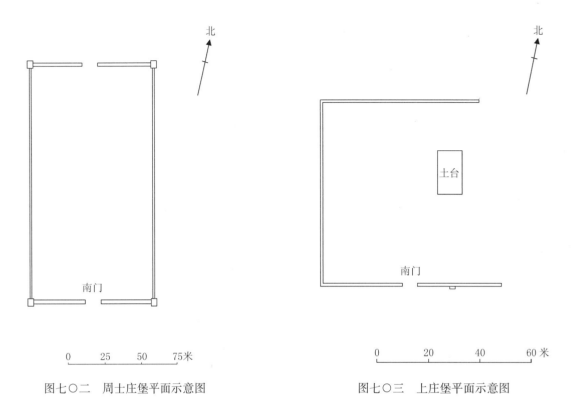

图七〇二　周士庄堡平面示意图　　　　　　　　图七〇三　上庄堡平面示意图

　　堡整体保存一般。东墙及北墙东段无存，堡内为耕地和荒地。造成损毁的自然因素有洪水冲刷、风雨侵蚀、植物生长等；人为因素有农业生产活动破坏等。

6. 许家庄堡

　　位于许堡乡许堡村中，高程 1053 米。

　　堡平面呈矩形，坐北朝南，周长 1400 米，占地面积 10 万平方米。现存主要设施、遗迹有堡墙、城门 1 座、瓮城 1 座、角台 4 座、马面 9 座等（图七〇四）。堡墙为砖墙，外部砖石砌筑，内部为夯土墙体，夯层厚 0.17 ~ 0.23 米，外部砖石大多无存，西墙底宽 7.8 米。南墙设城门 1 座，砖券拱门（测绘图一〇五、一〇六；彩图一三一三）。南门外有瓮城，瓮城东墙长 48 米，东、西墙各设瓮城门 1 座。东瓮城门砖券拱门，三伏三券，宽 2.87、高 3.31、进深 12.19 米（测绘图一〇七、一〇八；彩图一三一四）；西瓮城门现为豁口，宽 4.82、进深 11.8 米。瓮城西墙外发现有 1 块匾额，阴刻"息警"二字，署"万历二十八年（1600 年）岁次庚子九月六日砖包重修"。堡墙四角设角台，东北角台底宽 12.46、凸出墙体 7.55、残高 12 米。东墙存马面 1 座，南墙存马面 2 座，西、北墙各存马面 3 座，西墙北马面底宽 11.54、凸出墙体 5.46、残高 12.23 米，北墙西马面底宽 11.1、凸出墙体 6.11、残高 9.5 米。

　　堡整体保存较好。南墙外壁、北墙内壁有利用墙体修建的窑洞；东墙有两处豁口；西墙中部有出入堡内外的豁口，宽 2 ~ 5 米；北墙中部有豁口，宽 8.62 米，东北角台底部遭取土挖损。堡内建筑无存，堡内有民居，堡外为耕地。造成损毁的自然因素有洪水冲刷、风雨侵蚀、植物生长等；人为因素有农业生产活动破坏、利用墙体修建窑洞、挖断墙体形成通道、取土挖损等。

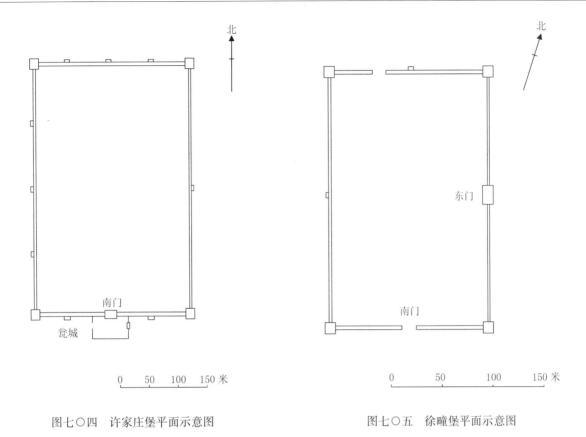

图七〇四　许家庄堡平面示意图　　　　　　　　图七〇五　徐疃堡平面示意图

7. 徐疃堡

位于峰峪乡徐疃村东北，高程 981 米。

堡平面呈矩形，朝向不详，东墙长 243、南墙长 169、西墙长 252、北墙长 161 米，周长 825 米，占地面积 40735 平方米。现存主要设施、遗迹有堡墙、城门 1 座、角台 4 座、马面 2 座等（图七〇五）。堡墙为土墙，北墙底宽 13.05、顶宽 1.5～2.3、残高 12.3 米。东、南墙各设城门 1 座，东门为条石基础的砖券拱门，宽 2.78、高 3.64、进深 6.76 米。东门外侧有匾额"徐疃堡"，系清代重修（彩图一三一五）。南门现为豁口，宽 6.1 米。堡墙四角设角台，东北角台底宽 20.6、凸出墙体 5.2、残高 13.5 米。西、北墙各设马面 1 座，西墙马面宽 29.2、凸出墙体 5.77、残高 5.7 米。

堡整体保存一般。墙体上有利用墙体修建的窑洞，北墙中部有出入堡内外的豁口。堡内建筑无存。堡内有废弃的民居，堡外有民居和耕地。造成损毁的自然因素有风雨侵蚀、植物生长等；人为因素有农业生产活动破坏、利用墙体修建窑洞、挖断墙体形成通道等。

8. 高家庄堡

位于西坪镇高庄村北 0.55 千米处，高程 1121 米。

堡平面呈矩形，朝向不详，东墙长 71、南墙长 65、西墙长 75、北墙长 66 米，周长 277 米，占地面积 4778 平方米。现存主要设施、遗迹有堡墙、角台 4 座等（图七〇六）。堡墙为土墙，夯筑而成，夯层厚 0.15～0.2 米，东墙北段残长 16 米，墙体内高 1.4～4.88、外高 1.1～3.16 米。堡墙四角设角台，东南角台底宽 6.18、凸出墙体 9.6 米、顶宽 2、凸出墙体 4.5 米，残高 7.43 米；西南角台底宽

7.4、凸出墙体6.4米，顶宽2.3、凸出墙体2米，残高8.2米，夯层厚0.2米；西北角台残高8.4米。

堡整体保存较差。东墙北段残长16米，北墙内则有现代坟墓。堡内建筑无存，内外为耕地。造成损毁的自然因素有风雨侵蚀、植物生长等；人为因素有农业生产活动破坏等。

9. 大坊城堡

位于西坪镇大坊城村中，高程1014米。

堡平面呈矩形，坐北朝南，由大堡和大堡内东北部的小堡组成，周长196米，占地面积2272平方米。现存主要设施、遗迹有堡墙、角台2座、马面1座等。堡墙为土墙，夯筑而成，夯层厚0.11～0.27米。小堡墙体顶宽0.6～1.5、内高6.4～12.27、外高8.5～13米。小堡存东北、西北角台，东北角台残高13.69米；西北角台底部东西13.4、南北14.93，顶部东西2.9、南北4.4米，残高16.63米，夯层厚0.12～0.23米。大堡北墙在小堡西北角台西侧存马面1座，凸出墙体7、残高10.1米。

堡整体保存较差。堡墙残存大小堡北墙、小堡东墙和西墙北段。小堡和大堡北墙内壁有利用墙体修建的房屋、窑洞，仅存小堡东北、西北角台，存大堡北墙马面1座。堡内建筑无存。堡内有民居，堡外有耕地。造成损毁的自然因素有风雨侵蚀、植物生长等；人为因素有农业生产活动破坏、利用墙体修建房屋及窑洞等。

10. 罗庄堡

位于党留庄乡罗庄村东，高程1043米。

堡平面呈矩形，坐北朝南，东墙长54、南墙长56、西墙长53、北墙长54米，周长217米，占地面积2995平方米。现存主要设施、遗迹有堡墙、城门1座、瓮城1座、角台4座、马面1座等（图七〇七；彩图一三一六、一三一七）。堡墙为土墙，夯筑而成，夯层厚0.15～0.18米，墙体顶宽1.5～

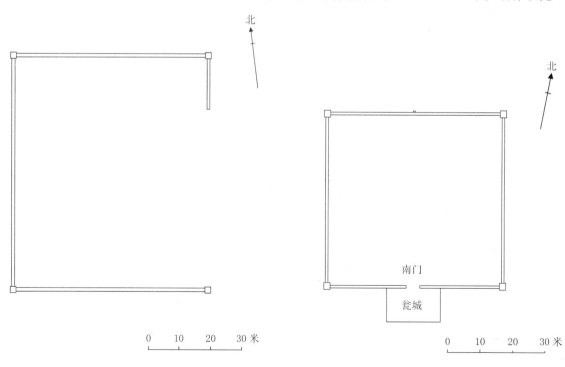

图七〇六　高家庄堡平面示意图　　　　　　　图七〇七　罗庄堡平面示意图

3.6、内高 10～15.16、外高 13～14.7 米。北墙和西南角堡墙内壁有登顶步道，西南角堡墙内壁登顶步道宽 2.9 米。南墙设城门 1 座，宽 3.62 米。南门外有瓮城，平面呈矩形，东西 14.46、南北 9.73 米。瓮城墙体顶宽 1.8、残高 9.6 米，墙体顶部有垛口墙，宽 0.75、残高 0.46 米。瓮城南墙设瓮城门，现被堵，瓮城外西侧有现代庙宇。堡墙四角设角台，东南角台底宽 13.53、凸出墙体 6.67 米；西南角台顶宽 5.8、凸出墙体 4.1、残高 15 米；西北角台顶部有垛口墙，垛口墙顶宽 0.9、残高 0.4 米。存北墙马面 1 座，底宽 14、凸出墙体 6.7 米，顶宽 7.87、凸出墙体 3.5 米。

堡整体保存较好。西墙底部有出入堡内外的洞穴，西、北墙内壁有洞穴，南门外瓮城西侧和东南角台、北墙马面顶部有现代修建的小庙。堡内建筑无存。堡内为耕地，堡外有民居。造成损毁的自然因素有风雨侵蚀、植物生长等；人为因素有农业生产活动破坏、居民生活活动破坏、利用墙体及角台和马面修建庙宇、挖掘洞穴等。

11. 邢庄堡

位于党留庄乡邢庄村中，高程 1031 米。

堡平面呈矩形，朝向不详，东墙长 51、南墙长 56、西墙长 57、北墙长 47 米，周长 211 米，占地面积 2658 平方米。现存主要设施、遗迹有堡墙、角台 3 座等（图七〇八）。堡墙为土墙，西墙顶宽 3.5、残存最高 11.9 米。堡墙四角设角台，东南角台无存，西北角台底宽 15.3、凸出墙体 3.94 米。

堡整体保存一般。堡内建筑无存。堡内为荒地，堡外为民居和耕地。造成损毁的自然因素有风雨侵蚀、植物生长等；人为因素有农业生产活动破坏、取土挖损等。

12. 长安堡

位于杜庄乡长安村西，高程 1015 米。

堡平面呈矩形，坐北朝南，东墙长 195、南墙长 181、西墙长 185、北墙长 204 米，周长 765 米，占地面积 36448 平方米。现存主要设施、遗迹有堡墙、城门 1 座、角台 4 座、马面 6 座等。堡墙为土墙。南墙中部设城门 1 座，砖券拱门，宽 6.62、内高 4.74、外高 6.3、进深 9.58 米。南门外侧有匾额，书"长安村"，内侧有匾额，书"永泰"，署"大清道光十二年（1832年）"，系清代重修。南门顶部有现代修建的小庙（彩图一三一八）。堡墙四角设角台，东北角台底宽 17 米。东、西、北墙各设马面 2 座，西墙 1 座马面底宽 13、凸出墙体 3.5 米。

堡整体保存一般。墙体有数处豁口，东、南墙内壁有利用墙体修建的窑洞，东南、西南、西北角台坍塌损毁严重，西南角台有利用台体修建的窑洞。堡内建筑无存。堡内有废弃的民居，堡外为耕地。造成损毁的自然因素有风雨侵蚀、植物生长；人为因素有农业生产活动破坏、利用墙体及角台修建窑洞等。

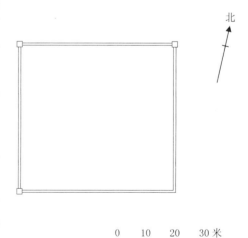

北

0　10　20　30 米

图七〇八　邢庄堡平面示意图

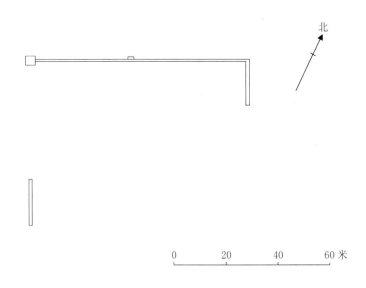

图七〇九　旧桥堡平面示意图

13. 旧桥堡

位于吉家庄乡旧桥村西0.1千米处，高程984米。

堡平面呈矩形，朝向不详。现存主要设施、遗迹有堡墙、角台1座、马面1座等（图七〇九）。堡墙为土墙，夯筑而成，夯层厚0.17~0.22米，南墙消失无存，东墙残存北段，西墙残存南段，北墙基本完整，墙体底宽2.6、顶宽0.4~1.2、残高3.03~7.64米。堡墙四角设角台，仅存西北角台，底部宽10.46、凸出墙体4.68、残高10.6米。北墙马面顶宽4.67、凸出墙体3.3、残高5.42米，夯层厚0.16~0.24米，顶部有挖掘形成的凹坑。

堡整体保存较差。北墙内壁有利用墙体修建的房屋，北墙中部有豁口。堡内建筑无存。堡内外为耕地，有少量民居。造成损毁的自然因素有风雨侵蚀、植物生长等；人为因素有农业生产活动破坏、利用墙体修建房屋、取土挖损等。

14. 固定桥堡

又称堡圪墩，位于吉家庄乡固定桥村东，高程985米。

堡平面呈矩形，朝向不详，东墙方向为北偏西45°。现存主要设施、遗迹有堡墙、角台2座等（图七一〇）。堡墙为土墙，夯筑而成，残存东北墙和东南墙，东北墙残高0.8~4.8米。堡墙四角设角台，西北角台无存；东角台底宽5.5、凸出墙体9.66米，顶宽0.8、凸出墙体2.3米，残高7.46米，夯层厚0.16~0.21米；南角台顶残宽0.8、凸出墙体10.63、残高12.5米。

堡整体保存较差。东南墙有三处豁口。堡内建筑无存。堡内为荒地，堡外为耕地。造成损毁的自然因素有风雨侵蚀、植物生长等；人为因素有农业生产活动破坏、取土挖损等。

15. 佛堂寺堡

又称望楼，位于吉家庄乡佛堂寺村中，高程1003米。

堡平面呈矩形，坐西朝东，东西70、南北78米，周长296米，占地面积5460平方米。现存

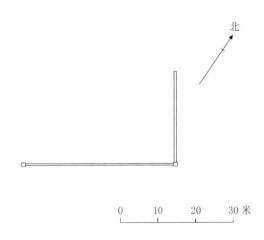

图七一〇　固定桥堡平面示意图

主要设施、遗迹有堡墙、瓮城1座、角台3座、马面2座等。堡墙为土墙，东墙北段和北墙东段消失无存，东墙残长34、北墙残长35米，东墙底宽4.94、顶部最宽2.1米，南墙残高4.41~6.94米。东、西墙各设城门1座，东门无存。东门外有瓮城，平面呈矩形，东墙残长17、南墙长18米，瓮城墙体顶宽1.9、残高3.8米。西门现为豁口，宽6.52米。堡墙四角设角台，东北角台无存，角台凸出墙体6.1、残高10.81米。南、北墙中部各设马面1座，南墙马面底宽14.39、凸出墙体6.79米，顶宽4.9、凸出墙体4.3米，残高10.34米；北墙马面顶宽4、凸出墙体6.6、残高8.69米。

堡整体保存一般。堡内建筑无存。堡内有民居，南墙附近有耕地。造成损毁的自然因素有风雨侵蚀、植物生长等；人为因素有农业生产活动破坏、居民生活活动破坏、利用墙体修建房屋及窑洞等。

（二）单体建筑

大同县共调查烽火台27座（表550，见本章末附表）。

二　长城资源调查资料分析

（一）城堡

大同县共调查堡15座。

1. 堡的形制、残存设施和遗迹

详见下表（表551）。

表 551　大同县堡形状、尺寸、残存设施遗迹及保存状况一览表

名称	形状	朝向	周长（米）	面积（平方米）	残存设施遗迹	保存状况
聚乐堡	矩形	坐西朝东	1600	150792	堡墙、堡内粮仓等	一般
西散岔堡	矩形	朝向不详	180	1979	堡墙、角台 4 座、马面 4 座等	较差
三十里铺堡	矩形	坐西朝东	212	2766	堡墙、城门 1 座、角台 4 座等	较好
周士庄堡	矩形	坐北朝南	435	10516	堡墙、角台 4 座等	较好
上庄堡	矩形	坐北朝南	256	4003	堡墙、城门 1 座、马面 1 座、堡内土台等	一般
许家庄堡	矩形	坐北朝南	1400	100000	堡墙、城门 1 座、瓮城 1 座、角台 4 座、马面 9 座等	较好
徐疃堡	矩形	朝向不详	825	40735	堡墙、城门 1 座、角台 4 座、马面 2 座等	一般
高家庄堡	矩形	朝向不详	277	4778	堡墙、角台 4 座等	较差
大坊城堡	矩形	坐北朝南	196	2272	由大堡和大堡内东北部的小堡组成 堡墙、角台 2 座、马面 1 座等	较差
罗庄堡	矩形	坐北朝南	217	2995 平	堡墙、城门 1 座、瓮城 1 座、角台 4 座、马面 1 座等	较好
邢庄堡	矩形	朝向不详	211	2658	堡墙、角台 3 座等	一般
长安堡	矩形	坐北朝南	765	36448	堡墙、城门 1 座、角台 4 座、马面 6 座等	一般
旧桥堡	矩形	朝向不详	不详	不详	堡墙、角台 1 座、马面 1 座等	较差
固定桥堡	矩形	朝向不详	不详	不详	堡墙、角台 2 座等	较差
佛堂寺堡	矩形	坐西朝东	296	5460	堡墙、瓮城 1 座、角台 3 座、马面 2 座等	一般

　　大同县 15 座堡平面均呈矩形，其中大坊城堡由大堡和大堡内东北部的小堡组成。堡的朝向，除 6 座不详外，其余有 6 座坐北朝南，3 座坐西朝东。对照新荣区关堡大小的分类标准可见，除旧桥堡、固定桥堡周长、占地面积不详外，大同县的堡以小型居多，有 11 座，有 2 座大型堡，与新荣区关堡以大型堡为主的特点相异。

　　堡墙绝大多数为土墙，夯筑而成，夯层厚 0.11 ~ 0.27 米。一座堡为砖墙，即许家庄堡，外部砖石砌筑，内部为夯土墙体，夯层厚 0.17 ~ 0.23 米。该堡就规模而言，是一座大型堡（表 552）。

表 552　大同县堡墙体建筑方式及尺寸一览表

名称	墙体建筑方式	尺寸（米）		
		底宽	顶宽	残高
聚乐堡	土墙。夯筑而成，夯层厚 0.13 ~ 0.2 米	7.95	3.1	4 ~ 11.2
西散岔堡	土墙。夯筑而成，夯层厚 0.16 ~ 0.2 米	2.5	0.5	1.1 ~ 3.64
三十里铺堡	土墙。夯筑而成，夯层厚 0.14 ~ 0.19 米	11.2	0.8 ~ 4.5	5.66 ~ 15.13
周士庄堡	土墙。夯筑而成，夯层厚 0.14 ~ 0.21 米	4.88 ~ 8.33	0.5	8.8 ~ 12.1
上庄堡	土墙。夯筑而成，夯层厚 0.13 ~ 0.2 米	7.35	2.4	残存最高 12.1

续表 552

名称	墙体建筑方式	尺寸（米）		
		底宽	顶宽	残高
许家庄堡	砖墙。外部砖石砌筑，内部为夯土墙体，夯层厚0.17～0.23米。外部砖石大多无存	7.8	不详	不详
徐疃堡	土墙	13.05	1.5～2.3	12.3
高家庄堡	土墙。夯筑而成，夯层厚0.15～0.2米	不详	不详	内高1.4～4.88、外高1.1～3.16
大坊城堡	土墙。夯筑而成，夯层厚0.11～0.27米	不详	小堡0.6～1.5	小堡内高6.4～12.27、外高8.5～13
罗庄堡	土墙。夯筑而成，夯层厚0.15～0.18米	不详	1.5～3.6	内高10～15.16、外高13～14.7
邢庄堡	土墙	不详	3.5	残存最高11.9
长安堡	土墙	不详	不详	不详
旧桥堡	土墙。夯筑而成，夯层厚0.17～0.22米	2.6	0.4～1.2	3.03～7.64
固定桥堡	土墙。夯筑而成	不详	不详	0.8～4.8
佛堂寺堡	土墙	4.94	最宽2.1	4.41～6.94

至于除堡墙墙体外的设施和遗迹，由于保存原因，现存并不能反映其原始风貌。主要设施遗迹的种类有城门、瓮城、角台、马面等常见的墙体设施，聚乐堡内有粮仓，上庄堡内有土台。

2. 堡的分布特点

大同县堡有2座堡位于县境北部山地，其余位于中部的平川盆地。堡主要分布于县境内重要的交通要道沿线和桑干河沿岸，北部（北）京包（头）铁路和301省道沿线有聚乐堡、西散岔堡、三十里铺堡、周士庄堡、高家庄堡；中部大（同）秦（皇岛）铁路和宣（化）大（同）高速沿线有上庄堡、许家庄堡、大坊城堡；西南部203省道沿线有罗庄堡、邢庄堡、长安堡、旧桥堡、固定桥堡；桑干河沿线有佛堂寺堡、固定桥堡、旧桥堡、徐疃堡。

堡的附近分布有或多或少的烽火台，形成联系紧密的防御体系。

3. 堡的保存状况

大同县堡保存较好者4座、一般者6座、较差者5座。堡墙坍塌损毁，部分段消失，砖墙者砖石大多损毁，城门多为豁口或消失，部分角台、马面消失。堡内建筑几乎无存。造成损毁的自然因素有洪水冲刷、风雨侵蚀、植物生长等；人为因素有农业生产活动破坏、居民生活活动破坏、利用墙体及角台和马面修建房屋和窑洞、挖掘洞穴、挖断墙体形成通道、取土挖损等。

（二）烽火台

大同县共调查烽火台27座。

（1）烽火台的类型与形制

大同县烽火台材质类型均为土质,夯筑而成,含砂砾、料礓石、碎石等,夯层厚0.11～0.27米。平面形制有矩形和圆形两类,矩形台体占绝大多数,有26座,圆形台体仅1座,剖面形制均呈梯形。矩形台体底部周长17.4～68.84、残高3.41～13.1米,圆形台体底部周长45.2、残高4.1米(表553)。

表553　大同县烽火台材质、形制及保存状况一览表(单位:米)

名称	材质	平面形制	剖面形制	底部周长	残高	保存状况
边墙烽火台	土	矩形	梯形	29.2	7.31	一般
五里台烽火台	土	矩形	梯形	68.84	8.95	一般
鹰嘴墩烽火台	土	矩形	梯形	40.54	8.65	一般
西关烽火台	土	圆形	梯形	45.2	4.1	一般
山羊落烽火台	土	矩形	梯形	35	7.7	一般
山自造烽火台	土	矩形	梯形	32.6	不详	一般
上庄2号烽火台	土	矩形	梯形	43.8	9.8	较好
上庄1号烽火台	土	矩形	梯形	40.2	10.7	较好
西水峪烽火台	土	矩形	梯形	34.9	10.2	较好
石仁烽火台	土	矩形	梯形	42.4	10.8	较好
五十里铺烽火台	土	矩形	梯形	36.1	8.67	一般
三十里铺2号烽火台	土	矩形	梯形	26.7	7.3	一般
三十里铺1号烽火台	土	矩形	梯形	48	13.1	较好
二十里铺烽火台	土	矩形	梯形	37.9	7.8	一般
肖家窑头子1号烽火台	土	矩形	梯形	29.9	5.29	一般
肖家窑头子2号烽火台	土	矩形	梯形	48.7	9.23	一般
堡村烽火台	土	矩形	梯形	38.2	7.6	一般
北石山烽火台	土	矩形	梯形	50.1	9.75	较好
吉家会烽火台	土	矩形	梯形	17.4	3.41	较差
寺儿烽火台	土	矩形	梯形	50.6	9.3	一般
大坊城烽火台	土	矩形	梯形	36	4.29	一般
郭家窑头烽火台	土	矩形	梯形	28.3	7.34	一般
独树1号烽火台	土	矩形	梯形	34.4	5.57～6.68	一般
独树2号烽火台	土	矩形	梯形	50.1	10.2	一般
独树3号烽火台	土	矩形	梯形	33.6	7.1	一般
邢庄烽火台	土	矩形	梯形	24.1	6.95	一般
固定桥烽火台	土	矩形	梯形	27.1	6.65	一般

烽火台附属设施有围墙、围墙内墩院院基等,固定桥烽火台西南壁有登顶阶梯,上庄2号烽火台墩院院基北侧有东西向土墙。

(2)烽火台的分布特点

①大同县烽火台一方面以堡为中心布置,另一方面与堡的分布特点一致,沿县境内重要的交通要道沿线和桑干河沿岸分布。

②尝试对土质矩形烽火台进行了大小的划分,依据烽火台的底部周长,按≥50、40～50、<40米

三个标准进行分类，以残高作为参考（表554）。

表554　大同县土质矩形烽火台的分类

	底部周长分类	底部周长范围（米）	数量（座）	百分比（%）	残高（米）
大型台体	≥50 米	50.1～68.84	4	14.8	8.95～10.2
中型台体	40～50 米	40.2～48.7	7	25.9	8.65～13.1
小型台体	<40 米	17.4～38.2	16	59.3	3.41～10.2
合计		17.4～68.84	27	100	3.41～13.1

从上表中可以看出，土质矩形烽火台以小型台体占大多数，其次是中型台体，大型台体很少。这种特点与新荣区、南郊区土质矩形烽火台以小型台体为主的特点一致。

（3）烽火台保存状况

烽火台有6座保存较好、20座保存一般、1座保存较差。造成损毁的自然因素有风雨侵蚀、植物生长等；人为因素有农业生产活动破坏、修建房屋及窑洞破坏、挖掘洞穴、取土挖损、人为踩踏、台体顶部栽立测绘标志、修路挖损破坏墩院院基、墩院院基上挖掘沟渠及立电线杆、种植小树等。

三　自然与人文环境

（一）自然环境

大同县位于山西省北部，主要是第四纪地层分布区域。第四纪地层由细砂、泥灰岩、红色土、黄土及近代冲积层组成。大同县地势南北高、中间低，南部为恒山山地，北部为采凉山山地，中部为桑干河河谷盆地。桑干河从西南向东北流经县境，建有册田水库。属温带大陆性半干旱季风气候，年均气温6.4℃，年均降水量400毫米。县境土壤主要有淡栗钙土、淡栗钙土性土。植被属于暖温带落阔叶林带向温带草原的过渡区域类型。

（二）人文环境

大同县村庄居民以农业和家畜饲养业为主。交通便利，京包铁路和301省道位于县境北部，大秦铁路、宣大高速公路、109国道和302/339省道（或339省道）东西向贯穿县境中部，203省道位于县境西南部。

四　保护与管理状况

大同县长城资源的保护管理机构是大同县文物管理所。目前有关长城资源的保护范围、建设控制地带、保护标志、记录档案等工作有待规定或完善。

表550　大同县烽火台一览表

名称	地点	高程	与其他遗存的位置关系	材质	建筑方式	平面形制	剖面形制	尺寸	附属设施	修缮情况	保存状况	损毁原因及存在病害
边墙烽火台	巨乐乡边墙村西南0.75千米	1580米	无	土	夯筑而成,夯层厚0.14~0.21米	矩形	梯形	底部东西7.6米,南北7.6米,顶部东西3.09米,南北2.51米,残高7.31米	台体周围原有围墙,现无存。围墙内残存墩院院基,平面呈矩形,东西17.49,南北18.17,残高3.58米	无	保存一般	自然因素,有风雨侵蚀,植物生长等
五里台烽火台	巨乐乡五里台村西南0.2千米	1216米	西南距聚乐堡2.8千米	土	夯筑而成,含砂砾、碎石,夯层厚0.17~0.25米	矩形	梯形	底部东西18.05,南北16.37米,顶部边长7米,残高8.95米	台体周围原有围墙,现无存。围墙内残存墩院院基,平面呈矩形,东西3.55米,南北0.17~0.22米	无	保存一般。墩院院基,北侧大部分因修路挖损破坏,东南侧有现代修建墩院院基等	自然因素,有风雨侵蚀,植物生长等;人为因素,有路挖破损墩院院基的小庙
鹰嘴墩烽火台(彩图一三一九)	巨乐乡鹰嘴墩村西南0.2千米	1439米	东南距聚乐堡3.5千米。北距边墙烽火台3.3千米	土	夯筑而成,含碎石,夯层厚0.17~0.25米	矩形	梯形	底部东西9.78,南北10.49米,顶部东西1.67米,残高8.65米	无	无	保存一般。紧邻南壁有砖房	自然因素,有风雨侵蚀,植物生长等;人为因素,有建房屋墩基等
西关烽火台	巨乐乡西关村西南1千米	1331米	东北距聚乐堡2.2千米	土	夯筑而成,含砂砾,夯层厚0.16~0.24米	圆形	梯形	底径14.39,残高4.1米	台体周围原有围墙,现无存。围墙内残存墩院院基,平面呈矩形,东西23.76,南北26.6,残高1.5米	无	保存一般。台体周部有高压电线塔架	自然因素,有风雨侵蚀,植物生长等
山羊落烽火台	巨乐乡山羊落村东南1.3千米	1409米	无	土	夯筑而成,含砂砾,夯层厚0.16~0.24米	矩形	梯形	底部东西9.37,南北8.13,残高7.7米	台体周围原有围墙,现无存。围墙内残存墩院院基,平面呈矩形,东西25.35,南北25.34,残高1.9米	无	保存一般	自然因素,有风雨侵蚀,植物生长等
山自造烽火台	巨乐乡山自造村东北1.1千米	1298米	西北距山羊落烽火台5.6千米	土	夯筑而成,含砂砾,夯层厚0.15~0.2米	矩形	梯形	底部东西8.98,南北7.31米	台体周围有围墙,仅存地面痕迹。围墙内残存墩院院基,东西25.58,南北26.58,残高2.27~2.48米。围墙南墙设门,现无存;墩院院基南侧有豁口,宽6.27米	无	保存一般	自然因素,有风雨侵蚀,植物生长等

续表550

名称	地点	高程	与其他遗存的位置关系	材质	建筑方式	平面形制	剖面形制	尺寸	附属设施	修缮情况	保存状况	损毁原因及存在病害
上庄2号烽火台（彩图一三二〇）	周士庄镇上庄村北1.9千米	1562米	无	土	夯筑而成，夯层厚0.15～0.2米	矩形	梯形	底部东西10.47、南北11.43米，顶部东西22.57、南部东西5.4米，残高9.8米	台体周围原有围墙，现无存。围墙内残存墩院院基，平面呈矩形，东西27.56米，夯层厚3.1米、0.24米。墩院东侧有院基北向土墙	无	保存较好。南壁底部中央有洞穴	自然因素有风雨侵蚀、植物生长等；人为因素有挖掘洞穴等
上庄1号烽火台	周士庄镇上庄村北1.7千米	1512米	西南距西散岔堡3.2千米，西北距上庄2号烽火台0.32千米	土	夯筑而成，夯层厚0.15～0.2米	矩形	梯形	底部东西10.32、南北9.8，残高10.7米	台体周围原有围墙，现无存。围墙内残存墩院院基，平面呈矩形，东西27.34、南北24.18米，夯层厚3.46米，残高0.17～0.25米	无	保存较好	自然因素有风雨侵蚀、植物生长等
西水峪烽火台（彩图一三二一）	周士庄镇西水峪村北0.2千米	1372米	东南距西散岔堡3.3千米	土	夯筑而成，夯层厚0.17～0.2米	矩形	梯形	底部东西9.3、南北8.17米，顶部东西5.08、南北3.68米，残高10.2米	台体周围原有围墙，残存0.9米。围墙内残存院基，平面呈矩形，东西28.38、南北28.1米，高3米	无	保存较好。西壁底部中央有洞穴，宽0.6、高0.8、进深5.93米。西北角有人为踩踏形成的登顶坡道	自然因素有风雨侵蚀、植物生长等；人为因素有农业生产活动破坏、挖掘洞穴、人为踩踏等
石仁烽火台（彩图一三二二）	周士庄镇石仁村西北1.2千米	1405米	东北距西水峪烽火台2.7千米	土	夯筑而成，夯层厚0.12～0.17米	矩形	梯形	底部东西9.89、南北11.32米，顶部东西4.13、南北4.11米，残高10.8米	无	无	保存较好。南壁有洞穴，宽1.64、高2.11、进深1.93米	自然因素有风雨侵蚀、植物生长等；人为因素有挖掘洞穴等
五十里铺烽火台	周士庄镇五里铺村东0.35千米	1310米	东距西关烽火台2.2千米	土	夯筑而成，含碎石，夯层厚0.12～0.21米	矩形	梯形	底部东西8.37、南北9.7米，顶部东西3.6、南北4.1米，残高8.67米	台体周围原有围墙，现无存。围墙内残存墩院院基，平面呈矩形，东西25.53、南北24.55米，高1米	无	保存一般。南壁下部东侧有洞穴，宽2.02、高0.78、进深6.56米。与东壁南侧洞穴相通：西侧有盘洞，宽2.39、高3.18、进深4.34米；北壁有人为踩踏形成的登顶坡道	自然因素有风雨侵蚀、植物生长等；人为因素有修建窨洞、挖掘洞穴、人为踩踏等

续表550

名称	地点	高程	与其他遗存的位置关系	材质	建筑方式	平面形制	剖面形制	尺寸	附属设施	修缮情况	保存状况	损毁原因及存在病害
三十里铺2号烽火台（彩图一三二三）	周土庄镇三十里铺村东北0.8千米	1175米	东北距西散岔堡4.7千米,距五十里铺烽火台6.7千米,西南距三十里铺堡1.4千米	土	夯筑而成,含少量碎石,夯层厚0.14~0.19米	矩形	梯形	底部东西5.96,南北7.41米,顶部东西2.79,南北3.39米,残高7.3米	无	无	保存一般。紧邻台体东壁有砖房,南侧有电线杆,西壁遭挖掘机挖损	自然因素有风雨侵蚀,植物生长等;人为因素有修建房屋破坏,取土挖损等
三十里铺1号烽火台	周土庄镇三十里铺村南	1161米	东北距三十里铺堡0.62千米,东南距土庄堡3.1千米	土	夯筑而成,含砂砾,夯层厚0.16~0.22米	矩形	梯形	底部东西12.4,南北11.6米,顶部东西3.6,南北3.6米,残高13.1米	无	无	保存较好。南壁中部有窑洞,宽2.43,高1.36,进深3.8米,西壁有人为踩踏形成的窑顶坡道	自然因素有风雨侵蚀,植物生长等;人为因素有修建窑洞,人为踩踏等
二十里铺烽火台（彩图一三二四）	周土庄镇二十里铺村中偏南部	1096米	东北距二十里铺1号烽火台2.9千米	土	夯筑而成,夯层厚0.22~0.25米	矩形	梯形	底部东西9.31,南北9.66,残高7.8米	台体北侧有围墙,平面呈矩形,东墙长101,南墙残长124,北墙长98,西墙长117米。东墙夯层墙底宽0.18~0.22米,南墙顶宽2.9米,北墙顶宽0.7,残高5.1米,夯层厚0.16~0.2米	无	保存一般。东壁紧邻新建的庙宇。南壁有两孔窑洞,东侧窑洞宽0.96,进深3.46米,西窑洞宽3.98米,进深1.25米。北壁有现代补砌的砖石,台体顶部有测绘标志	自然因素有风雨侵蚀,植物生长等;人为因素有修建房屋及窑洞破坏,台体顶部栽立测绘标志等
肖家窑头1号烽火台	许家乡肖家窑头东1.3千米	1029米	东北距上庄堡3.6千米	土	夯筑而成,含夯层厚0.14~0.16米	矩形	梯形	底部东西5.9,南北2.4,顶部东西2.5,南北5.29米,残高	无	无	保存一般。台体建于汉墓封土上	自然因素有风雨侵蚀,植物生长等
肖家窑头2号烽火台（彩图一三二五）	许家乡肖家窑头东北1.2千米	1129米	西距许家庄堡2.1千米,东南距肖家窑头1号烽火台2.2千米	土	夯筑而成,夯层厚0.2~0.24米	矩形	梯形	底部东西11.51,南北12.85米,顶部东西6.94,南北7.23,残高9.23米	台体四周有围墙,平面呈土垄状。围墙内残存墩院基,平面呈矩形,东西30.66,南北33.69,残高0.76米	无	保存一般。墩院处有电线杆立基上栽植的小树	自然因素有风雨侵蚀,植物生长等;人为因素有在墩院基上栽立电线杆,种植小树等

续表550

名称	地点	高程	与其他遗存的位置关系	材质	建筑方式	平面形制	剖面形制	尺寸	附属设施	修缮情况	保存状况	损毁原因及存在病害
堡村烽火台	许堡乡堡村西北2.25千米	1007米	西南距徐疃堡11.3千米，西北距肖家窑头1号烽火台5.1千米	土	夯筑而成，夯层厚0.11~0.13米	矩形	梯形	底部东西8.51，南北10.61米，顶部东西4.58，南北5.98米，残高7.6米	台体周围原有围墙，现无存。围墙内残存墩院院基，平面呈矩形，东西32.34，南北32.81米	无	保存一般	自然因素有风雨侵蚀，植物生长等
北石山烽火台（彩图一三二六）	瓜园乡北石山村北1.2千米	1090米	东距许家庄堡10.7千米	土	夯筑而成，夯层厚0.18~0.24米	矩形	梯形	底部东西11.84，南北13.23米，顶部东西5.86，南北6.17米，残高9.75米	台体周围有围墙，平面呈矩形，西墙宽1.55米。围墙内残存墩院院基，平面呈矩形，东西28.3，南北25.2米，夯层厚0.17~0.25米	无	保存较好。台壁有数处洞穴。墩院基南部损毁，有两处矩形回坑，倾倒有现代建筑垃圾	自然因素有风雨侵蚀，植物生长等；人为因素有挖掘洞穴等
吉家会烽火台	峰峪乡吉家会村北0.2千米	979米	东北距徐疃堡7.2千米，西南距旧桥堡11.2千米	土	夯筑而成，夯层厚0.12~0.14米	矩形	梯形	底部东西4.8，南北3.9米，顶部东西3.5，南北3.3米，残高3.41米	无	无	保存较差	自然因素有风雨侵蚀，植物生长等；人为因素有农业生产活动破坏等
寺儿烽火台（彩图一三二七）	西坪镇寺儿村北1.15千米	1033米	西北距大坊城堡2.8千米，东距石山烽火台5千米	土	夯筑而成，含料礓石，夯层厚0.23~0.27米	矩形	梯形	底部东西13.18，南北12.1，残高9.3米	无	无	保存一般。东壁有人为踩踏形成的登顶坡道。台体位于民居院内，南侧有狗窝	自然因素有风雨侵蚀，植物生长等；人为因素有取土挖损，人为踩踏等
大坊城烽火台	西坪镇大坊城村西南0.85千米	1041米	东北距大坊城堡1.1千米	土	夯筑而成，含砂砾、碎石，夯层厚0.18~0.23米	矩形	梯形	底部东西9.61，南北8.39米，顶部东西4.3，南北3.2米，壁残高4.29米	无	无	保存一般。台体顶部有水泥桩	自然因素有风雨侵蚀，植物生长等；人为因素有在台体顶部栽立水泥桩等
郭家窑头烽火台	倍加皂镇郭家窑头村东北1.6千米	1037米	东北距大坊城烽火台1.1千米	土	夯筑而成，夯层厚0.14~0.18米	矩形	梯形	底部东西8.09，南北6.07米，顶部东西5.3，南北3米，残高7.34米	无	无	保存一般。台体东壁底部堆土遭取土挖损	自然因素有风雨侵蚀，植物生长等；人为因素有取土损毁等

续表550

名称	地点	高程	与其他遗存的位置关系	材质	建筑方式	平面形制	剖面形制	尺寸	附属设施	修缮情况	保存状况	损毁原因及存在病害
独树1号烽火台	倍加皂镇独树村西南0.9千米	1037米	东南距郭家窑头烽火台5.8千米	土	夯筑而成，含砂砾，夯层厚0.23~0.27米	矩形	梯形	底部东西6.6、南北10.59米，顶部东西3.81~4.21米，南壁残高5.57、北壁残高6.68米	台体周围原有围墙，现无存。围墙内残存墩院院基，平面呈矩形，东西27.55、南北22.8，残高1.4米	无	保存一般。台体东南角有窨洞，残宽4.52米；东壁北部有人为踩踏形成的登顶脚窝；顶部北侧有半圆形凹坑，直径1.5、深1.1米。墩院基西部有挖掘院的沟渠	自然因素有风雨侵蚀、植物生长等；人为因素有修建窨洞、取土挖损，人为踩踏，在墩院基上挖掘沟渠等
独树2号烽火台	倍加皂镇独树村中北部	1063米	东南距独树1号烽火台0.15千米	土	夯筑而成，夯层厚0.15~0.19米	矩形	梯形	底部东西13.74、南北11.33米，顶部东西5.69米，北部残高10.2米	台体周围有围墙，仅残存南墙，长27.86，底宽2.9、残高6.8米，夯层厚0.2~0.22米。南墙东段设门，为砖券拱门	无	保存一般	自然因素有风雨侵蚀、植物生长等；人为因素有取土挖损等
独树3号烽火台	倍加皂镇独树村北0.02千米	1069米	西南距独树2号烽火台0.1千米	土	夯筑而成，含碎石，夯层厚0.15~0.19米	矩形	梯形	底部东西8.31、南北8.48米，顶部东西4.7、南北4.2米，残高7.1米	无	无	保存一般	自然因素有风雨侵蚀、植物生长等；人为因素有农业生产活动破坏等
邢庄烽火台	党留乡邢庄村南	1021米	西北距邢庄堡1.7千米	土	夯筑而成，夯层厚0.14~0.17米	矩形	梯形	底部东西5.88、南北6.16米，顶部东西5.21、南北6.95米，残高	无	无	保存一般。南部中央有洞穴	自然因素有风雨侵蚀、植物生长等；人为因素有农业生产挖掘洞穴等
固定桥烽火台（彩图一三二八）	吉家庄乡固定桥村东南0.25千米	989米	西北距固定桥堡0.37千米	土	夯筑而成，夯层厚0.27~0.3米	矩形	梯形	底部东南6.53、西南7米，顶部东北3.5、东南3.2米，残高6.65米	西南壁有登顶阶梯	无	保存一般。台体东南壁下部有窨洞，顶部原有一座小庙，顶部和周围散落有现代灰砖。台体边缘有现代活动所在的夯土墙体	自然因素有风雨侵蚀、植物生长等；人为因素有农业生产活动破坏，修建窨洞等

第二十七章　怀仁县长城

怀仁县位于山西省北部，北与大同市、东与大同县、东南与浑源县、南与应县、西与山阴县和左云县交界。山西省明代长城资源调查五队从 2007 年 10 月 19 日~11 月 21 日，对该县明代长城资源进行了调查。

一　长城资源调查数据

怀仁县共调查堡 32 座，单体建筑烽火台 29 座（地图二一）。

（一）关堡

详见下表（表 555）。

表 555　怀仁县城堡一览表

所属乡镇	关堡名称	数量（座）
毛家皂镇	南彦庄村堡、大寨村堡、温庄堡、毛皂堡、后村堡、秀女村堡、边店堡、霸王店堡、东作里堡、柳东营堡	10
马辛庄乡	南米庄堡	1
海北头乡	陈庄堡、西安堡、神嘴窝村堡、高镇子村堡	4
河头乡	王皓疃村堡、百谷寨村堡	2
云中镇	秦城堡、怀仁城、石井堡、羊圈沟堡	4
何家堡乡	何家堡堡	1
亲和乡	晏头村堡、亲和村堡、安大庄村堡、石庄村堡、阎家寨村堡、南阜村堡	6
新家园镇	赵麻寨村堡	1
吴家窑镇	吴家窑堡	1
金沙滩镇	第三作村堡、刘晏庄村堡	2
合计		32

1. 南彦庄村堡

位于毛家皂镇南彦庄村内东部，高程 1020 米。

堡平面呈矩形，坐北朝南，边长 64 米，周长 256 米，占地面积 4096 平方米。现存主要设施、遗迹有部分堡墙、角台 3 座等（图七一一）。堡墙为土墙，黄土夯筑而成，夯层厚 0.13 ~ 0.2 米，墙体底宽 4.8、顶宽 1.6 ~ 2.7、残高 2 ~ 9.4 米。东墙残存东北角台处 4 米；北墙残存东段 38 米；南墙中部有豁口，宽 3.5 米。存角台 3 座，保存较好，均直角凸出于墙体，东南角台无存；东北角台平面呈矩形，顶部东西 8.77、南北 8.6、向东凸出墙体 4.87、向北凸出墙体 4.57、残高 11.05 米。

堡整体保存一般。墙体坍塌损毁严重，部分段无存，北墙内壁有利用墙体修建的窑洞；堡内建筑无存。造成损毁的自然因素主要是风雨侵蚀、植物生长等；人为因素主要是利用墙体修建窑洞、挖断墙体开通便道等。

2. 大寨村堡

位于毛皂镇大寨村北，高程 1022 米。

堡平面呈矩形，朝向不明，周长 800 米，占地面积 39631 平方米。现存主要设施、遗迹有部分堡墙、角台 3 座、马面 4 座等（图七一二）。堡墙为土墙，黄土夯筑而成，含细砂，夯层厚 0.17 ~ 0.23 米，墙体顶宽 2.5、残高 6.74 ~ 11.93 米。南墙无存，东墙残长 68、西墙长 206、北墙长 196 米。存角台 3 座，均斜向凸出墙体，东南角台无存，东北角台保存一般，底宽 14.73、底部凸出墙体 8.4、顶部凸出墙体 4.79 米；西南角台保存较好，残高 18 米；西北角台保存较好，顶宽 7.69、凸出墙体 5.24、残高 15.32 米。存马面 4 座，东墙 1 座；西墙 2 座，保存较好，北侧马面底宽 11.95、凸出墙体 11.28 米。马面北侧有一段东西向墙体，底宽 6、顶宽 1、南高 3.95、北高 7.34 米。南侧马面顶宽 6.5、凸出墙体 3.6、残高 12.4 米；北墙有 1 座马面，保存较差，顶宽 4.5、凸出墙体 4.9、残高 10.74 米。

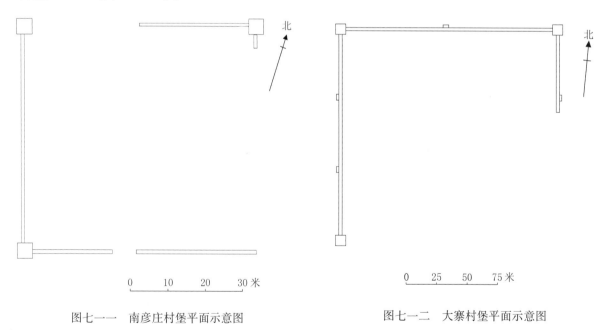

图七一一　南彦庄村堡平面示意图　　　　　图七一二　大寨村堡平面示意图

堡整体保存较差。墙体坍塌损毁严重，北墙中部被挖断形成便道，堡内建筑无存。造成损毁的自然因素主要是风雨侵蚀、植物生长等；人为因素主要是利用墙体修建窑洞、挖断墙体形成便道等。

3. 温庄堡

位于毛皂镇温庄村北，高程 1037 米。

堡平面呈矩形，坐北向南，东墙长 55、南墙长 54、西墙长 56、北墙长 56 米，周长 221 米，占地面积 3080 平方米。现存主要设施、遗迹有部分堡墙、城门 1 座、角台 4 座、马面 1 座等（图七一三；彩图一三二九）。堡墙为土墙，黄土夯筑而成，含细砂，夯层厚 0.14 ~ 0.19 米，墙体底宽 5.63、顶宽 2 ~ 3.4、残高 9.2 ~ 13.87 米。南墙设城门，宽 5.23、进深 5.63 米。存角台 4 座，保存较好，均斜向凸出于墙体，东北角台顶宽 5.8、凸出墙体 4.7、残高 14.12 米，顶部有凹坑，凹坑长 3.5、宽 1.8、深 1.3 米；东南角台顶宽 5.8、凸出墙体 4.9、残高 14.54 米；西南角台顶宽 4.8、凸出墙体 4.3、残高 14.02 米；西北角台底宽 13.2、凸出墙体 7.8 米，顶宽 4.2、凸出墙体 5.9 米，残高 12.4 米。北墙有马面 1 座，保存较好，底宽 19.4、凸出墙体 5.78、顶部凸出墙体 5.4、残高 13.87 米。

堡整体保存较好。墙体坍塌损毁，堡内建筑无存。造成损毁的自然因素主要是风雨侵蚀、植物生长等；人为因素主要是挖断墙体开通便道、人畜踩踏墙体等。

4. 毛皂堡

位于毛皂镇毛皂村西北，高程 1033 米。

堡平面呈矩形，坐北朝南，东墙长 74、南墙长 80、西墙长 76、北墙长 76 米，周长 310 米，占地面积 5991 平方米。现存主要设施、遗迹有部分堡墙、城门 1 座、角台 3 座、马面 2 座等（图七一四）。堡墙为土墙，黄土夯筑而成，夯层厚 0.17 ~ 0.22 米，墙体底宽 2.9、顶宽 1.3 ~ 1.6、残高 6.96 ~ 13.15 米。南墙中部设城门，现为豁口，宽 5 米。存角台 3 座，均斜向凸出于墙体，西南角台无存；东北角台顶宽 5.1、凸出墙体 4.3、残高 13.15 米；东南角台顶宽 3.1、凸出墙体 8.46、残高 11.81 米；西北角台顶宽 3.6、凸出墙体 1.8、残高 11.6 米。南、北墙各有马面 1 座，南墙马面底宽 4.32、凸出

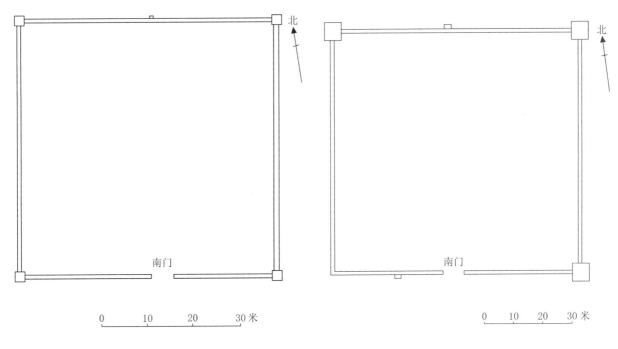

图七一三　温庄堡平面示意图　　　　　　　　图七一四　毛皂堡平面示意图

墙体 4.58 米，顶宽 3.1、凸出墙体 2 米；北墙马面顶宽 6.2、凸出墙体 2.4、残高 14.1 米。

　　堡整体保存一般。墙体坍塌损毁严重。堡内建筑无存。造成损毁的自然因素主要是风雨侵蚀、植物生长等；人为因素主要是利用墙体修建房屋等。

5. 后村堡

　　位于毛家皂镇后村西 0.05 千米处，高程 991 米。

　　堡平面呈矩形，朝向不明，东墙长 31、南墙长 23、西墙长 28、北墙长 28 米，周长 110 米，占地面积 722 平方米。现存主要设施、遗迹有部分堡墙、角台 1 座等（图七一五）。堡墙为土墙，黄土夯筑而成，含砂砾，墙体底宽 4.1、残高 1.8 米。仅存东北角台，黄土夯筑而成，含砂砾，夯层厚 0.14～0.25 米，斜向凸出于墙体，底宽 4.85、凸出墙体 7.1 米，顶宽 4、凸出墙体 2.2 米，残高 7.05 米。

　　堡整体保存较差。墙体坍塌损毁严重，堡内建筑无存。造成损毁的自然因素主要是风雨侵蚀、植物生长等。

6. 秀女村堡

　　位于毛家皂镇秀女村中，高程 1025 米。

　　堡平面呈矩形，朝向不明，东西 127、南北 52.5 米，周长 359 米，占地面积 7061 平方米。现存主要设施、遗迹有部分堡墙、角台 3 座、马面 1 座等（图七一六；彩图一三三〇）。堡墙为土墙，黄土夯筑而成，夯层厚 0.12～0.19 米，墙体底宽 5.72、顶宽 1、残高 9.9～14.22 米，东墙无存。存角台 3 座，均直角凸出墙体，东南角台无存；东北角台底宽 3.9、凸出墙体 2.7、残高 7.72 米；西南角台保存较差；西北角台保存较好，底宽 3.4、凸出墙体 4.9、残高 14.15 米。北墙设马面 1 座，保存较好，顶宽 7、凸出墙体 9.1、残高 15.12 米。

　　堡整体保存较差。墙体坍塌损毁严重，堡内建筑无存。造成损毁的自然因素主要是风雨侵蚀、植

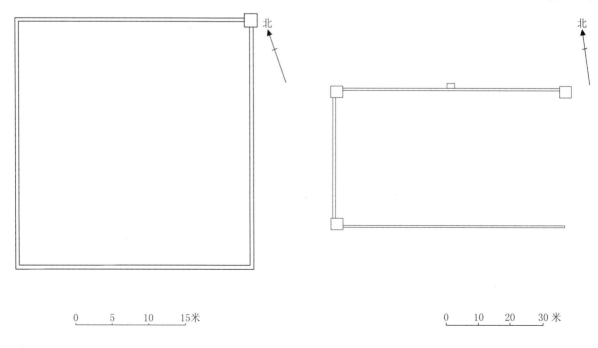

　　0　　5　　10　　15米　　　　　　　　　　0　　10　　20　　30米

　　图七一五　后村堡平面示意图　　　　　　图七一六　秀女村堡平面示意图

物生长等；人为因素主要是利用墙体修建房屋等。

7. 边店堡

位于毛家皂镇旧村南 0.15 千米处，高程 1014 米。

堡平面呈矩形，坐北朝南，周长 191 米，占地面积 2052 平方米。现存主要设施、遗迹有部分堡墙、城门 1 座、角台 4 座、水井 1 口等（图七一七；彩图一三三一、一三三二）。堡墙为土墙，黄土夯筑而成，夯层厚 0.18～0.25 米，墙体顶宽 0.8、残高 7.64～12.5 米。南墙中部设城门，宽 4.6 米。存角台 4 座，均直角凸出于墙体，东北角台顶宽 1.9、凸出墙体 1.6、残高 11 米；东南角台顶宽 8.37、凸出墙体 2.72、残高 12.5 米。堡内东墙西 2 米、南墙北 5 米处有古井 1 口，井口呈矩形，长 0.5、宽 0.4 米，井壁石砌。

堡整体保存较好，墙体坍塌损毁，堡内建筑无存。造成损毁的自然因素主要是风雨侵蚀、植物生长等；人为因素主要是利用墙体修建窑洞等。堡墙周围有水塘，对堡墙构成潜在威胁。

8. 霸王店堡

位于毛家皂镇霸王店村中，高程 999 米。

堡平面呈矩形，坐西朝东，东西 52、南北 42 米，周长 198 米，占地面积 2892 平方米。现存主要设施、遗迹有部分堡墙、角台 2 座等（图七一八；彩图一三三三）。堡墙为土墙，黄土夯筑而成，夯层厚 0.14～

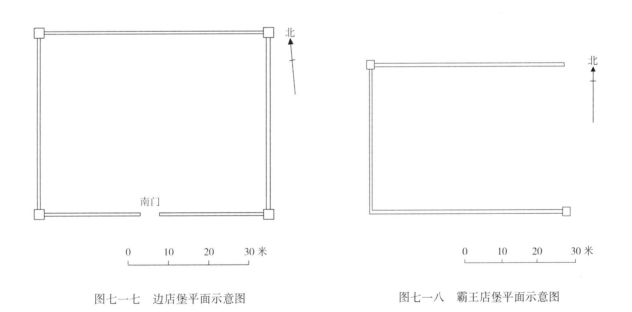

图七一七　边店堡平面示意图　　　　　图七一八　霸王店堡平面示意图

0.26 米，墙体顶宽 1.1、残高 4.12～2.71 米，东墙无存，北墙残长 30 米。存角台 2 座，东北、西南角台无存，东南、西北角台保存较好，均直角凸出于墙体，东南角台底部东边长 10.03、南边长 9.6、向南凸出墙体 4.4 米，顶部东西 4.8、南北 3 米，残高 13.97 米；西北角台顶部南边长 5.1、西边长 4.1、北边长 4.7、残高 12.71 米。

堡整体保存较差，墙体坍塌损毁严重，堡内建筑无存。造成损毁的自然因素主要是风雨侵蚀、植物生长等；人为因素主要是利用墙体修建窑洞等。

9. 东作里堡

位于毛家皂镇东作里村西北部，高程 1018 米。

堡平面呈矩形，朝向不明，周长 197 米，占地面积 2417 平方米。现存主要设施、遗迹有部分堡墙、角台 4 座、马面 1 座等（图七一九）。堡墙为土墙，黄土夯筑而成，夯层厚 0.18～0.21 米，墙体底宽 6.1、顶宽 0.9、残高 5.6～12.75 米，西墙长 49、北墙长 50、东墙残长 50 米，东墙北段有豁口，宽 7.5 米。存角台 4 座，东北、西北角台保存较好，东南、西南角台保存较差，均斜向凸出于墙体，东南角台宽 2.3、凸出墙体 2.3 米；西北角台凸出墙体 3.6、残高 12.53 米。北墙设马面 1 座。

堡整体保存一般。墙体坍塌损毁严重，南墙大段无存；堡内建筑无存。造成损毁的自然因素主要是风雨侵蚀、植物生长等；人为因素主要是取土挖损墙体、人畜踩踏墙体等。

10. 柳东营堡

位于毛家皂镇柳东营村（新村）东 0.2 千米处，高程 1004 米。

堡平面呈矩形，朝向不明，周长、占地面积不详。现存主要设施、遗迹有部分堡墙、角台 1 座、马面 1 座等（图七二〇；（彩图一三三四））。堡墙为土墙，黄土夯筑而成，夯层厚 0.2～0.23 米，墙

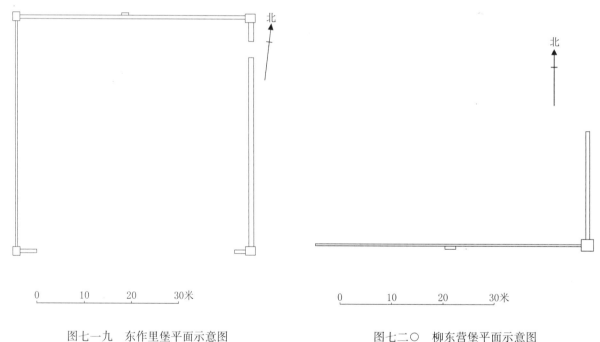

图七一九　东作里堡平面示意图　　　　　　　　　图七二〇　柳东营堡平面示意图

体底宽 4.9、残高 11～11.8 米，西、北墙无存。仅存东南角台，平面呈矩形，斜向凸出墙体，底宽 11.29、残高 12.7 米。南墙设马面 1 座，底宽 12.79、凸出墙体 6.4 米，顶宽 7.4、凸出墙体 4.5 米，残高 14.2 米。

堡整体保存差。墙体坍塌损毁严重，南墙内壁有利用墙体修建的窑洞；堡内建筑无存。造成损毁的自然因素主要是风雨侵蚀、植物生长等；人为因素主要是利用墙体修建窑洞等。

11. 南米庄堡

位于马辛庄乡南米庄村中，高程 1002 米。

堡平面呈矩形，坐北朝南，周长 266 米，占地面积 4287 平方米。现存主要设施、遗迹有部分堡墙、城门 1 座、角台 3 座、马面 1 座等（图七二一）。堡墙为土墙，黄土夯筑而成，墙体底宽 7.41、顶宽 1.4、残高 2.1～9.3 米。东墙长 64 米；南墙西段残长 29 米，东段残长 14 米；西墙残长 56 米；北墙残长 59 米，西段有一处豁口。南墙设城门，存城门西侧残迹，东西宽 5.18、凸出墙体 2.14、进深 6.61 米。存角台 3 座，均直角凸出于墙体，西北角台无存；东北角台底部东西 11.03、南北 11.22、凸出墙体 5.14 米；东南角台保存较好，底部东西 12.66、南北 10.66、向东凸出墙体 4.88、向南凸出墙体 5.28 米，顶部东西 6.6、南北 3.1 米，残高 10.92 米；西南角台保存较好，底部东西 10.08、南北 9.39、残高 13 米，夯层厚 0.14～0.2 米。北墙设马面 1 座，底宽 17.37、凸出墙体 6.02 米。

堡整体保存一般。墙体坍塌损毁严重，北、西墙内壁有利用墙体修建的房屋，堡内建筑无存。造成损毁的自然因素主要是风雨侵蚀、植物生长等；人为因素主要是取土挖损墙体、利用墙体修建房屋等。

12. 陈庄堡

位于海北头乡陈庄村中，高程 997 米。

堡平面呈矩形，坐北朝南，周长、占地面积不详。现存主要设施、遗迹有部分堡墙、角台 2 座、马面 1 座等。堡墙为土墙，黄土夯筑而成，夯层厚 0.15～0.23 米，墙体底宽 8.88、残高 12.6 米，南墙残长 35、西墙残长 100、北墙残长 26 米。存角台 2 座，东南、西北角台无存，西南角台保存较差；东北角台直角凸出于墙体，底部东西 11.07、南北 7.27、凸出墙体 4.43、残高 13.45 米，夯层厚 0.14～0.18 米，顶部生长有一棵大树。北墙设马面 1 座，残高 12.6 米。

堡整体保存较差。墙体坍塌损毁严重，部分段无存，北墙内壁有洞穴；堡内建筑无存。造成损毁的自然因素主要是风雨侵蚀、植物生长等；人为因素主要是在墙体上挖掘洞穴等。

13. 西安堡

位于海北头乡西安堡村中，高程 1007 米。

堡平面呈矩形，坐北向南，东墙长 251、南墙长 229、西墙长 242、北墙长 248 米，周长 970 米，占地面积 62248 平方米。现存主要设施、遗迹有部分堡墙、城门 2 座、瓮城 2 座、角台 4 座、马面 2 座等（图七二二）。堡墙原为砖墙，现包砖不存，仅存内部的夯土墙体，黄土夯筑而成，墙体残高 3.95～12.76 米（彩图一三三五、三三六）。南、北墙各设城门 1 座。南、北门外均设瓮城，瓮城均设东门，北瓮城东门为条石基础的砖券拱门，条石基础有 3 层，拱券为三伏三券，门洞外宽 3.63、内宽 4.32、外高 4.15、内高 6.34、外进深 2.5、内进深 10.15 米（测绘图一〇九、一一〇；彩图一三三七、一三三八）。北门西侧有坡道，可登顶（彩图一三三九）。存角台 4 座，均直角凸出于墙体，东北角台保存较好。东、西墙各设马面 1 座。

堡整体保存较好。墙体坍塌损毁。堡内建筑无存。造成损毁的自然因素主要是风雨侵蚀、植物生长等；人为因素主要是在墙体上挖掘洞穴等。

14. 神嘴窝村堡

位于海北头乡神嘴窝村内东部，高程 927 米。

堡平面呈矩形，朝向不明，周长、占地面积不详。现存主要设施、遗迹有部分堡墙、马面 1 座等（图七二三）。堡墙为土墙，黄土夯筑而成，夯层厚 0.1～0.19 米，墙体底宽 7.43、顶宽 1.1、残高 5.75～10.15 米，存北墙西段及西墙北段。北墙设马面 1 座，平面呈矩形，黄土夯筑而成，夯层厚 0.14～0.19

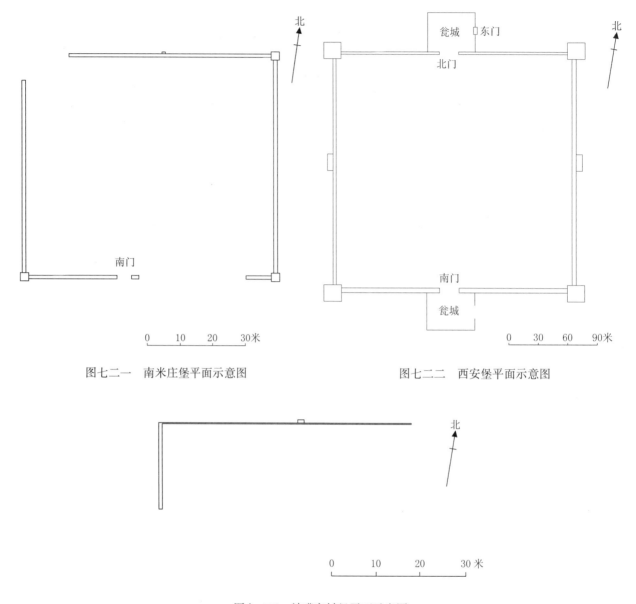

图七二一　南米庄堡平面示意图

图七二二　西安堡平面示意图

图七二三　神嘴窝村堡平面示意图

米，底部东西 16.61 米，顶部东西 9.35、南北 3.3 米，残高 12.07 米。马面北壁中央有纵向裂缝，宽 0.2～0.3 米。

堡整体保存较差，墙体坍塌损毁严重，堡内建筑无存。造成损毁的自然因素主要是风雨侵蚀、植物生长等。

15. 高镇子村堡

位于海北头乡高镇子村北小山顶部，高程 1008 米。

堡平面呈矩形，坐北朝南，周长不详，占地面积 9439 平方米。现存主要设施、遗迹有部分堡墙、城门 1 座、角台 2 座等（图七二四）。堡墙为土墙，黄土夯筑而成，夯层厚 0.13～0.24 米，墙体底宽 8.1、顶宽 2.5、残高 1.6～7.57 米，南墙大段无存。南墙设城门，门外有铺砖小路通往堡外。存角台 2 座，东南、西南角台无存；西北角台平面呈矩形，直角凸出于墙体，底部西边长 9.55、北边长 9.89、

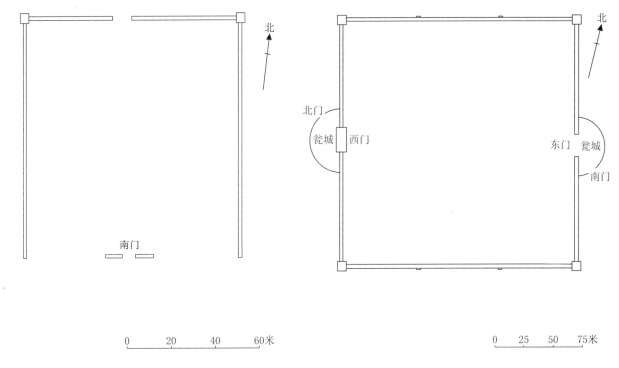

图七二四 高镇子村堡平面示意图 　　　　　图七二五 王皓疃村堡平面示意图

向西凸出墙体 7.74、向北凸出墙体 4.72 米，顶部西边长 4.1、北边长 5.94 米，残高 8.01 米。

堡整体保存较差。墙体坍塌损毁严重，北墙中部被挖断形成便道，豁口宽 4.04 米。堡内建筑无存。造成损毁的自然因素主要是风雨侵蚀、植物生长等；人为因素主要是利用墙体修建房屋、挖断墙体开通便道等。

16. 王皓疃村堡

位于河头乡王皓疃村内北部，高程 1010 米。

堡平面呈矩形，坐西朝东，东西 207、南北 205 米，周长 824 米，占地面积 42435 平方米。现存主要设施、遗迹有部分堡墙、城门 2 座、瓮城 2 座、角台 4 座、马面 4 座等（图七二五）。堡墙原为砖墙，现包砖不存，仅存内部夯土墙体，黄土夯筑而成，夯层厚 0.13 ~ 0.2 米，墙体顶宽 3 ~ 3.9、残高 12.37 米（彩图一三四〇）。东、西墙中部分别设城门，东门为砖券拱门，三伏三券，门洞宽 3.97、外高 6.19、内高 7.92、进深 9.84 米（测绘图一一一、一一二；彩图一三四一、一三四二）；西门现为豁口。东、西门外均有瓮城，平面均呈半圆形，东瓮城设南门，西瓮城设北门。存角台 4 座，均斜向凸出墙体，东南角台底宽 19.73、凸出墙体 15 米，顶宽 10.02、凸出墙体 6.98 米，残高 14.82 米。南、北墙各设马面 2 座。

堡整体保存较好。墙体坍塌损毁，南墙中部有挖掘的洞穴，为出入堡的便道；堡内建筑无存。造成损毁的自然因素主要是风雨侵蚀、植物生长等；人为因素主要是利用墙体修建房屋、取土挖损墙体、墙体上挖掘洞穴等。

17. 百谷寨村堡

位于河头乡百谷寨村内西南部，高程 989 米。

堡平面呈矩形，坐东朝西，东西 50、南北 107 米，周长 314 米，占地面积 5350 平方米。现存主要设施、遗迹有部分堡墙、城门 1 座等（图七二六）。堡墙为土墙，黄土夯筑而成，夯层厚 0.12~0.19 米、部分夯层间夹杂有一层小石块，墙体底宽 7.66、顶宽 2.3、残高 11.5~12.79 米。西墙中部设城门，现为豁口。东墙中部内壁有倚墙而建的一座土台，底宽 6.44、顶宽 3.8、凸出墙体 2.5 米（彩图一三四三）。

堡整体保存较好。墙体坍塌损毁，西墙北段无存；东墙北段被挖断形成便道，豁口宽 1.5 米。堡内建筑无存。造成损毁的自然因素主要是风雨侵蚀、植物生长等；人为因素主要是挖断墙体开通便道等。

18. 秦城堡

位于云中镇秦城村中，高程 1039 米。

堡平面形状不详，朝向不明，周长、占地面积不详。现存主要设施、遗迹有部分堡墙、马面 1 座等。堡墙为土墙，黄土夯筑而成，北墙残长 12、顶宽 2.3、残存最高 7.4 米。北墙设马面 1 座，底宽 6.26、凸出墙体 5.68 米，顶宽 4.7、凸出墙体 3.6 米，残高 10.4 米。

堡整体保存差。墙体坍塌损毁严重。堡内建筑无存。造成损毁的自然因素主要是风雨侵蚀、植物生长等。

19. 怀仁城

位于怀仁县城内，高程 1042 米。

堡平面呈矩形，坐西朝东，周长、占地面积不详。现存主要设施、遗迹有部分堡墙、城门 1 座。城墙为土墙，黄土夯筑而成，含大量炭粒，夯层厚 0.16~0.2 米，东墙残长 268、顶宽 1.1~1.8、残高 2.97~7.28 米。东墙设城门，原为砖券拱门，现存城门墙体北半部，东侧凸出堡墙 19.27、残高 11.12 米，顶部东西 6.69、南北 7.56 米，门洞进深 13.72 米。城门墙体西北侧有坡道，可登顶。

堡整体保存差。墙体坍塌损毁严重，城内建筑无存。造成损毁的自然因素主要是风雨侵蚀、植物生长等；人为因素主要是利用墙体修建房屋等。

20. 石井堡

位于云中镇石井村北，高程 1170 米。

堡平面呈矩形，朝向不明，周长、占地面积不详。现存主要设施、遗迹有部分堡墙、角台 1 座等（图七二七）。堡墙为土墙，黄土夯筑而成，墙体残高 3.85~7.61 米。仅存东南角台，保存较好，黄土夯筑而成，夯层厚 0.2 米，夯土中有纵向排列的砖，斜向凸出于墙体，宽 3.2、凸出墙体 4、残高 9.72 米。

堡整体保存差。墙体坍塌损毁严重，仅存部分东墙和南墙。堡内建筑无存。造成损毁的自然因素主要是风雨侵蚀、植物生长等。

21. 羊圈沟堡

位于云中镇羊圈沟村西北 0.05 千米的山体缓坡上，高程 1350 米。

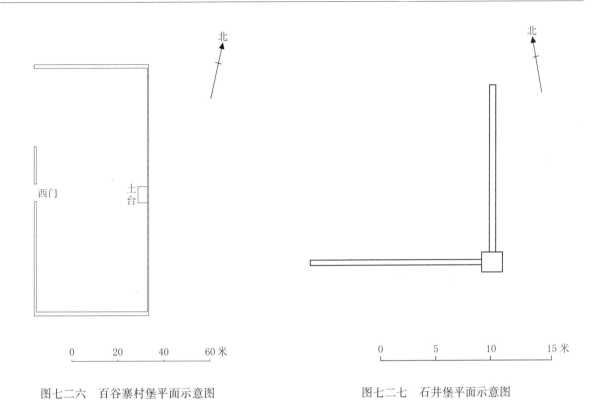

图七二六　百谷寨村堡平面示意图　　　　　　图七二七　石井堡平面示意图

堡平面呈矩形，坐西朝东，东墙长 41、南墙长 45、西墙长 38、北墙长 45 米，周长 169 米，占地面积
1798 平方米。现存主要设施、遗迹有部分堡墙、城门 1 座、角台 1、马面 3 座等（图七二八；彩图一
三四四）。堡墙为土墙，黄土夯筑而成，夯层厚 0.22～0.3 米，墙体顶宽 1.1～1.5、残高 5.86～6.87
米。东墙设城门，宽 2.6、高 4.9、进深 3.2 米。仅存东南角台，保存较好，外侧呈圆弧形，斜向凸出
于墙体，顶部凸出墙体 3.7、残高 8.1 米。存马面 3 座，保存较好，南、西、北墙各 1 座，南墙马面顶
宽 3.7、残高 11 米；西墙马面底宽 11.34、凸出墙体 7.37 米，顶宽 6.3、凸出墙体 5 米，残高 9.15
米；北墙马面底宽 9.43、凸出墙体 3.16 米，顶宽 5.5、凸出墙体 3.16 米，残高 8.89 米。

　　堡整体保存一般，墙体坍塌损毁严重，堡内建筑无存。造成损毁的自然因素主要是风雨侵蚀、植
物生长等。

22. 何家堡村堡

　　位于何家堡乡何家堡村内北部，高程 963 米。

　　堡平面呈矩形，朝向不明，周长、占地面积不详。现存主要设施、遗迹有部分堡墙、角台 1 座等。
堡墙为土墙，黄土夯筑而成，墙体底宽 4.86、残高 5.64 米，东墙残长 14、北墙残长 103 米。仅存东
北角台，斜向凸出墙体。

　　堡整体保存较差。墙体坍塌损毁严重，仅存大段北墙和小段东墙，北墙内壁有利用墙体修建的房
屋，中部被挖断形成便道，豁口宽 1.64 米。堡内建筑无存。造成损毁的自然因素主要是风雨侵蚀、植
物生长等；人为因素主要是利用墙体修建房屋、挖断墙体开通便道等。

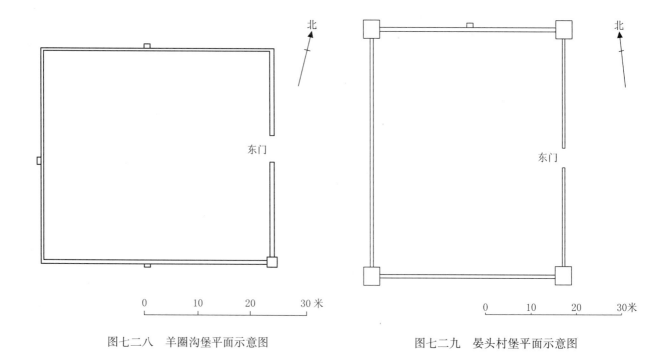

图七二八　羊圈沟堡平面示意图　　　　　　　　图七二九　晏头村堡平面示意图

23. 晏头村堡

位于亲和乡晏头村内西南，高程 1028 米。

堡平面呈矩形，坐西朝东，东西 73、南北 82 米，周长 310 米，占地面积 5986 平方米。现存主要设施、遗迹有部分堡墙、城门 1 座、角台 4 座、马面 1 座等（图七二九）。堡墙为土墙，黄土夯筑而成，夯层厚 0.12～0.26 米，墙体残高 1.6～9.06 米。东墙设城门，现为豁口。存角台 4 座，均斜向凸出墙体，东北角台残高 11.73 米，西南角台底宽 6.5、凸出墙体 8.7 米，残高 9.7 米，西北角台残高 12.88 米。存马面 1 座，底宽 14.9、残高 11.04 米，顶部有小庙。

堡整体保存一般。墙体坍塌损毁严重，堡内建筑无存。造成损毁的自然因素主要是风雨侵蚀、植物生长等；人为因素主要是取土挖损墙体、角台等。

24. 亲和村堡

位于亲和乡亲和村内北部偏东，高程 991 米。西距安大庄村堡 2 千米。

堡平面呈矩形，坐西朝东，周长、占地面积不详。现存主要设施、遗迹有部分堡墙、角台 4 座等。堡墙为土墙，黄土夯筑而成，墙体残高 2～8.29 米。南墙残长 110、西墙残长 55、北墙残长 98 米。西墙中部有三圣宫，骑墙而建。存角台 4 座，均直角凸出于墙体，东北角台残高 5.5 米，夯层厚 0.1～0.18 米；东南角台底宽 7.65 米；西南角台宽 4.05、残高 4.42 米；西北角台残高 4.7 米。

堡整体保存一般。墙体坍塌损毁严重，西墙近西南角处被挖断形成便道。堡内建筑无存。造成损毁的自然因素主要是风雨侵蚀、植物生长等；人为因素主要是利用墙体修建房屋、挖断墙体开通便道等。

25. 安大庄村堡

位于亲和乡安大庄村内北部，高程 987 米。东距亲和村堡 2 千米，西距石庄堡 2 千米。

堡平面呈矩形，坐北朝南，周长、占地面积不详。现存主要设施、遗迹仅有部分堡墙。堡墙为土墙，黄土夯筑而成，夯层厚 0.17 ~ 0.25 米，墙体底宽 6.42、顶宽 1.3、残存最高 6.1 米，西墙残长 35、北墙残长 80 米。

堡整体保存差。墙体坍塌损毁严重，仅存部分西墙和北墙，堡内建筑无存。造成损毁的自然因素主要是风雨侵蚀、植物生长等；人为因素主要是利用墙体修建房屋等。

26. 石庄村堡

位于亲和乡石庄村中戏台南 0.05 千米处，高程 1017 米。东距安大庄村堡 2 千米。

堡平面呈矩形，朝向不明，周长、占地面积不详。现存主要设施、遗迹仅有部分堡墙。堡墙为土墙，黄土夯筑而成，夯层厚 0.2 米，南墙残长 20、底宽 3.5、残存最高 4.7 米。

堡整体保存差，墙体坍塌损毁严重，堡内建筑无存。造成损毁的自然因素主要是风雨侵蚀、植物生长等；人为因素主要是利用墙体修建房屋等。

27. 阎家寨村堡

位于亲和乡阎家寨村北，高程 1010 米。

堡平面呈矩形，朝向不明，周长、占地面积不详。现存主要设施、遗迹有部分堡墙、角台 2 座、马面 1 座等。堡墙为土墙，黄土夯筑而成。北墙残长 66、顶宽 1.3、残存最高 5.1 米，堡墙顶部保留有铺砖。仅存角台 2 座，东南、西南角台无存，东北、西北角台斜向凸出墙体，东北角台底宽 4.5、凸出墙体 3.6、残高 1.8 米；西北角台底宽 5、凸出墙体 5.3、顶宽 3.7、残高 5.1 米。北墙设马面 1 座，底宽 5.6、凸出墙体 4.2 米，顶宽 3.5、凸出墙体 2.9 米，残高 3.9 米；顶部有长方形浅坑，长 2.4、宽 1.9、深 0.4 米。

堡整体保存较差。墙体坍塌损毁严重，仅存部分北墙，堡内建筑无存。造成损毁的自然因素主要是风雨侵蚀、植物生长等；人为因素主要是利用墙体修建房屋等。

28. 南阜村堡

位于亲和乡南阜村西 0.05 千米处，高程 1029 米。东北距阎家寨村堡 1.5 千米，西距南阜村烽火台 0.6 千米。

堡平面呈矩形，坐北朝南，东西 92、南北 72 米，周长 328 米，占地面积 6624 平方米。现存主要设施、遗迹有部分堡墙、城门 1 座、角台 3 座、马面 1 座等（图七三〇）。堡墙为土墙，黄土夯筑而成，夯层厚 0.2 ~ 0.27 米，墙体底宽 3.6、顶宽 1 ~ 1.8、残高 6.07 ~ 10.45 米。南墙设城门，宽 15.87 米。存角台 3 座，均直角凸出墙体，东南角台无存；东北角台坍塌成土堆状；西南角台坍塌殆尽；西北角台保存较好，底宽 8.83、凸出墙体 7.21 米，顶宽 0.7、凸出墙体 4.3 米，残高 13.95 米。北墙中部设马面 1 座，马面下部包石，底宽 7.26、凸出墙体 1.82 米，顶宽 2.6、凸出墙体 0.6 米，残高 10.3 米。

堡整体保存一般，墙体坍塌损毁严重，堡内建筑无存。造成损毁的自然因素主要是风雨侵蚀、植物生长等。

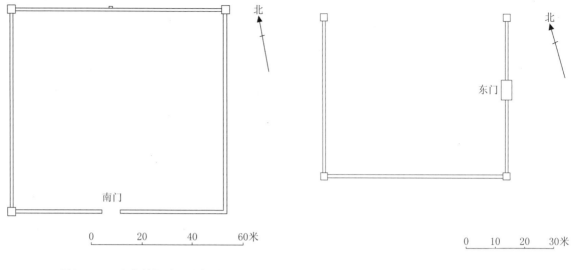

图七三〇　南阜村堡平面示意图　　　　　　　图七三一　赵麻寨村堡平面示意图

29. 赵麻寨村堡

位于新家园镇赵麻寨村内北部，高程 1042 米。

堡平面呈矩形，坐西朝东，东西 64、南北 61 米，周长 250 米，面积 3904 平方米。现存主要设施、遗迹有部分堡墙、城门 1 座、角台 4 座等（图七三一）。堡墙为土墙，黄土夯筑而成，底部最宽 6.28、顶部最宽 2.2、残存最高 11.7 米。东墙设城门，原为砖券拱门，西侧存现代的券石，门洞宽 3.58、高 3.69、进深 4.46 米，门洞内地面残存有铺石（彩图一三四五）。东门南侧有坡道，可登顶，坡道宽 1.6 米。存角台 4 座，均直角凸出于墙体，东北角台残高 13.8 米，夯层厚 0.14～0.19 米；东南角台顶部南边长 2.5、凸出墙体 3.6、残高 13.18 米，顶部立有测绘标志；西南角台保存较好，底部南边长 9.15、向南凸出墙体 5.23 米，西边长 8.51、向西凸出墙体 4.4 米，残高 12.2 米，夯层厚 0.16～0.2 米。

堡整体保存一般。墙体坍塌损毁严重，北墙无存。堡内建筑无存。造成损毁的自然因素主要是风雨侵蚀、植物生长等；人为因素主要是取土挖损墙体、角台等。

30. 吴家窑堡

位于吴家窑镇吴家窑村西 0.25 千米山坡顶部的平地上，高程 1356 米。

堡平面呈矩形，坐西朝东，东墙长 73、南墙长 73、西墙长 70、北墙长 75 米，周长 291 米，面积 5264 平方米。现存主要设施、遗迹有部分堡墙、城门 1 座、角台 4 座、马面 1 座等（图七三二；彩图一三四六）。堡墙为土墙，黄土夯筑而成，夯层厚 0.18～0.23 米，墙体顶宽 1.3～2.3、残高 5.5～10 米。东墙中部设城门，宽 2.7、高 2.4、进深 5.5 米（彩图一三四七）。存角台 4 座，均斜向凸出墙体，东北角台顶宽 2.5、凸出墙体 3.4、残高 9 米，顶部立有测绘标志；东南角台顶宽 1.5、凸出墙体 3.5、残高 10.7 米；西南角台顶宽 1.9、凸出墙体 1.8、残高 9.5 米；西北角台顶宽 1.5、凸出墙体 3.6、残高 9.2 米。西墙中部设马面 1 座，保存较好，底宽 4.6、凸出墙体 5.4、残高 7.4 米。

堡整体保存较好，墙体坍塌损毁。造成损毁的自然因素主要是风雨侵蚀、植物生长等；人为因素主要是人畜踩踏墙体等。

31. 第三作村堡

位于金沙滩镇第三作村内南部，高程 1085 米。据《大同府志》记载"第三作堡，洪武七年（1374 年）筑，周围一百三十丈，高二丈七尺。"[1]

堡平面呈矩形，坐北朝南，东西 117、南北 116 米，周长 466 米，面积 13572 平方米。现存主要设施、遗迹有部分堡墙、角台 1 座、马面 1 座、庙宇 1 座等。堡墙为土墙，黄土夯筑而成，夯层厚 0.15 ~ 0.18 米，墙体底宽 7.84、顶宽 2、残高 3 ~ 12.6 米。仅存东北角台，保存较好，平面呈矩形，斜向凸出墙体，顶宽 2、残高 10.24 米。北墙设马面 1 座，平面呈矩形。堡内中部有殊滕寺，坐西朝东，两进院落。

堡整体保存较差。墙体坍塌损毁严重，南墙无存，北墙西段墙体上有砖砌烟囱。造成损毁的自然因素主要是风雨侵蚀、植物生长等；人为因素主要是利用墙体修建窑洞、取土挖损墙体等。

32. 刘晏庄村堡

位于金沙滩镇刘晏庄村内北部，高程 1071 米。

堡平面呈矩形，坐北朝南，东西 68、南北 114 米，周长 364 米，面积 7752 平方米。现存主要设施、遗迹有部分堡墙、角台 4 座、马面 1 座、庙宇 1 座等（图七三三）。堡墙为土墙，黄土夯筑而成，夯层厚 0.15 ~ 0.24 米，墙体顶宽 0.3 ~ 2.7、残高 8.4 ~ 10.55 米。存角台 4 座，均直角凸出墙体，东南角台残高 10.21 米；西北角台东西 5.2、南北 3.6、凸出墙体 2.64、残高 11.93 米。北墙中部偏东设马面 1 座，平面呈矩形，顶宽 3.2、凸出墙体 1.9、残高 11.1 米。堡、内中部有府君庙，一进院落。

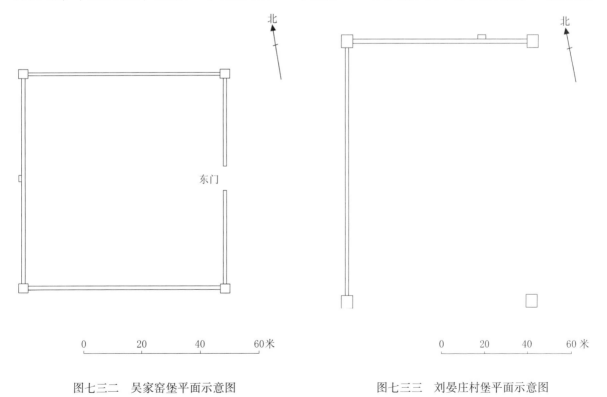

北　　　　　　　　　　　北

东门

0　　20　　40　　60 米　　　　　　0　　20　　40　　60 米

图七三二　吴家窑堡平面示意图　　　　　　图七三三　刘晏庄村堡平面示意图

---

〔1〕（明）张钦纂修、许殿玺点校：(正德十年刻本，嘉靖十二年补刻本)《大同府志》卷 2《城池堡附城池》，1987 年，第 30 页。

堡整体保存一般。墙体坍塌损毁严重，东、南墙大多无存。造成损毁的自然因素主要是风雨侵蚀、植物生长等；人为因素主要是利用墙体修建房屋、取土挖损墙体等。

（二）烽火台

怀仁县共调查烽火台 29 座（表 556，见本章末附表）。

二　长城资源调查资料分析

（一）关堡

怀仁县共调查堡 32 座（包括怀仁城）。

1. 城堡的形制、残存设施和遗迹

详见下表（表 557）。

表 557　怀仁县城堡形状、尺寸、残存设施遗迹及保存状况一览表

名称	形状	朝向	边长（米）	周长（米）	面积（平方米）	残存设施遗迹	角台与堡墙夹角	保存状况
南彦庄村堡	矩形	坐北朝南	64	256	4096	部分堡墙、角台 3 座等	90°	一般
大寨村堡	矩形	朝向不明	不详	800	39631	部分堡墙、角台 3 座、马面 4 座等	135°	较差
温庄堡	矩形	坐北向南	东墙长 55、南墙长 54、西墙长 56、北墙长 56	221	3080	部分堡墙、城门 1 座、角台 4 座、马面 1 座等	135°	较好
毛皂堡	矩形	坐北向南	东墙长 74、南墙长 80、西墙长 76、北墙长 76	310	5991	部分堡墙、城门 1 座、角台 3 座、马面 2 座等	135°	一般
后村堡	矩形	朝向不明	东墙长 31、南墙长 23、西墙长 28、北墙长 28	110	722	部分堡墙、角台 1 座等	135°	较差
秀女村堡	矩形	朝向不明	东西 127、南北 52.5	359	7061	部分堡墙、角台 3 座、马面 1 座等	90°	较差
边店堡	矩形	坐北朝南	不详	191	2052	部分堡墙、城门 1 座、角台 4 座、水井 1 口等	90°	较好
霸王店堡	矩形	坐西朝东	东西 52、南北 42	198	2892	部分堡墙、角台 2 座等	90°	较差
东作里堡	矩形	朝向不明	不详	197	2417	部分堡墙、角台 4 座、马面 1 座等	135°	一般
柳东营堡	矩形	朝向不明	不详	不详	不详	部分堡墙、角台 1 座、马面 1 座等	135°	差
南米庄堡	矩形	坐北朝南	不详	266	4287	部分堡墙、城门 1 座、角台 3 座、马面 1 座等	90°	一般
陈庄堡	矩形	坐北朝南	不详	不详	不详	部分堡墙、角台 2 座、马面 1 座等	90°	较差
西安堡	矩形	坐北朝南	东墙长 251、南墙长 229、西墙长 242、北墙长 248	970	62248	部分堡墙、城门 2 座、瓮城 2 座、角台 4 座、马面 2 座等	90°	较好

续表 557

名称	形状	朝向	边长（米）	周长（米）	面积（平方米）	残存设施遗迹	角台与堡墙夹角	保存状况
神嘴窝村堡	矩形	朝向不明	不详	不详	不详	部分堡墙、马面 1 座等	不详	较差
高镇子村堡	矩形	坐北朝南	不详	不详	9439	部分堡墙、城门 1 座、角台 2 座等	90°	较差
王皓瞳村堡	矩形	坐西朝东	东西 207、南北 205	824	42435	部分堡墙、城门 2 座、瓮城 2 座、角台 4 座、马面 4 座等	135°	较好
百谷寨村堡	矩形	坐东朝西	东西 50、南北 107	314	5350	部分堡墙、城门 1 座等	不详	较好
秦城堡	不详	朝向不明	不详	不详	不详	部分堡墙、马面 1 座等	不详	差
怀仁城	矩形	坐西朝东	不详	不详	不详	部分城墙、城门 1 座等	不详	差
石井堡	矩形	朝向不明	不详	不详	不详	部分堡墙、角台 1 座等	135°	差
羊圈沟堡	矩形	坐西朝东	东墙长 41、南墙长 45、西墙长 38、北墙长 45	169	1798	部分堡墙、城门 1 座、角台 1 座、马面 3 座等	135°	一般
何家堡村堡	矩形	朝向不明	不详	不详	不详	部分堡墙、角台 1 座等	135°	较差
晏头村堡	矩形	坐西朝东	东西 73、南北 82	310	5986	部分堡墙、城门 1 座、角台 4 座、马面 1 座等	135°	一般
亲和村堡	矩形	坐西朝东	不详	不详	不详	部分堡墙、角台 4 座等	90°	一般
安大庄村堡	矩形	坐北朝南	不详	不详	不详	部分堡墙	不详	差
石庄村堡	矩形	朝向不明	不详	不详	不详	部分堡墙	不详	差
阎家寨村堡	矩形	朝向不明	不详	不详	不详	部分堡墙、角台 2 座、马面 1 座等	135°	较差
南阜村堡	矩形	坐北朝南	东西 92、南北 72	328	6624	部分堡墙、城门 1 座、角台 3 座、马面 1 座等	90°	一般
赵麻寨村堡	矩形	坐西朝东	东西 64、南北 61	250	3904	部分堡墙、城门 1 座、角台 4 座等	90°	一般
吴家窑堡	矩形	坐西朝东	东墙长 73、南墙长 73、西墙长 70、北墙长 75	291	5264	部分堡墙、城门 1 座、角台 4 座、马面 1 座等	135°	较好
第三作村堡	矩形	坐北朝南	东西 117、南北 116	466	13572	部分堡墙、角台 1 座、马面 1 座、庙宇 1 座等	135°	较差
刘晏庄村堡	矩形	坐北朝南	东西 68、南北 114	364	7752	部分堡墙、角台 4 座、马面 1 座、庙宇 1 座等	90°	一般

　　怀仁县城堡除秦城堡平面形状不详外，其余均呈矩形。朝向除 11 座不明外，其余以坐北朝南（12 座）和坐西朝东（7 座）为主，仅一座为坐东朝西。

　　城堡的规模有测量数据者，除西安堡面积超过 5 万平方米外，其余均在 5 万平方米以内。可见，怀仁县城堡的规模不大，可能由于怀仁县地处内地，与边界地区相比，受战争威胁较少，城堡的建筑规模也相对较小。

　　城堡墙体绝大多数为夯筑而成的土墙，有 30 座；另有 2 座原为砖墙，现仅存内部夯土台体。23 座有夯层厚度数据者，夯层厚 0.1 ~ 0.3 米，其中以 0.12 ~ 0.27 米较为集中，有 20 座；一座夯层最厚，为 0.3 米，一座夯层最薄，为 0.1 米。两座砖墙堡，即西安堡和王皓瞳村堡，是怀仁县面积最大的两座堡（表 558）。

表558　怀仁县城堡墙体建筑方式及尺寸一览表（单位：米）

名称	墙体建筑方式	底宽	顶宽	残高
南彦庄村堡	土墙。黄土夯筑而成，夯层厚0.13~0.2	.4.8	1.6~2.7	2~9.4
大寨村堡	土墙。黄土夯筑而成，含细砂，夯层厚0.17~0.23	不详	2.5	6.74~11.93
温庄堡	土墙。黄土夯筑而成，含细砂，夯层厚0.14~0.19	5.63	2~3.4	9.2~13.87
毛皂堡	土墙。黄土夯筑而成，夯层厚0.17~0.22	2.9	1.3~1.6	6.96~13.15
后村堡	土墙。黄土夯筑而成，含砂砾	4.1	不详	1.8
秀女村堡	土墙。黄土夯筑而成，夯层厚0.12~0.19	5.72	1	9.9~14.22
边店堡	土墙。黄土夯筑而成，夯层厚0.18~0.25	不详	0.8	7.64~12.5
霸王店堡	土墙。黄土夯筑而成，夯层厚0.14~0.26	不详	1.1	4.12~12.71
东作里堡	土墙。黄土夯筑而成，夯层厚0.18~0.21	6.1	0.9	5.6~12.75
柳东营堡	土墙。黄土夯筑而成，夯层厚0.2~0.23	4.9	不详	11~11.8
南米庄堡	土墙。黄土夯筑而成	7.41	1.4	2.1~9.3
陈庄堡	土墙。黄土夯筑而成，夯层厚0.15~0.23	8.88	不详	12.6
西安堡	原为砖墙。现包砖不存，仅存内部的夯土墙体，黄土夯筑而成	不详	不详	3.95~12.76
神嘴窝村堡	土墙。黄土夯筑而成，夯层厚0.1~0.19	7.43	1.1	5.75~10.15
高镇子村堡	土墙。黄土夯筑而成，夯层厚0.13~0.24	8.1	2.5	1.6~7.57
王皓瞳村堡	原为砖墙。现包砖不存，仅存内部的夯土墙体，黄土夯筑而成，夯层厚0.13~0.2	不详	3~3.9	12.37
百谷寨村堡	土墙。黄土夯筑而成，夯层厚0.12~0.19，局部夯层间夹杂有成层的小石块	7.66	2.3	11.5~12.79
秦城堡	土墙。黄土夯筑而成	不详	2.3	7.4
怀仁城	土墙。黄土夯筑而成，含大量炭粒，夯层厚0.16~0.2	不详	1.1~1.8	2.97~7.28
石井堡	土墙。黄土夯筑而成	不详	不详	3.85~7.61
羊圈沟堡	土墙。黄土夯筑而成，夯层厚0.22~0.3	不详	1.1~1.5	5.86~6.87
何家堡村堡	土墙。黄土夯筑而成	4.86	不详	5.64
晏头村堡	土墙。黄土夯筑而成，夯层厚0.12~0.26	不详	不详	1.6~9.06
亲和村堡	土墙。黄土夯筑而成	不详	不详	2~8.2
安大庄村堡	土墙。黄土夯筑而成，夯层厚0.17~0.25	6.42	1.3	6.1
石庄村堡	土墙。黄土夯筑而成，夯层厚0.2	不详	不详	4.7
阎家寨村堡	土墙。黄土夯筑而成	不详	1.3	5.1
南皁村堡	土墙。黄土夯筑而成，夯层厚0.2~0.27	3.6	1~1.8	6.07~10.45
赵麻寨村堡	土墙。黄土夯筑而成	6.28	2.2	11.7
吴家窑堡	土墙。黄土夯筑而成，夯层厚0.18~0.23	不详	1.3~2.3	5.5~10
第三作村堡	土墙。黄土夯筑而成，夯层厚0.15~0.18	7.84	2	3~12.6
刘晏庄村堡	土墙。黄土夯筑而成，夯层厚0.15~0.24	不详	0.3~2.7	8.4~10.55

　　至于除城堡墙体外的设施和遗迹，由于保存原因，现存并不能反映其原始风貌。主要设施遗迹的种类有城门、瓮城、角台、马面等常见的墙体设施，城堡内建筑有庙宇、水井等。

　　城堡的防御设施主要由堡墙、城门、角台、马面构成，其组合大致是四面堡墙，南门或东门（西安堡有南门和北门、王皓瞳村堡有东门和西门、百谷寨村堡有西门），四角角台，北墙或西墙马面

（怀仁县城堡现存马面共 29 座，其中北墙马面 16 座、西墙马面 5 座、南墙马面 5 座、东墙马面 2 座，1 座马面未交待所在墙体位置）。这与怀仁县受威胁的方向主要是北边和西边相对应。

从城堡防御设施的角台加以区分，可分为两类城堡，一类城堡的角台与两侧堡墙间的夹角大致呈135°，一类城堡的角台与两侧堡墙间的夹角大致呈 90°。除去角台损毁无存和原本无角台的城堡后，这两类城堡的数量统计如下（表 559）。

表 559　怀仁县角台与堡墙夹角分类统计表

角台与堡墙夹角	城堡名称	数量（座）
135°	大寨村堡、温庄堡、毛皂堡、后村堡、东作里堡、柳东营堡、王皓疃村堡、石井堡、羊圈沟堡、何家堡村堡、晏头村堡、阎家寨村堡、吴家窑堡、第三作村堡	14
90°	南彦庄村堡、秀女村堡、边店堡、霸王店堡、南米庄堡、陈庄堡、西安堡、高镇子村堡、亲和村堡、南皁村堡、赵麻寨村堡、刘晏庄村堡	12

从上表中可见，怀仁县境内的城堡中，角台与堡墙夹角为 135° 的城堡有 14 座，角台与堡墙夹角为90° 的城堡有 12 座。根据文献记载，两种不同建筑形式的角台有建筑年代区别。明代尹畊在《乡约》中对此有明确记载[1]。《乡约》成书于嘉靖二十九年（1550 年），书中对宣大地区的民堡进行了记录。《乡约》将城堡的角台分为"旧式"和"今制"两种类型，并附图（图七三四）。如图可知，"旧式"角台即为角台与堡墙夹角为 135°，"今制"角台即为角台与堡墙夹角为 90°。因此，至迟在嘉靖二十九年，宣大地区民堡的角台形式已有新旧两种。按照《乡约》的成书年代推断，"今制"角台出现的时间应该还能前推，至于具体何时开始出现及其与"旧式"角台的关系，尚需专门的调查和研究。同时，也可以认为最晚从嘉靖二十九年开始，以后修建城堡的角台均应符合"今制"样式，即角台与堡墙夹角为 90°。到万历年间（1573 ~ 1620 年），城堡角台的修筑形式被设为定制。据《明实录》记载："万历元年（1573 年）十一月二十九日，兵部覆巡按直隶御史孙鏜条陈六事……至修筑大同归并之堡，亦必及时兴举，其规制必如尹畊《乡约》所议。"[2]

2. 城堡的分布特点

（1）城堡所处地势

怀仁县城堡多数分布于平川盆地，与当地一马平川的地形分不开。有两座城堡，即羊圈沟堡和吴家窑堡，位于山地。

（2）城堡与烽火台的位置关系

怀仁县调查有 29 座烽火台，数量相对较少。城堡附近分布有或多或少的烽火台。

3. 城堡的保存状况

怀仁县 32 座城堡中保存较好者 6 座，保存一般者 10 座，保存较差或差者 16 座。城堡墙体坍塌损毁，部分段消失，砖墙者包砖无存；城门多为豁口或消失；部分角台、马面消失；城堡内建筑几乎无

---

〔1〕（明）尹畊撰：《乡约》，商务印书馆，1936 年。
〔2〕《明神宗实录》卷 19，第 6 ~ 7 页。

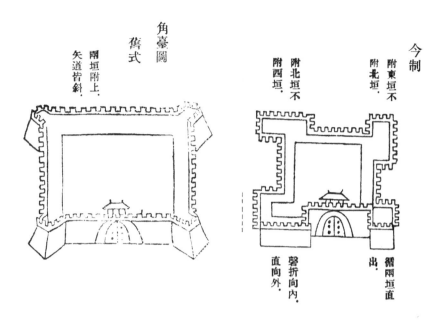

图七三四　《乡约》中"旧式"和"今制"角台示意图

存。造成损毁的自然因素主要有风雨侵蚀、植物生长等；人为因素主要是利用墙体修建窑洞和房屋、取土挖损墙体及角台、挖断墙体开通便道、墙体上挖掘洞穴、人畜踩踏墙体等。

　　怀仁县城堡在史料中大多没有详细的记载。如果将仅有的几座有记载的城堡的实测数据，对照《宣大山西三镇图说》《三云筹俎考》《大同府志》记载城堡周长和堡墙高度，可以看出怀仁县城堡的周长大致与文献记载相符，而堡墙高度一方面有些已远远低于原始高度，也是城堡遭受损毁的一个重要反映；另有一些略高，很可能是后代对堡进行了增修（表560）。

表560　怀仁县部分城堡实测周长和堡墙高度与文献的对照

名称	城堡周长			堡墙高度		
	文献记载	换算公制（米）	实测（米）	文献记载	换算公制（米）	实测（米）
西安堡	二里一百步	1056	970	三丈五尺	11.2米	3.95～12.76
怀仁城	四里二分	2016	不详	三丈五尺	11.2	2.97～7.28
赵麻寨村堡	一百三十丈	416	250	三丈	9.6	11.7
第三作村堡	一百三十丈	416	466	二丈七尺	8.64	3～12.6

（二）烽火台

　　怀仁县共调查烽火台29座。现将其材质类型、建筑方式、形制、分布特点等总结如下。

　　（1）烽火台的材质类型及建筑方式

　　除两座烽火台材质类型不详外，其余均为土质，未发现石质。土质烽火台的建筑材料主要是黄土，有个别为红褐色土，少数含有砂砾、碎石等，夯筑而成，夯层厚0.09～0.3米，以0.14～0.26米较为集中，有20座；有2座夯层最厚，大于0.3米；4座夯层最薄，0.09米或0.1米。

（2）烽火台形制

怀仁县 29 座烽火台的平面形制除 1 座不详、2 座圆形外，其余均为矩形；剖面形制除 1 座不详外，其余均呈梯形。台体底部周长 15.6～79.8、残高 2～11.44 米。由于保存方面的原因，这些数据不能完全反映烽火台的原始尺寸（表561）。

表 561　怀仁县烽火台形制及保存状况一览表（单位：米）

名称	平面形制	剖面形制	底部周长	残高	保存状况
温庄烽火台	圆形	梯形	79.8	5.2	较差
东作里烽火台	矩形	梯形	51	5.28	较差
海子洼烽火台	不详	不详	55	不详	较差
古家坡烽火台	矩形	梯形	38.5	8.67	一般
西安堡烽火台	矩形	梯形	45.3	7.9	较好
李家小村烽火台	矩形	梯形	16.6	4.5	一般
北信庄 1 号烽火台	矩形	梯形	26.5	11.44	较好
北信庄 2 号烽火台	矩形	梯形	24.2	8.19	一般
楼子口村烽火台	矩形	梯形	22.6	4.71	一般
周家窑村烽火台	矩形	梯形	16.6	3.9	一般
石庄烽火台	矩形	梯形	43.2	7.5	一般
南皂村烽火台	矩形	梯形	45.8	5.2	一般
王坪 1 号烽火台	矩形	梯形	50.4	9.1	较好
王坪 2 号烽火台	圆形	梯形	18.8	2	较差
大峪口 1 号烽火台	矩形	梯形	26.6	8	一般
大峪口 2 号烽火台	矩形	梯形	41	7.6	一般
滋润村 1 号烽火台	矩形	梯形	37.2	7.2	一般
滋润村 2 号烽火台	矩形	梯形	24.4	5.9	一般
红山峪烽火台	矩形	梯形	30	4.1	一般
碗窑 1 号烽火台	矩形	梯形	30.2	6.7	一般
碗窑 2 号烽火台	矩形	梯形	37.6	7.6	一般
吴家窑 1 号烽火台	矩形	梯形	45.6	8	一般
吴家窑 2 号烽火台	矩形	梯形	31	8.5	一般
窑子头烽火台	矩形	梯形	48.4	9	一般
老圪塔村烽火台	矩形	梯形	15.6	4.28	一般
铺上烽火台	矩形	梯形	54	10.2	较好
田庄村烽火台	矩形	梯形	29.1	8.45	较好
金沙滩烽火台	矩形	梯形	21.6	7.1	较好
兴旺庄烽火台	矩形	梯形	45.6	7.5	一般

土质烽火台的附属设施有围墙、台基，有一座烽火台在台体南壁下有一段东西向墙体。附属设施

均见于土质矩形烽火台（表562）。

表562　怀仁县土质烽火台附属设施统计表

名称	平面形制	围墙	台基	其他
温庄烽火台	圆形			
东作里烽火台	矩形	●		
古家坡烽火台	矩形			台体南壁下有一段东西向墙体
西安堡烽火台	矩形		●	
李家小村烽火台	矩形			
北信庄1号烽火台	矩形	●	●	
北信庄2号烽火台	矩形	●		
楼子口村烽火台	矩形			
周家窑村烽火台	矩形			
石庄烽火台	矩形		●	
南皁村烽火台	矩形	●	●	
王坪1号烽火台	矩形		●	
大峪口1号烽火台	矩形			
大峪口2号烽火台	矩形		●	
滋润村1号烽火台	矩形			
滋润村2号烽火台	矩形			
红山峪烽火台	矩形			
碗窑1号烽火台	矩形			
碗窑2号烽火台	矩形		●	
吴家窑1号烽火台	矩形	●	●	
吴家窑2号烽火台	矩形			
窑子头烽火台	矩形	●	●	
老圪塔村烽火台	矩形			
铺上烽火台	矩形	●	●	
田庄村烽火台	矩形			
金沙滩烽火台	矩形			
兴旺庄烽火台	矩形		●	
合计		7	11	1

（3）烽火台的分布特点

①据《怀仁县志》（万历刻本）记载："怀仁濒于塞北，城堡相望，屯牧连野，非设烽堠以防之，则寇至不知，人无预备，我国家相冈阜，度远近，以时哨瞭，有警，振之以炮或示之以火，百里之远，有不瞬息而尽知者，此防患之要也。"[1] 怀仁县烽火台与城堡相结合，构成整体的防御体系。

②怀仁县29座烽火台的分布与城堡一致，分布于平川盆地或平川盆地向山地的过渡地带为多，分布在山地的烽火台不多。

③尝试对烽火台进行大小划分，依据台体的底部周长，按≥50、40～50、＜40米三个标准进行分

---

〔1〕《怀仁县志》（万历刻本），山西大学图书馆古籍部藏。

类，以残高作为参考。这种划分肯定是不全面的，所反映出来的信息也不一定准确。再者，硬性的按40、50米进行分类也很主观。因此只求能从中约略窥见当时的某种特点（表563）。

表563　怀仁县烽火台的分类

	底部周长分类	底部周长（米）	数量（座）	百分比（%）	残高（米）
大型台体	≥50米	50.4~79.8	5	17.2	5.2~10.2
中型台体	40~50米	41~48.4	7	24.1	5.2~9
小型台体	<40米	15.6~38.5	17	58.7	2~11.44
合计		15.6~79.8	29	100	2~11.44

从上表中可以看出，烽火台以中小型台体为主，小型台体最多。

（4）烽火台保存状况

怀仁县29座烽火台以保存一般者最多，有19座，保存较好者有6座、保存较差者4座。烽火台坍塌脱落，表面凹凸不平，有裂缝、沟槽、孔洞。部分烽火台有人为修建的窑洞或挖掘的洞穴、或人为踩踏形成的脚窝，个别烽火台砌有现代台阶或台体顶部修建有砖房。造成损毁的自然因素主要有风雨侵蚀、植物生长等；人为因素主要是在台体上修建窑洞、不合理利用台体、挖掘洞穴、人为踩踏、耕地破坏台基、台基上种植树木及修建牲畜栏圈等。

三　自然与人文环境

（一）自然环境

怀仁县位于山西省北部。大部属于大同盆地，仅东南侧和西北侧边缘地区为山地地形，东南有大头顶山，西北有两狼山、台墩山和青凉山。县境河流有桑干河及其支流大峪河、里八庄河、口泉河等。怀仁县属北温带大陆性季风气候，一年四季分明，年均气温6.8℃，年均降水量420毫米。县境土壤主要是盐化浅色草甸土。本县植被属于暖温带落阔叶林带向温带草原的过渡区域类型。

（二）人文环境

怀仁县城堡、烽火台分布于境内的4镇6乡，为毛家皂镇、云中镇、新家园镇、吴家窑镇、金沙滩镇和马辛庄乡、海北头乡、河头乡、何家堡乡、亲和乡。村庄居民以农业和家畜饲养业为主。怀仁县交通发达，（大）同蒲（州）铁路、大（同）运（城）高速公路、208国道和206省道（大（同）运（城）公路）大致平行，东北—西南向纵贯县境，有南北向纵贯县境的205省道和县境西南的210省道。

四　保护与管理状况

怀仁县长城资源的保护管理机构是怀仁县文物管理所。目前有关长城资源的保护范围、建设控制地带、保护标志、记录档案等工作还有待规定或完善。

表 556　怀仁县烽火台一览表

名称	地点	高程	与其他遗存的位置关系	材质	建筑方式	平面形制	剖面形制	尺寸	附属设施	修缮情况	保存状况	损毁原因及存在病害
温庄烽火台	毛家皂镇温庄村南0.3千米的平地上	1023米	无	土	黄土夯筑,夯层厚0.1~0.14米	圆形	梯形	台体底部直径25.42米,顶部直径13.73,残高5.2米	无	无	保存较差。台体坍塌脱落严重,表面凹凸不平,有裂缝,沟槽、孔洞。台体顶部立有山西省地震局立的水泥桩	自然因素主要有风雨侵蚀,植物生长等;人为因素主要是人为踩踏等
东作里烽火台	毛家皂镇东作里村西北0.08千米的耕地中	1012米	无	土	黄土夯筑,夯层厚0.23~0.25米	矩形	梯形	台体底部东西11.22,南北14.37米,顶部东西6.15,南北5.28米	台体周围有围墙,夯层厚0.15~0.19米	无	保存较差。台体坍塌脱落严重,表面凹凸不平,有裂缝,沟槽、孔洞	自然因素主要有风雨侵蚀,植物生长等
海子洼烽火台	马辛庄乡海子洼村中	997米	无	土	不详	不详	不详	台体底部东西13.5,南北14米	无	无	保存较差。台体已被整体包砖	自然因素主要有风雨侵蚀,植物生长等;人为因素主要是不合理利用台体等
古家坡烽火台(彩图一三四八)	马辛庄乡古家坡村东部	1014米	无	土	黄土夯筑,夯层厚0.17~0.24米	矩形	梯形	台体底部东西10.9,南北8.33米,顶部东西3.8,南北3.7米,残高8.67米	台体南壁下有一段东西向墙体,东段长13.7,西段长14.97,残高3.6米,夯层厚0.17~0.2米	无	保存一般。台体坍塌脱落严重,表面凹凸不平,有裂缝,沟槽、孔洞。台体东壁有现代砌台阶,顶部有护林防火用的砖房	自然因素主要有风雨侵蚀,植物生长等;人为因素主要是不合理利用台体等
西安堡烽火台(彩图一三四九)	海北头乡西安堡村北1.75千米的平地上	989米	无	土	黄土夯筑,夯层厚0.09~0.2米	矩形	梯形	台体底部东西11.16米,南北11.49,顶部东西6.01,南北5.11米,残高7.9米	台体底部有台基,平面呈矩形,东西23.66,南北22.11米,台基南侧中部厚0.2米,夯层厚2.87米	无	保存较好。台体坍塌脱落,表面凹凸不平,有裂缝,沟槽、孔洞。台体南侧底部有窑洞,从南向西拐进窑洞,窑洞口距地面1.5,窑洞窗口向西进窑洞1.5,高1.45,进深3.38米,东侧通览4.12米,高0.9,台体东北角有现代台阶,宽1米。顶部有现代小屋	自然因素主要有风雨侵蚀,植物生长等;人为因素主要利用合体,在合体上修建窑洞等

续表556

名称	地点	高程	与其他遗存的位置关系	材质	建筑方式	平面形制	剖面形制	尺寸	附属设施	修缮情况	保存状况	损毁原因及存在病害
李家小村烽火台	河头乡李家小村南1.5千米的树林中	990米	无	土	黄土夯筑,含砂砾,夯层厚0.1~0.15米	矩形	梯形	台体底部东西4.28、南北4,残高4.5米	无	无	保存一般。台体坍塌脱落,表面凹凸不平,有裂缝、沟槽、孔洞	自然因素主要有风雨侵蚀,植物生长等
北信庄1号烽火台	云中镇北信庄村东1.1千米的耕地中	1046米	无	土	黄土夯筑,夯层厚0.15~0.2米	矩形	梯形	台体底部东西13.7、南北6.2、顶部东西西4.2、南北6.7米,残高11.44米	台体周围有围墙,平面呈矩形,东西31.2、南北31.67米。围墙底宽1.3,顶宽0.3,内侧残存最高1.9,外侧残存高2.3米,夯层厚0.15~0.31米。南墙中部有豁口,宽4.21米。围墙内有台基	无	保存较好。台体坍塌脱落,表面凹凸不平,有裂缝、沟槽、孔洞。台体南壁底部近西有洞穴。北壁底部中央有洞穴	自然因素主要有风雨侵蚀等;人为因素主要是挖掘洞穴等
北信庄2号烽火台	云中镇北信庄村东南1.05千米	1088米	无	土	黄土夯筑,含少量细砂、碎石,夯层厚0.18~0.22米	矩形	梯形	台体底部东西4.8、南北7.3、顶部边长3,残高8.19米	台体周围有围墙,南墙无存	无	保存一般。台体坍塌脱落,表面凹凸不平,有裂缝、沟槽、孔洞	自然因素主要有风雨侵蚀,植物生长等
楼子口村烽火台	何家堡乡楼子口村西南0.5千米的山前浅山坡上	1213米	无	土	黄土夯筑,含砂砾,夯层厚0.15~0.2米	矩形	梯形	台体底部东西4.85、南北6.46米,顶部东西2.1、南北2.8米,残高4.71米	无	无	保存一般。台体坍塌脱落,表面凹凸不平,有裂缝、沟槽、孔洞	自然因素主要有风雨侵蚀等
周家窑村烽火台	亲和乡周家窑村东北0.75千米的耕地中	1017米	无	土	黄土夯筑,夯层厚0.2~0.22米	矩形	梯形	台体底部东西4.9、南北3.4、残高3.9米	无	无	保存一般。台体坍塌脱落,表面凹凸不平,有裂缝、沟槽、孔洞	自然因素主要有风雨侵蚀,植物生长等
石庄烽火台(彩图一三五○)	亲和乡石庄村西南2千米的耕地树林中	1046米	无	土	黄土夯筑,夯层厚0.15~0.24米,局部有夹杂的0.08米厚的夯层	矩形	梯形	台体底部东西10.6、南北11.02米,顶部东西6.9、南北6.2米,残高7.5米	台体底部有台基,平面呈矩形,东西19.51、南北17.97米	无	保存一般。台体坍塌脱落,表面凹凸不平,有裂缝、沟槽、孔洞。台体南壁上中央有一回坑,现砌砖,下部有三孔窑洞;北壁砌砖有"之"字形砖砌台阶,阶宽0.9米。台体顶部有护林防火用的砖房	自然因素主要有风雨侵蚀,植物生长等;人为因素主要是不合理利用台体,在台体上修建窑洞等

续表556

名称	地点	高程	与其他遗存的位置关系	材质	建筑方式	平面形制	剖面形制	尺寸	附属设施	修缮情况	保存状况	损毁原因及存在病害
南阜村烽火台	亲和乡南阜村西北1.5千米的耕地中	1039米	无	土	黄土夯筑,含少量细砂,夯层厚0.14~0.18米	矩形	梯形	台体底部东西13.54、南北9.34米,顶部东西7.4、南北2.3米,残高5.2米	台体南侧有围墙,残存东墙,顶宽0.9、内高1.5、外高2.8米。围墙内有台基,东西13.6、南北9.54、残高1.2米	无	保存一般。台体坍塌脱落严重,表面凹凸不平,有裂缝、沟槽、孔洞,南、北壁有盗洞	自然因素主要有风雨侵蚀等;人为因素主要是挖掘洞穴等
王坪1号烽火台	新家园镇王坪村北0.01千米	1158米	无	土	黄土夯筑,夯层厚0.15~0.18米	矩形	梯形	台体底部东西12.7、南北12.5米,顶部东西7、南北6.8米,残高9.1米	台体底部有台基,平面呈矩形,东西18.2、南北19、残高1.5米,夯层厚0.15~0.18米	无	保存较好。台体坍塌脱落,表面凹凸不平,有裂缝、沟槽、孔洞;北壁底部中央有洞穴,可登顶;西北角有脚窝;顶部栽立的水泥有测绘部门绘制桩;台基西部被耕地破坏	自然因素主要有风雨侵蚀等;人为因素主要是挖掘洞穴,人为践踏,耕地破坏台基等
王坪2号烽火台	新家园镇王坪村西1千米的山顶上	1243米	无	土	不详	圆形	梯形	台体直径6、残高2米	无	无	保存较差。台体坍塌脱落严重,表面凹凸不平,有裂缝、沟槽、孔洞	自然因素主要有风雨侵蚀、植物生长等
大峪口1号烽火台（彩图二三五一）	新家园镇大峪口村东北1千米的河谷中	1206米	无	土	黄土夯筑,夯层厚0.2~0.23米	矩形	梯形	台体底部东西7.3、南北6米,顶部东西3.3、南北3.8米,残高8米	无	无	保存一般。台体坍塌脱落严重,表面凹凸不平,有裂缝、沟槽、孔洞。台体南壁底部有窑洞	自然因素主要有风雨侵蚀、植物生长等;人为因素主要是在台体上修建窑洞等
大峪口2号烽火台（彩图二三五二）	新家园镇大峪口村西北0.5千米的山顶上	1239米	无	土	黄土夯筑,含细砂,夯层厚0.2~0.25米	矩形	梯形	台体底部东西10.2、南北10.3米,顶部东西4.4、南北4.7米,残高7.6米	台体底部有台基,平面呈矩形,东西17.5、南北20.5、残高1.5米,夯层厚0.19米	无	保存一般。台体坍塌脱落不平,有裂缝、沟槽、孔洞,台体四壁各有一个洞穴,洞穴相连	自然因素主要有风雨侵蚀等;人为因素主要是挖掘洞穴等

续表 556

名称	地点	高程	与其他遗存的位置关系	材质	建筑方式	平面形制	剖面形制	尺寸	附属设施	修缮情况	保存状况	损毁原因及存在病害
滋润村1号烽火台（彩图一三五三）	新家园镇滋润村北0.2千米	1252米	无	土	黄土夯筑，含细砂，夯层厚0.18~0.26米，夯层间夹杂有0.02~0.04米厚的夯层	矩形	梯形	台体底部东西9.4，南北9.2米，顶部东西4.3，南北4.7米，残高7.2米	无	无	保存一般。台体坍塌脱落严重，表面凹凸不平，有裂缝，沟槽，孔洞	自然因素主要有风雨侵蚀，植物生长等
滋润村2号烽火台（彩图一三五三）	新家园镇滋润村北	1223米	无	土	黄土夯筑，夯层厚0.2~0.24米	矩形	梯形	台体底部东北6，东南6.2米，南北2.3，西北3.1米，残高5.9米	无	无	保存一般。台体坍塌脱落严重，沟槽凹凸不平，孔洞。台体西南壁底部中央有洞穴，高1，宽2米，进深1.1，深1.4米	自然因素主要有风雨侵蚀；人为因素主要是挖掘洞穴等
红山岭烽火台（彩图一三五四）	吴家窑镇红山岭村西南0.5千米的山顶上	1535米	无	土	红褐色土夯筑，含砂砾、碎石，夯层厚0.18~0.2米	矩形	梯形	台体底部东西7.7，南北7.3米，顶部东西3.2，南北2.6米，残高4.1米	无	无	保存一般。台体坍塌脱落严重，表面凹凸不平，有裂缝，沟槽，孔洞	自然因素主要有风雨侵蚀，植物生长等
碗窑1号火台	吴家窑镇碗窑村西北0.75千米	1373米	无	土	黄土夯筑，夯层厚0.19~0.24米	矩形	梯形	台体底部东西8.6，南北6.5米，顶部东西2.1，南北3.2米，残高6.7米	无	无	保存一般。台体坍塌脱落严重，表面凹凸不平，有裂缝，沟槽，孔洞	自然因素主要有风雨侵蚀，植物生长等
碗窑2号火台（彩图一三五五）	吴家窑镇碗窑村东南0.5千米的山顶上	1366米	无	土	黄土夯筑，夯层厚0.22~0.3米	矩形	梯形	台体底部东西9，南北9.8米，顶部东西5，南北3米，残高7.6米	台体底部有台基，平面呈矩形，东西23.3，南北22，残高0.9~4.2米，夯层厚0.18~0.25米	无	保存一般。台体坍塌脱落严重，有裂缝，沟槽，孔洞。台体西北角有纵向凹槽，凹槽内有脚窝，可登顶。台体周围散落有石块，台基上种植有小松树	自然因素主要有风雨侵蚀，植物生长等；人为因素主要是人为踩踏等
吴家窑1号烽火台	吴家窑村东0.02千米的台地上	1306米	无	土	黄土夯筑，夯层厚0.19~0.22米	矩形	梯形	台体底部东西11.5，南北11.3米，顶部东西6.4，南北6.5米，残高8米	台体周围有围墙，平面呈矩形，北墙无存，南墙底宽0.8，外高2.2米，内高0.19~0.22米，顶宽0.35米，夯层厚0.18~0.22米。围墙内有台基，平面呈矩形，残高1米，夯层厚0.19~0.22米	无	保存一般。台体坍塌脱落严重，表面凹凸不平，有裂缝，沟槽，孔洞	自然因素主要有风雨侵蚀，植物生长等

续表556

名称	地点	高程	与其他遗存的位置关系	材质	建筑方式	平面形制	剖面形制	尺寸	附属设施	修缮情况	保存状况	损毁原因及存在病害
吴家窑2号烽火台	吴家窑镇吴家窑村西的山坡上	1293米	无	土	黄土夯筑,夯层厚0.22米	矩形	梯形	台体底部东西7,南北8.5米,顶部东西3.3,南北1.5米,残高8.5米	无	无	保存一般。台体坍塌严重,表面凹凸不平,有裂缝,沟槽,孔洞。台体西,北壁有窑洞,窑洞相连	自然因素主要有风雨侵蚀,植物生长等;人为因素主要是在台体上修建窑洞等
窑子头烽火台(彩图一五六)	吴家窑镇窑子头村西北0.5千米	1415米	无	土	黄土夯筑,夯层厚0.18~0.25米。顶部四周有砌石	矩形	梯形	台体底部东西12.2,南北12米,顶部东西6.4,南北6.5米,残高9米	台体周围有围墙,平面呈矩形,墙体底宽1~1.5,顶宽0.5~0.7米;南墙无存;北墙高0.15~2.5米,夯层厚0.2米;东墙中部有窑口,宽2.5米,围墙内有台基,平面呈矩形,残高2.78米。	无	保存一般。台体坍塌严重,表面凹凸不平,有裂缝,沟槽,孔洞。台体北壁有窑洞穴,底部散布有石块	自然因素主要有风雨侵蚀,植物生长等;人为因素主要是挖掘洞穴等
老圪塔村烽火台	金沙滩镇老圪塔村北0.2千米的小土堆上	1107米	无	土	黄土夯筑,夯层厚0.14~0.18米	矩形	梯形	台体底部东西3.42,南北4.36米,顶部东西2,南北3米,残高4.28米	无	无	保存一般。台体坍塌严重,表面凹凸不平,有裂缝,沟槽,孔洞	自然因素主要有风雨侵蚀,植物生长等
铺上烽火台	金沙滩镇铺上村北1.1千米的河谷平地上	1115米	无	土	黄土夯筑,夯层厚0.16~0.3米	矩形	梯形	台体底部东西14,南北13米,顶部东西8,南北7.8米,残高10.2米	台体周围有围墙,平面呈矩形,东西33.3,南北33.8米。东墙残宽0.3~3米;南墙底宽1.6,内高2.6,外高3米;西墙内高3.2,外高3米;北墙底宽3.6米;顶宽0.5~0.8,残高3米,夯层厚0.2~0.23米。东墙中部有窑口,宽3.5米。围墙内有台基,平面呈矩形	无	保存较好。台体有所坍塌脱落,表面凹凸不平,有裂缝,沟槽,孔洞。台基上散布有许多石块和现代砖	自然因素主要有风雨侵蚀,植物生长等

续表556

名称	地点	高程	与其他遗存的位置关系	材质	建筑方式	平面形制	剖面形制	尺寸	附属设施	修缮情况	保存状况	损毁原因及存在病害
田庄村烽火台	金沙滩镇田庄村中	1059米	无	土	黄土夯筑,夯层厚度不详	矩形	梯形	台体底部东西8.2,南北6.34米,顶部东西4.5,南北3.6米,残高8.45米	无	无	保存较好。台体坍塌脱落,表面凹凸不平,有裂缝,沟槽,孔洞。台体南壁东侧底部有脚窝,可登顶;南壁底部有洞穴,洞穴南侧紧邻一个圆形竖坑;西壁底部中部有窑洞,南壁窑洞洞穴,西壁窑洞均坍塌	自然因素主要有风雨侵蚀等,植物生长等;人为因素主要是在台体上修建踩踏,人为踩踏洞,挖掘洞穴等
金沙滩烽火台	金沙滩镇金沙滩村西南0.8千米	1079米	无	土	黄土夯筑,夯层厚0.1~0.15米	矩形	梯形	台体底部边长5.4米,顶部东西2.1,南北2.2米,残高7.1米	无	无	保存较好。台体坍塌脱落,表面凹凸不平,有裂缝,沟槽,孔洞。台体西南角有脚窝,可登顶	自然因素主要有风雨侵蚀等,植物生长等;人为因素主要是人为踩踏等
兴旺庄烽火台	金沙滩镇兴旺庄村北部	1036米	无	土	黄土夯筑,夯层厚0.18~0.25米	矩形	梯形	台体底部东西10.5,南北12.3米,顶部东西5.2,南北5.7米,残高7.5米	台体底部有台基,平面呈矩形,北边长22.5,东边长19.1,西边长残长13.5,残高1.9米	无	保存一般。台体坍塌脱落严重,表面凹凸不平,有裂缝,沟槽,孔洞。台体底部有人为挖的洞穴,北壁底部东西两侧各有一个洞穴;台基上挖掘有许多圆坑,坑内西侧有挖掘种有榆树;西侧有挖掘的矩形坑深槽,深槽南边有性口圈	自然因素主要有风雨侵蚀等,植物生长等;人为因素主要是挖掘洞穴,台基上种植树木及修建性畜栏圈等

第二十八章　广灵县长城

广灵县位于山西省东北部，东、北部与河北省蔚县、阳原县交界，南与灵丘县、西与浑源县、西北与阳高县相邻。山西省明代长城资源调查五队从 2008 年 4 月 28 日～5 月 28 日，对该县明代长城资源进行了调查。

一　长城资源调查数据

广灵县共调查长城墙体 1 段，长 98 米；堡 28 座；单体建筑共 15 座，包括敌台 1 座、烽火台 14 座（地图二二）。

（一）长城墙体

本县长城墙体只发现峪口处的一段防御墙，即唐山口村长城，位于唐山口峪口处，南侧为高大的山区，北侧为河床和山坡缓坡地带。

唐山口村长城

起点位于作疃乡唐山口村南 1.3 千米处，高程 1182 米；止点位于唐山口村南 1.3 千米处，高程 1192 米。大致呈东—西走向。全长 98 米，其中保存较好 83、一般 15 米。墙体为黄土夯筑而成，含碎石，夯层厚 0.1～0.21 米。现存墙体剖面大致呈不规则梯形，底宽 3.3、顶宽 0.78～0.85、残高 3.67～4.67 米（彩图一三五七）。唐山口村长城敌台位于长城墙体上。

本段墙体共测 GPS 点 3 个（G0001～G0003），可分为 2 小段，分述如下。

第 1 小段：G0001（起点）—G0002（唐山口村长城敌台），长 15 米，东—西走向，保存一般。墙体底宽 3.3、顶宽 0.78、残高 3.85 米，夯层厚 0.16～0.21 米。

第 2 小段：G0002（唐山口村长城敌台）—G0003（止点），长 83 米，东—西走向，保存较好。墙体顶宽 0.85、南侧高 3.67、北侧高 4.67 米，夯层厚 0.1～0.17 米。

墙体整体保存一般。造成墙体损毁的自然因素有风雨侵蚀、植物生长等；人为因素有人畜踩踏等。

（二）关堡

广灵县共调查堡28座。详见下表（表564）。

表564　广灵县堡一览表

所属乡镇	名　称	数量（座）
蕉山乡	殷家庄堡、西马庄堡、东蕉山东堡、中蕉山堡、西蕉山村1号堡、西蕉山村2号堡	6
加斗乡	南加斗村堡、东姚疃村堡、西姚疃村堡、登场堡	4
宜兴乡	宜兴堡、直峪村堡	2
作疃乡	井子洼村堡、平城北堡、作疃西堡	3
一斗泉乡	榆林村堡	1
梁庄乡	冯庄东堡、冯庄西堡、梁家庄1号堡、梁家庄2号堡、底庄村1号堡、底庄村2号堡	6
南村镇	南村堡、罗家庄堡、赵家坪村堡、下白羊堡、上林关堡、晏子村堡	6
合计		28

1. 殷家庄堡

位于蕉山乡殷家庄村中，高程1034米。

堡平面呈矩形，坐北朝南，周长788米，占地面积38489平方米。现存主要设施、遗迹有部分堡墙、城门1座、角台2座、马面4座、街道1条等（图七三五）。堡墙为土墙，黄土夯筑而成，夯层厚0.17～0.2米。残存东墙191、南墙小段、西墙128、北墙176米，墙体底宽2.8、顶宽0.8、残高2.9～10.4米。南墙东段设城门，砖券拱门，三伏三券（彩图一三五八、一三五九）。门洞内存木门2扇，包有铁皮，上有门钉，用小号的铁钉组成"天下太平"字样（一三六〇、一三六一），门轴处铁皮上铸有"咸丰四年（1854年）五月成造"字样（彩图一三六二、一三六三）。门洞内地面铺石，遗有车辙痕迹（彩图一三六四）。门洞内西侧有阶梯，可登顶，现封闭。南门内外门拱上有石匾，外侧石匾有砖雕门额，双线阴刻"殷家庄"三字，其下有"壬丙门"三个小字，上款为阴刻楷书"大明嘉靖癸卯年（1543年）创建"，下款为"大清咸丰甲寅年（1854年）重修"（彩图一三五六五）；内侧石匾楷书阴刻"北堡"二字。南门外有照壁，东侧有戏台。存角台2座，东北角台平面呈矩形，斜向凸出于墙体，底宽1.9、凸出墙体3.1、残高10.85米；东南角台平面现呈圆形，底宽7.52、突出墙体4.26、残高9.85米。存马面4座，东、西墙各有1座，北墙有2座。东墙马面底宽4.26、凸出墙体7.73、残高8.8米，夯层厚0.2～0.28米；北墙西侧马面残高3.37米，夯层厚0.17～0.2米。堡内有南北向街道1条。

堡整体保存一般。墙体坍塌损毁严重，部分段无存。堡内外有民居。造成损毁的自然因素主要是风雨侵蚀、植物生长等；人为因素主要是修建房屋破坏墙体、利用墙体修建房屋及取土挖损墙体、角台、马面等。

2. 西马庄堡

位于蕉山乡洗马庄村中，高程956米。

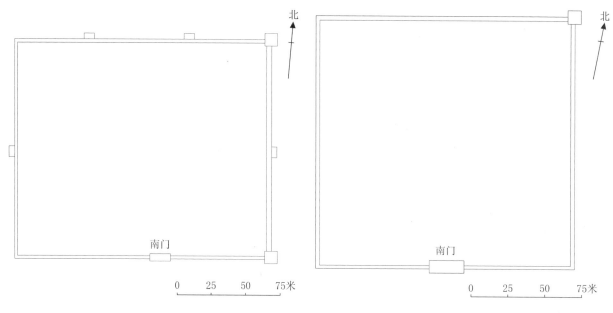

图七三五　殷家庄堡平面示意图　　　　　　　　图七三六　西马庄堡平面示意图

堡平面呈矩形，坐北朝南，边长 172 米，周长 688 米，占地面积 29584 平方米。现存主要设施、遗迹有部分堡墙、城门 1 座、角台 1 座等（图七三六）。堡墙为土墙，黄土夯筑而成，夯层厚 0.15～0.23 米，墙体底宽 2.7、残高 1.8～6.2 米。南墙设城门，经过现代修缮，条石基础砖券拱门，高 6.2 米，砖长 30、宽 12、厚 5 厘米（彩图一三六六、一三六七）。门洞内存木门 2 扇，包有铁皮，上有门钉，用小号的铁钉组成"天下太平"字样（彩图一三六八、一三六九）。门洞内地面铺石，遗有车辙痕迹（彩图一三七〇）。门洞内东侧有现代修的阶梯，可登顶。南门内外有砖雕匾额，外侧石匾书"西马庄"三字（彩图一三七一），阳文，下款为"道光十五年（1835 年）重修"；内侧石匾阴刻"西马庄堡"四字（彩图一三七二），下方记载工匠姓名，上款为"大同府蔚州广灵府"，下款为"嘉靖十八年（1539 年）孟春吉日立券"。南门上现有新修的观音庙。仅存东北角台，残高 5.6 米。

堡整体保存一般。墙体坍塌损毁严重，部分段无存。堡内建筑无存，有民居。造成损毁的自然因素主要是风雨侵蚀、植物生长等；人为因素主要是修建房屋破坏墙体、利用墙体修建房屋等。

3. 东蕉山东堡

位于蕉山乡东蕉山东堡村中，高程 977 米。

堡平面呈矩形，坐北朝南，周长 702 米，占地面积 30789 平方米。现存主要设施、遗迹有部分堡墙、城门 1 座、角台 1 座、马面 1 座、街道 1 条等（图七三七）。堡墙为土墙，黄土夯筑而成，夯层厚 0.12～0.2 米。残存东墙 91、西墙 122、北墙 180 米，南墙仅存南门墙体，墙体底宽 0.5～3.4、残高 3.07～6.8 米。南墙设城门，砖券拱门，五伏五券。南门外侧门拱上有石匾，双线阴刻"和阳"二字，上款为"大清嘉庆元年（1796 年）岁次丙辰"。仅存东北角台，残高 10.4 米。马面仅存北墙 1 座，顶部东西 6.3、南北 2.2、残高 8.42 米，马面南侧残存南北向坡道，可登顶，坡道宽 1.2 米。堡内有南北向街道 1 条。

堡整体保存一般。墙体坍塌损毁严重，部分段无存。堡内外有民居。造成损毁的自然因素主要是

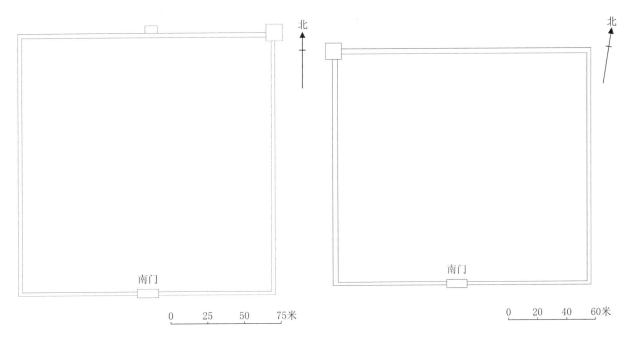

图七三七　东蕉山东堡平面示意图　　　　图七三八　西蕉山村1号堡平面示意图

风雨侵蚀、植物生长等；人为因素主要是修建房屋破坏墙体、利用墙体修建房屋等。

4. 中蕉山堡

位于蕉山乡中蕉山村中，高程979米。

堡平面呈矩形，朝向不明，周长、占地面积不详。现存主要设施、遗迹仅部分堡墙。堡墙为土墙，黄土夯筑而成，夯层厚0.14~0.18米，仅存北墙180米，墙体底宽3.5、残高3.9~8.3米。

堡整体保存较差。墙体坍塌损毁严重，北墙中部有两处被挖断形成便道。堡内建筑无存，有民居。造成损毁的自然因素主要是风雨侵蚀、植物生长等；人为因素主要是利用墙体修建房屋、挖断墙体开通便道等。

5. 西蕉山村1号堡

位于蕉山乡西蕉山村中，高程976米。

堡平面呈矩形，坐北朝南，周长846米，占地面积44576平方米。现存主要设施、遗迹有部分堡墙、城门1座、角台1座等（图七三八）。堡墙为土墙，黄土夯筑而成，夯层厚0.17~0.28米。残存东墙185、南墙62、西墙192、北墙219米，墙体底宽2.3、残高3.5~8.3米。南墙设城门，现存一侧门墩，残高4.2米，夯层厚0.21~0.23米。南门外有戏台1座。仅存西北角台，残高4.3米，夯层厚0.16~0.24米。

堡整体保存一般。墙体坍塌损毁严重，部分段无存，西墙中部被挖断形成便道。堡内建筑无存，堡内外有民居。造成损毁的自然因素主要是风雨侵蚀、植物生长等；人为因素主要是修建房屋破坏墙体、利用墙体修建房屋、挖断墙体开通便道等。

6. 西蕉山村2号堡

位于蕉山乡西蕉山村西北耕地中，高程983米。

堡平面呈矩形，坐北朝南，由南北两城组成，总周长1219米，总占地面积45913平方米。南城周长614米，占地面积23322平方米；北城周长605米，占地面积22591平方米。南城现存主要设施、遗迹有部分堡墙、城门1座、角台2座、马面3座等；北城现存主要设施、遗迹有部分堡墙、角台3座、马面1座等（图七三九）。南城堡墙为土墙，黄土夯筑而成，夯层厚0.16～0.2米。残存东墙136、南墙170、西墙92、北墙163米，墙体底宽5.3～8.35、残高1.48～4.42米。南墙中部设城门，存西侧门墩。存角台2座，西南角台残高3.66米；东北角台消失，仅存痕迹。存马面3座，南墙西侧马面残高2.92米，夯层厚0.19～0.23米；东侧马面残高3.4米；北墙中部马面底宽6.53、顶宽2.2、残高5.88米。南城北0.025千米耕地中有北城，墙体夯层厚0.21～0.24米，残存东北、东南、西北角台及东墙马面。

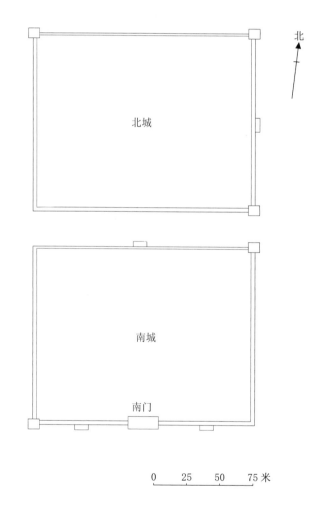

图七三九　西蕉山村2号堡平面示意图

堡整体保存一般。墙体坍塌损毁严重，部分段无存。堡内建筑无存，堡内外有民居。造成损毁的自然因素主要是风雨侵蚀、植物生长等；人为因素主要是修建房屋破坏墙体、耕地破坏墙体等。

7. 南加斗村堡

位于加斗乡南加斗村中，高程960米。

堡平面呈不规则形，坐西朝东，周长728米，占地面积33061平方米。现存主要设施、遗迹有部分堡墙、城门 1 座、角台 1 座、水井 1 口、街道 2 条等（图七四〇）。堡墙为土墙，黄土夯筑而成，夯层厚 0.15 ~ 0.23 米，残存南墙 109、西墙 201、北墙 79 米，东墙仅存东门墙体，墙体底宽 1.2 ~ 4.6、残高 3.4 ~ 9.3 米。东墙设城门，条石基础的砖券拱门，门洞内宽 2.75、外宽 2.54、内高 4.38、外高 2.89、内进深 2.89、外进深 1.64 米。东门外侧门拱上有砖雕匾额，阴刻"景阳"二字，上款阴刻"大清乾隆贰拾贰年（1755 年）重修"；东门墙体宽 6.67、高 5.69 米，其上有城楼，门内侧有约 1 米的残墙。仅存西南角台，残高 4.89 米。堡东门内 21 米处有水井 1 口，堡内有"十"字形街道 2 条。

堡整体保存一般。墙体坍塌损毁严重，堡内有民居。造成损毁的自然因素主要是风雨侵蚀、植物生长等；人为因素主要是利用墙体修建房屋等。

8. 东姚疃村堡

位于加斗乡东姚疃村中，高程 954 米。

堡平面呈矩形，朝向不明，周长、占地面积不详。现存主要设施、遗迹仅部分堡墙。堡墙为土墙，黄土夯筑而成，夯层厚 0.21 米。残存东墙南段 19、南墙东段 121、北墙 153 米，西墙无存，墙体顶宽 0.3、残高 3.35 ~ .8 米。

堡整体保存较差。墙体坍塌损毁严重。堡内建筑无存，有民居。造成损毁的自然因素主要是风雨侵蚀、植物生长等；人为因素主要是利用墙体修建房屋等。

9. 西姚疃村堡

位于加斗乡西姚疃村中，高程 950 米。

堡平面呈矩形，坐西朝东，周长 714 米，占地面积 30602 平方米。现存主要设施、遗迹有部分堡墙、马面 1 座等（图七四一）。堡墙为土墙，黄土夯筑而成，夯层厚 0.16 ~ 0.2 米。残存东墙北段 44、西墙 143、北墙 214 米，南墙无存，墙体底宽 4.1、残高 2.5 ~ 5.8 米。马面仅存北墙 1 座，底宽 11.1、残高

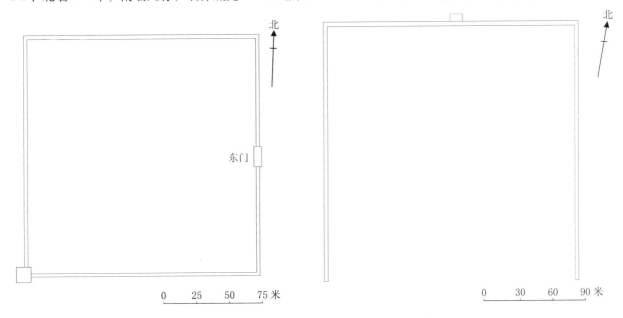

图七四〇　南加斗村堡平面示意图　　　　　图七四一　西姚疃村堡平面示意图

5.6 米。

　　堡整体保存较差。墙体坍塌损毁严重，西墙中部被挖断形成便道。堡内建筑无存，有民居。造成损毁的自然因素主要是风雨侵蚀、植物生长等；人为因素主要是修建房屋破坏墙体、利用墙体修建房屋、挖断墙体开通便道等。

10. 登场堡

　　位于加斗乡登场堡村中，高程 960 米。

　　堡平面呈矩形，坐北朝南，周长 1300 米，占地面积 98270 平方米。现存主要设施、遗迹有部分堡墙、城门 1 座、内城 1 座、角台 1 座、马面 6 座、水井 1 口等（图七四二）。堡墙为土墙，黄土夯筑而成，夯层厚 0.17 米。残存东墙 262、南墙小段、西墙 196、北墙 91 米，墙体底宽 2.1～2.2、顶宽 0.6、残高 2～6.2 米。南墙设城门，经过现代修缮，砖券拱门，南门内外有砖雕匾额，外侧门匾书"野场堡"三字，下款为"大清道光己酉（1849 年）夏重修"；内侧门匾书"登场堡"三字，下款为"道光癸卯（1843 年）春知蔚州知事……"，南门上有城楼。据村民讲，北墙原有城门，门外有瓮城，瓮城设东门，北门和瓮城东门为砖券拱门，瓮城东门外有砖砌照壁，现均不存。仅存东南角台，平面呈矩形，底宽 6.42、凸出墙体 9.74、残高 9.34 米，夯层厚 0.14～0.2 米。存马面 6 座，东墙北侧马面底宽 9.12、凸出墙体 6.62、残高 4.5 米，南侧马面顶宽 7.57、凸出墙体 2、残高 8.4 米；南墙马面底宽 8.6、凸出墙体 6.59、残高 8.2 米；西墙马面 2 座，南侧马面底宽 8.57、残高 6.2 米，北侧马面顶宽 1.3、残高 3.5 米；北墙东段马面底宽 3.37、残高 3.2 米。堡内东南部有内城 1 座，平面呈矩形，东西 92、南北 84 米，内城东、南墙利用外城东、南墙，墙体顶宽 1.3、残高 8.4～9.78 米；内城北墙中部原设城门，现为豁口，高 6.8 米，东北角台即外城东墙北侧马面，东南角台即外城东南角台，内城东、南墙中部马面即外城东墙南侧马面和南墙马面。内城北门外西侧有水井 1 口，水井旁有清代庙宇和残碑 1 块，碑文记载了捐资修庙者姓名。

　　堡整体保存一般。墙体坍塌损毁严重，部分段无存；北门和门外瓮城无存；堡内有民居。造成损

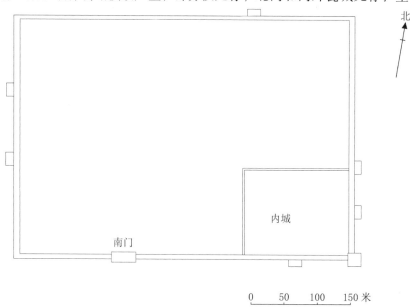

图七四二　登场堡平面示意图

毁的自然因素主要是风雨侵蚀、植物生长等；人为因素主要是修建房屋破坏墙体等。

11. 宜兴堡

位于宜兴乡宜兴村中，高程993米。

堡平面呈矩形，朝向不明，周长、占地面积不详。现存主要设施、遗迹仅部分堡墙。堡墙为土墙，黄土夯筑而成，夯层厚0.18米。残存东墙北段21、北墙东段87米，南、西墙无存，墙体残高5.02~7.8米。

堡整体保存较差。墙体坍塌损毁严重，部分北墙底部有现代包石。堡内建筑无存，堡内外有民居。造成损毁的自然因素主要是风雨侵蚀、植物生长等；人为因素主要是修建房屋破坏墙体、不合理修缮等。

12. 直峪村堡

位于宜兴乡直峪村内西部，高程1038米。

堡平面呈不规则形，朝向不明，周长、占地面积不详。现存主要设施、遗迹仅部分堡墙。堡墙为土墙，底部为红砂土夯筑而成，含砂砾、碎石，上部为黄土夯筑而成，夯层厚0.2米。残存部分南、西墙，南墙底宽2.8、内高7.76、外高2.4米，西墙残高2~6.39米。

堡整体保存较差。墙体坍塌损毁严重；堡内建筑无存，堡内外有民居。造成损毁的自然因素主要是风雨侵蚀、植物生长等；人为因素主要是修建房屋破坏墙体、利用墙体修建房屋等。

13. 井子洼村堡

位于作疃乡井子洼村旧村中，高程1092米。

堡平面呈矩形，坐西朝东，东墙长303、南墙长147、西墙长197、北墙长246米，北墙西段呈阶梯状。周长894米，占地面积41692平方米。现存主要设施、遗迹有部分堡墙、角台4座、马面1座等（图七四三；彩图一三七三）。堡墙为土墙，黄土夯筑而成，夯层厚0.17~0.24米，墙体底宽3.2、残高2~9米。堡墙四角设角台，东北角台斜向凸出于墙体；东南角台斜向凸出于墙体，底宽3.58、凸出墙体4.69、残高8.2米；西南角台残高7.08米；西北角台残高9.89米。西墙中部有马面1座，底宽9.27、凸出墙体4.25、残高8.84米。

堡整体保存一般。墙体坍塌损毁严重，部分段无存，南墙、北墙中部被挖断形成便道，北墙中部豁口宽4.45米；堡内建筑无存，堡内外有民居。造成损毁的自然因素主要是风雨侵蚀、植物生长等；人为因素主要是修建房屋破坏墙体、利用墙体修建房屋、挖断墙体开通便道等。

14. 平城北堡

位于作疃乡平城北堡村中，高程1011米。

堡平面呈矩形，坐北朝南，周长、占地面积不详。现存主要设施、遗迹有部分堡墙、内城1座、角台2座、马面4座等（彩图一三七四）。堡墙为土墙，黄土夯筑而成，夯层厚0.16~0.22米，墙体底宽4~5.89、顶宽0.8~2.7、残高2.7~9.05米。存东北、西北角台，东北角台北边长7.35、东边长7.94、凸出墙体4.95、残高6.8米。西、北墙各有马面2座，西墙南侧马面底宽6.18、凸出墙体2.66、残高8.4米，北侧马面底宽5.48、残高5米；北墙西侧马面底宽9.82、凸出墙体4.32、残高5.8米，东侧马面底宽7.27、凸出墙体6.87、残高7.3米。堡内东北部有内城1座，平面呈矩形，东西90、南北40米，东、北墙利用外城东、北墙（彩图一三七五）。

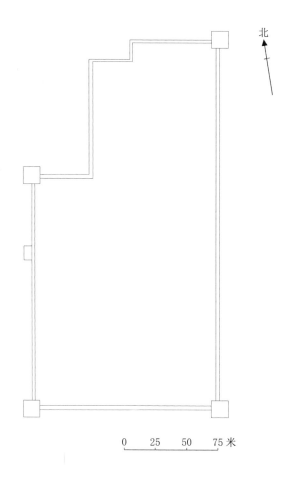

图七四三　井子洼村堡平面示意图

堡整体保存一般。墙体坍塌损毁严重，部分段无存；堡内有民居，东北部内城为寺庙，居住有僧人。造成损毁的自然因素主要是风雨侵蚀、植物生长等。

15. 作疃西堡

位于作疃乡作疃西堡村内偏北部，高程1019米。

堡平面呈矩形，坐北朝南，周长、占地面积不详。现存主要设施、遗迹有部分堡墙、角台2座等。堡墙为土墙，黄土夯筑而成。残存东墙14.42、西墙15、北墙115米，南墙无存，墙体残高4~7.2米。存角台2座，东北角台平面呈矩形，残高8.2米；西北角台平面现呈圆形，底部最宽3、残高6.7米，夯层厚0.15~0.2米，顶部生长有树木。

堡整体保存一般。墙体坍塌损毁严重，北墙上部有现代垒砌的砖坯；堡内建筑无存，有民居。造成损毁的自然因素主要是风雨侵蚀、植物生长等；人为因素主要是修建房屋破坏墙体、利用墙体修建房屋、不合理修缮等。

16. 榆林村堡

位于一斗泉乡榆林村内西北部，高程1357米。

堡平面呈八角形，坐西朝东，周长、占地面积不详。现存主要设施、遗迹有部分堡墙、角台3座等。堡墙为土墙，黄土夯筑而成，残存东北墙110、北墙80、西北墙51米，残高2.57米。存角台3

座，东北角台底宽6.71、凸出墙体6.56米，顶宽2.2、凸出墙体3.27米，残高6.12米；西南角台底部北边长7.8、西边长11.66、残高8.3米，夯层厚0.2~0.25米；西北角台残高7.2米。

堡整体保存较差。墙体坍塌损毁严重，大部分段无存；堡内建筑无存，堡内外有民居。造成损毁的自然因素主要是风雨侵蚀、植物生长等；人为因素主要是取土挖损墙体、利用墙体修建房屋等。

17. 冯庄东堡

位于梁庄乡冯庄村中，高程1341米。

堡平面呈矩形，坐北朝南，周长791米，占地面积38873平方米。现存主要设施、遗迹有部分堡墙、马面1座、街道4条等（图七四四）。堡墙为土墙，黄土夯筑而成，夯层厚0.16~0.2米，墙体残高3~7.4米。南墙中部原设城门，现不存。北墙有马面1座，底宽12.55、凸出墙体11.83、南侧高9.75、北侧高4.83米，夯层厚0.18~0.22米。马面经过现代修缮，局部垒砌砖坯和石块，东北角用砖坯修补的部分长4.4米。马面顶部存庙宇1座，面阔3间。堡内有南北向街道1条、东西向小巷3条。

堡整体保存一般。墙体坍塌损毁严重，部分段无存。堡内有民居。造成损毁的自然因素主要是风雨侵蚀、植物生长等；人为因素主要是利用墙体修建房屋、不合理修缮等。

18. 冯庄西堡

位于梁庄乡冯庄村西的平地上，高程1318米。

堡平面呈矩形，坐北朝南，周长、占地面积不详。现存主要设施、遗迹有部分堡墙、角台1座、马面1座等（图七四五）。堡墙为土墙，黄土夯筑而成，含大量砂砾、碎石，夯层厚0.18~0.23米。残存西墙124、北墙100米，东、南墙无存，墙体底宽2.58、顶宽0.64、残高1.7~6.5米。存西北角台，残高4.55米，夯层厚0.16~0.2米。仅存北墙马面，东西10.12、南北5.41、残高9.29米。

堡整体保存较差。墙体坍塌损毁严重；堡内建筑无存，现为耕地，无人居住，西墙及南墙附近有

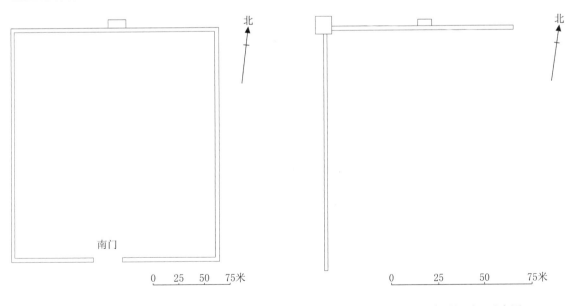

图七四四　冯庄东堡平面示意图　　　　　　　　图七四五　冯庄西堡平面示意图

废弃的民居。造成损毁的自然因素主要是风雨侵蚀、植物生长等；人为因素主要是取土挖损墙体、马面等。

19. 梁家庄 1 号堡

位于梁庄乡梁庄西堡村中，高程 1216 米。

堡平面呈矩形，坐西朝东，周长、占地面积不详。现存主要设施、遗迹有部分堡墙、内城 1 座、角台 1 座等。堡墙为土墙，黄土夯筑而成，含碎石，夯层厚 0.15～0.2 米。残存东墙 72 米、北墙 102 米，墙体底宽 6.54、顶宽 0.7～1.3、残高 4～13 米。仅存西北角台，底宽 7.2、凸出墙体 11.8、顶宽 2.9、凸出墙体 5.94 米，残高 11 米。堡内西北部有内城 1 座，平面呈矩形，内城西、北墙利用外城西、北墙。

堡整体保存一般。墙体坍塌损毁严重，北墙西段有 4 处被挖断形成便道，堡内外有民居。造成损毁的自然因素主要是风雨侵蚀、植物生长等；人为因素主要是挖断墙体开通便道等。

20. 梁家庄 2 号堡

位于梁庄乡梁庄东堡村西，高程 1216 米。

堡平面呈矩形，朝向不明，周长、占地面积不详。现存主要设施、遗迹有部分堡墙。堡墙为土墙，黄土夯筑而成，夯层厚 0.17～0.2 米，残存西墙小段、北墙，东、南墙无存，墙体底宽 1.4～1.6、顶宽 0.4～0.6、残高 2.4～4 米。

堡整体保存较差。墙体坍塌损毁严重；堡内有梁庄希望小学，东部有梁庄东堡村民居。造成损毁的自然因素主要是风雨侵蚀、植物生长、洪水冲刷等。

21. 底庄村 1 号堡

北

城门

0　　　10　　　20　　　30米

图七四六　底庄村 1 号堡平面示意图

位于梁庄乡底庄村西北 0.15 千米的丘陵顶部，高程 1354 米。

堡平面呈矩形，坐西北朝东南，东西 42、南北 73 米，周长 230 米，占地面积 3066 平方米。现存主要设施、遗迹有部分堡墙、城门 1 座、马面 1 座等（图七四六）。堡墙为土墙，黄土夯筑而成，夯层厚 0.15～0.23 米，墙体底宽 2.62～2.7、顶宽 0.5～1、残高 3.96～7.65 米。南墙中部设城门，门洞宽 2.26、高 1.12、进深 2.7 米。北墙中部有马面 1 座，底宽 11.48、凸出墙体 5.34、顶宽 5.74、残高 11.26 米。

堡整体保存一般。墙体坍塌损毁严重，东墙北段被挖断形成便道，豁口宽 1.58 米；堡内建筑无存，现为荒地，无人居住。造成损毁的自然因素主要是风雨侵蚀、植物生长等；人为因素主要是挖断墙体形成便道等。

22. 底庄村 2 号堡

位于梁庄乡底庄村内偏西部，高程 1307 米。

堡平面呈矩形，朝向不明，周长、占地面积不详。

现存主要设施、遗迹有部分堡墙、角台 2 座、马面 1 座等。堡墙为土墙，黄土夯筑而成，含碎石，夯层厚 0.2 米。残存西墙 23 米、北墙 42 米，东、南墙无存，墙体顶宽 0.9～1.1、残高 2.6～2.75 米。存角台 2 座，西南角台底部西边长 8.02 米、凸出墙体 5 米，顶部东西 2.4、南北 2.8 米，残高 6.95 米；西北角台残高 3.78 米。北墙中部有马面 1 座，东西 9.01、南北 7.66、残高 8.32 米，夯层厚 0.17～0.2 米。

堡整体保存较差。墙体坍塌损毁严重；堡内建筑无存，北部现为耕地和荒地，南部有十余处民居。造成损毁的自然因素主要是风雨侵蚀、植物生长等。

23. 南村堡

位于南村镇南村东部，高程 1153 米。

堡平面呈矩形，坐西朝东，周长、占地面积不详。现存主要设施、遗迹有部分堡墙、城门 1 座、角台 2 座、马面 3 座等（图七四七）。堡墙为土墙，黄土夯筑而成，夯层厚 0.17～0.23 米。残存东墙 141、西墙 64、北墙 363 米，南墙无存，墙体底宽 6.9、顶宽 1.7～5.73、残高 5.9～10 米。东墙中部设城门，为条石基础的砖券拱门，三伏三券，门洞宽 2.88、高 2.73、进深 7.75 米，条石基础高 1.1 米，青砖长 32、宽 12 厘米。门拱上有石匾，阴刻"南村堡"三字，上款阴刻"大清乾隆十年（1745 年）重修"，下款漫漶不清。门洞内侧被封堵（彩图一三七六、一三七七）。存东北、西北角台，东北角台残高 4.17 米；西北角台斜向凸出墙体，底宽 8.32、凸出墙体 2.4 米，顶宽 4.2、凸出墙体 2.4 米，残高 6.25 米。存马面 3 座，东墙马面底宽 9.85、残高 7.4 米；北墙东侧马面底宽 14.34、顶宽 9.9、残高 4.76 米，夯层厚 0.08～0.16 米；北墙西侧马面宽 3.4、凸出墙体 3.4、残高 3.89 米。

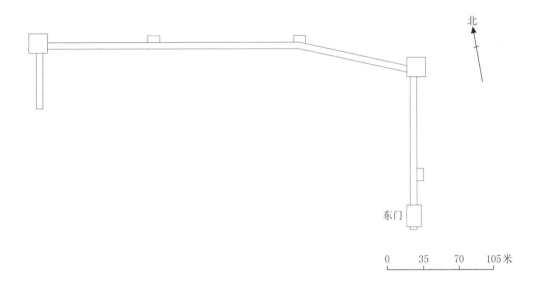

图七四七　南村堡平面示意图

堡整体保存一般。墙体坍塌损毁严重；堡内建筑无存，有民居。造成损毁的自然因素主要是风雨侵蚀、植物生长等；人为因素主要是取土挖损墙体、马面等。

24. 罗家庄堡

位于南村镇南村中，高程 1118 米。

堡平面呈矩形，朝向不明，周长、占地面积不详。现存主要设施、遗迹仅部分堡墙。堡墙为土墙，黄土夯筑而成，夯层厚0.17~0.23米，西墙无存，墙体残高2.8~6.8米。

堡整体保存较差。墙体坍塌损毁严重，部分南墙底部有现代包石；堡内建筑无存，堡内外有民居。造成损毁的自然因素主要是风雨侵蚀、植物生长等；人为因素主要是修建房屋破坏墙体、利用墙体修建房屋、不合理修缮等。

25. 赵家坪村堡

位于南村镇赵家坪村西山坡上，高程1267米。

堡平面呈矩形，坐北朝南，周长、占地面积不详。现存主要设施、遗迹有部分堡墙、角台2座、马面1座等。堡墙为土墙，黄土夯筑而成，夯层厚0.22米，残存东墙16、西墙69、北墙86米，南墙无存，墙体顶宽0.9、残高1.1~3.75米。存角台2座，东北角台残高4.75、西北角台残高5.8米。北墙中部有马面1座，底部东西7.45、南北6.99，顶部东西3.3、南北3.9米，残高4.5米，夯层厚0.22米。

堡整体保存一般。墙体坍塌损毁严重；堡内建筑无存，有废弃的民居。造成损毁的自然因素主要是风雨侵蚀、植物生长等；人为因素主要是修建房屋破坏墙体、利用墙体修建房屋等。

26. 下白羊堡

位于南村镇下白羊村内西北部，高程1241米。

堡平面呈矩形，坐北朝南，周长、占地面积不详。现存主要设施、遗迹有部分堡墙、角台2座、马面2座等。堡墙为土墙，黄土夯筑而成，东、南墙无存，墙体底宽3.13、顶宽0.5~1.6、残高2.6~6.4米。存角台2座，东北角台残高7.9米；西北角台底部西边长19.02、南边长11.68米，顶部西边长10.86、南边长6.96米，残高14.23米，夯层厚0.2~0.24米。存马面2座，西墙马面底宽7.87、凸出墙体6.45米，顶宽3.1、凸出墙体3.7米，残高6.96米；北墙马面坍塌损毁，呈土堆状。

堡整体保存较差。墙体坍塌损毁严重，北墙中部被挖断形成便道，豁口宽4.7米，西北角台西南角有挖掘的洞穴；堡内建筑无存，内外有民居。造成损毁的自然因素主要是风雨侵蚀、植物生长等；人为因素主要是修建房屋破坏墙体、利用墙体修建房屋、取土挖损墙体、挖断墙体形成便道、角台上挖掘洞穴等。

27. 上林关堡

位于南村镇上林关村中，高程1211米。

堡平面呈矩形，坐西朝东，周长472米，占地面积1241平方米。现存主要设施、遗迹有部分堡墙、城门1座、瓮城1座、角台4座等（图七四八；彩图一三七八）。堡墙为土墙，黄土夯筑而成，墙体底宽2.23、顶宽1~2.4、残高3.2~8.56米。东墙中部设城门，为条石基础的砖券拱门，两伏两券，门洞宽2.32、高2.7、进深3.19米（彩图一三七九、一三八〇）。门拱上有石匾，书"广灵县平政坊……兴盛堡……嘉靖贰年（1523年）三月吉日修"等字。石匾左侧残存两块刻字青砖，记载了上林关原有兴盛堡，后村民见其破败，自发捐钱重修的事迹，并记载了捐资者姓名（彩图一三八一）。东门外设瓮城，瓮城墙体顶宽2.4、残高4.35~8.56米，瓮城内有铺石坡道。堡墙四角设角台，东北角台斜向凸出于墙体；东南角台土石混筑，斜向凸出墙体，底宽6.77、凸出墙体4.2、残高8.43米（彩图一三八二）；西南角台直角凸出于墙体，残高8.71米；西北角台残高8.4米。

堡整体保存一般。墙体坍塌损毁严重，部分段无存，部分东墙外壁和南墙内外壁有现代包石；堡内建筑无存，内外有民居。造成损毁的自然因素主要是风雨侵蚀、植物生长等；人为因素主要是修建

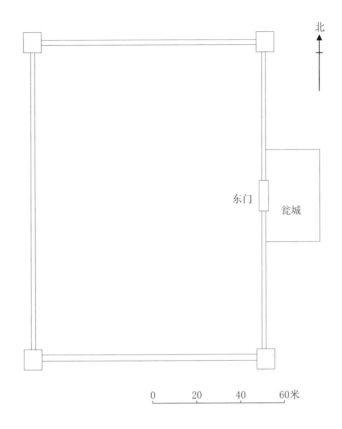

北

东门　　瓮城

0　　20　　40　　60米

图七四八　　上林关堡平面示意图

房屋破坏墙体、利用墙体修建房屋、不合理修缮等。

28. 晏子村堡

位于南村镇晏子村东北 1.1 千米的山坡平地上，高程 1402 米。

堡平面呈矩形，坐北朝南，周长 313 米，占地面积 6084 平方米。现存主要设施、遗迹有部分堡墙、城门 1 座、角台 3 座等（图七四九）。堡墙为土墙，黄土夯筑而成，夯层厚 0.06 ~ 0.13 米。北墙近东北角台处墙体上部残存包石痕迹，长 2、高 0.4 米。残存东墙 79、南墙 76 米，墙体顶宽 0.5 ~ 1.32、残高 2.4 ~ 8.47 米。南墙中部设城门，现为豁口，宽 3.3 米。存角台 3 座，东北角台残高 8.89 米；东南角台顶宽 2.37、残高 5.69 米，夯层厚 0.1 ~ 0.15 米；西北角台残高 8.9 米。

堡整体保存一般。墙体坍塌损毁严重，部分段无存，东墙中部洪水冲刷形成的豁口宽 3 米，北墙中部被挖断形成便道。堡内建筑无存，现为耕地和墓地。造成损毁的自然因素主要是风雨侵蚀、植物生长、洪水冲刷等；人为因素主要是挖断墙体开通便道等。

（三）单体建筑

1. 敌台

广灵县长城墙体上仅发现敌台 1 座（表 565，见本章末附表）。

山西省明长城资源调查报告

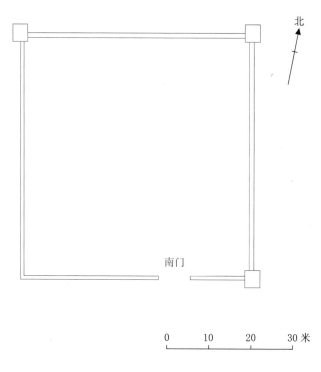

图七四九　晏子村堡平面示意图

2. 烽火台

广灵县共调查烽火台14座（参见表565，见本章末附表）。

二　长城资源调查资料分析

（一）长城墙体

广灵县长城墙体仅发现一段，即唐山口村长城，黄土夯筑而成，含碎石，夯层厚0.1～0.21米。现存墙体剖面大致呈不规则梯形，底宽3.3、顶宽0.78～0.85、残高3.67～4.67米。

唐山口村长城位于唐山口峪口处，控扼险要，南侧为山体高大的山区，北侧为河床和缓坡地带。

唐山口村长城整体保存一般。

（二）堡

广灵县共调查堡28座。

1. 堡的形制、残存设施和遗迹

详见下表（表566）。

表 566　广灵县堡形状、尺寸、残存设施遗迹及保存现状一览表

名称	形状	朝向	边长（米）	周长（米）	面积（平方米）	残存设施遗迹	角台与堡墙夹角	保存状况
殷家庄堡	矩形	坐北朝南	不详	788	38489	部分堡墙、城门1座、角台2座、马面4座、街道1条等	135°	一般
西马庄堡	矩形	坐北朝南	172	688	29584	部分堡墙、城门1座、角台1座等	不详	一般
东蕉山东堡	矩形	坐北朝南	不详	702	30789	部分堡墙、城门1座、角台1座、马面1座、街道1条等	135°	一般
中蕉山堡	矩形	朝向不明	不详	不详	不详	部分堡墙	不详	较差
西蕉山村1号堡	矩形	坐北朝南	不详	846	44576	部分堡墙、城门1座、角台1座等	90°	一般
西蕉山村2号堡	矩形，由南城和北城组成	坐北朝南	不详	南城614、北城605、总1219	南城23322、北城22591、总45913	南城现存主要设施、遗迹有部分堡墙、城门1座、角台2座、马面3座等；北城现存主要设施、遗迹有部分堡墙、角台3座、马面1座等	不详	一般
南加斗村堡	矩形	坐西朝东	不详	728	33061	部分堡墙、城门1座、角台1座、水井1口、街道2条等	90°	较差
东姚瞳村堡	矩形	朝向不明	不详	不详	不详	部分堡墙	不详	较差
西姚瞳村堡	矩形	坐西朝东	不详	714	30602	部分堡墙、马面1座等	不详	较差
登场堡	矩形	坐北朝南	不详	1300	98270	部分堡墙、城门1座、内城1座、角台1座、马面6座、水井1口等	90°	一般
宜兴堡	矩形	朝向不明	不详	不详	不详	部分堡墙	不详	较差
直峪村堡	矩形	朝向不明	不详	不详	不详	部分堡墙	不详	较差
井子洼村堡	矩形	坐西朝东	东墙长303、南墙长147、西墙长197、北墙长247，北墙西段呈阶梯状	894	41692	部分堡墙、角台4座、马面1座等	135°	一般
平城北堡	矩形	坐北朝南	不详	不详	不详	部分堡墙、内城1座、角台2座、马面4座等	90°	一般
作瞳西堡	矩形	坐北朝南	不详	不详	不详	部分堡墙、角台2座等	135°	一般
榆林村堡	八角形	坐西朝东	不详	不详	不详	部分堡墙、角台3座等	90°	较差
冯庄东堡	矩形	坐北朝南	不详	791	38873	部分堡墙、马面1座、街道4条等	不详	一般
冯庄西堡	矩形	坐北朝南	不详	不详	不详	部分堡墙、角台1座、马面1座等	90°	较差
梁家庄1号堡	矩形	坐西朝东	不详	不详	不详	部分堡墙、内城1座、角台1座等	不详	一般
梁家庄2号堡	矩形	朝向不明	不详	不详	不详	部分堡墙	不详	较差
底庄村1号堡	矩形	坐西北朝东南	东北西南42、东南西北73	230	3066	部分堡墙、城门1座、马面1座等	不详	一般
底庄村2号堡	矩形	朝向不明	不详	不详	不详	部分堡墙、角台2座、马面1座等	90°	较差

名称	形状	朝向	边长（米）	周长（米）	面积（平方米）	残存设施遗迹	角台与堡墙夹角	保存状况
南村堡	矩形	坐西朝东	不详	不详	不详	部分堡墙、城门 1 座、角台 2 座、马面 3 座等	135°	一般
罗家庄堡	矩形	朝向不明	不详	不详	不详	部分堡墙	不详	较差
赵家坪村堡	矩形	坐北朝南	不详	不详	不详	部分堡墙、角台 2 座、马面 1 座等	135°	一般
下白羊堡	矩形	坐北朝南	不详	不详	不详	部分堡墙、角台 2 座、马面 1 座等	90°	较差
上林关堡	矩形	坐西朝东	不详	472	1241	部分堡墙、城门 1 座、瓮城 1 座、角台 4 座等	135°、90°	一般
晏子村堡	矩形	坐北朝南	不详	313	6084	部分堡墙、城门 1 座、角台 3 座等	135°	一般

　　广灵县堡除榆林村堡平面呈八角形外，其余均呈矩形。朝向除 7 座不明外，其余以坐北朝南（13 座）和坐西朝东（7 座）为主，有 1 座为坐西北朝东南。西蕉山村 2 号堡由南城和北城组成，平面均呈矩形，规模相当。

　　堡有测量数据者除登场堡面积为 98270 平方米，其余均在 5 万平方米以内。可见，广灵县堡的规模不大，可能由于广灵县地处内地，与边界地区相比，受战争威胁较少，堡的建筑规模相对较小。

　　堡墙均为夯筑而成的土墙，24 座有夯层厚度数据者，夯层厚 0.06～0.28 米，其中以 0.12～0.24 米较为集中，有 22 座；1 座夯层最厚，为 0.28 米；1 座夯层最薄，为 0.06 米（表 567）。

表 567　广灵县堡墙体建筑方式及尺寸一览表（单位：米）

名称	墙体建筑方式	底宽	顶宽	残高
殷家庄堡	土墙。黄土夯筑而成，夯层厚 0.17～0.2	2.8	0.8	2.9～10.4
西马庄堡	土墙。黄土夯筑而成，夯层厚 0.15～0.23	2.7	不详	1.8～6.2
东蕉山东堡	土墙。黄土夯筑而成，夯层厚 0.12～0.2	0.5～3.4	不详	3.07～6.8
中蕉山堡	土墙。黄土夯筑而成，夯层厚 0.14～0.18	3.5	不详	3.9～8.3
西蕉山村 1 号堡	土墙。黄土夯筑而成，夯层厚 0.17～0.28	2.3	不详	3.5～8.3
西蕉山村 2 号堡	土墙。黄土夯筑而成，南城夯层厚 0.16～0.2，北城夯层厚 0.21～0.24	5.3～8.35	不详	1.48～4.42
南加斗村堡	土墙。黄土夯筑而成，夯层厚 0.15～0.23	1.2～4.6	不详	3.4～9.3
东姚疃村堡	土墙。黄土夯筑而成，夯层厚 0.21	不详	0.3	3.35～3.8
西姚疃村堡	土墙。黄土夯筑而成，夯层厚 0.16～0.2	4.1	不详	2.5～5.8
登场堡	土墙。黄土夯筑而成，夯层厚 0.17	2.1～2.2	0.6	2～6.2
宜兴堡	土墙。黄土夯筑而成，夯层厚 0.18	不详	不详	5.02～7.8
直峪村堡	土墙。底部为红砂土夯筑而成，含砂砾、碎石；上部为黄土夯筑而成，夯层厚 0.2	2.8	不详	2～7.76
井子洼村堡	土墙。黄土夯筑而成，夯层厚 0.17～0.24	3.2	不详	2～9
平城北堡	土墙。黄土夯筑而成，夯层厚 0.16～0.22	4～5.89	0.8～2.7	2.7～9.05
作疃西堡	土墙。黄土夯筑而成	不详	不详	4～7.2
榆林村堡	土墙。黄土夯筑而成	不详	不详	2.57
冯庄东堡	土墙。黄土夯筑而成，夯层厚 0.16～0.2	不详	不详	3～.4
冯庄西堡	土墙。黄土夯筑而成，含大量砂砾、碎石，夯层厚 0.18～0.23	2.58	0.64	1.7～6.5

名称	墙体建筑方式	底宽	顶宽	残高
梁家庄 1 号堡	土墙。黄土夯筑而成，含碎石，夯层厚 0.15～0.2	6.54	0.7～1.3	4～13
梁家庄 2 号堡	土墙。黄土夯筑而成，夯层厚 0.17～0.2	1.4～1.6	0.4～0.6	2.4～4
底庄村 1 号堡	土墙。黄土夯筑而成，夯层厚 0.15～0.23	2.62～2.7	0.5～1	3.96～7.65
底庄村 2 号堡	土墙。黄土夯筑而成，含碎石，夯层厚 0.2	不详	0.9～1.1	2.6～2.75
南村堡	土墙。黄土夯筑而成，夯层厚 0.17～0.23	6.9	1.7～5.73	5.9～10
罗家庄堡	土墙。黄土夯筑而成，夯层厚 0.17～0.23	不详	不详	2.8～6.8
赵家坪村堡	土墙。黄土夯筑而成，夯层厚 0.22	不详	0.9	不详
下白羊堡	土墙。黄土夯筑而成	3.13	0.5～1.6	2.6～6.4
上林关堡	土墙。黄土夯筑而成	2.23	1～2.4	3.2～8.56
晏子村堡	土墙。黄土夯筑而成，夯层厚 0.06～0.13	不详	0.5～1.32	2.4～8.47

至于除堡墙外的设施和遗迹，由于保存原因，现存并不能反映其原始风貌。主要设施遗迹的种类有城门、瓮城、角台、马面等常见的墙体设施，堡内建筑有街道、水井等；另外登场堡、平城北堡和梁家庄 1 号堡，堡内一隅设置有内城。

堡的防御设施主要由堡墙、城门、角台、马面四部分构成，其组合大致是四面堡墙、南门或东门（有 1 座城门位于东南墙上）、四角台、北墙或西墙马面（广灵县堡存马面共 31 座，其中北墙 15 座、西墙 7 座、东墙 5 座、南墙 3 座，有 1 座位于西北墙上），这与广灵县受威胁的方向主要是北边和西边相对应。

从堡防御设施之一的角台加以区分，可分为两类堡，一类堡的角台与两侧堡墙间的夹角大致呈135°；一类堡的角台与两侧堡墙间的夹角大致呈 90°。除去角台损毁无存和原本无角台的堡，两类堡的数量统计如下（表 568）。

表 568 广灵县角台与堡墙夹角分类统计表

角台与堡墙夹角	堡名称	数量（座）
135°	殷家庄堡、东蕉山东堡、井子洼村堡、作疃西堡、南村堡、赵家坪村堡、晏子村堡	7
90°	西蕉山村 1 号堡、南加斗村堡、登场堡、平城北堡、榆林村堡、冯庄西堡、底庄村 2 号堡、下白羊堡	8
135°、90°	上林关堡	1

从上表中可以看出，广灵县境内的堡中，角台与堡墙夹角为 135°的城堡有 7 座，夹角 90°的城堡有 8 座；上林关堡较特殊，东北、东南角台为 135°，西南角台为 90°。两种不同建筑形式的角台是有年代区别的，具体内容详见怀仁县调查报告的关堡分析部分。

2. 堡的分布特点

（1）堡所处地势

广灵县堡多数分布于壶流河流域的平川盆地，其余环绕壶流河盆地，分布在周围山地。

（2）堡与烽火台的位置关系

广灵县调查有 14 座烽火台，数量相对较少，部分堡附近分布有烽火台。

3. 堡的保存状况

广灵县 28 座堡中，保存一般者 16 座、保存较差者 12 座。堡墙坍塌损毁，部分段消失；城门多为豁口或消失；部分角台、马面消失；堡内建筑几乎无存。造成损毁的自然因素主要有风雨侵蚀、植物生长、洪水冲刷等；人为因素主要是修建房屋破坏墙体、利用墙体修建房屋及取土挖损墙体、角台、马面，挖断墙体开通便道、耕地破坏墙体、不合理修缮、角台上挖掘洞穴等。

（三）单体建筑

1. 敌台

广灵县仅发现 1 座敌台，即唐山口村敌台，黄土夯筑而成，含碎石，夯层厚 0.13～0.21 米，这些特征与唐山口村长城一致。敌台保存较好。

2. 烽火台

广灵县共调查烽火台 14 座。

（1）烽火台的类型及建筑方式

广灵县 14 座烽火台中有 12 座土质、2 座石质。土质烽火台的建筑材料主要是黄土，部分含有碎石、石灰石颗粒，夯筑而成，夯层厚 0.14～0.3 米，其中以 0.14～0.27 米较为集中，有 9 座；有 1 座夯层最厚，为 0.3 米；1 座局部夯层间有厚 0.1～0.2 米的夹层。

石质烽火台均为土石混筑而成。

（2）烽火台形制

广灵县 14 座烽火台的平面形制除 1 座为圆形外，其余均为矩形，剖面形制均呈梯形。台体底部周长 25.3～50.1、残高 2.5～10.77 米。由于保存方面的原因，这些数据不能完全反映烽火台的原始尺寸（表 569）。

表 569　广灵县烽火台形制及保存状况一览表（单位：米）

名称	材质类型	平面形制	剖面形制	底部周长	残高	保存状况
一斗泉村烽火台	土	矩形	梯形	43.8	9.5	较好
冯庄村 1 号烽火台	土	矩形	梯形	42.5	9.1	较好
冯庄村 2 号烽火台	土	矩形	梯形	37.2	10.77	较好
小关村烽火台	土	矩形	梯形	25.6	3.38	较差
底庄村烽火台	土	矩形	梯形	33.7	9.03	较好
南坪村 1 号烽火台	石	矩形	梯形	28.5	6.5	一般
南坪村 2 号烽火台	石	矩形	梯形	不详	2.5	一般
北土岭村烽火台	土	矩形	梯形	25.3	7.18	较好
赵家坪村烽火台	土	矩形	梯形	28.5	9.9	较好
上林关村烽火台	土	矩形	梯形	30.7	5.86～8.2	较好
香炉台村烽火台	土	矩形	梯形	29.1	5.92	一般
晏子村烽火台	土	圆形	梯形	50.1	8.77	较好
南阁崖村烽火台	土	矩形	梯形	30.4	6.26	一般
刘庄村烽火台	土	矩形	梯形	26.4	9.63	较好

土质烽火台中有 2 座有围墙、台基或壕沟；2 座石质烽火台有紧邻台体北壁的东西向石墙，其中一座台体南侧山体有一段石墙，另一座南壁有台阶（表 570）。

表 570　广灵县烽火台附属设施统计表

名称	材质类型	平面形制	围墙	台基	其他
一斗泉村烽火台	土	矩形			
冯庄村 1 号烽火台	土	矩形			
冯庄村 2 号烽火台	土	矩形			
小关村烽火台	土	矩形			
底庄村烽火台	土	矩形			
南坪村 1 号烽火台	石	矩形			紧邻台体北壁有东西向石墙，台体南侧山体上有一段石墙
南坪村 2 号烽火台	石	矩形			紧邻台体北壁有东西向石墙，南壁有台阶
北土岭村烽火台	土	矩形			
赵家坪村烽火台	土	矩形			
上林关村烽火台	土	矩形			
香炉台村烽火台	土	矩形			
晏子村烽火台	土	圆形	●	●	壕沟
南阁崖村烽火台	土	矩形			
刘庄村烽火台	土	矩形	●	●	

（3）烽火台的分布特点

①广灵县烽火台主要分布在壶流河盆地周围的山地，壶流河盆地很少有烽火台。一些堡的附近分布有烽火台，与堡相联系，构成完整的防御体系。

②尝试对烽火台进行大小的划分，依据台体的底部周长，按≥50、40~50、<40 米三个标准进行分类，以残高作为参考。这种划分肯定不全面，所反映的信息不一定准确。再者，硬性地按 40、50 米进行分类很主观。因此只求能从中约略窥见当时的某种特点（表 571）。

表 571　广灵县烽火台的分类

	底部周长分类	底部周长（米）	数量（座）	百分比（%）	残高（米）
大型台体	≥50 米	50.1	1	7.1	8.77
中型台体	40~50 米	42.5~43.8	2	14.3	9.1~9.5
小型台体	<40 米	25.3~37.2	10	71.5	3.38~10.77
不详	不详	不详	1	7.1	2.5
合计		25.3~50.1	14	100	2.5~10.77

从上表中可以看出，烽火台以中小型台体为主，其中又以小型台体最多。另外，唯一一座圆形烽火台为广灵县最大的一座烽火台，底部周长 50.1 米。

（4）烽火台保存状况

广灵县 14 座烽火台保存较好者最多，有 9 座，保存一般者 4 座、较差者 1 座。烽火台坍塌脱落，表面凹凸不平，有裂缝、沟槽、孔洞；部分烽火台有人为挖掘的洞穴。造成损毁的自然因素主要有风雨侵蚀、植物生长等；人为因素主要是在台体上挖掘洞穴等。

三　自然与人文环境

（一）自然环境

广灵县地处山西省东北端，为山西省东北门户。县境地势西高东低，三面环山，北、西有恒山，南有太行山，中部有大小相间的平川盆地。主要河流有中部的壶流河。广灵县属北温带大陆性季风气候，四季分明，年均气温7℃，无霜期130天，降水量407.8毫米。县境土壤主要有山地淡栗钙土、淡栗钙土性土、淡栗钙土等。本县植被属于暖温带落阔叶林带向温带草原的过渡区域类型。

（二）人文环境

广灵县长城资源分布于境内1镇7乡，分别为蕉山乡、加斗乡、宜兴乡、作疃乡、一斗泉乡、梁庄乡、南村镇、望狐乡。村庄居民以农业和家畜饲养业为主。境内交通干线主要有东西向的303省道和南北向的201省道。

四　保护与管理状况

广灵县长城资源的保护管理机构是广灵县文物管理所。目前有关长城资源的保护范围、建设控制地带、保护标志、记录档案等工作有待规定或完善。

表565　广灵县敌台、烽火台一览表

名称	地点	高程	与其他遗存的位置关系	材质	建筑方式	平面形制	剖面形制	尺寸	附属设施	修缮情况	保存状况	损毁原因及存在病害
唐山口村敌台（彩图一三八三）	作疃乡唐山口村南1.3千米	1185米	骑墙而建。位于唐山口村长城墙体上	土	黄土夯筑，含碎石，夯层厚0.13~0.21米。台体底部东北角残存石砌基础，长1，高0.2米	矩形	梯形	底部东西8.51，南北7.61米，顶部东西4.8，南北3.4米，南壁残存高10.3米	无	无	保存较好。台体有所坍塌脱落，表面凹凸不平，有裂缝、沟槽、孔洞	自然因素主要有风雨侵蚀，植物生长等
一斗泉村烽火台	一斗泉乡一斗泉村中	1170米	东南距井子洼村堡3.9千米	土	黄土夯筑，夯层厚0.2~0.25米	矩形	梯形	底部东西10.68，南北11.22，残高9.5米	无	无	保存较好。台体有所坍塌脱落，表面凹凸不平，有裂缝、沟槽、孔洞	自然因素主要有风雨侵蚀，植物生长等
冯庄村1号烽火台（彩图一三八四）	梁庄乡冯庄村西北1.35千米的山顶上	1429米	东南距冯庄东堡、冯庄西堡1.4千米	土	黄土夯筑，含少量碎石，夯层厚0.25~0.3米	矩形	梯形	底部东西10.51，南北10.72米，顶部东西5.9，南北4.39米，残高9.1米	无	无	保存较好。台体有所坍塌脱落，表面凹凸不平，有裂缝、沟槽、孔洞	自然因素主要有风雨侵蚀，植物生长等
冯庄村2号烽火台	梁庄乡冯庄村西北1.6千米的山顶上	1452米	东南距冯庄村1号烽火台0.43千米	土	黄土夯筑，夯层厚0.25~0.27米	矩形	梯形	底部东西8.63，南北9.98米，顶部东西2.2，南北2.7米，残高10.77米	无	无	保存较好。台体有所坍塌脱落，表面凹凸不平，有裂缝、沟槽、孔洞。北壁中部有洞穴	自然因素主要有风雨侵蚀，植物生长等。人为因素主要是挖掘洞穴等
小关村烽火台	梁庄乡小关村西0.2千米的山坡上	1488米	东南距冯庄村2号烽火台2.9千米	土	黄土夯筑，夯层厚度不详	矩形	梯形	底部东西8.77，南北4.04，残高3.38米	无	无	保存较差。台体坍塌脱落严重，表面凹凸不平，有裂缝、沟槽、孔洞。台体西北有洞穴	自然因素主要有风雨侵蚀，植物生长等。人为因素主要是挖掘洞穴等
底庄村烽火台（彩图一三八五）	梁庄乡底庄村西山坡上	1452米	东北距底庄村1号堡0.3千米，东南距底庄村2号堡0.13千米	土	黄土夯筑，夯层厚0.17~0.23米。台体顶部四周外部残存石块，底部残存夯筑时的圆形孔洞	矩形	梯形	底部东西9.4，南北7.47米，顶部东西4.94米，残高9.03米	无	无	保存较好。台体有所坍塌脱落，表面凹凸不平，有裂缝、沟槽、孔洞	自然因素主要有风雨侵蚀，植物生长等

续表 565

名称	地点	高程	与其他遗存的位置关系	材质	建筑方式	平面形制	剖面形制	尺寸	附属设施	修缮情况	保存状况	损毁原因及存在病害
南坪村1号烽火台（彩图一三八六、一三八七）	南村镇南坪村东南1.5千米的山顶上	1544米	北距南坪村2号烽火台0.23千米	石	土石混筑，片石长30~70，厚5~14厘米	矩形	梯形	底部东西8.97，南北5.3米，顶部东西5.43，南北4.45米，残高6.5米	紧邻台体北壁有东西向石墙，台体南侧山体有一段石墙。北墙长43，顶宽1.3，残高1.85米，南墙长22，顶宽1.6，残高0.65米	无	保存一般。台体明塌脱落严重	自然因素主要，有风雨侵蚀，植物生长等
南坪村2号烽火台（彩图一三八八、一三八九）	南村镇南坪村东1.5千米的山顶上	1555米	南距南坪村1号烽火台0.23千米	石	土石混筑	矩形	梯形	底部东西8.17，残高2.5米	紧邻台体北壁有东西向石墙，残高1.5米；南壁有台阶，残高1.1米，宽1米	无	保存一般。台体有所坍塌脱落严重	自然因素主要，有风雨侵蚀，植物生长等
北土岭村烽火台	南村镇北土岭村1.5千米山顶鞍部	1175米	东距作瞻西堡4.4千米，西距罗家庄堡3.7千米	土	黄土夯筑，含少量石灰石颗粒，夯层厚0.15~0.2米	矩形	梯形	底部东西5.52，南北7.15米，顶部东西2，南北1.6米，残高7.18米	无	无	保存较好。台体明塌脱落，表面凹凸不平，有裂缝，孔洞	自然因素主要，有风雨侵蚀，植物生长等
赵家坪村烽火台（彩图一三九〇）	南村镇赵家坪村东南0.75千米河沟侧的平地上	1228米	西北距赵家坪堡1.2千米	土	黄土夯筑，含少量碎石，夯层厚0.19~0.26米	矩形	梯形	底部东西7.64，南北6.59米，顶部东西2.6米，南北2.4米，残高9.9米	无	无	保存较好。台体有所明塌脱落，表面凹凸不平，有裂缝，沟槽，孔洞	自然因素主要，有风雨侵蚀，植物生长等
上林关村烽火台（彩图一三九一、一三九二）	南村镇上林关村东0.4千米的山顶上	1302米	西南距上林关堡0.6千米	土	黄土和红土夯筑，含碎石，夯层厚0.16~0.25米	矩形	梯形	底部东西7.69，南北7.64米，顶部东西3.44，南北4.47米，西壁残高5.86，西壁残高8.2米	无	无	保存较好。台体有所明塌脱落，表面凹凸不平，有裂缝，沟槽，孔洞。台体底部有洞穴	自然因素主要，有风雨侵蚀素有挖掘洞穴等
香炉台村烽火台（彩图一三九三）	南村镇香炉台村0.5千米山谷西侧峭壁边缘	1370米	南距晏子村堡0.38千米	土	黄土夯筑，含少量碎石，夯层厚0.14~0.2米	矩形	梯形	底部东西7.95，南北6.6，南北东西3，南北2.8米，残高5.92米	无	无	保存一般。台体明塌脱落严重。表面凹凸不平，有裂缝，沟槽，孔洞	自然因素主要，有风雨侵蚀，植物生长等

续表565

名称	地点	高程	与其他遗存的位置关系	材质	建筑方式	平面形制	剖面形制	尺寸	附属设施	修缮情况	保存状况	损毁原因及存在病害
晏子村烽火台（彩图一三九四）	南村镇晏子村北的山梁上	1406米	东北距晏子村堡1.1千米	土	黄土夯筑，夯层厚0.17~0.24米	圆形	梯形	底部直径15.94，顶部直径7.11，残高8.77米	台体周围有围墙，宽0.8，残高0.75米。围墙内有台基，平面呈六边形，残高4.85米。围墙外围有一周壕沟，宽2.71，深4.14米	无	保存较好。台体有所坍塌脱落，表面凹凸不平，有裂缝、沟槽、孔洞	自然因素主要有风雨侵蚀，植物生长等
南阁崖村烽火台（彩图一三九五）	宜兴乡南阁崖村北1千米河床西侧的台地上	1314米	北距宜兴堡9.6千米	土	黄土夯筑，含石灰石颗粒，夯层厚0.16~0.2米	矩形	梯形	底部东西7.18，南北8米，顶部东西3.35，南北2.44米，残高6.26米	无	无	保存一般。台体坍塌脱落严重，表面凹凸不平，有裂缝、沟槽、孔洞	自然因素主要有风雨侵蚀，植物生长等
刘庄村烽火台	望狐乡刘庄村西北1.6千米	1629米	东距下白羊堡16.7千米	土	黄土夯筑，局部夯层间有厚0.1~0.2米的夹层	矩形	梯形	底部东西6.35，南北6.87，残高9.63米	台体周围有围墙，东墙残长5.8，底宽0.9，顶宽0.1，残存最高1.25米，夯层厚0.21米；西墙残长19.85，残高0.93米。围墙内有台基，平面呈矩形，东西44.57，南北44.79，残高2.33~3.04米	无	保存较好。台体有所坍塌脱落，表面凹凸不平，有裂缝、沟槽、孔洞	自然因素主要有风雨侵蚀，植物生长等

第二十九章 五台县长城

五台县位于山西省中北部，南与盂县、西与定襄县和原平市、北与代县和繁峙县相邻，东与河北省平山县、阜平县交界。河北省长城资源调查队对五台县与阜平县交界处长城墙体及相关资源进行了调查；山西省明代长城资源调查四队从 2007 年 12 月 9 日～2008 年 5 月 18 日，调查了五台县境内的烽火台。

一 长城资源调查数据

河北省长城资源调查队调查五台县与阜平县交界处的长城墙体 1 段，长 682 米；单位建筑 6 座，其中敌台 4 座、马面 2 座；关门 1 座；居住址 1 座、石洞 1 处等。

长城岭长城

位于阜平县龙泉关镇龙泉关村西 6.5～6.6 千米处，大致呈南—北走向，全长 682 米，其中保存一般 148、较差 225、差 255、消失 54 米。墙体为石墙。保存一般的段墙体底宽 1.36、顶宽 0.86～0.9、残高 2.25～3.1 米。残存垛口墙，垛口宽 0.45～0.5、高 0.7～0.8 米，垛口墙高 1.7 米，望孔宽 0.17～0.2、高 0.16～0.19 米。长城岭 1～4 号敌台（1、4 号敌台为砖质、矩形台体，2、3 号敌台为石质、矩形台体），长城岭 1、2 号马面（均为石质、矩形马面），长城岭关门（又称龙泉关关门，条石基础的砖券拱门）和长城岭石洞位于墙体上。长城岭居住址倚墙而建，位于墙体东侧，石墙，平面呈矩形。

长城岭关门内有保护标志。保护标志为石碑，下有矩形碑座。石碑呈纵长方形，碑身竖排楷书阴刻 5 行。

山西省调查队调查县境烽火台 19 座。2001 年为编写《中国文物地图集·山西分册》，曾对五台县长城资源进行过调查。除调查山西、河北两省交界处长城岭的长城墙体及敌台和龙泉关关门外，还调查了县境的 4 座烽火台，即铁堡村烽火台、伏胜村烽火台、兴坪村烽火台、龙王堂村烽火台。本次调查新发现了 15 座烽火台，基本厘清了五台县烽火台的分布特点和传烽线路（表 572，见本章末附表）。

二　长城资源调查资料分析

（1）烽火台的类型及建筑方式

五台县 19 座烽火台的材质类型绝大多数为土质，计 15 座，石质烽火台 3 座，砖质烽火台 1 座（表 573）。

表 573　烽火台材质类型统计表

烽火台材质类型	数量（座）	百分比（%）
土质烽火台	15	79
石质烽火台	3	16
砖质烽火台	1	5
合计	19	100

土质烽火台的建筑材料主要是黄土，少数含有碎石或料礓石，均为夯筑而成，夯层厚 0.07～0.26 米，大多数为 0.15～0.25 米（A 类），占全部土质烽火台的 60%；其次是夯层最厚大于 0.25 米（D 类）和最薄小于 0.15 米（B 类）两类，夯层厚 0.1～0.26 米者有 14 座，占全部土质烽火台的绝大多数，占 93%；夯层最薄小于 0.1 米者仅 1 座（表 574～576）。

表 574　土质烽火台建筑材料及夯层厚度一览表（单位：米）

名称	建筑材料	夯层厚度
陡嘴村西北侧烽火台	黄土夹杂碎石子夯筑而成	0.16～0.21
南大贤村西南侧烽火台	黄土夹杂料礓石夯筑而成	0.1～0.17
龙王堂村东侧烽火台	黄土夯筑	0.17～0.2
大峪口村东北侧烽火台	黄土夯筑	0.16～0.22
兴坪村东南侧烽火台	黄土夹杂少量碎石块夯筑而成	0.2～0.25
东营村北侧烽火台	黄土夯筑	0.18～0.24
李家庄村北侧烽火台	黄土夯筑	0.26
台城村西侧烽火台	黄土夯筑	0.16～0.22
西龙泉村西侧烽火台	黄土夯筑	0.1～0.15
大王村东侧烽火台	黄土夯筑	0.14～0.23
下庄村西侧烽火台	黄土夹杂碎石块夯筑而成。底部有一层石块，厚 0.24	0.15～0.2
上西村西南侧烽火台	黄土夯筑	0.07～0.16
望景岗村西南侧烽火台	黄土夯筑	0.16～0.2
阳白村西侧烽火台	黄土夯筑	0.18～0.25
下红表村南侧烽火台	黄土夯筑	0.19～0.26

表 575　土质烽火台建筑材料统计表

建筑材料	数量（座）	百分比（%）	备注
纯黄土夯筑而成	11	73	
黄土夯筑而成，含碎石或料礓石	4	27	1 座烽火台底部有一层石块，厚 0.24 米
合计	15	100	

表 576　土质烽火台夯层厚度统计表

	夯层厚度分类	夯层厚度（米）	数量（座）	百分比（%）
A 类	0.15～0.25 米	0.15～0.25	9	60
B 类	最薄<0.15、≥0.1 米	0.1～0.23	3	20
C 类	最薄<0.1 米	0.07～0.16	1	7
D 类	最厚>0.25 米	0.19～0.26	2	13
合计			15	100

石质烽火台有 3 座，土石混筑而成。台体四壁石块垒砌，所用石块较扁平，石块缝隙间填以灰泥或碎石泥土；台体中部堆以碎石泥土。

砖质烽火台有 1 座，砖石混筑而成。台体下部为条石基础，上部用青砖砌筑，条石、青砖缝隙间填以灰泥。基础有 5 层条石。

（2）烽火台形制

土质烽火台的平面形制有矩形、椭圆形两类，剖面形制均呈梯形。矩形台体最多，有 12 座，椭圆形台体 3 座。

石质和砖质烽火台的平面形制均为矩形，剖面形制均呈梯形（表 577）。

表 577　烽火台平面形制一览表

烽火台材质类型	土质（座）	百分比（%）	石质（座）	百分比（%）	砖质（座）	百分比（%）
矩形	12	80	3	100	1	100
椭圆形	3	20	0	0	0	0
合计	15	100	3	100	1	100

土质烽火台中矩形台体底部周长 25.2～50.2、残高 3.2～10.6 米，圆形台体底部周长 20.9～33.8、残高 6.4～8.8 米。石质和砖质烽火台矩形台体底部周长 29.4～35、残高 4.1～7.3 米。由于保存方面的原因，这些数据不能完全反映烽火台的原始尺寸（表 578～580）。

表 578　土质矩形烽火台形制及保存状况一览表（单位：米）

名称	平面形制	剖面形制	底部周长	残高	保存状况
陡嘴村西北侧烽火台	矩形	梯形	28.6	6.2	较好
南大贤村西南侧烽火台	矩形	梯形	25.2	6.9	较好
龙王堂村东侧烽火台	矩形	梯形	29.6	6.4	较好

名称	平面形制	剖面形制	底部周长	残高	保存状况
兴坪村东南侧烽火台	矩形	梯形	36.8	6	较好
东营村北侧烽火台	矩形	梯形	40.8	5.8	一般
李家庄村北侧烽火台	矩形	梯形	36.4	3.2	较好
台城村西侧烽火台	矩形	梯形	41.4	6～8.5	较好
大王村东侧烽火台	矩形	梯形	29	6	较好
下庄村西侧烽火台	矩形	梯形	39.4	3.9	较好
望景岗村西南侧烽火台	矩形	梯形	50.2	10.6	较好
阳白村西侧烽火台	矩形	梯形	32.4	6.8～7.8	较好
下红表村南侧烽火台	矩形	梯形	30.8	8.5	较好

表 579　土质圆形烽火台形制及保存状况一览表（单位：米）

名称	平面形制	剖面形制	底部周长	残高	保存状况
大峪口村东北侧烽火台	椭圆形	梯形	33.8	8.8	较好
西龙泉村西侧烽火台	椭圆形	梯形	20.9	8.5	较好
上西村西南侧烽火台	椭圆形	梯形	29.7	6.4	较好

表 580　石质、砖质矩形烽火台形制及保存状况一览表（单位：米）

名称	平面形制	剖面形制	底部周长	残高	保存状况
新庄村西北侧烽火台	矩形	梯形	35	4.1	一般
石嘴村东北侧烽火台	矩形	梯形	29.4	5.5～7.3	一般
伏胜村西北侧烽火台	矩形	梯形	34.8	6.67	较好
铁堡村东北侧烽火台	矩形	梯形	31.8	6.9	较好

　　土质烽火台的附属设施主要是登顶坡道，有登顶坡道的台体5座，2座台体顶部可能有建筑物。椭圆形烽火台没有附属设施。5座有登顶坡道的台体中，2座有两条坡道，3座有一条；西、北壁及西北角居多，个别设置在南壁，未见东壁设置登顶坡道者；坡道宽0.2～1.9米。望景岗村西南侧烽火台除北壁中部有登顶坡道外，顶部北侧中部坡道内还有圆形竖穴，直径1.1、深1.5米，顶部东北、西北角各有一个长方形竖穴，东西1.2、南北0.5、深0.75米，三个竖穴意义不明。

　　石质烽火台中，伏胜村西北侧烽火台北壁设有阶梯。石嘴村东北侧烽火台是五台县发现的最为复杂的1座烽火台，除设有围墙外，在围墙内还发现有8座房屋类生活设施，更为独特的是，在台体东壁设有相连的较低的1座台体。

　　砖质烽火台有1座，即铁堡村东北侧烽火台，在台体顶部有两块立石，呈半椭圆形，中部有孔，性质、用途不明。

　　（3）烽火台的分布特点

　　①五台县境内烽火台，除新庄村西北侧烽火台距离龙泉关关门和长城较近外，其余均远离长城。

烽火台的分布主要沿河谷布置。在铜钱沟谷地，有新庄村西北侧烽火台、铁堡村东北侧烽火台、石嘴村东北侧烽火台，石嘴村东北侧烽火台位于铜钱沟和清水河交汇处。在泗阳河谷及其上游的柳院沟、豆村北沟谷地，有伏胜村西北侧烽火台、大峪口村东北侧烽火台、李家庄村北侧烽火台、东营村北侧烽火台、兴坪村东南侧烽火台、龙王堂村东侧烽火台和陡嘴村西北侧烽火台。在滹浍河谷，有下庄村西侧烽火台、大王村东侧烽火台、西龙泉村西侧烽火台、台城村西侧烽火台。在滹沱河支流艮河谷，有下红表村南侧烽火台、阳白村西侧烽火台、望景岗村西南侧烽火台。另外在河谷之间的高山顶部，分布有起联系作用的烽火台，如泗阳河和滹浍河谷之间的南大贤村西南侧烽火台、滹浍河和艮河河之间的上西村西南侧烽火台（表581）。

由上可见，五台县境内烽火台的传烽路线沿河谷设置，以河谷之间高地的烽火台作为连接。五台县境内的省道、县道多沿这些河谷分布，说明今天的省道、县道也是当时的重要交通线，烽火台的信息传递功能非常明显。

表581　五台县烽火台分布及传烽线路

	数量（座）	传烽线路	
清水河和铜钱沟谷地	3	新庄村西北侧烽火台—铁堡村东北侧烽火台—石嘴村东北侧烽火台	
泗阳河河谷及其上游柳院沟、豆村北沟谷地	7	伏胜村西北侧烽火台—大峪口村东北侧烽火台	—龙王堂村东侧烽火台—陡嘴村西北侧烽火台
		李家庄村北侧烽火台—东营村北侧烽火台—兴坪村东南侧烽火台	
滹浍河河谷	4	下庄村西侧烽火台—大王村东侧烽火台—西龙泉村西侧烽火台—台城村西侧烽火台	
艮河河谷	3	下红表村南侧烽火台—阳白村西侧烽火台—望景岗村西南侧烽火台	
高山地区	2	南大贤村西南侧烽火台、上西村西南侧烽火台	

②烽火台绝大多数位于山顶上，其瞭望、预警作用非常明显。仅伏胜村西北侧烽火台、西龙泉村西侧烽火台位于河谷中。

③结合烽火台的材质类型，距龙泉关较近的新庄村西北侧烽火台、铁堡村东北侧烽火台、石嘴村东北侧烽火台为石质或石基砖质，可能是因为战略位置较重要。

④至于不同的平面形制以及有附属设施烽火台的分布，未发现有什么规律。

⑤依据台体的底部周长，按≥50、40～50、＜40米三个标准对土质矩形烽火台进行大小划分，以残高作为参考。可以看出，土质矩形烽火台以小型台体为主，占75%。数量不多的土质椭圆形烽火台和石质、砖质烽火台均为小型台体。小型台体占全部烽火台的84%（表582）。

表582　五台县土质矩形烽火台的分类

	底部周长分类	底部周长（米）	数量（座）	百分比（%）	残高（（米）
大型台体	≥50米	50.2	1	8	10.6
中型台体	40～50米	40.8～41.4	2	17	5.8～8.5
小型台体	＜40米	25.2～39.4	9	75	3.2～8.5
合计		25～43.5	12	100	3.2～8.5

（4）烽火台保存状况

五台县19座烽火台中，保存较好者有16座，其余保存一般。主要由于风雨侵蚀、植物生长等自然因素造成台体的坍塌脱落或冲刷形成凹槽。人为因素除人为挖掘洞穴或凹槽外，部分烽火台位于农田之内，遭农业活动的损毁。由于台体所处多为较高的山顶，成为架设电线或通信设施的主要位置，在一些台体附近有电线、通信塔架等设施，影响了烽火台的原始风貌。台城村西侧烽火台、西龙泉村西侧烽火台附近有古代或现代墓葬，西龙泉村西侧烽火台底部古墓葬附近有盗洞。

三　自然与人文环境

（一）自然环境

五台县位于山西省中北部，东与河北省以太行山山脊为界。县境地势东北高、西南低，境内山峦重叠，地形复杂，山地、丘陵约占全县总面积的80%以上。五台山位于县境东北，其中北台顶最高，海拔3058米，为山西省最高峰。县境大部分为石山区，主要分布在东、北部；丘陵次之，分布于中部；平川较少，主要分布在豆村盆地、茹村盆地、沟南盆地和东冶盆地。河流主要有清水河、滹沱河及它们的支流铜钱沟、泗阳河、滤浍河、艮河等。五台县地处暖温带季风型大陆性气候与温带季风型大陆性气候的过渡地带，地势高，气候寒冷，年均气温5~8℃，年均降水量500毫米。县境土壤主要有淋溶褐土、山地褐土、褐土性土、淡褐土、草甸褐土等类型。县境树木有油松、杨树等，灌木有荆条、河条、山榆、山柳、榛子、酸枣等，草本植物有蒿类、白羊草等。

（二）人文环境

五台县烽火台附近村庄居民人数从20余人到约20000人。台城村为台城镇所在，五台县人民政府驻台城镇，居民人数约20000人。石嘴村为石嘴乡所在，居民人数约2000人。村落居民以农业生产为主。新庄村南侧及龙泉关关门西侧有选煤场。龙王堂村东侧、龙王堂村东侧烽火台西侧与南侧建有尊胜寺、关帝庙，有少量僧侣和游客。伏胜村与伏胜村西北侧烽火台之间有福圣寺，游人很少。烽火台附近公路有长（城岭）原（平）公路、台（怀）忻（州）公路、大（营）石（咀）公路、繁（峙）五（台）公路、豆（村）东（雷）公路、殿（头）东（冶）公路等。

四　保护与管理状况

五台县长城资源的保护管理机构是五台县文物管理所。目前有关长城资源的保护范围、建设控制地带、保护标志、记录档案等工作有待规定或完善。

河北省在长城岭关门内立有保护标志。保护标志为石碑，下有矩形碑座。石碑呈纵长方形，碑身竖排楷书阴刻5行。

表572　五台县烽火台一览表

名称	地点	高程	与其他遗存的位置关系	材质	建筑方式	平面形制	剖面形制	尺寸	附属设施	修缮情况	保存状况	损毁原因及存在病害
新庄村西北侧烽火台	石嘴乡新庄村西北0.4千米	1711米	东距龙泉关关门0.7千米	石	土石混筑。台体四壁石块垒砌，所用石块较扁平，石块缝隙间填以灰泥；台体中部堆以碎石泥土。	矩形	梯形	底部东西8.5、南北9米，顶部东西7.3、南北4.1米	无	无	保存一般。台体形状仍较规整，顶部、底部四周长满杂草、灌木。台体由于风雨侵蚀，顶部坍塌，四壁西侧有所脱落，南壁西侧石块坍塌，露出内部土石	自然因素主要有风雨侵蚀，植物生长等
铁堡村东北侧烽火台（彩图一三六、一三七）	石嘴乡铁堡村东北1千米	1534米	东北距新庄村西北侧烽火台3千米	砖	砖石混筑。下部为条石基础，上部用青砖砌筑，条石、青砖缝隙间填以灰泥。基础有5层条石，条石长25～220厘米，最低一层条石厚35厘米。上4层的青砖厚30厘米、宽18、厚10厘米	矩形	梯形	底部东西7.7、南北8.2米，顶部东西5.7、南北6.4米，残高6.9米	台体顶部有两块立石，呈半椭圆形，中部有孔，性质、用途不明	无	保存较好。台体形状仍较规整，顶部、底部四周附近有松树林。台体由于风雨侵蚀，顶部坍塌，四壁青砖有所脱落，北壁尤甚，四壁有裂缝。台体附近有坍塌脱落的砖、土形成的堆积，四周有砖块脱落近散的堆积，北壁底部堆积范围大，厚1.55米	自然因素主要有风雨侵蚀，植物生长等
石嘴村东北侧烽火台（图七五○；彩图一三九八～一四○○）	石嘴乡石嘴村东北0.1千米	1422米	东北距铁堡村东北侧烽火台5千米	石	土石混筑。台体四壁石块垒砌，所用石块较扁平，石块缝隙间填以碎石泥土；中部堆以碎石泥土。	矩形	梯形	底部东西7.9、南北6.8米，顶部坍塌严重，东西5.2、南北残高5.5米，东壁残高7.3米，西壁残高7.3米	台体周围有围墙，平面呈不规则形，大致呈东南一西北向的椭圆形，周长116米。围墙石块垒砌而成，石块缝隙间填以块、碎石泥土。北、东墙较宽，南、西墙较窄。北、东墙宽0.45～1.05米，南、西墙宽0.9、残高0.9米。南、西墙宽0.8～0.9、残高0.9米。南、西端靠中端处有门道，宽2.4米。南、西端内循墙建有8座房屋类生活设施，门道东侧7座，西侧1座。生活设施墙体宽0.5、残高0.65米，一座生活设施东西3.5、南北4.4米。台体东侧有相连的较低的一座台体，建筑方式与材料同于主台体，残高3.1米，与主台体高差2.4米	无	保存一般。台体形状不甚规整，所在处生长满杂草、灌木、树木。台体及围墙由于风雨侵蚀，石块坍塌脱落严重，石块坍塌现代物掩。北墙有现代物掩埋的小洞。台体东侧的山体上有两座火塔架，与台体火台相距0.03千米	自然因素主要有风雨侵蚀，植物生长等；人为因素有人为挖掘洞穴等

续表 572

名称	地点	高程	与其他遗存的位置关系	材质	建筑方式	平面形制	剖面形制	尺寸	附属设施	修缮情况	保存状况	损毁原因及存在病害
陡嘴村西北侧烽火台（彩图一四○一、一四○二）	茹村乡陡嘴村西北0.9千米	1216米	西北距龙王堂村东侧烽火台7.8千米	土	黄土夹杂碎石子夯筑而成,夯层厚0.16~0.21米	矩形	梯形	底部东西7.2、南北7.1米,顶部东西3.7、南北3.6米,残高6.2米	无	无	保存较好。台体形状仍较规整,四壁、顶部、底部四周长满杂草、灌木。由于风雨侵蚀,台体有所坍塌脱落,所在山体有数量较多的电线塔架。南北侧山坡上有农田	自然因素主要有风雨侵蚀,植物生长等
南大贤村西南侧烽火台	茹村乡南大贤村西南0.9千米	1408米	东北距龙王堂村东侧烽火台8.6千米,东南距陡嘴村西北侧烽火台8.8千米,西距西龙泉村西侧烽火台4.5千米	土	黄土夹杂料礓石夯筑而成,夯层厚0.1~0.17米	矩形	梯形	底部东西6.2、南北6.4米,顶部东西2.7、南北2.5米,残高6.9米	无	无	保存较好。台体形状仍较规整,顶部及四壁生长有杂草、灌木。由于风雨侵蚀,台体坍塌脱落严重,东侧0.02千米处有一座废弃的电线塔架,西侧0.01千米处有一座安放电视转播设备的房子	自然因素主要有风雨侵蚀,植物生长等
龙王堂村东侧烽火台	茹村乡龙王堂村东北0.15千米	1305米	东北距大峪村东北侧烽火台9千米,西北距兴坪村东南侧烽火台5.6千米	土	黄土夯筑,夯层厚0.17~0.2米	矩形	梯形	底部东西6.3、南北8.5米,顶部东西2.1、南北3.3米,残高6.4米	无	无	保存较好。台体形状不规整,东壁、四壁、灌木丛生。由于风雨侵蚀严重,台体坍塌脱落严重,底部四周堆积有坍落的泥土	自然因素主要有风雨侵蚀,植物生长等
大峪口村东北侧烽火台	蒋坊乡大峪口村东北1.5千米	1292米	北距伏胜村西北侧烽火台8.9千米	土	黄土夯筑,夯层厚0.16~0.22米	椭圆形	梯形	底部东西11.46、南北10.1米,残高8.8米	无	无	保存较好。台体形状不规整,生长有杂草、灌木,周围有杨树林。由于风雨侵蚀,台体坍塌脱落严重	自然因素主要有风雨侵蚀,植物生长等
伏胜村西北侧烽火台（图七五一;彩图一四○三）	豆村镇伏胜村西北0.3千米	1380米	南距大峪口村东北侧烽火台8.9千米	石	土石混筑。台体四壁以全砌,所用石块较扁平,石块缝隙间填以灰泥;中部堆以碎石泥土	矩形	梯形	底部东西8.1、南北9.3米,顶部东西4.5、南北4.1米,残高6.67米	台体北壁设有阶梯,阶梯宽1.1~1.5,高0.15~0.2米	无	保存较好。台体顶部、阶梯长满杂草,顶部石块有所脱落。台体周围为荒地与农田内种植有玉米	自然因素主要有风雨侵蚀,植物生长等

续表572

名称	地点	高程	与其他遗存的位置关系	材质	建筑方式	平面形制	剖面形制	尺寸	附属设施	修缮情况	保存状况	损毁原因及存在病害
兴坪村东南侧烽火台	豆村镇兴坪村东南0.5千米	1275米	东北距东营村北侧烽火台4千米	土	黄土夹杂少量碎石块夯筑而成,夯层厚0.2~0.25米	矩形	梯形	底部东西9.6、南北8.8米,顶部东西2.5、南北2.5米,残高6米	台体西壁有登顶坡道,宽0.5米	无	保存较好。台体及周围杂草丛生,紧临北壁有一棵小树。由于风雨雨侵蚀,台体坍塌脱落严重,台体东南角有现代形成的竖向凹槽	自然因素主要有风雨侵蚀、植物生长等;人为因素有人为破坏在台体东南角形成竖向凹槽
东营村北侧烽火台	豆村镇东营村北0.8千米	1287米	西北距李家庄村北侧烽火台6.2千米	土	黄土夯筑,夯层厚0.18~0.24米	矩形	梯形	底部东西9.4、南北11,残高5.8米	台体底部堆积有石块,推测台体顶部原有建筑物	无	保存一般。周围杂草丛生。由于风雨侵蚀严重,台体坍塌脱落严重,台体顶部面积很小,高低不平。底部四周堆积有剥落的泥土、石块	自然因素主要有风雨侵蚀、植物生长等
李家庄村北侧烽火台(彩图一四○四、一四○五)	豆村镇李家庄村北0.1千米	1326米	东南距东营村北侧烽火台6.2千米	土	黄土夯筑,夯层厚0.26米	矩形	梯形	底部东西9.3、南北8.9米,顶部南北8.4、残高3.2米	无	无	保存较好。台体形状较规整,顶部四周杂草、灌木丛生,四壁生长有杨树、灌木,附近有杨树林。由于风雨侵蚀,台体中部有所明显脱落。北壁中部有现代挖掘的小洞,洞底宽1.4米;西壁挖有现代的竖向凹槽,宽2.3、深2米,洞南缘距台体西壁南缘2.2米。台体西侧0.03千米处有移动信号塔架	自然因素主要有风雨侵蚀、植物生长等;人为因素有人为挖掘有洞穴等
台城村西侧烽火台	台城镇台城村西0.2千米	1109米	北距西龙泉村西侧烽火台3.5千米	土	黄土夯筑,夯层厚0.16~0.22米	矩形	梯形	底部东西9.9、南北10.8米,顶部东西3.5、南北3.4米,残高6~8.5米	台体南壁与西壁下部、北壁上部各有一条登顶坡道,呈上沟槽状0.7米	无	保存较好。台体顶部及四壁、周围杂草丛生,四壁满杂草。由于风雨侵蚀严重,四壁坍塌脱落,底部四周堆积有山体散落的泥土。台体东侧有坟丘、墓碑,西壁底部立有一块"后土"石碑。台体西侧有电线	自然因素主要有风雨侵蚀、植物生长等;人为因素有在台体附近有近现代埋葬死者、树立墓碑等

续表572

名称	地点	高程	与其他遗存的位置关系	材质	建筑方式	平面形制	剖面形制	尺寸	附属设施	修缮情况	保存状况	损毁原因及存在病害
西龙泉村西侧烽火台(彩图一四〇六、一四〇七)	台城镇西龙泉村西0.2千米	1072米	西北距大王村东侧烽火台4.7千米	土	黄土夯筑,夯层厚0.1~0.15米	椭圆形	梯形	底部东西6,南北7.3,残高8.5米	无	无	保存较好。台体形状较规整,顶部、底部长满灌木,下部、紧临台体南侧有一棵大树,由于风雨侵蚀,台体坍塌脱落严重,底部四周堆积有塌落的泥土。台体南部成纵向回一条冲积形成的纵向回槽,内有枯树干。台体周围为农田,种植台体王地。临近台体南壁有两块墓碑,居西一块为大清朝宣统二年所立,居表"烈女叶氏墓碑"。东一块中下部埋于地中,存上部,系明朝万历二十年三月所立的烈女二年墓曲氏墓碑。曲东北侧有现代盗洞,深1~1.5米	自然因素主要有风雨侵蚀,植物生长等;人为活动有农业活动,台体附近现代古墓及现代的盗墓等
大王村东侧烽火台(彩图一四〇八、一四〇九)	东雷乡大王村东1千米	1212米	西北距下庄村西侧烽火台5.8千米	土	黄土夯筑,夯层厚0.14~0.23米	矩形	梯形	底部东西7.4,南北7.1米。顶部东西3.6,南北3米,残高6米	台体顶部残留有石块、瓦片,厚0.45米,应有建筑物遗留	无	保存较好。台体形状及周围杂草丛生,四壁光滑。由于风雨侵蚀,台体坍塌脱落严重,台体四周堆积有塌落的泥土	自然因素主要有风雨侵蚀,植物生长等
下庄村西侧烽火台	东雷乡下庄村西0.3千米	1281米	东南距大王村西侧烽火台5.8千米	土	黄土夹杂碎石块夯筑而成,夯层厚0.15~0.2米。底部有一层石块,厚0.24米	矩形	梯形	底部东西9.7米,南北10米,顶部东西1.6,南北2.1米,残高3.9米	无	无	保存较好。台体形状及周围杂草、灌木丛生、风雨侵蚀,台体坍塌脱落严重,四周散落有碎石块	自然因素主要有风雨侵蚀,植物生长等
上西村西南侧烽火台	沟南乡上西村西南2千米	1184米	东北距台城村西南侧烽火台5.7千米,西南距望景岗村西侧烽火台3.1千米	土	黄土夯筑,夯层厚0.07~0.16米	椭圆形	梯形	底部东西9.2,南北9.7米,顶部东西2.2,南北0.45,残高6.4米	无	无	保存较好。台体形状不规整,长有杂草。由于风雨侵蚀,台体坍塌脱落严重。台体有农田,种植有玉米。台体西侧有现代掏挖的小洞,西侧0.1千米处有一座电线塔架	自然因素主要有风雨侵蚀,植物生长等;人为活动有农业活动,台体有现代挖掘洞穴等

续表572

名称	地点	高程	与其他遗存的位置关系	材质	建筑方式	平面形制	剖面形制	尺寸	附属设施	修缮情况	保存状况	损毁原因及存在病害
望景岗村西南侧烽火台(图七五二;彩图一四〇)	东冶镇望景岗村西南0.6千米	885米	西北距阳白村西南12.6千米	土	黄土夯筑,夯层厚0.16~0.2米	矩形	梯形	底部东西11.6、南北13.5米,顶部东西6.6、南北7.2米,残高10.6米	台体北壁中部有登顶坡道,呈沟槽状,宽1.6~1.9米。顶部北侧中部坡道内有圆形竖穴,直径1.1、深1.5米。台体东北、西北角各有一个长方形竖穴,东西1.2、南北0.5、深0.75米	无	保存较好。台体形状较规整,顶部及西、北侧较长有杂草、灌木。由于风雨侵蚀,雨水冲刷,种植紧邻农田,台体有所明塌脱落,种植有现代掏挖的南壁底部有玉米。台体小洞,洞底宽1.2、高0.8、进深1.2米,洞东缘距南壁东缘4.5米。台体西南3米、西北0.02千米处有一座110万千伏电线塔架	自然因素主要有风雨侵蚀、植物生长等;人为因素有农业活动、人为挖掘洞穴等
阳白村西侧烽火台	阳白乡阳白村西0.8千米	885米	北距下红表村南侧烽火台5.2千米	土	黄土夯筑,夯层厚0.18~0.25米	矩形	梯形	底部边长8.1、顶部边长3.1、残高6.8~7.8米	台体西壁中部、北壁东部有登顶坡道,呈沟槽状,西壁坡道宽0.2、北壁坡道宽0.6米	无	保存较好。台体形状较规整,顶部及东北角中部生长有灌木、杂草,南壁生长有一棵枣树。由于风雨侵蚀,台体明塌脱落严重,台体四周堆积有明落部的泥土。台体周围有农田和杂草,农田中种植有玉米。台体东壁底部有现代掏挖的小洞,洞底宽1.25、高1.2、进深1米,洞西距南壁东缘2.95米;西壁底部有现代掏挖的小洞,洞底宽0.85、高1,深0.6米,洞北距西壁西缘2.05米	自然因素主要有风雨侵蚀、植物生长等;人为因素有农业活动、人为挖掘洞穴等
下红表村南侧烽火台	阳白乡下红表村南0.1千米	951米	南距阳白村西侧烽火台5.2千米	土	黄土夯筑,夯层厚0.19~0.26米	矩形	梯形	底部东西6.9、南北8.5米,顶部东西2.9~3.4、南北3.3米,残高8.5米	台体西壁和北壁之间有登顶坡道,呈沟槽状,最宽1.6米	无	保存较好。台体形状不规整,顶部及四周灌木、杂草丛生。由于风雨侵蚀,台体明塌脱落严重,台体附近有农田,种植有玉米	自然因素主要有风雨侵蚀、植物生长等;人为因素有农业活动、人为挖掘洞穴等

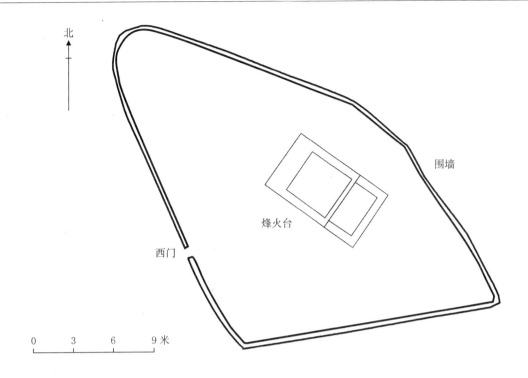

图七五〇　石嘴村东北侧烽火台平面图

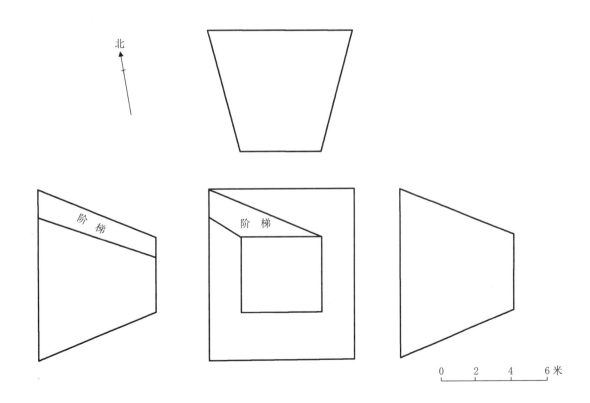

图七五一　伏胜村西北侧烽火台平、立面图

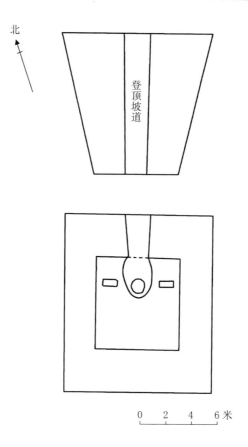

北

登顶坡道

0　2　4　6米

图七五二　望景岗村西南侧烽火台平、立面图

第三十章　阳泉市郊区长城

阳泉市郊区位于山西省中东部，东、南与平定县、西与寿阳县、北与盂县相邻，阳泉市城区与矿区位于其境内中南部。山西省明代长城资源调查四队从 2008 年 5 月 24～27 日，对该区明代长城资源进行了调查。阳泉市郊区的长城资源仅发现有烽火台。

一　长城资源调查数据

阳泉市郊区共调查烽火台 4 座。阳泉市郊区以前未进行过长城调查，4 座烽火台均为新发现，并基本厘清了阳泉市郊区烽火台的分布特点和传烽线路（表 583，见本章末附表）。

二　长城资源调查资料分析

（1）烽火台的类型及建筑方式

阳泉市郊区 4 座烽火台的材质类型均为土质。建筑材料主要是黄土，部分含有碎石或料礓石，均为夯筑而成，其中可辨夯层厚度的 2 座，夯层厚 0.13～0.2 米（表 584、585）。

表 584　阳泉市效区土质烽火台建筑材料及夯层厚度一览表（单位：米）

名称	建筑材料	夯层厚度
下千亩坪村南侧烽火台	黄土夯筑	0.17～0.2
坡头村东南侧烽火台	黄土夯筑	不详
测石村北侧烽火台	黄土夹杂少量石块、碎石子、瓦片、瓷片夯筑而成	0.13～0.16
圪套村北侧烽火台	黄土夹杂大量料礓石块夯筑而成	不详

表 585　阳泉市效区土质烽火台建筑材料统计表

建筑材料	数量（座）	百分比（%）	备注
纯黄土夯筑而成	2	50	
黄土夯筑而成，含碎石或料礓石	2	50	
合计	4	100	

（2）烽火台形制

土质烽火台的平面形制均为矩形，剖面形制均呈梯形。底部周长 11.6~32.4、残高 2.9~7.8 米。由于保存方面的原因，这些数据不能完全反映烽火台原始尺寸（表586）。

表586　阳泉市效区土质矩形烽火台形制及保存状况一览表（单位：米）

名称	平面形制	剖面形制	底部周长	残高	保存状况
下千亩坪村南侧烽火台	矩形	梯形	17	2.9	较差
坡头村东南侧烽火台	矩形	梯形	32.4	7.8	一般
测石村北侧烽火台	矩形	梯形	11.6	6.6	较差
圪套村北侧烽火台	矩形	梯形	25.6	3.8	一般

土质烽火台中仅一座台体顶部有石块，可能原有建筑物。

（3）烽火台的分布特点

①阳泉市郊区烽火台的分布，主要是沿河谷布置或沿交通线分布。在桃河谷地，从东向西依次有坡头村东南侧烽火台、测石村北侧烽火台和圪套村北侧烽火台，这条线也是 307 国道、太（原）（个）旧高速公路和石（家庄）太（原）铁路所经之地。下千亩坪村南侧烽火台分布于区境中北部的丘陵平川地区，位于 207 国道东侧，北可与盂县教场村南侧烽火台联系，南可与平定县鹊山村西北侧烽火台联系，西南可与坡头村东南侧烽火台联系，坡头村东南侧烽火台东南可与平定县鹊山村西北侧烽火台联系。

②烽火台所处位置，均位于地势较高的台地上，其瞭望、预警作用非常明显。

③结合烽火台的材质类型、建筑方式和平面形制，阳泉市郊区烽火台与五台县大多数烽火台基本一致。

④依据台体的底部周长，按≥50、40~50、<40 米三个标准对土质矩形烽火台进行大小划分，以残高作为参考。可以看出阳泉市效区土质矩形烽火台均为小型台体。这一特点也与五台县大多数烽火台相吻合。

（4）烽火台保存状况

阳泉市郊区 4 座烽火台，保存一般者 2 座、较差者 2 座。主要由于风雨侵蚀、植物生长以及农业活动和植树造林活动等自然、人为因素造成台体坍塌脱落。

三　自然与人文环境

（一）自然环境

阳泉市郊区位于山西省中东部。区境地势西高东低，西部和北部为土石山区，东部为黄土丘陵、平川地区。河流主要有桃河、温河及它们的支流等。郊区地处暖温带季风型大陆性气候地带，年均气温 10.8℃，年均降水量约 570 毫米。区境土壤主要有山地褐土、褐土性土、淡褐土等类型。本区野生植物属太行山植物区系，树木有油松、栎树、杨树等，灌木有黄刺梅、黄栌、榛、酸枣等，草本植物有蒿类、沙参、黄芩、羊胡草、盘草、白草等。

（二）人文环境

阳泉市郊区烽火台附近村庄居民人数从 100 余人到约 1000 人。村落居民以农业生产为主。下千亩坪村内有千亨集团（耐火材料生产公司）。坡头村内有煤矿。圪套村内有工厂。烽火台附近公路有 207、307 国道和太旧高速公路，铁路有石太铁路等。

四　保护与管理状况

阳泉市郊区长城资源的保护管理机构是阳泉市郊区文物管理所。目前有关长城资源的保护范围、建设控制地带、保护标志、记录档案等工作有待规定或完善。

表583　阳泉市郊区烽火台一览表

名称	地点	高程	与其他遗存的位置关系	材质	建筑方式	平面形制	剖面形制	尺寸	附属设施	修缮情况	保存状况	损毁原因及存在病害
下千亩坪南侧烽火台（彩图一四一一）	荫城镇下千亩坪村东南侧0.25千米	821米	当地俗称"炮台"。西北距盂县教场村侧烽火台18.3千米，南距平定县静山村西北侧烽火台13.5千米	土	黄土夯筑，夯层厚0.17～0.2米	矩形	梯形	底部东西4.4米，南北4.1米，顶部东西2.3米，南北1.8米，残高2.9米	无	无	保存较差。整体形状不甚规整，台体及周围长满杂草、灌木、树木，四周均为荒地。由于植物生长、风雨侵蚀，台体坍塌脱落严重，东壁底部堆积有较多的坍塌脱落的泥土。台体附近山坡上有农田	自然因素主要有风雨侵蚀、植物生长等；人为因素有农业活动
坡头村东南侧烽火台	平坦镇坡头村东南侧0.15千米	971米	东北距下千亩坪村南侧烽火台18.6千米，东南距平定县鹊山村西北侧烽火台15.3千米	土	黄土夯筑，夯层厚度不详	矩形	梯形	底部东西8，南北8.2米，顶部东西3，南北3.7米，残高7.8米	无	无	保存一般。整体形状较规整，台体及周围长满杂草、灌木、树木，由于植物生长、风雨侵蚀严重，台体坍塌脱落。台体西侧有水泥线杆	自然因素主要有风雨侵蚀、植物生长等
测石村北侧烽火台（彩图一四一二）	旧街乡测石村北侧0.02千米	874米	东南距坡头村东南侧烽火台3.1千米	土	黄土夹杂少量石块、碎石子、瓦片、瓷片夯筑而成，夯层厚0.13～0.16米	矩形	梯形	台体底部东西2.2，南北3.6米，顶部东西0.6，南北1.3米，残高6.6米	台体顶部有石块，原可能有建筑物	无	保存较差。整体形状不甚规整，台体长有杂草、灌木，西、北、东、南侧为农田，西侧为荒地。由于植物生长、风雨侵蚀，农业活动，台体坍塌脱落严重。台体西壁底部有现代掏挖的横向凹槽，凹槽高0.6米，深0.5米	自然因素主要有风雨侵蚀、植物生长等；人为因素为破坏在台体西壁底部形成凹槽
圪套村北侧烽火台	旧街乡圪套村北侧0.2千米	960米	东南距测石村北侧烽火台1.2千米	土	黄土夹杂大量料礓石块夯筑而成，夯层厚度不详	矩形	梯形	底部东西5.3米，南北7.5米，顶部东西0.8米，南北1.8米，残高3.8米	无	无	保存一般。整体形状不规整，台体长满杂草、周围有许多植树的土坑。由于植物生长、风雨侵蚀，植树造林活动，台体坍塌脱落严重，顶部凹凸不平，四壁不齐整	自然因素主要有风雨侵蚀、植物生长等；人为因素有植树造林活动

第三十一章　内蒙古自治区兴和县、丰镇市、凉城县部分长城

天镇县明代长城从河北省怀安县桃沟村进入本县后，沿山西省与内蒙古自治区交界处大致从东向西、从北向南延伸，有双山长城1~18段、新平尔村长城2段、西马市村长城1~3段、新平堡长城1~3段、保平堡村长城1~5段、杏园窑村长城1~4段、四方墩村长城1段和2段、对井沟村长城、红土沟村长城1~3段。从红土沟村长城4段开始，长城仅在山西省境内大致从东北向西南分布，直至阳高县二墩长城。阳高县五墩长城和镇门堡长城的东侧段位于山西省与内蒙古自治区交界处，继之从镇门堡长城西侧段开始至守口堡长城1段，仅在山西省境内大致从东北向西南分布。从守口堡长城2段开始，长城沿山西省与内蒙古自治区交界处从东向西延伸，有阳高县守口堡长城2段、十五梁长城、十九梁长城、西三墩长城、六墩长城、十墩长城、镇宏堡长城、二十六长城、大二对营长城、小二对营长城、镇边堡长城1~3段、新荣区元墩长城、三墩长城1段和2段、镇川口长城1段和2段、西寺长城1~4段、宏赐堡长城、宏赐堡大边长城1段和2段、河东窑大边长城1~4段、镇羌堡大边长城1~3段、得胜堡大边长城、二十一墙大边长城1~4段、拒墙堡大边长城1~4段、拒门口大边长城1~3段、拒门堡大边长城1段和2段、穆家坪大边长城、刘家窑大边长城1段和2段、十三边大边长城1段和2段、助马堡大边长城1段和2段、二十五大边长城、砖楼沟大边长城、保安堡大边长城1~3段、黑土口大边长城、徐达窑长城1段和2段、威鲁堡长城1段和2段、后辛庄长城1段和2段、八台长城1段和2段、宁鲁堡长城1段和2段、六墩沟长城、十二窑长城1段和2段和二十边长城。以上长城段位于山西省天镇县、阳高县、新荣区、左云县和内蒙古自治区兴和县、丰镇市、凉城县交界处，根据山西省与内蒙古自治区关于明代长城资源调查的协议，这些交界区域长城墙体北侧1000米范围内的烽火台等长城资源也由山西省负责调查，山西省长城资源调查三队从2007年6月1日~12月6日进行了调查。为全面反映本次明代长城资源调查成果，将该区域的烽火台等长城资源也进行了收录。累计调查堡门1座、烽火台156座。

（一）古城村堡门

位于兴和县高庙子乡古城村西北0.03千米、西马市长城2段西0.86千米，东南距古城烽火台0.48千米。高程1091米。现仅存堡门墙体和门洞。堡门墙体平面呈矩形，东西8.5、南北9.71米。堡门为砖券拱门，三伏三券，门洞宽3.11、高3.2、进深8.5米。拱门上方有砖砌门额，所嵌石匾无存。堡门墙体上有现代砖木结构的"老爷庙"。堡门西北邻西洋河河床，保存一般。

（二）烽火台

　　共调查 156 座，其中天镇县与兴和县交界处长城墙体北侧有 5 座，阳高县与兴和县交界处长城墙体北侧有 7 座、与丰镇市交界处长城墙体北侧有 61 座，新荣区与丰镇市交界处长城墙体北侧有 46 座、与凉城县交界处长城墙体北侧有 6 座，左云县与凉城县交界处长城墙体北侧有 31 座（表 587～592）。

表587　天镇县—兴和县交界处长城墙体北侧（内蒙古自治区—侧）烽火台一览表

名称	地点	高程	与其他遗存的位置关系	材质	建筑方式	平面形制	剖面形制	尺寸	附属设施	修缮情况	保存状况	损毁原因及存在病害
韩家营1号烽火台（彩图—三四）	店子湾乡韩家营村东北角的山坡上	1154米	双山长城18段西0.11千米,东距新平尔3号烽火台0.3千米	土	黄色黏土夯筑,含少量砂砾,夯层厚0.2~0.25米	矩形	梯形	台体底部东、南、西、北长10.5、9.8、10、9.7米,顶部东、南、西、北长3.7、4.3、3.5、4米,残高6米	无	无	保存一般。台体坍塌脱落严重,表面凹凸不平,有裂缝、沟槽、孔洞。台体底部遭取土挖损,南壁底部中央有洞穴,高1.5、深1米。台体南侧有小庙	自然因素主要有风雨侵蚀、植物生长等;人为因素主要是挖掘洞穴、取土挖损等
韩家营2号烽火台	店子湾乡韩家营村南0.39千米的山坡上	1130米	新平尔村长城2段西0.077千米,北距韩家营1号烽火台0.48千米	土	黄色黏土夯筑,含少量砂砾,夯层厚0.18~0.22米	矩形	梯形	台体底部东、南、西、北长9.8、7.1、9.7、7.7米,顶部东、南、西、北长4.7、3.1、4.7、2.9米,残高6米	无	无	保存一般。台体坍塌脱落严重,表面凹凸不平,有裂缝、沟槽、孔洞。台体东壁南部有水沟,遭洪水冲刷	自然因素主要有风雨侵蚀、洪水冲刷等
古城烽火台	高庙子乡古城村中	1115米	新平堡村长城1段西0.46千米,东距韩家营2号烽火台2.3千米	土	黄色黏土夯筑,含少量砂砾,夯层厚0.2~0.23米	圆形	梯形	台体底径8.4米,残高4.5米	无	无	保存较差。台体坍塌脱落严重,表面凹凸不平,有裂缝、沟槽、孔洞。台体上有洞穴,宽1.3、高1.6、进深2.5米,四壁遭取土挖损,顶部有水泥取电线杆。台体位于古村民院内	自然因素主要有风雨侵蚀、植物生长等;人为因素主要是挖掘洞穴、取土挖损等
古城南烽火台	高庙子乡古城村南3.6千米的山梁上	1335米	保平堡村长城1段西0.35千米	土	黄、褐色黏土夯筑,夯层厚0.25~0.3米	矩形	梯形	台体底部东、南、西、北长9.1、9.4、9.1、9.3米,顶部东、南、西、北长5.7、5.9、5.5、5.4米,残高8.2米	台体底部有台基,平面呈矩形,边长50、高出山体2.5~4米	无	保存一般。台体坍塌脱落严重,表面凹凸不平,有裂缝、沟槽、孔洞。南壁底部有取土形成的浅坑	自然因素主要有风雨侵蚀、植物生长等;人为因素主要是取土挖损等
南口烽火台（彩图—四〇）	高庙子乡南口村西南0.69千米的山坡上	1332米	四方墩村长城1段西0.54千米,东南距园笔峰火台2千米	土	黄色黏土夯筑,含少量砂砾,夯层厚0.2~0.23米	矩形	梯形	台体底部东、南、西、北长9.1、9.8、9、9.7米,顶部东、南、西、北长4.6、4.8、4.3、4.7米,残高6米	无	无	保存一般。台体坍塌脱落严重,表面凹凸不平,有裂缝、沟槽、孔洞。东壁中部有洞穴,可通顶部,口径1米。北壁遭取土挖损。台体顶部有取土挖损形成的凹坑	自然因素主要有风雨侵蚀、植物生长等;人为因素主要是挖掘洞穴、取土挖损等

表588　阳高县—兴和县交界处长城墙体北侧(内蒙古一侧)烽火台一览表

名称	地点	高程	与其他遗存的位置关系	材质	建筑方式	平面形制	剖面形制	尺寸	附属设施	修缮情况	保存状况	损毁原因及存在病害
五墩1号烽火台	罗文皂镇五墩村北0.74千米	1239米	位于五墩长城西北侧	土	黄土夯筑而成,含少量砂砾、碎石,夯层厚0.21~0.25米	矩形	梯形	底部东西10、南北11、残高6.4米	无	无	保存一般	自然因素主要有风雨侵蚀、植物生长等
五墩2号烽火台	罗文皂镇五墩村西北0.299千米	1035米	位于五墩长城西北侧	土	黄土夯筑而成,夯层厚0.18~0.25米	矩形	梯形	底部边长10、残高7米	无	无	保存一般。台体部有铲削痕迹,下部有搭建的窝棚	自然因素主要有风雨侵蚀、植物生长等;人为因素主要是取土挖损等
五墩3号烽火台	罗文皂镇五墩村西南0.66千米	1195米	位于五墩长城北侧	土	黄土夯筑而成,夯层厚0.18~0.2米	矩形	梯形	底部边长12.5米、顶部东西6.5、南北7米,残高11.4米	台体南壁下部设拱形门洞,宽0.8米	无	保存较好。台体西壁中上部有洞穴和挖掘形成的台阶;北壁下部有洞穴,宽1、进深1.8米,洞口两侧附有脚蹬窝	自然因素主要有风雨侵蚀、植物生长等;人为因素主要是挖掘洞穴、人畜踩踏等
五墩4号烽火台	罗文皂镇五墩村西南1千米	1183米	位于五墩长城西北侧	土	黄土夯筑而成,含少量砂砾、石屑、料礓石,夯层厚0.18~0.2米	矩形	梯形	残高5.8米	无	无	保存较差	自然因素主要有风雨侵蚀、植物生长等
镇门堡1号烽火台	罗文皂镇镇门堡村东北1.1千米	1178米	位于镇门堡门长城北0.054千米	土	黄土夯筑而成,夯层厚0.18~0.25米	矩形	梯形	底部东、南、西北长8.5、7.2、8.6、8.3、残高5.7米	台体内原设置通顶的圆孔形踏道,二次修缮时填充	有二次修缮痕迹,台体四壁和顶部加厚,加高,夯层厚0.1~0.15米,夯土含少量砂砾、石屑、料礓石		自然因素主要有风雨侵蚀、植物生长等
镇门堡2号烽火台	罗文皂镇镇门堡村东北0.68千米	1181米	位于镇门堡门长城北0.014千米	土	黄土夯筑而成,含砂砾、碎石,夯层厚0.19~0.24米	矩形	梯形	底部东、南、西北长10.5、13.2、10.1、12.9、残高8.7米	无	无	保存一般。台体南壁有洞穴,北壁有坡道可登顶	自然因素主要有风雨侵蚀、植物生长等;人为因素主要是挖掘洞穴、人畜踩踏等
镇门堡3号烽火台	罗文皂镇镇门堡村东北0.82千米	1250米	位于镇门堡门长城北0.199千米	土	黄土夯筑而成,含砂砾、碎石,夯层厚0.2~0.24米	矩形	梯形	底部东西6.3、南北6、残高7.3米	无	无	保存一般	自然因素主要有风雨侵蚀、植物生长等

表 589　阳高县—丰镇市交界处长城墙体北侧（内蒙古自治区一侧）烽火台一览表

名称	地点	高程	与其他遗存的位置关系	材质	建筑方式	平面形制	剖面形制	尺寸	附属设施	修缮情况	保存状况	损毁原因及存在病害
石堤沟1号烽火台	浑源窑乡石堤沟村东南3.1千米的山坡上	1241米	守口堡长城2段西北的0.083千米	土	黄色黏土夯筑，夯层厚0.19~0.23米	矩形	梯形	台体底部东、南、西、北6.2、8.9、5.9、8.6，残高3.6米	无	无	保存较差。台体坍塌脱落严重，表面凹凸不平；有裂缝，沟槽，孔洞。台体西南底部有取土挖损形成的凹坑	自然因素主要有风雨侵蚀、植物生长等；人为因素主要是取土挖损等
石堤沟2号烽火台	浑源窑乡石堤沟村东南3.3千米的沟底垭口处	1236米	守口堡长城2段西北0.055千米，东北距石堤沟1号烽火台0.242千米	土	黄色黏土夯筑，含砂砾、碎石，夯层厚0.2~0.23米	矩形	梯形	台体底部东、南、西、北9.2、11、1.5、12，残高4.4米	无	无	保存较差。台体坍塌脱落严重，表面凹凸不平；台体四周遭取土挖损；南壁四壁遭取土挖损，可壁南"之"字形坡道，可登顶	自然因素主要有风雨侵蚀、植物生长等；人为因素主要是取土挖损、人为踩踏等
石堤沟3号烽火台	浑源窑乡石堤沟村东南3.4千米的山顶上	1304米	守口堡长城2段西北0.13千米，东北距石堤沟2号烽火台0.282千米	土	黄色黏土夯筑，夯层厚0.18米	矩形	梯形	台体底部东、南、西、北8.8、7、8.9、7.2，残高5.2米	无	无	保存一般。台体坍塌脱落严重，表面凹凸不平；有裂缝，沟槽，孔洞。台体南侧有一条纵向沟槽，宽2，进深0.2米；南壁底部西侧有洞穴，宽1，高1进深0.5米	自然因素主要有风雨侵蚀、植物生长等；人为因素主要是挖掘洞穴等
石堤沟4号烽火台	浑源窑乡石堤沟村东南3.3千米的山梁上	1275米	守口堡长城2段北0.187千米，东南距石堤沟3号烽火台0.166千米	土	黄色黏土夯筑，夯层厚0.15~0.18米	矩形	梯形	台体底部东、南、西、北5.4、3、8、6.2、4，残高3.6米	无	无	保存较差。台体坍塌脱落严重，表面凹凸不平；有裂缝，沟槽，孔洞。台体东壁底部遭取土挖损	自然因素主要有风雨侵蚀、植物生长等；人为因素主要是取土挖损等
石堤沟5号烽火台（彩图一四一五）	浑源窑乡石堤沟村东南3.4千米的山梁上	1351米	守口堡长城2段西北0.048千米，东北距石堤沟4号烽火台0.445千米	土	黄色黏土夯筑，夯层厚0.18~0.22米	矩形	梯形	台体底部东、南、西、北13.2、13、13.5、13米，顶部东、西、北10、9.5、9.3、10、10米，残高8.2米	无	无	保存一般。台体坍塌脱落严重，表面凹凸不平；有裂缝，沟槽，孔洞	自然因素主要有风雨侵蚀、植物生长等
石堤沟6号烽火台	浑源窑乡石堤沟村东南3.5千米"五梁"上	1350米	守口堡长城2段西北0.142千米，东北距石堤沟5号烽火台0.2千米	土	黄色黏土夯筑，夯层厚0.18~0.21米	矩形	梯形	台体底部东、南、西、北7.8、8.8、8.8、9米，顶部东、南、西、北5.8、6.2、3.5、6.5米，残高6.9米	无	无	保存一般。台体坍塌脱落严重，表面凹凸不平；有裂缝，沟槽，孔洞。台体东壁中部有一条沟槽，宽2米	自然因素主要有风雨侵蚀、植物生长等

续表589

名称	地点	高程	与其他遗存的位置关系	材质	建筑方式	平面形制	剖面形制	尺寸	附属设施	修缮情况	保存状况	损毁原因及存在病害
石堤沟7号烽火台（彩图一四一六）	浑源瓷乡石堤沟村南4千米的山梁上	1440米	十五梁长城西北0.04千米、东北距石堤沟6号烽火台0.688千米	土	黄色黏土夯筑，夯层厚0.18～0.2米	矩形	梯形	台体底部东、南、西、北长9.1、11.2、9.2、11.5米，顶部东、南、西、北长5.8、7.6、5.5.8米，残高6米	无	无	保存一般。台体坍塌脱落严重，表面凹凸不平，有裂缝，沟槽，孔洞	自然因素主要有风雨侵蚀、植物生长等
石堤沟8号烽火台	浑源瓷乡石堤沟村西南4.2千米的山梁上	1460米	十五梁长城北0.032千米、东北距石堤沟7号烽火台0.249千米	土	黄色黏土夯筑，夯层厚0.18～0.2米	矩形	梯形	台体底部东、南、西、北长11.3、11.8、12、11.5米，顶部东、南、西、北长8.1、8、8.8.5米，残高8.1米	无	无	保存一般。台体坍塌脱落严重，表面凹凸不平，有裂缝，沟槽，孔洞	自然因素主要有风雨侵蚀、植物生长等
石堤沟9号烽火台	浑源瓷乡石堤沟村西南4.3千米的山梁坡地上	1479米	十五梁长城北0.026千米、东北距石堤沟8号烽火台0.28千米	土	黄色黏土夯筑，夯层厚0.15～0.18米	矩形	梯形	台体底部东、南、西、北长11.8、12.5、12.8、11.5米，顶部周长12米，残高9.6米	无	无	保存一般。台体坍塌脱落严重，表面凹凸不平，有裂缝，沟槽，孔洞	自然因素主要有风雨侵蚀、植物生长等
石堤沟10号烽火台（彩图一四一七）	浑源瓷乡石堤沟村西南4.4千米的"十六梁"缓坡上	1490米	十五梁长城西北0.032千米、东距石堤沟9号烽火台0.472千米	土	黄色黏土夯筑，夯层厚0.18～0.22米	矩形	梯形	台体底部东、南、西、北长11.8、13.5、12.4、14米，残高10.6米	无	无	保存较好。台体表面凹凸不平，有裂缝脱落。南壁底部有洞穴，宽1、深0.5米，高1.5米	自然因素主要有风雨侵蚀、植物生长等；人为因素主要是挖掘洞穴等
石堤沟11号烽火台	浑源瓷乡石堤沟村西南4.7千米的山梁坡地上	1492米	十九梁长城西北0.057千米、东北距石堤沟10号烽火台0.349千米	土	黄色黏土夯筑，夯层厚0.15～0.2米	矩形	梯形	台体底部东、南、西、北长1.5、13、3.5、12.5米，残高9.1米	无	无	保存一般。台体坍塌脱落严重，表面凹凸不平，有裂缝，沟槽，孔洞，南壁中央有洞穴	自然因素主要有风雨侵蚀、植物生长等；人为因素主要是挖掘洞穴等
石堤沟12号烽火台	浑源瓷乡石堤沟村西南5千米的"十九梁"坡地上	1467米	十九梁长城西北0.046千米、东北距石堤沟11号烽火台0.3千米	土	黄色黏土夯筑，夯层厚0.18～0.23米	矩形	梯形	台体底部东、南、西、北长12.6、14、13、14米，顶部东、南、西、北长2.6、4.2、2.7、3米，残高8米	无	无	保存一般。台体坍塌脱落严重，表面凹凸不平，北壁有"之"字形坡道，宽0.8米，可登顶	自然因素主要有风雨侵蚀、植物生长等；人为因素主要是人为踩踏等

续表 589

名称	地点	高程	与其他遗存的位置关系	材质	建筑方式	平面形制	剖面形制	尺寸	附属设施	修缮情况	保存状况	损毁原因及存在病害
石堤沟13号烽火台（彩图一四一~一八）	浑源窑乡石堤沟村西南5.3千米的山梁上	1471米	十九梁长城西北0.125千米，东北距石堤沟12号烽火台0.313千米	土	黄色黏土夯筑，夯层厚0.18~0.22米	矩形	梯形	台体底部边长9米，顶部东、西，北长5.5、6、4.8、6米，残高7米	无	无	保存一般。台体坍塌脱落严重，表面凹凸不平，有裂缝，沟槽洪水冲刷	自然因素主要有风雨侵蚀，植物生长、洪水冲刷等
石堤沟14号烽火台	浑源窑乡石堤沟村西南5.8千米的山梁上	1465米	十九梁长城西北0.1千米，东北距石堤沟13号烽火台0.466千米	土	黄色黏土夯筑，夯层厚0.18~0.22米	矩形	梯形	台体底部东、南、西、北长12、12、13、12米，顶部东、南、西、北长8.9、9、8米，残高7米	无	无	保存一般。台体坍塌脱落严重，表面凹凸不平，有裂缝，孔洞。东壁遭洪水冲刷	自然因素主要有风雨侵蚀，植物生长、洪水冲刷等
石堤沟15号烽火台	浑源窑乡石堤沟村西南6.1千米的山梁缓坡上	1469米	十九梁长城西北0.049千米，东北距石堤沟14号烽火台0.363千米	土	黄色黏土夯筑，夯层厚0.18~0.22米	矩形	梯形	台体底部东、南、西、北长7.6、8、8、7.8米，残高5米	无	无	保存一般。台体坍塌脱落严重，表面凹凸不平，有裂缝，孔洞	自然因素主要有风雨侵蚀，植物生长等
石堤沟16号烽火台	浑源窑乡石堤沟村西南6.3千米的山梁坡地上	1478米	西三墩长城西北0.064千米，东北距石堤沟15号烽火台0.26千米	土	黄色黏土夯筑，夯层厚0.2~0.22米	矩形	梯形	台体底部东西12、南北13米，顶部东、南、西、北长7、6.6、8、6米，残高9米	无	无	保存一般。台体坍塌脱落严重，表面凹凸不平，孔洞。西壁裂底部有洞穴	自然因素主要有风雨侵蚀；人为因素主要是挖掘洞穴等
石堤沟17号烽火台	浑源窑乡石堤沟村西南6.6千米的山梁陡坡上	1478米	西三墩长城西北0.02千米，东北距石堤沟16号烽火台0.241千米	土	黄色黏土夯筑，夯层厚0.18~0.22米	矩形	梯形	台体底部东西14米，顶部东、南、西、北长8.5、8、8.5、8.2米，残高9米	无	无	保存一般。台体坍塌脱落严重，表面凹凸不平，有裂缝，沟槽孔洞	自然因素主要有风雨侵蚀，植物生长等
石堤沟18号烽火台	浑源窑乡石堤沟村西南6.7千米的山梁上	1463米	西三墩长城西北0.047千米，东北距石堤沟17号烽火台0.14千米	土	黄色黏土夯筑，夯层厚0.2~0.22米	矩形	梯形	台体底部东、南、西、北长13.8、13.5、14、13.8米，顶部东、南、西、北长10.9、10、11米，残高10.2米	无	无	保存较好。台体有所坍塌脱落，表面凹凸不平，有裂缝，沟槽孔洞	自然因素主要有风雨侵蚀，植物生长等

名称	地点	高程	与其他遗存的位置关系	材质	建筑方式	平面形制	剖面形制	尺寸	附属设施	修缮情况	保存状况	损毁原因及存在病害
石堤沟19号烽火台	浑源窑乡石堤沟西南7千米的山梁上	1471米	西三墩长城西北0.02千米,东北距石堤沟18号烽火台0.3千米	土	黄色黏土夯筑,夯层厚0.2~0.25米	矩形	梯形	台体底部东、南、西、北长13.8、14、13.5、13.8,残高10米	无	无	保存较好。台体有所坍塌脱落,表面凹凸不平,有裂缝、沟槽、孔洞	自然因素主要有风雨侵蚀,植物生长等
石堤沟20号烽火台	浑源窑乡石堤沟西南7.2千米的山梁陡坡上	1479米	六墩长城西北0.034千米,东北距石堤沟19号烽火台0.294千米	土	黄色黏土夯筑,夯层厚0.2~0.22米	矩形	梯形	台体底部东、南、西、北长13、12、13,顶部东、南、西、北长8、6.5、7.5、4米,残高9米	无	台体东壁、北壁顶部曾用砖修补,衔接痕迹较明显,应为明代后期修缮	保存一般。台体坍塌脱落严重,表面凹凸不平,有裂缝、沟槽、孔洞	自然因素主要有风雨侵蚀,植物生长等
石堤沟21号烽火台	浑源窑乡石堤沟西南7.3千米的山梁上	1464米	六墩长城西北0.038千米,东北距石堤沟20号烽火台0.204千米	土	黄色黏土夯筑,夯层厚0.2~0.23米	矩形	梯形	台体底部东、南、西、北长12.8、12.5、13、13米,顶部东、南、西、北长8.2、8.5、9、9米,残高10米	无	无	保存较好。台体有所坍塌脱落,表面凹凸不平,有裂缝、沟槽、孔洞。南壁底部有洞穴,宽1.2,高1,进深0.5米	自然因素主要有风雨侵蚀;人为因素主要是挖掘洞穴等
石堤沟22号烽火台	浑源窑乡石堤沟西南7.5千米的山梁陡坡上	1472米	六墩长城西北0.034千米,东北距石堤沟21号烽火台0.12千米	土	黄色黏土夯筑,夯层厚0.2~0.25米	矩形	梯形	台体底部东、南、西、北长12.5、12.5、13米,顶部东、南、西、北长8.2、9.5、9、10米,残高14米	无	无	保存较好。台体有所坍塌脱落,表面凹凸不平,有裂缝、沟槽、孔洞。西壁有一条沟槽,宽0.3米。南壁东侧遭土挖损,底部中央、西侧有洞穴,宽0.5~1,高1,进深1.5米	自然因素主要有风雨侵蚀;人为因素主要是挖洞穴、取土挖损等
石堤沟23号烽火台	浑源窑乡石堤沟西南7.8千米的山梁上	1461米	六墩长城西北0.035千米,东北距石堤沟22号烽火台0.384千米	土	黄色黏土夯筑,夯层厚0.16~0.2米	矩形	梯形	台体底部边长14米,顶部东、南、西、北长9.5、10、9.3、9米,残高11米	无	无	保存较好。台体有所坍塌脱落,表面凹凸不平,有裂缝、沟槽、孔洞	自然因素主要有风雨侵蚀,植物生长等

续表589

名称	地点	高程	与其他遗存的位置关系	材质	建筑方式	平面形制	剖面形制	尺寸	附属设施	修缮情况	保存状况	损毁原因及存在病害
口子1号烽火台	官屯堡乡口子村东北5千米的山梁上	1461米	十墩长城西北0.045千米,东北距石堤沟23号烽火台0.185千米	土	黄色黏土夯筑,夯层厚0.2~0.25米	矩形	梯形	台体底部边长13米,顶部东、南、西、北长10、9.8、10、9.2米,残高11米	无	无	保存较好。台体有所坍塌脱落,表面凹凸不平,有裂缝,沟槽,孔洞	自然因素主要有风雨侵蚀,植物生长等
口子2号烽火台	官屯堡乡口子村东北4.8千米的山梁上	1458米	十墩长城西北0.07千米,东北距口子1号烽火台0.248千米	土	黄色黏土夯筑,夯层厚0.18~0.2米	矩形	梯形	台体底部东西12,南北13米,顶部东、南、西、北长9,8,9,5米,残高11米	无	无	保存较好。台体有所坍塌脱落,表面凹凸不平,台体东壁遗积取土遗迹,底部有洞穴,宽高1米,深1米;南壁东侧有洞穴	自然因素主要有风雨侵蚀等;人为因素主要是挖掘洞穴,取土挖损等
口子3号烽火台（彩图一四一九）	官屯堡乡口子村东北4.4千米的山梁上	1420米	十墩长城西北0.056千米,东北距口子3号烽火台0.45千米	土	黄色黏土夯筑,夯层厚0.23~0.27米	矩形	梯形	台体底部周长30,残高5.2米	无	无	保存一般。台体坍塌严重,表面凹凸不平,有裂缝,沟槽,孔洞。台体底部遗留取土挖损	自然因素主要有风雨侵蚀等;人为因素主要是取土挖损等
口子4号烽火台	官屯堡乡口子村东北3.7千米的山梁缓坡坡上	1451米	十墩长城西北0.063千米,东北距口子3号烽火台0.68千米	土	黄色黏土夯筑,夯层厚0.23~0.27米	矩形	梯形	台体底部东西13,南北12米,顶部东、南、西、北残长7.8,7,8,7米,残高9米	无	无	保存一般。台体坍塌落严重,表面凹凸不平,有裂缝,沟槽,孔洞	自然因素主要有风雨侵蚀,植物生长等
口子5号烽火台（彩图一四二〇）	官屯堡乡口子村东北3.3千米的山梁上	1442米	十墩长城西北0.07千米,东北距口子4号烽火台0.34千米	土	黄色黏土夯筑,夯层厚0.2~0.23米	矩形	梯形	台体底部东、南、西、北长12.6,12.5,13,13米,顶部东、南、西、北长8.5,9,9,10米,残高9米	无	无	保存一般。台体坍塌落严重,表面凹凸不平,有裂缝,沟槽,孔洞。南壁东侧有一条纵向沟槽,宽5,深2米	自然因素主要有风雨侵蚀,植物生长等
口子6号烽火台	官屯堡乡口子村东北3.1千米	1449米	镇宏堡长城西北0.13千米,东北距口子5号烽火台0.213千米	土	黄色黏土夯筑,夯层厚0.22~0.24米	矩形	梯形	台体底部东西13,南北14米,顶部东西7,南北8米,残高7米	无	无	保存一般。台体坍塌脱落,表面凹凸不平,有裂缝,沟槽,孔洞	自然因素主要有风雨侵蚀,植物生长等

续表589

名称	地点	高程	与其他遗存的位置关系	材质	建筑方式	平面形制	剖面形制	尺寸	附属设施	修缮情况	保存状况	损毁原因及存在病害
口子7号烽火台	官屯堡乡口子村东北2.9千米的山梁上	1439米	镇宏堡长城西0.076千米,北距口子6号烽火台0.28千米	土	黄色黏土夯筑,夯层厚0.18~0.22米	矩形	梯形	台体底部边长12米,顶部东、南、西、北长7、8、9、9、9米,残高7米	无	无	保存一般。台体坍塌脱落严重,表面凹凸不平,有裂缝,沟槽,孔洞	自然因素主要有风雨侵蚀,植物生长等
口子8号烽火台	官屯堡乡口子村东北2.6千米的山梁上	1442米	镇宏堡长城西北0.075千米,东北距口子7号烽火台0.385千米	土	黄色黏土夯筑,夯层厚0.23~0.25米	矩形	梯形	台体底部东西13,南北12米,顶部东、南、西、北长10、8、9、8米,残高7米	无	无	保存一般。台体坍塌脱落严重,表面凹凸不平,有裂缝,沟槽,孔洞	自然因素主要有风雨侵蚀,植物生长等
口子9号烽火台	官屯堡乡口子村东北2.1千米的山梁上	1443米	镇宏堡长城西0.05千米,东北距口子8号烽火台0.44千米	土	黄色黏土夯筑,夯层厚0.22~0.25米	矩形	梯形	台体底部东、南、西、北长10.5、10.5、11.5、11米,顶部东、南、西、北长4.5、8.5、8.5、8米,残高8.5米	无	无	保存一般。台体坍塌脱落严重,表面凹凸不平,有裂缝,沟槽,孔洞。南壁下部有挖掘形成的圆形脚窝	自然因素主要有风雨侵蚀,人为因素主要是挖掘脚窝等
口子10号烽火台(彩图一四二一)	官屯堡乡口子村东北1.9千米的山梁上	1432米	镇宏堡长城西北0.055千米,东北距口子9号烽火台0.232千米	土	黄色黏土夯筑,含少量砂砾、碎石,夯层厚0.18~0.22米	矩形	梯形	台体底部东、南、西、北长14、15、14、14.8米,顶部东、南、西、北长7.6、8.6米,残高7.5米	无	无	保存一般。台体坍塌脱落严重,表面凹凸不平,有裂缝,沟槽,孔洞。东壁底部南侧有洞穴,宽3.5,高2,深4米,距地面2米,洞内有坑;北壁遭取土挖损	自然因素主要有风雨侵蚀,人为因素主要是挖掘脚窝、取土挖损等
口子11号烽火台	官屯堡乡口子村东北1.6千米的缓坡上	1438米	镇宏堡长城西北0.08千米,东北距口子10号烽火台0.332千米	土	黄色黏土夯筑,含少量砂砾、碎石,夯层厚0.2~0.22米	矩形	梯形	台体底部东、南、西、北长11、13、12、11米,残高7米	无	无	保存一般。台体坍塌脱落严重,表面凹凸不平,有裂缝,沟槽,孔洞	自然因素主要有风雨侵蚀,植物生长等
口子12号烽火台	官屯堡乡口子村东北1.4千米的缓坡上	1426米	二十六长城北0.073千米,北距口子11号烽火台0.36千米	土	黄色黏土夯筑,夯层厚0.18~0.22米	矩形	梯形	台体底部东、南、西、北长11.5、12.4、11.8、12.5米,顶部东、南、西、北长7、7.5、8.5、8米,残高7米	无	无	保存一般。台体坍塌脱落严重,表面凹凸不平,有裂缝,沟槽,孔洞	自然因素主要有风雨侵蚀,植物生长等

续表589

名称	地点	高程	与其他遗存的位置关系	材质	建筑方式	平面形制	剖面形制	尺寸	附属设施	修缮情况	保存状况	损毁原因及存在病害
口子13号烽火台	官屯堡乡口子村东北1.3千米山前冲积平原上	1416米	二十六长城西0.048千米，东北距口子12号烽火台0.357千米	土	黄色黏土夯筑，含少量砂砾、碎石，夯层厚0.2~0.25米	矩形	梯形	台体底部东、南、西、北长11、13、11.5、9，残高6米	无	无	保存一般。台体坍塌脱落严重，表面凹凸不平，有裂缝、沟槽、孔洞。东壁北侧有坡道，可径顶	自然因素主要有风雨侵蚀，植物生长等；人为因素主要是人为践踏等
口子14号烽火台	官屯堡乡口子村东0.947千米山前冲积平原上	1413米	二十六长城西北0.074千米，东北距口子13号烽火台0.46千米	土	黄色黏土夯筑，含少量砂砾、碎石，夯层厚0.22~0.27米	矩形	梯形	台体底部东西13，南北12米，顶部东、南、西、北长5.3、8、3米，残高6.8米	无	无	保存一般。台体坍塌脱落严重，表面凹凸不平，有裂缝、沟槽、孔洞。东壁北侧有石砌窑洞，宽1，深1.5米；西壁底部中央有洞穴，宽2，高1.5，深2米	自然因素主要有风雨侵蚀，植物生长等；人为因素主要是挖掘洞穴等
口子15号烽火台	官屯堡乡口子村东0.655千米山前缓坡上	1415米	大二对营长城西北0.146千米，东北距口子14号烽火台0.415千米	土	黄色黏土夯筑，含少量砂砾、碎石，夯层厚0.2~0.22米	矩形	梯形	台体底部东、南、西、北长9.8、9.5、9.9、9.7米，顶部东、南、西、北长4.6、5、4米，残高7.2米	无	无	保存严重。台体坍塌脱落，表面凹凸不平，有裂缝、沟槽、孔洞。南壁西南角有一棵小榆树；西壁底部西南角有洞穴，宽1，深1.5米	自然因素主要有风雨侵蚀，植物生长等；人为因素主要是挖掘洞穴等
口子16号烽火台	官屯堡乡口子村南0.492千米山前冲积平原上	1422米	大二对营长城西北0.157千米，东北距口子15号烽火台0.38千米	土	黄色黏土夯筑，夯层厚0.2~0.25米。	矩形	梯形	台体底部东、南、西、北长10、10.5、9.8、10.5米，顶部东、南、西、北长4.5、7、5.5、5米，残高7.2米	台体周围原有围墙，现无存。围墙内残存墩院基，东西24，南北21，高1.5米，东侧有豁口，豁口底部有洞穴	无	保存严重。台体坍塌脱落，表面凹凸不平，有裂缝、沟槽、孔洞。院东南角基东侧底部有洞穴，中部有一棵杨树	自然因素主要有风雨侵蚀，植物生长等；人为因素主要是挖掘洞穴等
口子17号烽火台	官屯堡乡口子村南0.721千米山前冲积平原上	1422米	大二对营长城西北0.027千米，东北距口子16号烽火台0.404千米	土	黄色黏土夯筑，夯层厚0.23~0.27米	矩形	梯形	台体底部东、南、西、北长9.8、7、9.8、9米，顶部东、南、西、北长5.5、5.6、4米，残高7.2米	无	无	保存一般。台体坍塌脱落严重，表面凹凸不平，有裂缝、沟槽、孔洞。台体东壁坍塌积土遭取土挖损	自然因素主要有风雨侵蚀，植物生长等；人为因素主要是取土挖损等

续表 589

名称	地点	高程	与其他遗存的位置关系	材质	建筑方式	平面形制	剖面形制	尺寸	附属设施	修缮情况	保存状况	损毁原因及存在病害
口子18号烽火台	官屯堡乡口子村西南0.742千米的山前冲积平原上	1412米	大二对营长城西北0.087千米,东距口子17号烽火台0.128千米	土	黄色黏土夯筑,含少量砂砾、碎石,夯层厚0.2~0.25米	矩形	梯形	台体底部东、南、西、北长11.7、11.8、11.5米,顶部东、南、西长4.3、3.9、7.9、3.5米,残高6.8米	无	无	保存一般。台体坍塌脱落严重,表面凹凸不平,有裂缝、沟槽、孔洞。台体东壁坍塌堆积土遭取土挖损	自然因素主要有风雨侵蚀、植物生长等;人为因素主要是取土挖损等
口子19号烽火台	官屯堡乡口子村西南1.1千米的山前冲积平原上	1424米	大二对营长城西北0.086千米,东距口子18号烽火台0.407千米	土	黄色黏土夯筑,含少量砂砾、碎石,夯层厚0.23~0.27米	矩形	梯形	台体底部东、南、西、北长12.3、12.8、12.8、12.5米,顶部东、南、西、北长6.1、8.5、9.6米,残高7米	无	无	保存一般。台体坍塌脱落严重,表面凹凸不平,有裂缝、沟槽、孔洞。台体东壁坍塌堆积土遭取土挖损	自然因素主要有风雨侵蚀、植物生长等;人为因素主要是取土挖损等
韩家营1号烽火台	官屯堡乡韩家营村东南1.1千米的山前冲积平原上	1420米	大二对营长城西北0.09千米,东北距口子19号烽火台0.445千米	土	黄色黏土夯筑,夯层厚0.22~0.26米	矩形	梯形	台体底部东、南、西、北长13.5、13.8、12.8、10米,顶部东、南、西长5.5、11、5米,残高7.2米	无	无	保存一般。台体坍塌脱落严重,表面凹凸不平,有裂缝、沟槽、孔洞。台北壁底部有一条纵向沟槽,宽0.2米	自然因素主要有风雨侵蚀、植物生长等
韩家营2号烽火台	官屯堡乡韩家营村东南0.999千米的山前冲积平原上	1416米	小二对营长城西北0.028千米,东北距韩家营1号烽火台0.382千米	土	黄色黏土夯筑,含少量砂砾、碎石,夯层厚0.2~0.25米	矩形	梯形	台体底部东、南、西、北长10.5、9.8、10.2、10米,顶部东、南、西北长7.8、2、7.5、2.5米,残高6.8米	台体周围原有围墙,现无存。围墙内残存墩院基,东西21、南北24米	无	保存一般。台体坍塌脱落严重,表面凹凸不平,有裂缝、沟槽、孔洞	自然因素主要有风雨侵蚀、植物生长等
韩家营3号烽火台	官屯堡乡韩家营村东南0.906千米的山前冲积平原上	1412米	小二对营长城西北0.11千米,东南距韩家营2号烽火台0.108千米	土	黄色黏土夯筑,含少量砂砾、碎石,夯层厚0.25~0.3米	矩形	梯形	台体底部东、南、西、北长12.7、11.8、13、11.5米,顶部东、南、西、北长6、7.1、9.5、8米,残高7.3米	无	无	保存一般。台体坍塌脱落严重,表面凹凸不平,有裂缝、沟槽、孔洞。台东壁部分北侧有洞穴,洞穴下部被掩埋,上部宽1,深2米;顶部东侧有圆坑,直径2米,深2米	自然因素主要有风雨侵蚀、植物生长等;人为因素主要是挖掘洞穴等

续表589

名称	地点	高程	与其他遗存的位置关系	材质	建筑方式	平面形制	剖面形制	尺寸	附属设施	修缮情况	保存状况	损毁原因及存在病害
韩家营4号烽火台	官屯堡乡韩家营村东南0.887千米的山前冲积平原上	1412米	小二对营长城西北0.1千米,东北距韩家营3号烽火台0.42千米	土	黄色黏土夯筑,含少量砂砾、碎石,夯层厚0.18~0.22米	矩形	梯形	台体底部东、西、南、北长9.5、10、11、11米,顶部东、南、西、北长3、2、5、1.5米,残高7米	无	无	保存一般。台体坍塌脱落严重,表面凹凸不平,有裂缝、沟槽、孔洞	自然因素主要有风雨侵蚀、植物生长等
韩家营5号烽火台(彩图一四二二)	官屯堡乡韩家营村南1.1千米的山前冲积平原土坡上	1416米	小二对营长城西北0.085千米,东北距韩家营4号烽火台0.435千米	土	黄色黏土夯筑,夯层厚0.2~0.23米	矩形	梯形	台体底部东、西、南、北长11、11.2、12、11.5米,顶部东、南、西、北长5.5、5.5、6.5、4.5米,残高6.9米	无	无	保存一般。台体坍塌脱落严重,有裂缝、沟槽、孔洞。台体南侧有"之"字形坡道;南壁中部有数个挖掘成的脚窝;西壁底部南侧有洞穴,宽1,高1,进深0.5米。台体北侧有两棵杨树	自然因素主要有风雨侵蚀等;人为因素主要是挖掘洞穴、脚窝、人为踩踏等
韩家营6号烽火台	官屯堡乡韩家营村西南1.3千米的山前冲积平原上	1407米	镇边堡长城1段北0.12千米,东北距韩家营5号烽火台0.405千米	土	黄色黏土夯筑,含少量砂砾、碎石,夯层厚0.2~0.25米	矩形	梯形	台体底部东、西、南、北长12.8、12.5、12.7、12.6米,顶部东、南、西、北长8.7、7.5、8、8.8米,残高7.6米	无	无	保存一般。台体坍塌脱落严重,表面凹凸不平,有裂缝、沟槽、孔洞	自然因素主要有风雨侵蚀、植物生长等
韩家营7号烽火台	官屯堡乡韩家营村西南1.4千米的山前冲积平原上	1410米	镇边堡长城1段北0.032千米,东北距韩家营6号烽火台0.096千米	土	黄色黏土夯筑,含少量砂砾、碎石,夯层厚0.2~0.23米	矩形	梯形	台体底部东、西、南、北长13、12、13、12米,顶部东、南、西、北长9.5、9、9.2米,残高9米	无	无	保存一般。台体坍塌脱落严重,表面凹凸不平,有裂缝、沟槽、孔洞	自然因素主要有风雨侵蚀、植物生长等
韩家营8号烽火台	官屯堡乡韩家营村西南1.4千米约山前冲积平原上	1395米	镇边堡长城1段北0.084千米,东北距韩家营7号烽火台0.381千米	土	黄色黏土夯筑,含少量砂砾、碎石,夯层厚0.18~0.22米	矩形	梯形	台体底部东、西、南、北长13、11.7、13、11.8米,顶部东、南、西、北长10.8、8、10、9米,残高9.7米	无	无	保存一般。台体坍塌脱落严重,表面凹凸不平,有裂缝、沟槽、孔洞	自然因素主要有风雨侵蚀、植物生长等

续表589

名称	地点	高程	与其他遗存的位置关系	材质	建筑方式	平面形制	剖面形制	尺寸	附属设施	修缮情况	保存状况	损毁原因及存在病害
韩家营9号烽火台	营屯堡乡韩家营村西南1.6千米的山前冲积平原土坡上	1386米	镇边堡长城1段北0.106千米,东南距韩家营8号烽火台0.406千米	土	黄色黏土夯筑,含少量砂砾、碎石,夯层厚0.19~0.23米	矩形	梯形	台体底部东、南、西、北长12.8、12.8、13、12.6米,顶部东、南、西、北长9.5、9.8米、8.2米,残高11米	无	无	保存较好。台体有所坍塌脱落,表面凹凸不平,有裂缝、沟槽,孔洞。南壁底部中央有洞穴,宽1.2、高1.7,深2米	自然因素主要有风雨侵蚀,植物生长等
大营1号烽火台(彩图一四二三)	营屯堡乡大营村东南1.3千米山前冲积平原上	1378米	镇边堡长城1段北0.042千米,东距大营9号烽火台0.402千米	土	黄色黏土夯筑,含少量砂砾、碎石,夯层厚0.15~0.18米	矩形	梯形	台体底部边长18,顶部边长16,残高15米	台体周围有围墙,残存部分东北角,西北角。围墙东北角残长8米,底宽0.5、顶宽0.5,西北角残长10米,底宽0.8、顶宽0.8,残高0.8米;北墙残长24米,底宽0.8,顶宽0.5,残高1米,中部和西侧有豁口。围墙内有残存墩院基,南北探院基东西32,南北48,高2.5米。院基东侧有豁口,宽2米。台顶部残存部分南壁中部南侧有南北向短墙,长22,底宽4,顶宽1,残高7米	无	保存较好。台体有所坍塌脱落,表面凹凸不平,有裂缝、沟槽,孔洞。南壁中部有洞穴,宽0.5、高1,深1米	自然因素主要有风雨侵蚀,植物生长等;人为因素主要是挖掘洞穴等
大营2号烽火台	营屯堡乡大营村东南1.2千米山前冲积平原上	1371米	镇边堡长城1段北0.132千米,南距大营1号烽火台0.098千米	土	黄色黏土夯筑,夯层厚0.2~0.25米	矩形	梯形	台体底部东、南、西、北长12.9、13、12.8、13米,顶部东、南、西、北长10、9.5、8.5米,残高7.5米	无	无	保存一般。台体坍塌脱落严重,表面凹凸不平,有裂缝、沟槽,孔洞。台体南侧紧邻一条土路	自然因素主要有风雨侵蚀,植物生长等

续表 589

名称	地点	高程	与其他遗存的位置关系	材质	建筑方式	平面形制	剖面形制	尺寸	附属设施	修缮情况	保存状况	损毁原因及存在病害
大营3号烽火台（彩图一四二四）	官屯堡乡大营村东南0.846千米的山前冲积平原上	1361米	镇边堡长城1段北0.091千米,东距大营2号烽火台0.46千米	土	黄色黏土夯筑,含少量砂砾,夯层厚0.18~0.23米	矩形	梯形	台体底部东、南、西、北长12.7、11.7、12.8、11.8米,顶部东、南、西、北长9.2、9、8.5、8米,残高7.1米	无	无	保存一般。台体坍塌脱落严重,表面凹凸不平,有裂缝、沟槽、孔洞。台体南侧有现代墓葬	自然因素主要有风雨侵蚀、植物生长等
大营4号烽火台	官屯堡乡大营村南0.72千米的山前冲积平原上	1356米	镇边堡长城2段北0.068千米,东距大营3号烽火台0.453千米	土	黄色黏土夯筑,含少量砂砾,夯层厚0.21~0.25米	矩形	梯形	台体底部东、南、西、北长11.5、11.8、11.6米,顶部东、南、西、北长8.5、7.6、6.7、6米,残高7.2米	无	无	保存一般。台体坍塌脱落严重,表面凹凸不平,有裂缝、沟槽、孔洞,周围为耕地	自然因素主要有风雨侵蚀、植物生长等
大营5号烽火台	官屯堡乡大营村西南0.897千米的山前冲积平原上	1357米	镇边堡长城2段北0.028千米,东北距大营4号烽火台0.388千米	土	黄色黏土夯筑,夯层厚0.2~0.23米	矩形	梯形	台体底部东、南、西、北长10.7、10.8、10.8米,顶部东、南、西、北长6.7、7、7.6、7.5米,残高7米	无	台体东壁顶部曾用砖修补,衔接痕迹较为明显,应为现代后期修缮	保存一般。台体坍塌脱落严重,表面凹凸不平,有裂缝、沟槽、孔洞	自然因素主要有风雨侵蚀、植物生长等
大营6号烽火台	官屯堡乡大营村西南0.904千米的山前冲积平原上	1356米	镇边堡长城2段北0.083千米,东南距大营5号烽火台0.094千米	土	黄色黏土夯筑,含少量砂砾,夯层厚0.21~0.26米	矩形	梯形	台体底部东、南、西、北长10.7、10.4、10.米,顶部东、南、西、北长8、6.7、5.7米,残高6.3米	无	无	保存一般。台体坍塌脱落严重,表面凹凸不平,有裂缝、沟槽、孔洞	自然因素主要有风雨侵蚀、植物生长等
鸳鸯嘴1号烽火台	官屯堡乡鸳鸯嘴村东南0.78千米的山前冲积平原上	1342米	镇边堡长城3段北0.086千米,东北距大营6号烽火台0.5千米	土	黄色黏土夯筑,夯层厚0.2~0.24米	矩形	梯形	台体底部东、南、西、北长12.5、11.5、13、12米,顶部东、南、西、北长6.5、7.5、8米,残高7.3米	无	无	保存一般。台体坍塌脱落严重,表面凹凸不平,有裂缝、沟槽、孔洞	自然因素主要有风雨侵蚀、植物生长等

续表589

名称	地点	高程	与其他遗存的位置关系	材质	建筑方式	平面形制	剖面形制	尺寸	附属设施	修缮情况	保存状况	损毁原因及存在病害
鸳鸯嘴2号烽火台	官屯堡乡鸳鸯嘴村东南0.513千米的山脚下的平川地带	1341米	镇边堡长城3段北0.07千米,东北距鸳鸯嘴1号烽火台0.468千米	土	黄色黏土夯筑,含砂砾,夯层厚0.2~0.23米	矩形	梯形	台体底边东西12.8,南北长11.8米,底东、南、西、北长9.2、7.5、9、8.5米,残高7.5米	无	无	保存一般。台体坍塌脱落严重,表面凹凸不平,有裂缝、沟洞、孔洞	自然因素主要有风雨侵蚀,植物生长等
鸳鸯嘴3号烽火台	官屯堡乡鸳鸯嘴村南0.547千米的山前冲积平原上	1348米	镇边堡长城3段北0.026千米,东北距鸳鸯嘴2号烽火台0.205千米	土	黄色黏土夯筑,含少量砂砾、碎石,夯层厚0.22~0.26米	矩形	梯形	台体底部东、南、西、北长10.5.5、11、9.5米,顶部东、南、西、北长6、3、8.5米,残高7.8米	台体周围有围墙,东墙残长14,底宽1,顶宽0.5,残高0.4米;西墙残长28,底宽1,残高0.5~1.5米;北墙残长33,底宽1,顶宽0.5~1,残高1.6米。围墙内残存墩院院基,东西31,南北35,高1米	无	保存一般。台体坍塌脱落严重,表面凹凸不平,有裂缝、沟槽、孔洞	自然因素主要有风雨侵蚀,植物生长等
鸳鸯嘴4号烽火台	官屯堡乡鸳鸯嘴村南0.584千米的山脚下的平川地带	1338米	镇边堡长城3段北0.083千米,东距鸳鸯嘴3号烽火台0.278千米	土	黄色黏土夯筑,含少量砂砾、碎石,夯层厚0.24~0.26米	矩形	梯形	台体底部东、南、西、北长12.7、11.5、12.8、11.7米,顶部东西9,南北8米,残高6.7米	无	无	保存一般。台体坍塌脱落严重,表面凹凸不平,有裂缝、沟槽、孔洞	自然因素主要有风雨侵蚀,植物生长等

表590　新荣区—丰镇市交界处长城墙体北侧（内蒙古自治区一侧）烽火台一览表

名称	地点	高程	与其他遗存的位置关系	材质	建筑方式	平面形制	剖面形制	尺寸	附属设施	修缮情况	保存状况	损毁原因及存在病害
毛家营1号烽火台	官屯堡乡毛家营村东5.6千米的山体缓坡上	1334米	无墩长城北0.08千米	土	黄色黏土夯筑，含少量砂砾，夯层厚0.22~0.25米	矩形	梯形	台体底部东、南、西、北长15、12、13、11米，顶部东、南、西、北长7、6、8、7米，残高7.2米	无	无	保存一般。台体坍塌脱落严重，表面凹凸不平，有裂缝、沟槽、孔洞	自然因素主要有风雨侵蚀，植物生长等
毛家营2号烽火台	官屯堡乡毛家营村东5.5千米的平川地带	1326米	无墩长城东北0.03千米，东北距毛家营1号烽火台0.074千米	土	黄色黏土夯筑，含砂砾、碎石，夯层厚0.2~0.25米	矩形	梯形	台体底部东、南、西、北长13、12、12、13米，顶部东、南、西、北长9、7、8、10米，残高8米	台体周围有围墙，残存东、南墙，残长5，底宽0.5，顶宽0.3，残高1米。围墙内残存墩院基，东西42、南北40，高1.7米	无	保存一般。台体坍塌脱落严重，表面凹凸不平，有裂缝、沟槽、孔洞	自然因素主要有风雨侵蚀，植物生长等
毛家营3号烽火台	官屯堡乡毛家营村东5.1千米的平川地带	1319米	无墩长城北0.06千米，东距毛家营2号烽火台0.405千米	土	黄色黏土夯筑，含少量砂砾，夯层厚0.21~0.25米	矩形	梯形	台体底部东、南、西、北长13.5、14、11.5、12.5米，顶部东、南、西、北长5、6.5、8.5、9米，残高7米	无	无	保存一般。台体坍塌脱落严重，表面凹凸不平，有裂缝、沟槽、孔洞。台体壁面中央有洞穴2，宽1.7，深2米。台体南、北侧各有一小段现代夯筑矮土墙，墙内植果树	自然因素主要有风雨侵蚀，人为因素主要是挖掘洞穴等
毛家营4号烽火台	官屯堡乡毛家营村东4.9千米的平川地带	1320米	无墩长城北0.034千米，东北距毛家营3号烽火台0.264千米	土	黄色黏土夯筑，夯层厚0.22~0.25米	矩形	梯形	台体底部东、南、西、北长13、6.5、12、12.5米，顶部东、南、西、北长8.5、8、8.5、3米，残高6.7米。	无	无	保存一般。台体坍塌脱落严重，表面凹凸不平，有裂缝、沟槽、孔洞	自然因素主要有风雨侵蚀，植物生长等
毛家营5号烽火台	官屯堡乡毛家营村东4.7千米的平川地带	1271米	无墩长城北0.063千米，距毛家营4号烽火台0.221千米	土	黄色黏土夯筑，含砂砾、碎石，夯层厚0.2~0.27米	矩形	梯形	台体底部东、南、西、北长13、12、11.9米，顶部东、南、西、北长8、4.7、4、3.6米，残高5米	无	无	保存一般。台体坍塌脱落严重，表面凹凸不平，有裂缝、沟槽、孔洞。台体东壁底部有洞穴，南壁底部东侧有洞穴	自然因素主要有风雨侵蚀，人为因素主要是挖洞穴等

续表590

名称	地点	高程	与其他遗存的位置关系	材质	建筑方式	平面形制	剖面形制	尺寸	附属设施	修缮情况	保存状况	损毁原因及存在病害
毛家营6号烽火台	官屯堡乡毛家营村东4.1千米东平川地带	1308米	元墩长城北0.052千米,东北距毛家营5号烽火台0.632千米	土	黄色黏土夯筑,含少量砂砾,夯层厚0.21~0.26米	矩形	梯形	台体底部东、南、西、北长14、14、13.3、13.5米,顶部东、南、西、北长10、9、9、10.3米,残高6.8米	无	无	保存一般。台体坍塌脱落严重,表面凹凸不平,有裂缝,沟槽,孔洞	自然因素主要有风雨侵蚀,植物生长等
毛家营7号烽火台	官屯堡乡毛家营村东3.5千米	1302米	三墩长城1段北0.043千米,东距毛家营6号烽火台0.553千米	土	黄色黏土夯筑,含少量砂砾,碎石,夯层厚0.2~0.26米	矩形	梯形	台体底部东、南、西、北长13、12、13、12.5米,顶部东、南、西、北长7.6、5.7、9、8.4米,残高6.7米	无	无	保存一般。台体坍塌脱落严重,表面凹凸不平,有裂缝,沟槽,孔洞。紧贴台体南壁底部有现代砖砌墓葬	自然因素主要有风雨侵蚀等;人为因素主要是修建或墓破坏台体等
毛家营8号烽火台	官屯堡乡毛家营村东南3千米	1289米	三墩长城1段北0.057千米,东北与毛家营7号烽火台相距0.597千米	土	黄色黏土夯筑,含少量砂砾,夯层厚0.2~0.26米	矩形	梯形	台体底部东、南、西、北长12、11、10、11米,顶部东、南、西、北长7、7.5、6.5、8米,残高6.5米	无	无	保存一般。台体坍塌脱落严重,表面凹凸不平,有裂缝,沟槽,孔洞。台体南壁底部东、西侧各有一个洞穴,洞穴2.1,高1.2~1.5,进深3~4米	自然因素主要有风雨侵蚀,植物生长等;因素主要是掘洞穴等
毛家营9号烽火台	官屯堡乡毛家营村东南2.6千米平川地带	1279米	三墩长城1段北0.036千米,东北距毛家营8号烽火台0.512千米	土	黄色黏土夯筑,含少量砂砾,夯层厚0.2~0.26米	矩形	梯形	台体底部东、南、西、北长9、10、11、9米,顶部东、南、西、北长5.5、3.5、4.7、6.8米,残高6.4米	无	无	保存一般。台体坍塌脱落严重,表面凹凸不平,有裂缝,沟槽,孔洞。台体南壁底部东侧有洞穴1.5,宽1.5,进深2.3米;北壁底部中央有洞穴,宽1.5,高1,进深2米	自然因素主要有风雨侵蚀等;人为因素主要是掘洞穴等
毛家营10号烽火台	官屯堡乡毛家营村东南2.5千米平川地带	1278米	三墩长城0.065千米,东距毛家营9号烽火台0.093千米	土	黄色黏土夯筑,含少量砂砾,夯层厚0.23~0.25米	矩形	梯形	台体底部东、南、西、北长9、8.7、7.7、8.8米,顶部东、南、西、北长6.5、5.8、3、4.7米	无	无	保存一般。台体坍塌脱落严重,表面凹凸不平,有裂缝,沟槽,孔洞。台体南壁底部中央有洞穴,宽1.5,高1.2,进深4米;西壁底部有洞穴,宽1,高0.5,进深3米	自然因素主要有风雨侵蚀,植物生长等;人为因素主要是掘洞穴等

续表590

名称	地点	高程	与其他遗存的位置关系	材质	建筑方式	平面形制	剖面形制	尺寸	附属设施	修缮情况	保存状况	损毁原因及存在病害
毛家营11号烽火台	官屯堡乡毛家营村东南2.1千米的平川地带	1271米	三墩长城2段北0.043千米,东北距毛家营10号烽火台0.431千米	土	黄色黏土夯筑,夯层厚度不详	矩形	梯形	台体底部东、南、西、北长11、10、12、11米,残高4.7米	台体内设置狼烟洞,洞口在南壁底部中央	无	保存较差。台体坍塌脱落严重,表面凹凸不平,有裂缝、沟槽、孔洞。台体东侧有现代全筑矮土墙	自然因素主要有风雨侵蚀、植物生长等
毛家营12号烽火台	官屯堡乡毛家营村东南1.7千米的平川地带	1259米	三墩长城2段北0.032千米,东北距毛家营11号烽火台0.512千米	土	黄色黏土夯筑,含少量砂砾,夯层厚0.2~0.25米	矩形	梯形	台体底部东、南、西、北长10、12、11、11米,顶部东、南、西、北长7、9、7.5、8.8米,残高7.7米	台体周围原有围墙,现已无存。围墙内残存墩院基,东西30、南北35,高2.5米	无	保存一般。台体坍塌脱落严重,表面凹凸不平,有裂缝、沟槽、孔洞。南壁北侧有1条纵向沟槽,宽1.5、深1米	自然因素主要有风雨侵蚀、植物生长等
毛家营13号烽火台(彩图一四二五)	官屯堡乡毛家营村东南1.6千米的自然土台上	1258米	三墩长城2段北0.054千米,东南距毛家营12号烽火台0.072千米	土	黄色黏土夯筑,夯层厚0.2~0.26米	矩形	梯形	台体底部东、南、西、北长12、11、11、11米,顶部东、南、西、北长8、7.5、8.5、7.6米,残高6.7米	无	无	保存一般。台体坍塌脱落严重,表面凹凸不平,有裂缝、沟槽、孔洞。南壁底部有洞穴,宽2,台体底部西侧有洞穴,宽2.5、深2米	自然因素主要有风雨侵蚀、植物生长等;人为因素主要是挖掘洞穴、人为踩踏等
毛家营14号烽火台	官屯堡乡毛家营村东南1.3千米的土坡上	1253米	三墩长城2段北0.071千米,东南距毛家营13号烽火台0.503千米	土	黄色黏土夯筑,含少量砂砾,夯层厚0.25~0.27米	矩形	梯形	台体底部东、南、西、北长10、10、9、10米,顶部东、南、西、北长7、7、6.7、7米,残高6.1米	无	无	保存一般。台体坍塌脱落严重,表面凹凸不平,有裂缝、沟槽、孔洞	自然因素主要有风雨侵蚀、植物生长等
毛家营15号烽火台	官屯堡乡毛家营村东南1.1千米	1251米	三墩长城2段北0.09千米,东距毛家营14号烽火台0.518千米	土	黄色黏土夯筑,夯层厚0.23~0.26米	矩形	梯形	台体底部东西12、南北11米,顶部东、南、西、北长2.2、2.3、2、2,残高6.7米	无	无	保存一般。台体坍塌脱落严重,表面凹凸不平,有裂缝、沟槽、孔洞。台体西壁底部西侧有洞穴,宽2.5、高1、深3米	自然因素主要有风雨侵蚀、植物生长等;人为因素主要是挖掘洞穴、人为踩踏等
毛家营16号烽火台	官屯堡乡毛家营村东南1.2千米	1243米	三墩长城2段北0.024千米,北距毛家营15号烽火台0.07千米	土	黄色黏土夯筑,夯层厚0.18~0.2米	矩形	梯形	台体底部东、南、西、北长11、9、10、8,残高6.5米	台体周围原有围墙,现已无存。围墙内残存墩院基,东西32、南北27,高1.2米	无	保存一般。台体坍塌脱落严重,表面凹凸不平,有裂缝、沟槽、孔洞。台体西壁高0.6、宽0.6,高0.5、深0.5米,台体北侧有土路	自然因素主要有风雨侵蚀、植物生长等;人为因素主要是挖掘洞穴等

续表590

名称	地点	高程	与其他遗存的位置关系	材质	建筑方式	平面形制	剖面形制	尺寸	附属设施	修缮情况	保存状况	损毁原因及存在病害
十五坡1号烽火台	官屯堡乡十五坡村东南1.6千米	1250米	镇川口长城1段北0.12千米,东南距毛家营16号烽火台0.562千米	土	黄色黏土夯筑,夯层厚0.22~0.25米	矩形	梯形	台体底部东、南、西、北长12、11、11、11米,顶部东、南、西、北长5、8、8、7米,残高4.2米	无	无	保存较差。台体坍塌脱落严重,表面凹凸不平。台体南壁底部有沟槽、孔洞,宽2.5,高1深2米及东侧有圆洞,深1米;中部现代基葬,用石块封口;顶部有2座现代墓,北壁有"之"字形坡道,可登顶	自然因素主要有风雨侵蚀、植物生长等;人为因素主要是挖掘洞穴、修建坟墓踩踏,坏台体等
十五坡2号烽火台	官屯堡乡十五坡村东南1.2千米	1245米	镇川口长城1段北0.048千米,东北距十五坡1号烽火台0.5千米	土	黄色黏土夯筑,含少量砂砾,夯层厚0.18~0.23米	矩形	梯形	台体底部东、南、西、北长11、12、11、13米,顶部东、南、西、北长8、9、7、6米,残高6.3米	台体周围原有围墙,现无存。围墙内残存墩院痕迹,残基南部长25,高1.7米	无	保存一般。台体坍塌脱落严重,表面凹凸不平。台体南壁底部有两孔洞穴,宽2,高1,深2米;北壁有"之"字形坡道,可登顶	自然因素主要有风雨侵蚀、植物生长等;人为因素主要是挖掘洞穴、踩踏等
十五坡3号烽火台	官屯堡乡十五坡村东南1.1千米	1258米	镇川口长城1段北0.03千米,东北距十五坡2号烽火台0.224千米	土	黄色黏土夯筑,含少量砂砾,夯层厚0.2~0.25米	矩形	梯形	台体底部东、南、西、北长12、13、13、14米,残高10米	台体周围有围墙,东墙残长48米,底宽1,残高2米;南墙残长44,底宽1.8,顶宽0.7,残高0.5米;西墙残长50,底宽2,顶宽1,残高2米;北墙无存。东墙中部设门,现为豁口,宽2米。围院内残存基,墩院基东西56,南北52,高0.5米	无	保存较好。台体坍塌脱落严重,表面凹凸不平。台体北壁修有坡道,可登顶	自然因素主要有风雨侵蚀、植物生长等;人为因素主要是人为踩踏,取土挖损等

续表590

名称	地点	高程	与其他遗存的位置关系	材质	建筑方式	平面形制	剖面形制	尺寸	附属设施	修缮情况	保存状况	损毁原因及存在病害
十五坡4号烽火台	官屯堡乡十五坡村南0.941千米的土台上	1253米	镇川口长城1段北0.049千米，东北距五坡3号烽火台0.595千米	土	黄色黏土夯筑，含少量砂砾，夯层厚0.2~0.22米	矩形	梯形	台体底部边长12米，顶部东、南、西、北长9、9、8、7米，残高7米	无	无	保存一般。台体坍塌脱落严重，表面凹凸不平，有裂缝，沟槽，孔洞。台体北壁有洞穴，宽2.5，高2，进深3米，洞内有土炕，有居住痕迹	自然因素主要有风雨侵蚀，植物生长等；人为因素主要是挖洞穴等
十五坡5号烽火台（彩图一四二六）	官屯堡乡十五坡村西南1千米	1251米	镇川口长城2段北0.02千米，东北距五坡4号烽火台0.283千米	土	黄色黏土夯筑，夯层厚0.23~0.27米。	圆形	梯形	台体底径12，顶径8，残高9.7米	无	无	保存较好。台体有所坍塌脱落，表面凹凸不平，有裂缝，沟槽，孔洞	自然因素主要有风雨侵蚀，植物生长等
十五坡6号烽火台	官屯堡乡十五坡村西南1.1千米	1264米	镇川口长城2段北0.054米，东距十五坡5号烽火台0.204千米	土	黄色黏土夯筑，含少量砂砾，碎石，夯层厚0.2~0.25米	矩形	梯形	台体底部东、南、西、北长13、13、14、16米，顶部东、南、西、北长9、8、10、9米，残高6.7米	无	无	保存一般。台体坍塌脱落严重，有裂缝，沟槽，孔洞，台体南壁中部有一条纵向沟槽，宽2，深0.3米	自然因素主要有风雨侵蚀，植物生长等
十五坡7号烽火台（彩图一四二七）	官屯堡乡十五坡村西南1.2千米的平川地带	1259米	镇川口长城2段北0.022千米，东北距十五坡6号烽火台0.086千米	土	黄色黏土夯筑，含少量砂砾，碎石，夯层厚0.2~0.25米	矩形	梯形	台体底部东、南、西、北长12、13、11、12米，顶部东、南、西、北长8、9、7、8米，残高7.5米	台体周围有围墙，东墙残长36，底宽0.7，顶宽0.5米；西墙残长15，底宽0.5，顶宽0.2米，北墙残长30，底宽，顶宽1.5米，残高0.5米。围墙内残存坞院院址，东西38，南北32，高1米	无	保存一般。台体坍塌脱落严重，表面凹凸不平，有裂缝，沟槽，孔洞。院基东侧底部遭取土挖损	自然因素主要有风雨侵蚀，植物生长等；人为因素主要是取土挖损等
十五坡8号烽火台	官屯堡乡十五坡村西南1.5千米的山坡上	1263米	镇川口长城2段北0.052千米，东北距五坡7号烽火台0.5千米	土	黄色黏土夯筑，含少量砂砾，夯层厚0.2~0.23米	矩形	梯形	台体底部东、南、西、北长11、13、13、12米，顶部东、南、西、北长9、8、10、9米，残高7.1米	无	无	保存一般。台体坍塌脱落严重，表面凹凸不平，有裂缝，沟槽，孔洞，台体东北壁邻深沟，遭洪水冲刷	自然因素主要有风雨侵蚀，植物生长，洪水冲刷等

续表 590

名称	地点	高程	与其他遗存的位置关系	材质	建筑方式	平面形制	剖面形制	尺寸	附属设施	修缮情况	保存状况	损毁原因及存在病害
十五坡 9 号烽火台	官屯堡乡十五坡村西南 1.9 千米的山坡上	1273 米	镇川口口长城 2 段北 0.036 米，东北距十五坡 8 号烽火台 0.434 千米	土	黄色黏土夯筑，夯层厚 0.2~0.26 米	矩形	梯形	台体底部边长 14 米，顶部东、南、西、北长 9、8、11、11 米，残高 6.8 米	台体周围有围墙，东墙残长 28，底宽 2，顶宽 0.3，残高 0.7 米；西墙残长 28，底宽 1，顶宽 0.5，残高 1.7 米；北墙残长 32，底宽 2，顶宽 2，残高 1 米。围墙内残存 1 墩院院基，东西 32，南北 28，高 1.7 米	无	保存一般。台体坍塌脱落严重，有裂缝、沟槽、孔洞	自然因素主要有风雨侵蚀、植物生长等
十五坡 10 号烽火台	官屯堡乡十五坡村西南 2.4 千米	1377 米	西寺长城 1 段北 0.12 千米，东南距十五坡 9 号烽火台 0.83 千米	土	黄色黏土夯筑，夯层厚 0.2~0.26 米	矩形	梯形	台体底部边长 14 米，顶部东、南、西、北长 9、8、11、11 米，残高 6.8 米	无	无	保存一般。台体坍塌脱落严重，有裂缝、沟槽、孔洞	自然因素主要有风雨侵蚀、植物生长等
十五坡 11 号烽火台（彩图一四二八）	官屯堡乡十五坡村西南 3 千米	1460 米	西寺长城 1 段东北 0.1 千米，东北距十五坡 10 号烽火台 0.73 千米	土	黄色黏土夯筑，含少量砂砾、碎石，夯层厚 0.23~0.25 米	矩形	梯形	台体底部东、西、南、北长 9、8、8、9 米，残高 6.5 米	无	无	保存一般。台体坍塌脱落严重，表面凹凸不平，有裂缝、沟槽、孔洞	自然因素主要有风雨侵蚀、植物生长等
十五坡 12 号烽火台	官屯堡乡十五坡村西南 3.5 千米的山坡上	1423 米	西寺长城 2 段北 0.035 千米，东南距十五坡 11 号烽火台 0.62 千米	土	黄色黏土夯筑，含少量砂砾、碎石，夯层厚 0.23~0.28 米	矩形	梯形	台体底部东、南、西、北长 11、11、11、12 米，顶部东、南、西、北长 7、8、6、9 米，残高 7.5 米	台体周围原有围墙，现无存。围墙内残存 1 墩院院基，东西 37，南北 35，高 4 米	无	保存一般。台体坍塌脱落严重，表面凹凸不平，有裂缝、沟槽、孔洞	自然因素主要有风雨侵蚀、植物生长等
十五坡 13 号烽火台	官屯堡乡十五坡村西南 3.9 千米的山顶上	1406 米	西寺长城 2 段北 0.04 千米，东北距十五坡 12 号烽火台 0.44 千米	土	黄色黏土夯筑，含少量砂砾，夯层厚 0.22~0.26 米	矩形	梯形	台体底部东、南、西、北长 12、11、12、11.6 米，顶部东、南、西、北长 8.8、7、8.5、7.6 米，残高 7.2 米	无	无	保存一般。台体坍塌脱落严重，表面凹凸不平，有裂缝、沟槽、孔洞	自然因素主要有风雨侵蚀、植物生长等

续表 590

名称	地点	高程	与其他遗存的位置关系	材质	建筑方式	平面形制	剖面形制	尺寸	附属设施	修缮情况	保存状况	损毁原因及存在病害
十五坡14号烽火台	官屯堡乡十五坡村西南4.3千米的山顶上	1397米	西寺长城3段北0.1千米，东南距十五号烽火台0.51千米	土	黄色黏土夯筑，夯层厚0.23~0.26米	矩形	梯形	台体底部东、南、西、北长11、12、11.6、12米，顶部东、西、北长7、8、7.7、9米，残高7.1米	无	无	保存一般。台体坍塌脱落严重，表面凹凸不平，有裂缝，沟槽，孔洞。台体南壁底部有洞穴	自然因素主要有风雨侵蚀、植物生长等；人为因素主要是挖掘洞穴等
十五坡15号烽火台	官屯堡乡十五坡村西南4.6千米的山顶上	1393米	西寺长城3段北0.05千米，东北距十五号烽火台14号0.318千米	土	黄色黏土夯筑，夯层厚0.25~0.3米	矩形	梯形	台体底部东、南、西、北长10.9、8.9米，顶部东、南、西、北长7、6.4、2米，残高6.5米	无	无	保存一般。台体坍塌脱落严重，表面凹凸不平，有裂缝，沟槽，孔洞	自然因素主要有风雨侵蚀、植物生长等
十五坡16号烽火台	官屯堡乡十五坡村西南4.8千米的山顶上	1388米	西寺长城3段北0.063千米，东南距十五号烽火台15号0.199千米	土	黄色黏土夯筑，含少量砂砾，夯层厚0.25~0.3米	矩形	梯形	台体底部东、南、西、北长7、6、7、8米，残高3米	无	无	保存较差。台体坍塌脱落严重，表面凹凸不平，有裂缝，沟槽，孔洞	自然因素主要有风雨侵蚀、植物生长等
石窑1号烽火台	官屯堡乡石窑村东南1.7千米的山顶上	1265米	西寺长城4段北0.13千米，东北距十五号烽火台16号0.73千米	土	褐色黏土夯筑，含少量砂砾、碎石，夯砾厚0.25~0.3米	矩形	梯形	台体底部东、南、西、北长9、7、6、8米，残高2.5米	无	无	保存较差。台体坍塌脱落严重，表面凹凸不平，有裂缝，沟槽，孔洞	自然因素主要有风雨侵蚀、植物生长等
石窑2号烽火台（彩图一四二九）	官屯堡乡石窑村东南1.2千米的山顶上	1189米	宏赐堡长城东0.088千米，东距石窑1号烽火台0.536千米	土	黄褐色黏土夯筑，含少量砂砾、碎石，夯层厚0.18~0.23米	矩形	梯形	台体底部东、南、西、北长13、12、11、12米，顶部东、南、西、北长5、8、8.2米，残高5.2米	无	无	保存一般。台体坍塌脱落严重，表面凹凸不平，有裂缝，沟槽，孔洞，台体西南侧有洞穴，北壁坍塌积土遭脱土挖损	自然因素主要有风雨侵蚀、植物生长等；人为因素主要是挖掘洞穴、取土挖损等
石窑3号烽火台	官屯堡乡石窑村东南0.872千米的山坡上	1044米	宏赐堡长城东0.065千米，东南距石窑2号烽火台0.368千米	土	黄褐色黏土，含少量砂砾、碎石，夯层厚0.25~0.3米	矩形	梯形	台体底部东、南、西、北长11、12、12、12米，顶部东、南、西、北长7.4、8、8.8、9米，残高6.3米	无	无	保存一般。台体坍塌脱落严重，表面凹凸不平，有裂缝，沟槽，孔洞	自然因素主要有风雨侵蚀、植物生长等

续表 590

名称	地点	高程	与其他遗存的位置关系	材质	建筑方式	平面形制	剖面形制	尺寸	附属设施	修缮情况	保存状况	损毁原因及存在病害
石窑4号烽火台	官屯堡乡石窑村东南0.46千米的山坡上	1190米	宏赐堡长城北0.1千米，东距石窑3号烽火台0.46千米	土	黄、褐色黏土夯筑，含砂砾、碎石料礓石，夯层厚0.25~0.3米	矩形	梯形	台体底部东、南、西、北长11、11、11、12米，顶部东、南、西、北长8、7、6.4米，残高7.4米	无	无	保存一般。台体坍塌脱落严重，表面凹凸不平，有裂缝，沟槽，孔洞。东壁底部中央有洞穴，洞口宽4米，进深3米及上部外侧用砖块砌筑，曾用作烽台；南壁中部有纵向沟槽，宽2，深0.5米。台体位于石墨厂区内	自然因素主要有风雨侵蚀，人为因素主要是挖掘洞穴等
石窑5号烽火台	官屯堡乡石窑村南0.288千米	1177米	宏赐堡大边长城1段东北0.078千米，东距石窑4号烽火台0.297千米	土	黄、褐色黏土夯筑，含砂砾，夯层厚0.25~0.3米	矩形	梯形	台体底部东、南、西、北长12、10、11、11，残高6米	无	无	保存一般。台体坍塌脱落严重，表面凹凸不平，有裂缝，沟槽，孔洞	自然因素主要有风雨侵蚀，植物生长等
石窑6号烽火台	官屯堡乡石窑村西0.196千米	1162米	宏赐堡大边长城1段东北0.064千米，东南距石窑5号烽火台0.4千米	土	黄色黏土夯筑，夯层厚度不详	矩形	梯形	台体底部东、南、西、北长11、12、10、11，残高2.7米	无	无	保存较及。台体坍塌脱落严重，表面凹凸不平，有裂缝，沟槽，孔洞	自然因素主要有风雨侵蚀，植物生长等
十九沟烽火台	官屯堡乡十九沟村南1.9千米的山坡上	1189米	宏赐堡大边长城2段东0.16千米，东南距石窑6号烽火台1.8千米	土	黄色黏土夯筑，夯层厚度不详	矩形	梯形	台体长7，宽1.3，残高1米	无	无	保存较差。台体坍塌脱落严重，表面凹凸不平，有裂缝，沟槽，孔洞	自然因素主要有风雨侵蚀，植物生长等
二十四坡1号烽火台	官屯堡乡二十四坡村西北4.2千米的山顶上	1328米	镇羌堡大边长城2段东0.6千米，东南距十九沟烽火台8.3千米	土	黄色黏土夯筑，含少量砂砾，夯层厚0.2~0.24米	矩形	梯形	台体底部东、南、西、北长8、7、9.8米，顶部东、南、西、北长4.5、6.5、4米，残高3.7米	无	无	保存较差。台体坍塌脱落严重，表面凹凸不平，有裂缝，沟槽，孔洞	自然因素主要有风雨侵蚀，植物生长等

续表 590

名称	地点	高程	与其他遗存的位置关系	材质	建筑方式	平面形制	剖面形制	尺寸	附属设施	修缮情况	保存状况	损毁原因及存在病害
二十四坡2号烽火台	官屯堡乡二十四坡村西北5.4千米的山坡上	1194米	镇羌堡大边2段东0.2千米，东南距二十四坡1号烽火台1.3千米	土	黄、褐色黏土夯筑，含砂砾、碎石，夯层厚0.2～0.25米	矩形	梯形	台体底部东、南、西、北长6、7、6、7，残高3.4米	无	无	保存较差。台体坍塌脱落严重，表面凹凸不平，有裂缝，沟槽，孔洞	自然因素主要有风雨侵蚀，植物生长等
二十四坡3号烽火台（彩图一四三〇）	官屯堡乡二十四坡村西北5.5千米的土台上	1203米	镇羌堡大边2段东0.3千米，西南距二十四坡2号烽火台0.156千米	土	黄、褐色黏土夯筑，含少量砂砾、碎石、疆石，夯层厚0.12～0.22米	圆形	梯形	台体径7，顶径2，残高7.2米	无	无	保存一般。台体坍塌脱落严重，表面凹凸不平，有裂缝，沟槽，孔洞	自然因素主要有风雨侵蚀，植物生长等
小黄沟烽火台	新城湾乡小黄沟村南0.865千米的山顶上	1252米	镇羌堡大边3段西北0.4千米处，东北距二十号烽火台1.3千米	土	褐色黏土夯筑，含砂砾、碎石，夯层厚0.18～0.23米	矩形	梯形	台体底部东、南、西、北长8、7、8、9，残高6.8米	无	无	保存一般。台体坍塌脱落严重，表面凹凸不平，有裂缝，沟槽，孔洞。台体北壁有坡道，可登顶	自然因素主要有风雨侵蚀，植物生长等；人为因素主要是人为踩踏等
四台沟烽火台	新城湾乡四台沟村北0.49千米的山顶上	1278米	得胜堡大边2段北0.589米，东北距小黄沟烽火台1.6千米	土	黄色黏土夯筑，含少量砂砾、碎石，夯层厚0.2～0.25米	矩形	梯形	台体底部东、南、西、北长9、10、2、11，残高4.9米	无	无	保存一般。台体坍塌脱落严重，表面凹凸不平，有裂缝，沟槽，孔洞	自然因素主要有风雨侵蚀，植物生长等
砖楼沟烽火台（彩图一四三一）	新城湾乡砖楼沟村西南0.58千米的山坡上	1243米	拒墙堡大边2段北0.031千米，东北距四台沟烽火台9.7千米	土	黄、褐色黏土夯筑，含少量砂砾、碎石，夯层厚0.18～0.26米	矩形	梯形	台体底部东、南、西、北长17、18、18、17米，顶部东、南、西、北长8、13、12、6.3米，残高8米	台体周围有围墙，南墙残长48，底宽3.3，顶宽1～3，残高1～3。西墙残长50，底宽3，顶宽0.5，残高1～3。院墙残西北侧有豁口，宽3米。围墙内残存墩院基，东西60，南北58，高2.2米	无	保存一般。台体坍塌脱落严重，表面凹凸不平，有裂缝，沟槽，孔洞。院基内现为耕地	自然因素主要有风雨侵蚀，植物生长等

续表 590

名称	地点	高程	与其他遗存的位置关系	材质	建筑方式	平面形制	剖面形制	尺寸	附属设施	修缮情况	保存状况	损毁原因及存在病害
十一湾烽火台	宝庄乡十一湾村西南1.8千米	1303 米	拒墙堡大边长城4段北0.126千米,东北距砖楼沟烽火台4.6千米	土	黄色黏土夯筑,含少量砂砾、碎石,夯层厚0.2~0.24米	圆形	梯形	台体底径10,残高7.6米	台体周围原有围墙,现无存。围墙内残存墩院基,边长34,高2.2米	从台体坍塌处裸露的内部结构来看,此台体内外质材料、夯量,夯筑,夯层厚度均有差异,内外衔接痕迹较明显,有修缮的痕迹,应为明代后期修缮过	保存一般。台体坍塌脱落严重,表面凹凸不平,有裂缝、沟槽、孔洞	自然因素主要有风雨侵蚀,植物生长等

表591　新荣区—凉城县交界处长城墙体北侧（内蒙古自治区一侧）烽火台一览表

名称	地点	高程	与其他遗存的位置关系	材质	建筑方式	平面形制	剖面形制	尺寸	附属设施	修缮情况	保存状况	损毁原因及存在病害
十九沟1号烽火台	天春乡十九沟村东南2.1千米的土丘上	1351米	拒门堡大边长城1段北0.057千米,东北距十一湾烽火台6.6千米	土	黄色黏土夯筑,夯层厚0.14米	矩形	梯形	台体底部最长28,残高6米	台体周围有围墙,存少部,底宽2,顶宽0.3,残高0.5米。围墙内残存院基,边长50,高3.5~4.7米。围墙周围有人工壕沟。台体附近散落有残砖碎瓦,可能是台体包砖或顶部建筑的遗留	无	保存一般。台体坍塌严重,有裂缝、沟槽、表面凹凸不平、孔洞	自然因素主要有风雨侵蚀、植物生长等
十九沟2号烽火台	天春乡十九沟村东南2千米的土坡上	1315米	拒门堡大边长城2段北0.04千米,东北距十九沟1号烽火台1.5千米	土	黄色黏土夯筑,含少量砂砾,夯层厚0.14~0.17米	矩形	梯形	台体底部最长15,残高5米	台体周围有围墙,残存东北、西南角。围墙内残存院基,边长30,高1米	无	保存一般。台体坍塌严重,有裂缝、沟槽、表面凹凸不平、孔洞	自然因素主要有风雨侵蚀、植物生长等
马头山1号烽火台（彩图四三二）	天春乡曹碾村东南1.7千米的山坡上	1426米	凉城县马头山长城南0.03千米,东北距马头山2号烽火台7.7千米	土	黄色黏土夯筑,夯层厚0.22~0.28米	矩形	梯形	台体底部边长8,残高2.5米	台体周围原有围墙,现无存。围墙内仍残存墩院基,边长34,高0.5米。台体附近散落有明代砖	无	保存较差。台体坍塌严重,有裂缝、沟槽、表面凹凸不平、孔洞	自然因素主要有风雨侵蚀、植物生长等
马头山2号烽火台	天春乡曹碾村东南0.835千米山坡上	1556米	凉城县马头山长城南0.06千米,东北距马头山1号烽火台1.2千米	土	黄色黏土夯筑,含少量砂砾,夯层厚0.14~0.17米	矩形	梯形	台体底部东、南、西、北长7,8,5,6,残高5米	台体周围散落有石块	无	保存一般。台体坍塌严重,有裂缝、沟槽、表面凹凸不平、孔洞	自然因素主要有风雨侵蚀、植物生长等
马头山3号烽火台	天春乡曹碾村西南0.874千米山坡上	1675米	凉城县马头山长城南0.025千米,东距马头山2号烽火台1.2千米	石	外部石块垒筑,内部为夯土台体,黄黏土夯筑,含少量砂砾、碎石,夯层厚0.17米	矩形	梯形	台体底部东、南、西、北长6.7,7,5,残高5.2米	台体周围有围墙,石块垒筑而成。围墙内残存墩院基,边长30,高0.5米。台体顶部散落有石块	无	保存一般。台体坍塌严重,有裂缝、沟槽、表面凹凸不平、孔洞	自然因素主要有风雨侵蚀、植物生长等
十九坪烽火台	天春乡十九坪村北1.9千米的山顶上	1448米	助马堡大边长城1段西0.334千米,北距马头山1号烽火台1.8千米	土	黄色黏土夯筑,含少量砂砾、碎石,夯层厚0.17米	矩形	梯形	台体底部东、南、西、北长6.2,7,5.5,6.5,残高4米	台体周围有围墙,底宽0.5,顶宽0.2,残高0.1~0.3米。围墙内残存墩院基,边长30,高1.2米	无	保存较差。台体坍塌严重,有裂缝、沟槽、表面凹凸不平、孔洞	自然因素主要有风雨侵蚀、植物生长等

表592　左云县—凉城县交界处长城墙体北侧（内蒙古自治区一侧）烽火台一览表

名称	地点	高程	与其他遗存的位置关系	材质	建筑方式	平面形制	剖面形制	尺寸	附属设施	修缮情况	保存状况	损毁原因及存在病害
水口烽火台（彩图—四三）	曹碾乡水口村西1.5千米的山坡上	1410米	保安堡大边长城2段西1.32千米，东北距十九坪烽火台8.7千米	土	黄色黏土夯筑，夯层厚0.16~0.18米	矩形	梯形	台体底部东、南、西、北长12、13、3、13米，顶部东、南、西、北长9、11、2、10米，残高2.2米	无	无	保存较差。台体坍塌脱落严重，表面凹凸不平，有裂缝、沟槽、孔洞	自然因素主要有风雨侵蚀，植物生长等
袁方1号烽火台	曹碾乡袁方村东南1.8千米的山坡上	1349米	徐达窑长城1段北0.07千米，东北距水口烽火台4千米	土	黄色黏土夯筑	矩形	梯形	台体底部东、南、西、北长10、6、9、8、残高3.4米	无	无	保存较差。台体坍塌脱落严重，表面凹凸不平，有裂缝、沟槽、孔洞。台体东北壁紧邻河沟，遭洪水冲刷严重	自然因素主要有风雨侵蚀，植物生长、洪水冲刷等
袁方2号烽火台	曹碾乡袁方村南1.5千米的山坡上	1361米	徐达窑长城1段北0.065千米，东北距方1号烽火台0.443千米	土	黄色黏土夯筑，含少量砂砾，夯层厚0.25~0.28米	矩形	梯形	台体底部东、南、西、北长11、10、10、11，顶部东、南、西、北长5、3、6、4米，残高7.1米	无	无	保存一般。台体坍塌脱落严重，表面凹凸不平，有裂缝、沟槽、孔洞	自然因素主要有风雨侵蚀，植物生长等
袁方3号烽火台	曹碾乡袁方村西南1.3千米	1379米	徐达窑长城1段北0.092千米，东北距方2号烽火台1千米	土	黄色黏土夯筑，夯层厚度不详	矩形	梯形	台体底部东、南、西、北长9、8、8、9、残高2.5米	无	无	保存较差。台体坍塌脱落严重，表面凹凸不平，有裂缝、沟槽、孔洞	自然因素主要有风雨侵蚀，植物生长等
六台洼1号烽火台	曹碾乡六台洼村东南0.874千米	1388米	徐达窑长城2段北0.09千米，东北距袁方3号烽火台0.339千米	土	黄色黏土夯筑，含少量砂砾，夯层厚度不详	矩形	梯形	台体底部东、南、西、北长10、9、9、9、残高3.5米	无	无	保存较差。台体坍塌脱落，表面凹凸不平，有裂缝、沟槽、孔洞	自然因素主要有风雨侵蚀，植物生长等
六台洼2号烽火台	曹碾乡六台洼村东南0.536千米	1389米	徐达窑长城2段北0.07千米，东北距六台洼1号烽火台0.466千米	土	黄色黏土夯筑，含少量砂砾、碎石，夯层厚度不详	矩形	梯形	台体底部东、南、西、北长10、9、9、10、残高3.7米	无	无	保存较差。台体坍塌脱落，表面凹凸不平，有裂缝、沟槽、孔洞	自然因素主要有风雨侵蚀，植物生长等
六台洼3号烽火台	曹碾乡六台洼村南0.474千米	1391米	徐达窑长城2段北0.072千米，东北距六台洼2号烽火台0.426千米	土	黄色黏土夯筑，夯层厚度不详	矩形	梯形	台体底部东、南、西10、北11、残高3.2米	无	无	保存较差。台体坍塌脱落，表面凹凸不平，有裂缝、沟槽、孔洞	自然因素主要有风雨侵蚀，植物生长等
六台洼4号烽火台（彩图—四三四）	曹碾乡六台洼村西南0.819千米的山坡上	1380米	徐达窑长城2段北0.091千米，东北距六台洼3号烽火台0.531千米	土	黄色黏土夯筑，含少量砂砾，夯层厚0.2~0.23米	矩形	梯形	台体底部东、南、西残长9、8、8、9、残高6.2米	无	无	保存一般。台体坍塌脱落，表面凹凸不平，有裂缝、沟槽、孔洞。台体南壁底部正中有洞穴	自然因素主要有风雨侵蚀，植物生长等；人为因素主要是挖掘洞穴等

续表592

名称	地点	高程	与其他遗存的位置关系	材质	建筑方式	平面形制	剖面形制	尺寸	附属设施	修缮情况	保存状况	损毁原因及存在病害
二道沟1号烽火台	曹碾乡二道沟村东1.1千米的山坡上	1372米	威鲁堡长城1段北0.096米,东北距六号台注4号烽火台0.571千米	土	黄色黏土夯筑,夯层厚0.25~0.28米	矩形	梯形	台体底部东、南、西、北长11、10、10、10,残高5.3米	无	无	保存一般。台体坍塌脱落严重,表面凹凸不平,有裂缝、沟槽、孔洞	自然因素主要有风雨侵蚀、植物生长等
二道沟2号烽火台	曹碾乡二道沟村东南0.866千米的山坡上	1333米	威鲁堡长城1段北0.055米,东北距二道沟1号烽火台0.436千米	土	黄色黏土夯筑,夯层厚度不详	矩形	梯形	台体底部东、南、西、北长11、12、11、11,残高3.5米	无	无	保存较差。台体坍塌脱落严重,表面凹凸不平,有裂缝、沟槽、孔洞	自然因素主要有风雨侵蚀、植物生长等
二道沟3号烽火台	曹碾乡二道沟村东南0.345千米的山梁上	1380米	威鲁堡长城1段北0.084米,东北距二道沟2号烽火台0.434千米	土	黄色黏土夯筑,夯层厚度不详	矩形	梯形	台体底部东、南、西、北12、11、12、10,残高3.8米	无	无	保存较差。台体坍塌脱落严重,表面凹凸不平,有裂缝、沟槽、孔洞。紧临台体南壁西侧有1座现代墓葬	自然因素主要有风雨侵蚀、植物生长等
二道沟4号烽火台	曹碾乡二道沟村南0.426千米的山梁上	1367米	威鲁堡长城1段北0.07千米,东北距二道沟3号烽火台0.352千米	土	黄色黏土夯筑,夯层厚度不详	矩形	梯形	台体底部东、南、西、北长12、4、11、6,残高4米	无	无	保存较差。台体坍塌脱落严重,表面凹凸不平,有裂缝、沟槽、孔洞。台体南壁西侧和西壁遭取土挖损	自然因素主要有风雨侵蚀、植物生长等;人为因素主要是取土挖损等
威鲁口1号烽火台	曹碾乡威鲁口村南0.485千米的山坡上	1409米	威鲁堡长城2段北0.082米,东北距二道沟4号烽火台0.304千米	土	黄色黏土夯筑,夯层厚度不详	矩形	梯形	台体底部东、南、西、北长9、10、8、9,残高3.75米	无	无	保存较差。台体坍塌脱落严重,表面凹凸不平,有裂缝、沟槽、孔洞	自然因素主要有风雨侵蚀、植物生长等
威鲁口2号烽火台	曹碾乡威鲁口村西南0.23千米的山梁上	1420米	威鲁堡长城2段北0.084米,东北距威鲁口1号烽火台0.714千米	土	黄色黏土夯筑,夯层厚0.22~0.26米	矩形	梯形	台体底部东、南、西、北长12、11、11,顶部东、南、西、北残长8、4、8.5米,残高7.2米	无	无	保存一般。台体坍塌脱落严重,表面凹凸不平,有裂缝、沟槽、孔洞	自然因素主要有风雨侵蚀、植物生长等
威鲁口3号烽火台(彩图三五四)	曹碾乡威鲁口村西南0.492千米的小山包上	1431米	威鲁堡长城2段北0.055米,东北距威鲁口2号烽火台0.258千米	土	黄色黏土夯筑,碎石,含少量砂砾,夯层厚0.17~0.22米	矩形	梯形	台体底部边长10米,顶部东、南、西、北长5、4、4.5、6米,残高6.1米	无	无	保存一般。台体坍塌脱落严重,表面凹凸不平,有裂缝、沟槽、孔洞	自然因素主要有风雨侵蚀、植物生长等

续表592

名称	地点	高程	与其他遗存的位置关系	材质	建筑方式	平面形制	剖面形制	尺寸	附属设施	修缮情况	保存状况	损毁原因及存在病害
威鲁口4号烽火台	曹碾乡威鲁口村西南0.768千米的山坡上	1457米	后辛庄长城1段北0.085千米,东北距威鲁口3号烽火台0.284千米	土	黄色黏土夯筑,含少量砂砾,夯层厚0.25~0.3米	矩形	梯形	台体底部东、南、西、北长10、12、11.5、11米,顶部东、南、西、北长2、8、3.7米,残高6米	无	无	保存一般。台体坍塌脱落严重,表面凹凸不平,有裂缝、沟槽、孔洞	自然因素主要有风雨侵蚀,植物生长等
威鲁口5号烽火台	曹碾乡威鲁口村西南1.2千米的山顶上	1479米	后辛庄长城1段北0.097千米,东北距威鲁口4号烽火台0.458千米	土	黄色黏土夯筑,含少量砂砾,夯层厚0.25~0.3米	矩形	梯形	台体底部东、南、西、北长11、12、10、11米,顶部东、南、西、北长5、5、7.6米,残高7.1米	无	无	保存一般。台体坍塌脱落严重,表面凹凸不平,有裂缝、沟槽、孔洞	自然因素主要有风雨侵蚀,植物生长等
威鲁口6号烽火台(彩图一四三六)	曹碾乡威鲁口村西南1.7千米的山坡上	1426米	后辛庄长城1段北0.062千米,东北距威鲁口5号烽火台0.62千米	土	黄色黏土夯筑,含少量砂砾,夯层厚0.23~0.3米	矩形	梯形	台体底部东、南、西、北长11、12、11.8、12米,顶部东、南、西、北长7、8.5、8.7米,残高6.8米	无	无	保存一般。台体坍塌脱落严重,表面凹凸不平,有裂缝、孔洞。东壁底部南侧有洞穴,宽1.5、高0.5、进深1米;南壁底部东侧有洞穴,宽1.2、进深2米	自然因素主要有风雨侵蚀,植物生长等;人为因素主要是挖掘洞穴等
威鲁口7号烽火台	曹碾乡威鲁口村西南2.1千米的山梁上	1482米	后辛庄长城1段北0.09千米,东北距威鲁口6号烽火台0.319千米	土	黄色黏土夯筑,夯层厚0.14~0.2米	矩形	梯形	台体底部东、南、西、北长10、12、11、10米,顶部东、南、西、北残长7、3.5、7米,残高6.4米	无	无	保存一般。台体坍塌脱落严重,表面凹凸不平,有裂缝、沟槽、孔洞	自然因素主要有风雨侵蚀,植物生长等
七泉台1号烽火台	曹碾乡七泉台村东南1.5千米的山梁上	1511米	后辛庄长城2段北0.095千米,东北距威鲁口7号烽火台0.79千米	土	黄色黏土夯筑,夯层厚0.25~0.28米	矩形	梯形	台体底部东、南、西、北长9、6、8、8米,残高4.7米	无	无	保存较差。台体坍塌脱落严重,表面凹凸不平,有裂缝、沟槽、孔洞	自然因素主要有风雨侵蚀,植物生长等
七泉台2号烽火台	曹碾乡七泉台村东南1.2千米的山梁上	1465米	后辛庄长城2段北0.048千米,东北距七泉台1号烽火台0.5千米	土	黄色黏土夯筑,夯层厚0.24~0.28米	矩形	梯形	台体底部东、南、西、北长9、8、9、8米,残高4.2米	无	无	保存较差。台体坍塌脱落严重,表面凹凸不平,有裂缝、沟槽、孔洞	自然因素主要有风雨侵蚀,植物生长等

续表 592

名称	地点	高程	与其他遗存的位置关系	材质	建筑方式	平面形制	剖面形制	尺寸	附属设施	修缮情况	保存状况	损毁原因及存在病害
七泉台3号烽火台(彩图一四三七)	曹碾乡七泉台村东南0.915千米的山顶上	1485米	后辛庄长城2段北0.168千米,东距七泉台2号烽火台0.423千米	土	黄色黏土夯筑,含少量砂砾、碎石,夯层厚0.25~0.28米	矩形	梯形	台体底部东、南、西、北长10、9、10、9.8米,顶部东、南、西、北长4、4.5、3.5米,残高6.7米	无	无	保存一般。台体坍塌脱落严重,表面凹凸不平,有裂缝、沟槽、孔洞	自然因素主要有风雨侵蚀,植物生长等
七泉台4号烽火台	曹碾乡七泉台村东南0.799千米的山坡上	1468米	八台长城1段北0.07千米,东距七泉台3号烽火台0.372千米	土	黄色黏土夯筑,含少量砂砾、碎石,夯层厚0.25~0.3米	矩形	梯形	台体底部东、南、西、北长10、9、10、9.8米,顶部东、南、西、北长8、7、7.5、8米,残高7.5米	无	无	保存一般。台体坍塌脱落严重,表面凹凸不平,有裂缝、沟槽、孔洞	自然因素主要有风雨侵蚀,植物生长等
七泉台5号烽火台	曹碾乡七泉台村南0.645千米的山梁上	1492米	八台长城1段北0.05千米,东南距七泉台4号烽火台0.42千米	土	黄色黏砾,含砂砾、碎石、礓石,夯层厚0.22~0.28米	矩形	梯形	台体底部东、南、西、北长10.9、9、10、9米,残高3.2米	无	无	保存较差。台体坍塌脱落严重,表面凹凸不平,有裂缝、沟槽、孔洞、穴。中央有洞穴,宽0.5米,高1,深1	自然因素主要有风雨侵蚀,植物生长等;人为因素主要是挖掘洞穴
七泉台6号烽火台(彩图一四三八)	曹碾乡七泉台村西南0.84千米的山坡上	1484米	八台长城1段北0.056千米,东距七泉台5号烽火台0.43千米	土	黄色黏土夯筑,夯层厚0.25~0.3米	矩形	梯形	台体底部东、南、西、北长11、10、11、10米,顶部东、南、西、北长8、8、9、7米,残高7.1米	无	无	保存一般。台体坍塌脱落严重,表面凹凸不平,有裂缝、沟槽、孔洞。台体南壁底部有2座现代墓葬封口	自然因素主要有风雨侵蚀,植物生长等;人为因素主要是建坟墓破坏台体等
七泉台7号烽火台	曹碾乡七泉台村西0.982千米的山坡上	1476米	八台长城1段东0.055千米,东南距七泉台6号烽火台0.29千米	土	黄色黏土夯筑,含少量砂砾,夯层厚0.18~0.2米	矩形	梯形	台体底部东、南、西、北长11、10、11、11米,顶部东、南、西、北长8、6、9、7米,残高6.3米	无	无	保存一般。台体坍塌脱落严重,表面凹凸不平,有裂缝、沟槽、孔洞。台体南、西两侧各有1座现代墓葬,东侧墓葬被埋土掩埋,西侧墓葬被石块封口	自然因素主要有风雨侵蚀,植物生长等;人为因素主要是建坟墓破坏台体等
七泉台8号烽火台(彩图一四三九)	曹碾乡七泉台村西0.962千米的山坡上	1498米	八台长城1段东0.07千米,东南距七泉台7号烽火台0.535千米	土	黄色黏土夯筑,含少量砂砾,夯层厚0.24~0.29米	矩形	梯形	台体底部东、南、西、北长8、7、6、6米,残高7.8米	无	无	保存一般。台体坍塌脱落严重,表面凹凸不平,有裂缝、沟槽、孔洞。台体南壁底部有洞穴	自然因素主要有风雨侵蚀,植物生长等;人为因素主要是挖掘洞穴

续表592

名称	地点	高程	与其他遗存的位置关系	材质	建筑方式	平面形制	剖面形制	尺寸	附属设施	修缮情况	保存状况	损毁原因及存在病害
七泉台9号烽火台	曹碾乡七泉台村西北1.1千米山坡上	1553米	八台长城1段东0.094千米,东南距七泉台8号烽火台0.43千米	土	黄色黏土夯筑,夯层厚0.23~0.3米	矩形	梯形	台体底部东、南、西、北长11、9、10、10,残高4.8米	无	无	保存较差。台体坍塌脱落严重,表面凹凸不平,有裂缝,沟槽,孔洞	自然因素主要有风雨侵蚀,植物生长等
七泉台10号烽火台	曹碾乡七泉台村西北1.5千米山顶上	1628米	八台长城1段北0.11千米,东南距七泉台9号烽火台0.44千米	土	黄色黏土夯筑,含少量砂砾、碎石,夯层厚度不详	矩形	梯形	台体底部东、南、西、北长9、8、8.8、8.8,残高2.3米	无	无	保存较差。台体坍塌脱落严重,表面凹凸不平,有裂缝,沟槽,孔洞	自然因素主要有风雨侵蚀,植物生长等
马寺楼烽火台	曹碾乡马寺楼村南0.934千米山谷内	1573米	宁鲁堡长城1段北0.9千米,东南距宁鲁堡马市0.158千米,距七泉台10号烽火台1.2千米	土	黄、褐色黏土夯筑,含少量砂砾、碎石,夯层厚0.2米	矩形	梯形	台体底部东、南、西、北长10、7、9、8,残高3.4米	无	无	保存较差。台体坍塌脱落严重,表面凹凸不平,有裂缝,沟槽,孔洞。台体西、南壁邻沟,遭洪水冲刷	自然因素主要有风雨侵蚀,植物生长、洪水冲刷等
王三顺烽火台	曹碾乡王三顺村西0.94千米山顶上	1824米	二十边长城东0.842千米,东南距马寺楼烽火台8.1千米	石	外部石块垒筑;内部为夯土台体,黄色黏土夯筑,含碎石	矩形	梯形	台体底部最长25,残高6.5米	无	无	保存一般。台体坍塌脱落严重,表面凹凸不平,有裂缝,沟槽,孔洞	自然因素主要有风雨侵蚀,植物生长等

第三部分　结　　语

第一章 山西省明代长城的 特征与保存状况

山西省境内以及与河北、内蒙古两省（自治区）的部分交界区域的明代长城资源，通过山西省文物局和山西省测绘局为期14个月的联合组队调查已经得以全面展示，大量的调查成果为加强长城保护管理、制定长城保护措施、编制长城保护规划、实施长城修缮工程、促进长城学术研究以及宣传长城文化奠定了重要的基础。各种调查数据在分县调查报告中均已列出。本部分将在对全省明代长城资源调查数据进行汇总的基础上，对长城墙体、关堡、敌台、马面和烽火台等的特征进行概括总结。最后再对各类设施遗存的保存状况和保护管理状况进行汇总。需要特别指出的是，根据国家文物局和国家测绘局计算，最终认定山西省明长城长度为896.53千米，而本报告所述长城长度均为原始调查时GPS定位仪计算出的平面长度，加之本报告还包括部分由山西省调查的事实上属于河北省的长城的长度，故本报告山西省长城总长度与国家最终认定长城墙体长度存在偏差。关堡、烽火台等的数量统计也不只包括山西省范围内的，还有一些邻省（自治区）的。这一点也需注意。

一 山西省明长城调查数据总览

山西省明长城资源丰富，调查墙体582段，长910541.57米，分布于25个县（市、区）。以偏关县最多，长达119945.5米。这与偏关县所处地理位置密切相关，该县正是内、外长城交汇的地方。其次长城墙体较长的还有外长城沿线的新荣区、右玉县和内长城沿线的浑源县，另外黄河东岸的河曲县长城墙体长度也超过了50000米。

墙体设施主要有敌台和马面，以敌台数量最多，达1316座，马面有873座，其他还有关门遗址，见于黎城、左权、和顺、昔阳和平定等县。烽火台数量庞大，达2272座。关堡共调查348座，以堡为主，有303座。相关遗存的种类有采石场，散见于宁武、朔城、偏关和黎城、昔阳、平定诸县，单个或成群的居住址见于和顺、昔阳、平定和盂县等县，其他相关遗存还有壕沟24段，主要见于宁武、神池、朔城和偏关诸县区，以及马市3座、建筑遗址5座、砖瓦窑址3座以及挡马墙2段、戍卒墓2座等。此外在长城沿线还调查有碑碣22通（表593）。

表593　山西省明代长城资源调查主要数据分县统计表

	长城墙体		关堡		单体建筑				相关遗存			
	段数	长度（米）	关（座）	堡（座）	敌台（座）	马面（座）	烽火台（座）	其它（座）	采石场	居住址（群）	碑碣	其它
天镇县	64	62213	0	10	128	0	159	0	0	0	0	2
阳高县	30	49098	2	6	105	28	140	0	0	0	0	2
新荣区	65	109662	2	11	206	33	185	0	0	0	0	2
左云县	21	37489	1	9	87	5	139	0	0	0	0	2
右玉县	35	76554	0	19	183	81	233	0	0	0	2	3
平鲁区	23	47334	0	13	128	58	191	0	0	0	0	0
灵丘县	3	4298	0	6	4	0	10	0	0	0	0	0
繁峙县	17	37907	2	11	77	0	33	0	0	0	6	0
浑源县	25	80309	5	21	95	0	38	0	0	0	0	0
应县	19	49400	2	25	57	0	136	0	0	0	0	0
山阴县	9	29467	2	6	56	0	118	0	0	0	0	0
代县	4	7818	0	4	14	0	23	0	0	0	0	0
原平市	3	2794.8	0	2	2	0	19	0	0	0	0	0
宁武县	28	39068.4	6	14	9	138	61	0	3	0	0	12
神池县	14	20746	4	10	7	98	70	0	0	0	0	2
朔城区	20	32952	4	14	9	194	99	0	5	0	0	9
偏关县	59	119945.5	7	27	98	214	241	0	1	0	6	5
河曲县	25	54831.8	6	11	12	19	55	0	0	0	0	0
黎城县	13	8590.59	0	0	4	0	0	2	2	0	2	0
左权县	5	903.94	0	1	0	0	0	3	0	0	4	0
和顺县	25	8550.28	1	1	3	3	0	1	0	1	0	0
昔阳县	24	7441.02	0	1	8	0	9	3	2	1	2	0
平定县	24	14306.56	1	1	19	1	23	2	1	4	0	0
盂县	26	8763.68	0	0	4	1	7	0	0	1	0	0
大同市城区、南郊区	0	0	0	4	0	0	34	0	0	0	0	0
大同县	0	0	0	15	0	0	27	0	0	0	0	0
怀仁县	0	0	0	32	0	0	29	0	0	0	0	0
广灵县	1	98	0	28	1	0	14	0	0	0	0	0
五台县	0	0	0	0	0	0	19	0	0	0	0	0
阳泉市郊区	0	0	0	0	0	0	4	0	0	0	0	0
内蒙古兴和县/丰镇市/凉城县	0	0	0	1	0	0	156	0	0	0	0	0
合　计	582	910541.57	45	303	1316	873	2272	11	14	7	21	39

关于表 593，有以下几点需要说明。

① 灵丘县数据未包括河北省调查的灵丘县与阜平县、涞源县交界区域长城墙体及相关遗址的数据（有长城墙体 8 段，长 10321 米，关 1 座，敌台 10 座，马面 1 座，烽火台 1 座和居住址 1 座等）。

② 宁武县 14 座城堡中宁武城由于情况特殊，未进行调查，实际调查 13 座城堡。

③ 朔城区马面在朔城区调查报告中是 195 座，其中与神池县交界处的神池县鹞子沟 37 号马面，因已统计在神池县，在此不再重复统计。

④ 偏关县 27 座城堡中偏关城由于情况特殊，未进行调查，实际调查 26 座城堡。

⑤ 黎城县数据未包括河北省调查的黎城县东部与涉县交界处的长城遗址（有长城墙体 3 段，长 1862 米，敌台 1 座和烽火台 7 座等）。

⑥ 五台县数据未包括河北省调查的五台县与阜平县交界处长城墙体及相关遗址（有长城墙体 1 段，长 682 米，敌台 4 座，马面 2 座，关门 1 座，居住址 1 座以及石洞 1 处等）。

⑦ 内蒙古自治区三县的数据仅包括山西省调查的两省区交界北侧 1000 米范围内的烽火台等长城遗址。

本部分接下来将分别对长城墙体、关堡、敌台、马面和烽火台等的特征进行概括总结。我们根据历史沿革和地理分布，以长城墙体为经络，将山西省长城资源大致区分为五大区域，分别是山西省北部与内蒙古自治区交界处的外长城沿线，偏关、河曲两县黄河东岸的外长城沿线，恒山一线的内长城又大致以原平市段家堡乡老窝村附近的早期长城区分为东、西两段，以及山西省东部与河北省交界的太行山长城沿线。这五大区域分布了山西省长城的绝大部分。其他在大同市城区、南郊区、大同县、怀仁县、广灵县、五台县、阳泉市郊区也有城堡和烽火台，但往往距离长城墙体较远，故未述及。

二　长城墙体特征

长城墙体的建造有人工墙体和自然险两大类，以人工墙体为主。人工墙体总长 726002.62 米，占全部调查墙体的 79.7%。具体的材质类型有土墙、石墙和砖墙，以土墙最多，有 281 段，长 478105.03 米，占全部调查墙体的 52.5%；其次是石墙，有 181 段，长 169457.99 米，占 18.6%；再次，砖墙最少，调查有 44 段，长 78439.6 米，占 8.6%。自然险有山险和山险墙，共 158359.95 米，主要是山险，有 57 段，长 152248.84 米，占全部调查墙体的 16.7%，其中包括 2 段河险，仅长 480 米；山险墙仅见于应县和平定县，有 5 段，长 6111.11 米，占 0.7%。另外还有 14 段墙体，长 26179 米，因消失，无法判定原墙体类别。

土墙主要见于外长城沿线诸县区，在天镇、阳高、新荣、左云、右玉、平鲁和偏关诸县区，土墙有 248 段，长 428156.6 米，占全部调查土墙的 89.6%。而恒山一线内长城则以石墙居多，灵丘、繁峙、浑源、应县、山阴、代县、原平、宁武、神池、朔城等区县，石墙有 60 段，长 100696.9 米，占全部调查石墙的 59.4%；而这些区县土墙有 28 段，长 45578.3 米，不及石墙的一半。在上述天镇等七县区，石墙只有 29 段，长 32653 米，仅及这七县土墙的 7.6%。

砖墙主要见于内长城沿线的繁峙、浑源、应县、山阴、代县和宁武诸县，以及黄河东岸的偏关、河曲两县，其中河曲县以砖墙最多，长达 33799.6 米，占该县全部调查长城墙体的 61.6%，而土墙、石墙仅分别约 4.1% 和 3.1%；应县、山阴、代县三县砖墙也长于土墙或石墙，应县砖墙长 9099 米，土墙和石墙合长 6698 米；山阴县砖墙长 9497 米，石墙长 1770 米，未见土墙；代县砖墙长 3207 米，石墙长 1011 米，亦未见土墙。

至于东部太行山沿线的黎城、左权、和顺、昔阳、平定、盂县六县，人工墙体中绝大多数为石墙，只平定县有土墙3段，长2042.23米，占这六县人工墙体（长36470.32米）的5.6%。

山险的分布，主要见于内长城恒山一线和太行山一线，至于外长城沿线的天镇、阳高、新荣、左云、右玉和平鲁诸县区，仅天镇县调查山险1段，长49米；而偏关县也只是黄河东岸的峡谷地带以山险为主，其他地区还是以人工墙体占居多数（表594）。

表594　山西省明代长城墙体类别调查成果分县统计表

	土墙		石墙		砖墙		山险墙		山险		消失墙体	
	段数	长度（米）	段数	长度（米）	段数	长度（米）	段数	长度（米）	段数	长度（米）	段数	长度（米）
天镇县	45	47917	18	14247	0	0	0	0	1	49	0	0
阳高县	30	49098	0	0	0	0	0	0	0	0	0	0
新荣区	59	98081	1	1281	0	0	0	0	0	0	5	10300
左云县	19	35872	2	1617	0	0	0	0	0	0	0	0
右玉县	33	75287	0	0	0	0	0	0	0	0	2	1267
平鲁区	22	46964	0	0	0	0	0	0	0	0	1	370
灵丘县	0	0	1	848	0	0	0	0	2	3450	0	0
繁峙县	1	380	10	19076	2	3951	0	0	4	14500	0	0
浑源县	5	7769	7	21403	6	12875	0	0	5	35500	2	2762
应县	2	5831	1	867	6	9099	3	4803	6	27000	1	1800
山阴县	0	0	2	1770	6	9497	0	0	1	18200	0	0
代县	0	0	1	1011	2	3207	0	0	1	3600	0	0
原平市	1	39.8	1	255	0	0	0	0	1	2500	0	0
宁武县	8	13002.5	16	22484.9	2	2761	0	0	2	820	0	0
神池县	8	14225	5	6421	0	0	0	0	1	100	0	0
朔城区	3	4331	16	26561	0	0	0	0	1	2060	0	0
偏关县	40	74937.5	8	15508	2	3250	0	0	8	24350	1	1900
河曲县	1	2230	1	1680	18	33799.6	0	0	3	9342.2	2	7780
黎城县	0	0	13	8590.59	0	0	0	0	0	0	0	0
左权县	0	0	5	903.94	0	0	0	0	0	0	0	0
和顺县	0	0	19	6597.04	0	0	0	0	6	1953.24	0	0
昔阳县	0	0	21	5524.3	0	0	0	0	3	1916.72	0	0
平定县	3	2042.23	16	9614.11	0	0	2	1308.11	3	1342.11	0	0
盂县	0	0	17	3198.11	0	0	0	0	9	5565.57	0	0
广灵县	1	98	0	0	0	0	0	0	0	0	0	0
合　计	281	478105.03	181	169457.99	44	78439.6	5	6111.11	57	152248.84	14	26179

关于表594，有以下几点需要说明。

① 表中宁武县山险2段，包括河险1段（长380米）。

② 表中神池县山险1段，实际为河险。

(一) 山西省北部外长城的墙体特征

天镇、阳高、新荣、左云、右玉、平鲁诸县区以及偏关县与内蒙古自治区清水河县交界,即外长城所在,共有长城265段,总长433360米。其中土墙占绝大多数,有233段,长401467米,占总长的92.6%;石墙仅21段,长17145米,占4%;山险更少,只有2段,长911米。其他还有9段墙体消失,长13837米。

土墙的建筑材料主要是黄土,多数含有或多或少的砂砾、碎石、料礓石等,夯筑而成,夯层厚0.1~0.3米,其中又以0.15~0.3米占居多数,薄于0.14米的很少。墙体设施所见很少[1],在天镇县发现9处登城步道,原应为阶梯式,但现存均为斜坡。此外在天镇县、左云县各有一小段长城墙体顶部残存垛口。除保存方面的原因外,土墙很可能就少有附属设施。至于左云县部分段落在墙体陡立处有石块垒砌的护坡,主要见于左云县靠西的段落,反映的当是长城分段修筑的情况。

至于上述诸县区外长城沿线的石墙长度有限,主要见于天镇县北部双山之上,系土石混筑而成,两侧石块垒砌,中间堆以碎石泥土,从两侧石块大小不一、形状不规则来看,双山石墙的修筑比较简单。关于双山石墙的时代,争论颇多,或以为是早期长城,在明代又重新利用。此问题还需深入探讨研究。

(二) 恒山一线内长城的墙体特征

恒山一线内长城,山险是重要的墙体类型,人工墙体则以石墙居多,但不同地区比例有所差异。原平市段家堡乡老窝村附近的早期长城将恒山一线内长城分为东、西两段,我们以此为界,分别概括墙体特征。

1. 恒山一线内长城东段的墙体特征

恒山一线内长城东段,包括灵丘、繁峙、浑源、应县、山阴和代县六县长城,共77段,总长209199米,其中人工墙体52段,长97584米,占总长的46.6%;山险与山险墙22段,长107053米,占51.2%,超过了一半;其余为3段消失墙体,长4562米。

人工墙体以石墙最多,有22段,长44975米,占人工墙体的46.1%;其次是砖墙,有22段,长38629米,占39.6%;再次为土墙,仅8段,长13980米,仅占14.3%。

石墙均系土石混筑而成,两侧石块垒砌,白灰勾缝,中间填以碎石泥土,或为夯土墙,砂土或黄土夯筑而成,夯层厚0.2米左右。其中山阴县新广武长城1段墙体构筑方式多样,或为土石混筑;或为石片垒砌;或外部条石、石块砌筑,内部为夯土墙体,夯层厚0.08~0.22米;或沿山梁北侧铲削成墙,外部再用条石砌筑。该段长城墙体顶部还发现残存的砖砌垛口墙,垛宽0.5、残高0.1米。

砖墙为砖、石、土混筑而成,外部砖石砌筑,条石基础,上部包砖,内部为夯土墙,砂土或黄土夯筑而成,夯层厚0.2米左右。代县白草口长城2段还见将山脊西侧、北侧铲削成陡壁,用砖石砌筑的情况。

土墙,数量很少,由黄土夯筑而成,含砂砾,夯层厚0.06~0.24米。与天镇至偏关县外长城土墙夯层厚度相比,明显偏薄。浑源县柳林—常柴岭长城比较特殊,夯层厚0.06米,夯层间有椽孔,椽孔

---

[1] 墙体设施当然包括敌台、马面、关门这类设施,但这些设施都进行了单独调查,将作为单体另行描述,这里所说的墙体设施是除敌台、马面以外的设施。以下叙述墙体设施时不再说明。

间距 0.4 米。

墙体设施方面,繁峙、浑源、山阴、代县诸县的部分石墙和砖墙残存垛口墙和女墙,以繁峙县竹帛口长城、代县白草口长城 1 段保存略好。繁峙县竹帛口长城墙体两侧的垛口墙和女墙,片石砌筑而成,垛口墙残高 1~2 米,垛口宽 0.7~1.4、高 0.66、厚 0.4~0.48 米,女墙残高 1.5 米。代县白草口长城 1 段墙体顶部残存有垛口墙、女墙,局部地段只设垛口墙,或直接在山脊岩石上砌筑垛口墙,垛口墙宽 0.46~0.58、残高 0.36~2.4 米,垛口宽 0.54~1.1、高 0.6~1.1 米,女墙宽 0.54 米;垛口墙下有射孔,平面呈矩形,边长 0.25 米。另外繁峙县平型关东段长城有部分为双重墙体,西侧墙体为主墙,西侧墙体和东侧墙体之间有壕沟,显示了平型关的重要军事地位。

2. 恒山一线内长城西段的墙体特征

恒山一线内长城西段,包括原平、宁武、神池、朔城诸县市区,以及偏关县东部的内长城,共 85 段,总长 128816.7 米,其中人工墙体 78 段,长 121247.7 米,占总长的 94.1%;山险 7 段,长 7569 米,仅占 5.9%。可以看出,与东段相比,恒山一线内长城西段山险的比例大幅减少,而人工墙体占居了绝大多数[1]。

人工墙体也以石墙最多,有 41 段,长 60198.9 米,占人工墙体的 49.6%;其次是土墙,有 35 段,长 58287.8 米,占 48.1%;而砖墙很少,只有 2 段,长 2761 米,占比仅 2.3%。由此可见,与东段以石墙和砖墙为主相比,恒山一线内长城西段以石墙和土墙为主,且二者比例相当,土墙远较东段为多;而东段较多的砖墙,在西段则非常罕见。结合山险比例很低这些情况,在恒山一线内长城东、西两段,长城修建有着不同的规划。

石墙,外部条石或片石砌筑,内部为夯土墙体或土石混筑墙体,夯层厚 0.04~0.25 米。

土墙,均系夯筑而成,夯层厚 0.03~0.24 米。

砖墙仅见于宁武县,墙体外部砖石砌筑,下部条石或片石砌筑,上部青砖砌筑,砖石多已无存;内部为夯土墙体,黄土夯筑而成,夯层厚 0.08~0.25 米。

从石墙、土墙、砖墙的建筑方式和内部夯层厚度来看,与恒山一线内长城东段是相仿的。以夯层厚度而言,与天镇至偏关县外长城墙体夯层相比则亦明显偏薄。

墙体附属设施方面,石墙、土墙见有女墙和登墙步道等,砖墙见有垛口墙。以朔城区为例,石墙顶部的女墙,有夯筑土墙和石墙两种,宽 0.6~3.5、残高 0.5~2 米;土墙顶部的女墙,宽 0.5~0.8、残高 0.4~0.8 米。

(三) 黄河东岸外长城的墙体特征

黄河东岸外长城,位于偏关、河曲两县,有长城 37 段,总长 90511.8 米。人工墙体中以砖墙最多,有 20 段,长 37049.6 米,占总长的 40.9%;其次是石墙,长 12711 米,占 14%;土墙仅 1 段,长 2230 米,占 2.5%。山险有 8 段,长 30741.2 米,占总长的 34%。但具体来看,偏关与河曲两县不同类别的长城墙体长度比例还存在较大的差异。

---

〔1〕 偏关县的长城分了三块,分别是山西省北部外长城(偏关县与内蒙古自治区清水河县交界)、恒山一线内长城西段(偏关县东部的内长城),还有就是黄河东岸外长城。本节的统计包括第②段和第③段,即第①段的数字是第②段和第③段的和。表 594 里的偏关县数据是全县的,即包括这三块在内的总数字。

偏关县黄河东岸长城，有 12 段，长 35680 米。墙体类型有石墙、砖墙和山险三类，以山险为主，有 5 段，长 21399 米；其次是石墙，有 5 段，长 11031 米；再次为砖墙，有 2 段，长 3250 米。

河曲县长城，有 25 段，长 54831.8 米。墙体类型有砖墙、石墙、土墙和山险四类，还有 2 段墙体消失。以砖墙占大多数，有 18 段，长 33799.6 米；山险次之，有 3 段，长 9342.2 米；石墙、土墙各见 1 段，分别长 1680、2230 米。与偏关县黄河东岸长城墙体类型以山险为主，石墙其次，砖墙最少的特点相比较，河曲县长城则以砖墙最多，山险其次，石墙最少，还有 1 段土墙。

偏关、河曲两县砖墙构筑特征一致，外部砖石垒砌而成，内部为夯土墙体，夯层厚 0.04～0.26 米。

偏关县石墙，墙体外部片石或条石垒砌而成，内部为土石混筑或夯土墙体。附属设施有水门和女墙。水门见于五铺梁长城，宽 0.7、残高 1.06 米。女墙见于关河口长城，宽 0.8～2、残高 0.3～0.65 米。河曲县石墙仅 1 段，即梁家碛长城 2 段，有 4 小段毛石干垒；1 小段外部石片砌筑，内部为夯土墙体，夯层厚 0.04～0.13 米。

至于唯一的土墙，即河曲县唐家会外长城，夯筑而成，夯层厚 0.07～0.22 米。从夯层厚度而言，与恒山一线内长城大体相当。

（四）太行山沿线长城的墙体特征

山西东部太行山沿线的黎城、左权、和顺、昔阳、平定和盂县六县，人工墙体有 94 段，长 36470.32 米；山险和山险墙 23 段，长 12085.75 米。人工墙体中，绝大多数为石墙，有 91 段，长 34428.09 米，占人工墙体的 94.4%；土墙仅见于平定县，有 3 段，长 2042.23 米，只占 5.6%。一定比例山险和山险墙的分布，人工墙体以石墙占多，这些特征当与长城地处太行山密切有关，即一方面，充分利用险峻的太行山山势作为防线；另一方面，就地取材修建石墙。

石墙均系土石混筑而成，两侧石块垒砌，中间堆以碎石泥土，在两侧石块缝隙间填以灰泥或白灰。昔阳县石墙的附属设施多样，有垛口墙，排水孔道、排水沟之类的排水设施，石质阶梯和射孔等。

平定县土墙，均为黄土夯筑而成，含碎石或砂砾，夯层厚 0.15～0.4 米。

三　关堡特征

山西省共调查关、堡 348 座，以堡为主，有 303 座，关有 45 座。

（一）外长城沿线关堡特征

外长城沿线如前所述，包括天镇、阳高、新荣、左云、右玉和平鲁诸县区，偏关县地处内、外长城相交处，关堡的区分难像长城墙体一样进行区分，尤其是地处内、外长城相交处附近的关堡。因此为统计便利，将偏关县关堡全部按外长城沿线来对待。此一点，须读者注意区分。上述诸县区共调查关堡 106 座。

关堡绝大多数呈矩形，其他有不规则形。左云城平面呈向西偏斜的平行四边形，这种形状非常独特。此外，偏关县地椒峁关和小寨堡分别呈不规则的四边形和梯形。除单独的关或堡外，天镇县米薪关堡，新荣区镇川堡、助马堡，左云县威鲁堡，右玉县杀虎堡、铁山堡、威坪堡，偏关县楼沟堡由两堡或一堡一关两城组成。而偏关县老营堡的关城还有两座，该堡由堡城和北关城、南关城组成。再者偏关县万家寨堡由外堡和内堡组成，也是独具特点。

朝向绝大多数面向山西省一侧，背向内蒙古一侧，只左云县管家堡、云西堡背向山西省一侧。

城堡规模往往与其军事或政治地位有关，即镇城、路城、卫城（所城）、堡城这样的等级序列。外长城沿线关堡，从规模而言，除 2 座周长、面积不详外，其余 104 座中，大型者（≥10 万平方米）20 座，占已知规模者的 19.2%；中型者（＜10 万，≥5 万平方米）18 座，占 17.3%；大多数为小型（＜5 万平方米），有 66 座，占 63.5%。

关均倚长城墙体而建，主要是完成军事功能，其面积往往有限，最小者仅 64 平方米，其余多在数百或数千平方米，最大的是新荣区得胜口关，面积 29606 平方米，与其所处战略要冲有关。

关堡墙体经嘉靖至万历年间的大规模修建后，往往多为砖墙，还有少数石墙、土墙。大、中型城堡的墙体基本都是砖墙，而土墙则常见于小型关堡。砖墙，外部砖石混砌，内部为夯土墙体，夯层厚度与附近长城墙体夯层厚度相当。石墙，外部石块砌筑，内部为夯土墙体。天镇县米薪关堡墙体为砖墙，其小城墙体内部夯土墙体的夯层厚 0.08 米，明显薄于大城的 0.12 ～ 0.3 米，反映两城并非同时所筑，而且通过比较大城和小城墙体的底宽、顶宽、残高数据，也反映这一大一小两座城并非同时所筑，至于孰早孰晚，因未发现遗物无法判断。此一问题，还有待今后深入考究。

城堡现存主要设施遗迹，以城门、角台、马面和瓮城等较为常见，其他还有挡马墙、围墙、壕沟等防御设施，至于城堡内部的街道、庙宇、楼台等建筑遗迹，则已非常少见。

（二）恒山一线内长城沿线关堡特征

1. 恒山一线内长城东段沿线的关堡

恒山一线内长城东段六县，即灵丘、繁峙、浑源、应县、山阴和代县诸县共调查关堡 84 座。

关堡绝大多数呈矩形，少数呈不规则形，还有很个别的关堡呈梯形、圆形或椭圆形。应县北楼口堡由南北相连的北堡、南堡和南小堡组成；小石口堡由堡城和北关城组成。繁峙县下寨西梁北堡和南堡，南北相距仅 8 米，它们的城门正好相对，角台的设置亦相对应，堡的规模也大致相当，堡墙均为土墙，墙体宽、高基本一致，因此很有可能两堡是一组连城，应筑于同一时间。但是土墙的建筑材料、建筑方法和夯层厚度又存在一定的差异，如北堡为黄土夯筑而成，南堡则是砂土夯筑而成，并含有石块和夹层，厚度也要略厚于北堡，这应该是不同人群修建的反映。

关堡朝向绝大多数面向山西省一侧，背向内蒙古一侧。

从规模而言，有 23 座周长、面积不详，其余 61 座，大型者仅 3 座，占已知规模者的 4.9%；中型者也仅 4 座，占 6.6%；大多数为小型，有 54 座，占 88.5%。大型的 3 座分别为繁峙县茨沟营堡（16 万平方米）、山阴县新广武城关（近 14 万平方米）、代县雁门关堡（10 万平方米），这些关堡所在历来是战略要冲，其规模与它们的军事地位相符合。另一方面，与外长城沿线关堡大、中型者占有一定比例相反，这里的大、中型关堡很少，可能是由于地处内地，与边界地区相比，受战争威胁较少，所以关堡的建筑规模也相对较小。关的规模，除新广武城关面积超过 10 万平方米，其余绝大多数在 1 万平方米以内。

关堡墙体则以土墙为主，其次为砖墙，石墙最少。砖墙，外部砖石砌筑，内部为夯土墙体，均为黄土夯筑而成。砖墙内部夯土墙体的夯层厚度与长城土墙的夯层厚度是相近的，在 0.07 ～ 0.3 米，仅个别最厚为 0.4 米。石墙者，繁峙县茨沟营堡石墙系石块砌筑，下寨堡则是底部石块砌筑，上部为夯土墙体，黄土夯筑而成，颇具特点。

关堡主要设施遗迹的种类有城门、角台、敌台、马面、瓮城等常见的墙体设施。

3. 恒山一线内长城西段沿线的关堡

恒山一线内长城西段四县市区，即原平、宁武、神池和朔城诸县市区，共调查关堡53座（宁武县由于情况特殊，未进行调查）。

关堡绝大多数呈矩形，其余有不规则形，还有很少数的圆形或椭圆形、近三角形、五边形和不规则的梯形等。如朔城区蒋家峪2号关平面呈五边形，口里歇头场1号堡呈圆形，勒马沟1、2号堡呈椭圆形。朝向绝大多数面向山西省一侧，背向内蒙古一侧。

从规模而言，大型者5座，占9.4%；中型者仅1座，占1.9%；其余为小型者，占88.7%。可以看出，恒山一线内长城西段与东段在关堡大小的比例方面基本一致，小型堡数量最多。大型堡包括朔城区的朔州城（90万平方米）、利民堡（25.2万余平方米）、马邑城（22.5万余平方米）和神池县八角堡（17.5万余平方米）、宁武县宁化古城（14万平方米），这些城堡在当时的军事或政治地位都比较高。关的规模，除宁武县阳方口关面积近9万平方米，其余绝大多数在1000平方米以内，总体较内长城东段来说，面积更小。

关堡墙体以土墙为主，砖墙、石墙比例大体相当。此一特征，与内长城东段有异。砖墙、石墙的形制为外部砖石砌筑，内部为夯土墙体。土墙均为夯筑而成。砖墙、石墙、土墙有夯层厚度数据者，夯层厚0.08~0.28米。这种夯层厚度与长城墙体的夯层厚度是相符合的，同时与内长城东段也大体相仿。

关堡的主要设施遗迹种类有城门、瓮城、角台、马面等常见的墙体设施，其他设施遗迹有护城河、水井、街道、庙宇等。

（三）黄河东岸河曲县的关堡特征

偏关、河曲两县在黄河东岸都有长城。在前文长城墙体部分是放在一起叙述两县黄河东岸长城的。但在讨论关堡时，如前所述，将偏关县统一归到了外长城沿线。因此，这里所说的黄河东岸，只述及河曲一县，共调查关堡17座。

关堡平面多呈矩形，有12座，其余4座为不规则形，1座为梯形。朝向绝大多数面向山西省一侧，背向内蒙古一侧。

从规模而言，中型者有3座，其余均为小型者，不见大型关堡。关的规模，大多数在1000平方米以内，少数在1000平方米以上。

关堡墙体以砖墙为主，其次为石墙，土墙者最少。砖墙、石墙的结构均是外部砖石砌筑、内部为土石混筑或夯土墙体，夯层厚0.03~0.23米。这种夯层厚度与长城墙体的夯层厚度是相符合的。3座中型堡，墙体均为砖墙，而未见石墙或土墙者。再以河曲县长城墙体的砖墙、石墙、土墙三种类型来看，长城墙体和关堡均以砖墙为主，这一点与恒山一线内长城东段、西段有异，但与外长城沿线则较近似。

关堡的主要设施遗迹种类有城门、瓮城、角台、敌台、马面等，其他设施遗迹有关堡内的楼台、庙宇、街道和堡外点将台等。

（四）太行山长城沿线关堡特征

太行山长城沿线关堡发现不多，进行调查的有左权县黄泽关堡，和顺县的黄榆岭关和支锅石关堡，昔阳县的鹤度岭关堡以及平定县的固关、娘子关堡。

这些关堡平面均呈不规则形，充分说明关堡的修建是因形就势。相对应的是，它们的面积也都不大，能量测面积者有 3 座：黄泽关堡 15604 平方米，支锅石关 5283 平方米，鹤度岭关堡仅 2158 平方米。

关堡墙体多为石墙，两侧石块垒砌，中间填以碎石泥土。这与太行山沿线长城墙体多石墙相符。娘子关堡墙体则为条石基础的砖墙。

关堡设施遗迹主要有城门、护城壕和街道等。固关残存有水东门、水西门、瓮城门 3 座城门，以及瓮城内的古驿道等。说明其规模原当可观，惜保存较差。

四　敌台特征

（一）外长城沿线敌台特征

外长城沿线，包括天镇、阳高、新荣、左云、右玉、平鲁诸县区以及偏关县北部与内蒙古自治区清水河县交界处。其中右玉县调查敌台 183 座，由内蒙古自治区调查队调查。以下关于敌台特征的论述中，不包括右玉县敌台。

敌台共调查 742 座，绝大多数为骑墙而建，仅天镇县化皮庙村 2 号敌台、左云县镇宁楼敌台为倚墙而建，分别位于墙体北侧和南侧。

从材质类型来看，绝大多数为土质敌台，计 677 座，占 91.2%；砖质和石质敌台数量很少，各有 38 座和 27 座，分别占 5.1%、3.7%。

土质敌台的建筑材料，主要是黄土，多数含有砂砾、碎石、料礓石等，均为夯筑而成，夯层厚 0.05~0.37 米，以 0.1~0.3 米最多。土质敌台的建筑材料、夯层厚度显示出与土质长城墙体较大的一致性。从平面形制而言，以矩形台体占绝大多数，有 631 座，比例高达 93.2%；其余为圆形台体，有 46 座，占 6.8%。剖面形制皆为梯形。土质圆形敌台主要见于天镇县，有 35 座（占全部土质圆形敌台的 76.1%），其余新荣区有 10 座，阳高县仅发现 1 座。土质敌台的附属设施有围墙、围墙内墩院院基、台基、可通台体顶部的台体内踏道和台体外坡道等，以围墙、围墙内墩院院基和台体内踏道常见。天镇县存有围墙或遗留有围墙痕迹的敌台有 56 座，阳高县有 63 座，新荣区有 72 座，左云县有 24 座，平鲁区有 22 座。围墙均位于敌台面向山西省一侧。围墙内大多数存有墩院院基。台体内踏道由一壁的进台拱形门洞和台体内部的圆孔形踏道组成，二者相通，可登顶。进台拱形门洞均位于面向山西省一侧。新荣区二边长城敌台和偏关县北部外长城敌台则未发现附属设施。

砖质敌台，以偏关县数量较多（22 座，占全部砖质敌台的 57.9%），其余诸县区数量很少。均位于土墙之上。台体外部砖石砌筑，内部为夯土台体，夯层厚 0.04~0.3 米，也以 0.1~0.3 米最多。可以看出，砖质敌台的夯层厚度与沿线土质敌台的夯层厚度是一致的。砖质敌台平面皆呈矩形，剖面皆为梯形。砖质敌台往往也有围墙、围墙内墩院院基和台体内踏道等设施。

石质敌台，见于左云、平鲁和偏关三县区，也以偏关县数量较多（13 座，占全部石质敌台的 48.1%）。台体外部条石、石块垒砌，内部为夯土台体，夯层厚 0.05~0.2 米，以 0.1~0.2 米最多。平面形制皆为矩形，剖面皆为梯形。附属设施有围墙、围墙内墩院院基、台体内踏道等。从敌台与所在长城墙体的关系来看，左云县石质敌台均位于石墙之上，平鲁区和偏关县则位于土墙之上。

以天镇县为例，概括一下敌台的分布特征。

首先，在天镇县双山长城1~17段，未见敌台，这里正是天镇县石墙分布的主要地区，因此大致说明天镇县的敌台主要分布在土墙之上。

其次，敌台间距在0.113~1.64千米，其中新平堡村二道边1号和2号敌台间距1.64千米，薛三墩村3号和4号敌台间距1.239千米，如果不考虑这两个数据，那么敌台间距多在0.113~0.75千米。新平堡村二道边1号和2号敌台、薛三墩村3号和4号敌台之间，由于邻近村庄、耕地，墙体除被冲沟损毁致消失外，人为取土挖损、盖房、筑路、农耕等也造成墙体的损毁消失，因此，很有可能原来在其间是分布有敌台的。

第三，结合敌台平面形制，矩形敌台主要分布在天镇县西洋河谷地两侧和天镇阳高盆地（南洋河谷地）北部边缘的平川、丘陵、山脚缓坡地带，只有少数分布在二郎山山梁之上。35座圆形敌台，除新平堡村二道边的5座敌台是位于西洋河谷地南侧的平川、丘陵地带外，其余30座均分布在西洋河谷地和天镇阳高盆地（南洋河谷地）之间的二郎山山梁之上，主要集中于对井沟村长城和红土沟长城1~4段墙体之上。从海拔来说，圆形敌台除新平堡村二道边的5座敌台、保平堡村4号敌台在1200~1300米，其余29座的海拔均在1500~1800米，位于长城沿线的最高处。分布于平川、丘陵、山脚缓坡地带的矩形敌台海拔在1100~1300米，分布于山地地带的海拔也不超过1600米。

此外，设有围墙、墩院的矩形敌台主要分布在西洋河谷地两侧和天镇阳高盆地（南洋河谷地）北部边缘的平川、丘陵、山脚缓坡地带。位于山地地带的，无论是矩形还是圆形敌台都很少有围墙、墩院。

（二）恒山一线内长城沿线敌台特征

1. 恒山一线内长城东段沿线的敌台

恒山一线内长城东段，包括灵丘、繁峙、浑源、应县、山阴和代县六县，共调查敌台303座。

敌台大多数骑墙而建，部分倚墙而建，位于长城墙体面向内蒙古一侧，在繁峙和浑源两县还有11座敌台位于长城墙体东侧或北侧，有短墙将敌台和长城连接起来。

材质类型以砖质敌台居多，有233座，占76.9%；其次是土质敌台，有62座，占20.5%；石质敌台很少，仅7座；另外还有1座材质不详。

砖质敌台，外部砖石砌筑，条石或石块基础，上部包砖，内部为夯土台体。夯土台体系黄土夯筑而成，多数含有砂砾、碎石等，夯层厚度多数在0.1~0.3米。

土质敌台，主要见于浑源县，有51座，占全部土质敌台的82.3%。其建筑材料，主要是黄土，多数含有砂砾、碎石等，均为夯筑而成，夯层厚度大多数为0.1~0.3米。

石质敌台，数量很少，散见于繁峙、浑源和山阴县。敌台外部石块砌筑，内部为夯土台体，夯层厚0.2米。总体而言，土质敌台和砖质、石质敌台的内部夯土台体，它们与长城土墙的建筑材料、夯层厚度显示出较大的一致性。

敌台的平面形制，除浑源县的一座土质敌台为圆形台体外，其余均为矩形，剖面形制均呈梯形。附属设施以繁峙县竹帛口长城的6座砖质敌台最为丰富，有台基、石券拱门、箭窗、射孔、垛口墙等，在石券拱门上方嵌有石匾，横书"茨字××号台"，敌台内部为砖券拱顶回廊结构。

三种材质的敌台在浑源县均有，它们的分布有一定的规律，即土质敌台大多位于恒山山脉的山脊之上，且海拔多在 2000 米左右；而砖质、石质敌台则大部分位于恒山东南侧与唐河谷地的交汇处以及恒山西北侧与浑河谷地的交汇处，海拔低于土质敌台。

从材质类型而言，与山西北部外长城沿线敌台以土质敌台占绝大多数正好相反，恒山一线内长城东段是砖质敌台居多，其次才是土质敌台。从平面形制而论，这里的圆形台体几近没有，外长城沿线虽然圆形敌台也很少，但至少还有一定的数量。

2. 恒山一线内长城西段沿线的敌台

恒山一线内长城西段，包括原平、宁武、神池、朔城四县市区以及偏关县东部内长城沿线，共调查敌台 32 座。敌台数量与恒山一线内长城东段相比明显偏少。

敌台均为骑墙而建，与恒山一线内长城东段倚墙而建有一定数量差异明显。

材质方面，有 13 座不详，其余 19 座以土质敌台最多，有 14 座，占已知材质者的 73.7%；其次是砖质敌台，有 4 座，占 21%；石质敌台仅于朔城区发现 1 座。与恒山一线内长城东段相比，石质敌台同样稀少，但土质与砖质敌台的比例正好对调。

建筑方式方面，三种材质类型均与恒山一线内长城东段相仿，但以土质敌台的夯层厚度而论，这里绝大多数为 0.05~0.23 米，最厚为 0.3 米，明显要薄于恒山一线内长城东段敌台。

敌台的平面形制，除 2 座不详外，其余绝大多数为矩形，有 29 座；另有 1 座呈椭圆形，较为特殊。附属设施所见不多，主要是宁武县阳方口 1、2 号敌台保存有较多设施。这 2 座敌台为砖质台体，上部东、西、北三壁各设 3 个箭窗；南壁有门洞与墙体相连；内部为回廊结构，有登顶步道；顶部残存有垛口墙，东壁、西壁、北壁顶部垛口墙下有排水设施。

至于敌台材质与所在长城墙体材质的关系，宁武县的砖质敌台位于砖墙之上，原平市的砖质敌台则位于石墙之上，朔城区的 1 座石质敌台位于石墙之上，土质敌台则土墙、石墙均有分布。

总之，恒山一线内长城西段与东段以及山西北部外长城沿线敌台的特征，是有较明显区别的。

（三）黄河东岸外长城沿线敌台特征

偏关、河曲两县黄河东岸长城沿线，共调查敌台 18 座，均为骑墙而建。

材质类型有砖质敌台 5 座，土质敌台 13 座。砖质敌台，外部砖石砌筑，内部为夯土台体。土质敌台均为夯筑而成。砖质敌台内部的夯土台体和土质敌台的夯层厚度均在 0.05~0.18 米。

敌台的平面形制有矩形台体 6 座，圆形台体 12 座，剖面形制均呈梯形。极个别敌台有台基、登顶步道等附属设施。

从材质类型，即土质和砖质敌台的数量比例来说，黄河东岸外长城沿线敌台与恒山一线内长城西段敌台大体相同，但是夯层厚度偏薄、圆形台体数量居多又形成了这里的明显特征。此外，这里的土质、砖质敌台均位于长城砖质墙体之上，又是一特征。

（四）太行山长城沿线敌台特征

太行山沿线敌台发现不多，在黎城、和顺、昔阳、平定及盂县五县调查敌台 38 座。

敌台绝大多数为骑墙而建，仅 5 座（黎城县 1 座，和顺县 1 座，平定县 2 座，盂县 1 座），均倚墙而建。另外平定县新关村西侧 1 号敌台位于新关村西侧长城 1 段墙体北侧，西南角距墙体 3 米。

材质类型，绝大多数为石质敌台，仅平定县将军峪村西南侧敌台为土质敌台。

石质敌台，土石混筑而成，外侧石块垒砌，内部填以碎石泥土或为黄土夯筑而成。另外平定县新关村南侧1、2号敌台、新关村西侧1号敌台经现代修缮，为条石或石块垒砌而成。平定县庙庄村北侧敌台、将军峪村南侧1号敌台，利用山体顶部天然巨石，边缘修筑石墙围绕而成，石墙系土石混筑而成。

石质敌台的平面形制有矩形、圆形、椭圆形三种，其中绝大多数为矩形，有30座，占全部石质敌台的81.1%；圆形敌台4座（黎城县1座，平定县3座）；椭圆形敌台3座（黎城县、和顺县、盂县各有1座）。剖面形制均呈梯形。附属设施少见，有台基、登顶台阶等。

唯一的一座土质敌台，即平定县将军峪村西南侧敌台，黄土夯筑而成，夯层厚0.25~0.3米。平面形制呈矩形，剖面呈梯形。

从敌台材质与所在长城墙体材质的关系来看，平定县唯一的一座土质敌台位于土墙之上，该县的一座石质敌台也位于土墙之上，太行山沿线其余敌台均位于石墙之上。

五　马面特征

马面共调查873座。但马面的分布与敌台相比，有很大不同，首先外长城沿线的天镇县未见马面；其次恒山一线内长城东段沿线亦未见马面，而恒山一线内长城西段马面数量很多；黄河东岸的偏关县、河曲县分布有少量马面；太行山沿线马面罕见。

（一）外长城沿线马面特征

外长城沿线调查马面368座，但是天镇县未见马面，阳高、新荣、左云三县区马面数量不多，有66座；而右玉、平鲁两县区以及偏关县北部与内蒙古自治区清水河县交界处，马面调查302座，占外长城沿线马面的82.1%。

马面均为倚墙而建，位于长城墙体面向内蒙古一侧。材质类型以土质占大多数，均为黄土夯筑而成，部分含砂砾、碎石、料礓石，夯层厚度集中在0.14~0.26米。如果与长城土墙、土质敌台进行对比，土质马面所用的建筑材料和夯层厚度是相一致的。

在偏关县还调查52座石质马面和1座砖质马面。石质马面，外部条石垒砌，内部为夯土台体，夯层厚度绝大多数在0.04~0.25米。砖质马面外部砖石垒砌，内部为夯土台体，夯层厚0.15~0.2米。

三种材质的马面，平面形制均呈矩形，剖面形制均呈梯形。几乎无附属设施，仅平鲁区六墩1号马面（土质）顶部边缘有女墙痕迹。

马面与敌台往往相间分布。以平鲁区长城主线为例，敌台的分布密度要大于马面。长城主线上有敌台120座，马面52座，敌台分布平均间距为347.4米，马面分布平均间距为801.7米。若将敌台、马面合并统计，长城主线敌台、马面分布平均间距为242.4米。

（二）恒山一线内长城西段沿线马面特征

恒山一线内长城西段的宁武、神池、朔城三县区以及偏关县东部内长城沿线，共调查马面465座，与恒山一线内长城东段未见马面形成鲜明对比。同时相对于敌台发现很少，恒山一线内长城西段的马面发现数量很多。

马面均为倚墙而建，绝大多数位于长城墙体面向内蒙古一侧，仅神池县 5 座、朔城区 8 座、偏关县 1 座马面位于面向山西省一侧。

材质类型有 164 座不详，其余 301 座有石质 190 座，占已知材质者的 63.1%；其次是土质马面 99 座，占 32.9%；砖质马面很少，仅 12 座。

石质马面，外部条石或石块砌筑，内部为夯土台体，夯层厚 0.1～0.3 米。石质马面绝大多数建于石质长城墙体之上，仅神池县 1 座建于土质长城墙体之上。

土质马面，均为夯筑而成，夯层厚 0.04～0.27 米。土质马面建于土质、石质长城墙体之上。

砖质马面，外部砖石砌筑。砖质马面集中建于宁武县郭家窑长城（石墙）墙体之上，有 10 座。另在该县阳方口长城 1 段（砖墙）墙体之上有 2 座砖质马面。

马面平面形制均呈矩形，剖面形制均呈梯形。附属设施少见，有女墙、掩体、排水沟槽等。

马面间距以朔城区西部长城为例，朔城区西部长城除石板沟长城 1、2 段和勒马沟外长城外，有敌台 1 座、马面 186 座，间距在 0.012～0.969 千米。其中朔 0001 号敌台与朔 0032 号马面间距 0.648 千米，朔 0113 号马面与朔 0112 号马面间距 0.969 千米。除此之外，间距最大为 0.234 千米。可以看出朔城区敌台、马面间距较近。

（三）黄河东岸外长城沿线马面特征

偏关、河曲两县黄河东岸长城沿线，共调查马面 35 座，均为倚墙而建，偏关县有 4 座位于长城墙体面向黄河一侧，其余 12 座位于面向山西省一侧；河曲县 19 座则全部位于面向黄河一侧。

材质类型除 7 座不详外，有土质马面 17 座，石质马面 10 座，砖质马面 1 座。可以看出马面以土质、石质马面为主。土质马面均为夯筑而成，夯层厚 0.04～0.2 米。石质马面，片石垒砌而成。砖质马面，外部砖石砌筑。

马面平面形制绝大多数呈矩形，剖面形制均呈梯形。仅偏关县、河曲县各有 1 座平面呈圆形。

偏关县马面分别位于石质、砖质长城墙体之上。河曲县马面均位于砖质长城墙体之上。

（四）太行山长城沿线马面特征

太行山沿线马面发现不多，在和顺、平定、盂县三县调查马面 5 座。均为倚墙而建，位于长城墙体面向山西省一侧。材质类型均为石质马面，土石混筑，四周石块垒砌，中间堆以碎石泥土。平面形制呈矩形，剖面呈梯形。马面均位于石质长城墙体之上。

六　烽火台特征

（一）外长城沿线烽火台特征

外长城沿线，包括天镇、阳高、新荣、左云、右玉、平鲁诸县区，偏关县地处内、外长城相交处，尤其是腹里烽火台无法像长城墙体、敌台、马面那样区分出内、外长城沿线之别。因此将偏关县烽火台全部按外长城沿线来对待。另外，右玉县长城沿线烽火台由内蒙古自治区调查队调查，本报告只述及山西省调查队调查的右玉县腹里烽火台，因此以下论述也只涉及右玉县的腹里烽火台。这两点需要读者注意分辨。

天镇诸县共调查烽火台1237座，其中长城沿线烽火台474座，腹里烽火台763座。长城沿线烽火台的走向大体与长城墙体走向一致，距离长城墙体多在1000米以内，最近者仅4米。腹里烽火台的分布，主要是以各座城堡为中心，也有一些是以较大村庄为中心或沿交通要道分布的。

材质类型绝大多数为土质烽火台，计1192座，占96.4%，仅发现28座石质烽火台和12座砖质烽火台。另左云县有4座烽火台已消失，右玉县有1座烽火台材质不详。

土质烽火台的建筑材料，主要是黄土，多数含有砂砾、碎石等，绝大多数为夯筑而成，有1188座，夯层厚度大多数为0.1~0.32米。土质烽火台的建筑材料、夯层厚度显示出与土墙、土质敌台较大的一致性。偏关县烽火台的夯层厚度多为0.03~0.2米，与其他诸县区差异颇大，而且与该县土质敌台、马面以0.15~0.2米为主也明显不同。另外在左云县有4座土质烽火台为堆筑而成。

土质夯筑烽火台（1188座）的平面形制，除左云县1座、偏关县2座不详外，有矩形、圆形、椭圆形三类，剖面形制均呈梯形。矩形台体844座，圆形台体339座，椭圆形烽火台罕见，左云县、平鲁区各有1座，三种形制的烽火台所占比例分别为71%、28.5%、0.2%。

土质烽火台的附属设施有围墙、围墙内墩院院基、台基、可通台体顶部的台体内踏道和台体外坡道等。现存有围墙或遗留有围墙痕迹的有300多座，围墙内多数仍存有墩院院基。台体内踏道均在台体底部与进台拱形门洞相通，进台拱形门洞位于台体东、南壁，即面向山西省一侧。台体外坡道位于台体东、南、北壁，既有面向山西省一侧的，又有面向内蒙古一侧的。

石质烽火台，土石混筑而成，外部四壁石块垒砌，内部堆以碎石泥土或为夯土台体。天镇县双山村1~3号烽火台尚存外部包石，石块长0.1~0.7米。平面形制以矩形居多，圆形数量较少，剖面形制均呈梯形。天镇县石质烽火台均有矩形台基，台基为石块垒砌而成。双山3号烽火台还设有石砌围墙。

砖质烽火台，外部包砖，内部为夯土台体，黄土夯筑而成，夯层厚0.1~0.13米。平面形制绝大多数呈矩形，个别呈圆形，剖面形制均呈梯形。砖质烽火台绝大多数见于偏关县，有11座，另有1座位于天镇县。

（二）恒山一线内长城沿线烽火台特征

1. 恒山一线内长城东段沿线的烽火台

恒山一线内长城东段，包括灵丘、繁峙、浑源、应县、山阴和代县六县，共调查烽火台358座。其中长城沿线烽火台216座，腹里烽火台142座。长城沿线烽火台的走向大体与长城墙体走向一致，距离长城墙体多在5千米以内，最近者仅40米。腹里烽火台的分布，主要是以各座城堡为中心，并沿河谷或交通要道分布。

烽火台的材质类型有土质、砖质和石质三类。以土质烽火台最多，有248座，占69.3%；其次是砖质烽火台，104座，占29.1%；石质烽火台极少，仅6座，在浑源县、山阴县、代县各见2座。

土质烽火台，均为黄土夯筑而成，部分含有砂砾、碎石，夯层厚度集中在0.15~0.3米。砖质烽火台，外部砖石砌筑，内部为夯土台体。夯土台体系黄土夯筑而成，部分含有砂砾、碎石，夯层厚度在 0.06 ~ 0.33 米, 其中绝大多数在 0.15 ~ 0.3 米。石质烽火台, 外部用片石或石块垒筑, 内部为黄土夯筑, 夯层厚 0.19 ~ 0.26 米。可以看出土质、砖质、石质烽火台的夯层厚度基本一致。

平面形制方面, 绝大多数为矩形, 仅 10 座为圆形 (浑源县 1 座、应县 2 座、山阴县 2 座土质烽火台, 山阴县 3 座砖质烽火台, 代县 2 座石质烽火台), 山阴县还有 1 座土质烽火台呈椭圆形。剖面形制均呈梯形。

附属设施不多, 主要有围墙、台基、登顶坡道或脚窝等几种。

2. 恒山一线内长城西段沿线的烽火台

恒山一线内长城西段, 包括原平、宁武、神池、朔城四县市区, 共调查烽火台 249 座。其中长城沿线烽火台 83 座, 腹里烽火台 166 座。长城沿线烽火台的走向大体与长城墙体走向一致, 距离长城墙体大约在 1000 米以内, 最近者仅 10 米。腹里烽火台的分布, 主要是以各座城堡为中心, 并沿河谷或交通要道分布。

烽火台的材质类型有土质、砖质和石质三类。以土质烽火台最多, 有 197 座, 占 79.1%；其次是砖质烽火台, 28 座, 占 11.3%；石质烽火台很少, 有 24 座, 占 9.6%。相较于恒山一线内长城东段, 石质烽火台的数量和比例有所增多, 砖质烽火台则减少明显。

土质烽火台, 均为黄土夯筑而成, 部分含有砂砾、碎石, 夯层厚 0.07 ~ 0.32 米, 以 0.15 ~ 0.25 米较多。砖质烽火台, 外部砖石砌筑, 内部为夯土台体, 夯层厚 0.07 ~ 0.28 米。石质烽火台, 外部用片石或石块垒筑, 内部为黄土夯筑, 夯层厚 0.07 ~ 0.3 米。可以看出土质、砖质、石质烽火台的夯层厚度基本一致。

平面形制方面, 绝大多数为矩形, 仅朔城区 5 座土质、1 座石质烽火台为圆形, 剖面形制均呈梯形。

附属设施少见, 有围墙、台基、可通台体顶部的台体内踏道和台体外坡道等。

(三) 黄河东岸河曲县烽火台

河曲县共调查烽火台 55 座。其中长城沿线烽火台 38 座, 腹里烽火台 17 座。长城沿线烽火台的走向大体与长城墙体走向一致, 绝大多数位于长城墙体面向内地一侧, 仅 2 座烽火台位于长城墙体面向黄河一侧。腹里烽火台的分布, 以 1 座或 2 座堡为分布中心, 分布于河谷两岸。

烽火台的材质类型绝大多数为土质烽火台, 有 47 座, 占 85.5%；仅发现 5 座砖质烽火台和 3 座石质烽火台。

土质烽火台, 均为夯筑而成, 夯层厚 0.03 ~ 0.22 米。砖质烽火台, 外部砖石砌筑, 内部为夯筑台体, 夯层厚 0.03 ~ 0.23 米。石质烽火台, 外部石砌, 内部为夯土台体, 夯层厚 0.05 ~ 0.2 米。

烽火台的平面形制多数为矩形, 有 38 座, 占 69.1%；土质有 14 座, 砖质、石质各有 1 座呈圆形；还有 1 座土质烽火台为不规则形。可以看出, 圆形台体数量、比例较恒山一线内长城要多。

附属设施有围墙、台基, 少数台体内部有登顶踏道, 或台体外一壁有登顶坡道。

(四) 太行山长城沿线烽火台特征

太行山沿线烽火台发现不多, 在昔阳、平定及盂县三县调查烽火台 39 座。其中长城沿线烽火台 18

座，腹里烽火台 21 座。长城沿线烽火台的走向大体与长城墙体走向一致，距离长城墙体一般在 1000 米以内，盂县炮台梁烽火台西壁与炮台梁长城 1 段相连，其余最近者仅 23 米。腹里烽火台的分布，主要是沿交通要道分布。

烽火台的材质类型，除 1 座消失不明外，有土质、石质两种，各 19 座。

石质烽火台，土石混筑，四壁用大小不一的石块垒砌，中间填以碎石泥土或为黄土夯筑而成。土质烽火台，多为黄土夯筑而成，夯层厚 0.1~0.2 米。在平定县还有黄土堆筑而成的 4 座烽火台。

烽火台的平面形制，除 1 座消失不明外，大多数为矩形，有 29 座，占总数的 74.4%；其次为圆形，有 8 座；还有 1 座为不规则形。剖面形制均呈梯形。

石质烽火台的附属设施有围墙、台基，以及台体顶部的垛口墙、射孔、排水设施等。土质烽火台的附属设施有台基和登顶坡道。

七 山西省明长城的保存状况

为反映山西省明代长城各类遗址的保存状况，按墙体不同类别、关堡和敌台、马面、烽火台三种主要的单体设施，对它们的保存状况进行了分类统计。

（一）长城墙体保存状况分类统计

长城墙体中，土墙保存较好和一般者长 250693.31 米，占土墙总长度的 52.4%；石墙保存较好和一般者长 67962.21 米，占石墙总长度的 40.1%；砖墙保存较好和一般者长 26302 米，占砖墙总长度的 33.5%。可以看出砖墙保存较好和一般者比例最小，反映这类墙体面临的破坏更加严重；相对而言，土墙则要略好一些。反观消失和保存差者，也有相对应的比例关系。土墙消失和保存差者，占土墙总长度的 22%；而石墙、砖墙消失和保存差者分别占该类墙体的 41.2%、46.7%，接近半数。如此说明，砖墙、石墙这类长城墙体，虽然更加坚固，但保存状况却不理想。至于山险和山险墙，则绝大多数保存较好（表 595~599）。

表 595 山西省明代长城墙体土墙保存状况调查成果分县统计表（单位：米）

	总长度	保存较好	保存一般	保存较差	保存差	消失
天镇县	47917	14697	14247	8833	490	9650
阳高县	49098	9619	15741	2879	3191	17668
新荣区	98081	6679	48618	20111	4994	17679
左云县	35872	3657	11340	15676	1483	3716
右玉县	75287	12635	29826.5	24002.5	4377	4446
平鲁区	46964	5794	13229	22133	4175	1633
繁峙县	380	0	110	33	0	237
浑源县	7769	3170	214	884	238	3263
应县	5831	0	382	652	98	4699
原平市	39.8	0	0	35.8	0	4
宁武县	13002.5	5890	5343	790	0	979.5

	总长度	保存较好	保存一般	保存较差	保存差	消失
神池县	14225	4535	7524	1131	320	715
朔城区	4331	2325	850	120	0	1036
偏关县	74937.5	8928	25028	23977	14470	2534.5
河曲县	2230	0	0	250	1220	760
平定县	2042.23	0	213.81	814.43	831.47	182.52
广灵县	98	83	15	0	0	0
合　计	478105.03	78012	172681.31	122321.73	35887.47	69202.52

表596　山西省明代长城墙体石墙保存状况调查成果分县统计表（单位：米）

	总长度	保存较好	保存一般	保存较差	保存差	消失
天镇县	14247	0	0	2181	10248	1818
新荣区	1281	0	202	1079	0	0
左云县	1617	0	0	355	1209	53
灵丘县	848	555	98	21	45	129
繁峙县	19076	696	1887	3386	8321	4786
浑源县	21403	283	892	10960	6123	3145
应县	867	0	0	171	88	608
山阴县	1770	260	600	630	140	140
代县	1011	0	0	796	215	0
原平市	255	0	205	50	0	0
宁武县	22484.9	3335	16063.3	748	0	2338.6
神池县	6421	2890	3480	0	0	51
朔城区	26561	7106	17327	655	82	1391
偏关县	15508	3312.5	1882	1096.5	800	8417
河曲县	1680	0	50	165	0	1465
黎城县	8590.59	32.7	922.17	1266	5316.2	1053.52
左权县	903.94	0	18.79	441	254.15	190
和顺县	6597.04	0	117.98	2156.95	3138.21	1183.9
昔阳县	5524.3	239.86	559.6	1917.18	2707.98	99.68
平定县	9614.11	1159.27	2198.21	2546.51	3262	448.12
盂县	3198.11	0	1589.83	1056.97	495.06	56.25
合　计	169457.99	19869.33	48092.88	31678.11	42444.6	27373.07

表597　山西省明代长城墙体砖墙保存状况调查成果分县统计表（单位：米）

	总长度	保存较好	保存一般	保存较差	保存差	消失
繁峙县	3951	394	478	992	1946	141
浑源县	12875	0	3715	7423	616	1121
应县	9099	0	3482	559	510	4548

	总长度	保存较好	保存一般	保存较差	保存差	消失
山阴县	9497	95	5485	1568	930	1419
代县	3207	1174	846	128	508	551
宁武县	2761	920	1185	0	0	656
偏关县	3250	2038	725	90	0	397
河曲县	33799.6	1850	3915	4734	5195	18105.6
合　计	78439.6	6471	19831	15494	9705	26938.6

表598　山西省明代长城墙体山险墙保存状况调查成果分县统计表（单位：米）

	总长度	保存较好	保存一般	保存较差	保存差	消失
应县	4803	4803	0	0	0	0
平定县	1308.11	1302.11	0	0	0	6
合　计	6111.11	6105.11	0	0	0	6

表599　山西省明代长城墙体山险保存状况调查成果分县统计表（单位：米）

	总长度	保存较好	保存一般	保存较差	保存差	消失
天镇县	49	49	0	0	0	0
灵丘县	3450	3450	0	0	0	0
繁峙县	14500	0	14500	0	0	0
浑源县	35500	32000	3500	0	0	0
应县	27000	27000	0	0	0	0
山阴县	18200	18200	0	0	0	0
代县	3600	3600	0	0	0	0
原平市	2500	2500	0	0	0	0
宁武县	820	820	0	0	0	0
神池县	100	100	0	0	0	0
朔城区	2060	2060	0	0	0	0
偏关县	24350	24350	0	0	0	0
河曲县	9342.2	9342.2	0	0	0	0
和顺县	1953.24	1953.24	0	0	0	0
昔阳县	1916.72	1916.72	0	0	0	0
平定县	1342.11	1342.11	0	0	0	0
盂县	5565.57	5547.2	0	0	0	18.37
合　计	152248.84	134230.47	18000	0	0	18.37

关于表599，有以下几点需要说明。

① 表中宁武县山险2段，包括河险1段（长380米）。

② 表中神池县山险1段，实际为河险。

（二）关堡保存状况分类统计

　　关堡保存较好和一般者有 186 座，占关堡总数的 53.4%；保存差者 43 座，占 12.4%（表 600）。需要说明的是宁武县 20 座关堡中宁武城由于情况特殊，未进行调查，实际调查 19 座关堡；偏关县 34 座关堡中偏关城也由于情况特殊，未进行调查，实际调查 33 座关堡。内蒙古兴和县古城村只保存有堡门墙体和堡门门洞，堡门整体保存一般，本表亦按保存一般进行统计。

表 600　山西省明代关堡保存状况调查成果分县统计表（单位：座）

	总数	保存较好	保存一般	保存较差	保存差
天镇县	10	0	3	4	3
阳高县	8	0	2	6	0
新荣区	13	0	9	4	0
左云县	10	1	6	3	0
右玉县	19	0	18	1	0
平鲁区	13	3	6	2	2
灵丘县	6	0	5	1	0
繁峙县	13	0	5	7	1
浑源县	26	3	11	8	4
应县	27	0	7	11	9
山阴县	8	0	7	1	0
代县	4	0	2	2	0
原平市	2	0	0	2	0
宁武县	20	0	7	5	7
神池县	14	1	6	6	1
朔城区	18	0	10	8	0
偏关县	34	6	11	8	8
河曲县	17	2	7	7	1
左权县	1	0	0	1	0
和顺县	2	0	1	1	0
昔阳县	1	0	1	0	0
平定县	2	0	0	2	0
大同市城区、南郊区	4	1	2	0	1
大同县	15	4	6	5	0
怀仁县	32	6	10	10	6
广灵县	28	0	16	12	0
内蒙古兴和县/丰镇市/凉城县	1	0	1	0	0
合　计	348	27	159	117	43

（三）山西省敌台、马面、烽火台保存状况分类统计

敌台、马面和烽火台的保存状况较为理想，保存较好和一般者均较多，占比在70%以上；而保存差者不足1%。分别来看，敌台保存较好和一般者有950座，占敌台总数的72.2%；保存差者仅6座，占0.5%。马面保存较好和一般者有687座，占马面总数的78.7%；保存差者仅6座，占0.7%。烽火台保存较好和一般者有1841座，占烽火台总数的81%；保存差者仅6座，占0.4%（表601~603）。

表601 山西省明代敌台保存状况调查成果分县统计表（单位：座）

	总数	保存较好	保存一般	保存较差	保存差	消失
天镇县	128	62	32	34	0	0
阳高县	105	46	54	5	0	0
新荣区	206	53	109	44	0	0
左云县	87	24	47	16	0	0
右玉县	183	0	0	0	0	0
平鲁区	128	18	103	7	0	0
灵丘县	4	3	0	1	0	0
繁峙县	77	8	57	12	0	0
浑源县	95	10	66	19	0	0
应县	57	1	53	3	0	0
山阴县	56	9	45	2	0	0
代县	14	2	10	1	0	不详1
原平市	2	0	2	0	0	0
宁武县	9	3	4	1	1	0
神池县	7	3	4	0	0	0
朔城区	9	1	1	0	0	不详7
偏关县	98	15	83	0	0	0
河曲县	12	0	12	0	0	0
黎城县	4	0	0	1	3	0
和顺县	3	0	1	0	2	0
昔阳县	8	1	2	5	0	0
平定县	19	3	2	14	0	0
盂县	4	0	0	4	0	0
广灵县	1	1	0	0	0	0
合 计	1316	263	687	169	6	不详8

关于表601，有以下几点需要说明。

① 消失一列中，未见消失的敌台。另有8座敌台保存状况不详，统计入该列之中。

② 右玉县敌台保存状况未进行统计。

表 602　山西省明代马面保存状况调查成果分县统计表（单位：座）

	总数	保存较好	保存一般	保存较差	保存差	消失
阳高县	28	0	23	5	0	0
新荣区	33	0	8	25	0	0
左云县	5	0	5	0	0	0
右玉县	81	0	0	0	0	0
平鲁区	58	1	51	6	0	0
宁武县	138	9	105	15	1	不详8
神池县	98	6	88	4	0	0
朔城区	194	36	142	15	1	0
偏关县	214	12	185	15	1	不详1
河曲县	19	0	15	3	0	不详1
和顺县	3	0	0	0	3	0
平定县	1	0	1	0	0	0
盂县	1	0	0	1	0	0
合　计	873	64	623	89	6	不详10

关于表 602，有以下几点需要说明。

① 消失一列中，未见消失的马面。另有 10 座马面保存状况不详，统计入该列之中。

② 右玉县马面保存状况未进行统计。

③ 朔城区马面在朔城区调查报告中是 195 座，其中与神池县交界处的神池县鹞子沟 37 号马面，因已统计在神池县，在此不再重复统计。

表 603　山西省明代烽火台保存状况调查成果分县统计表（单位：座）

	总数	保存较好	保存一般	保存较差	保存差	消失
天镇县	159	52	80	27	0	0
阳高县	140	5	118	17	0	0
新荣区	185	8	126	51	0	0
左云县	139	7	90	38	0	4
右玉县	233	43	107	32	0	0
平鲁区	191	39	133	19	0	0
灵丘县	10	5	5	0	0	0
繁峙县	33	4	28	1	0	0
浑源县	38	8	30	0	0	0
应县	136	13	100	22	1	0
山阴县	118	17	74	26	1	0
代县	23	0	20	3	0	0
原平市	19	4	15	0	0	0
宁武县	61	9	49	3	0	0
神池县	70	14	46	10	0	0

	总数	保存较好	保存一般	保存较差	保存差	消失
朔城区	99	22	46	27	3	不详1
偏关县	241	107	111	21	2	0
河曲县	55	9	36	10	0	0
昔阳县	9	0	6	2	1	0
平定县	23	1	8	14	0	0
盂县	7	1	5	1	0	0
大同市城区、南郊区	34	2	28	2	0	不详2
大同县	27	6	20	1	0	0
怀仁县	29	6	19	4	0	0
广灵县	14	9	4	1	0	0
五台县	19	16	3	0	0	0
阳泉市郊区	4	0	2	2	0	0
内蒙古兴和县/丰镇市/凉城县	156	13	112	31	0	0
合　计	2272	420	1421	365	8	4，不详3

关于表603，有以下几点需要说明。

① 消失一列中，有4座烽火台消失。另有3座烽火台保存状况不详，统计入该列之中。

② 右玉县表中总数包括腹里烽火台182座和长城墙体山西省一侧1000米以内的长城沿线烽火台51座，本表仅统计了182座腹里烽火台的保存状况。

八　山西省明代长城资源的保护管理状况

山西省各县（市、区）的明代长城资源均由当地县级文物管理行政部门负责保护与管理，但在2007～2008年调查期间，多缺乏保护标志，保护范围及建设控制地带也基本没有划定（表604）。随着长城资源调查工作的结束，山西省也加紧了长城保护范围及建设控制地带的划定工作，并于2016年公布，有利推动了长城的保护工作。因本报告是依据2007～2008年调查资料编写，故表604反映的也只是调查时的有关情况。

表604　山西省明代长城资源保护与管理状况分县统计表

	保护管理机构	保护标志	保护范围及建设控制地带	记录档案
天镇县	县文物管理所	无	未划定	无
阳高县	县文物管理所	无	未划定	无
新荣区	区文化体育局	无	未划定	无
左云县	县文物管理所	无	未划定	无
右玉县	县文物管理所	无	未划定	无
平鲁区	区文物管理所	无	未划定	无

	保护管理机构	保护标志	保护范围及建设控制地带	记录档案
灵丘县	县文物管理所	无	未划定	无
繁峙县	县文物管理所	有（平型关附近长城资源）	未划定	无
浑源县	县文物局	无	未划定	无
应县	县文物局	无	未划定	无
山阴县	县文物管理所	无	未划定	无
代县	县文物管理所	有（雁门关堡）	未划定	无
原平市	市文化体育局	无	未划定	无
宁武县	县教育文化体育局	无	未划定	无
神池县	县文化体育中心	无	未划定	无
朔城区	区文化体育局	无	未划定	无
偏关县	县文化体育局	无	未划定	无
河曲县	县文化体育发展中心	无	未划定	无
黎城县	县文博馆	无	未划定	无
左权县	县文物局	无	有（盘垴村东南侧长城，黄泽关堡，黄泽关关门）	无
和顺县	县文物管理所	无	有（支锅石关堡）	无
昔阳县	县文物管理所	无	有（九龙关东侧长城2段和九龙关东侧长城1段，鹤度岭关堡，白皮关关门，口上村东侧长城1段和口上村东侧敌台）	无
平定县	县文物管理所	有（固关，娘子关堡）	未划定	无
盂县	县文物管理所	无	未划定	无
大同市城区	大同市文物局	有（大同镇城）	未划定	无
大同市南郊区	区文物管理所	无	未划定	无
大同县	县文物管理所	无	未划定	无
怀仁县	县文物管理所	无	未划定	无
广灵县	县文物管理所	无	无	无
五台县	县文物管理所		未划定	无
阳泉市郊区	郊区文物管理所	无	未划定	无

　　另外在平定县与河北省井陉县交界的小寺村长城附近和凉沟桥村北侧1号烽火台附近有井陉县人民政府所立保护标志；五台县与河北省阜平县交界的长城岭长城的关门内有阜平县人民政府所立保护标志。

第二章　明大同镇、山西镇长城防御体系建设考察

今山西省明长城在明代主要属于大同镇和山西镇两镇管辖。大同镇是明代北方九边重镇之一。正统十四年（1449 年）"土木之变"后，大同镇成为防御蒙古骑兵南下的最前沿，直接关系到京师的安危，具有非常重要的战略地位。《读史方舆纪要》称其"居边隅之要害，为京师之藩屏"。山西镇，初称太原镇，位于大同镇以南的偏关—宁武关—雁门关—平型关一线，也称为"内长城"，是保卫京师和内地广大地区的又一重屏障。有明一代，两镇战事不断，其防御体系的构建也未间断，据载大同镇有"大边""二边""三边""小边"等多重长城，与各种规模的关堡、敌台、烽火台等共同建构起了完善的防御体系。从文献方面对大同镇、山西镇长城防御体系进行系统的考察，不仅是我们全面了解明代历史，尤其是明代边疆政策、明蒙关系、军防体制等的重要组成部分，也是科学考察长城遗迹的时代、分布与构建、演变的重要基础。

第一节　明大同镇长城防御体系建设考察

一　大同镇军事防御体系的发展变迁

明朝建立后，北部边防问题始终是关乎着明廷盛衰的关键性问题。大同镇的战略地位在"九边"中尤为重要，"北捍胡虏以控带幽燕，南总三关以招徕晋魏，翼卫陵寝，屏捍神京，屹然甲九塞。"[1]这种特殊的地理位置决定了大同镇在以京师防御为中心的北部边防体系中有着重要的政治和军事地位。终明一世，大同镇军事防御体系的建设从未停止。

（一）洪武至正统年间（1368～1449 年）

洪武二年（1369 年）正月，常遇春帅师自太原北征大同，元守将弃城逃遁，明军取大同并设大同府[2]。二月，徐达"遣都督同知张兴祖（汪兴祖）将宣武、振武、昆山三卫士卒守大同"[3]。大同军

---

〔1〕（明）王士琦撰：《三云筹俎考》卷 3《险隘考》，明万历刻本。
〔2〕李峰、张焯主编：《明实录·大同史料汇编》，北京燕山出版社，2008 年，第 1 页。
〔3〕台北"中研院"历史语言研究所点校：《明太祖实录》卷 39，1962 年，第 783 页。

事防御体系的建设由此拉开帷幕。

洪武三年（1370 年）设大同左、右卫、蔚州卫和朔州卫。

四年（1371 年）置大同都卫，下辖大同左、右卫、东胜卫、蔚州卫、朔州卫五卫。

八年（1375 年）改大同都卫为山西行都指挥使司，领大同左、右、前卫、东胜卫、蔚州卫、朔州卫六卫。

二十六年（1393 年）二月，置"大同后卫及东胜左、右，阳和，天城，怀安，万全左、右，宣府左、右十卫于大同之东；高山、镇朔、定边、玉林、云川、镇虏、宣德七卫于大同之西"〔1〕，连同大同前卫、宣府前卫、蔚州卫、朔州卫，共计二十一卫。

建文四年（1402 年）九月以前，随着宣府左右卫的改属和洪武三十一年（1398 年）所置安东中屯卫的归入，共领二十卫。

洪武年间，朱元璋以巡边、备边的名义，派元勋宿将"修理城池，练兵训将，以备边陲"。一旦边防有警，则授以印信，充当临时统帅，"倘胡人来寇，就令统兵力征，以安中国"〔2〕，这样便形成了一个以临时统帅为核心的边防系统。到洪武后期，朱元璋开始让分封于边陲的藩王参与边防，并节制诸将及各都司卫所，藩王成为边防的最高指挥者，"凡军中机务，一走朝廷，一启王知，永著为令。"〔3〕由此形成了藩王—临时统帅—都司卫所的指挥系统。

永乐初年，朱棣着手调整原有边防指挥系统，以"天子守边"取代"藩王守边"，同时也取消了高级将领巡边、备边，充当临时统帅的惯例，取而代之设总兵官镇守边疆，实行区域重点防御。总兵官一职通常由皇帝直接任命，与巡边、备边将领不同的是，总兵官有明确的镇戍之地，是专职的边防指挥者，节制辖区内的都司卫所。大同镇总兵官设置于永乐七年（1409 年），《三云筹俎考》载："永乐七年置镇守总兵官，于是大同称镇，是镇也，北捍胡虏以控带幽燕，南总三关以招徕晋魏，翼卫陵寝，屏捍神京，屹然甲九塞焉。"〔4〕首任总兵官为江阴侯吴高。

迁都北京后，明廷对京师周边的卫所进行了调整，大批卫所内迁。随着北部防线的南移和国都的北迁，大同镇的战略地位日益重要，"然各镇俱有险可据，独大同外有海子，水草便利，虏可久驻牧马，内无重山限隔，虏得出没其间，故大同、宣府二镇为尤重。"〔5〕顾祖禹称大同"东连上谷，南达并恒，西界黄河，北控沙漠，居边隅之要害，为京师之藩屏。"〔6〕

洪熙元年（1425 年），明仁宗"颁将军印于诸边将"〔7〕，总兵官镇守制度成为定制，并开始设立副总兵。郑亨任大同镇总兵官，沈清任副总兵官。宣德年间，大同镇领卫十三：大同左卫、右卫，云川卫，玉林卫，高山卫，东胜左卫、右卫，镇朔卫，镇虏卫，定边卫，天城卫，阳和卫，宣府前卫。

随着宣德、正统年间开平卫和东胜卫的陆续失守，大同镇成为军事意义上"三面近塞"的"突出部"，其战略地位更加重要。正统三年（1438 年）重置东胜卫，新立威远卫，大同镇领卫十四。

〔1〕《明太祖实录》卷 225，第 3295 页。

〔2〕《明太祖实录》卷 78，第 1425 页。

〔3〕《明太祖实录》卷 226，第 3303 页。

〔4〕（明）王士琦撰：《三云筹俎考》卷 3《险隘考》。

〔5〕《明实录·大同史料汇编》，第 44 页。

〔6〕（清）顾祖禹撰，贺次君、施和金点校：《读史方舆纪要》卷 44，中华书局，2005 年，第 1833 页。

〔7〕（清）夏燮撰，王日根、李一平等点校：《明通鉴》卷 18，岳麓书社，1996 年，第 395 页。

(二) 景泰至正德年间 (1450～1521 年)

正统十四年 (1449 年) "土木之变" 后, 明廷确立 "固守边疆" 的全面防御政策[1], 认为 "中国之御夷狄无所事乎攻, 惟守与战而已。盖寇在外则据险而守, 寇在内则提兵而战, 守为策之善, 而战非吾之利也。"[2] 在此战略下, 大同镇的防御体系也日臻完善。

弘治元年 (1488 年), 兵部尚书余子俊指出 "宣府、大同极临虏境, 国家安危实系于此", "大同一镇以镇守总兵、副总兵、游击将军所治者为中路; 阳和、天城为东路; 东南乃宣府、洪州城; 大同左右卫、平虏、威远、朔州卫、井坪堡为西路; 西南乃偏头关各有参将一员分守。如常山之蛇, 首尾相应……如虏寇中路, 则以大同城中官军为主兵, 而调东路与洪州 (今河北阳原县) 合兵应于东, 调西路与偏头关合兵应于西, 寇东路则以东路官军为主兵, 而大同副总兵、游击及宣府游击、洪州参将各合兵于东西策应, 寇西路则以西路为主兵, 而大同副总兵、游击及偏头参将合兵亦如之。其应州、浑源、山阴、马邑、怀仁五城官军或于本城或于要害城堡分布游击。如小寇盗则大同游击与各路参将各以兵应之, 但洪州隶宣府节制, 偏头关非大同所属, 请令二路参将皆听大同遇警调用。"[3]

继任的兵部尚书马文升任命文职大臣总制大同、宣府、山西偏头三关各路将官, 统一调度各路军马, 增强了北部边防的整体作战能力。同时禁止砍伐自偏头、雁门、紫荆、潮河川、喜峰口直至山海关长达数千里的沿边山林, 以保证北部边防的 "第二藩篱" 不受破坏[4]。

鉴于东胜卫久废, 大同西部地区卫所稀疏, 防御能力较差, 故于成化十七年 (1481 年) 新建平虏卫, 大同镇仍领十四卫。

(三) 嘉靖至万历年间 (1522～1619 年)

嘉靖年间, 边防形势异常严峻, "俺酋猖獗, 遂令邑无完雉, 堡尽血磷, 边氓褫魄, 则惟窃出从虏耳。"[5] 这成为大同镇大规模建设的重要推动力量。

在嘉靖年间, 大同镇边防建设还有很重要的一点, 就是宣大总督的确立。宣大总督, 总督宣、大、山西等处地方军务, 兼理粮饷, 节制宣府、大同、山西三抚三镇, 其设与废经历了一段十分复杂的变迁过程[6]。《明会典·都察院》载: 正统元年 (1436 年), 始遣都御史巡抚宣大。景泰二年 (1451 年), 宣大各设巡抚, 而遣尚书总理宣大军务。成化、弘治间, 有警则遣, 无事则止。正德八年 (1513 年), 设总制一员, 镇巡以下并管粮郎中, 俱听节制。嘉靖间, 命总督官兼督偏保及理粮饷, 时设时革, 至二十九年 (1550 年) 始定设, 去偏保改山西[7]。随着宣大总督的确立, 大同镇的边防建设无论在规划上, 还是在人力、物力、财力的调配使用上都有了统一的规划和调度, 为其迎来建设高峰打下了坚实的物质基础和制度保障。

隆庆四年 (1570 年), "俺答封贡" 结束了明初以来蒙古各部与明王朝之间近 200 年兵戎相见的战争局面, "隆万间, 中土安平, 不见兵革。"[8] 在这段相对和平的时间内, 明廷着手巩固边防, 大同镇

〔1〕 (明) 陈子龙等:《明经世文编》卷 24《孙司马奏疏〈天戒疏〉》, 中华书局, 1962 年, 第 183 页。
〔2〕《明经世文编》卷 23《刘黄门奏疏〈复仇疏〉》, 第 179 页。
〔3〕《明孝宗实录》卷 21, 第 499～500 页。
〔4〕《明经世文编》卷 63《马端肃公奏疏二〈为禁伐边山林木以资保障疏〉》, 第 527 页。
〔5〕《三云筹俎考》卷 3《险隘考·大同镇总图说》。
〔6〕 见赵现海:《明代九边军镇体制研究》, 东北师范大学博士论文, 2005 年。
〔7〕《明督抚年表》卷 2《宣大》, 第 103 页。
〔8〕《罪惟录》卷 11 下《梁梦龙传》, 第 1741 页。

所属军堡的军事建置也最终形成。依《三云筹俎考》和《宣大山西三镇图说》[1]，列表如下[2]（表605）。而表中所列城堡，见于今山西省者，也多有遗存。

表605　万历时期大同镇所属城堡军事建置统计表

		所辖城堡	军官	旗（官）军	马骡
阳和道所辖新东二路	新平路	平远堡	守备1员，坐堡把总1员	673（406）	281（58）
		新平堡	参将、守备1员，中军、千把总7员	1642（623）	596（57）
		保平堡	守备1员，坐堡1员（操守）	321	18
		桦门堡	防守1员	297	8（6）
	东路	永嘉堡	操守、坐堡、把总1员	307（298）	18（17）
		瓦窑口堡	守备1员，坐堡1员，把总1员	452（468）	21（19）
		天城城	参将、守备1员，坐堡、千把总8员，天镇2卫官军	2652（1021）	1057（26）
		镇宁堡	操守1员	302	16
		镇口堡	操守、坐堡1员（操守）	310（311）	17（16）
		镇门堡	守备1员，坐堡1员（操守、守备）	493（512）	45（48）
		守口堡	守备1员，把总1员（操守、守备）	466	45
		阳和城	阳和道军门、中军、左右游击、都司同知、旗鼓、守备总及2卫所（参将、守备）	9109（6928）	5960（5892）
		靖房堡	守备1员	513（461）	86（37）
分巡冀北道所辖北东路暨不属路	北东路	镇边堡	守备1员	699（722）	82
		镇川堡	守备1员	674（679）	70
		镇羌堡	守备1员	1053	268（184）
		得胜堡	参将1员	2960（1448）	1191（1189）
		弘赐堡	守备1员	608（607）	92
		拒墙堡	守备1员（操守1员）	420	30
		镇房堡	守备1员	266（245）	47
		镇河堡	操守1员（守备1员）	358（333）	7
	不属路	许家庄堡	操守1员	581（683）	183（193）
		蔚州城	知州、守备1员	隶属宣府	隶属宣府
		广昌城	知县、守备1员	隶属宣府	隶属宣府
		聚落城	守备等官	722（737）	190
		广灵城	知县、操守1员（守备1员）	未知	未知
		灵丘城	知县、守备1员	605（1106）	124
		浑源州城	知州、守备及中前2所官军	475（480）	48
		王家庄堡	操守、把总1员	200（军）	7（10）
		大同城	代藩、总镇、部道、抚院、中军、都司、游记、卫所等官	22709（24186）	16992（16448）

〔1〕　（明）杨时宁编：《宣大山西三镇图说》，明万历癸卯（1603年）刻本。

〔2〕　表中两书有不一样的情况，括号内为《宣大山西三镇图说》的数据

		所辖城堡	军官	旗（官）军	马骡
大同左卫道所辖中北西威远三路	北西路	拒门堡	守备1员，坐堡1员，把总2员（操守）	604（487）	18（20）
		破房堡	操守1员，坐堡1员，把总1员（守备）	363（320）	217（29）
		云冈堡	操守1员，坐堡1员，把总1员	217（218）	66（12）
		助马堡	参将、守备、中军、坐堡各1员，把总8员	2175（634）	890（30）
		灭房堡	守备1员，坐堡1员，把总2员	964（389）	306（32）
		高山城（左卫道分辖不属路）	守备1员，把总1员及卫所镇抚等官	1224（军）	770
		保安堡	操守1员，坐堡1员，把总2员	467（382）	66（12）
		威房堡	守备1员，坐堡1员，把总2员	781（416）	209（16）
		云西堡	操守1员，坐堡1员，把总1员	396（345）	66（12）
		宁房堡	守备1员，坐堡1员，把总2员	607（382）	197（31）
	中路	三屯堡	防守1员，坐堡1员，把总1员	292	16（22）
		大同左卫城	兵备道副总兵、通判、守备、千把总等官，左云川3卫所官	5017（1500）	3232（189）
		破胡堡	守备1员，坐堡1员，把总2员（操守）	700	89（96）
		牛心堡	操守1员，坐堡1员，把总1员（守备）	641（434）	249（37）
		云阳堡	操守1员，坐堡1员，把总1员	365（313）	68（23）
		马堡	操守1员，坐堡1员，把总2员	364	29（34）
		残胡堡	操守1员，坐堡1员，把总2员	395	32（38）
		红土堡	操守1员，坐堡1员，把总1员	275	33（39）
		黄土堡	操守1员，坐堡1员，把总1员	347（321）	66（41）
		杀胡堡	守备1员，坐堡1员，把总2员	777（778）	149（152）
		马营堡	防守、把总各1员	200	11（13）
		右卫城	参将、守备、中军、千把总、右玉林卫所等官	3687（1630）	1846（267）
		铁山堡	守备1员，坐堡1员，把总2员（操守）	534	42（48）
	威远路	祁家河堡	操守1员，坐堡1员，把总1员	313（215）	105（12）
		威远城	参将、守备、中军各1员，坐堡1员，千把总7员，及卫所、镇抚等官	1848（752）	891（116）
		云石堡	守备1员，坐堡1员，把总1员	545（543）	27
		威平堡	操守1员，坐堡1员，把总1员（守备）	453（279）	190（12）
		威胡堡	守备1员，坐堡1员，把总2员	497（467）	39（12）
分守冀北道所辖西井二路	西路	平房堡	参将、守备、平房卫官	3078（1666）	551（145）
		败胡堡	操守1员	458（434）	50（46）
		迎恩堡	守备1员	598（545）	95（77）
		阻胡堡	操守1员	396（373）	70（65）
	井坪路	西安堡	操守1员，把总1员	230（229）	14
		应州城	知州、守备及安秉中屯卫、左右2所	809（790）	85（78）
		怀仁县	知县、守备及安秉卫所等官	663（378）	293（51）

		所辖城堡	军官	旗（官）军	马骡
分守冀北道所辖西井二路	井坪路	马邑县	知县、守备及守御千户所	424（329）	45（29）
		山阴县	知县、守备及守御千户等官	531（529）	58（54）
		井坪城	参将、守备各1员	1856（550）	896（77）
		朔州城	乐昌王、冀北守道通判、知州、守备	1743（766）	757（118）
		灭胡堡	守备1员（操守）	539（537）	20
		乃河堡	操守1员（守备）	343（341）	79
		将军会堡	守备1员（防守）	603（601）	22

二　大同镇长城墙体修建考察

长城是大同镇军事防御体系的核心所在。大同镇长城墙体的修建与前述大同镇军事防御体系的建设一样，也大致可分为三个时期。

（一）洪武至正统年间（1368～1449 年）

大同镇长城墙体早在洪武年间便开始修建。在今内蒙古境内的明代中后期长城以北地区，有一道长城，东起兴和县平顶山，西至清水河县黄河东岸，全长约 350 千米，墙体均夯土筑成[1]。这段长城史无明文。1980 年在内蒙古丰镇市隆盛庄镇东山长城附近发现一块石碑，上刻铭文："大明洪武廿九年岁次丙子四月甲寅吉日，山西行都指挥使司建。"[2] 由此可知其修建年代。但是这段长城并不是这一时期明朝的北部边境线，在其北部仍有许多卫所。

在宣德十年（1435 年）和正统五年（1440 年）、七年（1442 年），也有修建长城等防御设施的记载。宣德十年二月十八日，镇守大同参将都指挥使曹俭奏道："大同分地，东自烂柴沟，西至崖头墩，迂直险易几逾千里，垣墙沟堑日益坍塌，万一虏骑冲突，无以蔽拒，乞加修筑。"明廷从之[3]。正统五年六月初五日"沿边大尖山至马头山，东西百里，平坦无旷，正胡寇出没要路，宜为深沟，以防奔突，更立堡，俾官军往来巡哨得以安处……上从之。"[4] 七年七月十二日，"修理大同沿边沟堑、墩隘。"[5] 这些长城墙体当位于今内蒙古境内和山西省与内蒙古交界地区。

在天镇县调查报告中所述的双山长城 1～17 段，位于与内蒙古兴和县交界的双山山脊之上。除一段为山险外，其余均为石墙，土石混筑而成，但保存很差，现存高度很低，其形状多为土石垄子，沿线敌台、烽火台分布稀疏。从其总体特征上看，应是属于明代早期修建的长城。

总之，明代早期长城墙体建筑简单，维修也少，故损毁严重，而且沿线敌台、烽火台分布很少。这与明代早期以攻为守的战略是相吻合的。

（二）景泰至正德年间（1450～1521 年）

正统十四年（1449 年），"诏诸卫内徙"标志着明廷正式放弃对原先"大边"及以北地区的戍守，

---

〔1〕 国家文物局主编：《中国文物地图集·内蒙古分册》（上），中国地图出版社，2003 年，第 97 页。
〔2〕 《中国文物地图集·内蒙古分册》（下），第 521 页。
〔3〕 《明实录·大同史料汇编》，第 98 页。
〔4〕 《明实录·大同史料汇编》，第 137 页。
〔5〕 《明实录·大同史料汇编》，第 149 页。

同时也放弃了原先的长城防御设施，转为收缩防线、全面内守、消极防御的政策。此时所倚靠的是上文所述正统五年修筑的简单防御设施。从文献记载结合当时情况来看，这道边墙实属草创，并且在"土木之变"中的猫儿庄战斗后受到一定程度的破坏。故景泰六年（1455 年）七月"命各边关总兵等官修理城垣、壕堑、屯堡、墩台。"[1] 这项工程很快开展实施。七年（1456 年）八月十五日"及天城又报鞑贼三人凿墙入境……"[2]，说明此时这一地区已经有了墙体防御设施。

天顺年间又对长城墙体上的墩台进行了改造。天顺二年（1458 年）七月二十五日，"贤等又言：'沿边墩台全不得法，一遇贼来，多不能守。'……于是上敕文往彼巡视，文设悬楼、檑木、塌窖、赚坑等，守之者便之。"[3] 同时继续维修墙体防御设施。六年（1462 年）八月初三日，"命修各边墙垣、屯堡、墩台、壕堑。"[4]

景泰、天顺两朝明朝国力由盛转衰，内忧外患纷至沓来，此时修建的边墙防御设施多系草创，不仅墙体构筑简单，建筑低薄，仅仅为一条带状的防御线，缺乏大纵深的防御体系。而且辅助防御设施，如墩台，也分布稀疏，其军事防御的科学性亦较差。但经过两朝的修筑，初步确定了长城新的大致位置和走向，为后世继续修建和完善长城防御体系奠定了基础。

成化年间，面对日益严峻的边防形势，明廷采取全面固守政策，大规模修筑边墙、墩台和城堡。当时所修筑的边墙仍然是按照前朝设计的路线加以修缮和完善。首先是修筑宣大交界处属宣镇一侧的边墙，加强了大同镇东翼的安全。成化四年（1468 年）二月二十一日，宣府总兵官都督同知颜彪奏："万全右卫与大同东路接壤，其西阳河等处系虏寇出没要路，因两地守臣各分彼此，故墩堡壕墙之类修筑苟且，今多颓圮，宜于无事之时，预为修葺，且西阳河口内与顺圣川道路相通，川中军民浩繁，烽堠数少，每遇寇警，瞭望不及，亦宜体量形势，添设墩台，况今春作将兴，虏寇未远，似应先事预防。从之。"[5] 其次，是全面整修大同镇所属边墙。一次是成化八年（1472 年）二月二十日，"命大同、宣府、蓟州、密云……等关镇守总兵，内外等官修补墩台、城堡、边墙、壕堑"[6]，至成化十三年（1477 年）六月二十二日，"功成"，巡抚大同右副都御使李敏等奏报："大同三路计修边墙、壕堑、墩台共九万三千七百七十九丈。"[7] 另外一次是成化二十三年（1487 年）五月二十五日，"大同总兵官都督同知王玺等奏工役修筑之数：凡边墙壕崖共三万九千二百三十二丈六尺，水口十，关门一，墩台七。"[8] 成化时期大规模修建的长城即位于今山西和内蒙古的交界地区，习称"大边"。

弘治年间，继续扩建、重修大同镇边墙。

首先是"大边"的修缮。弘治八年（1495 年）十月初三日，"大同镇巡等官奉旨修理边墙，东至宣府西阳河，西至偏头关，延袤六百三十五里，至是功成。"[9] 十年（1497 年）十二月初六日，再次进行维修，"大边东自宣府界，西至偏头关，其间旧墙坚固尚堪防御者百五十余里，令欲补葺者半之，改筑者倍之，并欲斩崖、挑壕、增墩、益堡，大约不过五百余里。止用卒四万……从之。"[10] 十四年

〔1〕《明实录·大同史料汇编》，第 267 页。
〔2〕《明实录·大同史料汇编》，第 271 页。
〔3〕《明实录·大同史料汇编》，第 291 页。
〔4〕《明实录·大同史料汇编》，第 322 页。
〔5〕《明实录·大同史料汇编》，第 354 页。
〔6〕《明实录·大同史料汇编》，第 374 页。
〔7〕《明实录·大同史料汇编》，第 402 页。
〔8〕《明实录·大同史料汇编》，第 465 页。
〔9〕《明实录·大同史料汇编》，第 512 页。
〔10〕《明实录·大同史料汇编》，第 522 页。

（1501年）五月十一日，因"大同大边久已坍圮，房寇易入。今岁房不过河，边务颇暇，计至冰冻之日尚远，请乘时并工修筑，期以半年可成。旧役官军四万，请更于空闲舍人、余丁内曾拨一万协济……"[1]。当年十月十八日完工，"大同守臣奏修完边城墩台，上命兵部左侍郎熊绣阅视之。"[2]

其次是"小边"的修建。最早提出"小边"是在弘治十年十二月初六日："所赖以捍御者惟在边墙，往时外有大边，内有小边，设险严密，易为保障。岁久颓圮，守臣不能修复，弘治三年（1490年），止修小边，大边未及用力。"[3]此条记载说"弘治三年，止修小边"意味着对小边进行了重修，那么小边的肇建应该更早。据《明孝宗实录》记载，弘治十三年（1500年）七月"户部主事余寰陈御房三事……一、复旧墩以备传报，臣伯父子俊惩创大官军失利之余经略诸边，以大同疆圉虽有大边、小边似为严密，而中路一带山川旷阔，墩台稀疏，贼易出入，难于觉察，因添筑宣宁等墩六座……"[4]由此，可以推断小边是余子俊在成化时期所修。

总之，在弘治时期大同镇长城已存在两道防线，一为"大边"，大致位于今山西省和内蒙古交界地区；二是"小边"，嘉靖以后也称"二边"，其位置在今大同市新荣区中部和左云县东北，东从新荣区堡子湾乡宏赐堡村，向西南经破鲁堡乡吴施窑村，至左云县管家堡乡黄土口村和黑土口村，东西两端与大边相接。在调查报告中，"二边"包括新荣区宏赐堡二边长城1段向西南至吴施窑二边长城3段和左云县黄土口二边长城、黑土口二边长城1、2段等段落。

（三）嘉靖至万历年间（1522～1619年）

嘉靖年间，大同镇长城进入全面修建时期。

从嘉靖初年就开始修边之役。嘉靖二年（1523年）九月二十七日，"修理宣大二镇边墙崖堑墩台完。"[5]大同镇边墙自弘治十四年（1501年）十月十八日重修完后一直未加修缮，至此得以维修。此后从嘉靖四年（1525年）至十四年（1535年），十年间又无一则关于大同地区修筑或维护防御设施的记载。当是受嘉靖三年（1524年）大同兵变的影响，导致大同镇的边防建设陷于停滞状态。直到嘉靖十七年（1538年）"十月十五日，大同修筑聚落、高山二堡成"[6]，标志着大同边防设施的修建又重新开始。嘉靖十八年（1539年）兵部尚书毛伯温出任宣大总督之后，力排众议，由大同巡抚史道主持，在原来五堡的基础上筑成镇边、镇川、弘赐、镇房、镇河五堡，并募兵三千戍之[7]，使得大同镇防御设施的修建达到了一个小高潮，镇城外围的防御也得到了一定的加强。

内五堡的竣工和派兵戍守，标志着大同镇的边防秩序已逐渐恢复。面对俺答年复一年的攻击，修缮原有边墙重被提上日程。嘉靖二十一年（1542年）二月十八日，"先是，兵部员外郎傅颐建议大同修边，已，得请督抚樊继祖、龙大有量地经费，自天城以西至朔州界，计用米六十六万八千八百余石，银一百九万三千八百九十两。有定画矣。"[8]但是勘定之后不知为何又"诏停大同修边之役"[9]。到了嘉靖二十二年（1543年）正月二十一日，再议修边之事，"大同镇城迤北，自镇边堡东暗门头，抵

〔1〕《明实录·大同史料汇编》，第560页。
〔2〕《明实录·大同史料汇编》，第566页。
〔3〕《明实录·大同史料汇编》，第522页。
〔4〕《明孝宗实录》卷164，第2982页。
〔5〕《明实录·大同史料汇编》，第699页。
〔6〕《明实录·大同史料汇编》，第784页。
〔7〕《明实录·大同史料汇编》，第786页。
〔8〕《明实录·大同史料汇编》，第805页。
〔9〕《明实录·大同史料汇编》，第805页。

阳和后口抢风崖，又自镇河堡西界抵老营堡接境，中宜堑壕斩崖，筑墙修堡。"这次修边工程在嘉靖二十三年（1544 年）竣工。当年二月十五日，"东自镇边堡至阳和抢风崖，西自镇河六墩至金家山墩止，又，自右卫金家山墩，由威远、平房、井坪、朔州二边直至山西丫角界止，各倚地召军修筑墩堡。乞户部出太仓银五万两济之。"

从嘉靖二十三年翁万达任宣大总督开始到卸任，为时整五年，他在前任总督翟鹏的基础上继续全面修筑边墙。在历任宣大总督中，他对大同镇建设的贡献是最突出的。

翁万达上任前的嘉靖二十年（1541 年）八月，俺答与吉囊各率数万骑由大同平房卫寇边，深入太原和石州一带大肆掳掠，史称"石州之变"。至翁万达出任总督时，大同的防御设施已残破不堪。翁万达上任后首先将宣大总督的驻地由朔州移至阳和。此地位于两镇中心，又处于交界地带，总督移驻此地，便于就近协调、指挥宣大两镇的军事行动。翁万达认为"御戎之道，莫先于守，而以守为战，则修边其急务也。"[1] 由此，宣大两镇开始全面整修边墙墩堡等防御设施。

嘉靖二十三年八月，翁万达提议并开始修缮"二边"长城。"二边"长城"西自大同左卫马头山起，东至阳和柳沟门止，沿长一百五十余里"[2]，在弘治三年修完后一直未加以修缮。至此"即用防秋官军，自大同左卫二边马头山起，东由黑山门、宣宁、水口至榆沟，补修边墙一百五十余里。"同时，在"旧有墩台三十一座"的基础上"添筑新墩台八十二座"[3]。并陆续改建或修建了镇羌、拒墙、拒门、助马、得胜、保安、马堡等堡，至此"又增藩篱一重，允为地方之赖，并且镇城也可以安如磐石。"[4]

再有宣大两镇交界的边缘地带是宣大防御体系中力量薄弱的地区。嘉靖二十四年（1545 年）四月二十四日，翁万达谓"宣府自西阳河、洗马林堡以西，大同自阳和城柳沟门堡以北，绵亘百里，虏骑出入由之，实惟二镇咽喉。"[5] 因此嘉靖二十五年（1546 年）二月初二日，翁万达奏称"大同东路自阳和口暗门起，至宣府李信屯堡红山台边界止，延长一百三十里，中有铁里门、鹁鸽峪、瓦窑口等处，悉通贼要路，未有墙堑，拟于山南二、三里许添筑边墙一道，浚壕建堡，增设墩哨，使宣大声势联络，且可以南护紫荆，包为外堑，通计经费约用二十九万余金。"[6] 七月二十日，"总督宣大侍郎翁万达等修筑大同东路之天城、阳和、开山口一带边墙一百三十八里，为堡七，为墩台一百五十有四。宣府西路之西阳河、洗马林、张家口堡一带边墙六十四里，为敌台十，斩崖削坡五十里，用工止五十余日，经费视原估省九万余两。"[7] 这道长城，除位于河北省怀安县境内外，主要分布于山西省天镇县北部和阳高县东北部，即调查报告中天镇县西洋河北侧的南路长城，包括平远头村长城 1、2 段向西至新平尔村长城 1 段诸段落，继而从新平尔村长城 2 段向南、向西至水磨口村长城 1、2 段进入阳高县，阳高县东北部的长城段落也属此项工程所筑。

此后，整个大同镇所辖长城也进行了全面修缮。嘉靖二十五年九月二十五日，镇守大同总兵周尚文奏："东自宣府西阳河起，由天城、阳和、左、右、威、平、井、朔至山西丫角山止，修筑边墙六百五十余里，隔进房占地土四万余顷，倚地召军一万五千有余，分给各军士耕种以资养赡。"[8] 二十六

〔1〕（明）翁万达：《翁万达集》卷13《及时修武攘夷安夏以光圣治疏》，上海古籍出版社，1992 年，第 403 页。

〔2〕《翁万达集》卷13《修设二边墩堡召军填实保固地方乞处粮赏军器疏》，第 407 页。

〔3〕《翁万达集》卷13《修设二边墩堡召军填实保固地方乞处粮赏军器疏》，第 408 页。

〔4〕《三云筹俎考》，《宣大山西三镇图说》。

〔5〕《明实录·大同史料汇编》，第 831 页。

〔6〕《明实录·大同史料汇编》，第 836 页。

〔7〕《明实录·大同史料汇编》，第 842 页。

〔8〕《明实录·大同史料汇编》，第 843 页。

年（1547 年）五月十三日，"大同抚镇官詹蓉、周尚文以计修丫角山、弘赐诸堡工上闻，凡修边墙千四十丈，筑敌台一千所，役山西、大同二镇兵八万人，自五月始至九月讫工。"二十八年（1549 年）二月二十四日，"总督宣大翁万达以缮治大同镇羌等六堡西北外垣，请给银四万一千八百两"。

经过翁万达时期的数次修整，大同镇长城"墙堞近远，壕堑深广，曲尽其宜"，有效起到了防御的作用，因此"寇乃不敢轻犯，墙内戍者得以暇耕牧，边费亦日省"。

嘉靖年间最后一次大规模的长城修建是在嘉靖三十七年（1558 年）右卫城保卫战胜利之后。当年四月二十日，宣大总督杨博"以右卫围解闻……御史栾尚约言：'右卫残破以来，耕稼废于攻守，田亩蹂于虏骑，庐舍器具尽于炊爨，农夫战士夷于锋镝，今虽暂解，将来未可知也。宜大加赈恤，严设守备，为善后之计。'疏入，上深喜其言，报曰：'东既调兵入饷，博其悉心周计，大逐虏贼，勿致再欺。凡墩堡之要害，务在修筑坚久，期以八月前毕事，余墙次第举工。'"[1] 由此再次大修长城。当年六月初十日，"发太仆寺马价银三万九百五十八两于大同镇修边"[2]；十二月二十二日，再次拨款兴工，杨博"以大同秋防稍暇，请大筑边墙，以为经久治安之计"，兵部覆曰："宜发太仓银十万五千两，太仆寺银三万五千两，听其随意经略。"[3] 三十八年（1559 年）六月二十三日，杨博上陈"修补大同镇西、中二路宁虏堡至桦林儿墩废弃边墙墩堡敌台。"[4] 三十九年（1560 年）四月二十七日，"巡按直隶御史王汝正勘报大同修边工竣，计中、西二路修边墙一百六十余里，增筑墩台一百二十余座。"[5]

经翁万达、杨博等人数次修建，大同镇的长城防御体系趋于完善。今山西省与内蒙古交界地区，东起天镇县，向西经阳高、新荣、左云、右玉、平鲁诸县区，至偏关县柏羊岭的长城墙体及沿线关堡、敌台、烽火台等边防系统，最终形成。

"隆庆议和"后，明廷为保障边疆安全，继续修缮边墙。隆庆五年（1571 年）十二月初七日，宣大总督王崇古建议"修险隘。谓当乘虏纳款之际，缮完城隍墩堡。"[6] 六年（1572 年）二月初七日，王崇古"议修筑大同东路阳和、天城、大川、镇口、瓦窑一带边墙及化门儿沟墩台，请发银四千三百余两充费。命如数给之。"[7] 万历二年（1574 年）二月十三日，兵部命王崇古等"修理大同沿边墙垣，限以五年报完"，并提出了加强和改进墩台的建议，"墩台远处边墙之外，临敌之际，守台者势既孤悬，不敢发一矢；摆边者军又单薄，不足当其聚攻之众。宜查仿蓟镇之制，将沿边墩台改筑在内。每里先骑墙筑一座，每座三层，下层实心，中层发圈空心，各开箭眼，上层盖屋立垛，俱用砖甃。两台之中，照议筑墙，酌量缓冲，以次兴工。中间台座尚觉稀疏，五年后更议增筑。"[8] 当年闰十二月初八日，宣大总督方逢时言："惟修守之宜，大同边墙东起西阳河，西至丫角山，延袤六百余里，倾圮无存……合当斟酌边墙之修，宽限至万历四年起工及预图善后之策。"兵部覆言："边墙之设，所以限隔华夷，自古不废……但其工程稍难，固不可缘此而并废自昔所有之墩台也，如候万历四年起工，殊非及时修改之意，合量与宽限……从之"[9] 万历初年的此次长城之役，从万历四年（1576 年）开

〔1〕《明实录·大同史料汇编》，第 941 页。
〔2〕《明实录·大同史料汇编》，第 946 页。
〔3〕《明实录·大同史料汇编》，第 951 页。
〔4〕《明实录·大同史料汇编》，第 957 页。
〔5〕《明实录·大同史料汇编》，第 962 页。
〔6〕《明实录·大同史料汇编》，第 1025 页。
〔7〕《明实录·大同史料汇编》，第 1027 页。
〔8〕《明实录·大同史料汇编》，第 1040 ~ 1041 页。
〔9〕《明实录·大同史料汇编》，第 1047 页。

始，至十年（1582 年）讫工[1]，历时六年。万历时期主要是在嘉靖朝长城基础之上进行修缮、加固。与此同时，大同镇的军防体系调整为四道九路，包括冀北道辖井坪路、西路，冀北道辖北东路、不属路，左卫道辖中路、北西路、威远路，阳和道辖东路、新平路。据《三云筹俎考》和《宣大山西三镇图说》，大同镇各城堡管辖情况详见下表[2]（表 606）。

表 606　万历时期大同镇城堡管辖情况统计表

道	路	所辖城堡	边墩（座）	火路墩（座）	分边（里）
阳和道所辖 新东二路	新平路	平远堡	20	13	12
		新平堡	26	16	18
		保平堡	18	11	7（7 里 5 分）
		桦门堡	18	3（2）	9（9 里 3 分）
	东路	永嘉堡	未知	10	无
		瓦窑口堡	18	8	7 里 9 分
		天城城	10	31	6
		镇宁堡	21	1	13
		镇口堡	21	1	13（13 里 3 分）
		镇门堡	21	无（2）	13（13 里 5 分）
		守口堡	23	14（4）	13（12 里 2 分）
		阳和城	38	28	19
		靖房堡	26	5	11（11 里 5 分）
分巡冀北道所辖 北东路暨不属路	北东路	镇边堡	30	6	21（21 里 2 分）
		镇川堡	28	3	20
		镇羌堡	28	7	22（2 里 1 分）
		得胜堡	未知	未知	未知
		弘赐堡	26	8	19
		拒墙堡	17	3	13 里 9 分
		镇房堡	未知	7	无
		镇河堡	未知	8	无
	不属路	许家庄堡	未知	12	无
		蔚州城	未知	未知	无
		广昌城	未知	未知	无
		聚落城	未知	9	无
		广灵城	未知	未知	无
		灵丘城	未知	未知（8）	无
		浑源州城	未知	28（18）	无
		王家庄堡	未知	未知（4）	无
		大同城	未知	42	无

〔1〕《明实录·大同史料汇编》，第 1051 页。
〔2〕 表中两书有不一样的情况，括号内为《宣大山西三镇图说》的数据

道	路	所辖城堡	边墩（座）	火路墩（座）	分边（里）
大同左卫道所辖中北西威远三路	北西路	拒门堡	23	7	15（15 里 2 分）
		破虏堡	未知	5	无
		云冈堡	未知	8	无
		助马堡	25	未知（9）	20 里 3 分
		灭虏堡	6	10	4 里 5 分（3 分）
		保安堡	15	4	14
		威虏堡	16（8）	8（16）	2（11 里 9 分）
		云西堡	未知	10（19）	无
		宁虏堡	18	11	11 里 3 分
		高山城（左卫道分辖不属路）	未知	（16）	无分边
	中路	三屯堡	3	10（1）	1 里 7 分
		左卫城	24	49（52）	13 里 9 分（14 里 3 分）
		破胡堡	17	5	14
		牛心堡	未知	未知（18）	无分边
		云阳堡	未知	3（14）	无分边
		马堡	15	4	10 里 4 分（14 里 4 分）
		残胡堡	24	9	15（15 里 3 分）
		红土堡	未知	7	无分边
		黄土堡	未知	13（9）	无分边
		杀胡堡	28	6	20 里 4 分
		马营（河）堡	8	1	5 里 5 分
		右卫城	15（45）	40（46）	32
		铁山堡	22	10	11（10 里 5 分）
	威远路	祈家河堡	未知	9	无分边
		威远城	16	45	15 里 3 分
		云石堡	22（21）	17（14）	14（14 里 3 分）
		威平堡	未知	10	无分边
		威胡堡	13	10	13 里 7 分（10 里 3 分）
分守冀北道所辖西井二路	西路	平虏堡	25	35	19 里 9 分
		败胡堡	15	4	8 里 3 分
		迎恩堡	17	5	10（15 里 5 分）
		阻胡堡	11	4	8 里 9 分
	井坪路	西安堡	未知	3	无分边
		应州城	未知	17	无分边
		怀仁县	未知	19	无分边
		马邑县	未知	14	无分边
		山阴县	未知	25	无分边
		井坪城	未知	31	无分边

续表 606

道	路	所辖城堡	边墩（座）	火路墩（座）	分边（里）
分守冀北道所辖 西井二路	井坪路	朔州城	未知	28	无分边
		灭胡堡	27	7	13（13 里 5 分）
		乃河堡	未知	未知（16）	无分边
		将军会堡	32	7	17 里 6 分

第二节　明山西镇长城修建考察

一　山西镇的地位与建置

　　山西镇，亦称太原镇或三关镇，为明代内长城外三关部分。该镇长城从山西省河曲县黄河东岸向东，经偏头关、宁武关、雁门关到平型关进入河北省。在九边中，山西镇的战略地位比较特殊，它与蓟镇、宣府、大同三镇同为拱卫京师的重镇。其所辖区域原本为内地，明初时蒙古势力较弱，加之明廷北边疆域广阔，因而其军事战略地位尚未凸显。正统以后，"北虏据东胜而三关困矣，西虏据河套而偏老危矣。"[1] 由于明廷北部防线的内缩，使得山西镇的战略地位日益重要。

　　关于山西镇称镇的时间，学术界有不同说法，一种观点认为是宣德四年（1429 年），即"宣德四年置镇守总兵，都督李谦乃筑城"[2]，"宣德四年置镇守偏头及雁门、宁武三关总兵官，驻偏头。"[3] 还有一种观点认为是成化年间，依据是成化四年（1468 年），明廷"命镇守山西署都督金事王信移镇代州，提督雁门、偏头、宁武三关"，以及成化二十二年（1486 年），"命镇守代州等处右副总兵都督金事周玺充总兵官，仍居代州。"[4] 从成化以后直到嘉靖中期山西镇复设总兵，其间只设副总兵或参将，与其他军镇在成化年间基本上均设置总兵和巡抚不同。这也表明山西镇的军事战略地位要逊于其他军镇。嘉靖时期随着蒙古诸部进入河套，山西镇"虏患"不断，山西镇的地位才日益重要。对此《宣大山西三镇图说》有明确记载："盖尝统论山西之大势：三关，门户也；省会，庭除也；平潞诸郡县，堂奥也；西路之水泉、老营，中路之阳方、利民，东路之白草、雁门，又门户之锁钥也。锁钥严而门户固，门户固而堂奥安。"《九边图说》亦云："偏头、宁武、雁门，向西逸东三关并列，西尽黄河东岸，东抵大同。虽太原北境要害之，与真定相为唇齿，非唯山西重镇，而畿辅之地安危系焉。"[5] 指出了当时山西镇重要的军事战略地位。

　　山西镇的建置活动从明初便已开始。朱元璋命大将军徐达亲自筹备山西、北平边防。洪武六年（1373 年）五月，"诏山西都卫于雁门关、太和岭、武、朔等州县山谷冲要之处凡七十有三，俱设戍兵以防胡寇。"[6]《山西通志》也记载：洪武年间"置山西都指挥使司领太原左、太原右、太原前、振武、平阳、潞州、镇西七卫，保德州、宁化、沁州、汾州四所"。到嘉靖十五年（1536 年），山西镇有八卫：太原左、太原右、太原前、振武（代州）、平阳、潞州、镇西（岢岚）、汾州，七所：宁化、保

---

〔1〕《宣大山西三镇图说》卷 3。

〔2〕（明）廖希颜：《三关志》，嘉靖二十四年（1546 年）刻本。

〔3〕（明）严从简：《殊域周咨录》，中华书局 1993 年。

〔4〕《明宪宗实录》，第 276 页。

〔5〕（明）霍冀：《九边图说·大同镇图说》，隆庆刻本。

〔6〕《明太祖实录》卷 82，第 1478 页。

德州、沁州、偏头、宁武、八角、老营。

万历年间，据《宣大山西三镇图说》记载，山西镇划分为五大防区：除雁平道辖东路（即为雁门关，路城为代州城）、宁武道辖中路（即为宁武关，路城为利民堡）、岢岚道辖西路（即为偏头关，路城为偏头关城），作为外三关防区之外，还有雁平道辖北楼路（路城为北楼口堡）和岢岚道辖河保路（路城为河曲营城）。每路的防区都以路城为首，管辖该防区内的长城，在重要区域和主要交通线上再设城堡划分辖地守御。统辖整个山西镇的总兵驻扎于位置居中的宁武关城（表607）。

表607　万历时期山西镇所属城堡军事建置统计表

道	路	镇/路城	堡城	堡寨
雁平道	北楼路	北楼口城（参将）	平刑关城（守备）	太安岭堡（把总）
				平刑岭堡（把总）
				团城子堡（把总）
				车道场堡（把总）
			小石口城（守备）	大石口堡（把总）
				马兰口堡（把总）
				茹越口堡（把总）
				凌云口堡（把总）
	东路	代州城（参将）	旧广武城、新广武（守备）	水峪口堡（把总）
				胡峪口堡（把总）
				白草沟堡（把总）
				八岔堡堡（把总）
			雁门关（守御千户所）	
宁武道	中路	宁武关城（总兵）/所城		阳方堡（防守）
				朔宁堡（把总）
				狗儿涧堡（防守）
			盘道梁堡（守备）	小莲花堡（防守）
				夹柳树堡（防守）
				燕儿水堡（防守）
				雕窝梁堡（防守）
				玄冈口（防守）
			利民堡（参将）	得胜堡（防守）
				勒马沟堡（防守）
				蒋家峪堡（防守）
			八角城（守备）	乾柴沟堡（防守）
				野猪沟堡（防守）
				长林堡（防守）
			神池堡（守备）	圪垯礶（把总）
				石湖岭堡（把总）
				西沟堡（把总）
			宁化城（守御千户所）/所城	

道	路	镇/路城	堡城	堡寨
岢岚道	西路	老营堡（副总兵）/所城		柏杨岭堡（防守）
				贾家堡（操守）
				八柳树堡（防守）
		偏头关（参将）/所城		桦林堡（操守）
				韩家坪堡（防守）
			马站堡（游击）	
				永兴堡（防守）
				楼沟堡（防守）
			水泉堡（守备）	寺堰堡（防守）
				红门市堡（防守）
			草垛山堡（守备）	黄龙池堡（操守）
				滑石涧堡（操守）
			岢岚州城（守备）/镇西卫城	五寨堡（防守）
				三岔堡（防守）
				岚县城
				兴县城
	河保路	河曲营城（参将）		唐家会堡（操守）
				河曲县城（操守）/所城
				保德州/所城
			河会堡（守备）	
			楼子营（守备）	

二　山西镇长城的建设和发展

（一）洪武至正统年间（1368～1449 年）

山西镇长城的肇建始于洪武年间。洪武六年（1373 年）五月"诏山西都卫于雁门关、太和岭、武、朔等州县山谷冲要之处凡七十有三，俱设戍兵以防胡寇。"[1] 这里虽没有指出"七十三隘"具体位于何处，但从其范围来看应该是雁门关、武州（今山西省五寨县北）与朔州之间的宁武关以及偏头关以东一带，基本上覆盖了以后山西镇长城三关的管辖范围。

永乐时期，明成祖五次北征使得蒙古诸部向北迁徙，山西成为名副其实的内地，因而其军事压力较小，与军事有关的建设也一度停止。

宣德年间，明廷采取固守政策，不再主动出击，因而守边、修边再度被提上日程。宣德元年（1426 年）七月，山西都司都督李谦奏："偏头关临边重地，正当要冲，堑狭城低，宜稍开拓。缘边烟墩亦有低下或大阔远者，瞭望不及，烟火不通，亦当量移，使远近相等，声息相闻，易为守备。"上

---

〔1〕《明太祖实录》，卷 82，第 1478 页。

曰："朕以边务委谦，但欲守备完固，凡所设施听自择便。"[1] 此后至宣德四年（1429 年）八月，增筑山西偏头关烟墩二十六所[2]。宣德七年（1432 年）二月，设保德州守御千户所[3]，加强了黄河沿岸的守御力量。

（二）景泰至正德年间（1450～1521 年）

正统以后，随着北边诸卫和河套地区的弃守，原先的战略纵深全无，山西逐渐临近边境地区，"虏患"日增。长城等防御设施的修建也渐次展开。景泰初年，由巡抚都御史朱公监修复了雁门关和附近的城墙，即"于河滨东抵平型二百四十余里，西抵芦板之寨一百八十余里，城堡墩台焕然一新……工兴于庚午六月丙申，事竣于辛未七月子……"[4]。

成化年间开始修筑边墙。成化三年（1467 年）三月，明巡抚山西、右佥都御史李侃等修理黄河七堡，并保德州一带边墙[5]。十一年（1475 年）十二月，"立山西偏头关守御千户所。"[6] 从而加强了偏关地区的防务。十四年（1478 年）三月，巡抚山西、右佥都御史秦纮言："修筑边方，必因山为垒，则用力少而成功多。欲自偏头关长林起，南至宁武关羊方口止，计二百里。内除八十里山势陡峻，人马不通，不烦其力，其余有川口宽平所当设备者，有山势颇平所当铲削者。会计可用人夫六千，一月可办。其人夫亦不必别起，只将三关操备下班并代州、崞县、太原等卫住种军民相兼修理。此功一成，则永远有赖。"[7] 到余子俊出任总督时，再次修筑山西镇边墙设施。二十一年（1485 年）八月，余子俊奏称"大同、宣府并偏头关等处，欲大发兵修筑墩台。"[8] 可见在成化年间，主要是修筑了宁武关至偏头关及黄河一线长城，即今宁武县向西北至偏关县、河曲县长城。

成化以后，随着"守卫长策"这一防御战略的逐渐确立，明廷开始大修边防设施，山西镇边墙初具规模。弘治年间，重点仍是雁门关、宁武关向西北至偏头关、黄河一线长城的修建。主要有两次，一次是弘治七年（1494 年）三月，"山西镇守刘政，按察司兵备副使胡汉，守备署都指挥王儒、刘淮，修筑偏头关边墙一百二十五里，补黄河边墙二千六百余丈，添筑宁武墩堡十座，挑浚横山壕堑长二里，添筑雁门关墙及铲削壕堑共五十八处。"[9] 第二次是弘治十四年（1501 年）四月，巡抚山西都御史魏绅等奏："偏头关西路及宁武关最为要害，其胭脂铺以南三十余里，路皆平漫，墙多沙碱。虽常修葺，终易倾圮，虏乘河冻，所以易入。请仍于旧墙外，随逐河曲，相度地方，增筑大边一道，务极坚厚。墙内每三里筑一墩，增军守之。其减会等营城堡狭小，宜广之。"[10]

正德年间，继续修边之役。正德八年（1513 年）春，右都御史业澜"东起浑源至宁武，因山为险阻，凡四百里"；次年，提督陈天祥"东起宁武至镇西复为险阻二百里……凡三关增堡者十有八，为墩者三十有二，忻代居民各为堡……关外大石墙三道，小石墙二十五道，北为广武站，为马驿。"同时修建代州附近的"十八隘口"，东有水峪、胡峪、马兰、茹越、小石、大石、北楼、太安、团城、平

〔1〕《明宣宗实录》卷 19，第 513 页。
〔2〕《明宣宗实录》卷 57，第 1350 页。
〔3〕《明宣宗实录》卷 87，第 2011 页。
〔4〕（明）廖希颜撰：《三关志·地理总考》，嘉靖二十四年（1546）刻本。
〔5〕《明宪宗实录》卷 40，第 809 页。
〔6〕《明宪宗实录》卷 148，第 2722 页。
〔7〕《明宪宗实录》卷 176，第 3180～3181 页。
〔8〕《明宪宗实录》卷 269，第 4542 页。
〔9〕《明孝宗实录》卷 86，第 1609 页。
〔10〕《明孝宗实录》卷 173，第 3158～3159 页。

型，西有太和、水芹、吊桥、庙岭、石匣、阳武峪、玄冈、芦板口，加强了代州城东西两翼的安全。正德十一年（1516 年），都御史李恭钺对"通贼要路东七十八，西四十五，咸斩崖挑堑，间以石墙。"[1] 由此，山西镇防线已东扩到北楼口、平型关一带，该镇长城总体走向已经形成，即今横贯山西省北部，沿恒山、吕梁山一线东西向延伸的长城墙体。

（三）嘉靖至万历年间（1522～1619 年）

嘉靖至隆庆年间，山西镇长城在前朝的基础上屡次重修和增修。嘉靖十一年（1532 年），都御史陈达"自王野梁至白草沟诸口皆砌以石，高丈余，堑阔如之。指挥陈纲、王佐修水峪至平刑石墙墩堑如西八口。"这项工程具体由都御史刘皋经略，广武以西属参政张子立，以东属参政胡松，他们"选募军夫，筑边墙三百三十里"。[2]

十二年（1533 年），都御史李王"自太安口至平刑筑边九十里"，都御使任洛"自雕窝梁至鞑鞠墩筑边八里二百二十步，砌以石"。[3]

十八年（1539 年），都御使陈讲"以关中冲云朔，旧边不可恃，乃协副使王镐寻王野梁废迹修复之，又起阳方经温岭、大小水口接石湖岭，北至八角堡，斩崖实土为墙，长一百八十里，有壕有铺，有楼，有暗门"。[4]

十九年（1540 年），巡抚山西都御使陈讲"请修宁武关温岭至老营堡，及偏头关、野猪沟抵黄河一道边墙。"[5]

二十一年（1542 年），都御使刘皋"自桦林堡至唐家会却胡墩筑边七千九百七十三丈余四尺，敌台四十一，铁栅栏、水口一十八，暗门一，水门一，边铺一百有四，桦林、滑石以东至丫角一百一十里，为关北屏蔽，工皆未及举。"[6]

二十三年（1544 年），都御史曾铣对嘉靖十二年所修边墙进行展拓，"堙山湮谷，增高益深，边长四百二十里，高均二丈余五尺，根阔二丈余二尺，上广一丈余八尺。"同时对嘉靖十八年（1539 年）所修"旧边"进行增筑，"利民、勒马沟南折而东，历荞麦川、石湖岭至阳房、朔宁、王野梁增筑旧边一百一十里"，墙体"均二丈余五尺，上广一丈余八尺"，"又自丫角而南，历老营、野猪沟至八角南界增筑旧边一百四十里"，墙体"均二丈余五尺，阔二丈三尺，上广丈二尺"。次年又"增置敌台二百二十八，台上置屋，为间六百八十四，石砌水口二。"[7]

二十五年（1546 年）三月，"山西镇修三关边墙五百里成。"[8]

四十五年（1566 年）九月，"以山西修筑西黄河险崖岩等处河墙工成。"[9]

隆庆三年（1569 年）九月，"以山西偏头关老牛湾等处修边工成。"[10]

总之，嘉、隆两朝山西镇长城墙体防御体系已趋于完善。

---

〔1〕《三关志·地理总考》。

〔2〕《三关志·地理总考》。

〔3〕《三关志·地理总考》。

〔4〕《三关志·地理总考》。

〔5〕《明世宗实录》卷 238，第 4848～4849 页。

〔6〕《三关志·地理总考》。

〔7〕《三关志·地理总考》。

〔8〕《明世宗实录》卷 309，第 5811 页。

〔9〕《明世宗实录》卷 562，第 9014 页。

〔10〕《明穆宗实录》，第 11 页。

万历时期，随着"俺答封贡"，北边无战事，但明廷并未停止边墙的修建。此时修筑边墙，主要是对前朝边墙的维护。万历十年（1582年）三月，"修山西西、中、东三路所属唐家会、石岩铺等紧要边墙、墩堡。"[1] 万历十二年（1584年）五月，"修岢岚等处边墙。"[2] 万历三十八年（1610年）五月，宣大山西总督马鸣銮言："该镇西路逼近虏穴，边垣三百余里在要冲，而水泉、楼子营、草垛山等处更甚，土塥低薄，建议包修。其水泉、常梁、土墩等处，土边共长八百丈；楼子营、小沙墩等处，土边共长九百五十丈。勒令本年闰三月始，九月中告完。又水泉、乾沟楼，土边长一百三十七丈；草垛山、驴皮窑等处，土边长七百五十一丈七尺；楼子营、吴峪、石墩等处，土边长一千二百一十二丈。勒令次年四月起，至九月终告完。"[3] 据《宣大山西三镇图说》，万历时期山西镇各城堡的具体管辖情况见下表（表608），表中所列诸城堡均有遗存，详见各县调查资料。

表608 万历时期山西镇城堡管辖情况统计表

道、路	边墙起始点	边墙总长	分边城堡	分边长度
山西雁平道辖北楼路	东起平型界石羔庵，西抵广武界东津峪	二百五十三里零一百八十丈二尺	北楼口堡	二十三里
			平刑关城	一百二十四里零九十丈
			小石口堡	一百六里九十丈
山西雁平道辖东路	东起北楼界东津峪，西讫宁武界神树梁	一百里零三十八丈	广武站	一百里零三十八丈
山西宁武道辖中路	东起广武界神树梁，西尽老营界地椒峁	二百九里零四十丈	宁武关	四十里零四十五丈
			阳方口堡	一十三里零一百五十步
			盘道梁堡	四十八里零四十丈
			神池堡	四十里零四十五丈
			利民堡	四十里零四十五丈
			八角堡	四十里零四十五丈
			长林堡	三十一里
山西岢岚道辖西路	东起中路界地椒峁，西至河曲寺前墩	二百三十二里零二百八十步	偏头关	河边三十里
			桦林堡	河边四十六里
			老营城	六十四里零二百六十四步
			柏杨岭堡	二十里
			水泉营堡	三十六里零八步
			草垛山堡	六里零八步
			黄龙池堡	一十二里
			滑石涧堡	一十八里
山西岢岚道辖河保路	东北起自西路界寺前墩，西南抵石梯隘口	二百一十里	楼子营堡	五十六里
			河曲营城	一十五里
			唐家会堡	三十里
			河曲县城	三十里

---

〔1〕《明神宗实录》卷122，第2280页。
〔2〕《明神宗实录》，第5页。
〔3〕《明神宗实录》卷471，第8890～8891页。

第三章 关于烽火传报体系的若干问题

明代宣府、大同、山西三镇所辖腹里接火台，也即调查报告所录各地发现的腹里烽火台，俗称"火路墩"，是戍边士兵举放烽火、接传烽火的载体，在文献中多与边墙、边墩、城堡等军事建筑相提并论，是当时烽火传报体系中的重要环节。众多的火路墩彼此之间组成了一条条严密的传烽线路，从长城延伸至附近的城堡。本报告所述各县传烽线路只是依据现存烽火台，依据地形分布、距离远近等因素所做判断，至少由于现存烽火台肯定少于旧有烽火台，所以这种推断出的传烽线路是还存在诸多问题的。本章主要依据文献对当时的烽火传报体系进行说明。

一 明宣大山西火路墩的烽火信号和传烽路线

作为向内地传送烽火信号的设施，火路墩的信号应与沿边烽火台的信号相同，即仅复制信号而非更改信号。明朝对烽火信号是有规定的，包括敌人移动动向、入侵地点、入侵人数等等，形成一套完善的传烽制度。成化五年（1469）规定："领边候举放烽炮，若见贼一二百人或百余人，举放一烽一炮，五百人二烽二炮，千人以上三烽三炮，五千以上四烽四炮，万人以上五烽五炮。"[1] 这是明廷对各镇烽火的原则性规定，各镇又以此为基础加以修改，制定出符合本镇特点和要求的烽火信号。

嘉靖《宣府镇志》记载："凡瞭见达贼境外经过，发梆一次，近边发梆两次；拆墙放炮一个，烧柴一垛；入境放炮两个，烧柴二垛；声息紧急，则以渐加添，仍各照记号举旗兼竖立草人；贼势寡少，本墩差人走报；贼势重大，邻墩差人走报，如声息稍缓则以次差人走报。至晚，每更一人轮流，探听折□，有声，随即举火放炮。次日早，轮流一名下墩于□贼处所巡派马路，如无踪迹，举无事旗一面，各堡方才开门，放人出城生理牧放。每一城堡又有夜不收十名，分为两班，出边哨探，谓之长哨，又有摘拨空闲马十匹，听候各墩传报紧急之用，谓之架炮马。"[2] 由此，宣镇对传报烽火信号的内容规定相当细致，连房贼在城外的活动都要通报，且在大举入侵之时派人走报，以及时传递军情的详细情况。

又道光《大同县志》记载："若夫烽燧之制，古人昼则燔燧，夜则举烽，偶逢风劲则烟斜，而不

---

〔1〕 郁进：《长城》，文物出版社，1990年。
〔2〕 嘉靖《宣府镇志》卷22《兵政考附兵政诸例》，《中国方志丛书·塞北地方·察哈尔省》（第2册），台北成文出版社，1970年，第245页。

能示远，值霖雨则火郁而不能大明，宜于墩台之上立为长杆，分为三等，上悬红灯，以灯数多寡，为缓急众寡之候。"[1] 说明天气的好坏，直接影响烽燧信号的传递效果，火路墩需采取相应的处理办法。

火路墩在各级军事部门间架起一座桥梁，使得上级军官能及时了解作战一线的情况。但从一级传递至另一级并非仅由一座火路墩来完成，而是由多座协同完成，因此在两级之间便形成了一条传烽线路，即纵线，以便上报。同时，同级之间也应形成传烽线路，是为横线，以便相互应援。不同的线路连接不同的军事单位，大体有如下几种。

① 边堡所分管的边墙和火路墩之间的联系。一旦该分边有警，则该分边的火路墩立即将情报飞传至所属城堡，以得到应援。其传烽线路的数量视分边长度和所属关隘的数量，以及重要程度而定，通常传烽线路较多。

② 驻守把总官的基层城堡和驻守参将的路城之间的联系。在基层城堡收到烽火信号之后应该将信号传递至路城，故各城堡与其所属路城之间的烽燧线应是一条，并且总数较前者减少。

③ 路城和镇城之间的联系。一镇统领诸路，故在路城收到信号后应将其传递至所属镇城，且各路城和镇城间的烽燧线应是唯一的，总数也最少。

④ 邻近的城堡、路城等同级军事单位之间的联系。一座城堡在受到入侵时当将信息通知邻近城堡，以便得到有效支援。翁万达对此做出明确要求："如果贼势重大，力不能支，一面飞报军门，斟酌调兵，一面径报东西临界将领，摘兵策应。仍将报到某营将领时刻、缘由，禀知查考，临界官军不许指以信地为名，观望逗留，亦不许尽致离次，致使本地空虚，虏得乘间。"[2]

基于以上四种联系的规定，在广阔的宣大山西三镇范围内，编织起一张严密的火路墩网，时刻侦望，以备不测，一旦一处有警，各烽线按照规定信号和路线依次传递，使得军情被迅速通报，相继驰援。文献中也曾描绘了火路墩的传烽路线，举如下数例：

"二边墩东接平鲁卫西至本关，所辖老牛湾烽堠凡四：其一，自丫角墩起至虎头墩止，传接老营、关川一带烽火；其一，自草垛山、乾沟墩起至虎头墩止，传接水泉营、寺焉堡一带烽火；其一，自滑石起至虎头墩止，传接滑石涧大边，老牛湾一带烽火；其一，系西路河曲营所辖，自阳兔墩起至虎头墩止，传接西黄河并桦林一带烽火。南路墩自本关虎头墩起至镇西卫长城墩止，东南接太原府川一带，西接汾州府川一带。中东路墩亦自本关虎头墩起至八角获城墩止，直接神池、宁武关烽火。"[3]

"阳房口堡……炮火起本关东梁墩至大河堡东，传麻峪二堡，麻峪一墩接阳房一墩至阳房口，又自拒房墩东传达杏墩，禅房墩至朔宁北河。"[4]

"红门隘口……隶水泉营，柏杨林墩炮火传青山，传讫老，传马站，传乾沟，传水泉，传八柳树，传骆驼山，传冉家营，传马房，传高家庄，传窑头墩、柏杨林，至此一百三十二里……"[5]。

"广武墩南十三里至雁门北口，北口十里至雁塔，雁塔十里至南口，南口十里至代……"[6]。

〔1〕 道光《大同县志》卷6《关隘》，山西人民出版社，1991年，第126页。

〔2〕 （明）翁万达：《翁万达集》，上海古籍出版社，1992年，第315页。

〔3〕 《偏关志》卷上《地理志·烽堠》，《中国方志丛书·华北地方·山西省（全）》，台北成文出版社，1968年，第29～30页。

〔4〕 （明）廖希颜：《三关志·偏头关地理总考》，嘉靖二十四年刻本。

〔5〕 《三关志·偏头关地理总考》，嘉靖二十四年刻本。

〔6〕 万历《代州志·御戎志·烽堠》，远方出版社，2004年。

由此可以看出，明代制定了相当详密的传烽线路，各个墩台也都命名以便识别。只是多数墩台名称今已难考。

二　火路墩在宣大山西三镇边防体系中的地位及其原因

火路墩的作用主要是负责向腹里的军事指挥机关或京师传递边墙一线的情报，它在整个长城防御体系中的地位相当重要。不仅沟通了前线作战部队和后方上级军事指挥机关之间的联系，且在两者之间架起了联络的桥梁，使得下情上知，从而有利于军事指挥机关根据敌情作出正确的判断和指挥。如万历《怀仁县志·烽堠》所云："怀仁，濒于塞北，城堡相望，屯牧连野，非设烽堠以防之，则寇至不知，人无预备。我国家相冈阜度，远近以□，哨瞭有警，□之以炮，或示之以火，百里之远，有不瞬息，而尽知者，此防虏患之要也。"[1]　及时准确的烽火传报系统为夺取战争的胜利奠定了情报基础。

宣大山西三镇在整个长城防御体系中具有它的特殊性。宣、大两镇位于京师西北部，是京师的重要屏障，其地位非同寻常："大同置镇，与宣府同。夫西北形势重宣、大，宣府之藩篱不固，则隆永急矣；大同之门户不严，则太原急矣。然宣、大地方本相联属，以京师较之，则京师以宣、大为障，而宣府又以大同为障。明初，以大同川原平衍，兼与保定、山西相为唇齿，特建重镇，以为倒马、紫荆、雁门、宁武之捍，设诸卫所，错落其间，各屯重兵以镇压之。"[2]

太原在北京西部，虽属内边但地位仍不容忽视，与大同乃唇亡齿寒关系，即所谓"假使大同失守，山西内边八百里之间，弱兵止四万余人，其能遏虏之入？否也！虏所垂涎，多在山西，而不在大同。三、四年来，大同幸不溃防，山西始有宁宇，是故守大同，守山西也。"[3]　具体来说，宣、大、山西三镇又有轻重缓急之分，"合言之，则大同川原平衍，又最称难守，次宣府，次山西之偏老；分言之，则大同之最难守者，北路也！次中路，次西路、东路，而山西偏关以西百五十里，恃河为险，无恃防秋。偏头以东之百有四里，则略与大同之西路同焉。"[4]

有明一代，宣大山西三镇始终处于战争的最前沿，明朝的主要敌人一直活动于此，其过程由缓到紧。"国初之时，我太祖、成祖抗棱远斥，夷狄势衰，蹲伏莽榛，仅存喘息。正统以后，则生齿渐繁，种类日盛，近且并海贼，吞属番，掠我居民为彼捍隶。诸酋所部约可二、三十万众，视之国初，何啻倍徒。沿边戍卒，较以旧额，未尝加多。彼丑现年入寇，控弦不满数千，掠境不能百里。我兵临时调遣，缓急仍收胜算。顷者，每一大举，动称十余万人，蹂躏关南，侵骇京都，寻常师旅，莫敢遮邀，盖时势之大略有如此者。"[5]　可知，明廷一直重视这一带的边备。直到明末，重点才转移至蓟、辽两镇。造成三镇地位之重要的原因，主要有两方面因素：

一为自然条件。此三镇位于黄土高原地区，地形千沟万壑，支离破碎，地势平漫，易于敌骑驰骋，其不同于多高山峡谷形成天然屏障的蓟镇，使得防守相当不易。

二为人为因素。明朝的主要敌人常在这里"驻牧"且连年入寇，致明廷损失巨大。

明朝在修长城之时，采取了一个极为重要的原则——因地制宜。这无疑使长城防御的实用性、可操作性大大增强。火路墩的修建也不外如此。宣大山西三镇，由于地形的原因使得候望的视野和角度

---

〔1〕　万历《怀仁县志·烽堠》。
〔2〕　康熙《山西通志》卷14《兵防·边关》。
〔3〕　《翁万达集》，第315页。
〔4〕　康熙《山西通志》卷14《兵防·边关》。
〔5〕　《翁万达集》，第297页。

大大受限。平缓土地上的候望范围定不如山巅候望范围大、距离远，且由于沟壑的纵横交错，一座墩台的候望角度肯定小于山顶的候望角度。因此采取一个有效的方法来加以弥补势在必行，增加火路墩数量从而扩大候望的视野和视角便成为一个简便、切实可行的办法。

火路墩之所以能够在长城防御体系中占据极其重要的地位，是由长城防御体系的特点所决定的。长城防御体系看上去是固若金汤，高大宽厚的城墙耸立于高山、峡谷和各要冲之处，上面墩台林立，城内城堡密布……但却犯了兵家大忌：消极防御，兵力分散。纵使宣大山西有数十万的兵力，但其分散于数百公里的边防线上，而敌人集中优势兵力从某一处突破使得长城防线形同虚设。为此，明廷采取了补救措施：将主要兵力屯聚于各个城堡之中，长城上仅仅驻守一些哨瞭的兵丁，并且实行春、秋两防制度，从内地调集大量兵力驻扎于各主要隘口，同时遣派尖哨、夜不收等深入虏境打探敌人动向。一旦敌人攻墙或侦知敌人动向，长城守军先行抵抗，固守待援，处于关内的火路墩立即将信号传递至负责把守该段城墙的城堡。若敌人入侵规模较大，城堡守备再通过火路墩将情报传递至上级机关，即所属路的路城以及附近城堡，依此类推最后传至镇城。

推知，若要使长城防线发挥作用，关键是处于战略后方的城堡能够对长城守军进行有效的支援，而关键之关键则是作为边军耳目的火路墩能够及时、准确、有效地将一线军事情报传递至后方军事指挥机关。

附　山西省部分关堡测绘图

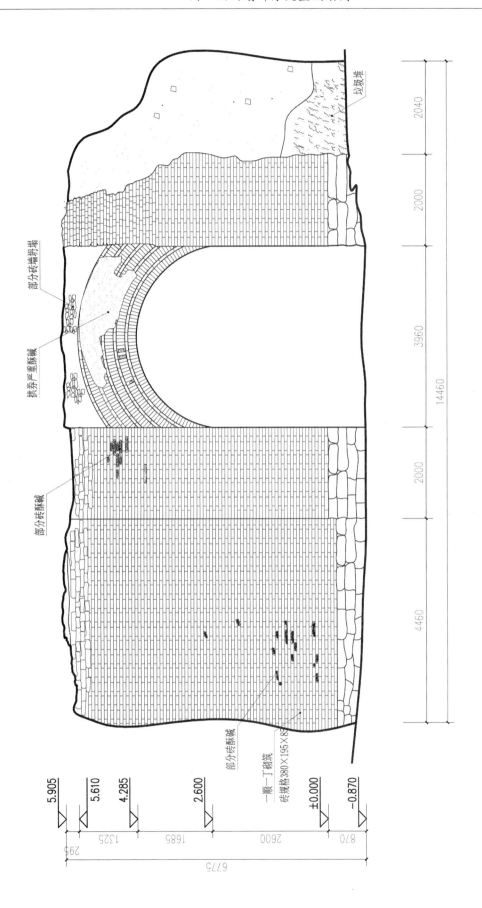

测绘图一　新平堡北门内立面图

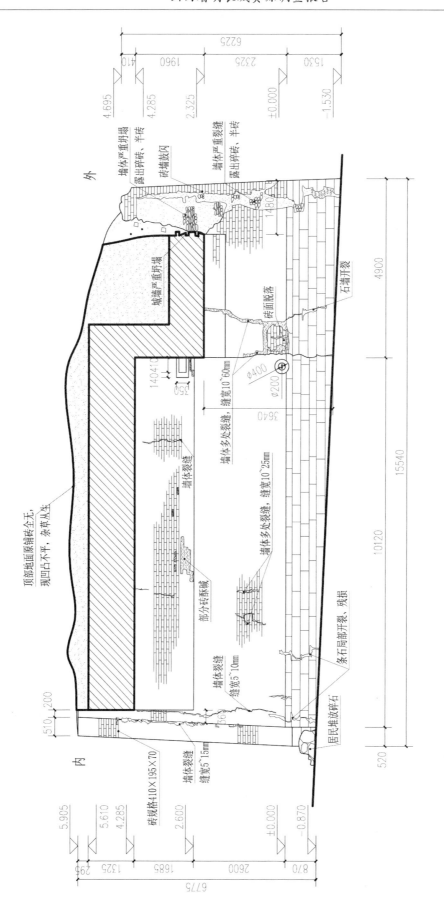

测绘图二　新平堡北门剖面图

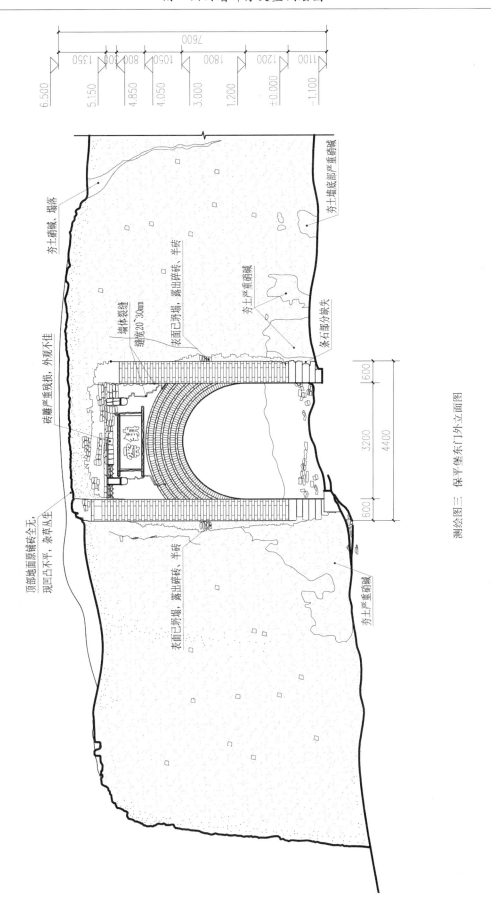

测绘图三　保平堡东门外立面图

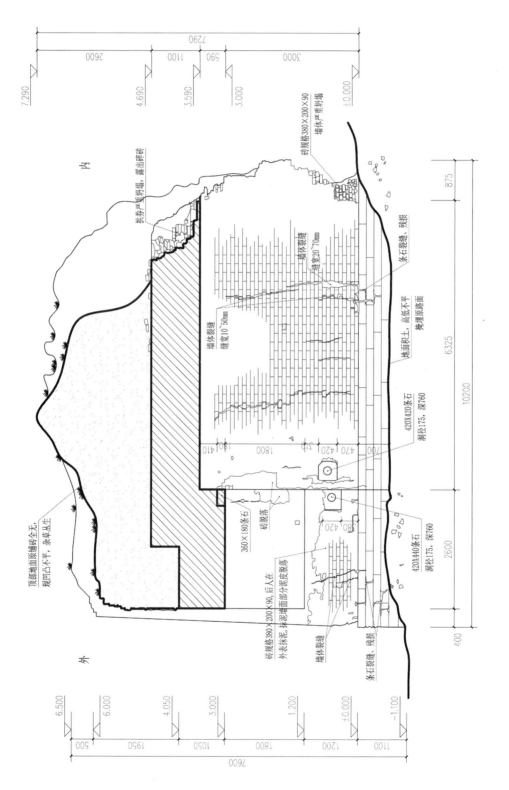

测绘图四　保平堡东门剖面图

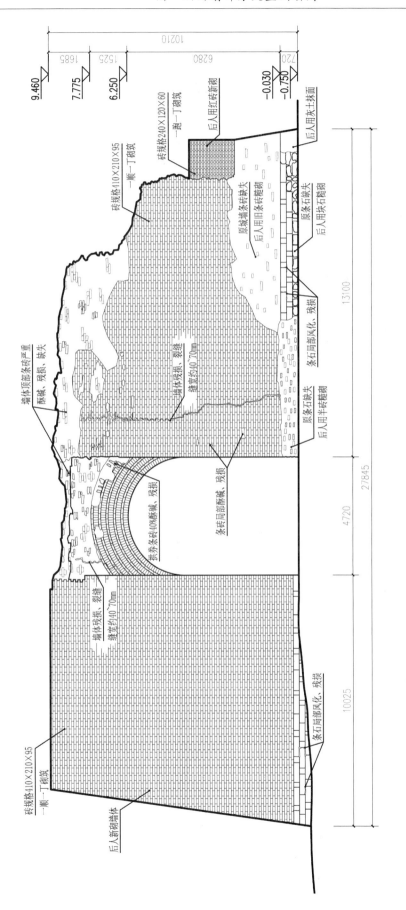

测绘图五　天城城西门内立面图

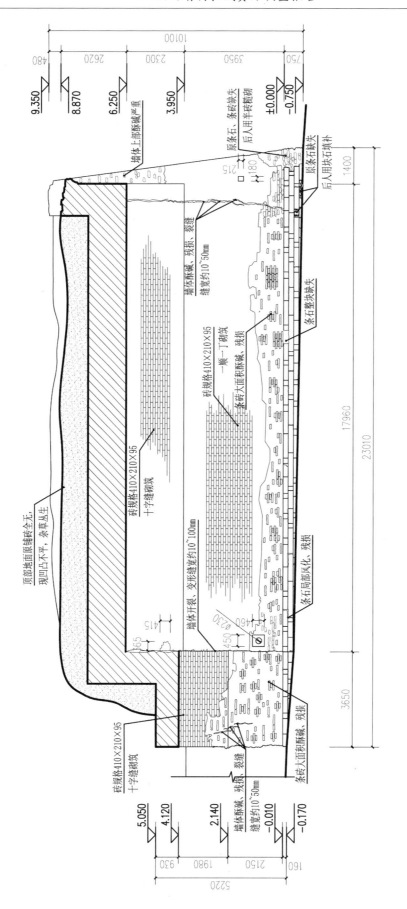

测绘图六　天城城西门剖面图

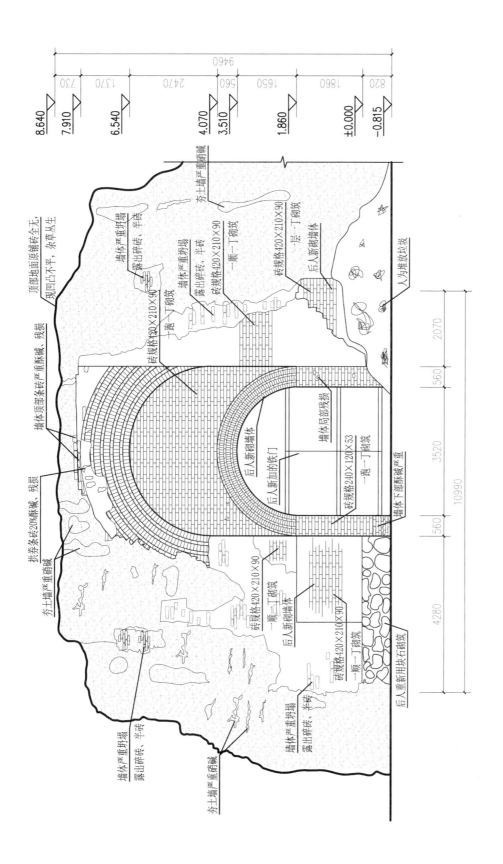

测绘图七　天城城北门内立面图

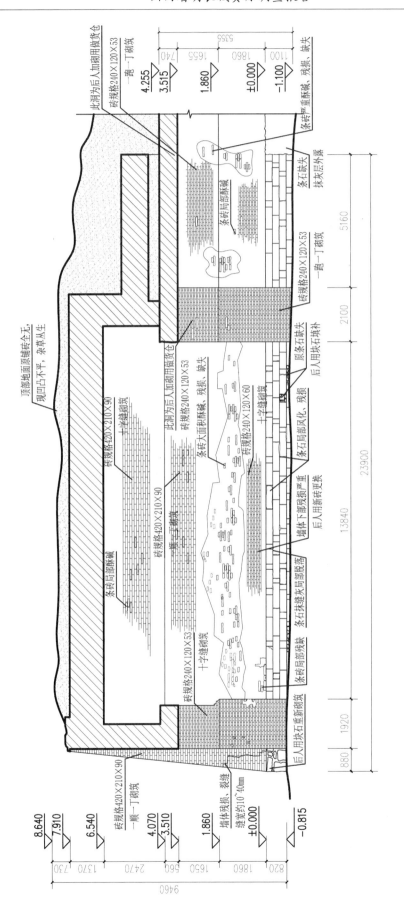

测绘图八　天城城北门剖面图

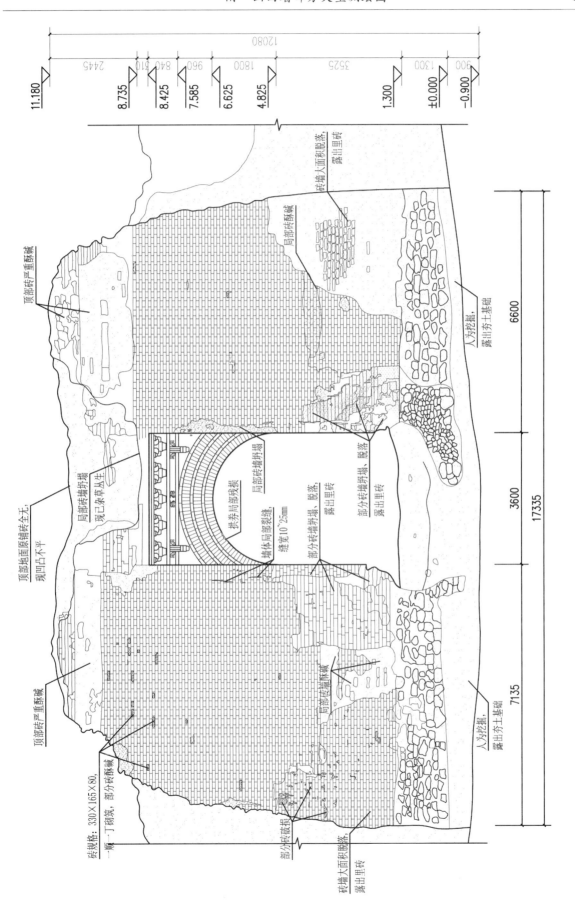

测绘图图九 镇边堡东门外立面图

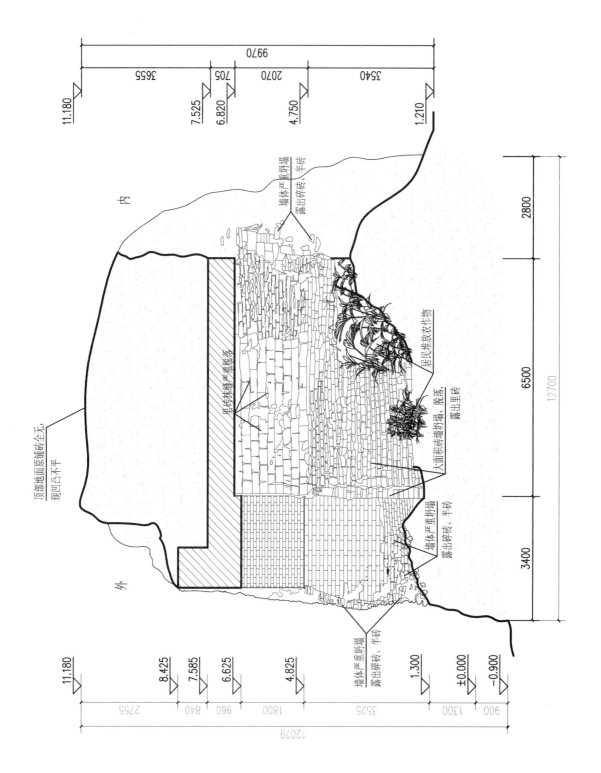

测绘图一〇　镇边堡东门剖面图

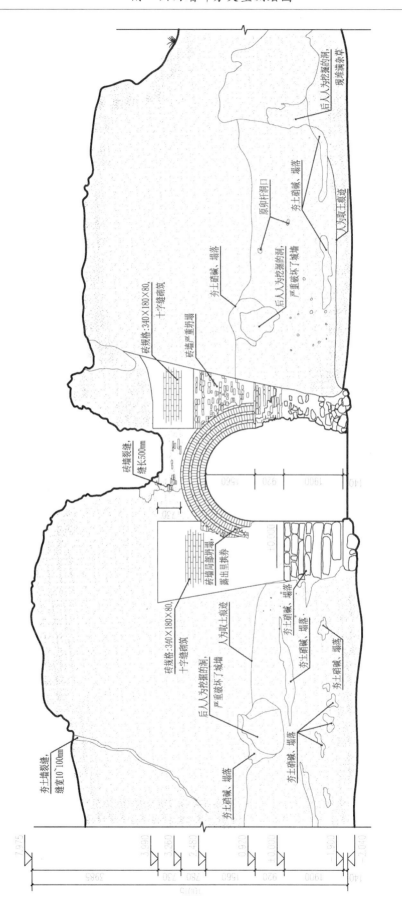

测绘图——　镇边堡西门门外立面图

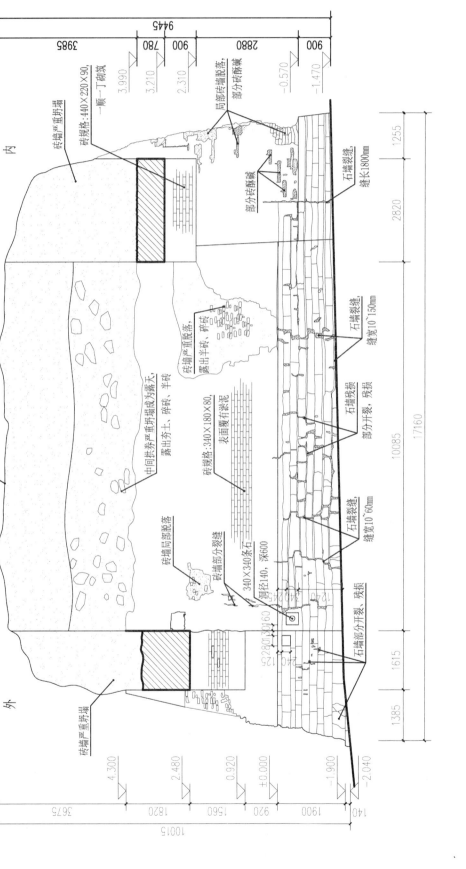

测绘图一二 镇边堡西门剖面图

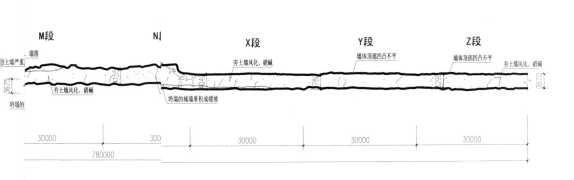

M段 N段 X段 Y段 Z段

墙落 墙体顶部凹凸不平
夯土墙严重 墙体顶部凹凸不平 墙落
夯土墙风化、硝碱 夯土墙风化、硝碱 夯土墙风化、硝碱
夯土墙风化、硝碱
坍塌的
坍塌的城墙堆积成缓坡 坍塌的城墙堆积成缓坡

30000   300   30000   30000   30000

780000

三墩长城2段GPS0035（起

H段   I段

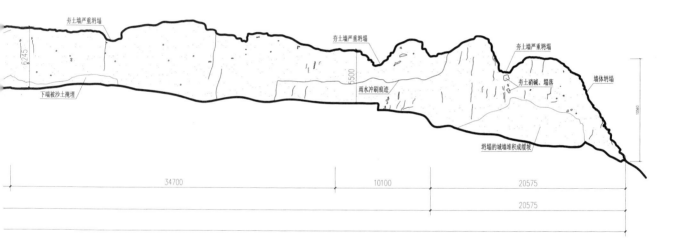

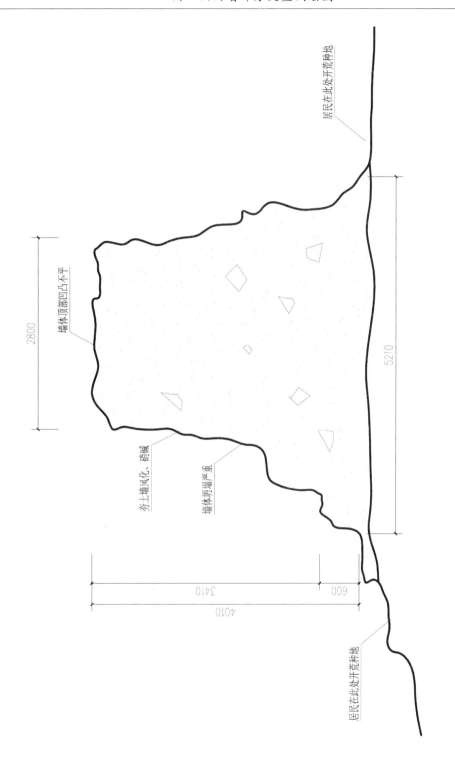

测绘图一四　三墩长城 2 段 G0035（起点，三墩 6 号敌台）—G0040（三墩 7 号敌台）间墙体剖面图

墙体顶部凹凸不平

2800

夯土墙风化、酥碱

墙体坍塌严重

4010

3410

600

5210

居民在此处开荒种地

居民在此处开荒种地

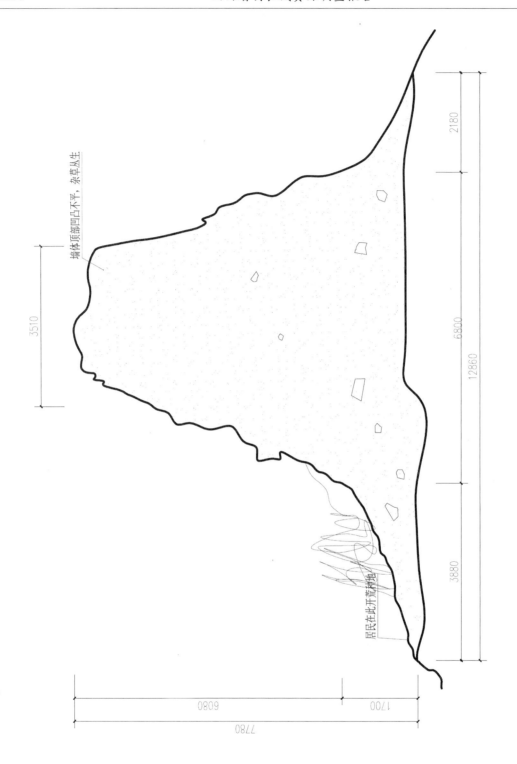

墙体顶部凹凸不平，杂草丛生

居民在此开荒种地

测绘图一六　镇川口长城 2 段 G0070（断点）—G0072（镇川口 8 号敌台）间墙体剖面图

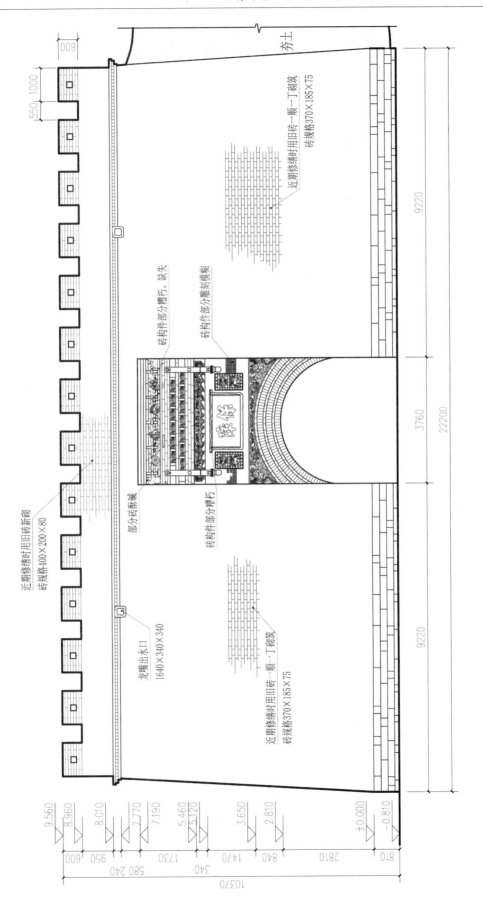

测绘图—七　得胜堡南门外立面图

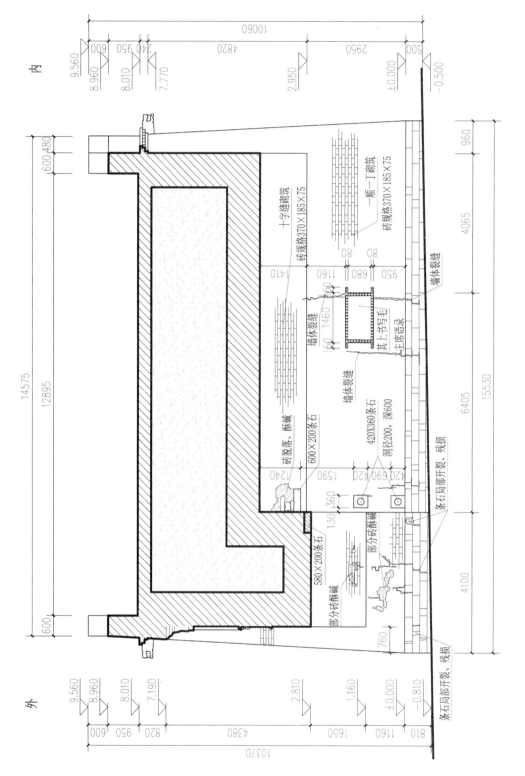

测绘图一八　得胜堡南门剖面图

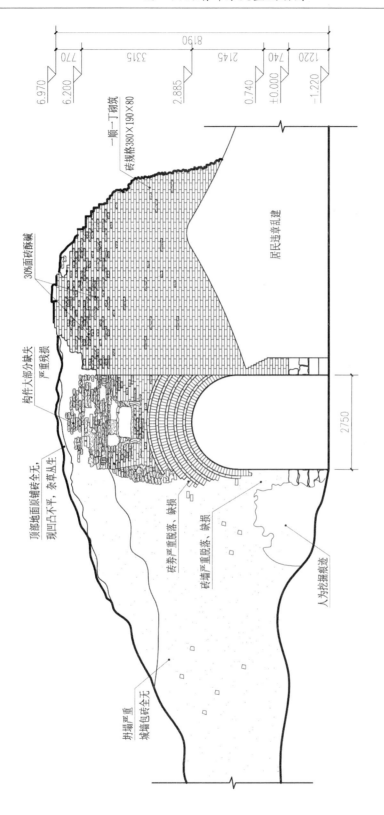

测绘图一九　助马堡东门外立面图

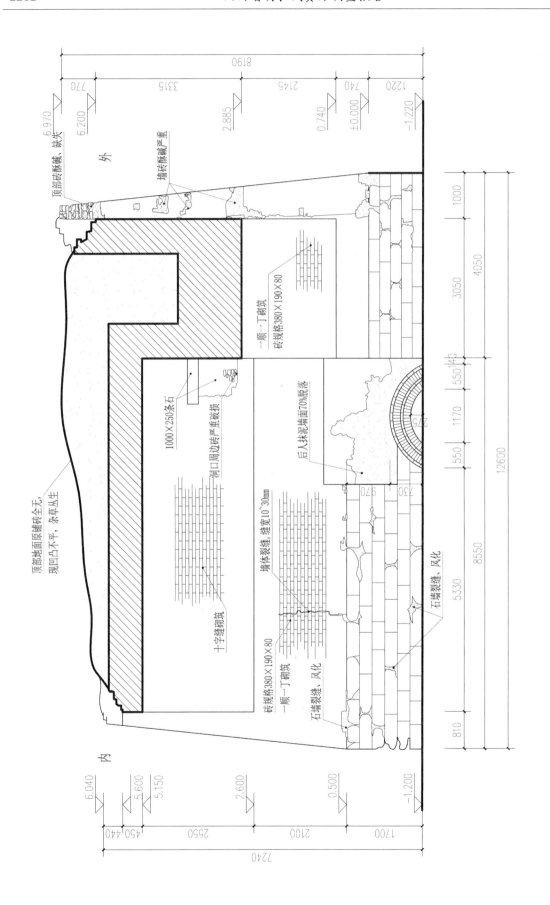

测绘图二〇　助马堡东门剖面图

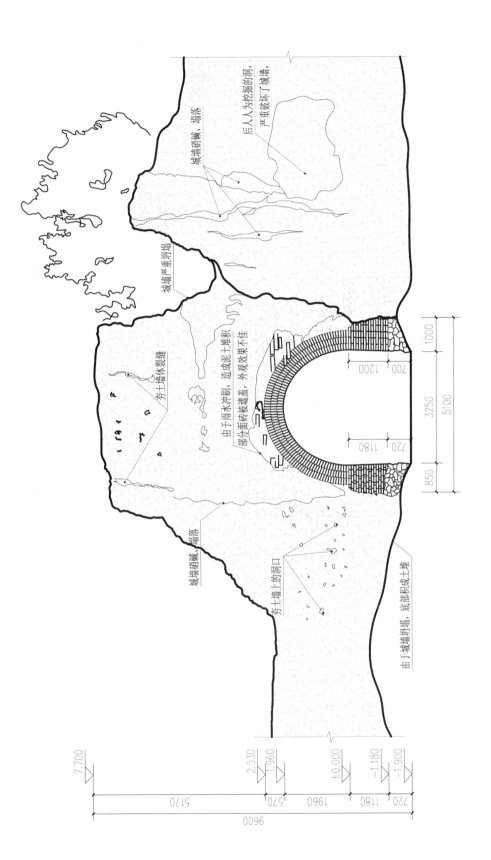

测绘图二一 助马堡关城东门外立面图

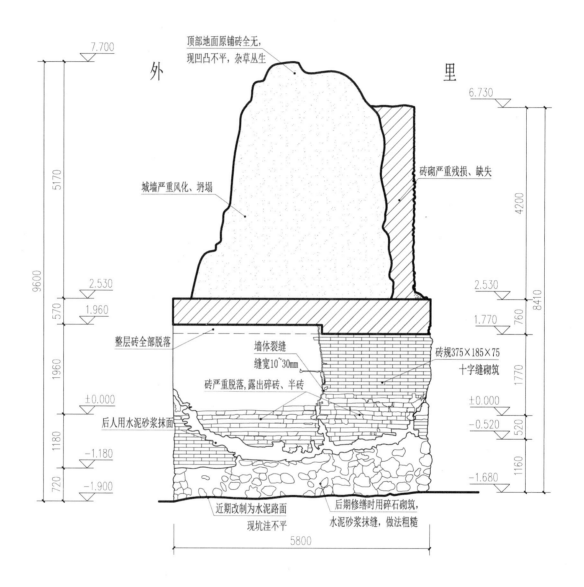

外　　　　里

7.700

顶部地面原铺砖全无，
现凹凸不平，杂草丛生

6.730

5170

城墙严重风化、坍塌

砖砌严重残损、缺失

4200

9600

2.530

2.530

8410

570

1.960

1.770

760

整层砖全部脱落

墙体裂缝
缝宽10~30mm

砖规375×185×75
十字缝砌筑

1770

1960

砖严重脱落，露出碎砖、半砖

±0.000

±0.000

后人用水泥砂浆抹面

-0.520

520

1180

-1.180

1160

720

-1.900

-1.680

近期改制为水泥路面
现坑洼不平

后期修缮时用碎石砌筑，
水泥砂浆抹缝，做法粗糙

5800

测绘图二二　助马堡关城东门剖面图

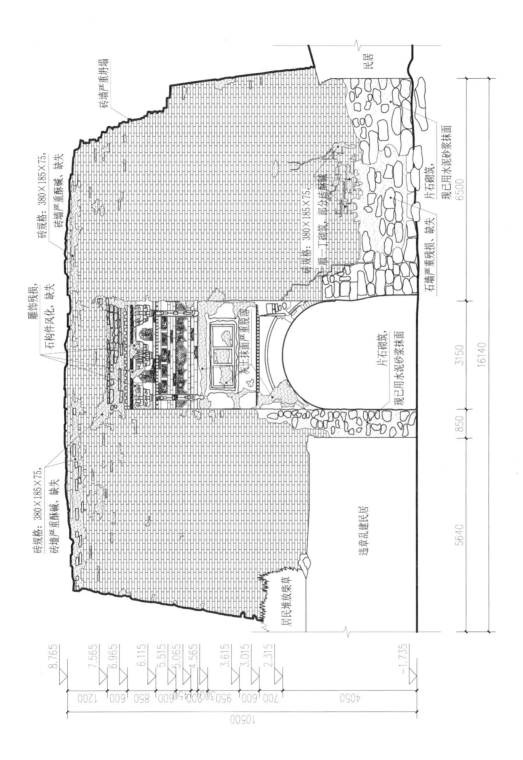

测绘图二三　助马堡关城南门外立面图

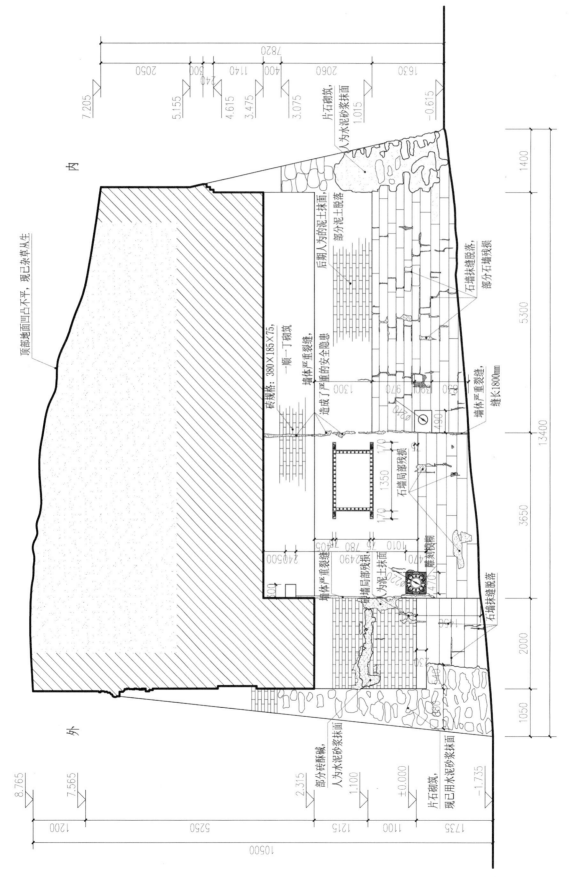

测绘图二四 助马堡关城南门剖面图

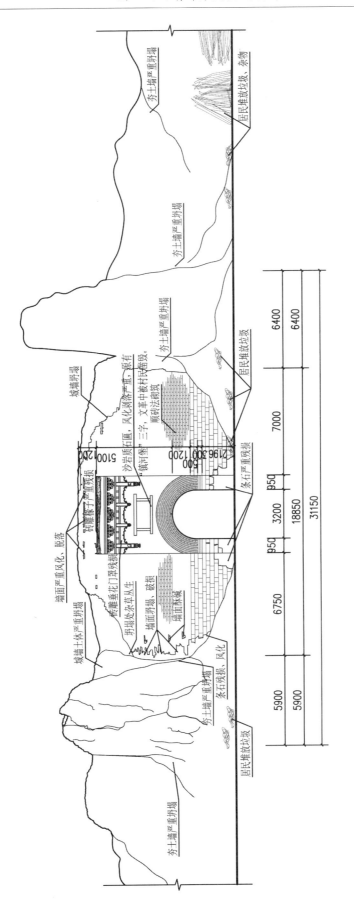

测绘图二五　镇河堡东门外立面图

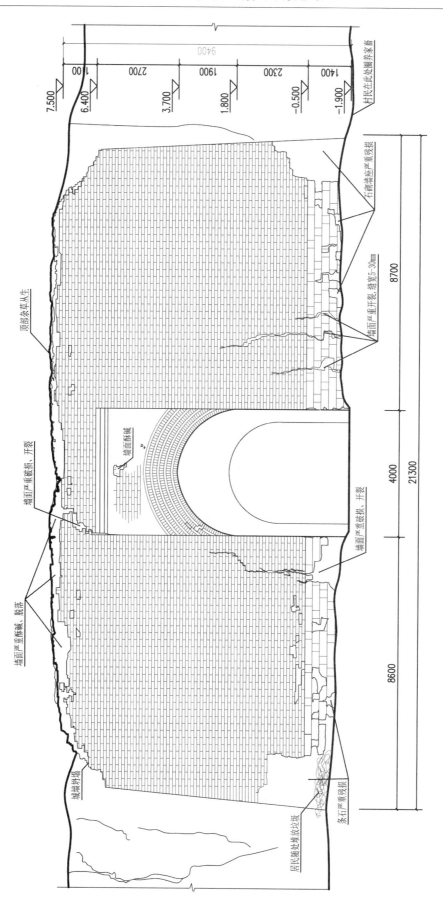

测绘图二六 镇河堡东门内立面图

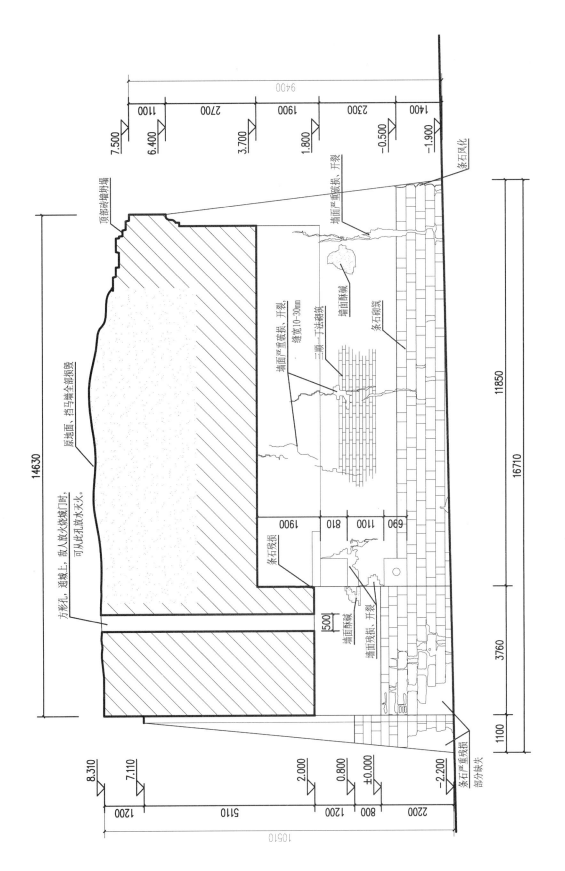

测绘图二七　镇河堡东门剖面图

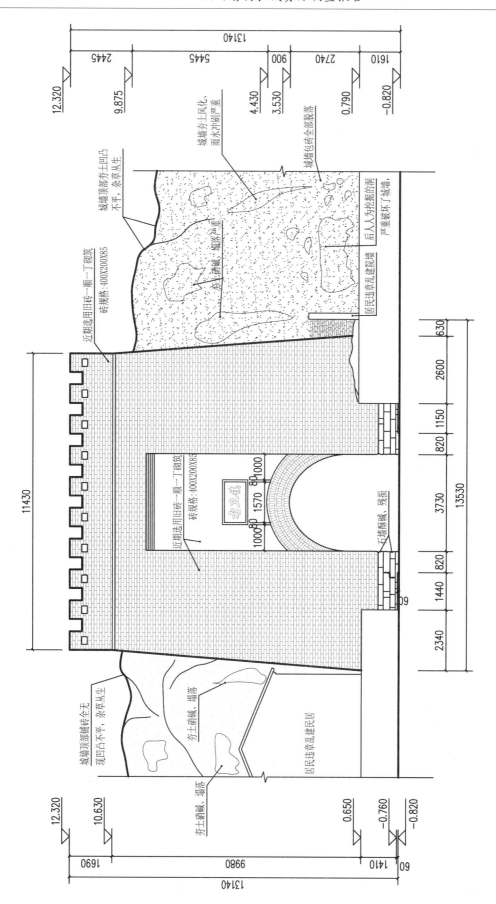

测绘图二八　右卫城东门外立面图

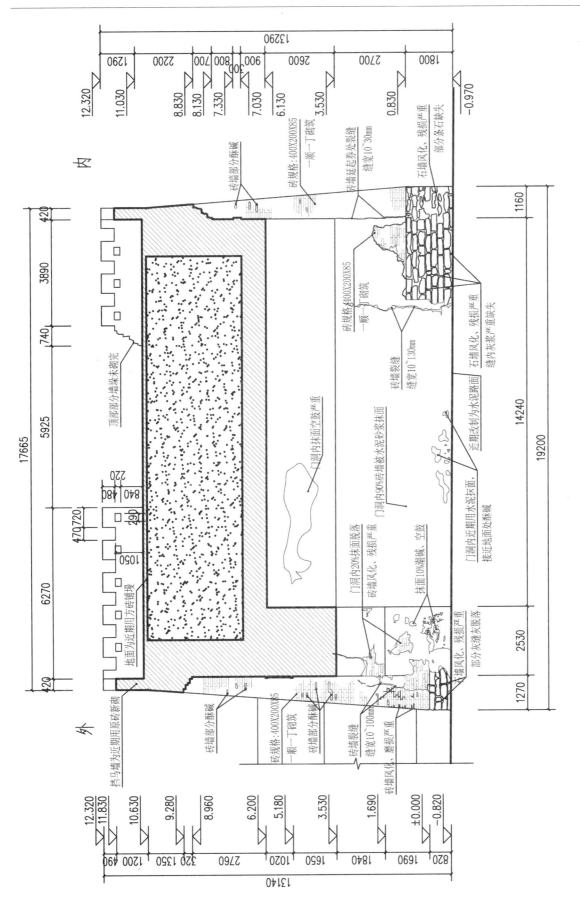

测绘图二九　右卫城东门剖面图

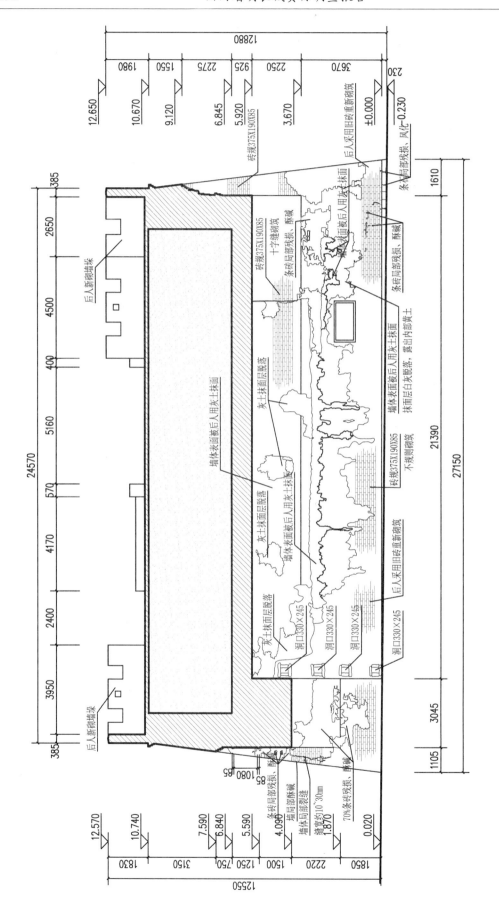

测绘图三一 右卫城南门剖面图

14100

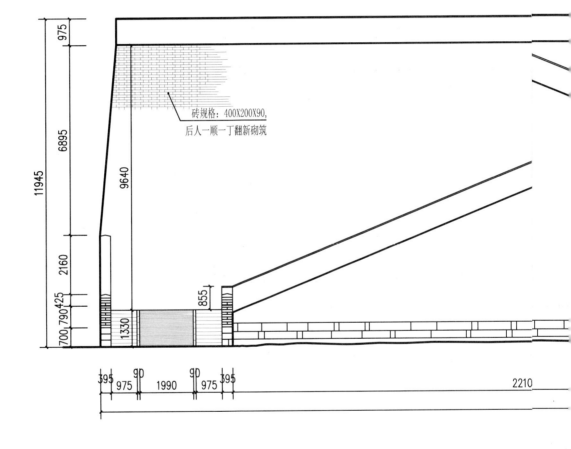

砖规格：400X200X90,
后人一顺一丁翻新砌筑

975

6895

11945

9640

2160

425

855

700 790

1330

395 975 90 1990 90 975 395

2210

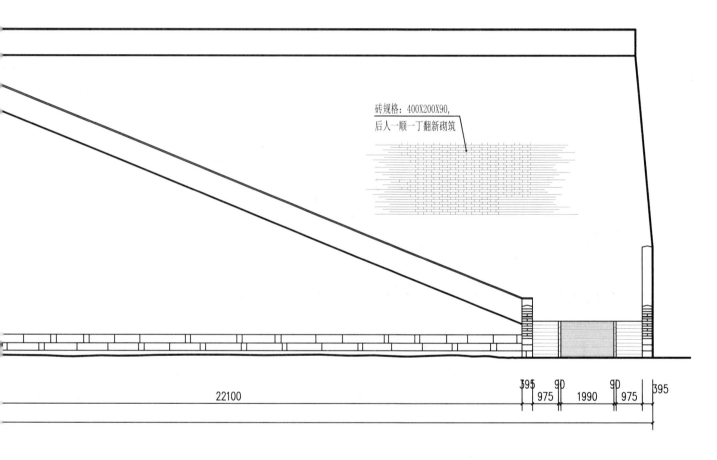

砖规格：400X200X90，
后人一顺一丁翻新砌筑

22100

395
975
90
1990
90
975
395

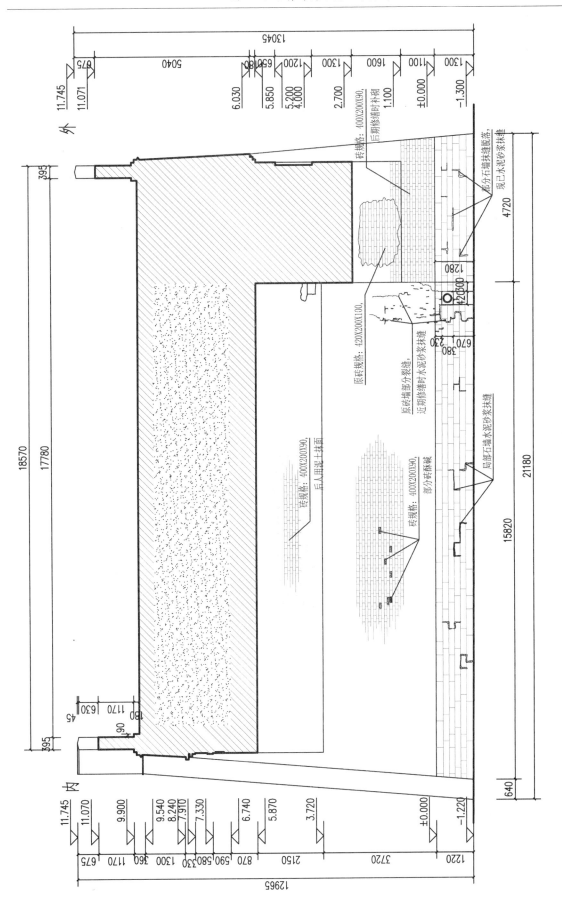

测绘图三三　右卫城西门剖面图

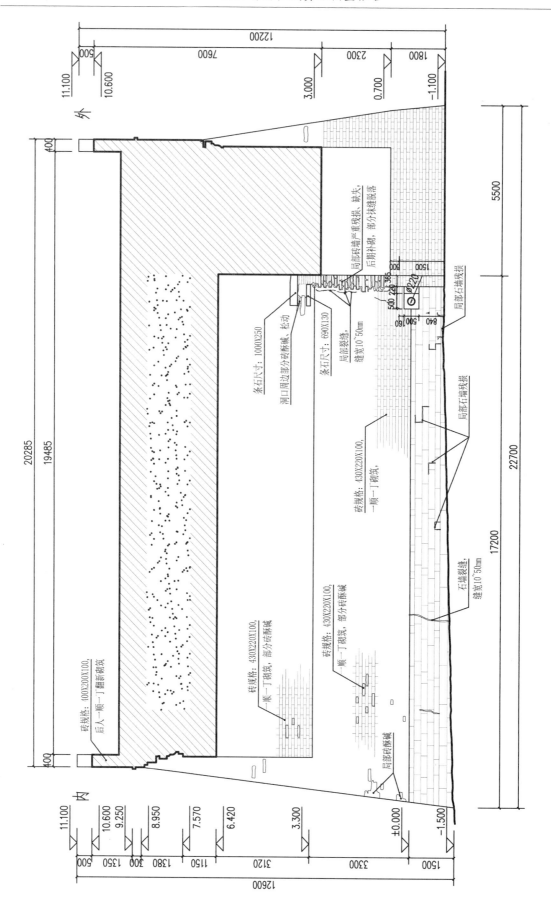

测绘图三五　右卫城北门剖面图

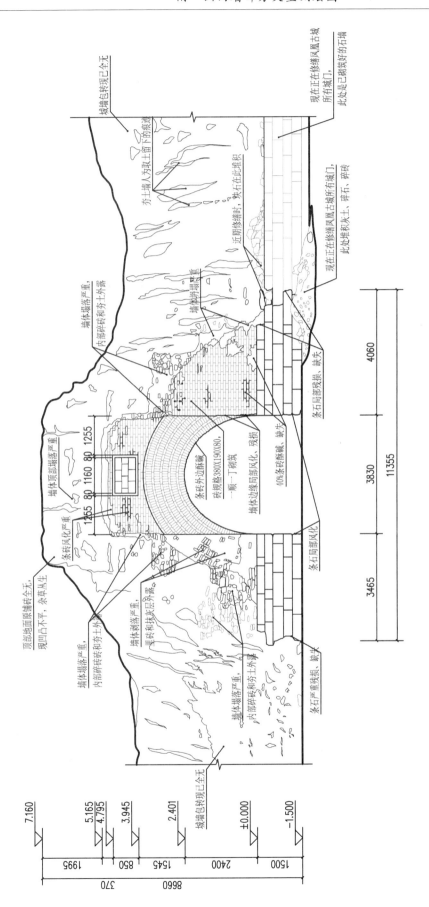

坡墙包转砖现已全无

夯土墙人为取土留下的痕迹

近期修缮时,将石在城所有土外露

现在正在修缮凤凰古城所有城门

此处是已砌筑好的石墙

现在正在修缮凤凰古城门,此处堆积冰土、碎石、碎砖

墙体顶部塌落严重,内部碎砖和夯土外露

墙体塌落严重,内部碎砖和夯土外露

墙倒塌时塌落严重

条石局部残损,缺失

条砖风化严重

墙体顶部塌落严重

墙体塌落严重,内部碎砖和夯土外露

条砖外边酥碱,砖规格380X190X80,一顺一丁砌筑

墙体边缘局部风化、残损

10%条砖酥碱、缺失

条石局部风化

顶部地面原铺砖已全无,现凹凸不平,杂草丛生

墙体塌落严重,内部碎砖和夯土外露

墙体剥落严重,重砖和其拱层外露

条石严重残损,缺失

墙体塌落严重,内部碎砖和夯土外露

坡墙包转砖现已全无

7.160

5.165
4.795

3.945

2.401

±0.000

−1.500

1255 80 1160 80 1255

1995
850
1545
2400
1500

370
8660

4060
3830
11355
3465

测绘图三六 平鲁坡堡东门外立面图

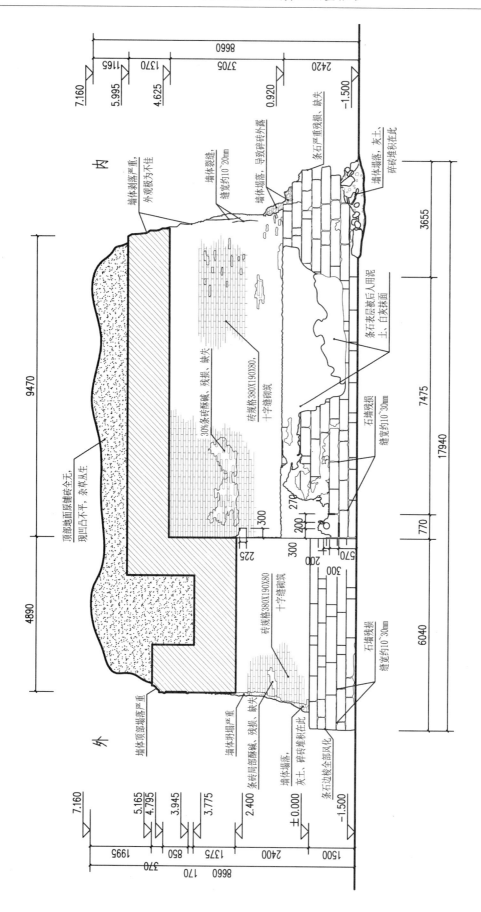

测绘图三七 平鲁城堡东门剖面图

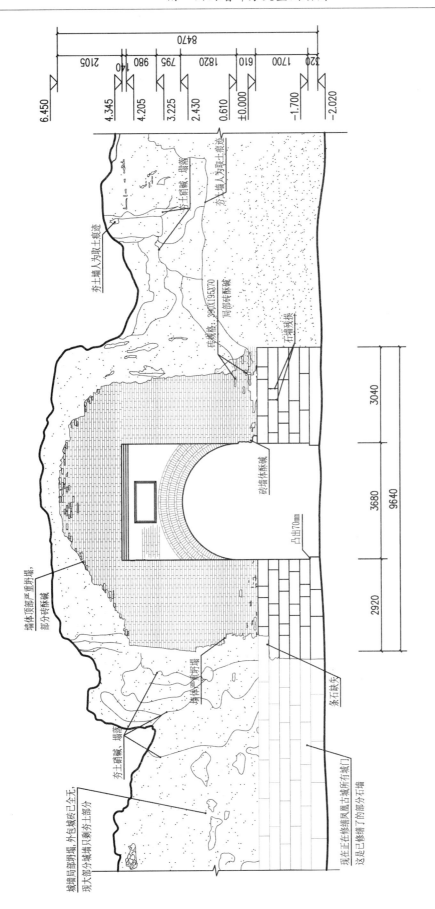

测绘图三八　平鲁城堡东门外瓮城南门外立面图

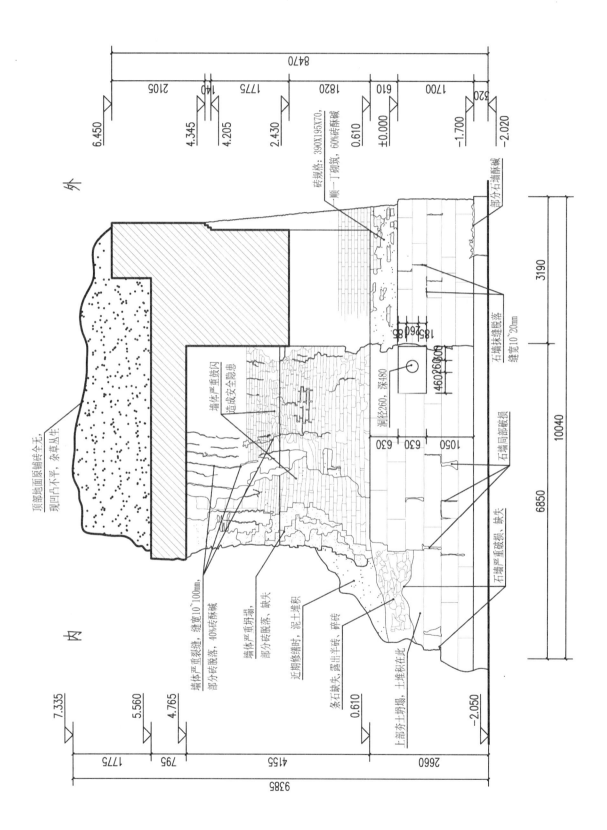

测绘图三九　平鲁城堡东门外瓮城南门剖面图

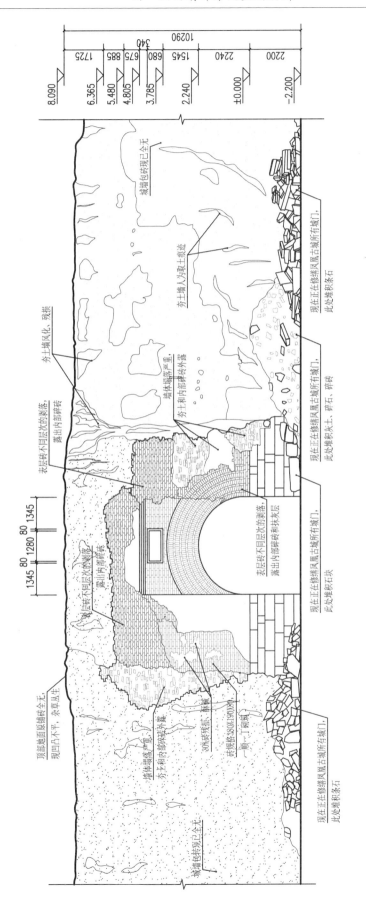

测绘图四〇　平鲁城堡南门外立面图

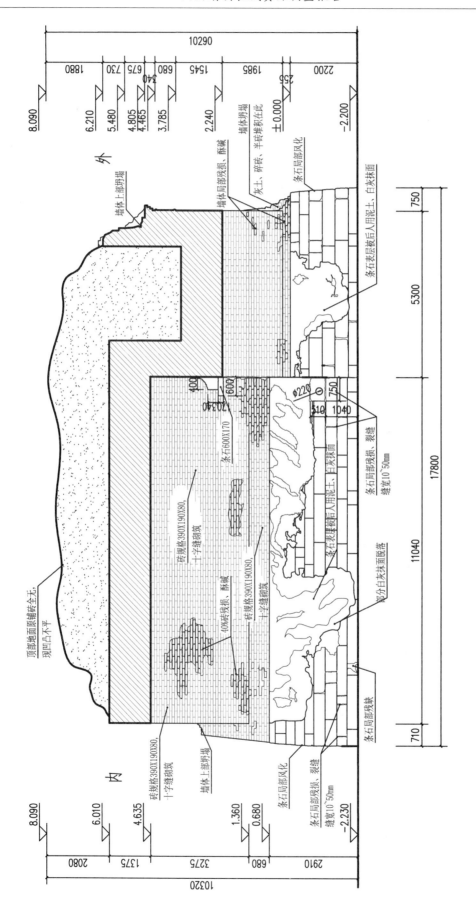

测绘图四— 平鲁城堡南门剖面图

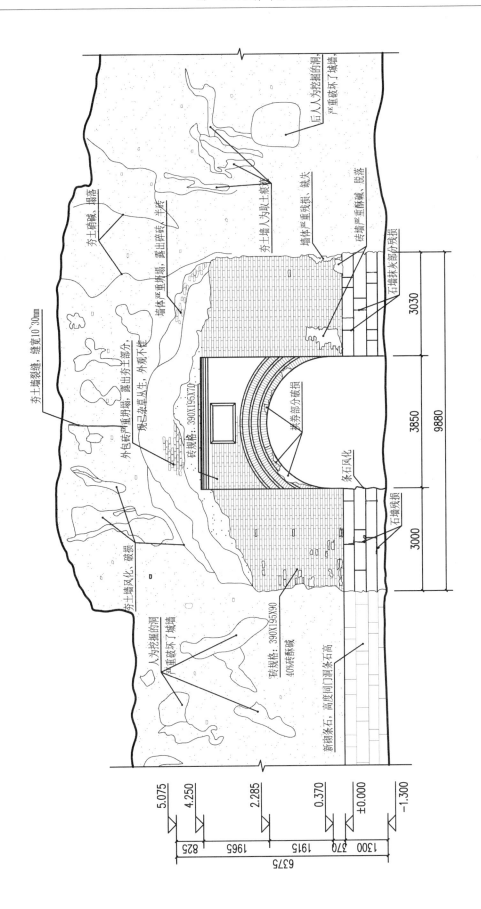

测绘图四二　平鲁城堡南门外瓮城东门外立面图

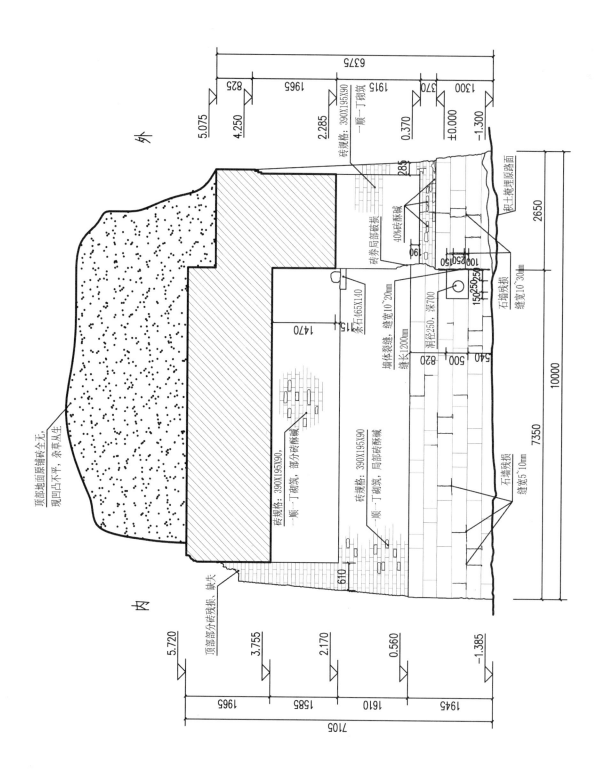

测绘图四三　平鲁城堡南门外瓮城东门剖面图

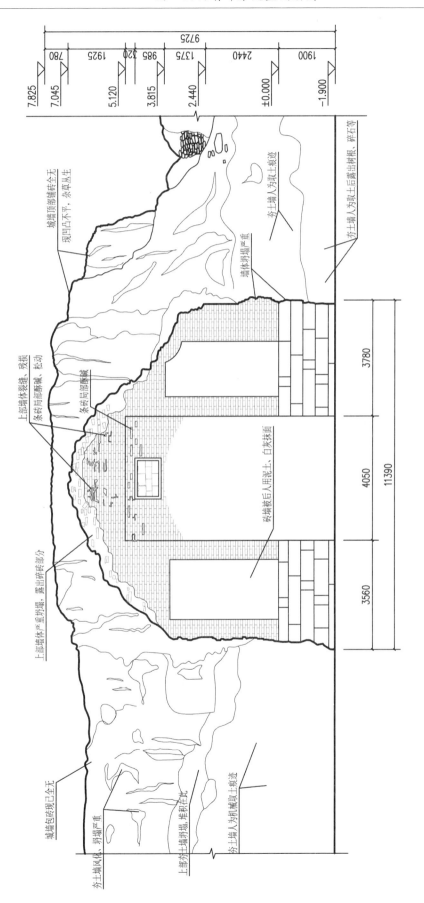

测绘图四四　平鲁城堡西门外立面图

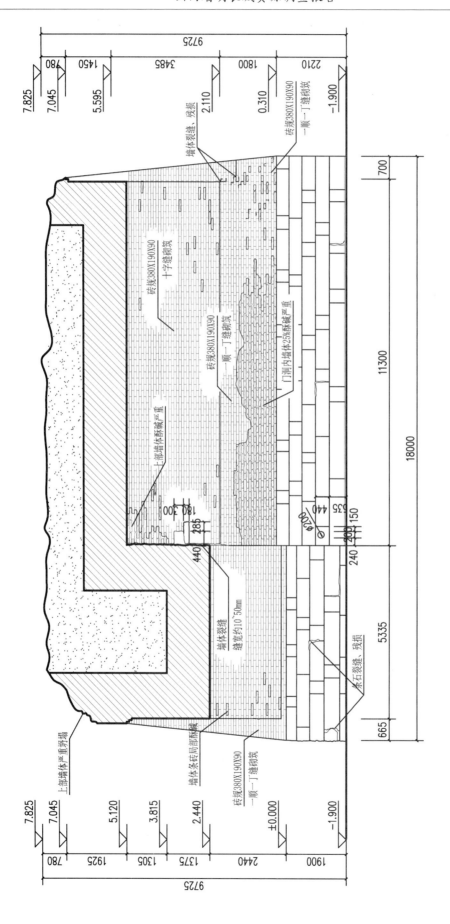

测绘图四五　平鲁城堡西门门剖面图

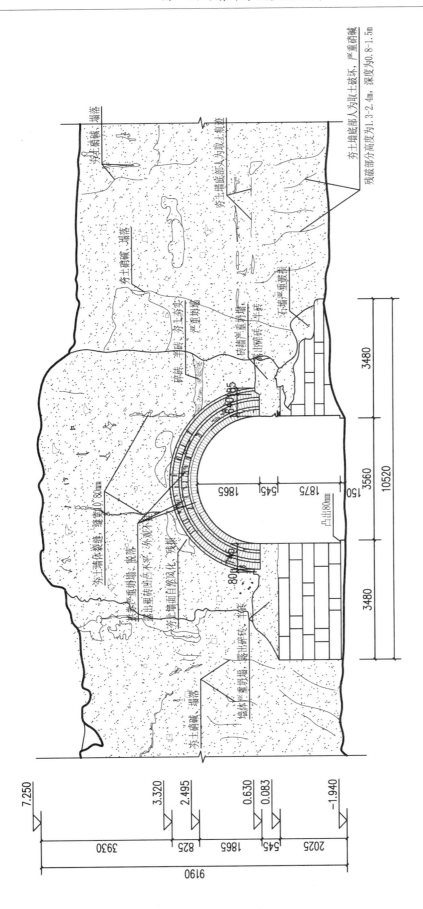

测绘图四六　平鲁城堡西门外瓮城南门外立面图

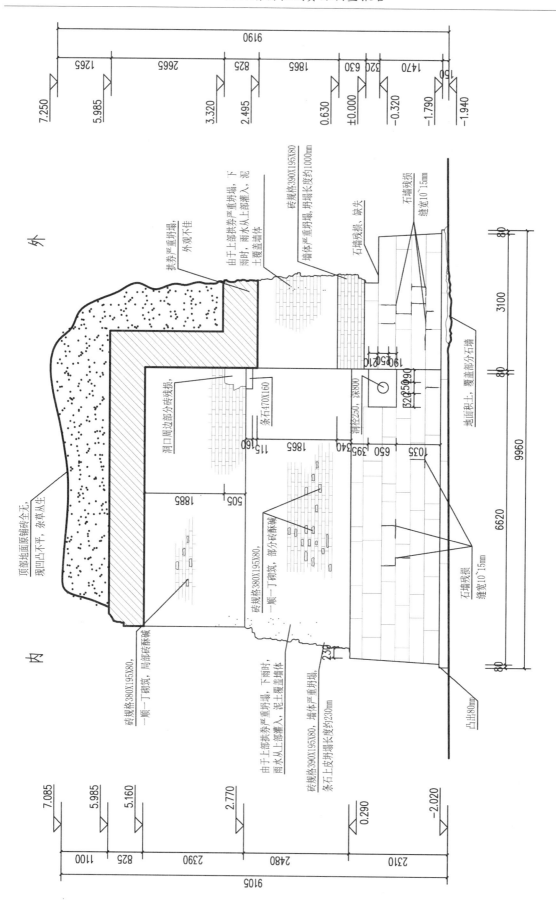

测绘图四十七　平鲁城堡西门外瓮城南门剖面图

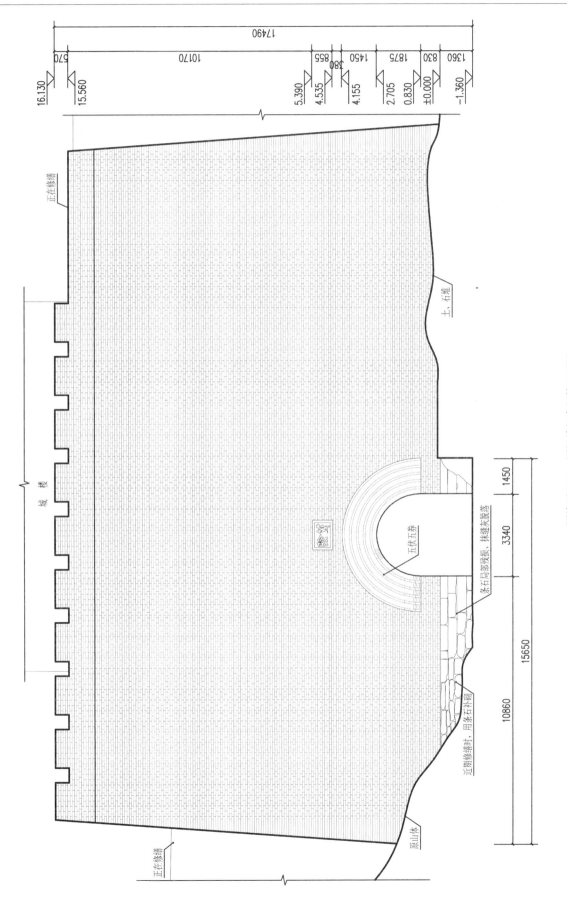

测绘图四八　雁门关�堡东门外立面图

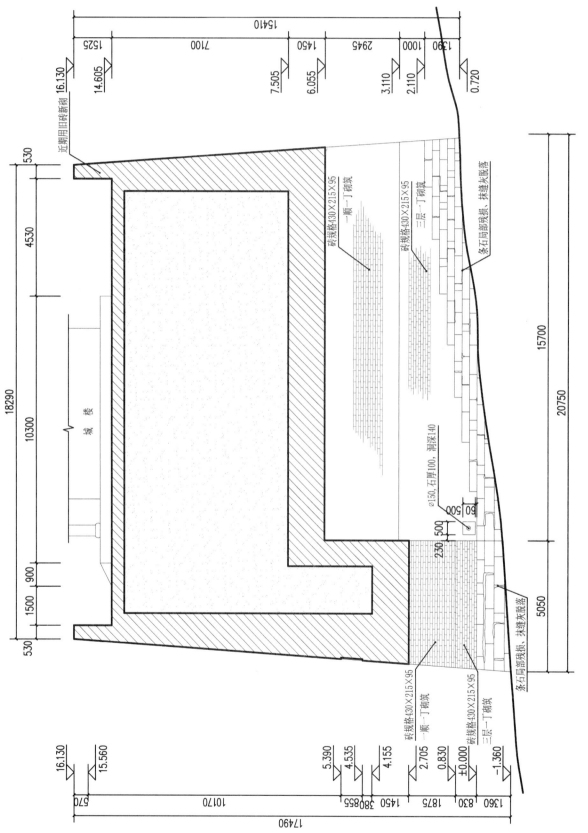

测绘图四九　雁门关关堡东门剖面图

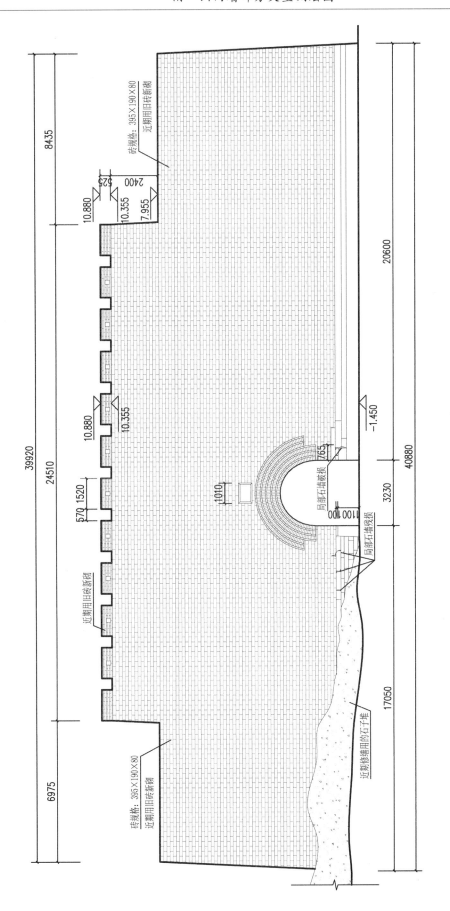

测绘图五〇　雁门关堡北门外立面图

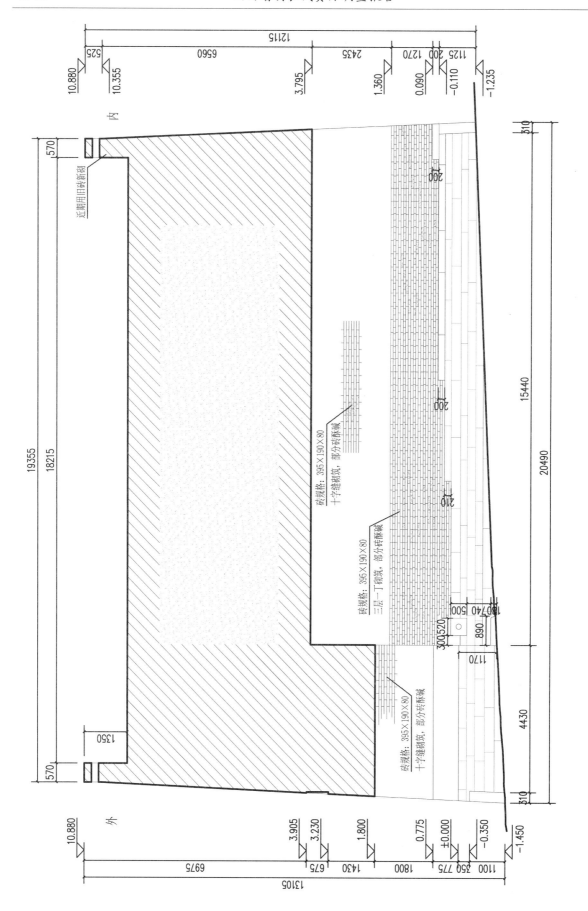

测绘图五一　雁门关关堡北门剖面图

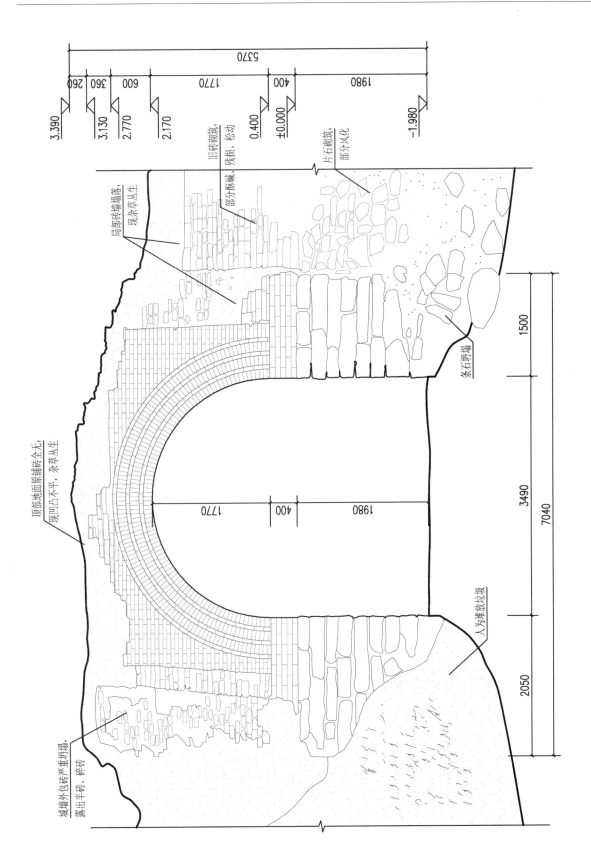

测绘图五二 雁门关堡北门外瓮城东门外立面图

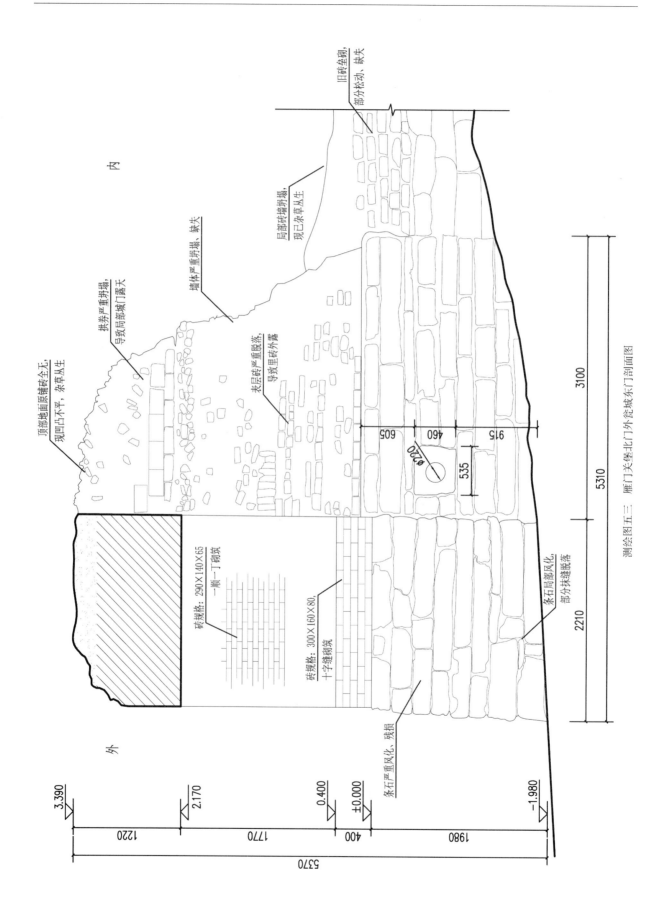

测绘图五三 雁门关堡北门外瓮城东门剖面图

内

外

顶部地面原铺砖全无,现凹凸不平,杂草丛生

拱券严重坍塌,导致局部城门露天

墙体严重坍塌,缺失

表层砖严重脱落,导致里砖外露

旧砖垒砌,部分松动,缺失

局部砖墙坍塌,现已杂草丛生

砖规格:290×140×65一顺一丁砌筑

砖规格:300×160×80,十字缝砌筑

条石局部风化,部分扶缝脱落

条石严重风化,残损

3.390

2.170

0.400

±0.000

-1.980

1220

1770

400

1980

5370

3100

5310

2210

605

460

915

535

φ280

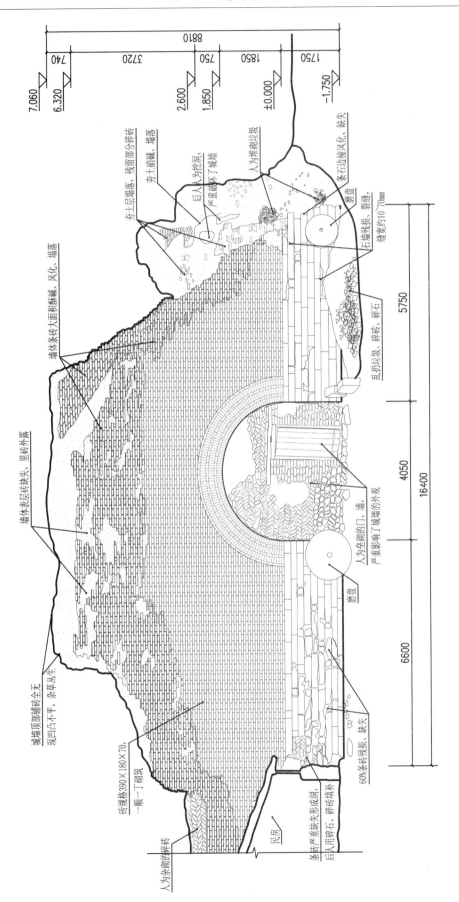

测绘图五四　宁化古城南门外立面图

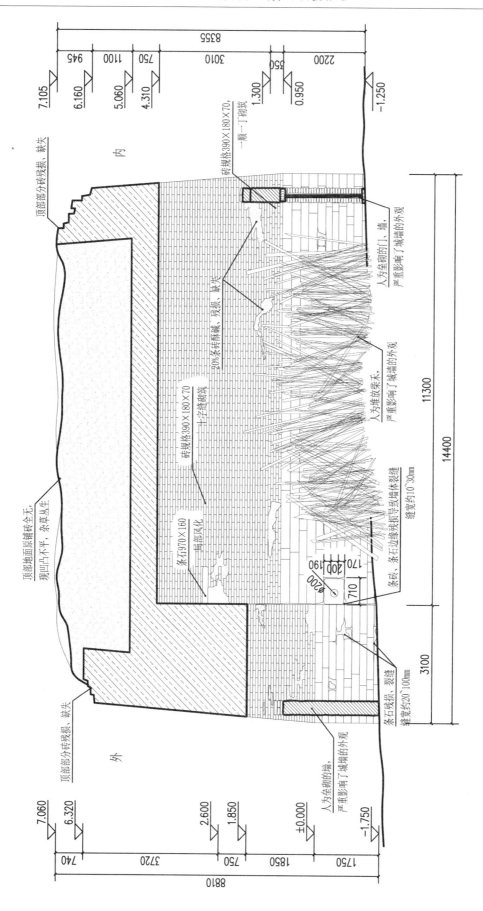

测绘图五五　宁化古城南门门剖面图

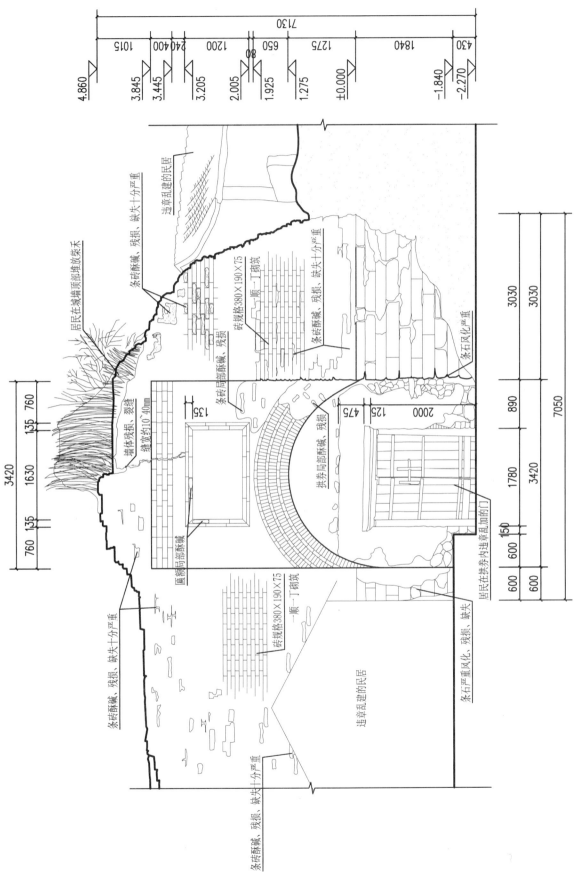

测绘图五六　宁化古城南门门外瓷城南门外立面图

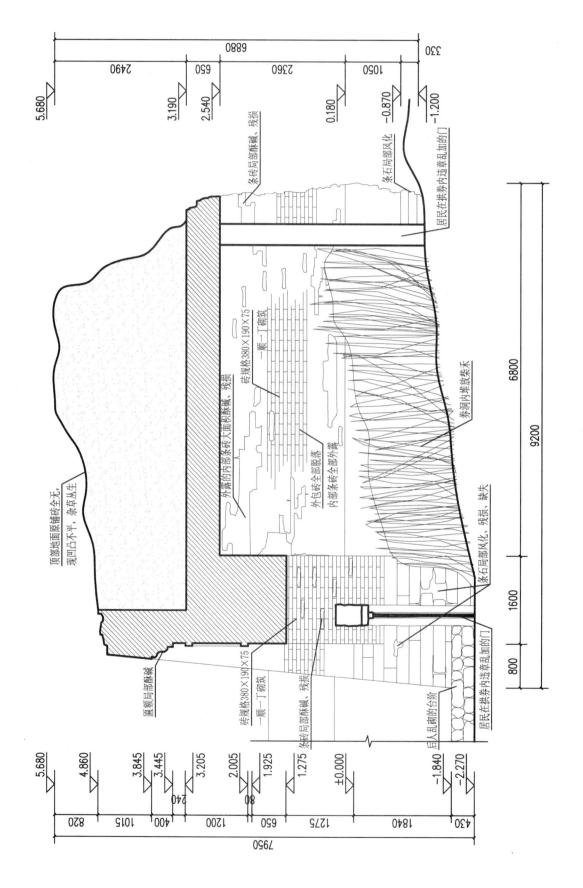

测绘图五七 宁化古城南门外瓮城南门剖面图

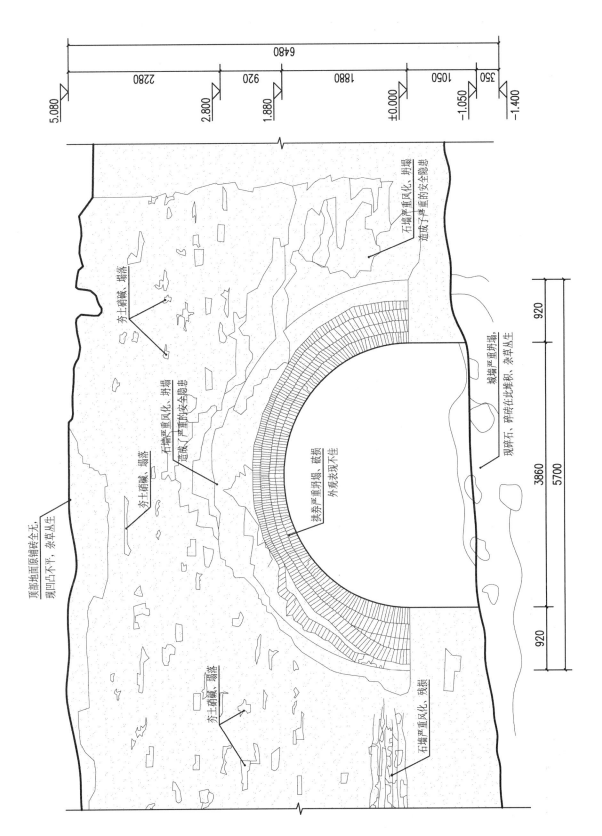

测绘图五八 宁化古城北门内立面图

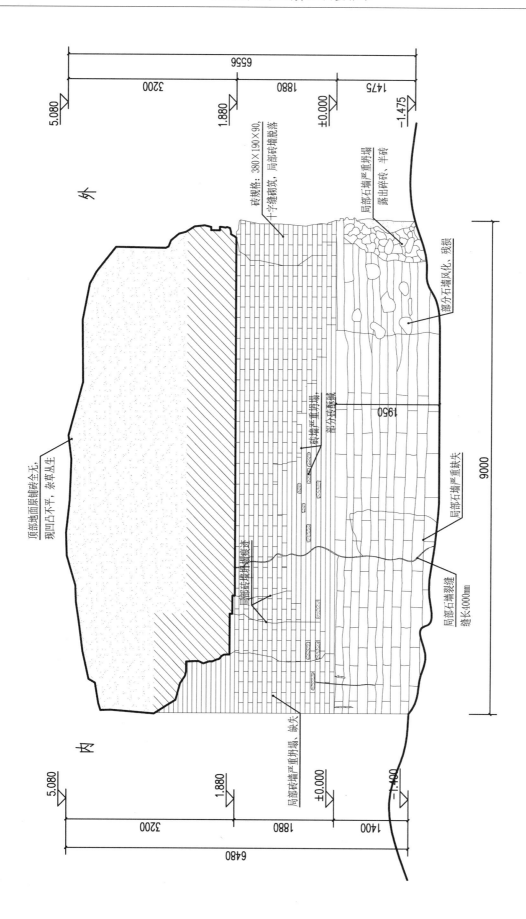

测绘图五九　宁化古城北门剖面图

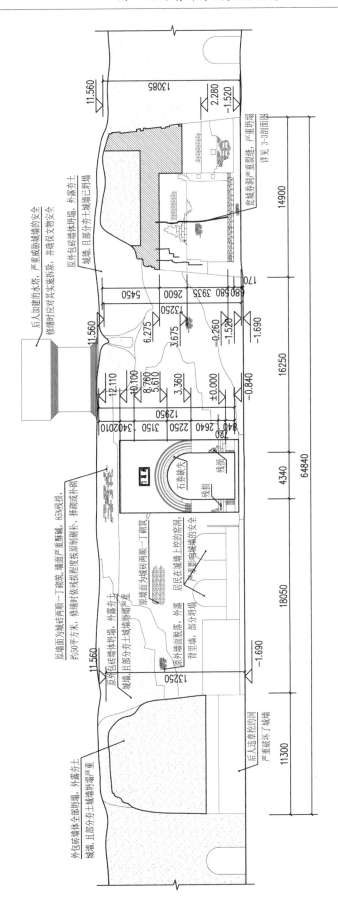

测绘图六〇　朔州城南门外立面图及瓮城东墙、西墙剖面图

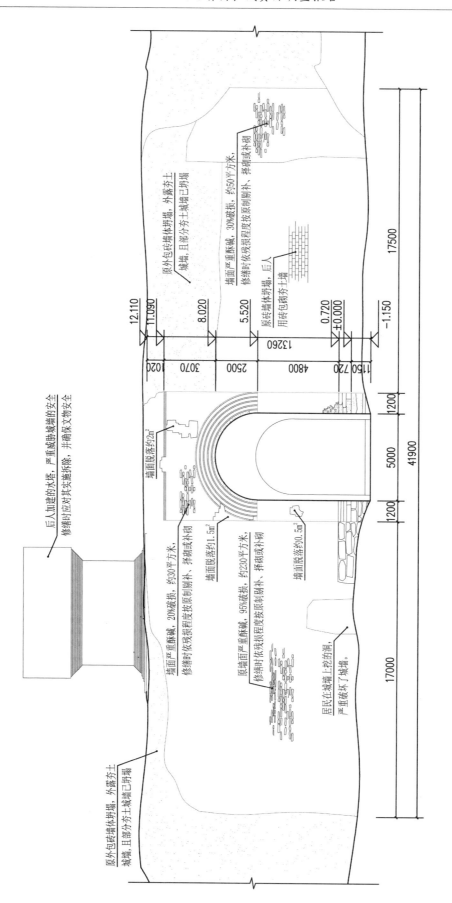

测绘图六一　朔州城南门内立面图

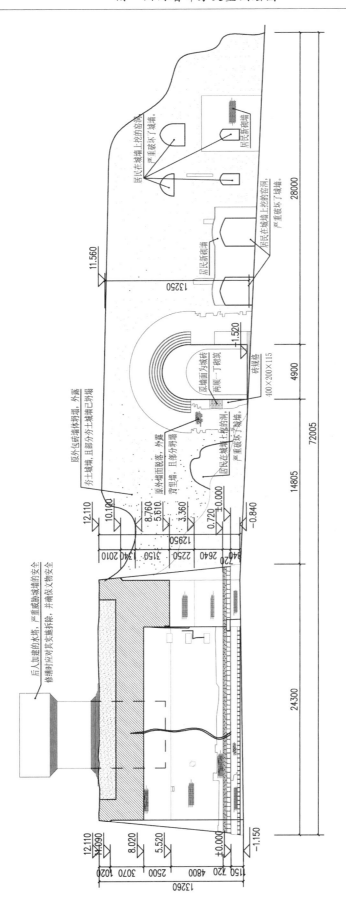

测绘图六二　朔州城南门门剖面图及瓮城东门内立面图

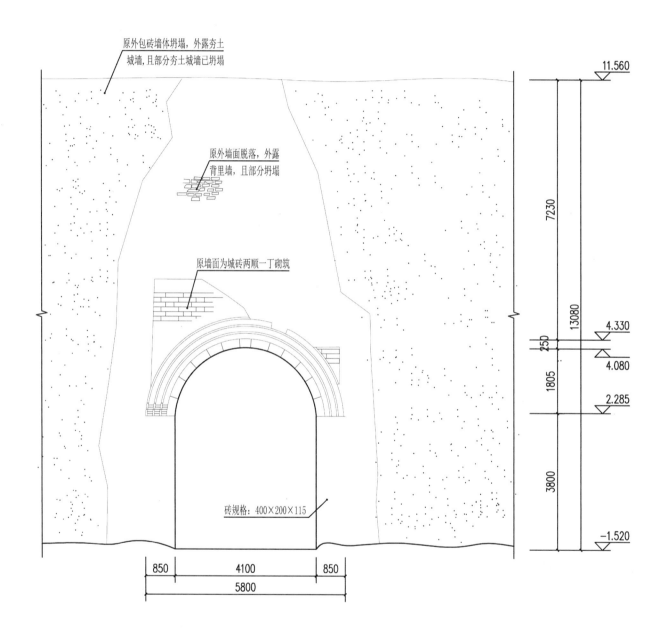

原外包砖墙体坍塌，外露夯土城墙，且部分夯土城墙已坍塌

原外墙面脱落，外露背里墙，且部分坍塌

原墙面为城砖两顺一丁砌筑

砖规格：400×200×115

11.560

7230

13080

4.330

250

4.080

1805

2.285

3800

-1.520

850　　　4100　　　850

5800

测绘图六三　朔州城南门外瓮城东门外立面图

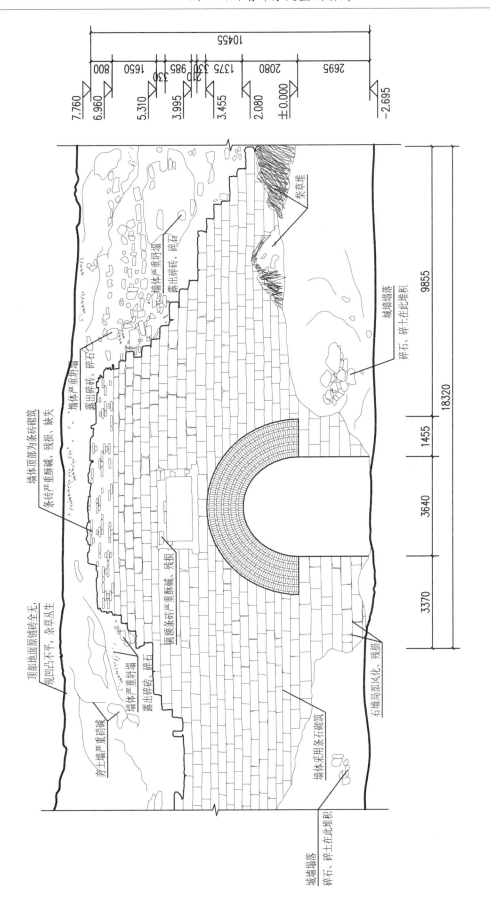

测绘图六四　老营堡东门外立面图

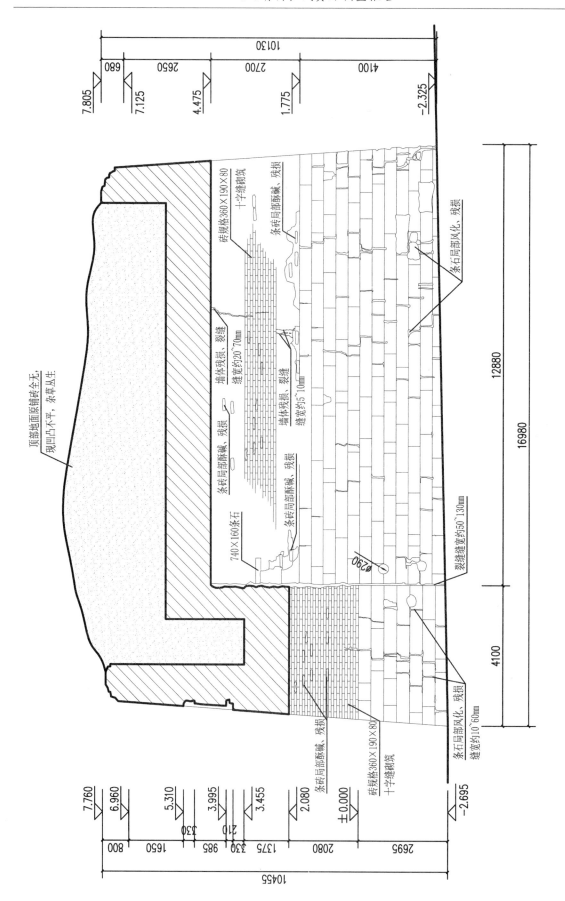

测绘图六五　老营堡东门剖面图

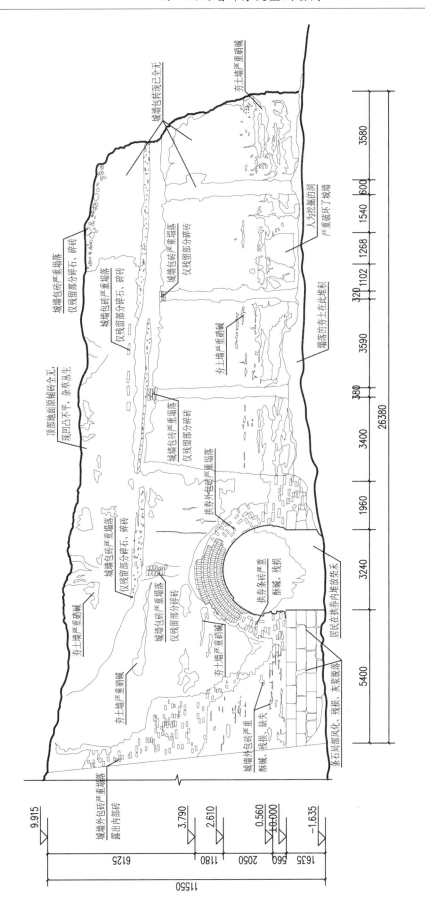

测绘图六六　老营堡东门外瓮城南门外立面图

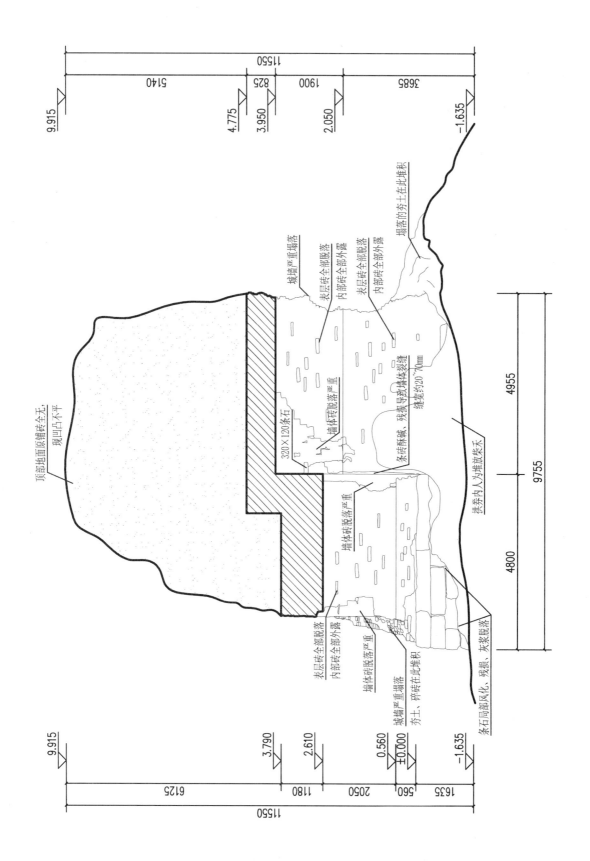

测绘图六七　老营堡东门外瓮城南门剖面图

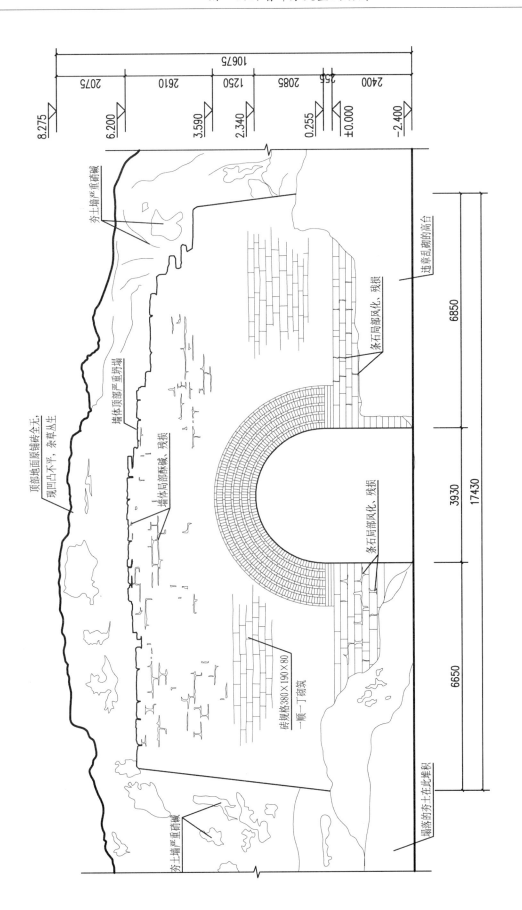

测绘图六八　老营堡南门内立面图

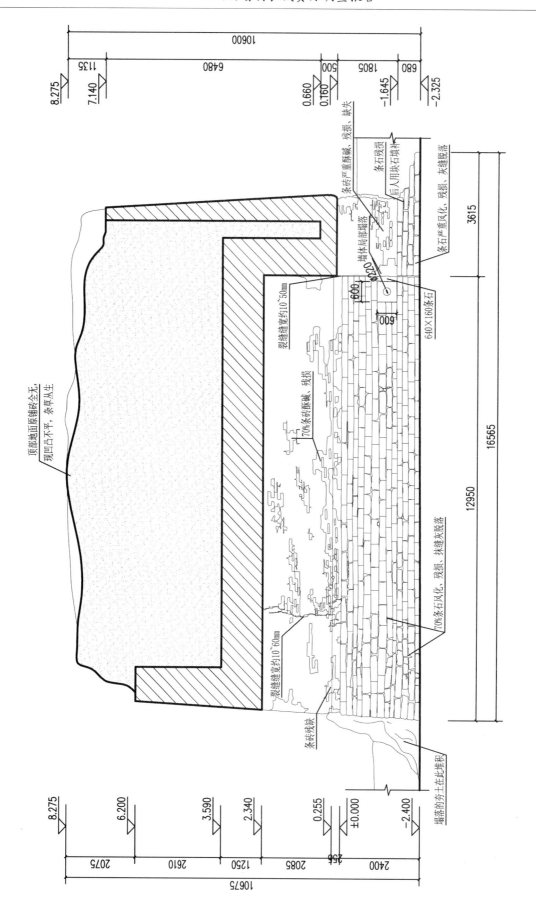

测绘图六九　老营堡南门剖面图

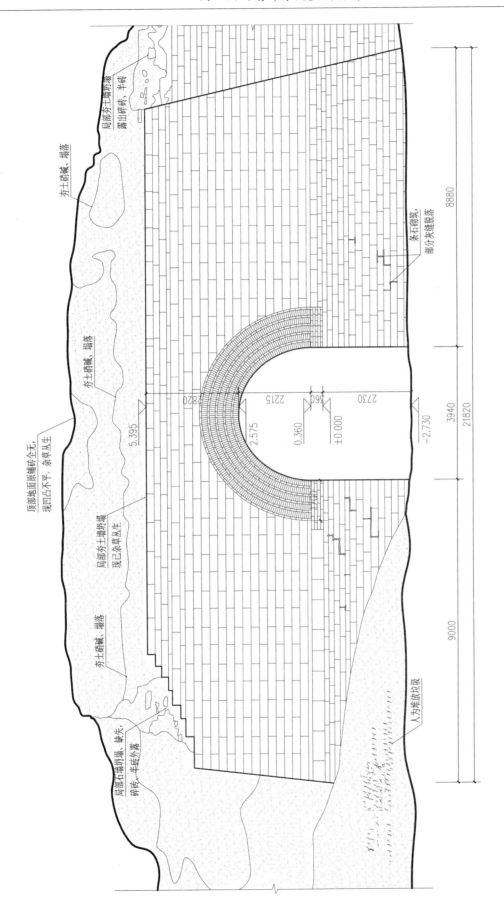

测绘图七〇　老营堡西门内立面图

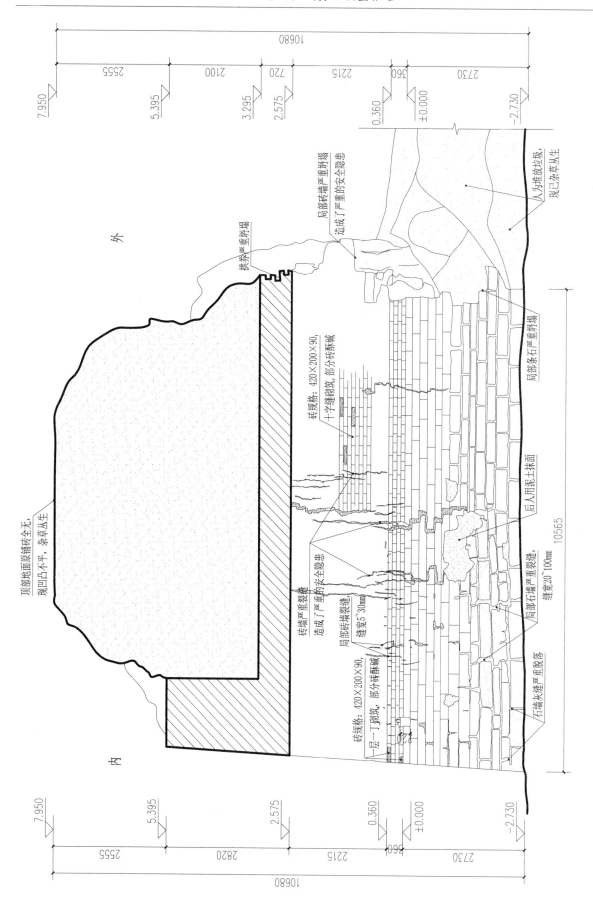

测绘图七一　老营堡西门剖面图

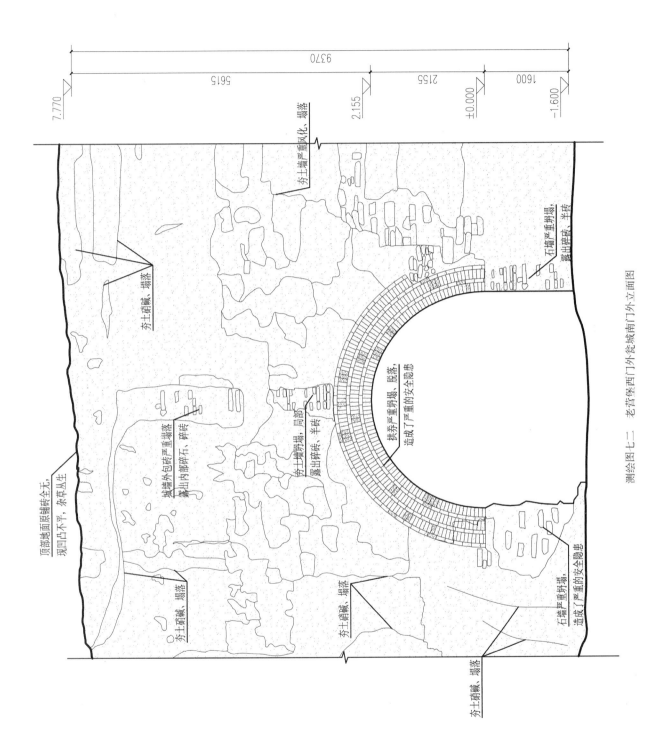

测绘图七二　老营堡西门外瓮城南门外立面图

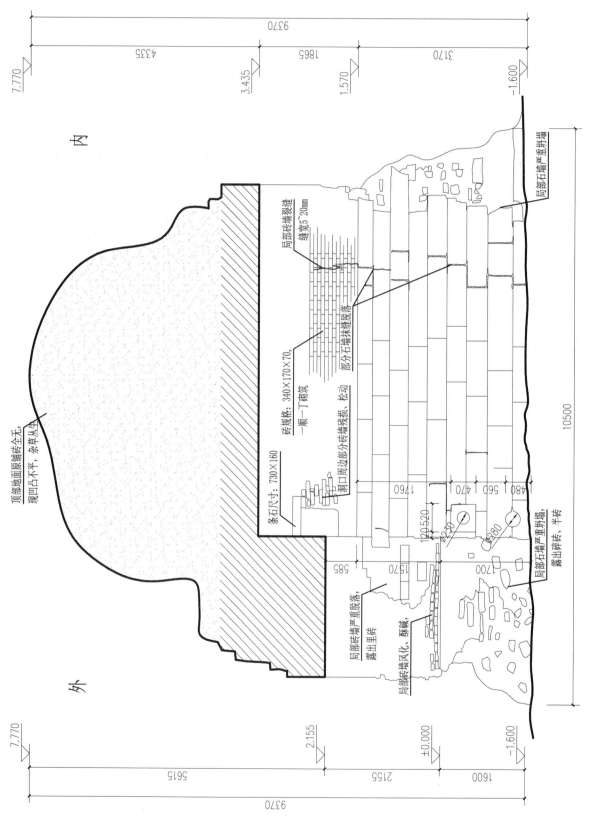

测绘图七三　老营堡西门外瓮城南门剖面图

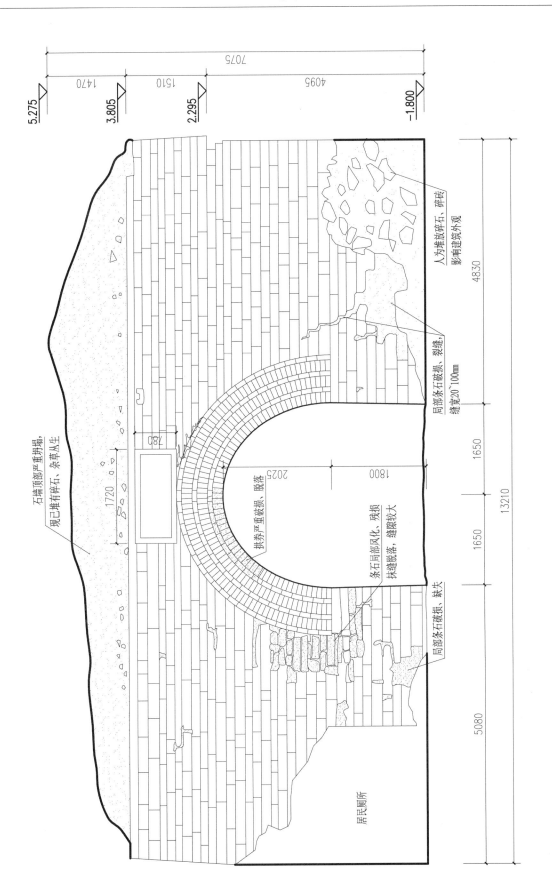

石墙顶部严重坍塌，顶部有碎石，现已堆有碎石，杂草丛生

拱券严重破损、脱落

条石局部风化、残损

条石局部破损、抹缝脱落、缝隙较大

局部条石破损、缺失

局部条石破损、裂缝、缝宽20~100mm

人为堆放碎石、碎砖，影响建筑外观

居民厕所

测绘图七四　老营堡"四圣阁"　西侧立面图

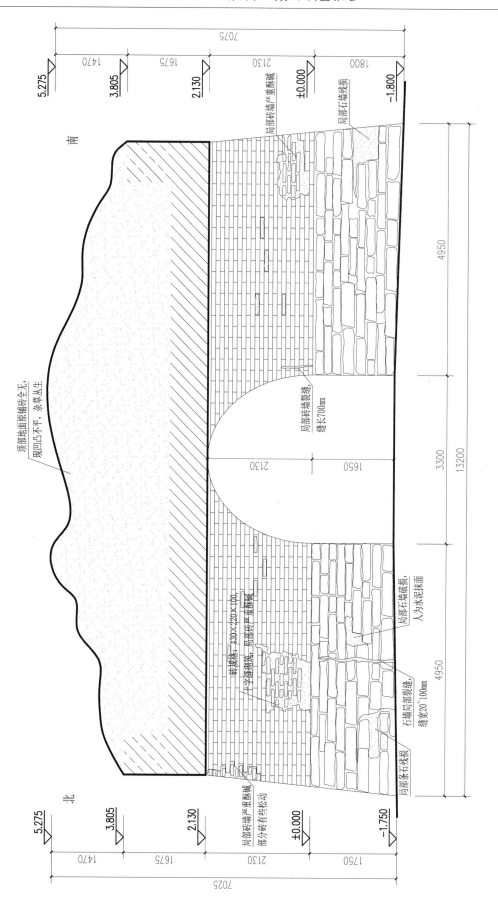

测绘图七五　老营堡"四圣阁"剖面图

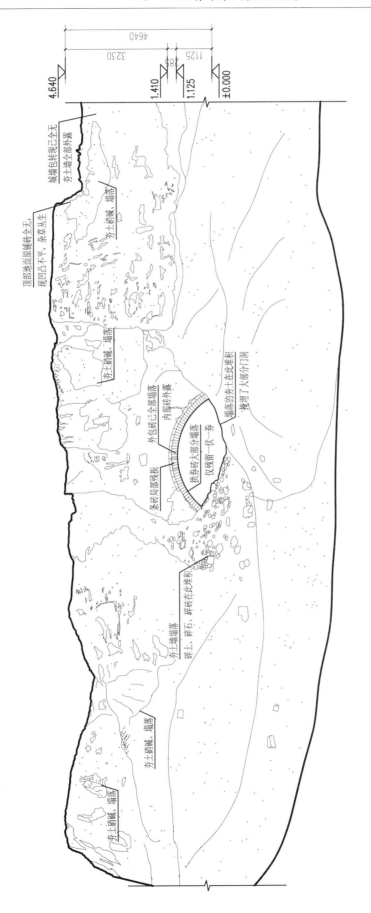

测绘图七六　草垛山堡东门外立面图

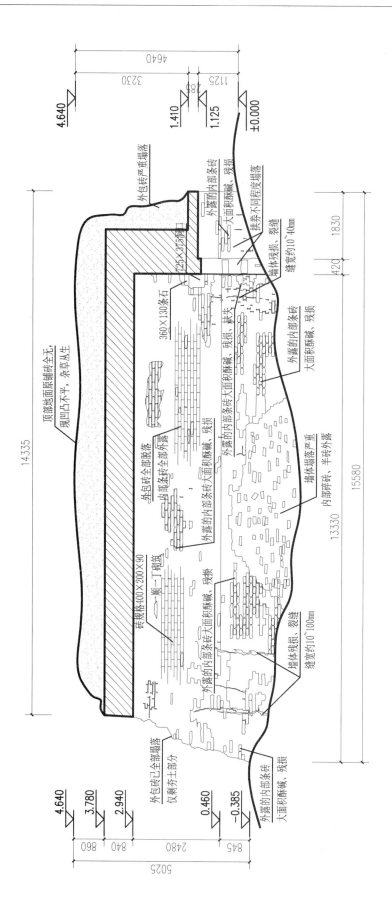

测绘图七七 草垛山堡东门剖面图

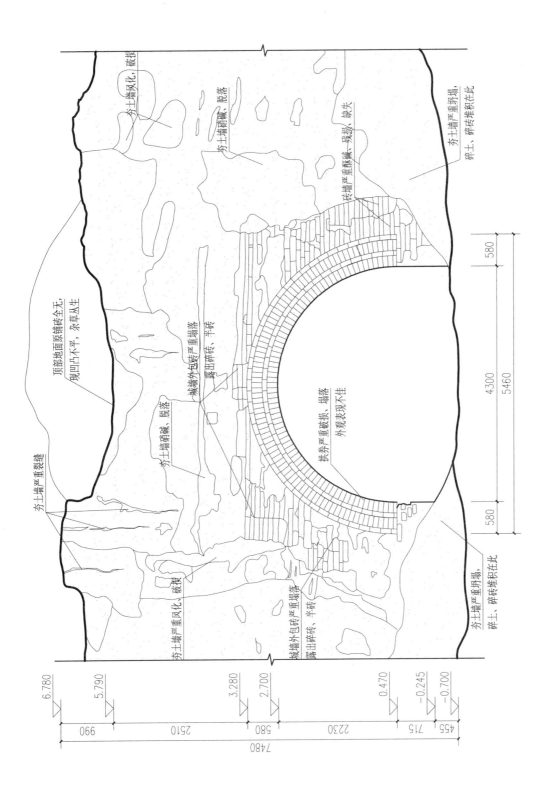

夯土墙风化、破损

夯土墙酥碱、脱落

砖墙严重酥碱、残损、缺失

夯土墙严重坍塌、碎土、碎砖堆积在此

顶部地面原铺砖荡然全无、现凹凸不平、杂草丛生

城墙外包砖严重塌落、露出碎砖、半砖

夯土墙酥碱、脱落

夯土墙严重裂缝

拱券严重破损、塌落、外观表现不佳

580

4300

5460

580

夯土墙严重风化、破损

城墙外包砖严重塌落、露出碎砖、半砖

夯土墙严重坍塌、碎土、碎砖堆积在此

测绘图七八　草垛山堡南门外立面图

6.780	5.790		3.280	2.700		0.470	−0.245	−0.700

990 ┃ 2510 ┃ 580 ┃ 2230 ┃ 715 ┃ 455

7480

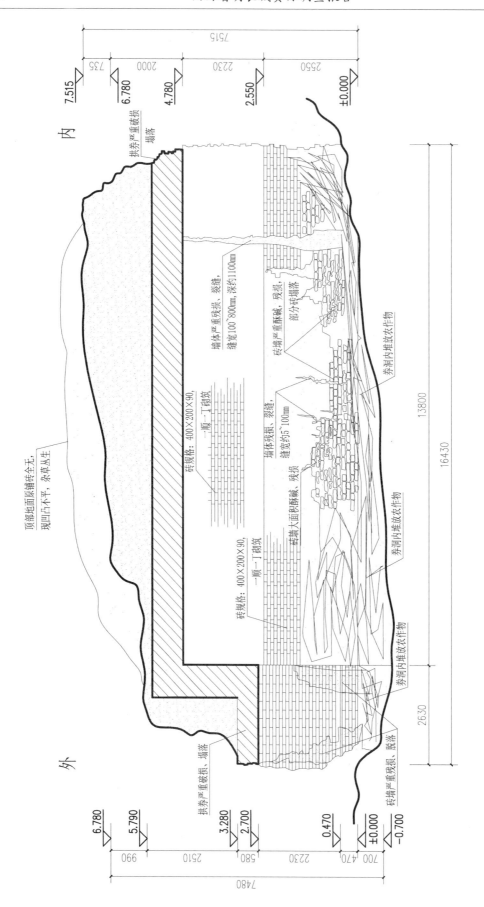

测绘图七九　草垛山堡南门剖面图

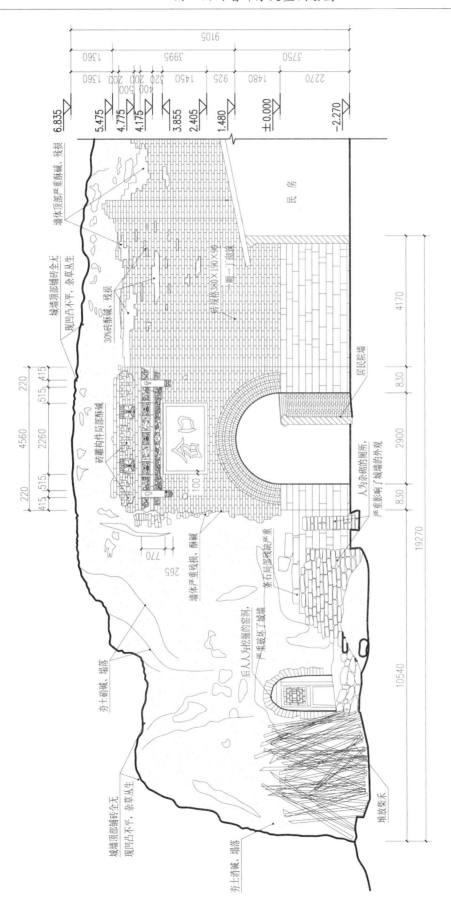

测绘图八〇　桦林堡南门门外瓮城东门外立面图

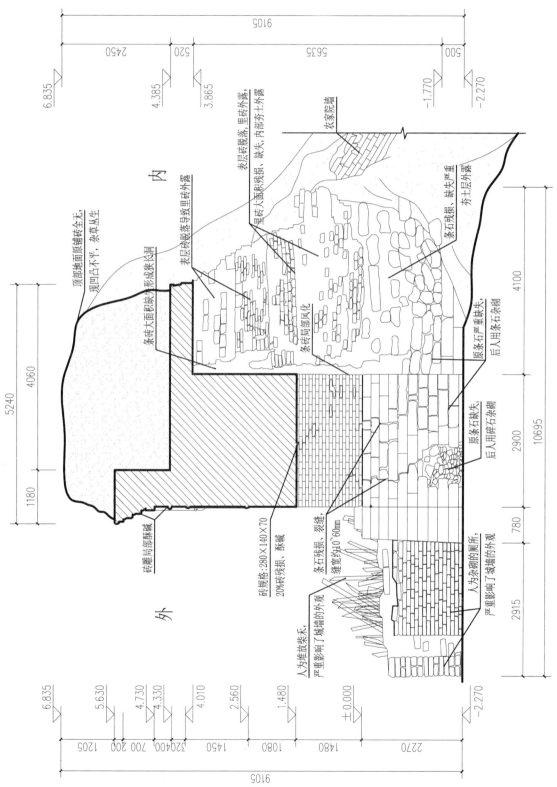

内

外

顶部地面原铺砖荡然无存，
现凹凸不平，杂草丛生

条砖大面积缺失形成狭长洞

表层砖脱落致里砖外露

表层砖脱落，里砖外露

里砖大面积残损

条砖局部风化

表层砖脱落，里砖外露

灰家院墙

芬土层外露

条石残损，缺失严重

砖雕局部酥碱

砖规格:280×140×70
20%砖残损，酥碱

条石残损，裂缝
缝宽约10~60mm

条石残损，
后人用碎石杂砌

原条石严重缺失，
后人用条石杂砌

人为堆放柴禾，
严重影响了城墙的外观

人为杂砌了厕所，
严重影响了城墙的外观

6.835

4.385

3.865

-1.770

-2.270

9105

2450

520

5635

500

5240

4060

1180

4100

10695

2900

780

2915

6.835

5.630

4.730
4.330

4.010

2.560

1.480

±0.000

-2.270

9105

1205
1205
700
200
320
400

1450

1080

1480

2270

测绘图八一　桦林堡南门外瓮城东门剖面图

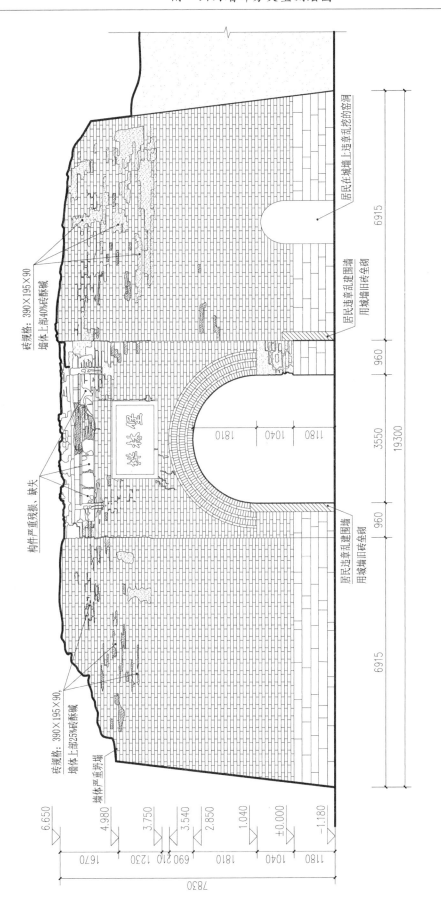

测绘图八二　桦林堡堡内南门外立面图

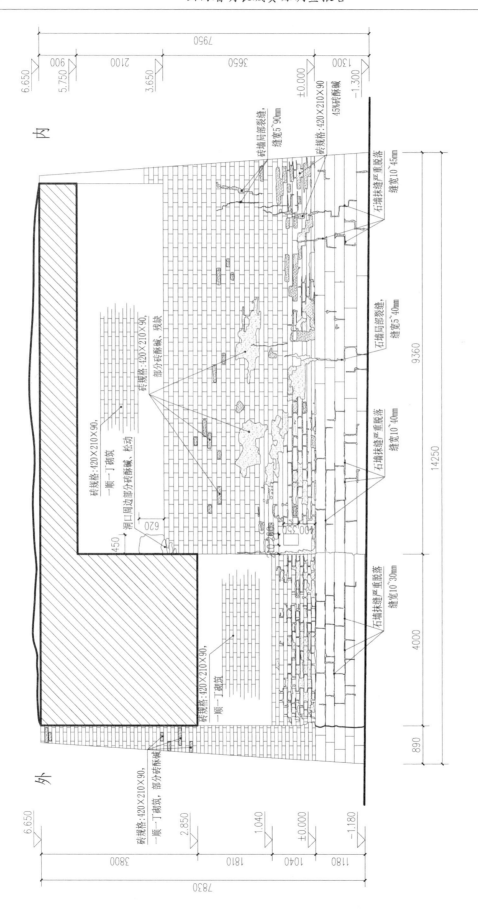

测绘图八三　桦林堡内堡南门剖面图

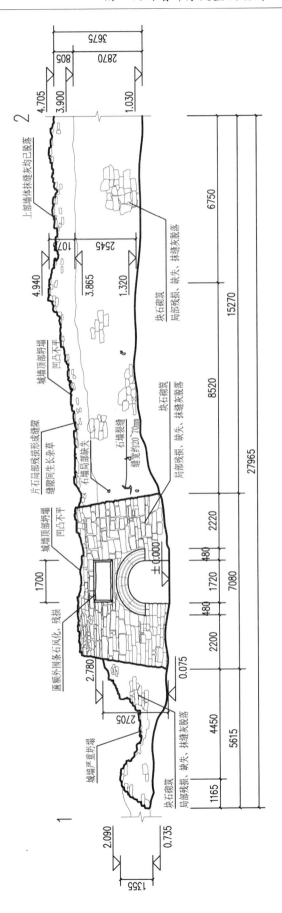

测绘图八四　支锅石关堡东门和东门西侧堡墙2段、东门东侧堡墙外立面图

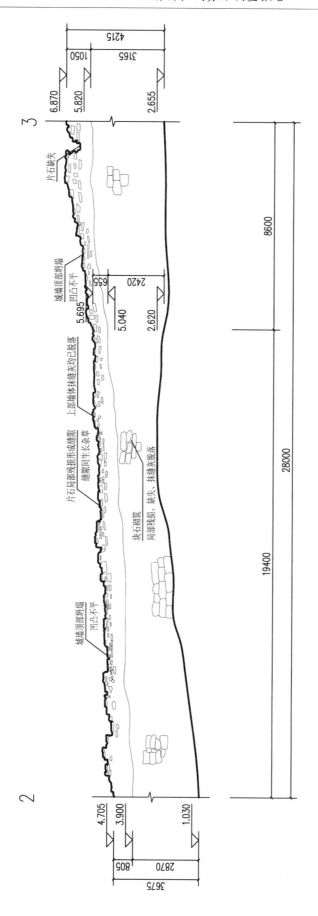

测绘图八五　支锅石关堡东门西侧堡墙 2 段外立面图

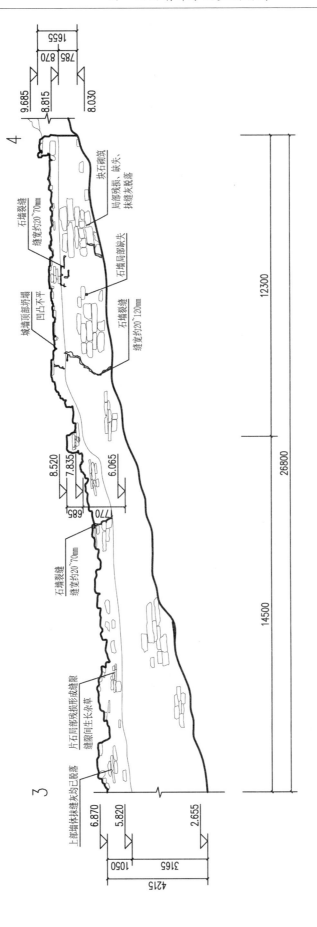

测绘图八六　支锅石关堡东门西侧堡墙 2 段外立面图

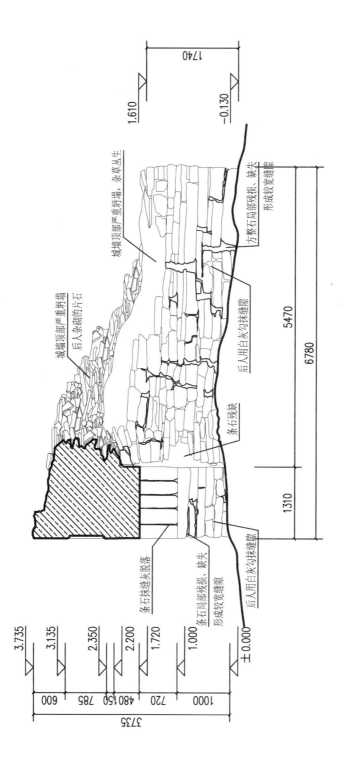

测绘图八七　支锅石关堡东门剖面图

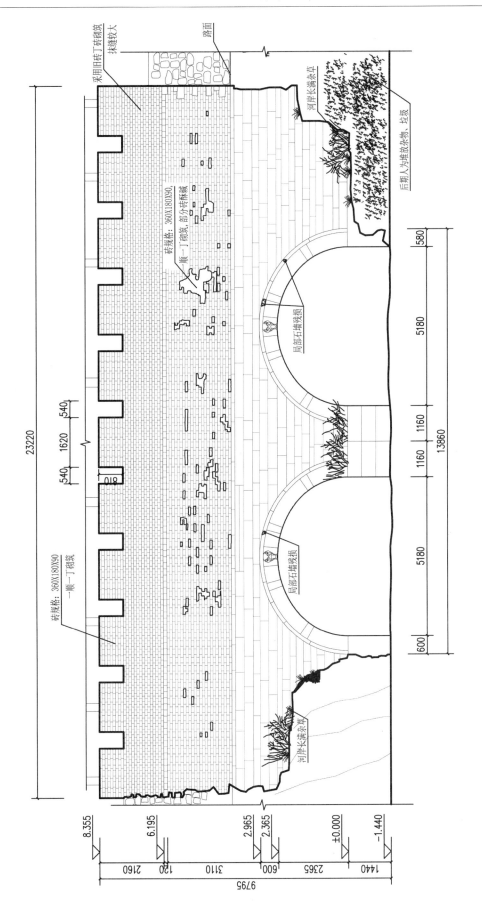

测绘图八八　固关水东门西侧立面图

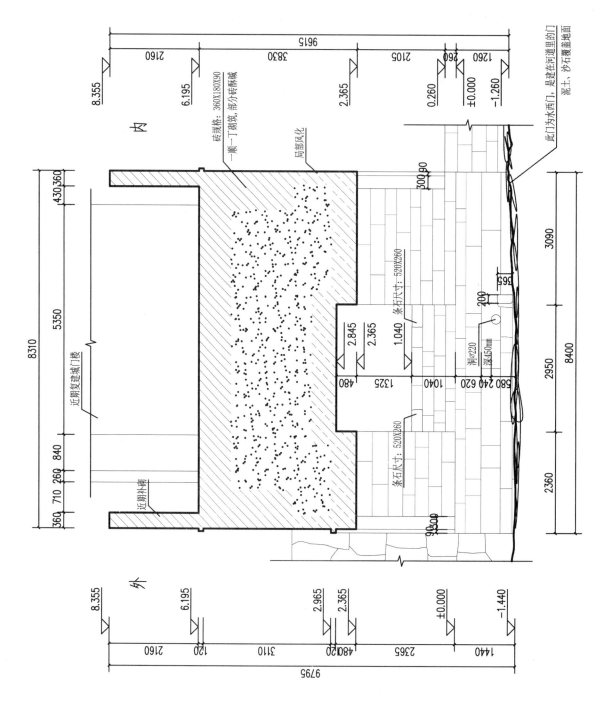

测绘图八九　固关水东门剖面图

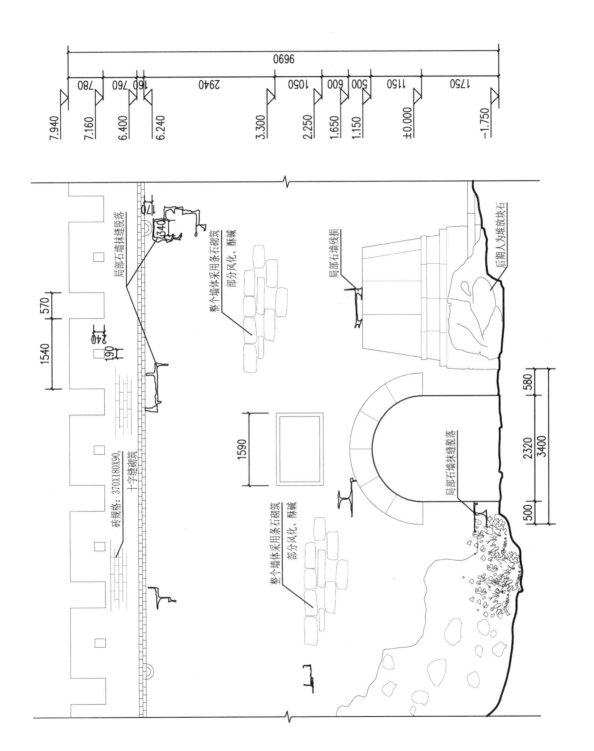

测绘图九〇　固关瓮城门西侧立面图

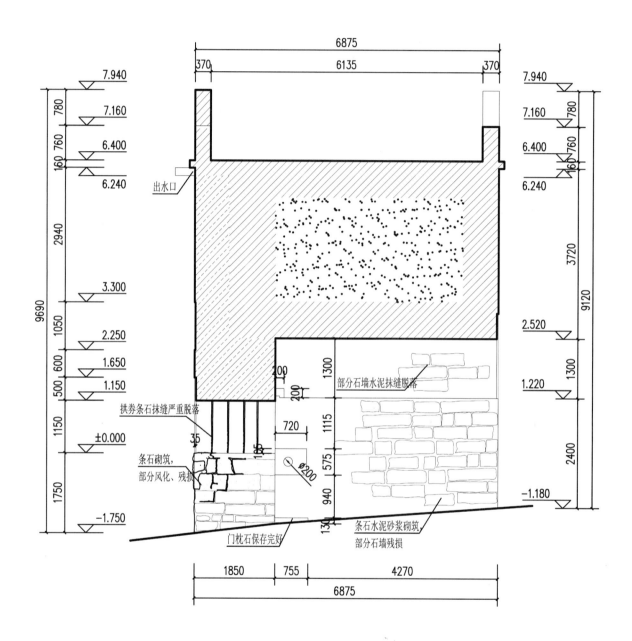

测绘图九一　固关瓮城门剖面图

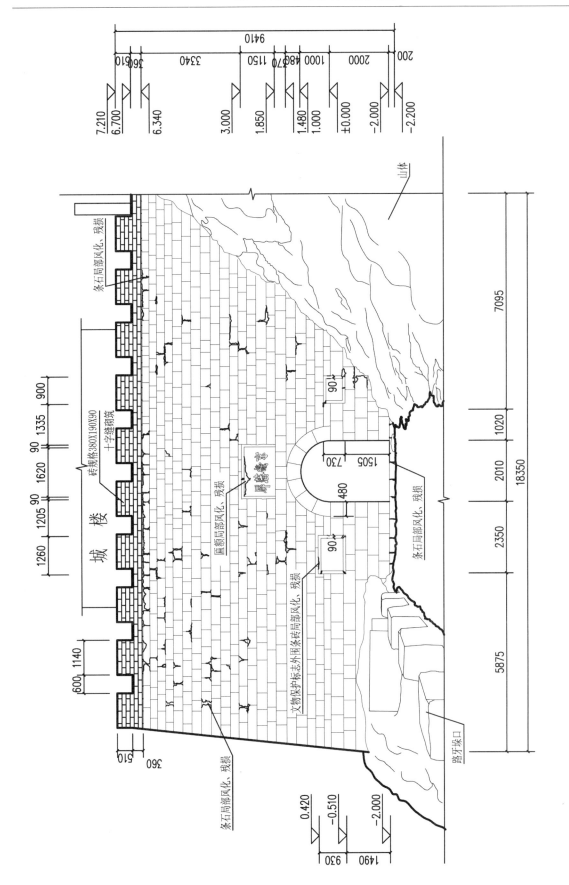

测绘图九二 娘子关堡南门外立面图

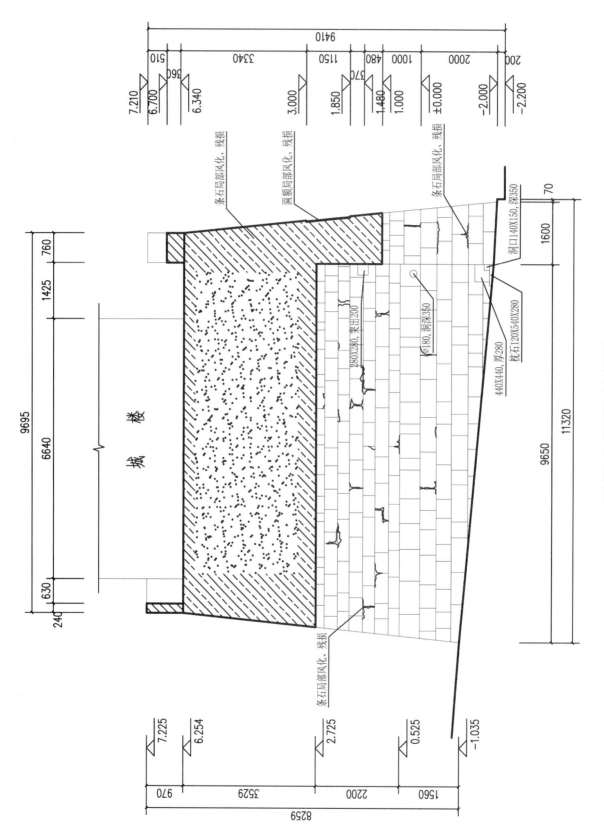

测绘图九三　娘子关堡南门剖面图

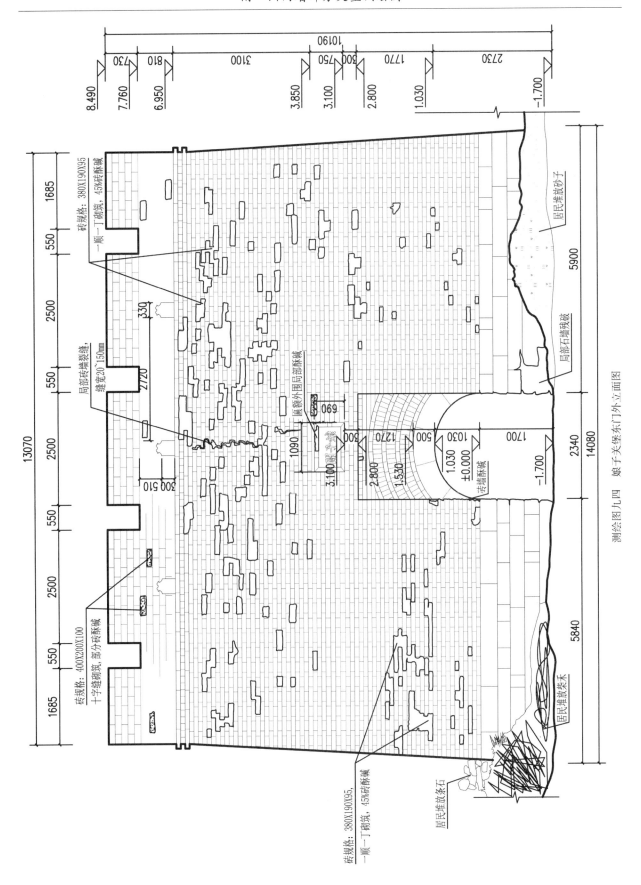

测绘图九四　娘子关关堡东门外立面图

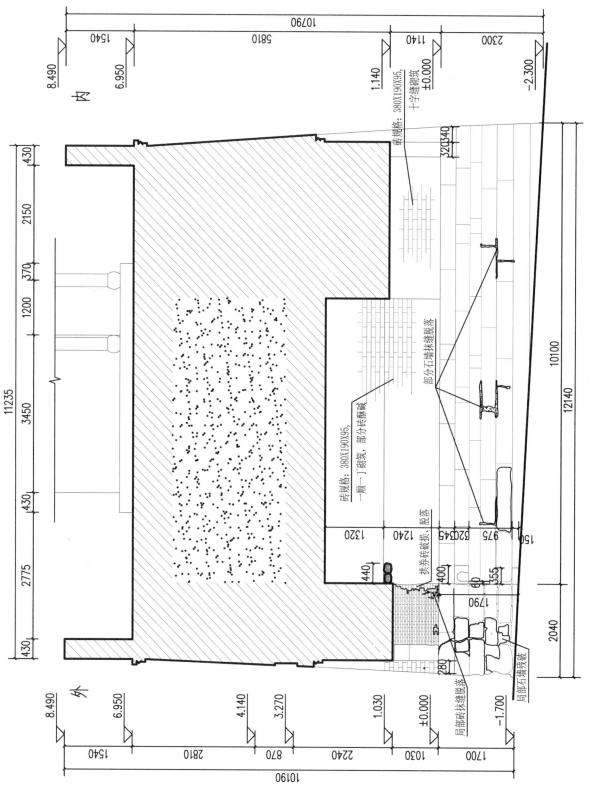

测绘图九五　娘子关堡东门剖面图

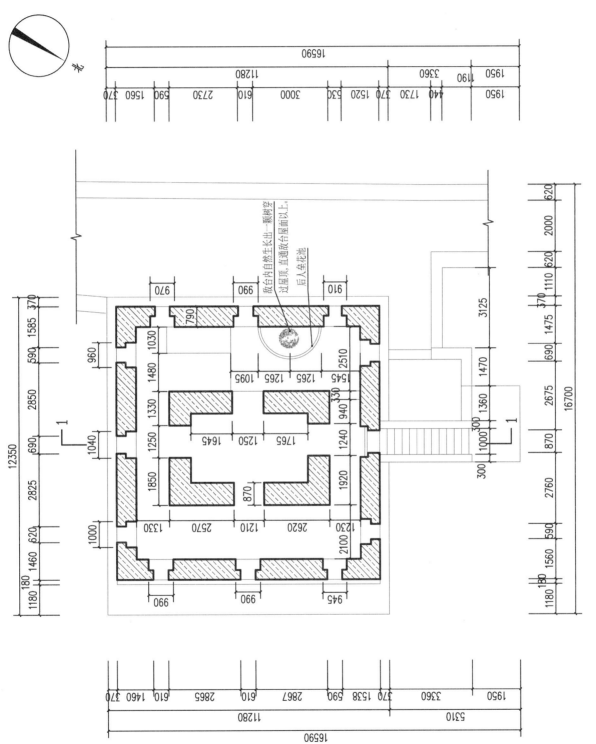

敌台内自然生长出一颗树穿
过屋顶,直通敌台屋面以上。

后人垒花池

测绘图九六　新关村南侧 2 号敌台平面图

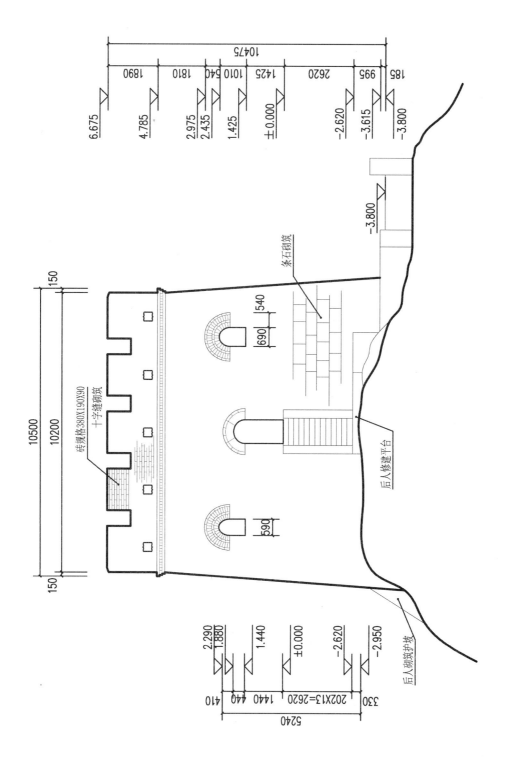

测绘图九七　新关村南侧 2 号敌台立面图

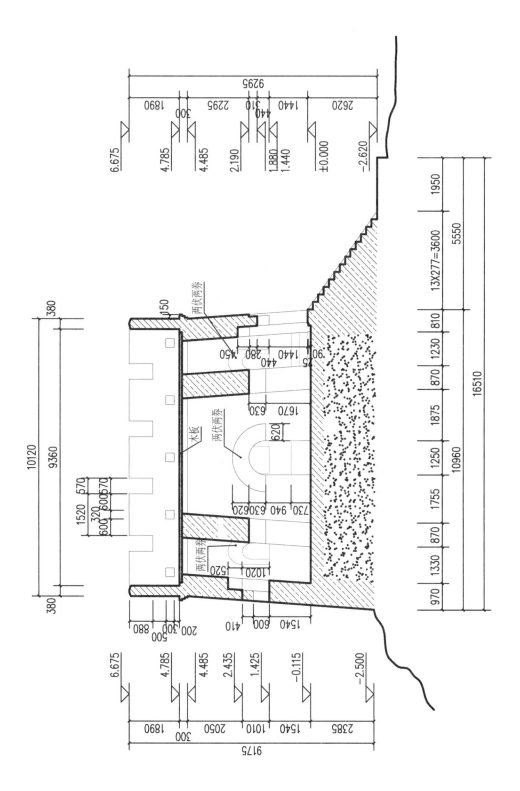

测绘图九八　新关村南侧 2 号敌台剖面图

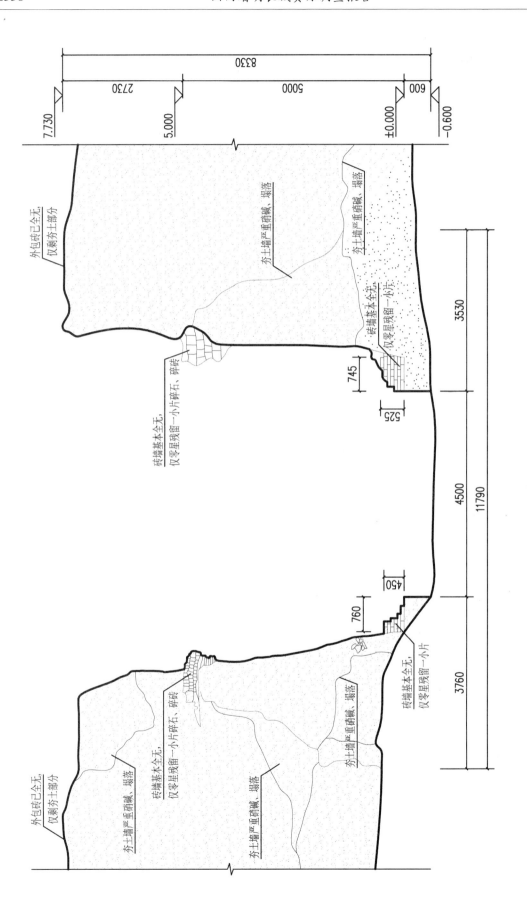

测绘图九九　云冈堡南门内立面图

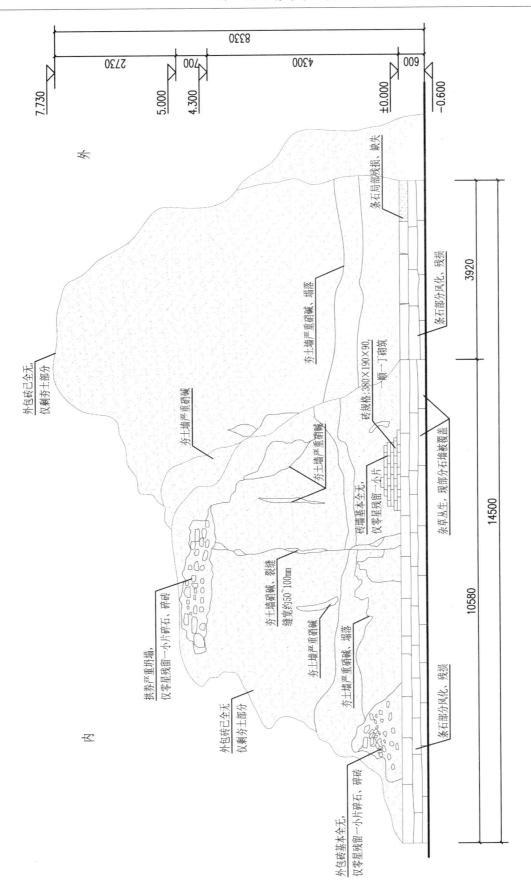

测绘图—〇〇　云冈堡南门剖面图

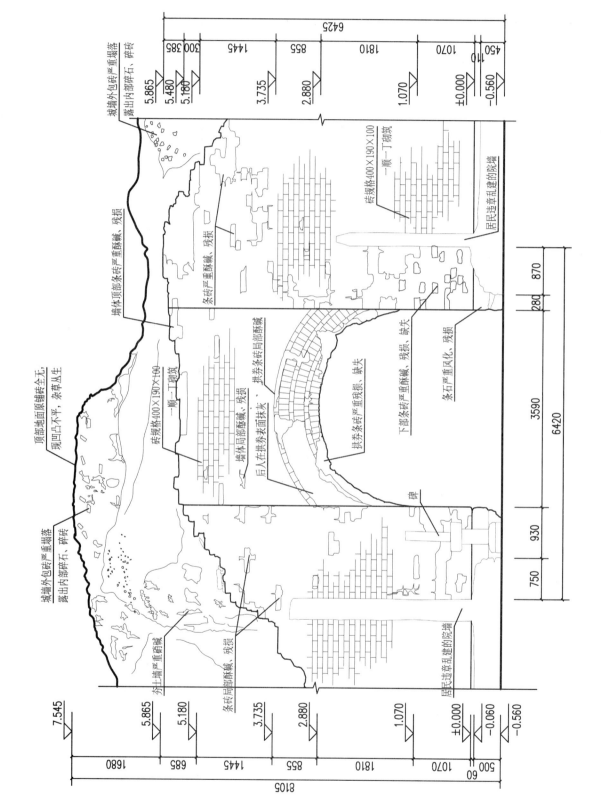

测绘图一〇一　高山城东门外立面图

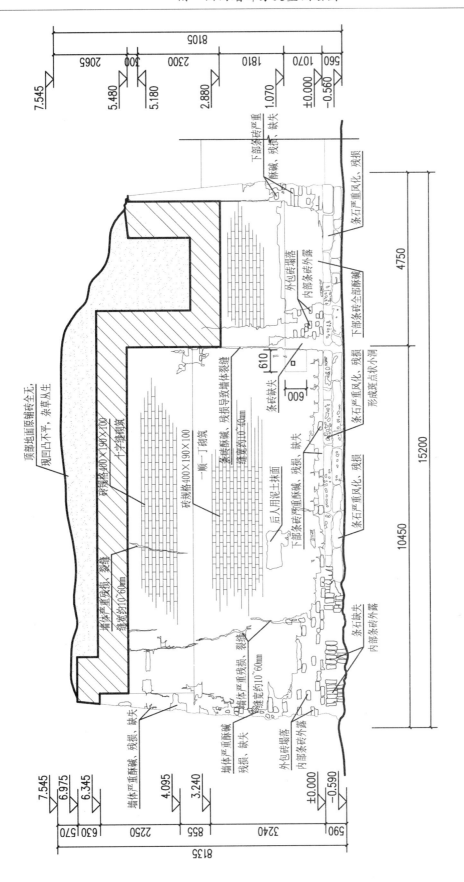

测绘图一〇二 高山城东门剖面图

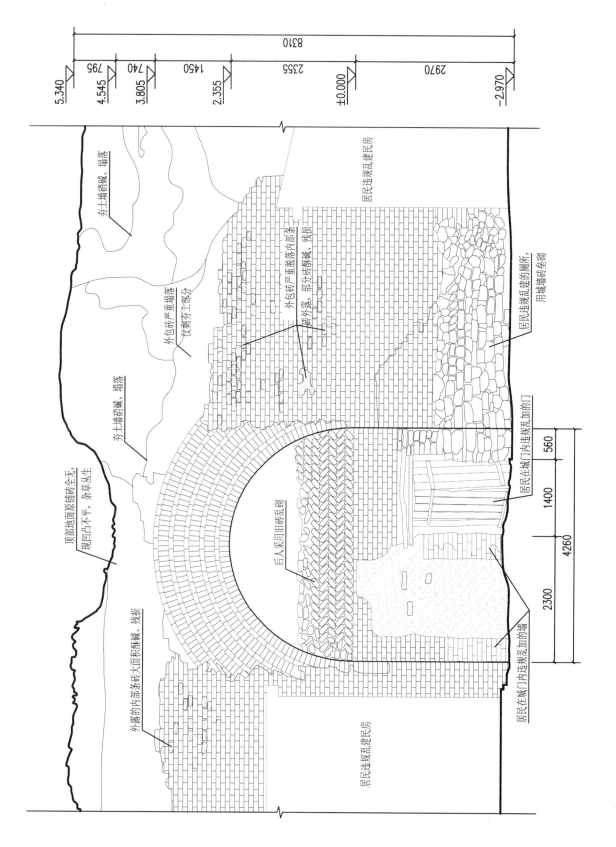

测绘图一○三　高山城东门外瓮城南门内立面图

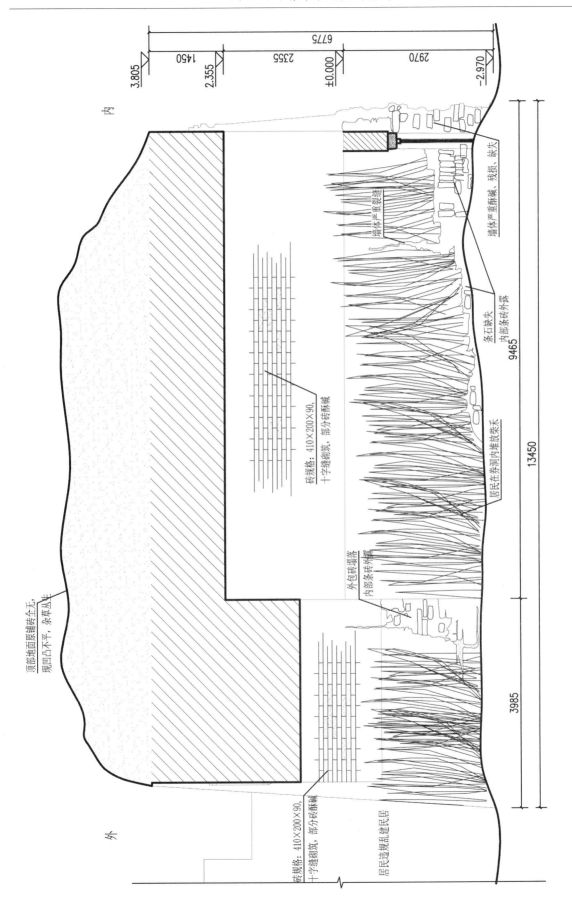

测绘图一〇四　高山城东门外瓮城南门剖面图

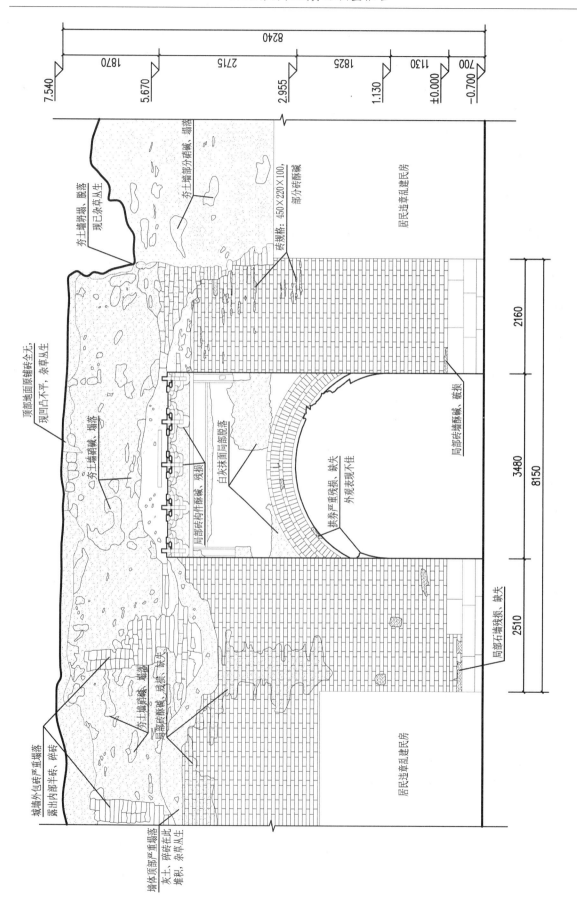

测绘图一〇五　许家庄堡南门外立面图

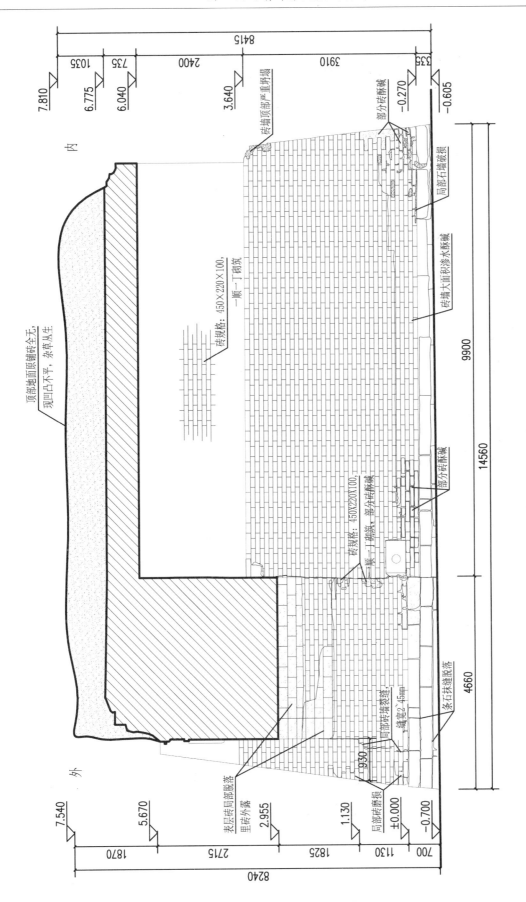

测绘图一〇六　许家庄堡南门剖面图

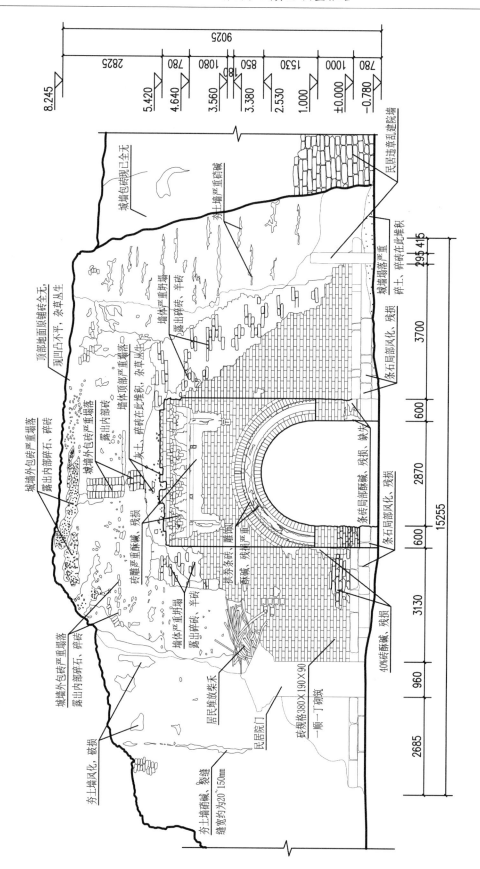

测绘图一〇七　许家庄堡南门外瓮城东门外立面图

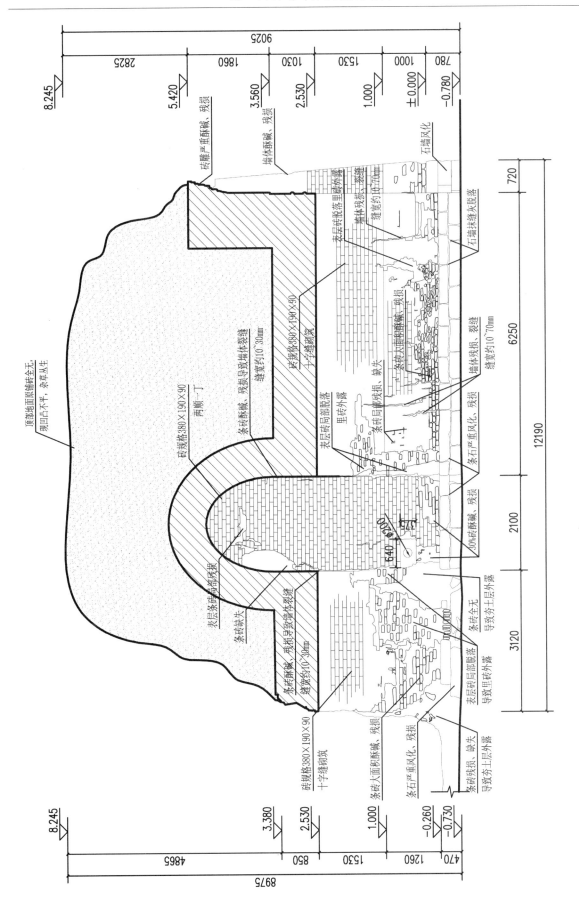

测绘图一〇八　许家庄关堡南门外瓮城东门剖面图

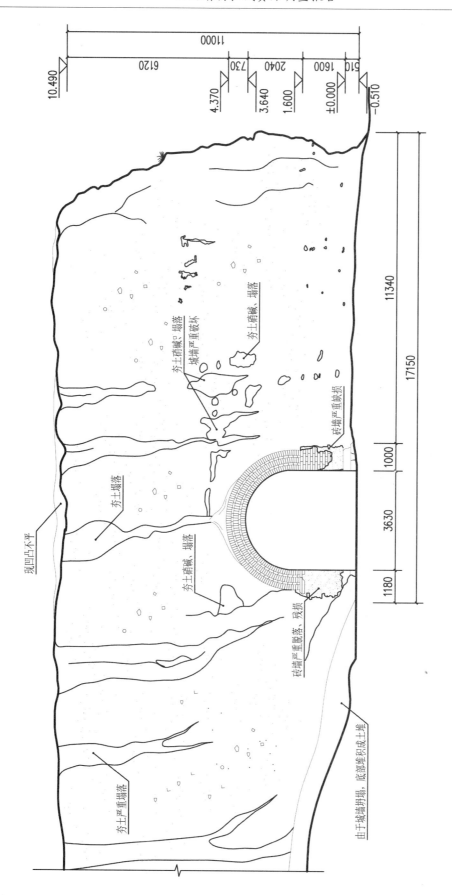

测绘图一○九　西安堡北门外瓮城东门外立面图

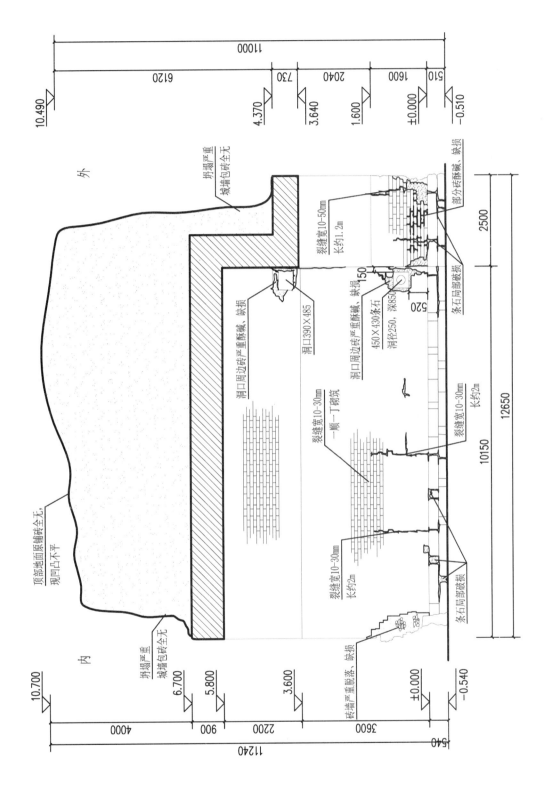

测绘图——○　西安堡北门外瓮城东门剖面图

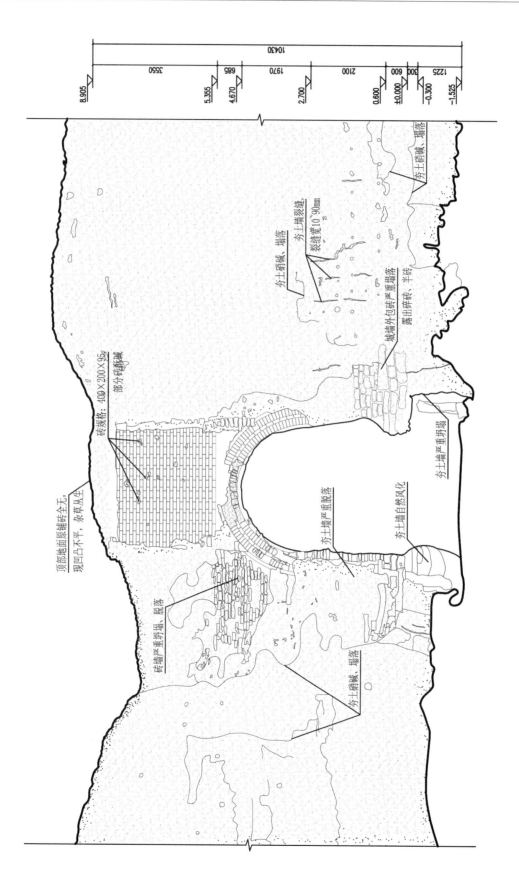

测绘图——　王皓疃村堡东门外立面图

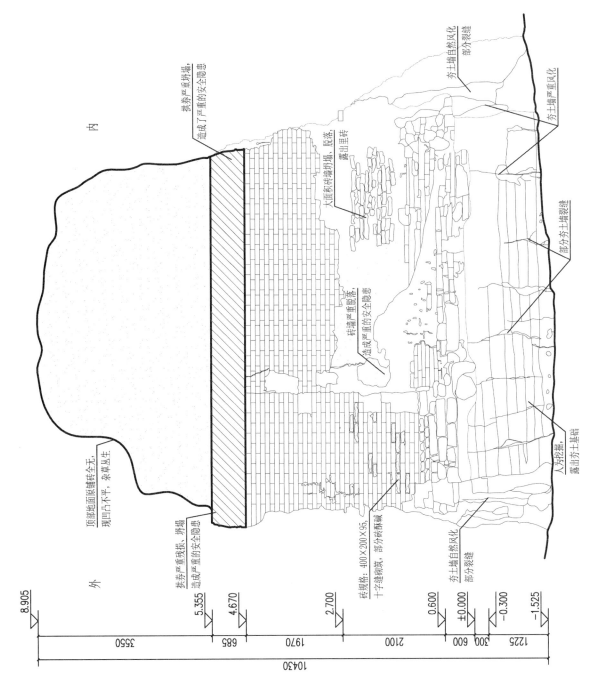

测绘图——二　王化瞳村堡东门剖面图

后 记

《山西省明长城资源调查报告》的编写与出版，历时十年余，以 2013 年 9 月将稿件交付出版社为界，分为编写与出版两大阶段。

报告的编写经五个阶段完成。

第一阶段，是报告体例与内容的研究与制定阶段。2008 年 2 月 29 日山西省文物局成立调查报告编委会及编辑部后即着手该项工作。在国家长城资源调查项目组《长城资源调查报告编写体例》（讨论稿）的基础上，8 月上旬山西大学郎保利完成《山西省明长城资源调查报告编写体例》（讨论稿）的制定工作。同月下旬，邀请河北、内蒙古两省区专家，在太原市召开三省区明长城资源调查报告体例研讨会，就调查报告的体例和内容达成一致意见，形成《山西、河北、内蒙古三省区明长城资源调查报告编写体例》，确定了以县域为单元进行撰写的基本原则。同年 12 月，山西省明长城资源调查资料整理工作基本结束，调查报告的编写工作也正式启动。

第二阶段，2009 年 1～5 月，对全部田野调查资料进行了梳理，以县域为单元完成了调查资料的汇编工作，共成书 34 册，参与汇编的人员有山西大学赵杰、王炜、郎保利和时为山西大学研究生的武俊华、尚珩、王普军共六人。

第三阶段，2009 年 5～12 月，赵杰初步完成天镇县、黎城县两县调查报告的撰写工作，并通过了编辑部的审阅，以此作为各县调查报告的蓝本。

第四阶段，从 2009 年 12 月开始，各县调查报告的撰写工作全面铺开，至 2012 年 3 月基本完成。参与分县调查报告撰写的人员有赵杰、尚珩、武俊华和郭家龙等人，时为山西大学本科生的祁冰、吴娇、崔俊俊、郝楚婧、冯馨瑶、杜娟、宋阳和已毕业的吕晓晶等人也参与了部分县域初稿的编写工作。河北、内蒙古两省区提供了各自调查的部分交界县域的长城资源调查资料，经整理后归入相关县域的报告之中。最后由赵杰对分县报告进行了审阅、校改，为本报告的最主要部分，即第二部分。本报告第一部分第一章、第二章分别由郎保利和赵瑞民撰写，第三章由赵杰依据山西省文物局、山西省测绘局 2009 年 6 月编写的《山西省明长城资源调查工作报告》编写。本报告第三部分由赵杰撰写。2012 年 4 月，郎保利和赵瑞民对调查报告的文字部分进行了全面的审阅与修订。

报告的另一重要组成部分就是各种插图与照片。参与照片选取工作的人员有赵杰、尚珩、郭家龙和山西大学研究生李小龙、段双龙等人，并由赵杰、尚珩完成照片的命名工作。分县报告中的长城走向示意图由赵杰依据原始示意图进行了修改。需要说明的是这些示意图只有山西省长城调查队所调查长城的示意图，没有报告中所述由河北、内蒙古两省区调查的长城示意图。在长城走向示意图中，只有整段消失的墙体才用消失墙体线条描绘出来，如果该段只有部分墙体消失，消失部分未再行描绘。另外宁武县的河险、山险，神池县的河险，朔城区、偏关县的山险，河曲县的山险和整段消失墙体，由于原始示意图并未描绘，报告中也循旧未画。插图中的关堡和单体建筑等的线图，由山西大学刘辉根据调查时的绘图资料重新描绘。

第五阶段，2012 年 7 月~2013 年 9 月，山西省基础地理信息院完成报告中部分长城墙体、关堡和单体建筑的测绘工程图以及长城分布的全省总图和分县图。其中测绘工程图是山西省基础地理信息院在该单位 2009 年 9 月制作的《山西省明长城重点地段测绘工程》的基础上，重新制作而成，本报告中以测绘图指称。分布总图和分县图由于图幅所限，主要展示长城墙体部分，至于关堡、敌台、烽火台等只能是个别标示了。在分县图的选取上，主要选取了那些长城遗址比较丰富的县市区。

2013 年 9 月，我们将已完成的全部稿件交给了出版社。根据出版社的意见，增加了第三部分第一章，由尚珩、赵杰撰写完成。插图方面，分县报告中的长城走向示意图由赵杰重新进行了制作；赵杰、尚珩和山西大学研究生胡一平、杨尚禹、牛婕等人又补绘了一些保存较好的关堡示意图。在此期间，山西省古建筑保护研究所和山西省综合地理信息中心、山西省基础地理信息院等单位正在编制"山西省明长城保护规划"，规划里有全省和各县域长城分布的总图和分县图。经过与原来的总图和分县图进行对比，在信息量方面更胜一筹，于是决定改用这批图。2018 年 7~10 月，由于地图审核的缘故，山西省基础地理信息院郭海青和山西省古建筑保护研究所肖迎九等再次组织力量对总图和分县图进行了修订，保证了地图信息的准确性。同年 9~10 月，为保证出版质量，山西省古建筑保护研究所肖迎九、史君等又组织人员对测绘图进行了重新制作。

关于报告，还有一些情况需要说明。我们调查的山西省东部太行山一线，在人工墙体之间是大段的山体，它们是否可以定为山险一直存有不同的意见。安全起见，一方面在报告中并没有将这些大段山体列为山险；另一方面在分布总图上为显示长城与山体的关系，又基本上沿太行山一线描绘出了长城的线条，应注意区别对待。

依照《长城资源调查工作手册》的要求，长城资源调查的顺序是从东向西、由南往北。但实际调查过程中，往往因各种条件所限，不可能完全做到这一点，因此编号也就不可能完全按照这样的顺序依次来编了。在调查报告编撰时，我们按照从东向西、由南往北的顺序对所有的长城墙体、关堡和单体建筑等进行了顺序的调整，因此大家会看到先列 2 号烽火台，再列 1 号烽火台这样的颠倒现象了。

本报告第二部分的各县报告由"长城资源调查数据""长城资源调查资料分析""自然与人文环境"和"保护与管理状况"四部分组成，另外天镇县还有"与文献记载和以前调查成果的比较分析"一部分。与文献记载和以前调查成果的比较分析，无疑应是调查报告的主要研究内容，但囿于时间、精力等多种因素，我们仅将天镇县的调查资料与文献记载和以前的调查成果进行了比较分析，而未能展至全部县市区，有待今后继续深入研究。这份报告是我们依据通过国家项目组验收的调查资料编写的，其科学性不言而喻。但将纷繁复杂的原始资料缩编为有限的出版物时，难免会有某些不足与缺憾，希望读者多多指正，不胜感激！

另外，依据山西省测绘产品质量监督检验站审图时要求，需要对有关地名的变更情况予以交待。2018 年，山西省部分县级行政区划进行了调整、更名，其中涉及本报告长城分布的大同市城区、南郊区调整为平城区和云冈区，大同县更名为云州区，怀仁县更名为怀仁市。另外《山西省明长城分布图》制作于 2008 年，该图所描绘的在建高速公路现已通车。

本报告碑刻部分的编写得到国家社会科学基金项目"山西长城碑刻文献资料整理与研究"（编号

18BZS025）的资助。

山西省明代长城资源调查工作共组织了五支队伍，每位队员都兢兢业业、不辞劳累，他们的辛苦与努力让我们得到了最为丰富、最为翔实的第一手调查资料。五支调查队成员名单如下。

一队：郭银堂、张春雷、任青田、丁伟高、高小春、刘飞、任利勇、郭迎生

二队：李培林、张永正、王继平、路宁、王建民、陈金钟、王文亮、常小彪

三队：高峰、王成江、张国权、侯晓刚、邢志磊、刘景远、焦强、李银、任俊斌、许进智

四队：赵杰、王炜、陈宇鹏、乔文杰、王斌、武俊华、薛哲、魏文辉、赵建国、李士强

五队：刘岩、尚珩、张喜斌、贺占哲、安瑞军、郭智勇、徐国栋、赵俊明、黄少波

此外明长城分布县市区的文物管理保护部门的同志也参加了各县市区的田野调查工作。

让我们对所有参与长城资源调查工作的同志致以最诚挚的敬意！对所有参与长城资源调查报告编写工作的同志致以最衷心的感谢！